시민정치의 문화기술지

서울대 인류학도·정치학도가 참여관찰한 시민정치 사례

시민정치의 문화기술지

초판 1쇄 발행 2019년 2월 28일

지은이   김의영·이현정 엮음

펴낸이   김선기
펴낸곳   (주)푸른길
출판등록 1996년 4월 12일 제16-1292호
주소   (08377) 서울시 구로구 디지털로 33길 48 대륭포스트타워 7차 1008호
전화   02-523-2907, 6942-9570~2
팩스   02-523-2951
이메일   purungilbook@naver.com
홈페이지   www.purungil.co.kr

ISBN   978-89-6291-593-8 93340

• 이 도서의 국립중앙도서관 출판시도서목록(CIP)은 서지정보유통지원시스템 홈페이지(http://
seoji.nl.go.kr)와 국가자료공동목록시스템(http://www.nl.go.kr/kolisnet)에서 이용하실 수 있습
니다.(CIP제어번호: CIP2019005449)

시민정치의
문화기술지
文化記述誌

김의영 · 이현정 엮음

푸른길

차례

제1부_ 정체성의 시민정치

제2부_ 시민정치의 거점

제4부_ 시민정치 지평의 확대

서문

　이 책은 2018년 2학기 '서울대학교 정치학·인류학 융합 시민정치 수업 프로젝트'의 결과물이다. 서울대학교 사회과학대학 정치외교학부 정치학 전공의 전공선택 과목인 '시민정치론'과 같은 사회대 소속 인류학과 전공필수 과목인 '인류학 연구방법 실습'을 통합하여 시민정치를 주제로 문화기술지 방법을 적용하여 가르치고, 연구하고, 실천한다는 시도였다. 두 수업 모두 지역 기반, 지역 참여 학습(community based learning, CBL) 방법을 중시하였고, 두 담당 교수 모두 지역 풀뿌리 수준의 정치 현상에 관심을 가졌으며, 각자의 강점을 적절하게 살려 혁신적인 통섭적 교육·연구·실천 모델을 만들어볼 수 있다는 야심찬 기대로 시작하였다. 정치학도와 인류학도가 팀을 이뤄 같은 지역에 뛰어들어 공동연구를 수행하고 같이 책을 출판한다는 아이디어도 참신하고 매력적이었다.

　수업 진행방식에 대해서 1장에서 좀 더 자세하게 서술하겠지만, 격주로 시민정치론 주제에 대한 세미나와 인류학 문화기술지 연구방법에 대한 세미나를 번갈아 진행했고, 한 학기 동안 수강생들은 정치학·인류학 혼합 조를 이루어 수업 시간에 내용 발제를 하고 '발로 뛰는' 현장연구를 수행하였으며, 보고서와 발표를 통해 교수로부터 피드백을 받고, 함께 원고를 작성하였다. 그 결과가 이 책이다.

　돌이켜보면 그 과정은 예상보다도 훨씬 쉽지 않았다. 처음 실험적으로 시도하는 것이다 보니 수업 준비 및 진행 과정에서 시행착오가 있었으며, 시간 제약으로 인해 두 수업의 핵심적인 내용을 충분히 전달하기 힘든 측면도 있었다. 교수 간의 잦은 조율과 상호 존중이 있었지만, 학생의 입장에서 여전히 두 시어머니(?)를 모시느라 힘들었을 것이고, 교수의 입장에서도 수적으로 두 배에 이르는 서로 다른 전공의 학생들을 지도하다 보니 남다른 어려움이 있었다. 정치현상에 대한 가치중립적 관찰과 개념화·이론화·일반화를 중시하는 정치과학(political science)과 집단 구성원 간의 라포 형성과 두터운 기술(thick description)을 중시하는 인류학 사이의 생소함과 근본적인 차이를 어떻게 극복할 수 있는가는 여전히 숙제로 남아 있다. 고백하건대 첫 시도로서 준비가 다소 서툴렀고, 학생·조교·교수 모두 예상보다 고충이 많았다는 점에서 안타깝고 아쉬운 마음이 남는다.

그러나 책이 출판된 이 시점에서 돌이켜보건대, 이번 융합 수업 프로젝트의 의의는 분명하다. 단적으로 기존 정치학 전공 단독으로 진행한 CBL 수업 결과를 담아 출판한 네 권의 책과 비교했을 때, 이번 정치학-인류학 융합 연구서는 확실히 내용이 더 풍부해졌을 뿐 아니라, 관심 영역도 확대되었고, 보는 시각이 다양해졌다.

가령 기존 정치학 단독 연구가 주로 시민정치의 성패 요인과 전략 및 민주적 함의에 대한 질문을 던지고 있었다면, 이번에는 학생들이 참여관찰 대상의 생각과 행위를 좀 더 가까이서 공감하면서 조심스럽게 해석을 시도하였고, 시민과 민주주의의 개념을 그대로 수용하는 것을 넘어 시민의 정체성 및 시민정치의 지평에 대한 근본적인 질문을 던지기도 하였으며, 시민정치의 긍정적 측면뿐 아니라 부정적 측면에 대해서도 비판적으로 성찰하고자 했다. 이러한 중요한 성과들은 크로스오버(crossover) 수업과 통섭적 융합 연구를 시도했기 때문에 가능했던 효과라고 생각한다.

일반적으로 CBL 수업은 1) 민주시민으로서의 규범성 교육을 중시하는 민주시민 교육(democratic citizenship), 2) 지역 사회의 특정 문제에 대한 해법 제시를 추구하는 문제기반 교육(PBL: problem based learning), 3) 대학의 지역 사회에 대한 봉사와 기여를 강조하는 서비스 러닝 교육(service learning), 4) 지역 사회의 문제에 대한 혁신적인 대안을 제시하는 사회혁신 교육(social innovation)의 목표를 복합적으로 추구한다. 이러한 4개의 목표에 더하여, 문화기술지 연구방법을 활용한 이번 수업 프로젝트는 지역 사회의 맥락과 전통, 지역 주민의 인식과 신념에 대한 '공감적 이해 교육(empathetic understanding)'의 목표와 가치를 수용하고 추구했다는 데 특별한 의의가 있다.

비록 그 과정이 힘들었지만, 양 과목을 수강하고 현장 연구를 함께 수행하여 이 책을 공동으로 출판한 학생들도 이러한 융합 수업 프로젝트의 의의에 공감하고 자신의 의미 있는 업적에 보람을 느낄 수 있기를 바란다. 수업 프로젝트 전 과정을 함께 이끌고 이 책의 공동저자로 참여한 서울대 사회혁신 교육·연구 센터 미우라 히로키 박사(수석연구원)와 석박사 대학원생인 백현빈, 신이수, 권현수(이상 정치외교학부), 강재성, 윤석주(이상 인류학과)에게도 감사한다. 이번 수업 프로젝트는 서울대 사회대와 글로벌 사회공헌단의 지원을 받았음을 밝힌다.

이 책은 서울대학교 사회혁신교육·연구센터의 제1호 총서로 출판되었다. 사회혁신교육·연구센터는 '교육혁신과 지역혁신을 통한 대학주도의 사회혁신'을 비전으로 SK 행복나눔재단의 지원에 힘입어 설립되었다. 서울대 사회대 모든 전공이 지역참여형/사회문제해결형 과목을 개설·운영하여 사회혁신 교육·연구·실천 모델을 선도하고, 사회대와 서울대 차원을 넘어 전국적으로 이러한 대학주도 사회혁신 모델을 확산하기 위한 플랫폼의 역할을 수행하는 계획이다. 이 책이 작지만 울림 있는 첫 신호탄이 되기를 바란다.

2019년 2월
김의영·이현정

제1장

시민정치를 새롭게 탐구하다
정치학·인류학 융합 수업과 연구 결과

서울대학교 정치학·인류학 공동연구팀[1]

I. 시민정치와 '시민정치 수업'

　서구 학자들은 대체로 시민정치(citizen politics)를 서구민주주의에서 탈물질적 가치지향을 지닌 시민이 추구하는 새로운 참여지향적 정치패러다임 정도로 본다.[2] 물리적 안보와 물질적 가치를 우선시하던 과거 세대를 넘어 자기표현과 삶의 질을 중시하는 탈물질주의 세대가 등장하면서 이제 시민들이 더욱 적극적으로 정치에 참여하고자 한다는 것이다.

1.　김의영(정치외교학부 교수), 이현정(인류학과 교수), 미우라 히로키(사회혁신 교육연구센터 수석연구원), 신이수(정치학전공 석사), 백현빈(정치학전공 박사과정), 윤석주(인류학과 석사과정), 권현수(정치학전공 석사과정), 강재성(인류학과 박사과정).

2.　Russell J. Dalton. 2014. *Citizen Politics: Public Opinion and Political Parties in Six Advanced Democracies*. Los Angeles: Sage; Ronald Ingllehart and Christian Welzel. 2005. *Modernization, Cultural Change and Democracy: The Human Development Sequence*. Cambridege: Cambridege University Press; Pippa Norris. 2002. *Democratic Phoenix: Reinventing Political Activism*. Cambridge. Cambridge University Press 참고.

이는 민주주의의 안정을 위해 시민의 과도한 참여를 지양함으로써 정부 통치의 융통성을 담보해야 한다는 과거 시민문화(civic culture) 패러다임과 극명하게 대비된다. 한때 서구 자유민주주의의 안정과 발전의 원천으로 일컫던 시민문화는 참여문화(participatory culture)와 신민문화(subject culture)의 혼합형으로, 시민들이 정부에 영향을 미칠 수 있다고 느끼긴 하지만 대체로 그 영향력을 행사하지 않음으로써 정부가 민첩하게 결정을 내리고 실행에 옮길 수 있도록 해주는 온건한 정치문화를 의미한다.[3]

'시민문화' 패러다임의 시민은 의회, 선거, 정당 중심의 제도권 정치의 틀 안에서 간헐적·간접적·수동적으로 정치에 참여하는 유권자의 역할에 머무른다. 새로운 '시민정치' 패러다임의 시민은 식견 있고 비판적이며 관여적인(engaged) 정치적 주체로서 제도권 정치를 넘어 좀 더 일상적·직접적·적극적으로 정치에 참여하고자 한다. 투표와 정당 가입과 같은 소위 관습적(conventional) 정치참여뿐 아니라 시위와 저항, 온라인상의 정치참여, 시민불복종 운동 등 과거에는 비관습적(unconventional) 내지는 비정상적이라고까지 평가·폄하되던 직접행동이 주류화되고 정상적인 정치참여 유형으로 받아들여진다.[4] 민주주의의 모델 논의도 기존 대의민주주의의 틀을 뛰어넘어 직접민주주의, 참여민주주의, 심의/숙의민주주의, 결사체민주주의, 전자민주주의 등 다양한 혁신적인 참여지향적 모델에 대한 논의로 이어진다.[5]

시민정치 논의는 한국 정치에서도 활발하다. 비록 서구적 맥락과는 차이가 있

3. Gabriel A. Almond and Sidney Verba. 1963. *The Civic Culture*. Princeton: Princeton University Press 참고.
4. 관습적, 비관습적 정치참여에 대한 고전적인 논의로 Sidney Verba, K. L. Schlozman, and H. E. Brady. 1995. *Voice and Equality: Civic Voluntarism in American Politics*. Cambridge, MA: Harvard University Press 참고.
5. 고전적인 민주주의 모델 논의는 David Held. 2006. *Models of Democracy*. Standford: Standford University Press 참고. 시민의회(citizen assemblies), 미니 공중(mini-publics), 직접민주주의, 전자민주주의 등 좀 더 혁신적인 민주주의 모델 논의는 Graham Smith. 2009. *Democratic Innovations: Designing Institutions for Citizen Participation*. Cambridge: Cambridge University Press 참고.

지만, '시민 주도의 참여지향적 정치'는 한국정치의 중요한 전통이자 특징이라 할 수 있을 것이다. 한국 정치의 국가—사회관계를 강한 국가(strong state)와 투쟁적인 시민사회(contentious society)의 역사적 전통에서 찾기도 하고,[6] 한국의 민주화 경험을 시민사회에 의한 밑으로부터의 민주화로 규명하기도 한다.[7] 민주화 이후 중요한 정치적 행위자로 부상한 NGO를 중심으로 시민정치를 논하거나,[8] 기존 정당정치에 대한 대안 모델로 시민정치를 상정하기도 한다. 시민정치의 이름으로 IT 기술 기반 온라인 정치참여, 대안적인 시민네트워크 정당, 촛불집회를 위시한 각종 직접행동 등 다양한 새로운 정치현상에 주목한다.[9] 시민정치 현상의 부상을 배경으로 등장한 정치 모델로 거버넌스의 정치를 논하기도 한다. 이는 행정과정의 기술적(technical) 민관협력과는 차원이 다른 새로운 '시민정치적' 정치 변화를 의미한다.[10]

이처럼 이 책의 주제인 시민정치는 서구뿐 아니라 한국 정치학계의 새로운 패러다임으로 자리 잡았으며 여러 관련 논의를 포함한다. 이러한 시민정치 논의를 배경으로 이 책은 특별히 풀뿌리 수준의 시민정치, 일명 '동네 안의 시민정치'에 초점을 둔다. '동네 안의 시민정치' 또한 매우 다양한 현상을 포괄한다. 중앙 수준을 넘어 도시, 지역, 마을, 동네, 골목 곳곳에서 시민이 주도하는 각종 시민정치가 꿈틀거린다. 주민들이 자치적으로, 관과 협치(協治)하며, 투쟁과 숙의와 협력의 과정을 거쳐 동네 문제를 해결하기 위해 노력한다. 이는 주민참여예산제, 주민자치회, 각종 위원회 참여, 조례제정운동, 지방선거운동, 의정감시, 마을만들기, 지

6. Hagen Koo. ed. 1993. *State and Society in Contemporary Korea*. Ithaca: Cornell University Press.
7. Sunhyuk Kim. 2000. *Politics of Democratization in Korea: The Role of Civil Society*. Pittsburgh: Pittsburgh University Press.
8. Euiyoung Kim. 2009. "Limits of NGO-Government Relations in South Korea." *Asian Survey* Vol. XLIX. No.5.
9. 김의영. 2012. "포스트 신자유주의 시대의 한국정치: 거버넌스의 정치에 대한 소고." 「한국과 국제정치」 제28권 제1호.
10. 김의영. 2015. 「거버넌스의 정치학: 한국정치의 새로운 패러다임 모색」. 서울: 명인문화사.

역 수준의 각종 사회적경제 활동 등 실로 다채로운 모습으로 나타난다.[11]

시민정치에서 이러한 동네 안의 시민정치는 생각보다 중요하다. 혹자는 마치 수준 낮은 축구를 '동네 축구'라 폄하하듯이 동네 안의 시민정치 현상을 지엽적이고 하찮은 '동네 정치' 정도로 치부하기도 한다. 하지만 그람시(Antonio Gramsci)의 표현을 빌려, 헤게모니 투쟁에 있어 시민사회의 참호를 장구한 시간 하나하나 구축해나가는 진지전(陣地戰)이 중요하듯이 사실 시민정치의 투쟁에서 광장의 촛불집회와 중앙 NGO의 시민운동만큼이나 풀뿌리 모세혈관을 통해 흐르는 동네 안의 시민정치도 중요하다.

퍼트남(Robert D. Putnam)의 이탈리아 민주주의 연구는 이러한 점을 단적으로 보여준다.[12] 지방자치제도 도입 20년 후 이탈리아 각 지역의 민주주의 성과를 비교 연구한 퍼트남의 연구는 성패의 관건이 지방자체제도와 같은 제도 요인 혹은 부와 교육의 수준과 같은 사회경제적 요인이 아니라 시민사회 요인, 즉 능동적이고 평등주의적이며 공익 지향적인 시민들이 서로 신뢰하고 네트워크를 이루며 의욕적으로 참여하는 시민공동체의 존재 유무라는 것을 밝혀냈다. 한마디로 큰 틀의 중앙정치와 사회경제적 지형이 중요한 것이 아니라, 바로 '동네 안의 시민정치'가 잘 되는 곳에서 민주주의가 성공한다는 메시지다.

시민공동체가 구축된 곳에서는 주민들의 조직화가 수월하고 이들의 좀 더 효율적인 공공 서비스에 대한 요구를 정부가 무시하지 못한다. 또 공동 이익을 위해 협력할 줄 아는 시민성을 소유한 주민들이 정책 실현의 일익을 담당함으로써 정부 정책이 성공으로 이어질 수 있는 시너지가 가능하다. 한마디로 함께 힘을

---

11. 김의영 외. 2015. 「동네 안의 시민정치: 서울대생들이 참여 관찰한 서울시 자치구의 시민정치 사례」. 서울: 푸른길; 김의영 외. 2016. 「동네 안의 시민경제: 서울대생들이 참여 관찰한 지자체의 사회적경제 사례」. 서울: 푸른길; 김의영 외. 2018. 「관악구의 시민정치: 서울대생과 지역주민, 공무원이 참여관찰한 6가지 사례」. 서울: 푸른길; 김의영·미우라 히로키 편. 2019. 「시흥의 시민경제: 서울대생들이 참여 관찰한 시흥시의 사회적경제 사례」. 서울: 푸른길(근간); 한국정치학회·서울시마을만들기종합지원센터 편. 2019. 「지역 기반 시민정치 수업 매뉴얼: 대학-지역 연계 수업 길라잡이」(근간) 참고.
12. 로버트 퍼트남(Robert Putnam). 2000. 「사회적 자본과 민주주의(*Making Democracy Work: Civic Traditions in Modern Italy*)」. 서울: 박영사.

합쳐 잘 싸울 줄도, 잘 협력할 줄도 안다는 것이다. 반대로 덜 '시민적인' 지역의 시민들은 모래알처럼 흩어져 냉소적인 방관자가 되거나 위계적 후견주의의 그늘 아래서 간청자의 역할을 수행할 뿐이다. 이러한 곳에서는 지방자치제도가 도입되더라도 제대로 작동할 리 없다.

이 책의 출판은 이러한 문제의식을 배경으로, 2018년 2학기 서울대학교 정치학·인류학 융합 시민정치 수업 프로젝트로 기획되었다. 한마디로 지역기반학습(community based learning, CBL), 학생들의 문화기술지 연구, 학술적 저서 출판으로 이루어진 교육·연구·실천 프로젝트라 할 수 있다.[13] 교육·연구·실천 프로젝트라는 이름에서 알 수 있듯이 수업의 목표는 교육, 연구, 실천의 세 가지 측면을 아우른다. 교육의 측면에서, 새로운 풀뿌리 시민정치 현상을 대상으로 딱딱한 강의실을 벗어나 지역 현장에 뛰어들어 살아 있는 교육을 교수·학생·주민이 함께 실행한다. 연구의 측면에서는 인류학의 전문적인 문화기술지 연구방법을 활용하여, 출판할 만한(publishable) 수준의 학술적 연구 결과를 목표로 학생들과 함께 공동연구를 수행한다. 실천의 측면은 학생들에게 민주적 시민의식과 공적·시민적 리더십을 함양하고, 연구와 출판을 통하여 정보와 지식을 확산하고 정책적·실천적 대안을 제시하며, 지역 사회의 발전과 혁신에 실질적으로 이바지할 수 있도록 노력한다는 의미가 있다.

수업은 시민정치와 문화기술지 연구방법에 대한 세미나와 학생들의 '발로 뛰는' 현장 연구로 구성되었다. 시민정치 세미나 부분에서는 '시민정치와 참여민주주의', '사회적 자본', '로컬 거버넌스', '참여예산제와 혁신적 민주주의 사례', 그리고 '사회적경제'를 주제로 각각 시민정치와 참여민주주의의 개념과 이론, 미국 지역 공동체 복원을 위한 사회적 자본 축적 사례, 로컬 거버넌스 성패요인에 대한 국내외 연구, 브라질 포루투 알레그레 참여예산제 사례와 혁신적 민주주의 분석틀, 사회적경제와 풀뿌리 민주주의 등에 대한 주요 문헌을 분석하고 학생들이 스

---

13. 각주 11)의 책들은 모두 CBL 방법에 기초한 일련의 교육·연구·실천 프로젝트의 결과물이다.

스로 선정한 지역 사례에 적용해 보는 방식으로 진행되었다.[14] 문화기술지 연구 방법 세미나 부분에서 다룬 내용은 2절에 따로 정리하였고, 3절은 수업의 전체 구성을 일자별로 기록하고 있다. 4절에서는 학생들의 시민정치 사례에 대한 문화기술지 연구의 내용과 의미를 분석한다.

강의 목적 및 내용: 〈강의계획서〉 중에서

정치외교학부 〈시민정치론〉

"광장의 촛불혁명이 웅변하듯이 이제 일반 시민이 정치의 중요한 행위자로 등장했다. 하지만 시민이 정치의 주체가 되는 시민정치는 동네 안에도 있다. 주민들이 자치적으로, 관과 함께 협치하며 동네 문제를 해결하고자 노력하는 것을 말한다. 본 세미나는 시민정치 이론과 방법론에 대한 학습에 기초하여 서울시의 시민정치에 대한 사례 연구를 하는 것을 목적으로 한다. 수업 전반부에 주요 기존 연구들을 중심으로 시민정치 관련 개념과 이론적·경험적·방법론적 논의를 검토하고 벤치마킹하여 수강생들의 사례분석을 위한 기본적인 시각과 분석 틀을 도출하도록 한다. 후반부에는 서울시 시민정치 사례에 대한 field research를 실시한다.

본 세미나는 인류학과 '인류학연구방법실습'(담당교수: 이현정 교수) 수업과 연동되어 함께 진행하는 융합적·통섭적 수업 프로젝트로서. 인류학적 시각과 특히 문화기술지적 현장연구 방법을 적극적으로 활용한다. 본 세미나의 수강생은 인류학과 인류학연구방법실습 과목 수강생들과 함께 연구 팀을 구성하여 서울시 시민정치 사례를 연구한다. 팀별로 담당 시민정치 사례를 선정하고 해당 지역을 가능한 한 자주 방문하여 관련 민·관 행위자들과의 심층적인 인터뷰와 참여 관찰한다. 실제 field research를 위하여 떠나기 전 수강생들은 기존 2차 자료와 데이터(신문 및 인터넷 정보, 관련 자료

---

14. 시민정치 부분에서 다루는 기본적인 문헌과 수업 내용에 대한 보다 자세한 설명은 김의영 외. 「동네 안의 시민정치: 서울대생들이 참여 관찰한 서울시 자치구 사례」의 서문 참고.

시민정치의 문화기술지

및 데이터, 기존 연구논문 등)에 기초하여 각 사례의 기본적인 현황 분석을 마쳐야 한다. 수업 후반부는 field research와 참여 관찰 및 집필에 도움을 주는 방식으로 진행될 예정이다.

본 세미나는 교육과 연구뿐 아니라 수강생들의 사회적 책임 실천과 공헌을 목표로 학생들이 따뜻한 마음을 가진 진정한 리더로 성장할 기회를 제공하고자 한다. 수강생들은 교육과 연구 과정을 통하여 서울시의 시민정치 발전에 이바지할 방법을 모색해보고, 주요 일간지 기획기사 및 책 출판을 통하여 시민정치의 취지와 중요성을 우리 사회에 더욱 알리고 그 저변을 확장하며, 실제 현실 적용 가능한 정책적·실천적 지식과 정보를 발굴하는 등 최대한 사회적 실천과 기여를 위한 노력에 경주해야 한다."

인류학과 〈인류학연구방법실습〉

"본 수업의 목표는 인류학 방법론의 핵심을 이루는 문화기술지적 현장연구(ethnographic fieldwork)의 구체적인 기술과 방법을 습득하도록 하는 데 있다. 이 강좌를 통해 수강생들은 연구주제의 선정과 연구계획서 작성, 자료의 수집과 분석, 보고서 쓰기까지 연구의 전 과정을 실습을 통해 수행하게 될 것이며, 인류학적 연구방법의 독특한 성격과 의의를 직접 체험하게 될 것이다. 또한 직접 인류학 연구를 수행해봄으로써, 사회와 문화현상에 대한 인류학적 관점과 접근방식을 보다 심도 깊게 이해할 것이 기대된다.

2018년도 '인류학연구방법실습'의 연구주제는 '시민정치'이다. 올해의 수업은 연구주제와 밀접한 정치외교학부의 '시민정치론'(담당교수: 김의영 교수) 강좌와 연동되어 진행된다. 양쪽 수업의 학생들은 상호 전공의 이론과 경험적 연구 및 방법론을 접할 수 있는 기회를 가지며, 가능한 한 양쪽 전공 학생들이 함께 현장연구를 수행할 수 있도록 함으로써 융합적·통섭적 교육·연구·실천 프로젝트로 운영된다.

본 수업의 수강생들은 '시민정치론' 수강생들과 함께 조를 꾸려서 연구주제를 선정하고 현장연구를 수행한 뒤, 문화기술지적 보고서를 작성하여 제출하게 된다. '시민정치론' 수강생들과의 보다 효과적인 조별 협업을 위해 두 강좌의 수업이 함께 진행될 수도 있지만, '인류학연구방법실습' 수강생은 전공필수 과목에 상응하는 필드노트 과제를 수행해야 한다. 최종 연구결과물은 공식적인 최종보고서 발표 이후, 편집 작업을 거쳐 논문집이나 책으로 만들어질 예정이다."

II. 문화기술지 연구방법론

문화기술지(ethnography)란 어원적으로 folk, people, nation 등을 의미하는 그리스어 *ethnos*와 글쓰기를 의미하는 *graphia*의 합성어로, 한국에서는 민족지(民族誌) 혹은 민속지(民俗志) 등의 용어로도 번역되었다. 문화기술지는 20세기 초까지는 주로 인류학자가 비서구 사회의 부족이나 민족의 문화를 기술하는 작업과 그 결과물을 뜻하는 용어로 사용되었지만, 오늘날에는 부족과 민족을 넘어, 문화를 공유하고 있다고 여겨지는 특정 집단 구성원들의 행동, 삶의 방식, 신념, 가치 등을 현지인의 관점에서 자세히 기술하고 분석한 기록을 포괄적으로 뜻한다. 따라서 문화기술지 연구방법론이란 그러한 문화기술지 작성을 위해 사용되는 방법론을 의미한다고 할 수 있다.

한 집단을 참여관찰하고 면담한 뒤 기술하는 것을 문화기술지라고 단순하게 생각하는 사람들은, 이 작업을 누구나 특별한 학습이나 훈련 없이 수행할 수 있는 것으로 종종 오해하곤 한다. 그러나 문화기술지란 참여관찰이나 면담과 같은 몇 가지 '방법'을 무작정 사용한다고 해서 되는 것이 아니다. 사실 제대로 된 문화기술지를 작성하기 위해서는 충분한 자료를 통해 반박할 수 없는 근거를 제시할 수 있어야 하고, 피면담자의 발화를 사실 그대로 받아들이는 것을 넘어서서 비교와 관찰을 통해 검토 과정을 거쳐야 하며, 집단 전체를 균형 있게 아우를 수 있는 통합적인 사고를 요하기 때문에, 효과적인 참여관찰과 면담 방식뿐 아니라 윤리적 태도와 분석적 능력에 대한 훈련이 필요하다. 문화기술지 연구방법'론'이라고 부르는 까닭도, 문화기술지가 단순히 몇 가지 방법을 넘어 특수한 인식론·윤리적인 관점을 가진 방법론적 패러다임이기 때문이다.

무엇보다 문화기술지 학자들은 통계적 연구방법을 사용하는 연구자와는 근본적으로 다른 질문을 제기한다. 통계적 연구를 수행하는 경우, 대체로 변수 간의 상관관계나 영향요인을 확인하거나, 유용성이나 효과를 판단하고, 결과를 예측하는 데 목적을 둔다. 통계적 연구는 이러한 과제를 수행하는 데 실제로 더 적합하며, 따라서 정책 개발이나 평가에 관심 있는 다수의 사회과학자들은 양적 연구방법을 상대적으로 선호한다. 그러나 인간 사회에 관한 연구 질문은 반드시 이러한 목적에 부합되는 것이 아니다. 예컨대, 지금껏 연구가 거의 수행되지 않은 새로운 사회 현상이나 개념 또는 집단의 행동방식에 대해서 우리는 어떻게 파악해야 할까? 또, 변인이 무엇인지 불분명하거나 인과관계를 알기 힘든 복잡한 사회적 과정에 대해서는 어떻게 설명해야 할까? 설문으로 확보되기 힘든 인간의 내면적인 동기나 암묵적인 의미가 관여하는 영역에 대해서는 어떻게 고려할 수 있을까? 이처럼, 인간 사회현상의 많은 질문들은 통계적 연구방법만으로 충분히 알기가 어렵기 때문에 근본적으로 다른 접근이 필요하다.

물론 통계적 연구방법을 사용하지 않는 연구방법은 문화기술지만 있는 것은 아니다. 내러티브 연구, 현상학적 접근, 근거이론, 사례 연구 등등, 통계를 사용하지 않는 경험적 연구방법을 통틀어 질적 연구방법이라고 부르기도 한다. 이러한 구분을 받아들인다면, 그 중에서도 문화기술지는 한 집단의 문화나 행동 양상을 기술하고 분석 및 해석하고자 할 때 가장 유용한 접근법이다. 요약하자면 문화기술지 학자들은 대개 사회문화적 특성을 공유하고 있다고 가정되는 하나의 집단을 대상으로, 그들과 일상을 공유하며 현장연구를 수행함으로써 그 집단의 사회문화적 특성을 이해하고자 하며, 구체적으로 참여관찰과 면담 방법을 주로 활용하여 자료를 수집한다. 문화기술지학자들은 연구 대상과의 신뢰가 구축되지 않고서는 깊이 있는 자료를 획득할 수 없다는 사실을 잘 알고 있으며, 따라서 자료 수집뿐 아니라 자료의 정리 및 분석 과정에서도 현지인의 입장을 최대한 중시하고자 한다.

그렇다면 구체적으로 문화기술지 연구방법이 어떻게 진행되는지 단계에 따라 구체적인 연구방법을 중심으로 하나씩 살펴보도록 하겠다.

1. 현장에 들어가기 & 라포 형성하기

문화기술지 연구를 수행하려는 연구자는 일반적으로 현장에 들어가기 전에 연구주제를 설정하고, 연구주제를 다루는 데 적합하다고 여겨지는 현장을 선정한다. 예컨대, '시민정치'가 연구주제라면, 시민정치의 양상을 가장 잘 관찰할 수 있는 집단이나 장소가 어디인지를 고려해서 정하게 된다. 고민 끝에 한 곳을 정했다고 하더라도, 현장에 허락을 받고 들어가는 과정은 간단하지 않다. 연구자는 연구목적에 대한 충분한 설명과 자기소개를 해야 하며, 처음부터 연구대상과 정직하고 상호 신뢰적 관계를 구축해야 한다. 어색하다거나 연구를 하고자 하는 욕심에 치우쳐, 자칫 '사소한 거짓말이겠지'하고 감추거나 거짓을 말하게 되면, 나중에 연구 자체를 중단하게 되거나 되돌릴 수 없는 상처를 서로 입을 수 있으니 주의한다. 집단에서 특별히 연구에 호의적인 사람과 주요 정보제공자로서 관계를 맺고 도움을 받을 수 있지만, 집단 내에 갈등이나 위계 관계가 있는데 혹시 한쪽 편만 가까워지게 되는 것은 아닌지 살펴봐야 한다. 일단 현장에 들어갈 수 있는 허락을 받게 되면, 가능한 한 자주 접촉하고 그들의 일상 속에 함께하면서 라포(rapport)를 쌓아야 한다. 라포란 단순히 인간적으로 친해지는 것만을 뜻하는 것이 아니라, 상대방의 입장과 경험에 공감하는 태도를 갖고 배우고 경청하는 자세 속에서 형성되는 것이다. 즉 현장에서 연구자는 최대한 자신의 역할과 정체성을 현지인의 방식을 존중하는 방식으로 해야 한다.

2. 참여관찰

참여관찰이란 연구자가 연구대상 집단의 일상 속에 장기간 함께 거주하고 상호 작용함으로써 집단 성원들의 사고방식 및 행위양상에 대한 전반적인 맥락을 이해하고 자료를 수집하는 방법이다. 예컨대, '시민정치'의 현장으로 시민단체를 살펴보기로 했다면, 시민단체 내부의 회의에도 가능하면 허락을 받아 참석하고, 시민단체 활동가들의 업무 진행방식도 관찰하고(이때, 잔일을 돕는 역할을 자청할 수 있다), 또 시내에 나가 시민들을 접촉하거나 행사를 진행하는 과정에도 참여해 보는 것이 필요하다. 문화기술지 방법의 핵심이 '면담'이라고 오해하고 무작정 이 사람 저 사람과 면담부터 하려는 사람들이 있지만, 그것은 잘못된 것이다. 사람의 발화 내용은 엄밀히 말해서 그 자체로 '사실'이라기보다는 '사실에 대한 발화자의 기억이나 생각'이다. 따라서 연구자는 특정인과의 면담 내용에 절대적으로 의존해서 안 되며, 일단 참여관찰을 통해 전체적인 맥락을 어느 정도 파악한 다음에 집단 내에서 다양한 입장을 취하고 있는 사람들의 의견을 면담을 통해 고루고루 들어볼 필요가 있다.

참여관찰에서 연구자는 눈으로 보고, 귀로 듣고, 입으로 대화하고, 가슴으로 느끼고, 몸을 함께 움직이면서, 낯선 사회의 문화를 자신의 것으로 '체화'하게 된다. 이처럼 현장 구성원들의 자연스러운 일상을 경험함으로써, 연구자는 그 사회 집단의 구성 및 작동방식을 현지인과 비슷하게 이해하게 되고, 그들이 자신의 삶과 사건, 행위를 의미화 하는 방식을 파악할 수 있게 된다. 즉, 점차 '내부자적 시각'(native point of view)을 획득하고 깊은 이해를 할 수 있게 되는 것이다. 그러나 연구자가 현지인이 될 수도 없으며, 국적, 성별, 나이, 학력 등등에 따라 현장에서 경험해 볼 수 있는 내용이 제한적일 수 있다는 점도 알아두어야 한다. 따라서 문화기술지 학자들은 현장연구에서 획득한 지식을 특정한 사회적 위치와 입장을 가진 인류학자와 연구대상 간의 상호 작용이 만들어낸 지식이라는 의미에서 '상황적 지식'(situated knowledge)이라고 부른다.

3. 면담

문화기술지에서 사용되는 면담은 비공식적 면담, 반구조화된 면담, 심층면담 등 여러 가지 방식이 사용될 수 있다. 비공식적 면담은 참여관찰을 수행하면서, 일상적 상황 속에서 궁금한 것을 질문하거나 대화하는 것이다. 반구조화된 면담은 피면담자가 시간이 없거나 핵심적인 내용에 대해서 확인할 필요가 있을 때, 미리 몇 개의 정해진 질문을 가지고 진행하는 것이다. 보통은 반복적으로 만나기 어렵고 해당 사안에 대한 의견이 분명한 전문가에 대한 면담을 수행할 때 사용한다. 심층면담은 문화기술지에서 사용하는 가장 중요한 방식의 면담인데, 미리 정해진 질문 목록 없이 피면담자의 이야기를 연구자가 좇아가면서 대화의 흐름과 맥락 속에서 자유롭게 질문하면서 점차 심도 있는 대답을 얻는 것이다. 예상하겠지만, 심층면담이 가장 깊이 있는 내용을 얻을 수 있는 반면, 엉뚱한 주제로 빠지지 않기 위해서는 상당히 높은 수준의 면담 기술과 경험치를 요한다.

모든 인간은 타인과 일상적인 대화를 하는 데 익숙하기 때문에, 언뜻 면담이 간단한 것으로 보이기 쉽다. 그러나 처음부터 면담을 효과적으로 수행하는 사람은 많지 않으며, 경험과 훈련이 필요하다. 무엇보다 연구 경험이 별로 없는 사람의 경우, 무의식적으로 연구자가 원하는 대답을 염두에 두고 질문하는 실수를 저지르기 쉽다. 예컨대, 공동육아 협동조합을 통해 풀뿌리 민주주의 실험을 해 보고 있는 마을 주민들을 연구한다고 해 보자. 만일 연구자가 "이번에 공동육아 협동조합을 직접 운영해 보시니까 어떠세요? 자율적이고 민주적인 시민으로서 보람을 느끼게 되셨나요?"라고 묻는다면, 피면담자는 설령 그렇지 않다고 하더라도 "아니요. 보람은커녕, 이번 계기로 자율성과 민주성이 거짓 몽상에 불과하다는 것을 깨달았어요."라고 반박하기는 어렵다. 피면담자가 "네, 보람을 느꼈죠."라고 답한다면, 그것이 정말 보람을 느껴서인지, 아니면 면담자가 암암리에 유도했기 때문인지 판단하기가 어렵다. 연구 결과의 진실성(validity)도 그만큼 의심스러워질 수밖에 없다. 따라서 면담을 수행할 때는 과연 질문이 피면담자가 충분히 자기 의견을 편하게 드러낼 수 있도록 중립적으로 이루어지고 있는지 주의해야 한다. 미리 참여관찰과 충분한 라포 형성을 통해, 피면담자의 집단 내의 위치나 개인적 상황에 대해서 사전 정보를 가지고 있다면, 질문은 좀 더 구체적일 수 있으며 감정적으로도 무례한 질문은 피할 수 있다.

4. 기록과 자료 관리

문화기술지 연구를 수행할 때, 매일매일 기록하는 습관은 매우 중요하다. 현장에서 연구자의 경험에 대한 기록은 크게 현장노트(fieldnote)와 현장일지(field diary)로 나뉜다. 현장노트는 연구자가 보고 듣고 경험한 내용을 자유롭게 기록한 것으로, 일반적으로는 연구 진행 중에 들고 다닐 수 있는 작은 공책에 적어 두었다가 연구를 마치고 컴퓨터에 옮겨 적으면서 정리하는 방식을 취한다. 컴퓨터에 옮겨 적으면서, 추가적으로 확인해야 할 지점들과 당시의 해석을 적어두면 나중에 분석할 때 도움이 된다. 현장일지는 그날그날 연구자에게 의미 있었던 일과 감정적 경험에 대한 기록으로, 나중에 당시의 상황을 떠올리거나 맥락화하는 데 도움을 준다. 또한 낯선 사람들과 일상을 공유하는 경험은 연구자에게 늘 즐겁고 흥미진진한 것만은 아니고, 외로움이나 답답함, 심지어 좌절이나 분노를 경험할 수도 있기 때문에 그러한 감정적 경험에 대해서 글로 적으면서 연구자로서 성찰하고 치유하는 과정이 필요하다.

현장에서 수행한 연구 과정에서 생성되는 기록으로는 녹음, 사진과 비디오 촬영이 있다. 녹음은 비공식적 면담을 제외하고는 면담 과정 중에 해 놓는 것이 좋다. 녹음기를 앞에 놓으면 갑자기 하던 말을 멈춘다면서 녹음을 꺼리는 사람이 있는데, 단지 기억에 의존해서 면담 내용을 나중에 적어놓을 경우에 면담 내용을 왜곡되게 사용하게 된다. 면담 녹음을 전사하는 연습을 해 보면, 실제로 면담자가 말한 내용과 연구자가 기억하는 것이 얼마나 많은 차이가 나는지를 확인하게 될 것이다. 집단의 중요한 활동 장면이나 장소, 의미 있는 물품 등은 사진으로 찍어놓으면 유용하다. 그러나 사람의 얼굴이 찍힐 경우에는 나중에 출간을 위해서 반드시 당사자의 동의를 받아야 한다는 것을 잊어서는 안 된다. 전체 진행 과정을 기록해두면 좋을 의례나 행사는 허락을 받아 비디오 촬영을 하는 것도 좋다.

면담 녹음 파일의 전사는 연구를 마친 다음에 해도 되지만, 가능하다면 연구 진행 중에 일부를 해 보는 것을 권한다. 그러면 질문에 온 신경을 집중해야 하는 면담 때와 달리 피면담자의 이야기를 전체적으로 이해하게 되고, 때때로 중요한 사실을 새롭게 깨닫게 되기도 한다. 또, 다음 번 면담에서 피면담자에게 추가적으로 해야 할 질문 목록을 정리할 수 있으며, 다른 피면담자와의 면담을 수행할 때에도 도움을 받을 수 있다.

5. 코딩과 문화기술지 작성

연구를 마친 다음, 연구자는 현장에서 수집한 자료들을 정리하고 분석을 시작하게 된다. 녹음 파일을 전사한 문서와 현장노트는 모두 문서 파일로 정리해서, 연구자가 파악하기 쉬운 방식으로 정렬을 해서 폴더에 보관해 둔다. 사진과 영상 자료도 따로 잘 정리해 둔다. 코딩(범주화)을 하지 않는 경우도 있지만, 문서 자료는 코딩을 해놓는 것이 정확한 분석을 하는 데 도움이 된다. 문화기술지 연구에서 코딩은 어떤 정해진 틀이 없지만, 코딩에 사용되는 주요 개념은 현지인들이 사용하는 개념을 따라 이루어지는 것이 보통이다. 연구자는 문서 자료를 반복적으로 읽어가면서, 코딩에 사용되는 주요 개념을 생성하고 범주화의 수준을 1차, 2차, 3차 등으로 구별하면서, 최종적으로 자료에서 모순이 발견되지 않을 때까지 진행한다.

문화기술지는 이러한 전체 연구 과정의 최종 결과물이다. 연구자는 현장노트를 읽어가면서, 연구 질문, 관심 주제, 혹은 주요한 사건이나 행동을 중심으로 자료를 선별하고 맥락을 고려하면서 하나의 '이야기'를 구성해낸다. 이때 그 '이야기'는 현장에 가 보지 않은 독자들이 충분히 이해할 수 있도록 작성되어야 하며,

집단 내의 다양한 목소리와 맥락이 성실하게 반영되어 있는 것이 좋다. 이와 관련하여, 인류학자 클리포드 기어츠는 '중층 기술'(deep description)이라는 표현을 통해, 인간 행위의 표면에 드러난 것에 대한 묘사와 설명에 그치지 않고 그 행위의 맥락을 설명해야 한다고 하였다.

지금까지 문화기술지 연구방법론을 간단하게 정리해 보았다. 문화기술지는 어떠한 질문을 가지고 어떠한 대상을 연구하느냐에 따라 접근법이 다소 달라질 수 있으며, 여기에 적힌 것은 가장 기본적인 내용에 불과하다. 연구방법에서도, 여기서는 모든 연구자가 사용하는 참여관찰과 면담만 소개했지만, 그 외에도 연구자의 필요에 따라 초점집단 연구나 구술생애사, 문헌자료 수집, 설문조사 등이 추가로 이루어지는 것이 일반이다.

이번 학기 수업에서 인류학연구방법실습(인류학과)과 시민정치론(정치외교학부)을 수강한 학생들은 문화기술지 연구방법론을 하나하나 배워가면서 팀별로 선정한 현장에서 실습을 수행하였다. 한 학기 동안 연구 질문 구성부터 글쓰기까지 이루어져야 하는 시간적 제약으로 인해, 연구 과정이 쉽지만은 않았으며 현장의 상황에 따라 예상치 않은 어려움에 직면하기도 하였다. 그렇지만, 예상치 않은 어려움에 직면하고 해결해나가는 과정이야말로 문화기술지 연구의 매력이자 현장에서 사회집단을 역동적으로 이해해가는 핵심이다.

III. 수업의 전체 기록: 문화기술지 연구방법론에 의한 시민정치 분석

본 수업은 정치학 및 인류학 공동연구팀과 수업 수강생들의 협력으로 진행되었다. 정치외교학부의 김의영 교수, 인류학과의 이현정 교수를 필두로 수업의 전반적인 방향성과 내용이 구성되었다. 더불어 각 과의 대학원생 조교들 및 박사연구원은 현장연구의 진행경과에 따라 자료수집과 해석, 인터뷰 추진, 연구결과 체계화 등을 위해 역할을 분담하여 지원하였다. 다음은 수업의 전체 구성을 일자별로 기록한 것이다.

9월 3일 "시민정치론–인류학연구방법 실습 수업 소개"(김의영·이현정)

- 수업 목표 및 주제, 수업 교재, 강의 일정, 수강생 과제 등 소개
- 현장연구 조 편성

9월 10일 "현장연구 설계"(이현정)

- 문화기술지 연구방법론의 성격과 연구주제 및 현장 선정시 고려 사항 논의
- 문제제기, 선행연구 검토, 연구목적, 연구질문 등 연구계획서 작성 방법 소개
- 조별 연구주제 및 연구대상 선정

〈교재〉

- 이용숙·이수정·정진웅·한경구·황익주. 2012. 『인류학 민족지 연구 어떻게 할 것인가?』. 일조각. 제1장 "인류학, 민족지 연구, 현장연구."
- 같은 책. 제2장 "현장연구의 설계"

9월 17일 "시민정치와 참여 민주주의"(김의영)

- 시민정치 개념, 민주주의적 맥락에서 시민정치의 의미 소개
- 서울시 시민정치 사례연구 논의
- 사례연구 방법론, 해석적 연구 방법론 소개
- 조별 연구주제에 대한 선행연구 검토 및 예비 현장연구

〈교재〉

- Michael Saward. 2003. *Democracy*. Cambridge: Polity Press. chapters 2 & 3.
- 토마스 커러더즈. 2000. "시민사회에 대한 오해." 조효제 편역. 『NGO의 시

대』.
- 기디언 베이커. 2000. "시민사회 사상 길들이기." 위와 같은 책.
- 신명호. 2000. "한국 지역주민운동의 특성과 교훈." 위와 같은 책.

9월 24일 추석 휴강
- 조별 예비 현장연구 및 현장 방문

10월 1일 "사회적 자본"(김의영)
- 사회적 자본 개념과 사례연구 소개
- 사회적 자본의 정치적 함의와 조별 현장연구에 대한 적용 모색 논의
- 조별 연구계획서 제출

〈교재〉
- Robert Putnam. 2003. *Better Together: Restoring the American Community*. New York: Simon and Schuster. chapters 1, 3, 4, 12, conclusion.

10월 8일 "연구주제 탐구"(이현정)
- 연구 현장에 들어가기-자리 잡기-떠나기와 참여관찰, 면담 방법에 대한 소개
- 조별 연구계획에 따른 현장연구 병행

〈교재〉
- 이용숙·이수정·정진웅·한경구·황익주. 2012. 『인류학 민족지 연구 어떻게 할 것인가?』. 일조각. 제3장 "현장 들어가기, 자리 잡기, 떠나기"
- 같은 책, 제4장 "참여관찰"
- Renato Rosaldo. 1994. "Cultural Citizenship in San Jose, California." *PoLAR: Political and Legal Anthropology Review* 17(2). pp.57-64.

10월 15일 "현장연구방법"(이현정)

- 심층면담 방법, 현장연구 기록과 자료관리 방법 소개
- 조별 현장연구에 따른 필드노트(참여관찰 내용) 제출

〈교재〉

- 이용숙·이수정·정진웅·한경구·황익주. 2012.『인류학 민족지 연구 어떻게 할 것인가?』. 일조각. 제5장 "면담"
- 같은 책. 제6장 "기록과 자료관리"

10월 22일 "로컬 거버넌스 이론과 사례"(김의영)

- 거버넌스(governance) 기존 연구 및 개념 정의, 내용 등 논의
- 로컬 거버넌스, 협력적 거버넌스 등 거버넌스 관련 이론 소개
- 조별 연구계획에 따른 현장연구 병행

〈교재〉

- 유재원·홍순만. 2005. "정부의 시대에서 꽃핀 Multi-level Governance: 대포천 수질개선사례를 중심으로."『한국정치학회보』 Vol. 39. No. 2.
- 김의영·한주희. 2009. "결사체 민주주의의 실험."『한국정치학회보』 Vol. 42. No. 3.
- 김의영. 2011. "굿 거버넌스 연구분석틀."『한국정치연구』 Vol. 20. No. 2.
- Ansell, Chris and Alison Gash. 2008. "Collaborative Governance in Theory and Practice." *Journal of Public Administration Theory and Practice* 18(4).

10월 29일 "참여예산제 사례와 혁신적 민주주의 분석 틀"(김의영)

- 주민참여 관련 제도, 프로젝트, 사업에 대한 정치학적 분석 논의
- 혁신적 민주주의 분석 틀 소개 및 사례 적용 논의
- 조별 연구계획에 따른 현장연구 병행

〈교재〉
- Abers, Rebecca. 1998. "From clientelism to cooperation: Local government, participatory policy, and civic organizing in Porto Alegre, Brazil." *Politics & Society* Vol. 26. No. 4.
- Smith, Graham. 2009. *Democratic Innovations: Designing Institutions for Citizen Participation*. Cambridge: Cambridge University Press. chapters 1 & 2.

11월 5일 "해석과 글쓰기"(이현정)

- 자료의 기록, 코딩 방법, 문화 해석, 문화기술지적 글쓰기 내용 소개
- 질적 연구에서 자료수집과 분석의 특징 소개
- 현장연구시 중간 점검 방법 논의

〈교재〉
- 이용숙·이수정·정진웅·한경구·황익주. 2012. 『인류학 민족지 연구 어떻게 할 것인가?』. 일조각. 제7장 "자료의 분석에서 글쓰기까지"
- 클리포드 기어츠. 2009. "심층놀이: 발리의 닭싸움에 관한 기록들." 『문화의 해석』. 까치.
- 제임스 클리포드. 2000. "서론: 부분적 진리." 『문화를 쓴다』. 한국문화사.
- 마저리 쇼스탁. 2008. "서론." 『니사』. 삼인.

11월 12일 "중간보고서 발표"(김의영·이현정)

- 조별 현장연구 중간 내용 발표 및 토의

11월 19일 현장연구

- 조별 연구계획에 따른 현장연구

11월 26일 "조별 면담"(김의영·이현정)

- 조별 현장연구 진행 경과 확인, 연구 내용 면담
- 조별 필드노트(코딩 내용) 제출

12월 3일 현장연구

- 조별 연구계획에 따른 현장연구

12월 10일 "최종보고서 발표 1"(김의영·이현정)

- 조별 현장연구 최종 내용 발표 및 토의

12월 17일 "최종보고서 발표 2"(김의영·이현정)

- 조별 현장연구 최종 내용 발표 및 토의

수강생들의 프로젝트와 발표

수강생들은 약 6개월이라는 제약된 시간에도 불구하고 조별 연구계획에 따라 독립적인 현장연구를 수행하였다. 현장에 수십 번 왕래하며 현지인의 관점을 녹여낸 연구질문을 만들고자 노력하였고, 이를 통해 시민정치 논의 지형을 확장시키는 데 기여하였다. 〈그림 1〉은 한 조가 연구 현장에 방문, 연구대상과 친분을 쌓으며 현장에 깊숙이 들어가 참여관찰을 하기 위해 직접 연구대상과 함께하는 사업에 참여한 모습을 보여준다. 한편 〈그림 2〉는 현장연구 과정에서 수강생들이 직접 내부자가 되어 연구대상을 분석하는 활동을 하며 그 홍보자료를 만든 것이다.

현장연구 수행은 '무(無)에서 유(有)를 창조'하는 과정이 아닌, 수업에서 학습한 정치학적 이론과 문화기술지 연구방법론에 철저히 토대를 두고 시도된 것이었다. 특히 수강생들은 시민정치에 관한 기존 연구들을 충분히 소화하는 것을 넘어, 이를 어떻게 각 현장에 적용, 응용할 수 있을지에 대해 깊이 고민하였다. 〈그림 3〉, 〈그림 4〉는 수업 중 수강생들이 발표한 자료들이다.

〈그림 1〉 '마을무지개'의 다문화 교육 사업과 다문화음식 케이터링 사업(2조)

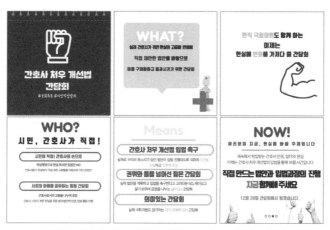

〈그림 2〉 간호사 처우 개선법 간담회 홍보자료– 카드뉴스(7조)

〈그림 3〉 퍼트남의 사회적 자본 연구를 '푸드트럭'에 적용(5조)

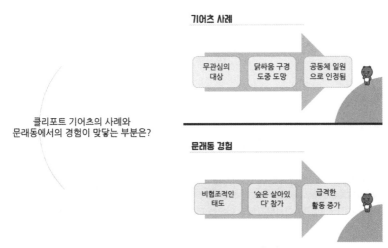

클리포트 기어츠의 사례와
문래동에서의 경험이 맞닿는 부분은?

〈그림 4〉 기어츠의 해석주의 연구를 '문래동 보노보c'와 연계(15조)

IV. 현대 시민정치의 네 가지 측면과 심층적 분석

수강생들은 문화기술지 연구방법론을 활용하면서 시민에 의한 정치를 심층적으로 분석하기 위해 다양한 이슈를 선택하여 1학기 동안 현장연구를 수행했다. 이슈는 크게 네 가지 유형으로 분류할 수 있으며, 각각 현대 시민정치의 중요한 측면 혹은 흐름을 나타내고 있다. 본론에서는 이를 제1부에서 제4부로 구성하여, 14개장을 통해 자세히 다룬다. 아래에서는 본론에 앞서 네 가지 측면에 대한 설명과 각 연구팀의 연구 및 분석결과를 요약한다.

1. 정체성의 시민정치: 마음의 서랍을 열다

첫 번째 측면은 '정체성의 시민정치'이다. 이는 우리 사회에서 정체성을 이유로 어려운 처지에 놓여있는 집단이나 소수자가 만들고 있는 정치 흐름이다. 출신 국가를 이유로, 성적 지향을 이유로, 신체적인 여건을 이유로, 오늘 우리 사회가 보편적이라고 말하는 것과는 조금 다른 면에 서 있는 것처럼 보인다. 익숙한 것을 더 선호하는 사람들의 마음에서, 낯선 것은 무언가 멀게 느껴질 때가 있다. 외국인이라면 혹시 뉴스에서 본 과격한 무장단체와 관련이 있지 않을까 하는 생각, 성소수자는 모두 성전환수술을 한다거나 같은 성의 모든 사람을 좋아할 거라는 생각, 장애인이면 무조건 옆에서 하나하나 다 챙겨줘야 한다는 생각, 이 모든 것은 낯섦이 만드는 생각의 풍경이다. 공식적, 제도적으로 사람을 차별하지 않는다고 하지만, 사람들의 마음에서 느끼는 생경함은 '소수'라는 익숙한 명칭을 덧씌운다. 일상에서 은연중의 차별을 경험하는 이들은 혹시 자신의 낯섦이 누군가에게 불편하게 느껴지지 않을까, 그로 인해 자신이 부당한 대우를 받지 않을까 종종 먼저 고민한다. 결국 서로 마음의 서랍을 닫는다. 그 안에 어떤 보물이 숨어 있을지, 오랫동안 꺼내지 못한 소중한 무언가가 있을지 우리는 아직 알지 못한다.

　제1부에서는 세 개의 연구팀이 다수 대 소수의 구도가 닫아버린 마음의 서랍을 다시 열어가는 현장을 연구하였다. 마을무지개 연구팀(제2장)은 우선, 결혼이주여성의 내면에 있는 '중층적 정체성'을 분석했다. 모국인으로서, 한국인으로서, 이주민 노동자로서, 그리고 어머니로서의 정체성 간 대립이다. 이들이 협업하여 꾸려가는 서울시 은평구의 사회적기업 '마을무지개' 사례에서 결혼이주여성이 정체성의 고민을 넘어 경제와 문화, 교육의 주체로서 스스로 결정하고 지역공동체에 기여하는 과정을 살펴보았다. 이어서 종로구 익선동 도시재생 및 '퀴어성' 연구팀(제3장)은 도심의 낙후 지역을 살리기 위한 공적 담론(도시재생)을 형성하는 과정에서 성소수자의 문화와 시각이 배제되는 문제에 주목하였다. 게이와 같은 성소수자는 사적인 영역으로 치부되어 배제되고 '비가시화(非可視化)'된다. 연구팀은 이들 공동체의 문화를 이해의 수면 위로 올려, 도시재생의 과정에서 잊히는 위기에 맞선 고유의 노력과 생각을 살펴보았다. 특히 성소수자가 비성소수자와 경계를 정하고 관계를 구조화하는 방식을 중심으로 분석하였다. 이를 위해 익선동 일대의 게이 바, 비성소수자 업소, 상인 및 거주민, 부동산 중개사무소, 주민소통방 등을 대상으로 연구를 수행하였다. 노들장애인야학 연구팀(제4장)은 장애인이 생활공동체 속에서 교류하며 사회의 인식과 여건을 바꾸기 위해 참여

하는 과정을 들여다보았다. 종로구 동숭동의 '노들장애인야학'을 사례로, 발화의 공간을 열고 자립적인 생활을 하면서 자율적인 선택권을 보장받고자 하는 노력이나, 장애인을 타자화하고 '정상성'을 기준으로 낙인찍는 프레임을 해체해 가는 노력을 돌아보았다. 이를 통해 장애인, 비장애인이 함께 생활 속의 운동을 이뤄가는, '생활운동공동체'의 길을 돌아보았다.

세 연구팀은, 자신의 정체성을 이유로 소수의 편에 서게 된 이들이 어떻게 스스로, 또 타인과의 관계 속에서 내·외면의 차별과 낙인을 극복하고 '시민성'을 찾아가는가를 보여준다. 마을무지개 연구팀은 결혼이주여성을 능동적인 시민 주체로 양성하는 시민정치의 장을 발견한다. 의사소통의 한계, 가사노동으로 인한 시간 부족, 이주민을 향한 사회의 차별적인 시선에 맞서 결혼이주여성은 자신이 스스로 한국사회에서 적극적인 주체가 될 수 있을지 '두려움'을 갖는다. 마을무지개의 케이터링 사업은 이러한 두려움을 문화적 경험의 공유와 확장, 나아가 일자리의 창출까지 이어지는 과정 속에서 '극복'하도록 길을 열고 있다. 이것이 지역 시민사회와 제도권 정치와의 네트워크로 확장되는 자체는 바람직하나, 지방정부 차원에서 여전히 현장에 대한 이해가 부족하다는 점 등이 한계로 지적된다. 연구팀은 시민사회 안에서만 이뤄지는 참여를 넘어 실질적인 민관 협력을 강화해야 한다고 주장한다. 퀴어성과 도시재생 연구팀은 도시재생과 같이 공적인 문제를 다루는 공공성의 장에서 비가시화된 성소수자와 같은 이들을 포괄하는 '확대된 공공성'의 가능성을 주장한다. 상업적 이익처럼 가시화된 이익에 비해 게이 문화는 그저 개인 간의 사적이고 은밀한 영역으로 치부되었다. 그 결과 익선동은 게이 문화와, 소위 '일반'으로 일컫는 비성소수자 문화 사이의 경계를 두고 고민하고 있다. 공공성의 열린 장으로 나아갈 때 공동체가 이들을 새롭게 '환대'하는 것이 앞으로 시민정치가 가지는 새로운 과제임을, 연구팀은 시사한다. 노들장애인야학 연구팀은 장애인이 '타자화'의 프레임을 넘어 시민으로서 자기 결정권을 가지고 사회 안에서 더불어 살아가는 길을, '생활'과 '운동'의 연계를 통해 이해한다. 일상에서 발화의 공간이 열리고 사회적 관계를 넓혀가면서 장애인은 비장애인과 같이 스스로에게 주어진 삶의 문제를 결정하고 대안을 제시할 가능성을 발견한다. 이는 노동과 교육을 통해, 나아가 구체적인 사회운동을 통해 구현된다. 야학은 이 과정을 보여주는 '생활운동' 공동체로서 의미를 갖는다. 연구팀은 이 사례를 통해 시민정치가 결국 일상의 문제에서 출발하여 삶 자체를 바꿔가는 움직임이라는 점을 주장한다. 나아가 이러한 움직임이 비장애인이 장애인을 '당사자성'을 갖고 바라볼 수 있도록 하는 출발이라는 점도 보여준다.

　사회에서 종종 차별과 낙인의 대상이 되어 온 이들이 넘어야 하는 장벽은 밖에도 있고 안에도 있다. 제도적으로 평등해 보인다 하더라도, 서로 차별하지 않는다고 표명하더라도, 보이지 않는 내면에서 왠지 모를 낯섦이 서로를 멀어지게 한다. 과연 내 가족 중에, 내 일터 안에 소수자가 있다면 우리는 얼마나 이들을 익숙하게 받아들일 수 있을 것인가 돌아보게 된다. 동시에 소수자 스스로도 내면의 두려움을 갖고 있음을 발견한다. 세상이 은연중에 말하는 거리감을 가장 먼저 느낄 여지가 많기 때문이다. 마을무지개, 퀴어성과 도시재생, 노들장애인야학 연구팀은 결혼이주여성, 성소수자, 장애인과 같이 상대적으로 약자로 인식되는 이들이 공적인 장에서 주체적인 시민으로 서기까지 사회적으로도 차별의 벽을 허무는 노력이 필요하며, 동시에 소수자 스스로도 두려움을 극복하는 도전이 필요함을 보여준다. 그렇다고 해서 이 과정이 특별히 다른 접근을 통해 이뤄지는 것은 아닐 것이다. 소수가 차별의 대상이 아니라면, 그들의 삶 역시 차별의 시선으로 볼 문제는 아니게 된다. 다수이든 소수이든 시민정치의 주체가 되는 길의 그 근본은 같을 것이다. 바로 '일상'이다. 결혼이주여성의 효능감을 높이는 길은 자기 문화를 나누고 친숙한 요리 활동으로 경제적 자립을 하는 것이었다. 성소수자의 연애와 인간관계 역시 일상 속의 똑같은 문화로서 이제 개방적인 환대의 공간에서 바라볼 가능성이 열리고 있다. 장애인의 사회운동 역시 삶의 현실에서 마주하는 문제를 고민하고 사람들과 나누는 과정에서 대안을 발견하고 실천으로 이어지는 것이다. 시민정치의 계기도 과정도 결과도 결국은 평범한 우리의 '삶'을 향하고 있다.

풀뿌리의 개인이 시민으로서 참여하기까지, 남의 시선이 어떨지, 그로 인해 불이익이 있지는 않을지, 내가 정말 해낼 수 있을지 의문과 두려움을 갖는다. 이것은 지금까지 사회가 구조적으로 만든 수많은 차별과 제약의 산물이기도 하다. 이제 가까운 삶에서부터 풀어나가야 한다. 작은 질문, 도전, 그리고 성공의 경험들이 쌓이면 효능감과 신뢰가 높아지고 새로운 도전이 가능할 것이다. 오랜 추억을 꺼내듯, 잊고 있던 소중한 물건을 발견하듯, 마음의 서랍을 열어 시민정치의 원석(原石)을 더 많이 찾을 수 있기를 진심으로 희망한다.

2. 거점을 활용한 시민 활동과 역량강화: 지금, 우리, 여기에

두 번째 측면은 특정 '거점'을 중심으로 나타나는 시민들의 다양한 활동이다. 지역주민들의 모임 장소로서의 거점, 대안적 시민운동의 실행 현장으로서의 거점, 사회운동의 구심력이자 중심기구로서의 거점 등 거점을 중심으로 다양한 형태의 시민정치가 확산되고 있다. 제2부는 네 가지 사례연구를 통해 거점을 이용해 주민 주도로 공동의 목표를 추구하는 과정, 시민들이 주도하여 구축된 공간이나 네트워크가 본연의 가치를 지키고, 공익을 증대하는 과정 등을 분석했다.

제5장에서는 환경보건시민센터를 대상으로 하여, 시민단체가 어떠한 과정을 통해 환경적 문제와 갈등을 공론화하며 해결을 시도하는지 분석하였다. 제6장에서는 연희동에 위치한 '꽃피는 학교 고등 과정'을 중심으로 참여관찰을 하여 민주주의를 성숙하게 하는 '신뢰'라는 요소가 비인가형 대안학교에서 어떠한 양상으로 드러나고 있는지 제시한다. 제7장에서는 영등포구의 '카페 봄봄'을 분석하였다. 연구팀은 주민 활동이 펼쳐지는 물리적 공간에 주목하여 공간적인 특성이 활동가들에게 어떻게 안정적인 플랫폼으로서 기능하고 있는가를 연구하였다. 제8장에서 문래창작촌 연구팀은 서울 영등포구 문래동 문래창작촌의 예술인, 소상공인, 거주 지역주민들에 대한 현장연구를 통해 이들이 지역 공동체 속에서 상생하기 위한 제언을 제시하였다.

각 연구팀의 주장을 요약하면 다음과 같다. 먼저 환경보건시민센터 연구팀은 센터가 그 특성인 독립성과 유연성을 바탕으로 효율적으로 환경보건문제를 공론화하고 있음을 강조하였다. 그리고 센터에 의한 환경문제 쟁점화가 간접민주주의 사회에서 소외된 시민들의 목소리를 대변하며 강한 정치성을 띤 담론을 형성하고 있음을 지적하였다. 그러나 센터가 더욱 충실한 대변인이 되기 위해서 센터와 시민 사이에 충분한 의사소통이 먼저 진행되어야 할 것을 제안하였다. 다음으로 꽃피는 학교 연구팀은 한국교육을 향한 불신이 쏟아지는 오늘날 규범적 차원의 '신뢰의 중요성'을 강조하고 있다는 점에서 의미가 있다. 나아가 연구팀은 꽃피는 학교를 거점으로 민주주의와 '신뢰'의 관계를 분석하면서 그 동안 크게 주목 받지 못했던 '언어의 정치'와 '감성의 정치'를 숙고해 볼 필요가 있음을 제안한다. 카페 봄봄은 '노동'과 '마을'이라는 가치에 공감하는 시민들이 드나드는 내집단적 공간이자, 주민 모두에게 열려 있는 공유 공간으로서 효과적인 시민정치 플랫폼이 될 수 있다. 노동과 마을이라는 분명한 가치로 인해 오히려 열린 공유 공간이라는 기능이 제대로 구현되고 있지 않다는 문제도 가지고 있으나, 연구팀은 카페 봄봄이 영세한 시민단체들에게 시민 간 네트워크를 형성할 수 있는 물리적인 거점으로서의 역할을 충실히 수행하고 있음을 지적하였다. 마지막으로 문래 창작촌 연구팀은 보노보c로 대표되는 예술인들은 하나의 집단으로서 자신들의 목소리를 지역사회에 효과적으로 전하기 위하여 문래창작촌 내부에서 개별 예술인을 묶어내는 구체적이고 포괄적인 정비가 필요하다고 제언했다. 나아가 지역의 거주민들과 예술인, 철공소 소공인 등 지역사회의 다양한 행위자들이 상호 간의 이해와 협력을 위해 더욱 활발하게 소통할 필요가 있다고 보았다.

　제2부에서 다루는 사례들은 공통적으로 시민들이 스스로 자신의 목소리를 내는 것에서 시작하여 유사한 목적을 지닌 사람들이 모여서 거점을 구성하고 그 거점을 통해 시민정치를 지속적으로 재생산하는 과정들을 보여준다. 거점의 형태와 거점을 중심으로 시민들의 정치활동을 재생산하는 양상은 모든 연구에서 다른 방식으로 그려지지만, 정치 주체로서 자신의 목소리를 공고히 하고, 특정 공

간에 모인 비슷한 관심사를 가진 사람들이 그들의 목소리를 사회에 투영하는 과정은 매우 유사한 방식으로 일어났다. 또한 시민들의 거점 운영에 관해서 사례연구에서 공통적으로 나타난 것은 시민들의 역량과 그들이 지키고자 하는 가치가 관의 개입, 재정 문제와 같은 외부적 요인들에 의해 방해 받고 희석되는 문제이다. 이에 대해 지역주민들의 풀뿌리 역량과 관의 행정적 관여 및 재정지원이 균형 있게 결합하되, 동시에 주민들의 자치적인 행위를 분명히 존중해줄 수 있는 방안이 필요하다.

3. 거버넌스·민관협력의 구축과 한계, 과제: 진짜 민주적인가?

세 번째 측면은 거버넌스나 민관협력을 둘러싼 정치이다. 최근 시민의 참여를 강조하는 다양한 정부 정책이 등장하고 있다. 여러 지역정책, 개발사업, 마을만들기, 참여예산제와 같은 혁신적 정책들은 오랜 한국의 정부 주도형 정책 경향과 다른 시도로 보인다. 이렇게 민과 관이 협력하는 정책 디자인을 일반적으로 거버넌스라고 칭한다. 로컬 거버넌스, 민주주의적 거버넌스, 협력적 거버넌스, 결사체 거버넌스 등 다양한 세부 모델이 있으나 공통적으로 시민사회의 참여, 분산된 위계질서, 정부와 시민사회의 수평적·협력적 네트워크, 민주적 책임성을 지향한다. 이를 성공적으로 달성하기 위해서는 환경 조성자나 조력자로서의 정부 역할이나 시민의 자치 역량 등이 중요하지만, 물론 현실에서는 쉽지 않은 일이다. 시민들은 효과적인 문제 해결이나 사업 수행을 위해 거버넌스 구축에 도전하지만, 동시에 한계에 부딪치는 경우가 많다.

제3부에서는 네 개 연구팀이 이와 같은 거버넌스의 구축과 한계의 사례를 분석하여 이를 극복하기 위한 과제를 제시하였다. 우선 서울시 중구 광희동 을지로 일대의 '새로운 골목문화 만들기 주민협의회'를 분석한 연구팀(제9장)은 민관협치의 모범사례로 꼽히던 협의회의 해체를 바탕으로 협력적 거버넌스 내부의 긴장과 갈등, 한계점을 조명하였다. A상가 도시재생사업의 중간지원조직의 현장

지원센터를 분석한 연구팀(제10장)은 거버넌스 내부 민과 관을 연결하는 매개조직이 당면한 현실과 딜레마를 보이고 그 요인 분석을 시도하였다. 난곡동 행복마을 마더센터를 분석한 연구팀(제11장)은 관의 지원을 받기 위해 지속되는 내부 변화가 센터 본연의 정체성과 독자적 유지 가능성에 영향을 미치리라 예측하고 이를 연구하였다. 마지막으로 북촌 한옥마을 운영위원회를 주요 관찰 대상으로 삼은 연구팀(제12장)은 북촌 지역의 관광 활성화에 따라 발생한 오버투어리즘(overtourism)의 피해 해결 과정 속 민관협력의 시도를 주민의 입장에서 평가하였다.

각 사례의 연구 결과는 상당히 흥미롭다. 먼저 중구 주민협의회 연구팀은 '협의회의 운영과 해체를 통해서 본 협력적 거버넌스의 한계'를 구체적 주제로 하여, 참여관찰과 면담을 통해 데이터를 수집하였다. 이를 위해 다층 거버넌스 분석틀을 활용하였는데, 주민협의회 내부의 동학뿐만 아니라 협의회와 중구청, 동주민센터와의 관계까지 조망하였다. 연구팀은 협의회가 해체된 원인을 거시, 미시적 시각으로 나눠 진단하였다. 거시적으로는 관 차원의 정책기조 변동, 관의 사업시행 방식에 대한 민의 불만이 협의회가 관과의 관계를 벗어나 독립하고자 한 주원인으로 지적하였다. 미시적으로는 협의회 내부에서 신규 진입자와 기존회원 사이의 갈등, 42길 외국인 상인에 대한 한국 상인의 타자화가 해체를 야기했다. 연구팀은 결론적으로 관의 공공선과 민의 사적 이익이 일치하지 않음에서 해체와 협의회 독립이란 현상이 발생했다고 마무리 짓는다. 도시재생사업 현장지원센터 연구팀은 민관협력의 주요 내부 행위자인 중간조직의 현실을 제도와 괴리를 겪는 위기라 진단하고, 그 해결법을 제언하였다. 연구팀에 따르면, 첫째 조직 내부적으로는 "현장 코디네이터들 간의 제한적 상호작용, 남 탓하기와 편 가르기, 주무관의 관망자적 태도는 현장지원센터의 '조직'을 와해"시킨다. 둘째, 민관 거버넌스 매개자의 관점에서 "시와 상인의 압박과 이에 기인한 코디네이터들의 과도한 업무량은 코디네이터들을 '중간'으로서의 딜레마 상황으로 몰아간다." 연구팀은 현장지원센터가 "'조직' 없는 '중간'이 되었다"고 결론지었다. 이들은 위의 분석적 주장을 근거로 중간조직이 실질적으로 제 역할을 하기 위해서 조직 네트워크 측면과 구조적 측면의 동시적 개선이 필요하다고 주장하였다. 마더센터 연구팀은 '행복마을 마더센터'란 시민의 손에서 탄생한 공간을 '운영주체의 행동양상 및 운영방식'을 통해 공간의 정체성과 독자성을 평가한다. 연구팀의 평가에 의하면, '시민의 주체성'이란 공간의 특성을 홍보하고 이를 통해 자원을 이끌어오는 과정에서 마더센터 본연의 취지와 거리가 발생한다. 연구팀은 센터가 독자성 부각과 홍보에서 발생하는 관(官)이나 관 산하 재단 및 사단에 종속되는 딜레마를 문화기술지 연구방법론을 통해 그 발생과 지속을 규명한다. 그러나 이들은 비관적 현실분석에 그치지 않고, 최근 발의된 법률안을 통해 관으로부터 재정적 지원은 받지만 운영 측면에서는 독립적인, 즉 본래의 설립 취지인 민 주도의 마더센터로 거듭나기를 전망하고 있다. 마지막 연구팀은 북촌 한옥마을 지역의 오버투어리즘으로 발생하는 공동체 문제에 관해서 거버넌스의 민주성에 의문을 제기하였다. 연구팀은 우선, 관광활성화로 야기된 갈등을 세 가지로 정리했다. 관광지화가 주민들의 정체성 구성 방식을 파괴하여 이를 해결하고자 하는 민과 관광수입을 통해 업적을 내는 관의 갈등, 한옥마을 주민들 사이에서 관광을 반기는 민관협의체와 이를 조정해야 한다는 한옥마을 운영위원회 간의 갈등, 그리고 관의 일방향적 소통방식으로 인해 생기는 갈등이다. 연구팀은 이러한 갈등 속에서 운영위원회가 참여 민주주의자들이 제시하는 '강한 민주주의'로 나아가는 가능성을 찾아냈다. 또한 이와 같은 민의 역량을 긍정적으로 수용하며 정치능력 함양의 경험, 기회가 관으로부터 지속적으로 주어져야 한다는 실천적 제언으로 마무리 지었다.

이상 제3부의 네 가지 사례연구는 일견 쉽게 이상향으로 생각되어지고 마는 거버넌스나 민관협력, 시민참여정치를 다시 돌아보며 평가하는 공통적 경향을 가진다. 민관협력은 일반적으로 시민이 정부에 비해 가진 자원이 많지 않다는 점에서 주로 정부의 초대로 이뤄진다. 골목문화 주민협의회는 중구청의 초청으로, A상가 도시코디네이팅 역시 서울시가 처음 소개하여, 한옥마을의 문제해결 과정에서도 서울시와 종로구청의 영향력이 강하게 작동하고 있었다. 행복 마더센터의 경우 다른 세 사례와 달리 독자적인 시민정치의 공간으로 시작되었으나, 운영 과정에서 자원을 제공할 수 있는 관에 종속될 위험에 처하였다. 결국 문제는 '초대된 공간' 내부에서 발생하는 동학의 민주성이다. 협력시 시민의 역할이 참여와 참여를 통해 정부 정책에 정치적 정당성을 가져다주는 것에 그치게 된다면 민주적 거버넌스는 이전의 정부주도형 파트너십, 도구적 네트워크에 지나지 않는다.

4. 시민정치의 지평 확대와 새로운 활동 영역, 방법, 가치의 발견: 이런 생각 어때요?

네 번째 측면은 시민들이 새로운 활동 영역이나 방법, 가치를 발견하거나 시도하여, 기존 시민정치의 지평이 확대되는 흐름이다. 제4부에서는 빠르게 변화하는 최근 한국 사회에서 새롭게 생성되는 정치의 장과 행위자들의 상호작용을 분석하였다.

푸드트럭 연구팀(제13장)은 서울 밤도깨비 야시장 내 푸드트럭 사업자와 서울시 소상공인지원과, 각종 대행사 및 기존 노점상을 사례로 연구를 수행하였다. 주택조합 문제를 해결하기 위해 설립된 시민결사체 '낙성대동 지역주택조합 반대위원회'를 연구한 팀(제14장)은 조직이 정치인의 주도로 결성되었음에도 성공적으로 주민의 협력을 이끌어낸 바에 호기심을 품고 정치인 주도 거버넌스 모델을 제시하였다. '국회톡톡' 연구팀(제15장)은 시민과 국회의원을 직접적으로 매개하는 온라인 입법 플랫폼인 국회톡톡에 대한 현장연구를 통해 대의제 민주주의의 한계를 극복할 수 있는 입법 시민정치의 가능성과 실천적 어려움을 분석하였다. 마지막 경의선공유지 연구팀(제16장)은 서울 마포구 경의선공유지의 참여자들에 대한 현장연구를 통해 이들이 국가와 행정 영역의 바깥에서 새로운 공공적 가치의 가능성을 탐색하는 모습을 분석하였다.

각 사례연구의 주장을 요약하면 다음과 같다. 우선, 푸드트럭 연구팀은 '진짜 푸드트럭'이 무엇인지 찾아가는 과정을 통해 '푸드트럭 생태계'가 구성되는 모습을 보여준다. 이 생태계 속에서 사업자들은 푸드트럭의 '이념형'을 구성해나가며, 이는 사업자 내·외부와의 갈등을 촉발하기도 한다. 연구팀은 상황과 맥락에 따라 공식성과 비공식성을 가로지르는 '경계 파괴자'로서 푸드트럭의 속성을 발견하며, 경계 파괴자로서의 속성이 촉발할 수도 있는 갈등은 '자치의 방식'으로 해결되는 기제를 제시하였다. 푸드트럭 생태계에서 운영기획사와 같은 중간적 매개체를 통해 갈등이 조정 및 해결되는 방식은 시민정치에서 갈등 해결 기제에 관한 실천적 함의를 제공한다. 낙성대동 연구팀에 따르면 반대위원회란 시민결사체가 기존 정부조직이 낼 수 없는 성과를 이룰 수 있었던 것은 다양한 주체를 포괄한 유연한 조직구성, 시민 네트워크의 활용과 주민 위주의 활동이 있었기 때문이다. 이러한 분석결과를 바탕으로 연구팀은 이후의 진행과정에서도 시민이 적극적 주체가 되어 정치적 목표를 달성할 것으로 전망하고 있다. 국회톡톡 사례에서 연구팀은 운영진이 국회톡톡을 '기계적, 중립적'으로 시민과 국회의원 사이를 매개하는 것으로 인식하고 있음에 반해, 실제 입법 진행 과정에서는 운영진의 행위자적인 영향력이 나타난 것을 찾아냈다. 이는 대의제 민주주의의 한계를 극복할 수 있는 입법 시민정치의 가능성과 함께 실천에서의 어려움을 보여준다. 경의선공유지 연구팀은 참여자들은 불법 점유 행위로 인해 국가와 행정 제도의 바깥에 위치하고 있지만, 오히려 그 바깥의 공간에서 또 다른 공공적인 것을 만들어내고 있음을 발견하였다. 연구팀에 따르면 경의선공유지는 세 가지의 원리로 운영된다. 첫째, 공간의 일시적 사용을 통해 만든 빈 시간으로 공유지 공간 사용의 다수성을 확보한다. 둘째, 공간 사용에 성문화된 규칙을 만들지 않음으로써 공간 사용에서의 실험성을 확보한다. 셋째, '따로 또 같이'라는 원리를 통해서 공간 사용 방식의 다양성을 확보한다. 경의선공유지에서는 공적인 가치의 정형화된 모습이 제시되는 것이 아니라, 공적인 가치의 여러 가능성을 '울퉁불퉁하게' 열어놓고 있다. 경의선공유지의 일상적인 운영 원리는 공적 가치의 새로운 가능성을 발견할 수 있도록 하는 조건을 재산출하는 것에 초점이 맞춰져 있다. 이러한 발견을 통해 연구팀은 경의선공유지가 불법행위라는 외부의 규정에도 불구하고 자신들의 공적 가치를 입증하고자 하면서 나름의 시민정치를 실천하고 있다고 보았다.

이상 제4부의 사례들은 최근 한국 사회에서 새롭게 형성된 영역에서 발생하는 시민정치적 양상을 다루고 있는데, 각 사례에서 공통적으로 나타나는 키워드를 뽑아보자면 '바깥'과 '가로지름'이라고 할 수 있다. 여기서 '바깥'은 제도적, 행정적으로 규정되는 정치 영역의 바깥을 의미한다. 국회톡톡 연구팀의 연구는 국민입법과 같은 제도적 장치가 부재함에 따라 나타나는 대의제 민주주의의 한계 바깥에서 나타나는 직접 민주주의적 실험으로 볼 수 있다. 또한 푸드트럭 생태계는 새롭게 변화한 제도적 영역에 의해 형성된 빈 공간에서 나타나는 사업자들의 갈등과 조정의 과정을 보여주고 있다. 경의선공유지 참여자들은 이미 불법점유 행위라는 제도적 행위의 바깥에 위치하면서 자신들이 생각하는 공적 가치의 새로운 가능성을 탐색한다. 한편 낙성대동 사례는 기존 정치적 장의 내부에 시민 네트워크의 유연하고 포괄적인 조직이 성공적으로 영향력을 미칠 수 있는 과정을 보여준다. 이러한 행정적, 제도적 영역의 바깥에서 생성된 시민정치의 사례들은 기존 행위자의 역할과 영역의 틈새를 가로지름으로써 시민정치적 영역의 지평을 확장하면서 새로운 가능성을 제시한다. 국회톡톡이 보여주는 온라인 플랫폼을 통한 입법 모습은 온라인 시민정치의 가능성을 제시한다. 또한 푸드트럭 사업자들은 공식성과 비공식성의 사이에서 경계 파괴자로서 새로운 갈등 해결 기제의 가능성을 제시한다. 특히 경의선공유지 참여자들이 일상적 운영원리에서 구현하는 '울퉁불퉁'한 상상력은 앞으로 시민정치의 영역이 좀 더 유연하고, 비정형화된 모습으로 나아갈 수 있는 대안적 가능성을 제시한다.

제1부

정체성의 시민정치

제2장

시민들과 함께 피어나는 다문화의 무지개
다문화 사회적기업 '마을무지개'가 표상하는 다문화의 가치와 은평구 지역사회 네트워크에 관한 소고

정치외교학부 **장재용**
정치외교학부 **권형구**
인류학과 **박천호**
인류학과 **김지민**

〈연구활동 일지〉

날짜	활동 내용
10월 5일(금)	첫 현장 방문, '마을무지개' 대표 면담
10월 10일(수)	1차 참여관찰 – 케이터링
10월 12일(금)	2차 참여관찰 – 케이터링
10월 16일(화)	3차 참여관찰 – 케이터링
10월 18일(금)	4차 참여관찰 – 케이터링
10월 24일(수)	5차 참여관찰 – 케이터링 및 〈열린식당〉 행사
10월 31일(수)	6차 참여관찰 – 케이터링, 이주민 직원 면담
11월 5일(월)	은평구 제도정치권 인사 1차 연락 시도(이연옥 은평구의회의장, 정은영 은평구의회 행정복지위원장)
11월 10일(토)	7차 참여관찰 – 케이터링, 이주민 직원 면담
11월 15일(목)	은평구 제도정치권 인사 2차 연락 시도(이연옥 은평구의회의장, 정은영 은평구의회 행정복지위원장, 은평구건강가정·다문화가족지원센터)
11월 22일(목)	8차 참여관찰 – 케이터링, 이주민 직원 면담
11월 23일(금)	9차 참여관찰 – 케이터링
11월 27일(화)	은평구 제도정치권 인사 3차 연락 시도(이연옥 은평구의회의장, 정은영 은평구의회 행정복지위원장, 은평구건강가정·다문화가족지원센터)
12월 5일(수)	10차 참여관찰 – 케이터링, '마을무지개' 대표 면담
12월 6일(목)	11차 참여관찰 – 케이터링, 이주민 직원 면담

기존에 정부가 시행한 다문화정책은 결혼이주여성을 동화와 보호의 대상으로 간주하였다는 점, 결혼이주여성들이 실제로 필요한 것을 지원해주지 못했다는 점에서 문제가 있다. 따라서 본 연구에서는 사회적기업 '마을무지개'의 활동을 통해, 민간 차원의 역량을 통해 다문화 문제를 해결할 수 있는 새로운 가능성을 모색해 본다.

　은평구의 다문화 사회적기업 '마을무지개'에서는 이주여성들이 모국의 문화에 대해서 학생들에게 교육을 하고, 모국의 음식을 만들어 식당에서 판매하는 사업을 하고 있다. 이러한 노동을 통해서 마을무지개의 이주여성들은 '한국인'과 '모국인'의 정체성 사이의 공존을 모색할 수 있다. 동시에 마을무지개의 유연한 노동환경은 '노동자'와 '어머니'라는 정체성을 양립하게 하였다. 이를 통해 마을무지개의 이주여성들은 중층적 정체성 사이의 긴장과 대립을 완화할 수 있었다.

　한편으로 마을무지개는 사회적기업이었기 때문에 성공적으로 경영될 수 있었다. 초기에 마을의 동아리 형태로 운영될 때부터 차츰 기업의 형태를 갖춰 나가기까지 정부와 지방자치단체의 맞춤형 지원이 큰 역할을 하였다. 한편으로는 사회적 자본이 축적된 은평구와 서울시의 시민사회 네트워크를 통한 정보의 공유, 판로 개척 등도 중요한 역할을 하였다. 그러나 은평구청·구의회의 복지부동과 '협의 없는 분업'은 민간 역량 발전을 저해하고 있다.

Ⅰ. 들어가며

1. 연구 배경

결혼이주여성들이 본격적으로 한국 사회에 정착한지 20여 년이 흘렀다. 다문화가정이 차지하는 비중이 2000년대부터 급격히 늘어나기 시작하며 이주여성들의 한국 사회 정착 등 '다문화' 이슈가 주요한 사회적 문제가 되었다. 이에 따라 이주여성과 다문화에 관한 다양한 학문적 담론이 형성되기 시작하였고, 미디어 등 여러 공론장에서 이들의 삶에 주목하게 되었으며, 정부의 지원 정책 역시 활성화되었다. 이주여성의 권리와 관련된 다양한 논의들이 활발히 이루어지고, 이들의 처우 개선을 촉구하는 사회적인 목소리 역시 높아지고 있다.

하지만 구체적으로 어떻게 이들의 처우를 개선할 수 있는지에 대한 논의는 미흡하다. 이들에 대한 정부의 지원 정책은 공존보다는 동화에 초점을 맞추는 방향으로 진행되고 있으며, 기존의 이주여성 관련 학문적 담론들을 살펴보더라도 이주여성은 대체로 '구제의 대상'으로 다뤄진다. 이러한 인식은 이주여성들을 '타자화된 대상' 또는 '사회적 약자'로 간주하여, 그들이 한국 사회의 주체적인 구성원으로서 활동하는 데 어려움을 준다. 본 연구는 이러한 인식에 대비되어 다문화사회를 구축하는 과정에서 '능동적이고 주체적인' 이주여성들의 모습을 확인하고자 한다. 이를 위해 본 연구는 마을무지개라는 사회적기업을 연구대상으로 선정하게 되었다.

마을무지개 사례를 서술하기에 앞서 사회적기업이란 무엇인지에 대해 살펴볼 필요가 있다. 사회적기업에 대한 정의는 다양하게 제기되지만, 기본적으로는 '공익'과 '영리'의 두 가지 목적을 동시에 추구하는 기업이라고 정의할 수 있다. 이들은 사회적 취약계층에게 일자리를 제공하고 사회가 필요로 하는 여러 서비스들을 공급하면서 수익을 창출한다. 이러한 사회적기업은 최근 재정적 부담으로 인해 사회 서비스 제공에 어려움을 겪는 공공부문의 대안으로 제시되면서 '취약계층 지원' 등 사회문제 해결에 이바지하고 있다. 사회안전망 부족과 정부의 재정적 여력 악화에 따라 사회서비스 공급이 제대로 이루어지지 않고 있는 현 상황에서, 사회적기업이 사회문제를 해결하기 위한 정부와 시민사회의 대안 모델로 간주되고 있는 것이다.[1] OECD 보고서 역시 사회적기업을 "기업가 정신으로 조직되며 사회적·경제적 목적을 모두 추구하는 단체"라고 설명하며 "사회적기업은 실업과 사회적 소외라는 문제에 대해 혁신적이고 역동적인 해결책을 제시하고, 지속가능한 개발의 한 측면인 사회통합을 증진시키는 경제발전에 기여하는 특징을 가지고 있다"고 서술하고 있다.[2]

마을무지개는 '다문화'를 주제로 교육 및 음식점 사업을 펼치고 있는 사회적기업이다. 마을무지개는 이주여성들을 위한 일자리를 창출하며, 사업을 추진하는 과정에서 이주여성들이 주체적으로 참여하도록 독려한다. 마을무지개에서 일하는 이주여성들은 모국의 문화와 음식에 대해서 학생들에게 소개하는 강사 역할을 맡고, 한편으로는 모국의 음식을 마을무지개가 운영하는 식당 '타파스'를 통해 판매한다. 또한 마을무지개는 은평구 지역사회의 여러 시민단체 및 공공기관들과 관계를 맺으며 활동하고 있다는 점에서 주목할 만하다.

이에 본 연구는 마을무지개가 표상하는 다문화의 가치와 은평구의 지역사회 네트워크가 갖는 함의를 분석하고자 한다. 우선 본 연구는 마을무지개에서 일하는 결혼이주여성들이 스스로의 정체성에 대해 어떠한 인식을 가지고 있는지를 파악한다. 더불어 마을무지개가 사회적기업으로서 활동하게 된 배경과 과정을 살펴본다. '사회적기업'이라는 형태는, 마을무지개가 이주여성들에게 안정적인 일자리와 주체적 활동의 공간을 제공할 수 있는 물질적 배경이 되기 때문이다. 끝으로 마을무지개가 은평구 지역사회 네트워크에서 사회적 자본을 어떻게 활용하였는지를 살펴보고 이를 토대로 마을무지개의 활동 및 은평구의 지역사회

---

1. Peter Utting et. al. 2014. "Social and Solidarity Economy: Is There a New Economy in the Making?" UNRISD Occasional Paper 10. pp.38-40.
2. 김우환. 2018. "사회적기업 지원 정책의 효과 제고 방안 연구." 고려대학교 대학원 석사학위논문. p.1.

네트워크가 갖는 의의 및 한계, 그리고 그 시민정치적 함의를 제시하고자 한다.

2. 연구대상 및 방법

마을무지개는 각급 학교에서의 다문화 교육, 다문화 식당 '타파스' 운영 등을 통해 다문화 체험의 장을 제공하고 있는 사회적기업이다. 현재에도 다문화가정과 관련된 사회적기업은 많으나 포스코 등 일부 대기업들이 사회공헌 차원에서 설립한 경우가 대부분이다. 하지만 마을무지개는 2006년 은평구 지역에서 자생적으로 결혼이주여성과 시민들이 함께 소통하던 작은 모임에서 시작하여 자발적으로 활동을 전개해 나가면서 2011년 마을기업, 2017년 사회적기업으로 성장했다는 점에서 차이를 띤다.

기존 관 주도의 다문화 사업은 결혼이주여성들을 피교육자로 한정하여 그들에게 한국어 혹은 한국 문화 등을 교육하는 것을 목적으로 하였다. 그러나 마을무지개의 다문화 교육 사업은 결혼이주여성들을 교육자로 양성해서 모국의 문화를 한국 학생들에게 교육하는 것을 목적으로 한다. 또한 다문화 이슈를 다루는 사회적기업들이 대부분 교육사업 정도에서 그치고 있는 데 반해, 마을무지개는 교육사업뿐만 아니라 이주여성들이 식당 운영 또는 케이터링을 통해 직접 모국 음식을 만들어서 판매하고 소개하는 사업도 진행하고 있다.

위와 같이 다른 다문화 프로그램이나 사회적기업과 차별성을 갖고 있는 마을무지개는 단순히 이주여성들을 한국 사회에 적응시키고 동화시켜야 할 존재로

〈그림 1〉 '마을무지개'의 다문화 교육 사업과 다문화음식 케이터링 사업

간주하지 않는다. 마을무지개는 이주여성들에게 능동적인 주체로서 그들의 문화를 한국 사회에 알릴 수 있는 기회를 제공하고 있다는 점에서 큰 의미가 있다.

이러한 마을무지개의 활동과 그 의의를 살펴보고자 본 연구자들은 우선 기존 한국의 다문화 정책 및 담론을 분석하기 위한 차원에서 문헌연구를 진행했다. 이후 마을무지개를 직접 방문하여 총 11차례에 걸쳐 케이터링 등 마을무지개에서 진행하는 사업들에 함께하는 참여관찰을 수행했으며, 이외에 추가적인 정보 수집을 위해 마을무지개 관계자들과 수차례의 면담을 진행했다. 한편 마을무지개의 활동 및 은평구의 다문화 현황에 대한 정치권의 인식 파악을 위해 은평구의회, 은평구건강가정·다문화가족지원센터 등 유관기관들과의 면담 또한 시도하였다. 본 연구는 단순한 문헌 조사 또는 면담만으로는 확인하기 어려운 현장 일선의 활동을 참여관찰을 통해 생동감 있게 포착하고 분석하고자 시도했다는 점에서 기존 연구들과 차별성을 갖는다.

3. 선행연구의 검토 및 한계

결혼이주여성과 이들의 일상경험에 관한 선행연구는 1990년대 후반부터 활발히 진행되고 있다. 기존의 연구들은 대체로 결혼이주여성들을 한국 사회에 동화시켜야 한다고 바라보는 '동화주의적' 입장을 취함으로써 이들이 정착과정에서 겪는 제도적·일상적 차원에서의 어려움과 문제 등을 다루는 적응연구의 형태를 띠었다는 공통점을 지닌다.[3]

하지만 이러한 동화주의적 입장을 비판하는 연구도 존재한다. 대표적인 입장으로서 이주여성들의 주체성을 강조하며, 이주민 문제를 시민권 차원에서 접근할 필요가 있음을 주장하는 입장이 존재한다.[4] 또한 세계화의 진전으로 한국 사회의 국민정체성에 변화가 있음을 강조하면서 '시민'의 관점으로 한국 사회를 바

---

3. 한건수. 2003; 이혜경. 2005; 김영옥. 2007; 설동훈. 2007 등.
4. 김준식·안광현. 2012; 강미선. 2013 등.

라보아야 한다는 주장 역시 제기되고 있다. 결혼이주여성들이 한국 사회에 새로이 나타난 시민이라는 주장이 등장하면서 이주자의 시민권에 대한 연구가 이루어지고 있는 것이다. 이들은 법적 지위의 획득 과정에서 이주여성이 한국남성의 '배우자' 지위에 위치지어지면서 여성들의 주체성이 간과된다는 문제를 지적한다.[5]

이렇듯 오늘날 이주여성들을 수동적이고 동화주의적인 시각과는 다른 방향으로 이해하고자 하는 연구들이 대두되고 있지만, 결혼이주여성들의 사회적·경제적 활동을 구체적으로 분석한 연구는 쉽게 찾을 수 없었다. 물론, 결혼이주여성들의 경제활동 실태와 정책과제를 양적인 방법으로 분석한 연구들은 상당수 있었다.[6] 이들 연구를 통해 사회적기업 및 협동조합 등에서 활동하고 있는 결혼이주여성들의 활동 현황을 양적으로 파악할 수 있었다. 그러나 이 연구는 이주여성이 갖는 특수한 맥락을 담아내지 않고 피고용인으로만 파악했다. 따라서 이주여성들의 생각, 이주여성들의 활동의 구체적 내역, 이들이 맺고 있는 사회적 관계 등을 파악할 수 없다는 점에서 한계가 있다. 때문에 참여관찰과 면담을 통해 이주여성들이 활동하는 사회적기업인 마을무지개에 대해 연구하는 것은 이주여성들이 어떤 생각을 가지고 활동을 하는지에 대한 구체적인 경제적·사회적 맥락을 알 수 있다는 점에서 의의가 있다.

II. '마을무지개'를 통해 본 결혼이주여성들의 정체성 재구성

1. 결혼이주여성들의 '중층적 정체성'

마을무지개가 다문화 관련 사업을 전개하게 된 기저에는 무엇보다도 결혼이주

---

5. 김비환. 2007; 황정미. 2011 등.
6. 김혜순. 2008. "결혼이주여성과 한국의 다문화사회 실험: 최근 다문화담론의 사회학." 「한국 사회학」 42(2). pp.36~71.

여성들의 정체성 문제가 존재했다. 오늘날 한국 사회로 이주해오고 있는 수많은 결혼이주여성들은 공통적으로 '모국인으로서의 정체성'과 '한국인으로서의 정체성' 두 가지를 모두 체화하게 된다. 과거 모국에서 생활해왔던 경험을 바탕으로 이들은 이제 한국이라는 새로운 사회적 조건에 새롭게 적응해야 하는 상황에 놓이게 되는 것이다. 더 나아가 이들은 경제활동을 통해 모국에 있는 가족을 부양하기 위해 한국에 왔다는 '이주민 노동자로서의 정체성'과 한국에서 한 가정의 어머니로서 가족 부양에 힘써야 한다는 '어머니로서의 정체성' 간 충돌 또한 경험하게 된다. 이러한 다양한 정체성 간의 혼재와 충돌이 발생하는 상황을 본고에서는 '중층적 정체성'으로 부르고자 한다. 이러한 '중층적 정체성'의 상황 속에서, 결혼이주여성들은 스스로가 갖고 있던 기존의 정체성을 재구성해야 하는 상황에 놓이게 된다. 그러나 정체성 재구성의 과정에서 그간 결혼이주여성들은 대체로 모국인으로서의 정체성을 버리고 반강제적으로 한국인으로서의 정체성을 터득해야만 했다. 정부에 의해 정책적으로 기획된 '다문화'라는 정체성 아래 그들은 단지 한국 사회의 동정과 수혜를 받는, 그리하여 한국 사회가 요구하는 '바람직한' 정체성에 스스로를 수동적으로 맞추어야 하는 타자적인 존재로 인식되어 왔다.[7] 때로는 외국인이라는 이유, 때로는 아이의 엄마라는 이유 등으로 이들에게 가해지는 한국 사회의 배타적인 시선 속에서, 결국 결혼이주여성들은 상당한 압박감을 느낄 수밖에 없던 것이다. 당시 결혼이주여성들에게 한국어를 가르치는 강사였던 '마을무지개' 전명순 대표 역시 자신이 다문화 관련 활동을 해야겠다고 다짐한 계기가 함께 수업을 듣던 결혼이주여성들이 각자 한국 사회에서 겪는 고충을 토로하면서였다고 말한다.

"한 번은 밖에 날이 너무 좋아서 야외수업하자고 해서 치킨도 사서 공원에 갔는데, 이주여성 분들이 이구동성으로 시집오고 나서 제일 재밌는 시간이었다고

---

7.   김영명. 2013. "한국의 다문화 담론에 대한 비판적 고찰." 『한국정치외교사논총』 35(1). pp.143-144.

말하는 거예요. 그래서 제가 그러면 한국 와서 슬펐던 이야기, 기뻤던 이야기 하나씩만 나눠보자고 했는데 거기 있던 10명 모두가 슬펐던 이야기만 했어요. 그 이야기를 들으면서 누구도 나에게 시키지 않은 한국 다문화사회에 대한 고민을 혼자 하게 된 거죠. 이거 잘못 가고 있구나. 여성들은 정서적으로 힘든데, 겉으로 웃고 있고, 한국에서는 한국어 빨리 배우고 저출산 정책에 기여하라고 압박하고."

– 전명순

이러한 점에서 마을무지개의 설립은 결혼이주여성들이 그간 내면에 숨겨오고만 있었던 '모국인으로서의 정체성'과 '이주민 노동자로의 정체성'을 되살려내고자 하는 시도로 풀이될 수 있다. 그간 결혼이주여성들을 사회적 배려를 받아야 하는 수동적이고 시혜적인 대상으로만 인식하는 데에서 벗어나, 이들에게 다시금 주체성을 부여하고자 시도한 것이다.

2. 정체성의 재구성 (1): '모국인으로서의 정체성' 대 '한국인으로서의 정체성'

마을무지개가 설립되며 활동을 시작하게 된 2006년, 한국 사회에서는 '다문화'라는 용어를 통해 한국 내 여러 이주민들의 생활 실태와 그에 대한 비판적인 진단이 여러 언론매체들을 통해 활발히 제기되었다. 그러나 앞서 언급했듯 기존의 다문화 담론은 이주민들을 사회적 배려가 필요한 시혜적 대상으로만 인식했다. 이주민들의 한국 사회 정착을 돕기 위한다는 명목에서 한국어교실 및 한국문화 체험 프로그램, 정착지원금 지급 등 여러 제도적·법적 지원들이 제공되었지만, 이러한 지원들은 실상 이주민들에게는 '모국인으로서의 정체성'을 거세하고 '한국인으로서의 정체성'을 빠른 시일 내에 터득하도록 하는 것으로 다가왔다. 이러한 실태에 착안하여 마을무지개는 결혼이주여성들이 주체성을 발휘할 수 있는 활동들을 진행하는 데 중점을 두었다. 그리고 이러한 사고의 연장선상에서 마을무지개가 처음으로 계획한 프로그램이 현재까지도 진행되고 있는 '다문화 교육 사업'이다. 평소 한국어교실에서 이주여성들과 대화를 나누며 일부 국가를 바라보는 자신의 시선이 편향되어 있음을 인식했던 전명순 대표는 한국인들을 대상으로 다양한 나라의 문화를 알리는 교육 프로그램을 마을무지개의 첫 사업으로 계획하기 시작했다. 물론 사업을 계획하는 과정에는 수많은 어려움들이 존재했다. 그 중 가장 큰 어려움으로 다가왔던 것은 이주여성들 스스로가 갖고 있는 두려움이었다.

"사실 처음에 교육을 시작했을 땐 많이 떨리고 잘할 수 있을까 걱정이 앞섰어요. 남 앞에서 내가 뭘 가르친다는 게 처음이니까. 그리고 한국말도 잘 못하고, 대학 안 나왔고. 그래서 뭐 하려고 하면 항상 '그런 것 하면 안 돼'라는 말들만 들어왔으니까."

– 마을무지개 직원 'A'(이주여성/베트남)

이를 극복하기 위해 전명순 대표는 대학생 시절 국문학을 전공했던 사실과 한국어교실 강사를 하면서 터득한 교육 노하우를 활용해 이주여성 그리고 한국인 직원들과 함께 학교와 길거리로 나아갔다. 다문화와 관련된 내용은 한국인 직원들의 도움을 받아 이주여성들이 직접 가르치고, 그 외의 내용 및 행정적 처리는 한국인 직원들이 담당한 것이다. 이후 교육 프로그램은 여러 학교들의 프로그램 요청 속에 성공을 거듭했고, 그러면서 결혼이주여성들은 점차 스스로의 모국 문화를 드러내도 된다는 자신감을 갖게 되었다고 진술한다. 또한 다문화 교육 프로그램을 통해 이주민들을 시혜적 대상으로만 바라보던 한국 사회의 인식도 어느 정도 개선할 수 있었다.

"(교육 프로그램에서) 더 중요한 것이 뭐냐면, 지금도 우리가 다문화교육을 한다고 하면 90%의 사람들이 "아, 다문화 여성들에게 뭘 가르치나 보죠?" 이렇게 생각을 해요. "아니요, 학생들을 가르쳐요."라고 하면 "다문화 자녀들한테 하나 보죠?" 이렇게도 말하고요. 우리가 그들을 가르쳐야 할 대상으로 아는 거죠. 근데 그게 아니라 결혼이주여성들이 가진 것을 일반 대상에게 가르치는 게 저희 프로그램의 목표입니다. 지금 보면 프로그램은 아주 잘 진행되고 있고, 실제로 사람들의 다문화에 대한 인식이 조금씩 바뀌고 있다는 게 느껴져요."

– 전명순

교육 프로그램의 성공에 힘입어 마을무지개는 2016년 다문화음식 케이터링 사업 또한 추진하기 시작했다. 이는 학교들이 학기 중일 때만 진행할 수 있는 교육 프로그램의 특성상 해당 프로그램만으로는 단체를 유지할 수 있을 정도의 충분한 재정이 마련되기 어렵다는 데에서 비롯된 새로운 시도였다. 이때 교육 프로그램을 통해 한국 사회도 충분히 다양한 문화적 차이들을 받아들일 수 있다는 확신이 케이터링 사업을 추진하는 데 경험적인 근거가 되었다. 물론 마을무지개가 사업 계획 초기부터 케이터링 사업을 전면 실시했던 것은 아니다. 계획 과정에서 다양한 시행착오들이 존재했고, 이때 역시 마찬가지로 이주여성들이 갖는 두려움이 큰 장애물로 다가왔다. 그리하여 마을무지개 사무실이 위치한 건물의 식당에서 수요일 점심 한 끼를 제공하는 데에서부터 출발한 케이터링 사업은, 음식을 먹은 사람들의 호의적인 반응과 함께 점차 그 규모를 키워나갔다. 이주여성들이 직접 각자의 모국 음식들을 만들어 사람들에게 제공한다는 점에서, 마을무지개의 다문화음식 케이터링 사업 또한 다문화에 대한 사람들의 거부감을 줄이고 사회적 인식을 개선하는 데에 기여했다. 이 과정에서 이주여성들이 또다시 '모국인으로서의 정체성'을 갖고도 충분히 한국 사회에서 주체적인 활동을 수행할 수 있다는 것을 느꼈음은 물론이다.

"(마을무지개에서 활동하는 것이) 엄청 보람돼요. 옛날에는 어디 가서 당당하게 우즈베키스탄 말이랑 음식 소개하는 게 부끄러웠어요. 그런데 마을무지개 와서 많이 바뀌었어요. 우즈베키스탄 음식 만들어도 사람들이 맛있다면서 좋아해 주니까 '아, 부끄러워하고 숨길 필요가 없구나.'라는 생각을 갖게 됐어요. 물론 지금도 완전히 당당한 건 아닌데, 예전보다는 많이 나아졌죠."

– 마을무지개 직원 'B'(이주여성/우즈베키스탄)

3. 정체성의 재구성 (2): '이주민 노동자로서의 정체성' 대 '어머니로서의 정체성'

전명순 대표가 다문화 관련 내용을 알리기 위한 방법으로서 '마을무지개'라는 단체를 설립하게 된 데는 무엇보다도 경제활동을 하고 싶다는 결혼이주여성들의 요청이 크게 작용했다. 결혼이주여성들이 한국 사회에 온 목적은 가정을 꾸려 행복한 결혼생활을 하는 것도 있겠으나, 그와 더불어 한국 사회에서 경제활동을 하는 것 또한 그들에게는 매우 중요한 목적이었다. 그러나 원활하지 못한 의사소통, 집안일로 인해 넉넉하지 못한 시간적 여유, 이주민에 대한 부정적인 시선 등으로 인해 결혼이주여성들에게 취직은 매우 어려운 일이었다. 특히 이 중에서 결혼이주여성들에게 가장 큰 어려움으로 다가온 것은 가사와 노동의 병행이었다. 기본적으로 일정한 근무시간을 충족할 수 있어야 취업에서 유리한 기회를 얻지만 이들은 가사로 인해 충분한 근무시간을 확보할 수 없었기 때문이다.

"처음 한국에 왔을 때 제가 가장 하고 싶었던 게 일하는 거였어요. 직장을 구해서 일하고 돈도 벌고 싶었던 거죠. 저는 한국에 와서 신랑이랑 행복한 결혼생활을 하는 것도 있었지만, 그게 첫 번째 목표가 아니라 여기서 일하면서 모국에 있는 동생 공부시키고, 내 가족 도와주고 싶었던 마음이 컸던 거죠. 한국에서는 일단 '결혼이주여성' 이렇게 딱 부르니까 여러모로 사회적 제약도 많고. 너는 말 못해서 안 된다, 너는 일 오랫동안 못해서 안 된다 이런 것들 있잖아요? 그래서 처음에 한국에 왔을 때는 정말 많이 힘들었어요."

– 마을무지개 직원 'C'(이주여성/중국)

마을무지개를 설립하면서 전명순 대표가 추구했던 것은 직원들이 노동과 가사 간의 균형을 확보할 수 있도록 하는 것이었다. 그 스스로도 두 자녀의 어머니인 전명순 대표는 일차적으로 결혼이주여성들에게 경제활동을 할 수 있는 기회를 제공하면서도 동시에 그렇다고 하여 결혼이주여성들이 가정을 포기하지는 않도록 하고자 했다. 이를 위해 마을무지개에서는 직원들의 탄력적인 근무시간 활용을 보장했다. 실제로 본 연구자들은 마을무지개가 운영하는 다문화 식당 '타파스'를 방문하여 참여관찰을 진행한 결과 많은 직원들이 때로는 점심까지만, 때로는 점심부터 저녁까지만 근무하는 식으로 근무시간을 탄력적으로 하고 있음을 확인할 수 있었다. 또한 근무를 하던 중간에도 유치원에 있는 자녀를 데리러 가는 등의 이유로 일부 직원들이 잠시 외부로 나갔다 오는 경우도 있었다.

더욱이 마을무지개가 진행하는 사업은 결혼이주여성들이 자신들이 본래 갖고 있던 특기들을 장점으로 활용하여 진행할 수 있는 사업들이라는 점에서 결혼이주여성들에게 긍정적으로 다가왔다. 그간 한국 사회에서 '무엇 하나 제대로 할 줄 없는 사람'이라고 비난받던 과거에서 벗어나, 이제는 자신이 할 수 있는 요리, 외국어 능력 등을 활용해 다양한 일들을 할 수 있게 된 것이다. 이에 대해 전명순 대표는 다음과 같이 소회한다.

"우리는 의미 있는 일을 하면서 경제활동을 하고 싶은 사람들이 같이 모여서 팀을 이루어가는 거예요. 물론 어떤 낭만은 아니고 직장입니다. 그런데 조금 특별한 유형의 직장인 거죠. 저희의 자랑은 뭐냐면, 이주여성 8명 그리고 경력단절 여성 6명이 있는데 모두가 정말 다정하고 친하게 지내고, 또 서로가 각자의 특기를 활용해서 재미있게 일을 할 수 있다는 거예요."

– 전명순

이렇듯 본 연구는 마을무지개의 사업을 관찰하며 그간 한국인으로서, 그리고 한 가정의 어머니로서의 정체성만을 강요받아왔던 결혼이주여성들이 자신들의 다른 정체성들을 드러내면서도 충분히 한국 사회에서 주체적인 생활을 영위해 나갈 수 있음을 확인할 수 있었다. 기존 한국의 다문화 담론에서 결혼이주여성들은 이미 형성되어 있는 한국 사회의 규범과 관습에 스스로를 동화시켜 나가야만 하는 존재로 이해되어 왔다. 그러나 이는 결혼이주여성들의 지위를 '사회적 부적응자'로 설정하는 것에 다름 아니었고, 실제로 이러한 사고의 연장선상에서 그간 한국 사회에서는 의식적으로든 무의식적으로든 이들을 향한 사회적 차별과 타자화가 보편적으로 행해졌다. 그러나 결혼이주여성들을 타자로만 인식하는 기존의 담론은 이주민들의 수가 증가하고 있는 한국 사회의 현실에 지속적으로 적용되기에 무리가 따르며, 보다 근본적으로 이미 다문화에 대해 한국 시민사회가 가지고 있는 고정관념을 타파하기 어렵다는 한계가 존재한다. 이러한 점들을 고려했을 때, 결혼이주여성들이 갖고 있던 '중층적 정체성'이 결혼이주여성들의 능동성을 좀 더 발휘하는 방향으로 새로이 재구성될 수 있는 가능성을 보여줬다는 점에서 마을무지개의 활동은 의의를 갖는다. 특히 마을무지개의 활동을 통해 결혼이주여성들이 주체성을 발휘하게 되었을 뿐만 아니라 한국의 시민사회 또한 그러한 결혼이주여성들의 주체성에 좀 더 긍정적이고 포용적인 태도를 취하게 되었다는 점을 눈여겨볼 필요가 있다. 물론 마을무지개의 활동 역시 언제까지나 결혼이주여성들의 '국적'에 기반하고 있다는 점에서 이들의 활동이 다양한 문화가 구분 없이 융화될 수 있는 초(超)민족국가적인 단계로까지 나아가고 있다고 볼 수는 없을 것이다. 그러나 다문화에 대한 한국 사회의 인식을 조금씩 타파하고, 더 나아가 이를 다양한 문화들에 수용적인 방향으로 변화시키고 있다는 점만으로도 마을무지개가 갖는 의의는 뚜렷하다고 평가할 수 있을 것이다.

III. 사회적기업으로서의 '마을무지개'

1. 사회적기업이 되기까지

마을무지개는 2006년 은평구 지역에서 자생적으로 결혼이주여성들과 시민들이 함께 소통하는 작은 모임에서 시작되었다. 동네에서 이웃으로 만난 이들은 다문화 인식 개선 및 일자리 창출에 대한 문제의식을 공통적으로 가지고 있었고, 함께 머리를 맞대며 활동해온 결과 2011년 마을기업, 2017년 사회적기업으로 성장할 수 있었다. 친목 동아리와 같은 사적 모임에서 출발하여, 현재는 한국 사회에 세계 각국의 다양한 문화를 소개하며 다문화 인식을 개선하고 이주민들의 사회 적응을 돕는 공식적인 사회적기업이 된 것이다.

마을무지개의 사회적기업으로의 성장은 한국 사회에 한창 다문화 관련 담론이 형성되고 사회적기업에 대한 한국 사회 내 논의가 활성화되던 시기적 흐름과 맥을 같이한다. 먼저, 한국에서의 다문화 담론은 2005년 노무현 정부가 다문화 사회로의 전환을 한국의 장래 발전의 한 주요 모습으로 설정하고 적극적인 다문화 정책을 펼침으로써 본격화되었고,[8] 이후 정부 차원의 다문화 정책이 활발하게 전개되었다. 또한 비슷한 시기에 사회적기업에 대한 사회적 논의도 시작되었다. 사회적기업이 일자리 창출의 역할을 수행할 수 있을 뿐만 아니라 지역공동체를 활성화시킬 수 있다는 인식의 확산으로 사회적기업에 대한 관심이 점차 증가하면서, 한국에서는 2000년대 이후부터 사회적기업에 관한 연구가 이루어졌고 2007년 「사회적기업 육성법」이 제정·시행되었다.[9]

2011년에 서울시는 일자리 창출과 지역사회 문제해결을 목표로 사회적경제를 활성화하겠다는 정책목표를 수립하면서 같은 해 안정적 일자리 창출에 중점을

---

8. *Ibid.* p.143.
9. 이아인 외. 2017. "관악구 사회적기업의 지속가능성: 유대적 관계를 통한 가치추구." 김의영 외. 『관악구의 시민정치: 서울대생들이 분석한 여섯 가지 시민정치 사례』. 서울: 푸른길. pp.288-291.

둔 '마을기업사업'을 추진하는 한편 2013년에는 '서울시사회적경제지원센터'를 설립했다. 이처럼 공동체의 유대감을 높여 지역 공동체를 활성화시킴으로써 공동의 지역 문제를 해결하면서도 이익과 고용창출을 불러올 가능성을 가진 '마을기업', '사회적기업'에 대한 한국 사회의 관심은 점차 높아지는 추세였다. 바로 이러한 사회적 배경 속에서 마을무지개는 2011년 마을기업, 2017년 사회적기업으로 성장하게 되었다.

마을무지개는 2006년에 은평구 대조동사무소에서 진행한 '이주여성을 위한 한국어교실' 프로그램에서 전명순 대표와 다문화 결혼이주여성이 처음으로 마주하게 되면서 시작됐다. 당시는 이주여성들이 한국 사회로 유입된 지 얼마 되지 않은 시기였던 탓에 이때 만난 이주여성들은 한국에서 사회적 네트워크나 자본 등이 충분하지 않은 상황이었다. 이러한 상황에서 전명순 대표는 이주여성들에게 함께 식사를 제의하는 등 먼저 손을 내밀면서 동네 이웃으로서 함께 친분을 쌓게 되었다. 이후 이주여성들과 함께 식사하고 야유회를 즐기면서 이야기를 나누는 경험은 전명순 대표로 하여금 이주민들이 한국 사회에서 맞닥뜨린 현실적 어려움들에 대해 고민하도록 만들었다.

"여성들은 경제활동을 너무 하고 싶어 했어요. 여성들은 한국에 와서 행복한 결혼생활을 하는 것도 있었지만, 그게 첫 번째 목표가 아니라 한국 사회에서 경제활동을 하고 싶었던 마음이 컸던 거죠. 그런데 우리나라 다문화정책의 큰 기조는 출산 장려 정책이에요. 그러니까 사실 굉장히 안 맞는 거죠. 일단 결혼이주여성이니까 딱 모른 척하고 빨리 한국말 배우고 아기 낳으라고 하고 교육, 견학, 하다못해 마사지 배우기 등만 이주여성들에게 제공하는 거죠. 여성들의 첫 번째 소망에 대한 배려도 있어야 하는데, 이건 아예 모르는 척 하고. 여성들을 완전히 무시하는 거예요."

– 전명순

저출산 정책에 기여하고, '한국인 엄마'로서의 역할을 압박하고 있는 한국 다문화 정책과는 달리 실제 이주여성들에게는 한국 사회에서 경제활동의 주체로서 일을 하고자 하는 욕구가 크게 작동하고 있었다. 현실을 고려하지 않고 이주민들을 수단 혹은 시혜적 대상으로 간주하는 다문화 정책과 이주민들이 한국 사회에서 영위하고자 하는 삶의 모습 사이에 크나큰 괴리가 존재했던 것이다. 기존의 다문화 정책이 뚜렷한 한계를 드러내고 있는 현실 속에서, 마을무지개의 구성원들은 이러한 상황을 조금이라도 해결하여 결혼이주여성들이 기대하는 한국에서의 삶을 살 수 있도록 힘을 모아보자는 문제의식을 공유하게 되었다. 그리고 이는 곧 텃밭 가꾸기나 요리와 같은 비영리적인 활동을 하는 소규모 단체를 조직하고자 하는 움직임으로 발전했다. 하지만 이들이 사소한 무언가를 시작하려 했을 때조차 비용과 터전이 필요하다는 현실적인 문제가 뒤따라왔다. 이에 마을무지개는 자신들의 활동 전개에 필요한 경제적·공간적 지원을 받기 위해 구체적인 사업 커리큘럼을 구성하여 2011년 '마을기업사업'에 공모하였고, 이후 2017년에는 '사회적기업'으로 선정되었다.

물론, 사회적기업의 형태로 마을무지개를 이끌어나가는 과정에서 어려움이 일절 존재하지 않았던 것은 아니다. 마을무지개는 본래 가벼운 마음으로 은평구 지역에서 동네 이웃으로 만난 사람들이 동아리식의 활동으로 시작하고자 했던 것이기 때문에 기업이 되고 난 후 법인 설립, 회계, 세무 등 기업이 해야 하는 모든 일들을 해야 하는 상황이 이들에게는 큰 어려움으로 다가올 수밖에 없었다. 정부로부터 지원금을 받기 때문에 무언가를 진행하고 그럴듯한 결과물이 나와야 한다는 압박감 또한 존재하여 정신적인 스트레스까지 더해지고는 했다. 하지만 마을무지개의 구성원들은 욕심내지 않고 단계적으로 차근차근 성장해나가자는 목표를 세웠고, 이 목표 아래 한국 사회의 구성원으로서 해나갈 수 있는 '현재'의 과제에 집중하자는 쪽으로 뜻을 모으면서 위와 같은 어려움들을 극복해나갈 수 있었다.

2. 왜 사회적기업인가?: 구성원들 간의 내적 가치 공유와 지역사회 네트워크의 형성

그렇다면 왜 사회적기업인가? 앞서 언급했듯이 마을무지개는 이주여성들이 직접 참여하고 활동하는 교육 사업, 음식점 사업, 케이터링 사업 등을 통해 세계 각국의 다양한 문화를 소개하며 한국 사회의 다문화 인식을 개선함과 동시에 이주민에 대한 사회 적응을 돕는 것을 최우선 목표이자 가치로 삼는다. 단순한 경제적 이윤 창출에 그치지 않고 그 이상으로 이주여성들의 사회적 참여를 가능케 함으로써 주체성을 확립하게 하는 한편 '다문화적 관계성'[10]을 구축하고자 하는 것이다.

이러한 점에서 사회적 가치의 추구를 중시한다는 사회적기업의 특성은 마을무지개가 지속적으로 자신들이 추구하고자 하는 다문화의 가치를 확산하는 데 큰 도움이 되었다. 2016년에 다문화 식당 '타파스'를 개업한 후, 마을무지개의 구성원들은 새로운 사업에 대한 두려움과 하나의 공간을 전적으로 책임지고 운영해 나가야한다는 심적 부담감에서 기인하여 여러 어려움에 봉착했다. 하지만 이들은 이익 창출에 집중하기보다는 결혼이주여성들이 가장 자신 있게 해낼 수 있는 '요리'를 통한 사회적 참여를 도와주고 음식을 통한 문화적 교류 수행에 집중하자고 의견을 모았다. 가치 추구를 하고 있다는 사명감에 초점을 맞추어 조급해하지 않는 자세로 사업에 접근함으로써, 이들은 식당 사업에 대한 두려움과 부담감을 이겨낼 수 있었다.

이처럼 마을무지개는 '사회적기업'이라는 그들의 정체성에 대해 확고함을 가지고 지속적으로 자신들이 추구하는 다문화의 가치를 구성원들 간에 공유하며 활동을 지속해 올 수 있었다. 그 과정에서 나름의 고충과 어려움이 물론 존재했

---

10. 다문화적 관계성은 이주민들과 한국인들이 특정한 공간 내에 모여 서로의 문화를 배우고 존중하며 사회적 네트워크를 형성하는 것과 동시에 이주민들과 한국 사회 일반 사이에서 다문화 인식 공유를 통해 사회적 자본을 확대해나가는 것 모두를 의미한다(이수재·채진영. 2015. "초등학생의 다문화인식의 차이와 관련 변인들 간의 관계." 「아동학회지」 36(6). pp.28-29 참조).

지만, 그럼에도 그들이 현재까지 성장해올 수 있었던 결정적인 이유는 이주민들과 내국인 여성들 간에 공유된 목표와 가치가 있었기 때문이다. 마을무지개가 추구하고자 하는 바 혹은 나아가야 하는 방향에 대한 고민과 사회적 가치를 구성원들끼리 공유하는 일련의 과정은 마을무지개가 사회적기업으로 지속적이고 안정적으로 성장할 수 있는 기반이 되었다.

내부 구성원들의 가치 공유 외에도, 사회적기업으로서 마을무지개가 은평구 지역의 시민사회 및 제도정치권과 맺고 있는 관계 역시 마을무지개의 성장에 큰 도움이 되었다. 본 연구자들이 전명순 대표와의 면담을 위해 '타파스'를 방문한 12월 5일 저녁, 마을무지개의 직원들은 분주하게 식당 이곳저곳을 돌아다니며 행사를 준비하고 있었다. 식탁 위에 진열된 세계 각국의 음식들과 각종 식기들은 타파스의 여느 때와 다를 바가 없었지만, 이날 연구자들의 눈에 들어온 것은 식당 한켠에 놓여있는 신문뭉치였다. "오늘은 우리 은평구 시민신문사에서 송년회를 하는 날입니다," 전명순 대표가 말했다. "신문사 송년회는 매년 빠짐없이 마을무지개와 함께해오고 있어요. 이게 우리 은평구 시민들의 힘이라고 할 수 있죠."

〈그림 2〉 은평시민신문 송년회가 진행되고 있는 타파스

2018년으로 창간 14주년을 맞이한 은평구 지역 시민신문사 '은평시민신문'과 마을무지개의 만남은 2011년 마을무지개가 마을기업으로 전환하면서 이루어졌다. 대조동 일대의 마을 주민들 간의 모임으로 시작되었던 마을무지개에게 당시 기업으로의 전환은 어려움을 야기했다. 기업으로서 향후 지속적으로 수익을 창출할 모델을 새롭게 마련해야 했고, 기업이 되면서 작성해야 할 각종 공문서 작성 및 기업 경영 방식을 익히는 것 또한 만만치 않았다. 이로 인해 마을무지개가 어려움을 겪고 있을 무렵 은평구청은 마을무지개를 은평구마을기업협의회에 소개해주었고, 그곳에서 마을무지개는 은평구에 있는 다른 여러 마을기업들을 만나 그들과 함께 경험과 노하우를 공유하며 네트워크를 형성, 성장할 수 있게 되었다. 은평시민신문 또한 마을기업협의회에서 마을무지개가 만난 수많은 시민단체들 중 하나다.

　이처럼 마을기업협의회를 통해 이룩한 사회적 자본의 구축 및 확장은 마을무지개의 성장을 가능하게 한 또 다른 중요한 요인이었다. 사회적 자본은 사회적 연결망 및 이와 관련된 호혜성의 규범들을 의미한다. 구체적으로는 사회적 관계 내에서 협력적 행위가 이루어지게 하여 사회적 효율성을 향상시킬 수 있는 신뢰, 규범, 여기에서 배태되는 자원의 총합을 말한다. 여기서 말하는 자원은 물질적 자원이나 연결망과 관련된 구조적 자원에 그치지 않으며, 신뢰와 호혜성, 공동체와의 연대감 등의 정서적 측면 또한 강조되는 자원이다.[11] 전명순 대표는 마을기업협의회에서 다른 마을기업 대표자들을 만나 그들과 소통한 것은 오늘날의 마을무지개를 만드는 데 경험적인 자양분을 제공해주었다고 회고한다. 마을기업협의회와 같이 시민들 간의 활력을 공유할 수 있는 공간이 마련됨에 따라 사회적 자본을 구축할 수 있는 장(場)이 형성되었다는 것이다. 더불어 그는 이러한 은평구 시민단체들 간 활발한 교류가 은평구 차원에서 추진되고 있는 '은평구 마을공동체 사업' 덕분이라고 설명한다.

---

11. Robert Putnam. 2003. *Better Together: Restoring the American Community*. Simon & Schuster. pp.279-282.

은평구 마을공동체 사업은 그간 관에서 계획을 세우고 관이 주도해왔던 기존의 사업 방식에서 벗어나, 지역의 주인인 주민들이 계획을 세우고 주도적으로 마을을 변화시키기 위한 목적에서 은평구가 지난 2012년부터 대대적으로 추진해오고 있는 사업이다. 본 사업이 갖는 가장 흥미로운 점은, 마을공동체 사업이 기본적으로 은평구청이라는 지역 행정기관의 이니셔티브에서 출발했지만 행정기관의 역할은 어디까지나 주민들의 참여가 실질적인 지역사회의 변화를 이끌어낼 수 있도록 행정적·재정적인 지원을 제공하는 것일 뿐 참여의 실질적인 내용은 오롯이 주민들에 의해 결정되고 있다는 점이다. 일례로 2013년에는 은평구청의 재정적 지원 아래 은평구 소재의 사회적기업 두꺼비하우징과 은평구민들의 주도로 은평구 신사동 일대 봉산 중턱에 위치한 달동네 '산새마을'을 대대적으로 리모델링하고 주민들 간 교류를 활성화하는 '산새마을공동체' 사업이 이루어졌다. 또한 2010년부터는 은평구 주민참여예산제도가 기획되어 2011년에 16개동 19개의 주민제안사업이 주민총회를 통해 2012년도 은평구 지역예산안에 반영되는 성과를 거두었다.[12] 이러한 변화들에 대해 김우영 전 은평구청장은 "10년 전만 해도 서민층이 많이 살고, 도시 인프라가 턱없이 부족한, 그저 집값 싼 동네"였던 은평구가 "공동체 활동들이 네트워킹을 시작하고 손을 맞잡게 되면서 마을이 살아나"는 시민 거버넌스의 공간으로 탈바꿈하였다고 분석한다.[13]

　　이러한 마을공동체 형성의 기류 속에서 마을무지개 또한 계속해서 성장하였다. 은평구마을기업협의회가 마을무지개에게 기업 경영의 노하우와 신뢰할 수 있는 시민사회 네트워크를 가져다주었다면, 은평구청은 마을무지개가 적극적으로 사업을 펼칠 수 있도록 각종 재정적·서비스적 지원을 제공하였다. 특히 일반적으로 일정 금액을 단순 지급하는 식으로 이루어지는 여타 제도권 차원의 지원

---

12. 김기범·배병진. 2016. "은평구 사회적경제의 지역혁신: 지역현안 주거, 문화, 여성 사례분석." 김의영 외. 「동네 안의 시민경제: 서울대생들이 참여관찰한 지자체의 사회적경제 사례」, 서울: 푸른길. pp.249–255; 김우영. 2013. "은평구 마을공동체로 바라보는 주민참여사업." 「공공사회연구」 3(2), pp.6–7, 9–14.
13. 김우영. *op.cit.* p.7.

책들과는 달리 은평구청은 마을무지개의 필요를 파악하고 맞춤형으로 지원책을 제공하면서 마을무지개가 성장할 수 있도록 도왔다. 은평구 지역 내의 교육단체들이 학교에서 활동을 수행할 수 있도록 지원하는 '은평구 교육콘텐츠 사업'이 대표적인 예시다.

"저희에게 큰 도움이 되었던 것이 학교로 수업 나가는 교육콘텐츠 지원해줬던 것이었어요, 초창기에. 그때 우리가 은평구에서 2,000만 원을 받아서 했는데, 그때 2,000만 원이면 저희에게는 굉장히 다양한 것들을 시도해 볼 수 있는 큰돈이었죠. 더욱이 그때 저희가 구청에다가 다문화교육을 해 보겠다고 말을 하니까 구청에서 학교에 홍보 메일이나 공문 같은 것을 보내서 마을무지개 다문화교육이라는 게 있고, 이 프로그램을 신청하면 구청에서 프로그램 비용을 지원해주겠다고 한 거예요. 그러니 학교에서도 공짜로 해준다고 하니까 당연히 문을 열고. 그렇게 저희가 본격적으로 교육사업을 하게 됐고, 그 다음에는 이제 학교들이 저희 프로그램에 너무 만족을 하니까 그때부터는 자기들 돈으로 다문화교육 프로그램을 계속 신청하게 됐죠. 구청에서는 어떻게 보면 저희한테 단순한 돈 이상으로 최대의 홍보 효과를 준 거예요. 교육이라는 것은 서비스라서 보여줄 수가 없는 제품이잖아요. 그래서 홍보가 참 어려운데 우리는 잘됐죠."

– 전명순

한편 식당과 케이터링 사업의 경우 마을무지개는 은평구청에서 사무실 및 공간을 대여해주는 '사회적경제허브센터'의 작은 공동 주방에서부터 사업을 시작해 나갔다. 하지만 해당 공간에서는 규모적인 제약이 존재하였기에 이들에게는 음식을 만들 장소를 확보하는 것이 제일 시급한 문제였다. 폐업을 해야 할지, 식당을 자비로 얻어야 할지 논의가 진행되던 중, 소규모 사업지원에 공모함으로써 마을무지개는 구청 측으로부터 식당 및 케이터링 사업을 할 공간을 지원받게 되었다. 또한 현재 정책 방침상, 기업이나 공공기관에서는 일정 비율만큼 사회적기업의 상품을 구매해야 하는 조건이 존재한다.[14] 많은 사업자들이 사업을 처음 시작할 때 부딪히는 어려움 중 하나가 고객 유치인데, 마을무지개는 이 점과 관련하여 위와 같은 방침의 도움을 받아 비교적 수월하게 시장에 진입하고 고객을 유치할 수 있었다.

이렇듯 은평구 제도정치권이 제공하는 물적·제도적 지원, 그리고 은평구 마을공동체가 제공하는 시민사회 네트워크의 울타리 속에서 마을무지개는 기업 경영의 노하우와 지속적인 서비스 판매 경로를 확보할 수 있었다. 이를 통해 마을무지개는 기업으로서의 잠재력을 계속해서 확장시켜 나갔다. 한편 이 과정에서 은평구 내의 여러 단체들이 마을무지개의 서비스를 이용하게 됨에 따라 마을무지개가 표방하는 다문화의 가치가 은평구 지역사회 전반으로 뻗어나가는 부수적인 효과 또한 발생하였다. 은평시민신문 송년회의 사례에서 보듯, 은평구의 여러 단체들은 마을무지개의 다문화 교육 프로그램이나 케이터링 프로그램을 신청한 후 이에 대한 만족감을 느끼면서 이후에도 마을무지개의 프로그램들을 지속적으로 이용하게 되었다. 마을무지개의 프로그램들을 꾸준히 이용하면서 해당 단체들은 다양한 문화들을 접할 기회를 자주 갖게 된 바, 이를 통해 다문화에 대한 은평구 지역사회의 인식 또한 조금씩 바뀌게 되었다는 것이 전명순 대표의 설명이다.

"한 번 사람들이 마을무지개의 프로그램들을 이용해 보고 나니까 만족도가 굉장히 높은 거예요. 지금도 저희가 케이터링 사업 제공하고 있는 곳들을 보면 다 우리 은평구 지역 네트워크를 통해서 만나게 됐던 사람들이 나중에 우리 프로그램 접하고 나서 '여기 좋다'는 식으로 다른 사람들한테 알음알음 퍼뜨리는 식으로 신청하시는 것이더라고요. 다문화 교육 프로그램 이용하는 학교들도 마찬가

---

14. 「사회적기업 육성법」 제12조(공공기관의 우선 구매) ① 「중소기업제품 구매촉진 및 판로지원에 관한 법률」 제2조제2호에 따른 공공기관의 장(이하 '공공기관의 장'이라 한다)은 사회적기업이 생산하는 재화나 서비스(이하 '사회적기업제품'이라 한다)의 우선 구매를 촉진하여야 한다.

지고요. 이렇게 자주 다양한 문화를 접할 수 있는 기회를 갖게 되면서, 다문화에 대한 사람들의 인식이 달라지고 있다는 것이 확실히 느껴져요. 당장 제 주변에서 마을무지개 덕분에 자신들이 그동안 외국인 노동자나 결혼이주여성들에 대해 갖고 있었던 편견들이 해소됐다고 말하는 분들도 계십니다."

- 전명순

마을무지개가 사회적기업 공모전에 당선되어 사회적기업으로 전환한 2017년 이후로도 은평구 차원에서의 민관협력과 시민네트워크는 계속되고 있다. 매월 진행되는 사회적기업협의회와 사회혁신기업네트워크 등의 관계망을 통해 지식과 경험을 공유하며 마을무지개는 현재도 계속해서 다문화 관련 사회적기업으로서 활발한 활동을 수행해 나가고 있다.

이상의 내용에 비추어보건대, 마을무지개는 협력적 네트워크를 기반으로 한 지역공동체 내에서 사회적 자본을 형성하여 '호혜성', '상생' 등의 가치를 확장시키고 있다. 더불어 여러 시민단체들, 그리고 구청 등 행정기관들과 지속적으로 상의하고 협의하는 과정을 통해 상호 신뢰관계를 쌓으며 사회적 자본 또한 구축해나가고 있다. 호혜성과 상생의 가치는 사회적기업들이 결속하여 협력하도록 이끌었으며, 이 과정은 오늘날 민민(民民)협력에 그치지 않고 민관협력을 도모하는 것으로까지 확장되고 있다.

IV. '마을무지개'를 통해 본 은평구 지역사회 네트워크의 한계

그간 마을무지개는 결혼이주여성들을 '한국 사회에 적응해야 하는 수동적 객체'가 아닌 '한국 사회에도 긍정적인 영향력을 미칠 수 있는 능동적 주체'로 탈바꿈하여 다문화에 대한 기존 한국 사회의 담론과 인식을 바꾸고자 다양한 노력들을 전개해 왔다. 그 결과 2006년 은평구 주민들의 작은 소모임으로 시작한 마을무지개는 오늘날 은평구, 나아가 서울시의 다문화 분야 활동을 주도하는 대표적인 시민단체로 성장했다. 그들에게는 매 활동이 다문화에 대한 세간의 편견을 극복하기 위한 치열한 싸움이었다. 그러나 그들은 이러한 어려움들을 조금씩 극복해 나가며 다문화에 대한 사회적 인식을 점차 바꾸어 나갔다. 그 과정에서 은평구의 지역사회 네트워크는 마을무지개가 성장하는 데 큰 보탬이 되었다.

전명순 대표 역시 본인이 소속된 은평구 지역공동체에 대해 자부심을 가지고 있었다. 그는 최근 마을무지개가 '서울50+재단'과 '은평구 평생학습관'과의 협업 아래 서울시서부교육청의 지원을 받아 은평구민들에게 정기 다문화 교육 프로그램을 제공하고자 추진하고 있다고 밝히며 "이 모든 것이 은평구 시민들 간의 협력이 마을무지개에게 마중물이 되어줬기 때문"이라고 밝혔다. 이렇듯 은평구 지역공동체에 강한 애착심을 가지고 있는 전명순 대표지만, 그 또한 때로는 은평구청의 행정처리와 지원 방식에 불만을 갖는다고 설명한다. 으레 공무원조직들이 그렇듯 은평구청이 보이는 복지부동(伏地不動)적인 태도가 대표적이다.[15]

"은평구가 다른 구들에 비해서 신경을 많이 써준다고는 하지만 여전히 공무원들 특유의 답답함은 있어요. 사회적기업협의회에서 한 달에 한 번씩 구청 관계자랑 만날 기회가 있어요. 구청장이 아니더라도 사회적경제과장이 배석하신다거나 하는데, 그때 이제 저희는 적극적으로 어떤 것들이 필요하다는 식으로 의견개진을 하죠. 그런데 그렇게 말을 해도 잘 안 바뀌어요. 구청에서야 당연히 워낙에 할 일이 많으니까 이해는 하겠지만, 다음 달에 가서 바뀌었는지 확인해 보면 안 바뀌어서 또 같은 말을 반복하게 돼요."

– 전명순

---

15. 본 연구자들 역시 은평구의 다문화 현황 및 마을무지개 등 시민단체들의 활동에 대한 제도정치권 측의 인식을 듣기 위해 이연옥 은평구의회 의장, 정은영 은평구의회 행정복지위원장, 그리고 은평구건강가정·다문화가족지원센터 측에 전화, 메일 등을 통해 각각 3차에 걸쳐 면담 요청을 하였으나 이들 모두 응답하지 않거나 거부 의사를 밝혔다.

한편 전명순 대표는 시민단체들의 활동들과 관련하여 세부적인 지원 작업을 진행하는 공공기관들의 경우 현장 상황에 대한 이해가 부족하다는 것 또한 지적한다. 이러한 기관들은 시민단체들이 특정한 요청을 할 경우 그것을 성실히 수행하기는 하지만, 역으로 먼저 시민단체들이 필요로 하는 지원이 무엇인지 고려하여 적극적으로 그것을 실행하려고 하지는 않는다는 것이다. 특히 전명순 대표는 10여 년에 걸친 마을무지개의 활동에도 불구하고 다문화에 대한 은평구 제도권 측의 사고방식은 여전히 제자리걸음이라고 주장한다.

"제가 제일 못마땅하게 생각하는 것이 우리가 아무리 결혼이주여성들의 주체성을 증진하는 방향으로 다문화 정책을 펼쳐야 한다고 말해도 위에서 듣지를 않는다는 거예요. 지금도 구청이나 다문화가족지원센터 쪽 사람들이랑 이야기를 하다 보면, 아직까지도 저출산 장려 정책 쪽으로 다문화정책을 추진해야 한다고 말하는 사람들이 있어요. 답답하죠. 우리는 다문화사회화를 위해 얼마나 많은 노력들을 하고 있는데 '다문화' 개념이 맨 처음으로 나왔던 2000년대 초·중반의 발상을 아직까지도 하고 있으니. 이거는 기본적으로 현장에 대한 이해가 부족한 거예요."

– 전명순

은평구 마을공동체의 명성에도 불구하고, 어째서 현장의 공공조직들은 시민단체들의 활동에 대해 정확한 인지를 하고 있지 못한 것일까? 본고는 그 원인이 역설적이게도 은평구 마을공동체가 작동하는 방식에 있다고 판단한다. 앞서 언급했듯 은평구 마을공동체의 특징은 은평구청과 같은 제도권 기관들이 아닌 시민단체 등 주민들의 주도로 지역사업들이 이루어지고 있다는 것이다. 이 과정에서 은평구의 제도권 기관들은 시민참여가 증진될 수 있도록 협동조합, 마을기업, 사회적기업 등의 형성을 장려하는 각종 지원책들을 제공하는 한편 이러한 단체들을 한데 연결하는 협의조직들을 만들어 시민네트워크 활성화를 도모하였다. 결과적으로 이는 오늘날과 같은 견고한 시민사회적 기반이 은평구에 자리 잡는 데 기여하였다. 그러나 동시에 대부분의 지역활동들이 시민들의 손에 맡겨지게 되면서 정작 현장 일선의 공공조직들을 비롯한 행정기관들은 어떠한 활동들이 전개되어 가고 있는지를 파악하기 힘들어지게 되었다. 그 결과 제도권은 시민사회와 동등한 지역사회의 주체가 되기보다는 시민사회로부터 제기되는 요구들에만 수동적으로 반응하는 '서비스 공급자' 정도로 전락하게 되었다. 물론 오늘날 은평구 제도권 차원에서 주도하고 있는 복지 및 공공서비스사업들 또한 존재한다. 그러나 지금과 같이 지역의 현안들에 대하여 제도권과 시민사회가 '협의 없는 분업'의 형태로 활동을 펼쳐나가는 것은 바람직한 거버넌스라고 보기 어렵다. 은평구의 사례에서처럼 시민사회 내부의 자생적인 힘을 기르기 위해 시민네트워크를 활성화하는 것은 물론 필요하지만 그와 더불어 제도권과 시민사회가 계속해서 밀도 있는 교류를 해나가며 서로의 입장과 관점에 대한 충분한 이해를 유지해나가는 것 또한 견지되어야 한다. Ansell and Gash가 지적하듯, 이제는 단순한 조정 내지는 분업으로서의 거버넌스가 아닌 '협력으로서의 거버넌스(collaborative governance)'가 이루어져야 하는 것이다.[16]

V. 결론 및 제언: 대한민국에는 무지개가 필 수 있을까

본 연구는 정부에서 추진하고 있는 기존의 다문화 정책이 결혼이주여성들을 수동적인 존재, 융화와 보호의 대상으로만 간주하고 있다는 것에 대한 문제의식으로부터 시작되었다. 연구자들은 은평구의 사회적기업인 '마을무지개'에서 결혼이주여성들이 모국의 문화를 학생들에게 알려주고 모국의 음식을 만들어서 판매하는 활동이, 기존의 관 주도 다문화정책과는 다른 방법으로 다문화문제 해

---

16. Chris Ansell and Alison Gash. 2007. "Collaborative Governance in Theory and Practice." *Journal of Public Administration Research and Theory* 18(4). pp.544-548.

결을 모색하고 있다는 점에 주목하였다. 따라서 본 연구는 마을무지개에서 일하는 결혼이주여성들이 가진 중층적 정체성이, 마을무지개에서의 노동활동을 통해 어떻게 변화하게 되었는지에 대해 탐구하고자 하였다.

연구자들이 진행한 참여관찰 및 면담의 결과, 이주여성들이 한국에 들어와서 겪는 가장 큰 문제는 사회적 상호작용의 결여다. 가족 외에 일상적으로 만날 수 있는 사람이 없기 때문에 고립되기가 쉽다. 또한 많은 이주여성들은 한국 남성과의 결혼을 통해 한국에 정착하게 되지만, 가정을 꾸리는 것 못지않게 경제활동에 대한 욕구를 갖고 있다. 그러나 정부 및 지방자치단체에서 이주여성들을 위해 진행하고 있는 정책은 이러한 이주여성들의 어려움과 사회적 욕구를 제대로 반영하지 못하고 있다. 한국의 다문화정책은 이주여성들이 한국 가정의 일원으로 자리를 잡고 저출산·고령화 문제를 해결하는 것에 초점을 맞추고 있다. 일자리 제공 정책이 존재하기는 하지만, 이들은 일시적인 일자리를 제공하는 수준에 그치고 있다.

이에 반해 마을무지개에서 이주여성들은 변화의 주체로 탈바꿈한다. 마을무지개라는 공간 속에서 그들은 한국인의 정체성을 체화하도록 강요받지 않고, 오히려 한국의 학생들에게 모국의 문화와 관습을 알리는 역할을 한다. 마을무지개의 가장 큰 특징은 이주여성들이 주로 업무를 맡고, 한국인 직원들은 도움을 주는 역할을 한다는 것이다. 특히 마을무지개가 운영하는 식당 '타파스'의 영업을 관찰한 결과, 주방장인 중국 출신 C씨가 조리와 관련된 총괄 업무를 맡고 나머지 직원들은 그의 지시에 따르는 모습은 인상적이다. 교육사업에서도 이주여성들이 강의 내용을 구상하고, 식당 메뉴나 케이터링 메뉴를 정할 때도 역시 이주여성들의 의견이 반영된다. 이렇듯 마을무지개에서 모국인으로서의 정체성은 약점이 아니라 강점이 된다. 지워야 할 것이 아니라 지켜야 할 정체성이 된다.

또한 마을무지개는 이주여성들에게 안정적인 일자리를 제공한다. 이주여성들은 한국에서 경제활동을 해서 돈을 벌겠다는 강한 욕구가 있다. 마을무지개는 안정적인 일자리를 제공하고, 이주여성들로 하여금 사회적 상호작용을 할 장(場)을 제공한다. 이주여성들은 일을 함으로써 경제적인 주체가 되고, 한국어를 배우면서 한국 사회에 좀 더 잘 적응하게 된다. 직장에서의 사회적 상호작용을 통해서 정서적 안정감을 얻는 것은 물론이다. 한편 마을무지개는 이주여성들에게 유연한 일자리를 제공한다. 대부분의 직원들은 노동자로서의 정체성과 어머니로서의 정체성을 동시에 갖고 있다. 마을무지개의 식당은 저녁 영업을 하지 않으며, 노동자들은 때로는 점심까지만, 때로는 점심부터 저녁까지만 근무한다. 이주여성들은 마을무지개에서의 노동을 통해 긴장 관계에 놓일 수 있는 중층적 정체성들 사이의 안정을 이룬다.

이처럼 마을무지개는 민간의 힘을 통해 한국 사회가 처한 다문화 문제를 해결할 수 있는 새로운 가능성을 보여주었다. 마을무지개가 만약 단순한 주민모임의 형태로 운영되었다면 이러한 성취는 불가능했을 것이다. 마을무지개는 기업, 그중에서도 사회적기업의 형태를 취했기 때문에 이주여성들이 주체성을 발휘하는 장으로서 기능할 수 있었다. 주민모임으로 시작하여 마을기업, 사회적기업으로 인증 받게 되는 과정 속에서 마을무지개는 점차 전문적인 기업의 형태를 띠게 되었다. 그리고 그러한 전문성 확보의 바탕에는 서울시와 은평구에 조성된 견고한 지역사회 네트워크가 있었다. 정부와 지방자치단체의 지원은 초기에 마을무지개의 운영을 안정화하고, 지속적인 수익 창출의 길을 개척하는 데 기여하였다. 또한 사회적기업으로 인정받으면서 다른 시민사회단체들과 네트워크를 구축하게 되는데, 이는 기업 운영 과정에서의 어려움을 극복하고, 수익 창출을 위한 관로를 개척하며, 구성원들이 정서적인 안정감을 얻는 데에도 기여하였다.

마을무지개 전명순 대표 역시 은평구 제도정치권의 지원과 사회적기업들 사이의 네트워크 및 인간관계가 기업 운영에 큰 도움이 되었다고 말하였다. 그러나 이에 덧붙여 민관협력에 있어 시민단체들이 달성하고자 하는 목적을 제도정치권이 제대로 파악하고 있지 못하다는 비판 또한 제기하였다. 마을무지개의 경우에는 이미 사회적 자본이 풍부한 지역에서 활동을 시작하였기에 민간 네트워크 내에서의 협력만으로도 충분히 그 활동영역을 확장해나갈 수 있었다. 다양한 민간 조직들 간의 협의체와 네트워크를 통해서 마을무지개는 스스로를 홍보하고, 판로를 획득하고, 정보를 교환하고, 어려움을 극복하였다. 그러나 은평구 혹은 서울시가 아닌 다른 지역에서도 마을무지개와 같은 모델이 성공할 수 있을지는 미지수다. 앞으로 정부가 민간의 역량을 통해 사회 문제를 해결하기 위해서 사회적기업을 육성하고자 한다면, 단순히 일정한 법적·제도적 지원을 제공하기만 하는 것으로는 효과를 거둘 수 없다. 시민사회와 제도정치권이 꾸준히 교류할 수 있는 네트워크를 만들고 이를 통해서 민관이 함께 활동하며 시너지효과를 일으킬 수 있도록 하는 방향이 더 바람직하다고 볼 수 있다.

　덧붙여 본 연구는 대한민국 다문화정책의 방향 전환이 필요함을 지적하고자 한다. 대한민국이 성공적으로 다문화 사회로 안착하기 위해서는, 이주여성들을 저출산 문제를 해결하는 수단 정도로 간주하기보다는, 그들이 가진 문화적 역량과 다양성을 활용할 수 있는 방법을 찾아야 한다. 이주여성들이 가진 사회적 욕구, 경제적 욕구를 충족시켜주는 것에 정책의 초점을 맞추어야 한다. 마을무지개의 사례는 이주여성들에게 여러 가지 교육을 시키는 것보다, 그들에게 안정적인 일자리를 주는 것이 오히려 더 효과적인 정책이 될 수 있다는 점을 보여준다. 은평구에 뜬 무지개가 대한민국 전체에 필 수 있을까? 민간부문은 이미 가능성을 보여주었다. 이제 정부가 제 역할을 할 때이다.

참고문헌

강미선. 2013. "국제결혼 여성들의 가족생활과 경제활동에 관한 비교연구." 서울대학교 대학원 석사학위논문.

김기범·배병진. 2016. "은평구 사회적경제의 지역혁신: 지역현안 주거, 문화, 여성 사례분석." 김의영 외.『동네 안의 시민정치: 서울대생들이 참여관찰한 사회적경제 사례』. 서울: 푸른길. pp.237-272.

김비환. 2007. "한국 사회의 문화적 다양화와 사회통합: 다문화주의의 한국적 변용과 시민권 문제."『법철학연구』10(2). pp.317-348.

김영명. 2013. "한국의 다문화 담론에 대한 비판적 고찰."『한국정치외교사논총』35(1). pp. 141-174.

김영옥. 2007. "새로운 '시민들'의 등장과 다문화주의 논의."『아시아여성연구』46(2). pp.129 -159.

김우영. 2013. "은평구 마을공동체로 바라보는 주민참여사업."『공공사회연구』3(2). pp.5-35.

김우환. 2018. "사회적기업 지원 정책의 효과 제고 방안 연구." 고려대학교 행정대학원 석사학위논문.

김준식·안광현. 2012. "다문화가족 지원정책 기본계획에 관한 비판적 고찰."『한국정책연구』12(4).

김혜순. 2008. "결혼이주여성과 한국의 다문화사회 실험: 최근 다문화담론의 사회학."『한국사회학』42(2). pp.36-71.

설동훈. 2007. "혼혈인의 사회학: 한국인의 위계적 민족성."『인문연구』52. pp.125-160.

이수재·채진영. 2015. "초등학생의 다문화인식의 차이와 관련 변인들 간의 관계."『아동학회지』36(6). pp.23-38.

이아인·이영관·이지원·강현규·김해니·김승미·서휘수. 2017. "관악구 사회적기업의 지속가능성: 유대적 관계를 통한 가치추구." 김의영 외.『관악구의 시민정치: 서울대생들이 분석한 여섯 가지 시민정치 사례』. 서울: 푸른길. pp.278-333.

이혜경. 2005. "혼인이주와 혼인이주 가정의 문제와 대응."『한국인구학』28(1). pp.73-106.

한건수. 2003. "타자만들기: 한국 사회와 이주노동자의 재현."『비교문화연구』9(2). pp.157-

193.

황정미. 2011. "초국적 이주와 여성의 시민권에 관한 새로운 쟁점들". 『한국여성학』 27(4). pp. 111-143.

Chris Ansell and Alison Gash. 2007. "Collaborative Governance in Theory and Practice." *Journal of Public Administration Research and Theory* 18(4). pp.543-571.

Peter Utting, Nadine van Dijk and Marie-Adélaïde Matheï. 2014. "Social and Solidarity Economy: Is There a New Economy in the Making?" UNRISD Occasional Paper 10.

Robert Putnam. 2003. *Better Together: Restoring the American Community.* Simon & Schuster.

제3장

서울시 종로구 익선동 한옥지구의 도시재생과
퀴어 시민됨에 대한 민족지적 고찰

정치외교학부 **계승현**

정치외교학부 **김지민**

조소과 **손유진**

인류학과 **이준현**

〈연구활동 일지〉

날짜	활동내용
2018년 9월 20일	익선동 첫 방문기, ○게이바 사장님 심층면담
2018년 10월 10일	익선동 한옥지구 일반 업소들 방문, 1곳 비공식적 면담, Sc게이바 비공식적 면담
2018년 10월 11일	R게이바 참여관찰, L게이바 비공식적 면담
2018년 10월 12일	카페 '식물' 방문, 성도부동산 천 사장님 면담
2018년 10월 15일	성도부동산 천 사장님 심층면담
2018년 10월 18일	주식회사 G 대표님 심층면담
2018년 10월 24일	성도부동산 천 사장님 비공식적 면담
2018년 10월 29일	이정열 거주민 심층면담
2018년 10월 30일	일반업소 에일당 사장님 심층면담
2018년 11월 5일	주민소통방 다도수업 참여, 주민소통방 직원과 비공식적 면담, F게이바 사장님 면담
2018년 11월 19일	게이바가 있던 장소에 리뉴얼한 일반업소 ○ 방문 및 비공식적 면담, 게로수길 M게이바 심층면담.
2018년 11월 21일	종로3가역 앞 포차거리 탐방
2018년 11월 23일	T게이바 참여관찰 및 비공식적 면담

본 연구는 서울시 종로구 익선동에서의 참여관찰(2018.09~2018.11)을 통해 도시재생이 추진되고 있는 한옥지구와 게이 공간의 관계성을 분석하였다. 본 연구에서는 한옥지구의 도시재생을 통해 익선동에서 공공성의 담론이 만들어지고 있었고, 현재 상업적인 확장의 국면 속에서 다양하되 규범적인 방식의 시민됨이 구성되고 있었음을 발견하였다. 이런 과정에서 인근 게이 공간은 규범적인 시민정치의 장에서 사적인 것으로 치부되었고, 더욱 비가시화되었다. 하지만 본 연구는 게이 공간의 비가시성이 게이 커뮤니티 내부의 사회적 목적 추구를 위한 공간적 조건으로 기능하고 있으며, 적극적으로 추구되고 있었다는 점을 발견하였다. 이어서 연구자들은 게이 공간의 비가시성이 더 이상 유지될 수 없는 상황에 대해 어떻게 게이 남성들이 대면하고 인식하고 있는지(행위성)를 제시하였다. 이런 발견을 토대로 연구자들은 공간의 점유와 시민정치 논의를 연결하여 '확대된 공공성'의 가능성을 주장하며, 추후 시민정치의 주체와 의제를 확장할 수 있는 방법에 대해 고민하였다.

I. 서론

1. 연구배경 및 연구방법

주민들이 아닌 사람들 또한 지역 정치의 주체가 될 수 있는가? 공공성과 공적 가치라는 것은 어디까지를 포함하는 개념일까? 본 연구에서는 서울시에서 상업적 확장이 빠르게 일어나고 있는 종로구 익선동 한옥지구와 인근 게이공간을 통해 정치의 주체와 의제를 다각도로 살펴보면서, '공공성'이란 무엇인지에 관해 의문을 제기하고, 나아가 '주민'이 아닌 공동체 구성원 역시도 자발적 결사체를 통해 해당 지역의 공공성에 기여할 수 있는지를 논의하고자 한다.

종로구 익선동의 경우 100여 년 동안 보급형 한옥지구로서 서민들의 주거공간이 되어왔다. 그러나 2014년을 기점으로 상업화가 활발히 진행되어 한옥들의 임대료가 상승하자 기존의 자가주택에 거주하던 주민들은 주택을 처분하고 다른 곳으로 속속들이 이주하였다. 그 결과 익선동에 법적으로 주민등록이 되어 살아가는 가구는 6~7개 남짓밖에 남아있지 않게 되었다. 한편 2014년 이후 활발하게 유입된 소상공인들은 다양한 형태의 상인협회를 조직하여 상호 교류를 통해 새로운 형태의 마을공동체를 만들어낸 것을 관찰할 수 있었다. 이 조직들은 상인들 간의 이익집단에 머물지 않고 거주하며 남아있는 주민들을 포섭하였을 뿐만 아니라, 익선동의 공적 가치에 관해 논의하는 양상을 띠기도 했다는 점에서 새로운 형태의 '자발적 결사체'라고 볼 수 있다. 한편, 훨씬 이전부터 이 일대에 형성되어 있던 게이 커뮤니티에서 활발히 활동하던 행위자들은 소위 '일반'[1]들이 상업화와 함께 유입되는 것에 위협감을 느끼고 있다. 종로구 익선동 일대는 1970년대부터 서울의 게이들이 '아웃팅(outing)[2] 당할 위협 없이 자유로이 섹슈얼리티를 추구

---

1. 퀴어가 아닌 비성소수자들을 일컫는 말.
2. 성소수자의 성적 지향이나 성별 정체성에 대해 본인의 동의 없이 밝히는 행위를 말한다. 주로 게이, 레즈비언, 양성애자라는 사실이 밝혀질 때 쓰는 말이다.

할 수 있었던 유일한 곳이었기 때문이다. 즉, 익선동은 이들에게 섹슈얼리티라는 사적인 영역이 실현되는 공동체로서 그들의 고유한 공적인 영역으로도 존재해 왔던 것이다.

자료 수집은 익선포럼에 참여한 상인들, 부동산업자 혹은 '주민소통방' 종사자와의 인터뷰와 연구자들의 3개월간의 참여관찰(2018.09~2018.11)을 통해 이뤄졌다. 연구주제가 피면담자들에게 공적으로 이야기하기 민감한 주제인 만큼 면담을 요청하고 진행하는 과정에서 게이 커뮤니티와 관련된 연구 질문은

〈그림 1〉 주민소통방 종사자와의 인터뷰

도시재생에 대한 이야기를 나누며 간접적으로 제시하려고 했다. 피면담자에 따라서는 게이커뮤니티에 관련한 연구임을 밝히지 않기도 했다. 따라서 모든 면담 자료는 익명으로 처리했다. 게이 커뮤니티의 경우, 특정 게이바를 선택하기보다는 익선동 한옥지구 내부와 게로수길에 위치한 게이바, 종로의 인지도가 높은 게이바를 사전 탐방 및 조사하였다. 그리고 게이 상권을 게이바에 한정 짓지 않고 익선동의 야간개장이라는 이벤트로 인해 연구가 시작된 만큼 주식회사 G 대표와의 면담도 진행했다. 게이바의 경우 두 가지의 문제점으로 인해 공식적인 면담으로 진행되기 어려워서 다음과 같은 조건을 자율적으로 조성하여 면담을 진행하였다. 우선, 아웃팅의 문제로 인해 게이바 면담이 원활하지 않을 것을 고려하여 비공식적 면담과 참여관찰을 위주로 진행했다. 공식적으로 게이인권 지지를 선언한 게이바이거나 연락을 통해 면담을 사전 약속할 수 있었던 게이바의 경우에는 공식적 면담을 진행했다. 그러나 두 번째로 게이바 사장과의 면담이 주로 게이바 내부에서 이루어진 점으로 인해 연구자들의 성별로 인한 게이바 접근의 문제가 있었다. 따라서 남성 연구자들 위주로 게이바의 참여관찰과 면담이 진행

되었고, 여성 연구자들은 양해를 구한 곳에서만 면담에 참여할 수 있었다. 그러나 대부분 여성 연구자들은 간접적으로 남성 연구자들의 면담 자료를 통해 게이 커뮤니티에 대해 상상하며 연구에 참여하는 방식을 사용했다. 과거에 열린 포럼과 협회회의의 경우에는 직접 접근할 방법이 없기 때문에 지역의 부동산에서 관련 책자를 통해 자료를 구했다.

2. 이론적 자원

종로구 익선동 게이들이 '시민'인지, 그리고 그들이 형성한 커뮤니티가 '공적 영역'이 될 수 있는지를 살펴보기 위해서는 '시민성[됨](citizenship)' 논의를 검토할 필요가 있다. 시민성을 구성하는 본질적인 요소는 자신이 속해 있는 정치 및 생활공동체 등 공적 영역에 대한 관심과 참여라고 할 수 있다. 공공 영역은 공적인 것들을 다루는 공간으로서, 사적인 영역에서 가장 중요한 원자화된 개인의 사사로운 이해관계를 다루는 곳과 대비된다. 특히 아리스토텔레스를 필두로 한 전통적 민주주의 사상가들은, 시민성을 지닌 개인들은 사적 이익을 추구하고자 하는 목표에서 자유로운 상태로 공적 의무에 헌신할 수 있어야 한다고 주장하였다. 공적–사적 영역의 이분법에 근거하여 민주주의를 바라보는 이러한 시각은 오늘날 대의제 사회에까지 견고하게 자리 잡았다. 그러나 개인의 정체성이 사회 속에서 복잡하게 형성되는 다원주의 사회인 오늘날, '개인적인 것과 정치적인 것의 구분이 점점 모호'해지고 있다. 특히 풀뿌리 거버넌스가 전제하고 있는 시민성은 유권자적 시민의 협소한 개념을 넘어서 다양한 대안적 민주주의 틀에서 구현될 뿐만 아니라, 그것이 해결하고자 하는 문제도 제도권정치의 의제 바깥에 있는 사적인 문제들을 포괄한다.

특히 민주주의를 기존의 현실주의적 시각에서 제도권 정치에만 국한시켜서 바라보는 것은 민주주의의 중요한 규범적이고 참여적인 특성을 무시하는 것이라는 최근의 비판이 있어왔다. Saward에 의하면, 물론 슘페터가 현실을 '설명하기 위해' 제시한 민주주의 모델을 폐기해야 하는 것은 아니지만, '규범적 판단을 제공하는' 민주주의의 역할도 간과해서는 안 된다. 또한, 참여 민주주의자들은 민주주의를 국가적 정치과정과 제도에만 국한시키는 것은 협소하다는 비판을 제기해왔다. 그들은 국가뿐만 아니라 전사회적인 민주화를 지향했기 때문이다. 참여민주주의자인 Bachrach는 '일군의 사람들(handful of men)'에 의해 민주화가 발생해야 한다고 지적한 바 있다.[3]

공적-사적 영역의 이분법에 직접적인 반론을 제시한 수잔 보이드는 대의제도가 공적 영역과 사적 영역의 구분이라는 표지를 통해 공론장의 역할, 혹은 특정 이슈의 역할을 전환하고자 한다는 것을 비판한다. 그 중에서도 특히 섹슈얼리티와 젠더 문제는 사적인 것으로 치부되어 국가나 공동체로부터 책임을 면하는 기제로서 작동한다. 본 연구는 보이드가 언급한 것처럼, 공적 영역과 사적 영역의 구분을 정해지지 않고 변동 가능한 것으로 보고자 한다. 또한 공적 영역과 사적 영역의 선을 긋는 것 역시 '공동체가 행사할 수 있는 규범적 힘의 일종'이라고 봐야 한다. 또한 본 연구는 '공적 영역과 사적 영역'은 대립하여 존재하는 것이 아니라, 오히려 상호 연결되어 존재한다는 논의를 수용하고 있다.[4]

본 연구에서는 Saward가 제시한 것처럼 정치와 민주주의가 제도권에 국한되기보다는 전 사회적인 현상이 되어야 한다고 전제한다. 제도권의 민주화가 정착한 이후에는 풀뿌리 민주주의 혹은 시민정치가 사회의 공공성에 기여한다는 시각이 널리 퍼져 있다. 이렇게 규정된 '공공성'이 결코 개인의 사적 생활과 명백히 분리되지는 않는다는 보이드의 지적을 수용하여, 개인의 사적 영역과 시민으로서의 공적 영역이 상호 중첩된다는 점을 구체적인 사례를 통해 보이고자 한다.

---

3. Michael Saward. 2003. *Democracy*. Cambridge: Polity Press. pp.67-69.
4. Susan B. Boyd. 1997. *Challenging the public/private divide: feminism, law, and public policy*. University of Toronto Press.

II. 익선동의 도시재생사와 한옥지구화

1. 도시재생사(史); 소상공인들과 주민들이 연대해서 규정된 공공성

1) 익선동 한옥지구화의 배경과 '게이 문화'

익선동에서 공공성이 논의되는 공적 영역과 그에 배제되는 사적 영역에 대해 알아보기 이전에 우선, 익선동에서 공적 영역은 어떤 배경으로 이루어졌는지 알아보려고 한다. 그러기 위해서는 익선동이 한옥지구화되기까지의 역사를 알아야 한다. 이를 통해 어떤 공간이 공적 영역으로서 대두되는 과정에서 자연스럽게 주변부의 영역이 생겨나는 것을 알 수 있기 때문이다. 익선동의 경우에는 '한옥지구'의 익선동이 공공성을 창출해냄과 동시에, 항상 존재해왔고 지금도 존재하는 게이 커뮤니티가 주변부로서 배제된 것을 관찰할 수 있었다.

2) 재개발 추진 및 무산의 역사

익선동은 2004년 4월 2일 완전철거 도심재개발구역지역으로 확정되었고 재개발추진위원회가 꾸려졌다. 재개발추진위원회는 14층 높이의 주상복합단지를 지어서 익선동을 재개발하겠다는 그림을 그렸다. 그러나 신축 및 증개축이 불가한 폐허수준으로 10년간 철거만을 기다리던 중, 도심 빌딩 속 섬처럼 남아있는 한옥 110여 채를 서울시 및 도시계획 관련 전문가들과 학자들을 중심으로 완전철거 재개발 해제와 한옥보존으로 계획을 변경했다. 주변 지역의 특성상 고층 빌딩을 짓는 것보다는 한옥을 보전하는 게 낫다는 이유에서였다. 이에 2010년 10월 서울시 도시계획위원회는 익선동 개발 계획에 제동을 건다. 마침 주민들도 재개발 조합 동의에 진전이 없어 7~8년간 부동산 거래두절 및 재산가치의 하락을 두려워하던 와중이었다. 그 결과 전체 주민 52%의 동의로 재개발추진위원회는 2013년 10월 25일자로 해산되었다. 그리고 2018년 1월 드디어 종로구 익선동 일대가 14년 만에 재개발지역에서 해제되었고 북촌, 돈화문로, 인사동, 경복궁 서측에 이어 한옥밀집지역으로 지정되었다.

3) 익선동 '낡은' 세대의 침체시기와 게이상권 유입

익선동의 재개발 계획이 무산되기까지 오랜 시간이 걸리게 되면서 현대식 한옥이라는 물질적 문화가치는 그 기간 동안 그대로 보존될 수 있었다. 하지만 동시에 지역 '주민들의 문화'에는 침체를 가져왔다. 재개발을 통해 한옥이 완전히 헐리고 새 건물이 지어지기를 기다리는 거주민들의 입장에서 한옥은 수리할 가치가 없었기 때문에 지역 환경은 방치해온 것이다. 그로 인해 발생한 열악한 거주 환경은 종로3가역 한옥지구 일대와 마주하고 있는 쪽방촌과 같이 저소득층에게 임시 거주처의 역할을 하거나 이전부터 살아왔던 건물 소유주가 나가지 못해 사는 형태의 주민구성을 형성하면서, 익선동 한옥지구 일대가 '침체' 상태에 머무르게 되었다.

이런 점을 생각해 보면 주민들이 1997년부터 지속적으로 지역발전을 고민해 왔으나 현재의 실질적 재정비를 불러일으킨 주역은 실거주민들로만 이루어졌다고 볼 수 없다. 그렇기 때문에 우리가 연구에 담은 익선동의 시민정치를 이룬 '주민'[5]은 단순히 지역에 거주하는 인구만 포함하는 의미를 넘어서서 '지역적 가치를 발견한 상인과 부동산업자가 포함'된다. 이는 퍼트남이 시민을 단순히 지역에 거주하는 주민으로 제한하고 사회적 자본을 그 주민들 간의 관계망을 토대로 살펴보는 시각의 한계점을 보여준다. 익선동의 시민정치는 '한옥보존의 가치'라는 문화적 자본을 공유한 행위자들의 움직임을 통해 구성된 것이다.

여기에는 게이라는 성적 정체성의 문화를 공유하는 사람들의 유입이 익선동의 침체시기와 맞물려 있다. 익선동은 상업지구에 속해있지만 재개발이 미뤄지면서 점차 주거기능도 상실하고 공동화 현상을 겪게 된 것이다. 바로 이웃해 있는

---

5. '주민'이라는 용어를 이 글에서는 공공의 가치를 논의할 수 있는 시민정치의 주인으로 사용한 것으로. 다수의 면담에서 익선동 한옥지구화의 주체에 대한 질문이 오갔을 때 다양한 구성원들이 '주민'이란 단어에 내포되었던 점을 반영한다.

낙원동과 묘동은 1970년대부터 게이커뮤니티의 지역으로 존재하고 있었다. 익선동의 게이커뮤니티는 이 지역의 임대료가 상승하면서 상대적으로 저렴한 임대료를 유지하고 있던 익선동으로 넘어오게 된 것으로 인식된다. 그러면서 게이커뮤니티는 침체되고 있는 익선동 자체가 '비가시화되고 있는' 효과를 누리면서 동시에 적극적인 주체로 활동할 수 있었다. 실제로도 면담에서 게이 유동인구가 익선동의 포차상권에 영향을 주었다는 의견을 들을 수 있었다. 김주락[6]은 게이커뮤니티가 낙원동에서는 실제로 경제적인 측면에서 일반에 비해 큰 영향력을 가지고 있지 않음을 확인한다. 그들의 경제적 영향력은 일반인들의 자본이 유입되었을 때 쉽게 무시당한다는 점에서 김주락의 의견은 유효하다. 그렇지만 상황에 따라 게이 커뮤니티도 단순히 일반들보다 적기 때문에 무시될 수 있는 존재는 아니었다. 여기에 더해 김주락은 게이 커뮤니티가 지역 주민들에게 일상적으로 마주치는 존재로서, 문화적으로 퀴어링(Queering)하는 효과를 주장했다. 하지만 이는 여전히 개인 선택의 문제로 비춰진다. 그렇기 때문에 우리가 시민정치라는 공공성이 논의되는 장을 살펴보았을 때, 퀴어링의 한계를 살펴볼 수 있었다.

A바 사장: "지금 포차 상권은 그쪽 분들(게이 분들)이 많이 가줘서 그런 거였다. 근데 이제 익선동 뜨면서 일반인들 몰리고, 옆 테이블에 같이 앉게 되면서야 쟤네들 게이 새끼들 아니냐는 시비 걸고 비하하고 그러면서 패싸움까지 **했다. 한창 잘될 때는 앞에서 잘 대해줘도 뒤에서 욕하고 그랬대. 돈벌이 대상이지 인권적인 동지는 아니니까. 일반인들이 많이 사주니까 일반인들을 선택한 거지.**"(강조는 저자)

F바 사장: "이게 지금은 게이들이 많이 가는 포장마차 골목이지만 불과 10년 15년 전에는 게이들이 못 가던 곳이었어요. 거기 주인들이 게이들을 싫어하니까. 나가라 그러고 욕하고 그랬단 말이에요. 왜냐면 **낙원동에 게이들이 몰**

<hr />

6. 김주락. 2015. "드러냄으로 물들이는 공간 – 서울 낙원동 게이 커뮤니티에서의 이웃관계에 관한 연구." 「문화역사지리」 제27권 3호. pp.100–113.

려오기 시작한 게 1960년대 말 1970년대 초니까 그때부터 많은 포장마차들은 게이들하고 교류하고 있었기 때문에 그 사람들은 거스름 없이 얘기하고 그랬던 사람들이었지. … 내가 게이는 싫지만 손님으로는 받게 되는 거예요. 그렇게 되니까 사람들을 받게 되고 지금처럼 게이들이 많이 가게 된 건데 근데 그 중에도 여전히 호모포비아인 집들이 있죠. 왜냐면 단지 게이들을 호구로 보는 거지."(강조는 저자)

위의 면담은 익선동과 그 주변 지역에서 잘 운영되고 있는 게이바의 사장들과의 면담을 통해서 게이커뮤니티와 지역의 관계를 좀 더 세세히 들어보고자 한 기록이다. A 게이바 사장은 종로에 데뷔한 기간이 상당히 오래된 사람으로 지역 주민이 아니면서도 '고향'에서 쫓겨나는 심정으로 지역의 소속감을 표시했다. 또한 객관적인 게이 커뮤니티의 역사에서도 확인 할 수 있듯이, 게이 커뮤니티와 지역이 가지고 있는 역사는 짧지 않다. 그들은 적극적으로 지역과 교류하고 소속감을 느끼는 주체들이다. 그렇기 때문에 게이들을 도구적으로 바라보는 공적 영역의 논의에 게이커뮤니티가 수동적으로 행동할 것이라는 생각은 일방적이고 평면적이다. 비록 지역 침체를 통해 숨어 들어온 커뮤니티이지만, 이들이 한옥지구화를 통해서 지역이 비가시화를 탈피해 갈 때 어떻게 반응하고 있는지에 대해 좀 더 현실적인 관찰이 필요하다.

2. 익선동의 시민정치: 한옥지구의 공공성과 상업화의 기로에 선 익선동과 게이 커뮤니티

익선동 재개발추진위원회가 해산되고 나자, 2014년경부터 본격적으로 '초기 젠트리파이어'들이 유입되기 시작했다. '초기 젠트리파이어'들은 젊은 소상공인들과 한옥보존의 방향으로 익선동 개발을 적극적으로 추진한 부동산 업자 천명수 사장을 포함해서 2016년 '주민사업'의 일환으로 서울시와 협력하여 '익선포럼'이라는 장을 만들었다. 익선포럼에서는 기존의 '주민'이었던 실거주민들과 젊은 소상공인들 간에 향후 재가치화 할 익선동의 한옥지구의 가치에 대한 논의가 오갔다. 13회에 걸쳐 진행된 포럼의 마지막 날에 주민들은 익선포럼 주민협약 5개 원칙에 합의했다. 내용은 〈표 1〉과 같다.

이 협약에는 익선동 일대의 주민들이 수호하고자 하는 문화자본[7]이 무엇인지 단적으로 드러나고 있다. 13차에 이르는 포럼에서 특히 부각된 문화자본은 1번에 해당하는 예술인에 관한 것, 5번에 해당하는 전통에 관한 것들이 있었다.

〈표 1〉 익선포럼 주민협약

익선동의 주민들은 2016년 4월 28일부터 2016년 9월 26일까지 총 12회의 모임에서 익선동의 역사와 현재, 그리고 미래를 이야기했다. 2016년 10월 27일 13자 익선포럼의 마지막 모임에서 앞으로도 지속적으로 많은 사람들이 아끼고 즐겨 찾는 장소가 될 수 있기 위한 노력을 하기 위해 다음의 내용을 지켜 나가는 약속을 하고자 한다.	〈익선포럼 주민협약 5가지〉 1. 예술인을 우대합니다. 2. 거주민을 존중합니다. 3. 쾌적한 지역환경을 위해 노력합니다. 4. 공동체를 존중합니다. 5. 한옥을 사랑합니다.

〈표 2〉 익선포럼 책자 발췌

(2차 모임 논의내용 재논의)

주민: 게이 커뮤니티가 이 지역에 자리 잡게 된 것은 이전에 이곳이 가장 음지였기 때문이다. 지가가 오르고, 마을활성화가 되면 자연스럽게 다른 곳으로 이동할 것이기 때문에, 당장 해결이 필요한 문제로 보지 않아도 된다.

전문가: 게이는 배려대상이 아니라, 문화적 차이이다. 논의 대상이 아니라고 생각한다.

거주민 A: "… 저렇게 튀는 사람들[8]이 들어와 가지고 이상한 그런 거 좀 빨리 바뀌고. 무난하게. 완전히 원하는 변화는 아니지만은 **이렇게 누구한테나마 얘기할 수 있고 보여줄 수 있는 그런 게 되면 좋을 거 같아. 서로 상부상조하는 거지.**"(강조는 저자)

도시재생참여인 A: "우리 나이 대는 게이라 하면 기피하기는 하지만 **게이 문화가 뭐가 문제냐면 여기에 성 때문에 오는 게이들이 많다.** … 게이들이 다 범죄자라는 얘기를 하는 것이 아니다. **젊은 사람들은 게이에 대해 별로 예민하지 않지만, 우리 나이 대는 혐오하는 사람들이 있다. 뭐 걔네가 잘못을 한 것도 아닌데.**"(강조는 저자)

---

7. 여기에서 문화자본은 피에르 부르디외가 개념화한 문화자본을 빌려와서 익선동 기존 거주민들과 새로이 유입된 상인들, 그리고 서울시에서 배정된 도시재생, 한옥 전문가들이 다 함께 합의하게 된 문화적 가치를 의미한다.

8. 게이들을 지칭하는 것으로 거주민 A는 면담 중 게이에 대한 부정적 감정을 숨기지 않았다. 하지만 게이에 대한 부정적 감정이 혐오와 긍정으로 양분해서 그 극단으로 나타나지 않는다는 점을 고려해서, "나도 좀 이해하는 편인데도 게이들한테 이렇게 거부감을 느끼는데… 뭐 자기네들 운명이니까"와 같은 관조적 태도를 포함해 부정적이라고 판단했다.

이러한 공공성을 추구하기 위한 밑바탕에는 익선동 한옥지구의 문제점들에 대한 합의가 있었다. 문제점은 상인들이 새로이 유입되면서 거주민들이 함께하기 위해서 조율해야 할 것들에 초점이 맞춰졌다. 익선포럼의 2차 모임에서는 상권이 형성되면서 '주민들이 느끼고 있는' 문제점들로 소음과 청결의 문제가 주로 이야기된 것으로 기록되어있다. 그런데 여기에서 새로 유입된 상인들과는 관련 없는 게이상권에 대한 문제제기가 있는 것을 발견할 수 있었다. 이러한 문제제기는 익선포럼이, 익선동이 그동안 침체되면서 겪고 있던 '문제점'들을 청산하는 자리이기도 했다는 것을 보여준다. 그러나 3차 모임에서는 2차 모임의 논의된 문제들 중 그들이 공공성으로 만들어낼 수 있는 안건으로 정리하는 과정을 거치면서 게이상권이 공공의 해결할 문제점이라기보다 '문화적 차이'이기 때문에 '논의대상이 아니다'라고 단정 지어졌다.

우리가 도시재생사를 살펴본 이유는 도시재생 참여자들이 만들어낸 공공성은 익선동 일반들의 '가치관'을 그대로 전유하기 때문이다. 도시재생 참여자들의 공통된 게이에 대한 생각은 그들이 임대료가 싼 비가시적인 공간으로 유입되어 시끄럽고 문란한 문제를 발생시킨다는 의견으로 수렴된다. 이는 Brickell[9]이 이성애 중심적 사회가 동성애를 '성적인(sexual)' 것으로 만들어 버림으로써 공공공간에서 이성애적 규범을 강화하고, 동성애적 정체성을 제한한다고 설명한 것을 그대로 보여준다. 게이문화는 공공성을 논의하는 장에서는 결국 거부감이 드는 문화인 것이다. 김주락은 '퀴어링(Queering)'이라는 개념을 통해 이웃한 사람들과 게이가 문화적으로 익숙해질 수 있음을 보려고 했다. 하지만 무관심함이라는 태도로 방치된 퀴어링은 시민정치의 장으로 나아갔을 때 실제로 게이 커뮤니티에 대한 배제로 이어지게 되었다. 더불어 지역적 비가시성과 게이문화가 직접적으로 연관되어 있는 요소라는 점이 무관심을 당연하게 만들었다. 도시재생 참여자

---

9.   Chris, Brickell. 2000. "Heroes and Invaders—Gay and Lesbian pride parades and the public-private distinction in New Zealand media accounts." *Gender, Place & Culture: A Journal of Feminist Geography* 7(2). pp.163-178.

들의 입장에서는 익선동을 '가치 있는'[10] 지역으로 탈바꿈하기 위해서는 비가시성을 벗어나야 했다. 비가시성은 낙후된 공간의 공동화 현상으로 발생하는 것이다. 그에 부가적인 성질로 게이정착현상은 지역발전이라는 공공성의 영역에서는 바꾸어야 할 부정적인 것으로 인식되거나 지역과 관련 없는 개인 문화적 차이 정도로만 치부된다.

현재의 익선동은 익선포럼 이후에 초기 유입되었던 젊은 소상공인과 다르게 거대자본을 기반으로 하는 '장사꾼' 상인들이 유입되고 있다. 그래서 익선포럼에서 논의된 공공성이 한계를 느끼는 빠른 상업화과정을 겪고 있다. 따라서 현재는 사실상 '한옥보존'이라는 공공성은 각자의 수익성에 충실한 공통적 행위의 명분을 지키고 있을 뿐이다. 현재에는 실제로 유효한 공공성은 없어 보일 만큼 시민 정치에 있어서 또다시 한 번 정체기를 겪고 있다. 그 변화 안에서 한옥 지구와 골목을 맞대고 약 20개 정도의 게이업소가 위치해 있는 '게로수길'은 크나큰 풍파를 맞고 있다. 거대 자본은 익선동 도시재생 참여자들이 추구하는 가치 있는 지역의 경제적 가치를 보고 유입된 상권인 만큼 게이 상권이 추구하는 저렴한 임대료와 상관관계를 가지게 된다. 이러한 흐름에 따라 다음 절에서 게이 커뮤니티가 '게로수길'의 변화를 어떻게 인식하고 있는지를 중점으로 '게이됨'을 살펴보려고 한다. 게이 커뮤니티에 대해 이야기하기 위해서 게이들이 특정 공간에서만 그들의 성적 정체성을 드러낼 수 있는 사회적 환경과 그로 인해 지역에 가지는 감정의 촘촘한 연결성을 이해할 필요가 있다. 그러한 배경은 비게이, 일반들이 만들어내는 지역 변화에 대응할 그들의 태도를 설명해낼 수 있다. 일반 상권의 상업화는 경제적 가치뿐만 아니라 지역의 문화적 가치도 변화시키고 있다. 그 변화는 동시에 비게이와 게이가 서로 마주하는 방식을 달리하도록 만들고 있다.

---

10. 도시재생 참여자들에게 지역의 '가치'는 경제적인 측면과 문화적 측면이 동시에 존재한다. 그러나 여기에서는 경제적 측면의 가치만 의미한다. 도시재생사를 참고하면 기존의 익선동 주민들은 재개발로 지가가 상승하는 것을 기대하고 있었던 사람들이다. 그렇기 때문에 재개발 추진이 무산되기 전에는 한옥지구지정을 반대하는 주민들의 목소리도 존재했다. 하지만, 익선동이 한옥지구화된 후에 지가가 상승하는 효과를 얻자 문화적 측면에서 가치 있는 것으로 평가받는 것에도 긍지를 가지는 모습을 볼 수 있다.

III. 종로3가의 게이됨

1. 종로 게이 공간의 개괄적 역사와 비가시적 특성

　결과적으로 본고는 익선동 한옥지구의 '가'에 위치한 '게로수길'(더 나아가서 종로3가의 게이 공간)이 그저 도시재생과정 속에서 수동적으로 배제되면서 비가시화되는 공간이 아니라, 역동적으로 변화하고, 자체적으로 게이 생활의 추구를 위한 사회적 조건을 적극적으로 만들어가는 공간임을 주장한다. 우선 종로3가와 게이 (공간) 사이의 관계가 지금까지 어떻게 만들어져왔는지에 대해 '게이 공간 내부의 시점에서' 정교하게 살펴볼 필요가 있다.

　'게이'라는 섹슈얼리티는 사회에서 통용되고, 쉽게 수용될 수 있는 것이 아니었기에, 게이 남성들의 만남은 '가시적으로 드러나지 않는 상황에서 구축'되었다. 이성애규범적인 사회에서 게이 남성들이 자신과 비슷한 섹슈얼리티를 공유하고 있는 사람들과 관계를 맺으며, 자신의 욕망을 실현시킬 수 있는 장소는 극히 제한되어 있(었)기 때문이다. 이서진[11]에 의하면, 게이 남성들의 '만남의 장소'가 단순히 한 점에 머무르지 않고, 한 지역으로 성장하게 된 데에는 게이바의 역할이 핵심적이었고, 현재 종로구 낙원/익선동은 한국에서 '게이 커뮤니티'가 최대 규모로 형성된 지역으로, 게이 남성의 장소로서 대표성을 가진다.

　본고에서는 종로의 게이 공간이 이성애규범성에서 벗어난 행위에 대한 터부시되는 인식으로 인해 제한적으로 형성되었으며, 특히 익명적이고 은밀하게 유지되는 공간 안에서 게이 남성으로서 가질 수 있는 안정감이 중요하게 작용한다는 것을 확인하였다. 이서진의 낙원동 게이 공간 사례 연구는 종로 게이 '경관'을 (1) 은밀성(비가시성)의 경관 – 외부인('비–게이')에게 게이 공간은 가시화되지 않으며, 외부 정보보다 게이 내부의 네트워크에 의존하여 운영된다는 점과 (2) 한시적

11.　이서진. 2007. "게이 남성의 장소 형성 – 종로구 낙원동을 사례로." 「지리학논총」 제49호. pp.23-44.

가시경관 – 금, 토, 일요일 저녁에만 한시적으로 종로 일대의 시공간을 장악하게 된다는 점을 중심으로 설명하였는데, 이는 '게이'로서의 안정감을 느낄 수 있는 환경을 만들기 위한 내부적 시도의 결과라고도 볼 수 있다.

여기서 본고는 게이 남성들이 만남을 가질 수 있는 장소 또한 게이 남성들에게서 어떤 의미가 있는지에 초점을 맞추고 있다. 만약 종로의 게이 공간이 게이 남성들로 하여금 다른 게이 남성들을 직접적으로 만날 수 있게 해주고, 크루징, 술번개 등의 모임을 제공해줌으로써 더욱 살갗에 와 닿는 '게이됨'의 경험을 가능하게 한다고 했을 때, 비록 게이 공간이 숨어 있다는 점에서는 사적이고, 성적인 영역으로 치부될 수 있지만 동시에 특정한 커뮤니티를 구축하는 데(소위 '공적인') 에 중요한 역할을 한다고 볼 수 있다. 이는 앞서 익선동 한옥지구의 도시재생 과정에서 동원된 공공성의 수사('우리가 주축이 되는 익선동 만들기')가 지시하는 역할과 유사하다. 커뮤니티를 구축하는 데 중요한 (공간적) 역할을 한다는 점에 있어 도시재생과 게이 공간이 유사한데, 왜 도시재생만이 공적인 것으로 인식되는지에 대해 우리는 반문할 수 있는 것이다. 흔히 상업적 장소들은(도시재생이 진행되고 있는 익선동 한옥지구) 공적인 영역에 속하는 것으로 이해된다. 도시재생 속에서 익선동을 구성하는 상업적 장소들은 지속적으로 '공공성'을 창출하는 주요한 영역으로 인식되어 왔지만, 게이 바들은 커뮤니티, 더 나아가 익선동의 아이덴티티를 구축하는 데 중요한 위치를 차지하고 있음에도 불구하고 사적이고 성적인 영역으로 인식된 것이다.

앞서 익선동 한옥지구의 도시재생 과정 중에 게이들에 대한 논의가 나오면, 대개 게이는 '개인의 취향일 뿐'이면서, '공적인 고려의 가치가 없는 문화적 차이'의 영역으로 치부되었다. 본고는 이를 통해 도시재생의 공공성은 '사적인 영역에 속하는 것들(일례로 익선동 한옥지구와 인접해 있는 게이의 흔적을 '가시적'으로 선별하는 과정)이 규정되는 방식으로 구축되었다는 것'을 확인할 수 있었다. 만약 도시재생이 만들어내는 공공성의 수사가 게이 공간을 사적인 영역으로 치부하고 있다면, 사적으로 치부되는 공간 속에서 커뮤니티를 구축하고 하위문화를 만드는 행위를 어떻게 볼 것인가가 본고의 과제이다.

2. 종로 게이 공간과 그를 구성하는 행위자들에 대하여

주식회사 G 대표: "우리들(게이 남성들)도 모이면 이렇게 존재감이 있어요. 내가 게이로서 존재한다는 것을 느끼는 것이 종로가 있어서이죠. … **게이들에게 그리스의 아고라 광장**과 같은 역할을 해주는 것이거든요. 그런 곳에서 여론이 형성이 되고, 의견들을 서로 교류했었고, 얼굴도 익히고, 서로 친해졌던 곳이에요.(강조는 저자)

M 바 대표: "… 그러니까, 어떻게 보면 **게이들이 여기가 자는 곳이 아니지만, 다 모여 있잖아요. 서로 사정도 엄청 잘 알고, 재밌죠.** … 여기 있으면 또 하나의 집 같아요, 서로에겐 거의 **가족**이죠, 뭐."(강조는 저자)

많은 게이 남성들에게 있어 섹슈얼리티의 드러냄과 추구는 "부모의 집 같은 명목상의 사적인 장소에서 종종 결여된다.[12] 그리고 게이 라이프에서 종로라는 공간은 아고라 광장과도 같은 공적인 위상을 지닌다. 게이 남성들에게 평소 이성애자 남성으로서의 자아 수행은 나 자신을 감춘다는 의미를 지니지만, 종로에 가서 나와 비슷한 사람들을 만나며 교류하는 것은 나 자신에게 솔직해진다는 의미도 갖는다. 이는 가장 내밀한 관계를 갖는 가족에게 게이 섹슈얼리티에 대해 자유롭게 의사소통할 수 없고, 그에 당당할 수 없는 현실을 반영하는 것이다. 종로의 게이 공간에서는 소위 규범적인 공과 사의 이분법이 전치된다. 도시재생의 시선에서 섹슈얼리티가 추구되는 게이 공간은 사적인 문제로 규정되지만, 게이 남성들에게는 공적인 곳으로 경험되는 것이다.

---

12. Gill Valentine and Linda Johnston. 1995. "Wherever I Lay My Girlfriend, That's My Home: The Performance and Surveillance of Lesbian Identities in Domestic Environments." David Bell and Gill Valentine eds. *Mapping Desire: Geographies of Sexualities*. London: Routledge.

주말에는 게로수길의 런웨이를 거니는 한국 게이들이 게이 바에 출입하고, 그곳에서 소비하는 행위는 '게이 바'라는 공간 너머에 존재하는 이성애적 남성이라는 자아 수행에서 일시적으로 벗어날 수 있는 창구가 된다. 이성애규범적 시선에서 자유롭다는 인식이 게이 남성들에게는 안정감으로 작용하는 것이다. 이런 맥락에서 종로의 게이 공간 또한 '이성애규범성과의 경계를 끊임없이 만들어내는 것'이다. 이것이 바로 '비가시성이라는 공간적 조건'이다. 따라서 게이 바는 개방적이면서도 폐쇄적이며, 지배적으로 비가시적인 상황 속에서만 가시화되는 이중적인 특성을 지니게 된다. 비가시성은 결국 게이 남성들의 목적과 필요에 의해 유지되는 '공동체적 조건'과 같은 것이다. M바 대표의 말을 통해 비록 게이들이 살지 않지만, 게로수길이라는 공간이 게이 남성들에게는 서로의 삶을 확인하고, 그에 기반을 둔 관계의 지속성을 추구하는 친밀권(親密圈)과 같은 역할을 하고 있다는 것 또한 파악할 수 있다. M바 사장에 의하면 게이 공간은, 게이 섹슈얼리티로 인해 가족(친족 집단)과의 관계 단절을 경험하는 게이 남성들에게 가족의 대체물, 즉 가족과 같은 내밀한 유대를 제공해주는 기능도 하는 것이다.

결국 공간을 공과 사로 가르는 규범적인 기획 안에 게이 남성들에게 게이 공간이 갖는 의미는 포착되지 않는다. 결국 공과 사는 특정한 행위자의 위치성에 따라 다르게 경험되고, 서로 연결될 수 있는 것이며, 이는 규범적인 공과 사의 기획과 갈등을 일으키기도 한다. 앞서 제시된 보이드는 공과 사의 구분은 자연스럽지 않고, 공동체의 규범적인 힘에 의해 그어지는 것으로 판단하였는데, 결국 공과 사의 규범적 구분 역시 규범적인 시민됨 만들기와 복잡한 관계를 맺으면서 상호 구성되는 것이다.

비가시성이 게이 남성들의 목적과 필요에 의해 유지되는 것이었다면, 단순히 이성애규범적 사회의 타자화로 인해 수동적으로 만들어진 것이라는 주장은 불충분하다. 오히려 게이로서의 생활을 추구하기 위해 만들어진 전략이라고 해석될 여지가 있다. 4절에서 구체적으로 설명하겠지만, 게이 바의 구성원들(사장, 직원, 심지어 게이 남성 손님)은 누가 이 공간을 사용할 자격이 있는지를 정의함으로써 공간에의 특정한 소속을 만들어낼 수 있는 힘 또한 갖고 있다. 하지만 이렇게 경계를 긋는다는 것 자체는 외부에 존재하는 이성애규범적 시선을 위협으로 인식하고 있다는 점을 어느 정도 반영하고 있으며, 게이 섹슈얼리티가 이성애규범성이 지배하는 공간에서 추구될 수 없는 현실, 혹은 구조적인 제약 또한 담지하고 있음을 파악해야 한다. 일각에서는 이런 비가시성 또한 적극적으로 구성된 공동체적 조건이지만, 이성애규범적 사회로부터의 배제가 반영된 '강제된 선호'라고 평가할 수 있기 때문이다. … 결과적으로 본고는 게이 공간의 비가시성이 주류적인 이성애규범성으로부터 게이 남성들의 '도피처'로서의 성격을 반영한다고 볼 수 있지만, 동시에 섹슈얼리티의 수행을 추구/보호하기 위한 목적으로 공간에의 소속을 '성적 주체'로서 적극적으로 규정하는 행위를 통해 만들어지는 것이라고 주장한다.

IV. 익선동 한옥지구와 게이 공간의 '경계'

1. 경계를 공고히 하기

게이바 M, L, Sc은 비-게이 손님들의 출입을 제한하기 위한 여러 가지 전략들을 구사하고 있다. 비-게이 손님이 들어올 경우 가게가 '멤버십' 형태로 운영되고 있다고 얘기하거나, 운영방식에 기대지 않고 '여기 안주가 좀 비싼데 괜찮겠어요?' 등의 완곡한 질문을 던지기도 한다. 주목할 것은, 무턱대로 비-게이 손님한테 이곳을 '게이바'라고 이야기할 수 없는 데에 있다. 게이바라고 이곳을 이야기하는 순간, 게이바 안에 있는 모든 게이 손님들이 사실상 아웃팅(outing)되는 것과 다름없기 때문에 게이바임을 말하지 않고 비-게이 손님들의 출입을 제한할 수 있는 방법이 게이바 사장들 사이에서 논의된다. 이는 게이바들이 가게의 이름을 제외하고 외관상으로 이곳이 게이바임을 알 수 있는 것을 숨기려는 비가시성의 추구와 같은 맥락이다.

게이바 M 사장: "게이 인맥이 있느냐 없느냐에 따라서 은둔과 '종로에서 활동'이
    구분되는 것 같아요. 나는 그냥 게이잖아, 이렇게 쉽게 생각하는 사람들이
    '술번개'를 나오게 되고, 술번개를 종로에 나오게 되고, 자연스럽게 오게 되
    잖아요. (중략) 근데 업소가 엄청 많아요. 지금도 계속 소주방이 생기고 있
    고. 저희 입장에서는, '뭘 또 생겨'. 이렇게 얘기를 하죠. 근데 게이 업소를 시
    작하게 되는 배경이 있는데 종로에서 활동하다보니까, 금토일만 되면 사람
    들이 꽉꽉 들어차서 자리가 없는데, '와, 이거 정말 잘되는 것 같다고' 생각하
    는 사람들이 있어요. 그렇게 처음 게이바를 시작하는 경우가 '정말(강조)' 많
    아요. 그리고 가게의 수명이 원체 무척 짧아요. 주말에 원체 사람이 많다고
    는 하지만, 게이바 운영의 관건인 평일장사거든요! 평일장사가 좀 받쳐줘야
    해요. 너무 빨리 생기고, 빨리 망하다보니까, 남는 업소만 남고 (되는 곳은
    되고). 근데 또 이 '되는 데'가 왜 '되는지'를 보면, 아 그 집 물이 좋아. 되게 물
    이 좋은 집이 있고, 안주가 맛있는 집이 있고, 사장님이랑 나랑 친하다거나.
    이도 저도 아니면 안 될 수밖에 없는 구조에요."
게이바 M 사장: "안 그래도 여기(계로수길) 업소 사장들이 한번 모였는데, 만약
    일반들이 여기를 들어오게 되었을 때, 대놓고 '여기 게이소주방이에요'라고
    이야기하면 그 자리에 있는 아웃팅되는 거잖아요. 그럴 수 없잖아요, 그래
    서 우리끼리 그럼 여기를 게이소주방이라고 먼저 얘기하지 말자고, 그렇게
    얘기한 적이 있었어요. 차라리, 저희 여기 예약제라고, 그럼 인제 일반들 중
    에선 '예약을 어떻게 해야 되나요?' 이렇게 물어보는 사람들도 있어요. 좀 적
    극적인 일반들 같은 경우는요. 그럼 저희는, '아, 이번 주 예약은 다 끝났어
    요!'라고 얘기를 드리는 거죠."
게이바 M 사장: "만약 들어와서 테이블에 앉으면 무턱대고 나가라고 하기에 좀
    미안해서… 한 번은 여자 분들이 들어오셨는데, 제가 주방에서 일을 하고

있는데 앉아 있더라고요. 그래서 아 죄송한데, 지금은 안 될 것 같다고, 말했어요. 그랬더니 그분들이 왜요? 라고 묻는 거예요. 명수도 많아서, 전 '일단 나가서 말씀드릴게요'라고 하고, 여기가 '게이 소주방'이라고 말씀드렸어요. 그 중 한 분이 제대로 못 들었는지, '네? … 게, 게이 소주방이요?'라고 물었어요. 그러니까 그분 친구가 '게이, 게이!'라고 그러더라고요. (웃음) 그랬더니 두 여성분이 '아, 그럼 저기 다른 가게 갈까'라고 그러시더라고요. 그래서 제가 '아마 이쪽(게로수길)에 있는 가게들을 다 못 가실 거예요'라고 말했어요."

게이바의 사장들은 연구자들에게 그간 비–게이 손님들이 출입했던 다양한 해프닝들을 얘기해줬는데, 그럼에도 불구하고 많은 사례들에서 공통적으로 발견되는 점은 게이바를 '게이바'라고 일반들에게 말해야할 수밖에 없는 상황에 계속 봉착하게 된다는 점이다.

게이바 O 사장: "저는 제가 다녔던 가게들이 닫은 걸 보면 살짝 위기의식? 이런 걸 느끼는 것 같아요. '일반'들한테 우리가 알려지다 보니까, (인터넷방송) BJ가 갑자기 들이닥쳐서 여기 게이바다! 하면서 들이닥친 일도 있었어요. 이제 익선동이 뜨면서 일반인들이 몰리고, 옆 테이블에 같이 앉게 되면서 "야 쟤네들 게이 새끼들 아니냐"면서 시비 걸고 비하하고 패싸움까지 갔어요. 경찰도 오고. 그래서 심지어는 포차 상인들이 우리들(게이들) 보고 12시 이전에 오지 말라고까지 했대요. 그래서 설 곳이 점점 밀려나가는 것 같아요. 살던 고향에서 쫓겨나는 느낌. 나만의 추억이 있는 공간이 사라지는…"

게이바 O의 사장은 통상 게이 남성들이 다니던 가게들이 닫는 것을 보면 '위기의식'이 든다고 밝혔다. 언제는 BJ가 게이바에 들이닥쳐서, '여기가 게이바!'라고 당시 게이바에 있던 손님들을 아웃팅하는 사건도 있었다고 한다. 게이바 Sc 역시 한옥지구의 팽창에 대해 게로수길을 '잠식'해 오는 것으로 설명하고 있으며, 영업시간대에도(늦은 심야시간) 이성애자들이 게로수길을 활보하는 것이 불편하다고 언급하였다.

2. 경계에 대한 협상을 시도하기

게이바 T의 경우, 한옥지구를 방문하는 사람들을 끌어들이기 위해 게이 공간이 가시화되는 시간대(저녁 시간)에는 게이 손님들을 상대로 영업을 하고, 돈가스 메뉴를 개발해서 낮 시간대에는 비–게이 손님들을 상대로도 영업하려는 전략을 취하고 있다. T를 방문하던 게이 남성 손님 A은, 지금 게로수길의 상황을 고려해봤을 때 시간대를 달리해서 이성애자 손님들을 받는 것이 바람직하다고 얘기하였다. A는 어차피 이성애자들이 익선동 한옥지구를 거니는 시간대와 게이 남성들이 활동하는 시간대가 다르기 때문에, 좀 더 유동적으로 업소를 운영함으로써 이득을 취할 수 있다는 주장이다. A는 오픈 게이(openly gay–커밍아웃한 게이)여서 그런지, 일반들에게도 바를 개방하는 것에 큰 부담을 느끼지 않았지만, 여전히 벽장 속에 있는 게이들에게는 게이바가 제공하는 사생활의 가치를 침해하는 것으로 생각되는 경우가 많았다. 이성애자 남성으로 평소에 자아 수행을 해야만 하는 게이 남성인지, 혹은 게이라는 자아 수행을 평소에도 확립한 게이 남성인지에 따라 게이 공간의 경계를 긋는 작업을 보는 관점이 달라질 수 있다. T의 사례를 통해 연구자는 사생활이 게이 공간에 항시 부착되어 단일한 퀴어 공간으로 기능하는 것을 넘어서, 시–공간의 연속성 속에서 각기 다른 순간에 각기 다른 퀴어화된 공간으로 기능할 수 있는 가능성이 있다는 것을 포착하였다.

3. 경계를 넘어서 적극적으로 비–게이 공간과 접점 만들기

게이바 F 사장: "아니, 게이바라고 해서 게이들끼리 언제까지나 섬에 갇혀 살아야

만 하는 것도 아니고. 그냥 자연스럽게 바뀌는 게 우리가 추구해야 되는 것 아닌가, 이런 생각을 했어요. 업소마다 이런 변화(익선동에서 현재 일어나고 있는)는 결국 주인 마인드를 결국 따라가는 것이거든요. (중략) 동성애자들이 당연히 커밍아웃을 해서 우리 존재를 알리는 것은 언젠가는 해야 할 일인 거예요. 여기가 게이 스트리트라고 해서 여기는 게이만 와야 돼, 라는 말은 잘못된 것이죠. (중략) 앞으로 사회가 변하다 보면 우리들'만'의 공간이라는 개념 자체가 옅어질 수밖에 없고요, 섞일 수밖에 없어요. 게이들은 이걸 불편해할 수 있죠, 당연히. 하지만 결국은 섞이게 되어 있어요, 지금 일반적인 게이들이 불평하는 그런 지점들이 사실은 중요한 과도기라고 생각해요."

주식회사 G 대표: "익선동에서 지금 저렇게 하고 있는 것에, 명확한 가해자와 피해자의 관계는 없어요. (중략) 대부분의 게이들은 일반들을 블레임하죠. 여기(익선동을 포함한 종로3가 일대)가 우리들의 '나와바리'였는데, 왜 니네들('일반들')이 와서 노냐. 마을에 공터가 하나 있었던 건데, 우리 패거리들이 항상 거기에는 우리의 아지트로 썼었던 곳인데, 갑자기 다른 동네 애들이 갔더니 놀고 있는 것이에요… 여긴 우리 것인데, 정작 아무런 소유주가 없거든요. 미운 건 미운 것일 뿐. 다들 그 정도 기분에만 멈춰 있어요… 여기에 머물러 있으면 정작 게이들을 위한 행동으로 나아갈 순 없거든요."

반면 게이 남성들의 사생활을 보호하기 위한 조건, 더 나아가 게이 공간의 생산 조건으로서의 비가시성(그리고 한시화된 가시성)을 문제시하는 주장도 제기되고 있다. 게이바 F의 사장은 계로수길의 현 상황을 '비극'이라고 칭하면서, 단순히 거대자본을 가진 '일반' 세력들이 성소수자들을 몰아내는 '악당'이라고 재단하는 관점을 비판한다. 오히려 게이 남성들이 스스로 자신의 '정체성을 숨겨서 생긴 문제'라고 하면서, 오히려 게이 업소임을 일반들에게 당당히 알리는 것이 현 시점에서 필요하다고 역설한다. F의 사장은 '숨어있다는 것'은 게이 남성들에게 요구되는 이중생활('평일에는 직장인, 주말에는 게이')의 고리를 끊임없이 재생산하는 것으로 판단하며, 결국 게이 남성들은 '이중생활'에서 벗어나는 것을 강하게 원할 것이고, 또 추구해야 할 것으로 주장한다. F의 사장은 오랫동안 게이 커뮤니티에서 인권운동을 한 행위자이며, 동시에 공개적으로 '게이'임을 표방하고 있다.

주식회사 G의 대표는 장의 중첩을 담지하고 있는 주요한 행위자이다. 그의 위치성에 대해 논한다면, 한옥지구 내에서 6개의 음식점을 운영하고 있는 사업자이면서 2015년부터 한옥지구의 도시재생에 '참여'했었던 초기 소상공인 중 한 명이다. 그가 운영하고 있는 음식점은 G라는 주식회사 산하에서 운영되고 있는데, G 소속 음식점과 주식회사 '익선다다' 산하의 음식점(도합 12개)이 익선동 도시재생의 경관을 만드는 데 큰 기여를 하였다. 그 역시 F의 사장처럼 한편으론 오픈 게이이기도 하고, 종로에 게이로서 데뷔한지 오래 되었다고 자신을 소개했다. 그는 익선동 도시재생과 게이 공간의 동시적 행위자로서 위치하고 있는 것이다. G의 대표는 한옥지구의 팽창으로 인해 종로의 게이 '커뮤니티'가 술렁거리는 것에 대해 죄의식을 느끼고 있었다. 그 역시 더 이상 비가시성이 게이 공간을 지켜줄 수 없을 것이라고 역설했다. 그에 의하면 당당하게 이곳이 '퀴어하다는 것'을 내거는 것이 게이 남성들의 목소리를 권리의 차원으로 '인식 가능하게' 할 것이며, 이로써 당당하게 여느 '공적인' 상업공간과 같이 영업하면서 퀴어 자본(pink money)을 축적할 수 있을 것이라고 주장한다. 이런 맥락에서 그는 2018년 상반기에 〈익선동 야간개장〉 프로젝트를 추진하였다. 〈익선동 야간개장〉은 한옥지구 안에 있는 12개 업소(앞서 언급한 G 소속/익선다다 소속 업소들)와 카페 'S'를 포함해서 영업이 종료된 시간대에 종로의 게이 문화의 역사를 전시하고, 같이 향유할 수 있도록 가게 공간을 퀴어적으로 전유하는 프로젝트(문화행사)였다. G의 대표에 의하면, 이런 장의 중첩이 일어나는 상황에서 종로의 게이 남성들은 이 공간에의 (문화적) 소속을 주장할 근거가 있으며 오히려 도시재생의 상징자본을 '퀴어화'함으로써 게이 공간의 존속을 기대해야 한다고 주장한다.

하지만 〈익선동 야간개장〉을 알고 있는 많은 게이 남성들은 정작 〈익선동 야간개장〉에 대해 비판적인 견지를 취하고 있었다. 연구자가 만난 게이 한 명은 만약 G 대표의 말대로, '일반'들에게 익선동의 게이 역사를 알리는 것이 목적이었다면 왜 한옥지구 내 상점들의 영업이 종료된 이후에 진행했는지에 대해 의문을 품고 있었다. 앞서 만났던 게이바 F의 대표 또한 〈익선동 야간개장〉을 두고, '일반' 업소들이 게이들을 상대로 홍보한 꼴이라고 평가했다. 게이바 L의 사장은 〈익선동 야간개장〉이 정작 게로수길에 있는 업소들의 상의 없이 진행되었다는 점을 지적하기도 했다. 연구자는 〈익선동 야간개장〉, 그리고 게이바 S가 일반 음식점 O로 바뀐 사건을 통해 게이 공간과 비-게이 공간이 끊임없이 접촉하면서 다양한 행위전략들이 만들어지고 있으며 특히 게이 공간의 경우 행위자들이 게이 공간의 조건인 비가시성을 중심으로 다양한 논의들을 만들어내고 있다는 점에 주목한 것이다.

게이 공간과 비-게이 공간 사이의 긴장이 부각되는 현 상황에서 당장 종로의 게이 남성들이 공통의 목소리를 낼 수 있을지에 대해선 물론 의문이다. 특히 본 사례에서는 특정 게이 남성이 게이로서의 수행을 평소에도 내화했는지의 여부(예: 게이로 커밍아웃)에 따라 비가시성을 바라보는 관점이 판이하다는 것을 확인할 수 있다. 나아가 게이 커뮤니티 내에서 커밍아웃 역시 일정한 수준의 사회자본(때로는 경제자본을 포함)을 요구한다는 점에 있어, 게이 공간 내 모든 행위자들이 공감할 수 있는 관점이 아니라는 것을 볼 수 있다. 커밍아웃을 하고 싶지 않고(혹은 할 수도 없고) 사생활의 보호를 무척 중요하게 여기는 다수의 게이들은 결코 F 사장과 G 대표의 주장에 찬동하기 어려울 것이다. 그들이 담지하는 '비가시성에서 탈피해서 적극적으로 게이 장의 외연을 넓혀가는 것'에 동참하기 위해서는, '커밍아웃'이라는 거대한 사회적 비용을 지불해야 할 수밖에 없기 때문이다.

V. 결론

본 연구에서는 '주민'을 위주로 한정적으로 이루어지던 기존의 시민정치 연구 사례들이 풀뿌리 정치에서 포착하지 못한 '주체'와 '의제'에서 외연의 확장을 모색했다. 이는 주민이 아니더라도 그 이상으로 해당 지역에서 활동하는 시민들 역시 지역 정치의 '주체'가 될 수 있으며, 공적–사적 영역의 이분법에 근거한 공공성에 대한 기존의 '의제' 설정에서 그 논의 대상을 넓혀야 한다는 문제의식에서 비롯되었다. 이를 바탕으로 본 연구에서는 법적으로 주민등록이 되어 살아가는 가구는 6~7개인 반면, 2014년 이후 활발히 유입된 소상공인들이 다양한 형태의 상인협회와 상호교류를 통해 마을 공동체를 태동시킨 종로구 익선동에 주목했다. 여기서 주목해야 할 점은 종로구 일대가 1970년대부터 서울의 게이들이 아우팅의 위험 없이 안전하게 집결할 수 있는 게이커뮤니티가 구축되어 왔다는 점이다. 이에 본 연구에서는 익선동 지역 정치의 주체가 2014년부터 익선동에 유입된 소상공인들뿐만 아니라 그 이전부터 자신들만의 공적 활동을 수행해 온 게이들까지 확장되어야 하며, 공공성으로 논의되는 의제 역시 그들의 섹슈얼리티와 젠더 문제까지 포괄할 수 있어야 한다고 주장한다.

우선 2016년 한옥보존을 위한 주민사업의 일환으로 형성된 익선포럼을 통해 익선동에 거주하지 않는 소상공인들과 유동인구들까지도 익선동 시민정치의 장에서 공공의 가치를 논의할 수 있는 '주체'가 될 수 있음을 확인했다. 이때 익선동의 공공성은 '재개발'이라는 과거의 의제를 넘어 '익선동 문화마을 만들기'와 '역사성'이라는 기치 아래 예술인, 방문객, 건강한 상권, 전통 보존 등 새로운 '의제'로 확대되는 모습을 보이게 된다.

하지만 본 연구에서는 이 과정에서 상대적으로 주목받지 못했던 익선동 게이커뮤니티에 집중했다. 익선포럼에서 익선다락으로 이어지기까지 익선동에는 꾸준히 방문객이 증가하게 되는데, 이는 곧 익선동 게이커뮤니티가 유지해 온 '비가시성(한시화된 가시성)'이 위협받게 되는 현상을 초래한다. 여기서 익선동 게이커뮤니티는 새로이 유입된 일반들과의 경계를 둘러싼 세 가지 정치 모습들을 보인다. 첫째, 일반들과의 경계를 만드는 작업으로, 게로수길의 게이 업소와 게이들이 기존의 비가시성을 유지하기 위해 일반들과 공간적으로 분리되고자 하는 전략의 형태로 나타난다. 둘째, 경계에 대한 협상을 시도하는 것으로, 게로수길의 업소들이 일반과 게이의 활동 시간대를 구분하여 운영하는 형태로 나타난다. 셋째, 경계를 넘어 적극적으로 익선동과의 조화를 모색하는 시도이다. 이는 궁극적으로 게이들이 비가시성으로부터의 탈각을 모색해야 한다는 익선동 한옥지구 내의 게이 업소 및 일반 식당을 운영하는 게이들의 인식으로, 익선동 야간 개장의 형태로 구체화된 바 있다.

이처럼 익선동 마을 정치의 과정에는 소위 일반들의 공공성 이외에도, 게이들의 공적 공간으로서의 익선동이 존재하고 있었다. 이 과정에서 새로이 등장한 섹슈얼리티와 젠더 문제라는 의제에 대해 익선동 게이커뮤니티 내에서도 크게 세 가지 정치적 역동성을 보이게 된다. 다만 염두에 두어야 할 점은 익선동 게이커뮤니티의 구성원 대다수가 추구하고자 하는 '비가시성'이란 것이 선험적으로 주어졌다기보다는 사회적으로 강제된 선호임과 동시에, 비가시성으로부터의 탈각을 모색하는 주체들은 특수한 사회·경제적 지위라는 독특한 위치성에 있다는 것이다. 이에 본고에서는 익선동 게이커뮤니티와 익선동에서 비가시성을 둘러싼 대내외적인 정치적 역학관계의 바람직한 방향성과 관련한 가치 판단을 내리는 것은 불가능하며, 이루어져서도 안 된다고 주장한다. 오히려 이 과정에서 본 연구는 시민 정치를 논의함에 있어 기존의 공적–사적 영역의 편협한 이분법을 넘어, 이전까지 주목받지 못한 확대된 공공성이라는 의제 아래에서 새로운 정치 주체들의 역동성에 주목할 필요성에 주목한다.

본 연구를 통해 확인한 확대된 공공성은 크게 주체(agent)와 구조(structure)의 차원에서 발견되었다. 우선 주체의 확대와 관련해서는 시민정치의 행위자가 '주민'을 넘어 해당 지역에서 활발히 활동하는 시민들까지 그 영역을 넓혔다는 의의가 있다. 여기서 주목해야 할 점은 단순히 한옥지구의 개발 및 발달 과정에서 유입된 소상공인, 즉 경제적 차원의 주체의 확대뿐만 아니라 익선동을 포함한 종로에서 자신들의 문화를 만들어온 게이 커뮤니티, 즉 성정체성 차원의 주체의 확대까지 도출했다는 점이다. 이는 곧 공공성의 영역에서 다룰 수 있는 의제라는 구조의 확대로까지 이어진다. 기존에 익선동에서 이루어지던 경제, 전통문화, 예술 등 한정된 범위를 넘어 섹슈얼리티라는 의제로까지의 확장을 통해 익선동의 좀더 다양한 행위성을 포괄할 수 있는 개방적이고 확대된 구조가 가능해진 것이다.

이를 종합하여 고찰해 보기 위해 아래에서 주식회사 G 대표의 말에 주목해 볼 필요가 있다.

> 주식회사 G 대표: "퀴어로서의 정체성과 사장으로서의 정체성을 분리해서 설명하는 것은 오류가 있어요. 퀴어라고 해서 애초에 두 갈래길이 있는 것도 아니고, 이 갈래길에서 한 가지 방향으로 갔다는 것은 잘못된 표현이에요. 퀴어는 직도 아니고, 제 지향일 뿐이에요. 나라는 한 사람을 구성하는 것의 일부분일 뿐이에요."

주식회사 G 대표에 의하면, 개인이 퀴어라는 것과 일상생활을 영위하는 것 사이의 분리를 전제하는 것 자체가 문제적이다. 퀴어라는 섹슈얼리티는 개인을 구성하는 한 부분이자 울타리일 뿐이고 (남들이 갖고 있는 것처럼) 이런 울타리를 두르고 있다는 것만으로 퀴어는 '다른 사람'으로 본질화되고, 공동체에 속할 수 없을 것이라는 인식이 문제적이다. 결국 본고는 퀴어성을 본질적인 차이의 방식으로 고정하는 것에 대항하여, 퀴어를 '개인의 울타리'로써 수용하는 방식의 공공성이 필요하다고 주장한다. 이는 단번에 이뤄질 수 없지만, 적어도 퀴어라고 해서 관계성 형성의 가능성과, 근본적으로 다른 사람을 사랑할 수 있는 가능성, 그리고 가족들로부터 소외되고 박탈당하는 사람들 사이에서 유대를 맺을 수 있는 가능성과 기회를 박탈당하면 안 된다는 것이다. 결국 섹슈얼리티 또한 개인을 구성하는 한 부분으로서 수긍하고 울타리를 둘러줄 수 있는 것이 공동체의 역할이 되어야 하지 않을까. 본고는 성적 시민됨의 기본이 바로 이것이라고 생각한다. 성소수자들을 지지할 수 있는 사람들을 만들고, 그들의 삶을 위해 울타리를 둘러주면서 동시에 공동체적인 삶에 참여할 수 있도록 하는 분위기 속에서, 성소수자들이 자신들의 목소리를 높일 수 있고, 자리를 내어줄 수 있는 공동체가 필요한 것이다. 이는 퀴어 디스트릭트로 공식적인 지정을 하는 것, 혹은 게이 공간에서 활동하고 있는 성소수자인권단체들에 대한 후원을 하고, 한옥지구 내에서도 '퀴어'라는 의제를 지속적으로 제기하는 것, 더 나아가 게이 공간 내부에서도 게이들끼리의 연대를 강화하기 위한 방법을 모색하는 과정을 필요로 할 것이다. 본고는 이런 시민됨을 가능하게 하는 것은 김현경의 표현을 빌려서 '환대'를 통한 공공성의 확대라고 주장한다. 만약 익선동 한옥지구에서 비가시성을 더 이상 추구하는 것이 힘들어지고, 일반들과 섞이는 것이 거스를 수 없는 사회적 흐름이라면, 그리고, 몇 년 사이에 퀴어문화축제가 여러 지역으로 확대되고 거대한 규모로 사람들이 관심을 갖게 되면서, 퀴어라는 의제 자체가 부각되기 시작한 것이 현실이라면, 본고는 우리 사회 속에서 퀴어의 존재를 놓을 자리를 마련해야 하는 방식으로의 환대가 필요하다고 주장한다. 이는 퀴어들 또한 '퀴어로서' 이곳에 존재하고 있음을 드러내고자 하는 제스처이기 때문이다.

참고문헌

김주락. 2015. "드러냄으로 물들이는 공간-서울 낙원동 게이 커뮤니티에서의 이웃관계에 관한 연구." 『문화역사지리』 제27권 3호. pp.100-113.

이서진. 2007. "게이 남성의 장소 형성-종로구 낙원동을 사례로." 『지리학논총』 제49호. pp. 23-44.

이정우. 2000. "이반의 공간 1. 종로 (상) 못생긴 입술의 사내가 유령으로 떠도는, 덤덤하게 앓는 골목길." 『컬티즌』.

익선포럼. 2016. 『익선포럼 활동 기록』.

조성배. 2003. "게이 남성의 소비 공간과 몸의 정치학." 연세대학교 문화학협동과정 석사학위논문.

타티아나 마테츠코바. 2018. "게이바의 일반-시-공간을 통한 경계 협상." 캐스 브라운 외 편. 『섹슈얼리티 지리학-페미니즘과 퀴어 지리학의 이론, 실천, 정치』. 이매진. pp.253-276.

Chris, Brickell. 2000. "Heroes and Invaders-Gay and Lesbian pride parades and the public-private distinction in New Zealand media accounts." *Gender, Place & Culture: A Journal of Feminist Geography* 7(2). pp.163-178.

Gill Valentine and Linda Johnston. 1995. "Wherever I Lay My Girlfriend, That's My Home: The Performance and Surveillance of Lesbian Identities in Domestic Environments." David Bell and Gill Valentine eds. *Mapping Desire: Geographies of Sexualities*. London: Routledge.

Michael, Bronski. 1998. *The Pleasure Principle: Sex, Backlash, and the Struggle for Gay Freedom*. New York: St. Martin's Press.

Robert D. Putnam. 2000. *Bowling alone: the collapse and revival of American community*. New York: Simon & Schuster.

Michael Saward. 2003. *Democracy*. Cambridge: Polity Press.

Susan B. Boyd. 1997. *Challenging the public/private divide: feminism, law, and public policy*. University of Toronto Press.

제4장

대안적 세계를 꿈꾸는 농부들, 노들장애인야(野)학

정치외교학부 **김민혁**

사회학과 **이서영**

지리학과 **정진영**

인류학과 **홍두선**

〈연구활동 일지〉

날짜	활동 내용
2018년 10월 2일	노들야학 첫 방문. 한명호(가명) 교사 면담. 국어1반 수업 참여관찰
2018년 10월 13일	1017빈곤철폐의 날 집회 및 행진 참여관찰
2018년 10월 15일	노들야학 철학반, 영어1 수업 참여관찰. 손병현(가명) 교사 인터뷰
2018년 10월 18일	노들야학 노들음악대, 방송반 수업 참여관찰
2018년 10월 25일	노들야학 권익옹호반, 방송반 수업 참여관찰
2018년 10월 29일	노들야학 노란들판의 꿈 합창연습 참여관찰
2018년 11월 1일	노들야학 노들음악대, 방송반 참여관찰
2018년 11월 8일	노들야학 방송반 참여관찰, 최희영(가명) 교사 인터뷰
2018년 11월 9일	노들야학 이원희(가명) 활동가 환갑잔치 참여관찰
2018년 11월 15일	노들야학 권익옹호반, 방송반 참여관찰, 한명호(가명) 교사 인터뷰
2018년 11월 19일	노들야학 장애학, 수학2 참관. 이정현(가명) 상근자, 김주현(가명) 교사 인터뷰
2018년 11월 22일	노들야학 권익옹호반, 방송반, 미술반 참여관찰
2018년 11월 26일	노들야학 학생 총회 참여관찰
2018년 11월 29일	노들야학 방송반, 영어 1 참여관찰, 김준성(가명) 교사 인터뷰
2018년 12월 6일	노들야학 방송반 참여관찰, 노들보글라면대회 진행

근대 시민권의 확대 속에서 장애인은 '비정상'에 속한 이들로 여겨져 그 범주에서 배제되어왔다. 최근 다양한 인권운동으로 소수자의 권리가 확대되고는 있으나, 여전히 기존의 시민권 개념은 이들을 포괄하고 있지 못하다. 이에 본 연구는 노들장애인야학을 통해 그들이 드러내는 장애인의 시민권을 살펴보고, 이를 획득하기 위한 실천 과정에서 단체는 어떠한 정체성/ 특성을 가지는지 분석했다. 본 연구의 결론은 다음과 같다. 먼저, 노들야학은 그 자체가 '발화의 공간', '사회적 관계의 장'으로 기능함으로써 장애인의 자기 결정권을 보장한다. 또한 최종적 지향인 사회적 통합을 위해 기존 사회의 정상성에 의문을 제기하고, 장애인을 위한 일자리와 교육을 노들야학 내에서 자체적으로 제공하고 있었다. 이 점에서 노들야학은 장애 운동조직임과 동시에 기존 사회의 문제를 해결하는 '대안적 공동체'로서 자리한다. 이때 대안적 생활공동체로서의 성격은 운동조직으로서의 노들야학에도 영향을 미치고 있었는데, 구체적으로는 구성원들에게 공통의 경험을 제공하고, 이는 장애 운동에서의 당사자-비당사자 간의 경계를 허물고 있었다. 또한 생활 운동으로서의 노들야학의 특성은 운동에 재미와 즐거움을 부여하여 운동조직으로의 확장에 기여한다. 나아가 생활공동체로서의 노들야학은 그 존재 자체가 장애인들이 지역사회에서 살아갈 수 있다는 가능성을 증명하고 있다는 점에서, '존재로서의 운동'을 수행하고 있었다.

I. 들어가며

> "서로 관계를 맺는 것, 그 다음에 또 이렇게 뭐 물건을 사는 것 어디를 가는 것
> 조차도 다 새로 배워야 한단 말이에요. 그래서 그거에 중점 둔 학교라고 보면 돼
> 요. (중략) 이곳은 또 하나의 세상일 수도 있어요."
>
> —11월 19일 상근자 이정현 씨(가명)

학생으로서 6년째, 상근자로서 5년째 노들장애인야학에 몸담고 있는 이정현
과의 인터뷰를 통해 들을 수 있었던 말이다. 이 말은, 그저 지식 학습과 권리 투쟁
을 목적으로 한다고 생각했던 노들장애인야학이 결코 그 정도의 표현으로 담길
수 있는 공간이 아니라는 사실을 깨닫게 해주었다. 하지만 동시에 커다란 물음을
안겨주었다. 노들장애인야학에 다니는 학생들은 이 야학이 아니었다면 사람들
을 만나지도, 물건을 사지도 못했다는 말인가. 나아가 이 야학에 다니지 않는 수
많은 장애인들은 지금 대체 어디에 있다는 말인가.

본 연구는 이러한 의문에서 시작되었다. 노들장애인야학 덕분에 장애인들은
스스로 많은 일을 할 수 있게 되었고, 사회의 성원으로 자리매김하는 법을 배워
간다. 그러나 이는 역으로 그 동안, 아니 지금까지도 장애인들은 스스로 간단한
일상생활조차 할 수 없고, 사회에서 배제된 채 남겨져 있음을 의미하기도 한다.
즉, 이들은 한 사회의 시민으로서 정상적인 삶을 지내지 못하고 있다. 근대의 흐
름 속에서 민중은 인권사상 확산, 노예제와 신분제의 폐지, 전 국민에 대한 투표
권의 부여, 공교육과 복지제도의 실시 등 대체로 유사한 과정을 거쳐 '시민'이 되
고 '시민권'을 누려왔다. 그러나 위 의문은 보편적인 개념으로서의 시민에 대해
문제를 제기한다. 한 사회에 '정상적인' 시민이 있다면 '정상적이지 못하여' 시민
권의 범주의 바깥에 놓인 사람들도 있다는 의미이기 때문이다.

노들장애인야학의 구성원들은 자신들을 "'인간 존엄성과 평등'이 넘쳐나는 노
란들판을, 그 대안적 세계를 꿈꾸는 농부들"[1]이라고 소개한다. 다시 말해 노들장

애인야(野)학은 시민으로 받아들여지지 못한, 또는 시민이 될 수 없는 장애인들이 시민으로 재탄생할 수 있도록 만드는 하나의 '들판(野)'으로, "보다 나은 대안적 세상"[2]을 제시하고자 한다. 즉, 단순히 장애인들이 정상적인 시민으로 분류되도록 하는 데 그치지 않고 장애인들이 시민으로 포함되는 새로운 시민의 범주, 새로운 시민권의 내용을 제시하고 있다. 그렇다면 이 단체의 실천을 통해 드러나는 새로운 시민권은 무엇인가? 이를 획득하기 위한 실천 과정에서 단체는 어떠한 특성 및 정체성을 가지는가? 본 연구는 이 연구 질문에 답하고자 한다.

본 연구에서는 참여관찰과 인터뷰를 주된 연구 방법으로 삼았다. 10월에서 12월까지 방송반, 권익옹호반, 장애학, 수학 2반 등 노들야학의 수업을 약 25회에 걸쳐 참여관찰하면서 연구를 진행하였다. 수업 외에도 집회, 환갑잔치, 학생총회 등에 참여하여 노들야학을 좀 더 다양한 측면에서 바라보고자 했다. 참여관찰을 통해 얻은 자료에 기초해 인터뷰에 쓰일 질문지를 구성했고, 이후 노들야학의 구성원 6명과 인터뷰를 진행하였다. 인터뷰 및 녹취는 노들야학 건물 내부에서 이루어졌으며, 모든 인터뷰는 연구에 관한 대략적인 설명과 함께 사전 동의의 절차를 거쳐서 수행 및 녹취되었으며, 인터뷰 대상자들의 이름은 모두 가명으로 처리했다. 이에 더해, 연구대상인 노들장애인야학과, 연구내용인 장애인의 시민권과 관련된 선행연구를 참고하여 연구의 방향을 기초하기도 했다.

본 연구의 구성은 다음과 같다. 먼저 노들장애인야학을 소개하고 시민권과 장애인을 다룬 선행연구의 동향을 소개하고자 한다. 이어서 '보다 나은 대안적 세상', 혹은 대안적 생활공동체로서 노들장애인야학의 실천과정에서 드러나는, 장애인을 위한 새로운 시민권의 내용을 설명한다. 그리고 이러한 노들장애인야학의 특성이, 장애인의 권리를 위해 투쟁하는 운동조직으로서의 특성과 어떻게 총체적으로 종합되는지 밝힌 뒤 본 연구의 한계와 의의를 정리할 것이다.

---

1. 박경석. "노들장애인야학 교장 인사말." http://nodl.or.kr/nodeuledu_greetings(검색일 2018.12.31).
2. 박경석. 2018.

II. 연구대상: 노들장애인야학

1988년 장애인의 취업과 고용문제의 개선과 관련한 '양대 법안 제정 운동'과 '장애자올림픽 거부 운동'을 거치며 장애인 운동은 사회변혁 운동의 한 영역으로 위치하게 되었다. 이에 서울 지역 청년 활동가들은 1991년 장애인 운동청년연합회(이하 장청)를 출범시켰다. 장청은 정립회관 시설비리 투쟁으로 새로운 국면을 맞이하게 되었다. 정립회관 투쟁은 장애인 운동 활동가들이 결집하는 기회가 되었고, 투쟁 과정에서 활동가들은 정립전자에서 일하는 장애인 노동자들과 접촉하며 장애인들이 배우고 싶어 한다는 사실을 알게 되었다. 이에 활동가들은 장애인들의 교육 욕구를 채우는 동시에, 교육을 통해 양성된 활동가를 장애운동에 투입할 수 있다는 생각으로 야학을 설립하였다. 장청과 전국 장애인한가족 협회(이하 전장협)가 주축이 되었다. 그러나 1997년에 노들 구성원들과 전장협과의 갈등이 있었고, 노들은 전장협으로부터 독립하게 되었다.[3]

1993년부터 2007년까지 야학은 서울시 구의동 정립회관 내에서 활동을 진행하였다. 그러나 2007년 정립회관 측이 사무공간과 운용비의 부족을 이유로 들

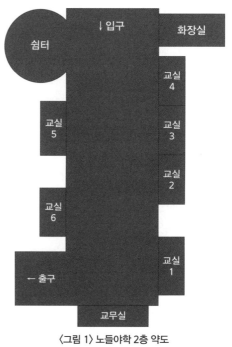

〈그림 1〉 노들야학 2층 약도
출처: 연구자 직접 그림.

---

3.   김용욱·하상근. 2009. "장애인 야학의 전개와 운영상의 쟁점에 관한 문화기술적 사례 연구: 두 야학을 중심으로." 「특수교육저널: 이론과 실천」 제10권 3호. pp.159–186.

며 교실공간을 비워줄 것을 요구하였다. 이에 노들야학은 2008년 1월부터 3월까지 대학로 마로니에 공원에 천막을 치고 농성을 겸한 수업을 진행하였다. 농성은 79일간 계속되었고, 3월에 후원금과 정부 보조금으로 동숭동에 새 거처를 마련하였다.[4] 노들야학은 현재 대학로 마로니에 공원 근처에 자리하고 있다. 6층짜리 건물에서 2층이 노들야학의 교실로 사용된다. 3층에 다른 단체가 임대를 얻어 들어와 있고, 4층부터 6층까지는 노들야학과 관련된 공간이다. 세미나실 및 노들장애인 자립생활센터 등이 들어서 있다.

노들야학은 기본적으로 학습 공동체의 성격을 갖는다. 구성원의 장애 정도는 다양하며 한글, 숫자 등을 익히는 청솔반부터 고졸 검정고시를 준비하는 한소리 반까지 총 4개 반이 존재한다. 문해교육, 검정고시 교육, 평생교육 프로그램, 공동체 프로그램 및 행사 등을 운영한다. 학생들은 각자 자신이 선택한 과목의 반으로 찾아가서 수업을 듣는다. 노들의 수업은 다음과 같이 진행된다. 정규 수업은 5시부터 6시 반까지 1, 2교시를 한 뒤 6시 반부터 7시 반까지는 저녁 식사를 하고, 9시까지 3, 4교시가 진행된다.

저녁식사는 노들에서 준비한 급식이 이어져 있는 교실인 2, 3, 4반에서 배식된다. 장애인 콜택시를 통한 귀가 문제로 3, 4교시에는 수업 도중에 학생들이 한 명씩 사라진다. 장애인 콜택시를 잡기가 쉽지 않아서 일단 잡으면 그것을 타고 귀가하기 때문이다.

한편, 노들야학은 장애인 인권 운동 또한 중요시하는 모습을 보인다. 노들야학은 이 시대, 이 사회의 장애인은 숙명적으로 끊임없이 투쟁을 해야 하는 운명이라는 기조하에, 이 사명을 이행 하고자 노력한다. 이동권 투쟁이나 장애인 교육권 농성 등 지속적으로 운동에 참여해 왔으며, 현재 또한 장애인 집회 등을 통해 투쟁에 힘쓰는 모습을 보인다.[5]

---

4. 김용욱·하상근. 2009. pp.159-186; 서정환. 2009. "건물주 퇴거요구로 거리에 '野學' 차린 노들장애인 야학 – 거리로 나앉을 지라도 야학을 포기할 순 없다!" 『월간말』 260호. pp.204-205.
5. 허신행. 2010. "노들장애인야학 소개." 『정세와 노동』 60호. pp.191-192.

III. 선행연구

시민권이라는 개념은 사회학자 마샬의 논의에 의해 주목받기 시작했으며, 시민권에 관한 연구들 또한 마샬의 논의를 참조하는 경우가 많다.[6] 마샬에 따르면, 시민권은 공민권(civil rights), 정치권(political rights), 사회권(social rights)의 세 차원으로 구분되며, 이 시민권의 요소들은 세 단계에 거쳐서 확립되었다.[7] 18세기에는 신체의 자유, 사유재산의 자유, 언론·사상의 자유 등 개인의 법적인 자유로서 공민권이 보장되기 시작했고, 19세기 초반까지는 참정권이 확산되었으며 19세기 이후에는 경제적 복지와 사회서비스를 제공받을 권리, 즉 일정한 수준 이상의 삶의 질을 보장받을 권리인 사회권이 부여되었다.[8] 마샬의 시민권 논의의 개념적 유용성은 여러 학자들에게 인정받고 있으나, 이에 대한 비판 또한 존재한다. 기본적으로, 이념적 입장에 따라 강조점이 달라질 수 있다는 점에서 마샬의 논의 또한 비판적으로 받아들일 필요가 있다고 주장하며, 현실적인 측면에서 시민권들이 구현될 수 있는 사회환경이 마련되었는지를 볼 필요가 있다는 의견이 제기된다.[9]

나아가 시민권에 대한 마샬의 논의는 비장애인 남성의 입장이 모든 사회구성원의 보편적인 입장 그 자체인 것으로 전제한다는 한계를 가진다고 비판받기도 한다.[10] 대표적으로 여성학에서 이에 대한 비판을 제기해왔다. 여성학에서는 시민권을 공적 영역(public sphere)에 국한된 권리로 제한적인 해석을 함으로써 사적 영역(private sphere)의 권리에 대한 고려를 배제하고 있다는 점을 지적하였

---

6. 김형식. 2004. "시민적 권리의 관점에서 본 장애인의 사회통합." 『재활복지』 제8권 2호. pp.1-20.
7. 홍정아. 2012. "20세기 초 미국 여성의 젠더화된 시민권과 결혼지위: 맥켄지 사례를 중심으로." 서울대학교 석사학위논문.
8. 김진우. 2014. p.10.
9. 김형식. 2004. pp.1-20; 김진우. 2014. p.10.
10. 강민형. 2016. "장애 관점에서의 시민권 재개념화 연구 취약성과 돌봄 개념을 중심으로." 『장애의 재해석』. pp.65-100.

다.[11] 더불어 여성의 결혼지위에 따른 사회권의 문제를 지적하며 여성은 여전히 독립적 개인 및 시민으로서 인정받지 못하는 문제 또한 제기되었다.[12] 이러한 논의는 장애인의 시민권 문제와도 연관된다. 여성이 공적 영역에 속하지 못하고, 독립적 개인으로 인정받지 못한다는 문제는 여성들의 시민권에 대한 문제로 이어졌다. 장애인 또한 '공적 영역에 진입하기에는 열등하고 부족하며, 자격을 갖춘 다른 비장애인들에게 도움이 되기보다는 도움을 요청하기 일쑤인 문제적 존재'로 받아들여진다는 점은 시민권의 박탈로 이어지기 때문이다.[13]

이에 장애인의 입장에서 시민권을 논의하고자 하는 시도들이 있어 왔다. 강민형은 장애 관점에서 시민권을 바라보며 '돌봄'을 시민권의 핵심으로 제시한다. 그는 우리 모두가 취약한 존재라는 점을 시민으로서의 특성이라 간주하고, 배제되어 왔던 시민들까지를 포괄하는 시민관을 다시 설정해야 한다고 주장한다. 이에 '취약성'을 시민관으로 설정하고 그에 타당한 시민권으로 '돌봄'을 제시한다.[14] 모리스는 장애인의 관점에서 자기결정, 참여, 기여라는 시민권을 새롭게 제시하고 이들이 마샬의 공민권, 정치권, 사회권과 그 맥을 같이할 수 있음을 보인다.[15] 김진우는 마샬의 공민권, 정치권, 사회권을 기준으로 발달장애인들이 이러한 권리를 향유하고자 할 때 직면하게 되는 상황들을 분석함으로써, 현실에서 시민권을 향유할 수 있는 환경이 만들어져 있는가에 대해서도 주목해야 함을 지적한다.[16]

본 연구는 기존에 보편적으로 논의되던 시민권이 특정 구성원들을 배제한다는 문제의식을 바탕으로 한다. 이에 장애인들이 실제로 무엇을 요구하며, 어떤 시민권을 주장하는가를 보고자 한다. 기존의 연구들에서는 실제 장애인들의 삶과 목소리를 바탕으로 시민권을 논하고자 한 접근이 부족했다고 판단한다. 이에 구체

11. 강민형. 2016. pp.65-100.
12. 홍정아. 2012.
13. 강민형. 2016. pp.65-100.
14. 강민형. 2016. pp.65-100.
15. 김진우. 2014. p.10.
16. 김진우. 2014. p.10.

적인 현실에서, 노들야학의 구성원들이 어떤 시민권을 어떻게 주장하고 구현해 나가는지를 살펴보고자 한다.

IV. 노들야학의 문제인식과 그 실천

구체적으로 노들야학이 인식하는 기존 사회의 문제는 무엇인가? 그리고 장애인들에게 시민권을 보장하기 위해서 이를 어떻게 해결하고자 하는가? 일단 연구자들은 노들야학에 대한 참여관찰, 인터뷰 자료를 바탕으로 두드러지는 문제의식들을 종합해 보았다. 이는 제도권 교육에서의 배제, 지역사회에서의 자립 곤란, 어린아이 취급, 타인과의 관계로부터의 배제 등 다양한 내용과 층위로 나타났다. 이러한 문제의식과 해결방식은 '장애인의 자기 결정권', '사회에의 통합'이라는 두 개념으로 범주화할 수 있었다.

1. 장애인의 자기 결정권

장애인의 시민권을 논의함에 있어, 노들야학이 가장 중심적으로 다루고 있는 문제는 바로 장애인의 '자기결정권'이다. 장애인이 겪는 시민 범주로부터의 배제는 기본적으로 그들의 결정권을 박탈하는 것에서 비롯된다. 그렇기 때문에 노들야학은 자기 결정권을 모든 권리의 기반이자, 동시에 최종적인 지향으로 설정하고 있는 것으로 보인다. 구체적으로 노들야학은 자기 결정권을 위한 밑바탕으로서 '발화 공간'을 제공함과 동시에, 시설 밖에서 살아가는 것을 지원함으로써 자기결정권 문제를 해결하려는 양상을 보였다. 또한 이동권 보장을 위한 물리적 배리어프리와 활동지원사 시스템 개선에서도 '자기 결정권'의 문제를 해결하려는 모습을 발견할 수 있었는데, 이 같은 양상은 구체적으로 다음과 같다.

1) 발화의 공간 제공

타인이 그들의 결정을 대신함으로써, 장애인들은 결정권의 박탈을 경험한다. 이때 노들야학은 장애인들이 직접 '발화'할 공간을 마련해 그들이 스스로의 의사를 말하고, 자신의 이야기를 꺼내게 한다. 실제로 노들야학에서 수업들은 정규 과목 외에도 철학, 장애학, 노들음악대, 영화, 권익옹호, 방송반 등 다양한 내용으로 구성되어 있다. 철학수업의 경우 니체의 『차라투스트라는 이렇게 말했다』를 읽고 학생들의 경험과 관련지어 생각하는 수업을, 장애학은 장애인고용촉진 및 직업재활법을 소재로 의무고용제의 허점을 비판하는 수업을 진행 중이다. 권익 옹호반은 장애인과 관련된 사회 이슈 및 법에 대해 토론한다. 이처럼 일반학교에서 가르치는 과목이 아닌 수업들은 장애인들이 자신의 현실에 대해 고민하고 어떤 생각을 가져야 할지, 어떤 변화를 주장해야 하는지를 생각해 보도록 한다.

방송반 수업에서는 탈시설을 주제로 학생들의 경험을 기반으로 시나리오를 쓰고 있는데, 이때 교사는 계속해서 그들의 이야기를 묻고, 학생들은 자신의 삶에 대해 이야기한다. 다음은 노들야학의 방송반 수업의 일부이다.

> 교사: 다들 탈시설할 때 어떤 기분이었어?
> 호진: 내가 해냈구나. 희열이 있었지. (중략)
> 교사: 노들야학이 교육을 받는 공간인데, (탈시설할 때) 집이나 직장 고민은 없었어?
> 상현: 앞으로 집을 어떻게 구할지, 밥을 어떻게 먹을지 고민이 많았지.
> — 10월 24일 방송반 수업 중

노들야학이 기존 사회와 비교해 갖는 차이점은 여기에서 드러난다. 기존 사회에서는 누구도 장애인의 이야기를 궁금해 하지 않고, 미디어에서부터 일상적 관계에 이르기까지 장애인이 발화할 공간은 존재하지 않는다. 이는 결정의 박탈로 이어진다. 이와 달리, 노들야학은 그들의 이야기, 의사를 계속해서 발화하도록 함으로써 장애인의 자기 결정권 문제를 해결하려 하는 것이다.

이와 함께 노들야학은 학생들 간의 장애 정도 차이로 인해 나타날 수 있는 발언권의 차이를 의식적으로 조정한다. 노들야학의 교사는 말이 느린 이들이나, 발음이 부정확한 이들이 말할 때는 충분한 시간적 여유를 주거나, 다른 이들이 보다 더 경청하게 한다. 즉 교사의 개입을 통해 장애 정도에서 비롯되는 항시적이고 영구적인 격차가 학생들 간의 발언 기회의 차이로까지 확대되지 않게 하는 것이다. 결국 노들야학이 보장하는 장애인의 발언권이란, 형식적으로 말할 수 있는 권리를 보유하고 있는 것을 넘어, 목소리를 내기 힘든 신체적 조건이나 발달 장애 등의 발화 능력에 따라 조정된 '실질적인 발언권'을 의미한다. 이 점에서, 노들야학은 현대 사회에서 장애유무, 정도에서 기인하는 실질적 발언권의 차이에 대한 대안을 제시하고 있다.

2) 지역사회에서의 자립생활

한편 장애인들이 강제적으로 시설에 입소하게 되는 것 역시 그들의 자기 결정권이 박탈되는 경우에 해당한다. 따라서 노들야학은 그들이 스스로 결정하여 시설에서 나오는 것, 즉 '탈시설 운동'을 지원함으로써 장애인의 자기 결정권을 보장하기 위해 노력한다. 구체적으로는 두 가지 방법이 존재하는데, 하나는 수업을 통해 살아가는 방법을 교육하는 것이다.

노들야학에서는 국어, 영어, 수학과 같은 정규 수업도 일반적인 커리큘럼과 사뭇 다르게 진행된다. 주로 실생활에서 필요한 지식과 기술을 배우는 것이 수업의 주제가 된다. 예를 들어, 이번 학기 수학 수업의 경우 바를 정(正)자와 손가락을 이용해 숫자를 세는 법을 익히는 내용으로 구성되어 있다. 또 방송반에서는 학생들이 직접 라면을 끓이는 행사를 진행하기도 했다. 이러한 수업 내용은 장애인들이 사회에서 일상을 살아가기 위한 능력을 제고함으로써 시설에서 나와 지역사회에서 자립적인 생활을 영위함과 동시에 자유로운 선택을 할 수 있도록 돕는 목표를 지니고 있다.

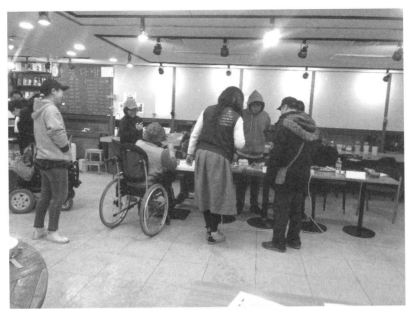

〈그림 2〉 12월 6일 방송반 수업의 일환으로 진행된 '노들 보글 라면대회'
출처: 연구자 직접 촬영

또한 노들야학은 지역사회에서 장애인들이 사회적 관계를 맺을 수 있는 장(場)을 제공함으로써 그들의 자립생활이라는 결정을 돕는다. 이때 노들야학이 단순한 교육 기관이 아니라, 하나의 '사회적 장'으로서 기능한다는 점은 특기할 만하다. 연구자들은 노들야학을 관찰하며 노들야학의 구성원들 간에 참여 동기가 매우 다양하다는 점을 알 수 있었다. 그러나 분명한 점은, 그들 모두 노들에서 활동을 지속하는 데에 '사람', 즉 사회적 관계를 중요한 동기로 꼽고 있었다는 점이다. 노들야학의 장애학 수업 김주현 교사는 야학을 찾는 다양한 동기에 대해 다음과 같이 말한다.

"검정고시로 오시는 분도 있지만 수가 적고, 기본적으로는 일종의 사회활동 공간이에요. 여기는. 그렇게 생각하시면 돼요. 사람들을 만나고 여러 관계들을 통해서 사회생활을 하는 거죠. 그분들이 직장을 가지신 것도 아니고, 우리나라가

장애인이 사회활동 할 공동체나 기관도 없잖아요. 여기서 뭘하든, 장애인들이 다
양한 사회활동에서 배제되어 있는데 이를 자체적으로 만들기도 하고 들어가기
도 하는 공간이죠. 그러다 보니까 여기서 10년 20년 계시기도 하고, 이상하게 여
기지 않는 거죠."

– 11월 19일 교사 김주현 씨(가명)

이처럼 노들야학은 장애인들이 지역사회에서 관계를 맺을 수 있는 기반을 제
공하고 있었는데, 이는 자율성에 대한 관점과도 연결된다. 즉, 장애인에게 자율
성, 자기 결정권을 갖게 하는 것은 그 자체로서 하나의 '개인'에 머무르게 하는 것
이 아니다. 오히려 '개인'으로는 완성되지 않는 다양한 관계, 체계 안에 존재하도
록 함으로써 자율성의 토대를 마련해준다. 장애인들이 친구를 만들고 활동지원
사와 함께 외출하는 것 등은 모두 이러한 상호의존성에 기반을 두어 자율성을 획
득케 하는 것이다. 철학반 손병현 교사의 말은 이런 관점을 뒷받침한다.

"근대에는 개인화를 강조했는데, 즉 자율적이 되어야 주체로 인정하는데 여
기에서는 거꾸로 자립이야말로 허구고 함께하면 자율성이 생긴다고 생각한
다. 그러니까 interdependency가 autonomy의 조건인 것이다. 그런데 다른 곳
에는 independency가 autonomy의 조건이라고 본다. 오히려 자립이야말로
fiction일 가능성이 크다. (중략) 중요한 것은 어떤 interdependency를 만들어서
autonomy를 얻게 할 것인가이다."

– 10월 15일 교사 손병현 씨(가명)

즉, 노들야학이 지향하는 탈시설 및 지역사회에서의 자립은 그저 시설에서 나
와 '혼자' 살도록 하는 것에 그치지 않는다. 오히려 그가 지역 사회에서 온전히 살
아갈 수 있는 사회적 관계, 연결망을 갖도록 도와 상호 의존성을 구축하는 것이
진정한 자율이자 '자립'생활인 것이다.

3) 선택권의 보장

한편, 장애인들에게 애초에 택할 수 있는 선택지가 마련되어있지 않다는 점에서 이들의 자기결정권이 박탈되기도 한다. 이를테면, 신체 장애인들은 계단이나 문턱과 같은 물리적인 장애 시설들로 인해 선택지가 제한됨에 따라 결정권의 박탈을 경험한다. 이동권에서 무장애 시설이 확보되어 있지 않는다면 방문할 곳을 스스로 정하는 것 역시 불가능해지기 때문이다. 노들야학은 이를 하나의 '시스템'의 차원에서 해결하고자 하는데, 노들야학이 위치한 동숭동 건물에 경사로, 엘리베이터 등을 설치해 무장애 시설을 갖추는 것이다. 실제로 신체장애를 갖고 있는 노들야학의 상근자이자 학생인 이정현은 다음과 같이 말한다.

> "나는 불쌍하지 않거든요. 불쌍하거나 도움이 필요하진 않아요. 그냥 환경을 만들어주면 돼요. 내가 휠체어가 지나갈 수 있게 턱을 없애주고. 이런 것만 해주면 되는 거지. (중략) 여기는 이 건물에만 딱 들어오면 혼자서 다 해요. 휠체어 타고 돌아다니면서. 비장애 시설을 해놨기 때문에."
>
> – 11월 19일 상근자 이정현 씨(가명)

이처럼 노들야학은 물리적인 시설을 정비해 장애인이 갈 수 있는 곳, 할 수 있는 물리적 범위를 넓힘으로써 장애인의 자기결정권을 보장하고 있었다.

한편, 물리적인 장애물뿐만 아니라 불완전한 활동 지원 급여 시스템으로 인해 장애인의 결정권이 박탈되기도 한다. 특히 신체장애인의 경우, 활동지원사의 지원은 그들의 일상생활에서 팔과 다리가 되어준다. 따라서 활동보조인 지원 시간이나 예산이 축소된다면 이들이 일상생활을 자유로이 하지 못하게 된다는 문제가 발생하게 된다. 실제로 노들야학의 많은 구성원들이 이런 문제를 절감하고 있는데, 노들야학은 그 문제를 해결하기 위해 문제를 겪고 있는 이를 '당장' 도울 수 있는 방법을 모색한다. 이는 방송반 최희영 교사의 말에서 드러난다.

"(다른 장애인 단체와 노들야학은) 크게 차이가 있죠. 여기는 실제로 당사자를 만나는 거고. 정말 삶에 대한 고민을 해야 하는 거고. 이 사람이 당장에 활동보조가 없으니까 누군가 직접 가야 되는 사람인 거예요. 이런 걸 고민을 해야 하는 조직인 거죠."

– 11월 8일 교사 최희영 씨(가명)

즉, 노들야학은 장애인의 시민권을 재개념화하는 동시에 권리를 박탈당한 장애인이 겪는 문제를 '당장' 해결하려 하는 것이다. 이는 대안적 생활 공동체이자 운동조직이라는 노들야학의 특성과 맞닿아있는데, 이와 관련해서는 'V. 운동조직으로서의 대안적 생활공동체'에서 후술하도록 하겠다.

2. 사회에의 통합

한편, 노들야학은 이러한 자기 결정권의 문제와 함께, 최종적으로 '장애인에 대한 사회적 배제'를 해결함으로써 장애인의 시민됨을 완성하고자 한다. 이때 사회적 배제에는 앞서 지적한 물리적 접근뿐만 아니라, 비가시적인 요소들 역시 큰 제약으로 작용한다. 이를테면 장애인을 차별적으로 바라보는 사회의 시선이 그러하다. 그리고 이 차별적 시선은 '아이화', '무능력한 인력' 등 장애인에게 낙인을 찍는 방식으로 구체화된다. 이렇듯 구체화된 차별적 시선은 장애인을 사회적으로 배제하고 타자화한다. 결국 노들야학이 문제시하고 있는 것은 장애인을 타자화하고 있는 비장애인 중심의 인식과, 비장애인의 기준으로 장애인을 사회에서 배제하고 있는 규정된 정상성이며, 노들야학은 이를 해결하고자 한다.

1) 동등한 주체로 인식

장애인의 아이화(infantalization)는 사회에서 장애인을 타자화하고 있는 여러 양상 중 하나의 방식이다. 아이화는 장애인에 대한 사회적 약자라는 인식이 마치

장애인을 아이 대하듯이 행동하도록 하는 것을 의미한다. 비장애인이 장애인과의 대화에서 은연중에 반말을 하는 모습은 아이화의 대표적인 예시라고 할 수 있을 것이다. 아이화된 장애인은 비장애인으로부터 보호, 혹은 배려 받아야 할 존재로 여겨지며 사회에서 동등한 구성원으로 인정받지 못한다. 이렇게 타자화된 장애인은 사회에서 비장애인과 수평적인 관계를 맺는 것에 큰 어려움을 느끼며, 이는 사회적인 발언권이나 자기결정권과도 큰 연관을 맺고 있다.

노들야학의 철학 수업에서는 니체, 마르크스 등이 쓴 책의 원문을 보며 함께 해석한다. 물론 학생들은 어려운 난이도의 텍스트를 곧바로 이해하기는커녕 텍스트를 읽는 것에도 상당히 오랜 시간이 소요되곤 한다. 그러나 이러한 어려움에도 불구하고, 어려운 텍스트를 그대로 사용하는 이유에 대해 철학반 교사는 '학생들이 싫어하기 때문'이라고 말한다. 일반적으로 수준에 맞는 수업을 진행한다는 목적으로는 쉬운 교재를 택하기 마련인데, 실제로 학생들은 아이 취급당한다는 생각에 부정적인 반응을 보였다는 것이다.

"다들 니체를 해달라고 요구해서 했는데, 처음에는 그걸 읽을 수 없을 것이라고 당연히 생각했었어요. 니체를 읽는 게 대학원 수업에서도 어렵기 때문에… 그래서 어린이용 짜라투스트라 책을 발견해서 내용도 좋길래, 이걸 택했는데 학생들이 강한 거부감을 느꼈어요, 초등학생용이기 때문에. 장애인을 비롯한 마이너리티들은 다 그러는데 아이화, 즉 사람들이 은연중에 장애인한테 반말하는 등 애취급하는 것을 다 싫어해요. 나이가 40, 50 되는 사람들, 그리고 평탄치 않게 세게 살아온 사람들한테 유치원 애들한테 말하듯이 하다보니까… 결국 그 수업은 파투났어요.(웃음)"

– 10월 15일 교사 손병현 씨(가명)

하지만 철학 수업에서 원문을 사용함에 따라 학생들이 어려움을 겪는 것은 당연했다. 철학반 교사는 이 문제를 일반적인 철학 수업 방식과 다른 방식을 채택함으로써 해결했다. 통상적으로 철학 수업이 이론 중심적으로 진행되는 것과는 달리 노들야학에서의 철학 수업은 이론적 접근보다는 공감을 이끌어내고 장애인들이 처한 사회적 상황을 비판하는 내용 중심으로 진행되었다. 예를 들어, 니체의 『차라투스트라는 이렇게 말했다』에 나오는 '광기' 내용에 대해서 장애인에게 찍히는 사회적 낙인을 빗대어 설명하는 식이었다. 또한 장애 여부와 상관없이 모든 학생들에게 돌아가면서 질문하는 방식을 택함으로써 어려운 텍스트임에도 불구하고 철학 수업에서는 학생들의 활발한 참여가 이루어지고 있었다.

앞서 언급한 바와 같이 비장애인이 장애인을 아이화하는 대표적 예시 중 하나는 '반말 사용'이다. '~야'와 같은 호칭은 오래되지 않은 성인들 간의 관계에서는 흔치 않은 일이지만, 사회에서는 장애인이 아이화되어 이와 같은 호칭으로 불리는 경우가 다수 존재한다. 이 지점에서 주목해 볼 수 있는 것은 장애인 학생과 교사의 관계에서 드러나는 호칭이다. 노들 야학에서만 확인할 수 있는 현상은 교사가 학생들에게 '○○형', 혹은 '○○씨'와 같은 호칭을 붙인다는 것이다. 나이에 따른 호칭이라고도 볼 수 있지만 '○○학생'이라는 호칭을 사용해 교사와 학생 간의 지위 차이를 공고히 하는 방법을 택하지 않고 일상적인 대화에서 사용되는 호칭을 택했다는 점은 흥미로운 점이다. 오히려 학생과 교사는 동등한 위치에 있다는 것을 호칭을 통해 강조하고, '교사와 학생', '비장애인과 장애인'의 관계보다는 동등한 인격 사이의 관계를 지향하고 있음을 알 수 있는 부분이다.

호칭뿐만 아니라 수업 중에 일어나는 제재에서도 교사와 학생 간의 동등한 관계가 유지되는 모습을 확인할 수 있다. 노들인문학 장애학 수업에서 한 학생은 수업 중 핸드폰을 보며 수업에 집중하지 않는 모습을 보인다. 그리고 집중하지 않는 모습을 이전 수업에서도 반복적으로 보여왔기 때문에 교사는 이에 대해 잘 인지하고 있으며 제재할 필요성을 느끼고 있다.

교사: 현지씨 정말~ 핸드폰 한 번만 더 보시면~ 주현이가 성~~질이 나가지고 (웃음) 저걸(휠체어에 고정된 핸드폰) 잘 풀어서 주현이가 보관을 하도록 하

겠습니다.

현지: (멋쩍은 웃음과 함께 핸드폰 종료)

- 11월 12일 장애학 수업 중

하지만 일반적으로 학교에서 수업에 집중하지 않는 모습에 대해 강한 제재가 가해지는 것에 비해 장애학 수업에서는 그 정도가 상당히 약한 수준에 그친다. 또한 제재의 시점에서 수업의 전반적인 분위기는 마치 농담을 주고받는 듯하다. 이에 대해 장애학 수업 교사는 크게 개의치 않는다는 반응을 보였고, 실제로도 노들장애인야학 내 제재가 가해지는 거의 모든 상황에서 강제적이거나 무거운 분위기가 발생하지 않았다.

흥미롭게도 유일하게 강한 어조의 제재가 가해지는 지점은 학생들 사이에서 차별적인 발언 및 행위나 서로의 발언권을 침해하는 상황이 발생했을 경우뿐이었다. 참관을 진행했던 장애학 수업에서 한 학생이 교사의 농담에 웃음을 보이며 머리에 손가락을 가져다대고 돌리는 제스처를 취했다. 이는 흔히 터무니없는 소리를 하는 사람에게 "머리에 문제가 있다"는 뜻으로 사용되는 제스처였다. 이때 교사는 표정을 바꾸고 웃음이 가득하던 수업 분위기를 전환하며 이는 장애 학생을 비하하는 표현이라며 절대 사용하지 말라는 제재를 가했다. 그 외에도 다른 학생의 발언 도중에 다른 학생이 끼어드는 경우에도 발언이 끝난 뒤 다시 얘기하라는 제재를 가했다. 제재를 가하는 데에 선택적으로 강도를 조절한다는 사실과 그 선택의 기준을 생각해 볼 때 노들야학은 장애 여부와 상관없이 모든 구성원이 동등한 개체로 존재하는 것을 핵심 가치로 삼고 있음을 알 수 있다.

2) 정상성의 해체

비장애인 중심으로 확립된 주류 사회에서의 정상성은 장애인들의 교육에서 진입장벽으로 작용한다. 비정상으로 규정된 장애인들은 정상성을 전제로 하는 제도권 교육에서 소외되고 배제된다. 교육에서 도태되고 주변화되어 장애인들은 점점 더 사회에서 배제되고 있기 때문에 노들야학의 장애인들은 규정된 정상성을 해체하려는 모습을 보인다.

(1) 노동

노들야학의 수업 내용이나 운동에 담겨있는 메시지 등을 살펴보면, 장애인의 취업 문제가 노들 야학 전반에 핵심 문제로 자리 잡고 있음을 알 수 있다. 이는 장애인의 생존권과도 크게 관련을 맺고 있는 사안이기 때문에 민감하고 대부분의 구성원들이 문제의식을 갖고 있는 부분이다. 장애인들의 취업 문제가 해결되고 있지 않는 것에 대해 노들 야학은 제도상의 문제와 함께 장애인에 대한 사회의 시선 역시 주요 원인 중 하나라고 꼽는다.

장애학 수업은 장애인들이 사회에서 받는 부당한 처우와 이를 다루는 복지 정책에 대한 내용을 주로 다룬다. 장애인 의무고용 할당제(이하 장고법)를 다룬 수업 내용에서 장애학반 교사는 시장가치와 사용가치의 개념을 설명한다.

> 교사: 이처럼 시장에는 사용가치와 시장가치가 동일하지 않은 경우가 있어요. 그런데 노동의 경우를 한번 볼까요? 이걸 노동과 몸의 비분리성이라고 하는데, 노동을 뭘로 하죠? 몸으로 하잖아요. 그래서 장애인은 일종의 손상된 노동 상품이라고 할 수 있어요. 근데 우리 앞서 말한 대로 사용가치랑 시장가치는 일치하지 않을 수도 있어요. 실제 장애인들이 이 노동시장에서 사용가치는 큰 손상이 없는데 시장가치에서는 차이가 나는 거죠.
>
> – 11월 12일 장애학 수업 중

장애학 수업에서 다뤄지고 있는 내용은 결국, 사회적으로 장애인들의 노동력은 인정받고 있지 않으며 장애인은 무능력한 존재로 비춰진다는 것이었다. 하지만 장애인들의 일자리가 부족한 것은 장애인의 잘못이 아닌 고용주들의 시선과 시장 구조의 문제로 지적하면서 노들야학은 장애인에 대한 사회적 시선을 현재 사회의 문제로 짚고 있었다.

노들에서는 현재의 노동시장 내에서 장애인이 일할 수 있다는 점을 수업에서 다루는 동시에 자체적으로 일자리를 마련하기도 한다. 노들야학 4층에 위치한 카페인 '들다방'에서 근무하고 있는 직원은 현재 발달장애를 갖고 있으며, 노들야학의 상근자는 장애를 갖고 있는 학생도 포함하고 있다. 사회의 노동시장에서는 인정받지 못하는 노동력이지만 노들야학 내에서는 직원으로서 경제활동을 영위하고 있는 노동력으로 인정받고 있는 것이다. 이처럼 노들야학은 사회에서 장애인이 노동시장에서 처한 현실을 노들야학 내에서 자체적으로 해결하며 사회에서 제시되는 정상성의 대안을 제시하고 있는 것이라 볼 수 있다.

(2) 교육

장애인들의 능력부족에 대한 선입견은 교육의 측면에서도 드러난다. 장애인들에게는 일반학교에서 공부할 실질적인 기회가 마련되어 있지 않다. 일반학교에서 공부를 하는 것은 사회적 인식 및 제도상 거의 불가능하고, 그렇다고 특수학교의 수나 자원이 넉넉한 상황도 아니다.

노들야학은 이에 자체적으로 교육의 기회를 제공하고자 하며, 그 방법은 일반학교와 확연히 다르다. 노들장애인야학의 학생들은 기본적으로 장애의 정도에 따라 청솔 1, 청솔 2, 불수레, 한소리의 네 개 반으로 분류되어 있다. 그러나 이러한 반 개념은 국어, 영어, 수학 등 수업에만 적용되며, 인문학 수업, 권익옹호·미술·음악·방송반 등 활동 수업 등은 반에 관계없이, 즉 장애의 정도와 유형에 관계없이 원하는 학생들이 함께 수업에 참여한다. AAC기기를 써야 대화가 가능한 사람, 장애가 거의 없어 보이는 사람, 휠체어를 타는 사람 등 다양한 장애의 유형과 정도를 가진 사람들이 함께 수업을 듣는다. 이는 장애의 차이에 따라서 이수할 수 있는 교육에 차이가 있는 것이 아님을 보여준다.

교사들 역시 일정한 자격시험을 본다거나 능력을 입증해야 하는 것이 아니다. 자원봉사를 하거나 노들야학에서 상근하는 직원 분이 교사인 경우가 많고, 영어를 가르치다가 역사를 가르치기도 한다. 일반학교의 교육제도에서는 정해진 기준에 따라서 교사와 학생의 자격을 정해두고 부합하지 않는 경우 그 자격을 부여받을 수 없다. 수업의 내용 또한 교사가 자율적으로 구성하고 진행할 수 있다. 장애학 김주현 교사의 말은 이를 뒷받침한다.

"자율권이죠. 네. 그래도 학생분들이 정규교육을 못 받으셨고, 사회활동을 함에 있어서 문해 교육인 수학, 국어 등은 읽고 쓰는 능력에 초점을 맞춰요. 반 별로 수준을 나누고 어느 정도 연계를 해서 수업을 하죠. 그래도 시험 위주는 아니어서 뭐 소설책을 읽기도 하죠. 사회나 다른 과목은 교사들의 자유재량이 많죠. 과학이라고 교과서를 하지도 않고, 시사적 의미의 과학과 역사를 하기도 하죠."

– 11월 19일 교사 김주현 씨(가명)

이처럼 노들장애인야학의 수업은 그 운영방식과 운영되는 모습 그 자체로 장애유형과 정도에 따라 교육에 대한 접근권을 제한하고 사회통합을 저해하는 경직적인 교육제도에 대해, 교육제도의 '정상성'에 대해 대안을 제시한다.

이상의 논의를 종합해 보면, 노들야학은 자기결정을 할 수 없고, 동등한 주체가 아닌 아이이자 부족한 능력을 지닌 타자로서 인식되는 기존 사회의 문제점을 지적하고 있다. 나아가 야학 내 직접적인 활동방식과 실천을 통해 이를 극복하고 있다. 위 선행연구를 통해 보았던 것처럼 명문화된 규정으로 보장된 시민권을 사회 성원 모두가 직접 누리도록 하려면 각자에게 결여된 환경 및 능력을 보충해줄 필요가 있다. 노들야학은 장애인들이 시민권을 실질적으로 보장받기 위해서 필요한 자기결정과 사회통합의 기제를 다양한 방식으로 마련함으로써 새로운 시민권을 확보하는 대안적 생활공동체로 기능하고 있다.

V. 운동조직으로서의 대안적 생활공동체

앞서 노들야학의 구성원들이 야학이라는 독립적인 공간 내부에서 사회의 문제들을 시정하려 하는 모습들을 살펴보았다. 이는 노들야학을 기존 사회의 문제들로부터 해방된 대안적이고 독립적인 생활공동체로 만들려는 시도다. 그러나 노들야학은 단순히 독립적인 대안 공간으로서만 존재하지는 않는다. 노들야학 구성원들은 자기결정권과 사회통합이라는 권리의 실현이 사회 자체의 변화가 뒷받침될 때 달성될 수 있다고 생각한다. 한 예로 활동지원 시간 부족으로 인한 자기결정권 문제에 대해, 노들야학은 장애인의 활동을 직접 지원하기도 하지만 활동지원 시간을 늘려달라고 정부에 요구하기도 한다. 2010년도에 '장애인 활동보조 권리 보장을 위한 투쟁'에 노들야학이 참여했다는 점은 이를 뒷받침한다. 시설 거주에 따른 자기결정권의 문제에도 두 방향의 대응을 동시에 실천한다. 지역사회에서 살아갈 수 있도록 자체적으로 교육 및 프로그램을 시행함과 동시에, '탈시설—자립생활 권리 쟁취를 위한 투쟁'에 참여함으로써 사회에 그 기반을 마련하라고 요구하는 것이다.

즉 노들야학은 그 야학 공간을 넘어서서 사회를 비판하고, 사회의 조건들을 변화시키고자 한다. 대안적 공동체를 넘어서는 운동조직으로서의 정체성을 지니는 것이다. 노들야학이 가지는 운동조직으로서의 특성은 일부 학생들이나 특정 반에서만 드러나는 것이 아니다. 물론 노들야학에는 집회나 토론회 등의 외부 활동에 적극적으로 참여하는, 권익옹호반이라는 수업이 존재하지만, 사회를 변화시키고자 하는 성격은 방송반이나 철학반, 음악반 같은 여타 수업들에서도 드러난다. 예를 들어, 방송반의 이번 학기 수업은 교사와 학생들이 다 같이 시나리오를 쓰는 방식으로 이루어지는데, 시나리오의 스토리는 시설에서 살던 한 장애인이 시설에서 탈출하여 살아가게 되는 내용이다. 시나리오를 쓰는 과정에서 교사는 학생들에게 시설 조사, 탈시설 등의 경험에 대해 물으며, 학생들은 자신의 경험을 수업을 통해 발화하고 공유한다. 이처럼 노들야학의 수업들에서는 탈시설이나 장애인 활동보조와 같이 노들야학이 운동의 주된 대상으로 삼는 것들을 다루고 있다. 수업을 통해 장애인들이 사회로부터 겪어 왔던 억압이나 불편을 지적하고, 이에 대해 이야기를 나누는 것이다.

'노들음악대'라는 음악반 수업의 수업 내용에서는 운동조직으로의 성격을 구성원들이 인지하고 받아들이고 있음이 드러난다. 음악반에서 학생들이 작사를 하고, 교사들이 작곡을 해 만든 노래의 가사에서는, 노들야학에서 학생들이 '공부하고 급식 먹고 투쟁하며 함께 노래' 부른다는 이야기가 나온다.

> 노들야학 세월만큼 우리들의 나이는 춤을 추고
> 공부하고 급식 먹고 투쟁하며 함께 노래 부르고
> — 10월 14일 노들음악대 수업 중

이에서 알 수 있는 것은 노들야학이 단순히 고립적이고 대안적인 생활공동체가 아니라 사회 자체를 바꾸고자 하는 운동조직적인 성격 또한 지닌다는 것이다.

그렇다면 노들야학이 가진 대안적 생활공동체로서의 성격과 운동조직으로서의 성격은 어떠한 관계를 가질까? 우선, 대안적 생활공동체로서의 노들야학은 운동에 재미와 즐거움을 부여한다. 한 예로 교사 한명호는 노들야학에 계속 남게 된 이유로 '생활 운동이 가지는 힘과 분위기'를 이야기한다. 여기서 생활 운동이란 일상생활을 함께 하며 하는 운동이라는 뜻과 동시에, 일상생활에서 나온 문제들을 내세우며 실제 삶을 변화시키고자 하는 운동을 의미한다. 한명호는 노동운동과 노들야학의 운동을 비교하는데, '삶을 전면적으로 내세웠을 때의 힘'과 '생기발랄한 분위기'를 노들야학 운동의 장점으로 이야기한다. 노들야학의 운동이 생활 운동으로서의 성격을 가질 수 있게 된 것은 노들야학이 가진 대안적 생활공동체로서의 기능에 기인할 것이다.

"실제로 제도의 싸움에서 당사자들의 본인의 어떤 전체적인 것을 다 드러내고.

삶의 환경들을 다 드러내고 현장에서 싸우는 것들이 되게 흔치 않잖아요. (중략) 여기서 사람들이 가지고 있는 힘이 삶을 전면적으로 내세웠을 때 폭발하는 힘일 수도 있을 것 같고. 뭐 다양한 경로가 있긴 할 것 같은데. 그런 게 되게 신났고 힘이 됐었던 것 같아요. (중략) 근데 그(노동운동-연구자)와 달리 좀 생기발랄한 분위기나 그런 것도 되게 좋고."

— 11월 15일 교사 한명호 씨(가명)

한명호는 원래 운동이라는 요소가 노들에 꼭 필요하다고 여기는 사람이며, 운동을 주도적으로 이끌어나가는 교사 집단에 속한다. 그러나 대안적 생활공동체로서의 노들야학은 이러한 성격을 가진 사람들에게만 영향을 미치는 것은 아니다. 이는 평소 운동에 관심이 없던 사람들 또한 운동에 참여할 수 있게 하는 기능을 수행한다. 학생 박주원은 거의 모든 집회 활동에 활발하게 참여한다. 그와 대화를 나눠보면 사안에 대해 정확히 이해하는 것 같지는 않은데, 왜 집회에 그렇게 열성적으로 참여하는지 의문이 들었다. 그 의문에 대한 실마리는 다음과 같은 인터뷰에서 찾을 수 있었다.

주원: 야학도 그렇고 집회 나가는 것도 주로 집회 나가는 것. 또 야학에 오고 그렇게 주로 야학에 오는 게 재미있…
진수: 그냥 야학에 오는 거랑 집회 나가는 게 재미있어요? 수업은 별로 재미없고?
주원: 그냥…
진수: 형이 관심 가질게 많아서 좋은 건가요?
주원: 뭐 집회…[17]

---

17. 김진수. "마로니에 대담 '주원이형 이야기'." http://nodl.or.kr/bbibig/37435(검색일: 2018.12.12).

즉 박주원은 집회가 '재미있기' 때문에 그것에 자주 참여한다. 더불어 박주원이 가장 친하다고 생각하는 학생 이원희는 운동의 중요성에 대해 깊이 이해하고 운동에 25년간 참여하고 있는 학생이다. 박주원은 노들야학에서 하는 운동의 재미와 그 안의 관계들 때문에 계속해서 운동에 참여한다고 이해할 수 있다.

둘째, 대안적 생활공동체로서의 성격은 노들야학의 구성원들이 당사자성을 가지는 데 영향을 미친다. 여기서 '당사자성'은 보편적인 의미로 사용되는 '당사자주의'와는 다른 뜻을 가진다. '당사자주의'는 전문가의 개입에 저항하며 당사자가 스스로 운동의 주체가 되어야 한다는 주장이다.[18] 본 연구에서는 비당사자가 가질 수 있는 당사자'성'에 주목하며, 당사자성은 넓은 의미에서 '사안과 깊이 관련을 맺고 있다는 감각'으로 이해한다. 즉, 비장애인인 사람이 장애인 운동에 참여하거나 장애인 시설에 한 번도 살아본 적이 없는 이가 장애인 탈시설 운동에 참여하기 위해서는 내가 그 사안과 어떠한 관계를 맺고 있다는 당사자성이 필요하다고 보는 것이다. 단순히 누군가를 돕는다는 시혜적인 관점에서는 장기간 치열하게 운동에 참여하는 것이 불가능하기 때문이다. 한 예로 연구자의 개인적인 경험에서, 노동운동에 참여하던 대학생들은 '나 또한 노동자라는 감각을 가지고서야' 노동운동에 적극적으로 참여할 수 있게 되었다고 이야기했다. 이를 종합하면, 확장된 당사자성은 어떤 사안에 대해 비당사자인 사람이 그 운동에 참여하거나 연대하는 데 핵심적으로 작동하는 기제이다. 이는 노들야학의 사례에서 특히 중요한데, 노들야학에는 스펙트럼이 넓은 구성원들이 모여 있기 때문이다. 장애 정도나 살아온 경험도 다르고, 무엇 때문에 야학에 오는지도 상이하게 나타난다. 이 때문에 사안에 따라서 수많은 비당사자들이 존재할 수밖에 없다. 이러한 상황에서 개인이 확장된 당사자성을 가지는 것은 운동조직으로서의 성격을 유지하는 데 중요한 일이라고 판단한다.

대안적 생활공동체로서의 노들야학은 야학 내 다양한 '비당사자'들에게 당사

---

18. 김도현. 2012. "장애인 당사자주의의 비판적 이해를 위하여." 「진보평론」. pp.172-190.

자성을 형성시킨다. 비장애인 야학 교사인 김준성은 다음과 같이 이야기한다.

"거기(탈시설한 사람들이 모여 사는 집 - 연구자) 놀러가서 밥도 먹고, 술도 한 잔하고, 어떻게 사는지 이야기도 좀 듣고 그러다보니까 그냥… 이게 남의 일처럼 안 느껴지게 된 게 있죠. 그렇게 일상을 진짜 많이 보냈고, 놀러도 많이 다니고."

　　　　　　　　　　　　　　　　　　　　- 11월 29일 교사 김준성 씨(가명)

비장애인인 김준성은 노들야학에서 만난 학생들과 시간을 많이 보내고, 그들의 집에도 자주 놀러가면서 장애인들이 겪는 일이 남의 일처럼 느껴지지 않게 되었다고 이야기한다.

노들야학 학생인 이정현의 사례 또한 김준성의 경험과 비슷하다. 이정현은 다리가 불편한 경증 장애인이다. 수동 휠체어를 활용하며, 재가 장애인으로 평생을 살아왔다. 현재는 가정을 꾸려 남편 및 아들과 함께 살아가고 있다. 시설에 가 본적이 없고, 앞으로도 갈 일이 없을 박정현은 '탈시설'이라는 기조에 동감하고 함께하고자 한다. 그 이유는 노들야학에서 시설에서 살다 온 학생들을 만나며 자신의 경험과 비슷한 부분이 많다고 느꼈기 때문이다.

"그 시설에 있나 집에서 있나 장애인은 똑같아요. 시설은… 시설이 더 힘들 수 있겠죠. 근데 집에 있다고 해서 그렇게 편한 건 아니에요. 거기 갇혀 있고. (중략) 거의 대부분이 탈시설해서 자립생활하셨던 분들이라 얘기를 많이 듣죠. 얘기를 많이 들어서 이랬구나 저랬구나. 이럴 때는 정말 힘들었겠구나. 이런 거… 그 ○○ 씨 같은 경우에는 잘 몰라도 거기에서 당했던 것들은 다 기억하잖아요. (중략) 그런 거 보면 고통이 얼마나 컸을까. 하는 걸 알 수 있죠. 탈시설에 대한 건 여기 와서 알았어요."

　　　　　　　　　　　　　　　　　　　- 11월 19일 상근자 이정현 씨(가명)

이와 같이 대안적 생활공동체로서의 노들야학은 비당사자인 구성원들이 당사
자성을 가지고 운동에 참여할 수 있게 한다. 노들야학에서는 탈시설 운동, 편의
시설 개선 활동 등 다양한 주제를 가지고 운동을 진행한다. 각 운동의 사안에 따
라 당사자이고 당사자가 아니고는 상이하게 나타날 수 있다. 보통 장애인과 비장
애인과의 구분을 생각하지만, 편의시설 개선 활동의 경우에는 휠체어 이용자인
가 아닌가가 당사자를 결정하는 주요한 요소로 작용한다. 다양한 운동에 노들야
학의 비당사자들이 동참할 수 있는 이유는 함께 생활하는 사람들의 사정과 생활
을 다 알기 때문이다. 그 과정에서 이 사람의 일이 곧 내 일이 되기도 하고, 나의
경험과 다른 사람들의 경험이 다르지 않다고 느끼는 것이다. 이는 다음과 같은
노들야학 교사 한명호의 말에서 잘 드러난다.

"그 노들야학이라는 것은 그만치의 많은 학생 분들이라는 이름을 통해서 많은
사람들을 만나는 공간인 것 같아요. (중략) 어떤 사람은 나는 뭐 지금은 차별 받
은 적이 단 한 번도 없게 살아왔다, 라고 말하는 사람부터 이제 시설에서 나와서
혼자 투쟁을 하면서. 어떤 이런 사회적인 차별의 맥락들을 서로가 익히는 시간들
이라고 생각을 하거든요."

– 11월 15일 교사 한명호 씨(가명)

마지막으로, 대안적 생활공동체로서의 노들야학은 그 자체로 운동조직적인 성
격을 가지기도 한다. 노들야학은 기존에 아차산 쪽에 위치하다가 혜화역 마로니
에 공원 근처로 자리를 옮겼다. 노들야학의 박경석 교장은 노들야학을 혜화역 부
근으로 옮길 때 다음과 같이 이야기했다.

"우리는 비장애인 중심의 세상 속으로 들어가 파열음을 낼 것입니다. 장애인이
대학로를 자유롭게 돌아다니며 교육을 받고 문화를 즐길 수 있다면 단절과 배제
로 점철된 장애인 문제를 자연스럽게 풀어 나갈 희망이 될 것입니다."[19]

박경석 교장의 말에서도 드러나듯이 노들야학은 물리적 공간의 존재 자체로 사회운동을 수행하고자 하는 의도를 내포하고 있다. 장애인들이 도시 한복판에서 돌아다니고 살아가는 모습 자체를 통해 '존재로서의 운동'을 수행하고자 한 것이다. 즉 노들야학의 대안적 생활공동체로서의 성격은 특정집단이 경험했던 사회현실과 교차하며 그 자체로 저항적인 성격을 가지게 된다. 기존에 자연스레 시민으로 인정 받아왔던 집단이라면, 그들의 대안적 사회공동체는 단순히 새로운 생활양식을 추구하는 특정 집단으로 받아들여졌을 수도 있을 것이다. 그러나 장애인이 중심이 되는 노들야학은 정상적인 시민으로 인정받지 못해 왔으며, 이러한 사회적 맥락은 대안적 생활공동체로서의 노들야학에 저항적인 성격을 부여한다.

위의 논의를 종합하면 다음과 같다. 노들야학은 독립적인 대안적 생활공동체라는 성격과 동시에 운동조직으로서의 성격을 가진다. 이때, 대안적 생활공동체로서의 노들야학이 가진 '재미'라는 요소는 노들야학이 운동조직으로 확장되는데 기여한다. 또한 대안적 생활공동체로서의 성격은 비당사자일 수 있는 사람들에게 야학이 다루는 문제가 '남의 일같이 느껴지지 않는' 당사자성을 제공하여 노들야학이 운동조직으로 존재할 수 있게 한다. 마지막으로, 장애와 관련된 사회적 맥락은 노들야학에 자연스럽게 운동조직의 성격을 부여한다.

VI. 결론

본 연구는 노들야학이 인식하는 장애인의 문제와, 이를 대안적 공동체 내에서 어떻게 해결하는가를 보고자 했다. 그와 함께 이러한 실천이 노들야학의 특성 및 정체성과 맞물리는 양상을 살펴보고자 했다. 본 연구의 결론은 다음과 같다. 첫

---

19. 홍은전. 「2014. 그럼에도 불구하고 수업합시다」. 서울: 까치수염. p.134.

째, 노들야학은 장애인의 '자기 결정권 박탈', '사회적 배제'를 기존 사회의 문제로 인식하고 있는데, 그 해결 양상은 매우 다양하다. 자기 결정권에서는 결정권이 마련될 수 있는 기반으로서 수업을 통해 '발화의 공간'을 제공한다. 그와 함께 자기 결정권이 박탈된 결과로서 나타나는 '장애인 시설'이라는 문제를 탈시설 운동으로써 해결한다. 구체적으로는 수업을 통해 일상생활에서의 능력을 키우고 노들야학 그 자체를 '사회적 관계의 장'으로 만듦으로써 지역사회에서의 장애인의 자립을 돕는 것이다. 최종적으로 노들야학은 장애인에 대한 사회적 배제의 문제를 해결하려 하고 있었다. 그들을 동등한 주체로 인식함과 동시에 비장애인만을 '정상'으로 간주하는 기존의 노동시장과 교육에 문제를 제기하고, 여기서 벗어나 장애인을 위한 일자리와 교육을 노들야학 내에서 자체적으로 제공함으로써 장애인의 사회적 통합을 추구하는 것이다.

둘째, 노들야학의 '대안적 공동체'로서의 특성은 그들이 갖는 사회운동적 지향과 맞물리면서, 복합적인 정체성을 만들어낸다. 노들야학은 기존사회의 문제를 해결하는 대안적 공동체를 지향하는 동시에 야학 너머의 사회까지도 바꿔내고자 한다. 그들의 수업, 그리고 투쟁 활동은 모두 운동조직으로서의 노들야학의 성격을 뒷받침하고 있었다. 더 나아가, 노들야학이 가진 대안적 생활공동체로서의 성격은 운동조직으로서의 노들야학에도 영향을 미치고 있었다. 대안적 생활공동체로서의 노들야학은 구성원들에게 공통의 경험을 제공하고, 이는 장애 운동에서의 당사자−비당사자 간의 경계를 허무는 것이다. 또한 생활 운동으로서의 노들야학의 특성은 운동에 재미와 즐거움을 부여하여 운동조직으로의 확장에 기여한다. 나아가 생활공동체로서의 노들야학은 그 존재 자체가 장애인들이 지역 사회에서 살아갈 수 있다는 가능성을 증명하고 있다는 점에서, '존재로서의 운동'을 수행하고 있었다.

그러나 본 연구는 한계 역시 지니고 있다. 본 연구는 우선 연구대상인 교사와 학생 중 비교적 학생들에 대한 이해가 부족했다는 점에서 한계를 갖는다. 비장애인인 교사와는 의사소통이 원활하여 그들을 상대적으로 쉽게 이해할 수 있었다. 활동들에서의 발화 횟수도 교사가 훨씬 많아 이들을 관찰하기 용이했다. 더불어 인터뷰 또한 시행 가능했다. 반면 의사소통이 용이한 소수의 학생들을 제외하고는 학생들을 이해하는 데 어려움이 있었다. 말하는 데 어려움을 겪는 학생들도 많았고 발화 횟수도 적었으며, 그들의 행동을 바로 이해하기에는 비장애인인 연구자들의 경험이 부족한 부분이 많았다. 따라서 본 연구는 교사에 대한 관찰에 치중한 측면이 있다는 한계를 갖는다.

그럼에도 불구하고, 본 연구는 장애인의 관점에서 그들이 가진 문제의식과 그 해결을 살펴보았다는 의의를 갖는다. 본 연구는 정책적인 관점이나 비장애인의 시각이 아닌, 장애인이 이룬 대안적 공동체에서 그들이 무엇을 요구하는가, 문제들을 어떻게 해결하는가를 파악해냈다. 이는 장애인이 기존 사회에 '동화'되는 것이 아닌, 구성원 간 '공존'을 모색한다는 점에서 시민정치에의 함의를 지닌다. 이와 함께, 본 연구가 밝힌 노들야학의 문제의식과 실천, 특성 및 정체성은 다른 사회적 약자의 시민권 문제에도 함의하는 바가 크다. 사회적으로 배제된 이들이 갖는 문제의식과 그것이 야기하는 실천은 모든 소수자가 공유하는 문제이기 때문이다. 따라서 노들야학이 이를 어떻게 해결하고, 또 이것이 어떻게 집단의 성격으로 이어지는가에 대한 분석은 얼마든지 그 적용 범위를 확장할 수 있을 것이다.

참고문헌

강민형. 2016. "장애 관점에서의 시민권 재개념화 연구 취약성과 돌봄 개념을 중심으로." 『장애의 재해석』.

김도현. 2012. "장애인 당사자주의의 비판적 이해를 위하여." 『진보평론』.

김용욱·하상근. 2009. "장애인 야학의 전개와 운영상의 쟁점에 관한 문화기술적 사례 연구: 두 야학을 중심으로." 『특수교육저널: 이론과 실천』 제10권 3호.

김정석·신유리·허준기. 2017. "장애인복지에서 사회적시민권의 이론적 적용 가능성 고찰: 자기결정권, 사회적 배제, 사회적 포함에 대한 비판을 중심으로." 『한국 사회』 제18권 1호.

김진수. "마로니에 대담 '주원이형 이야기'." http://nodl.or.kr/bbibig/37435. (검색일: 2018. 12.12).

김진우. 2014. "장애, 시민권, 민주주의 ; 시민권과 발달장애인의 배제 및 참여 장애연구(Disability Research)에의 참여수준 제고를 중심으로." 『기억과 전망』 제30권.

김형식. 2004. "시민적 권리의 관점에서 본 장애인의 사회통합." 『재활복지』 제8권 2호.

박경석. "노들장애인야학 교장 인사말." http://nodl.or.kr/nodeuledu_greetings. (검색일: 2018.12.31).

서정환. 2009. "건물주 퇴거요구로 거리에 '野學' 차린 노들장애인야학 – 거리로 나앉을 지라도 야학을 포기할 순 없다!" 『월간말』 260호.

유동철. 2002. "장애인 시민권 모델 구축을 위한 시론 – 장애차별금지법." 『사회복지연구』 제29권.

_____. 2005. "장애인 차별철폐와 사회권 보장 방안." 『비판사회정책』 제20권.

허신행. 2010. "노들장애인야학 소개." 『정세와 노동』 60호.

홍은전. 2014. 『그럼에도 불구하고 수업합시다』. 서울: 까치수염.

홍정아. 2012. "20세기 초 미국 여성의 젠더화된 시민권과 결혼지위: 맥켄지 사례를 중심으로." 서울대학교 석사학위논문.

제2부

시민정치의 거점

제5장

시민단체를 통한 인민주권의 실현
환경보건시민센터 참여관찰을 바탕으로

자유전공학부 **전소연**
자유전공학부 **이진우**

〈연구활동 일지〉

날짜	활동 내용
2018년 09월 21일	환경보건시민센터에서 사무국장 임세종(가명), 환경피해지원위원장 장성주(가명) 선생님과 만나 환경보건센터의 연혁, 목적, 활동 관련 이야기를 들었다.
2018년 09월 28일	임세종 사무국장과 함께 사당역 라돈 피해자의 집에 방문해 라돈 유발 물질(전기장판)의 방사능 수치를 확인했다.
2018년 10월 05일	환경보건시민센터에서 원안위 비공개 간담회 이야기를 듣고, 조유영(가명) 소장의 석면 강연을 듣고, 학부모넷 참가자를 만났다.
2018년 10월 13일	월드포스트타워의 가습기살균제 특조위 건물에서 가습기살균제 피해자 정기 워크숍을 참여관찰했다.
2018년 10월 17일	국회 정론관에서 이정미 국회의원과 함께 라돈 기자회견을 했다.
2018년 10월 18일	가습기 살균제 문제의 국제적 해결을 위한 영어토론 모임(가습기살균제 글로벌포럼)을 참여관찰했다.
2018년 10월 19일	월드포스트타워 건물에서 특별조사위원회에 참가하고, 추모의 숲으로 이동해 나무를 심고, 저녁에는 학술논문리뷰 세미나에 참석했다.
2018년 10월 30일	월드포스트타워에서 '서울대에서 가습기살균제 피해자 찾기 기획 모임1'을 참여하고, 가습기살균제 글로벌포럼을 참여관찰했다.
2018년 11월 01일	서울대학교 보건대학에서 교수님, 대학원생, 공무원과 함께 '서울대에서 가습기살균제 피해자 찾기 기획 모임2'에 참여했다.
2018년 11월 05일	월드포스트타워에서 '서울대에서 가습기살균제 피해자 찾기 기획 모임3'에 참여했다.
2018년 11월 13일	가습기살균제 글로벌포럼을 참여관찰했다. 연구팀의 참여관찰 내용을 발표했다.
2018년 11월 19일	서울대학교 사회대학교에서 '서울대에서 가습기살균제 피해자 찾기 기획 모임 4'에 참여했다.
2018년 11월 23일	환경보건시민센터에서 라돈 방사선 시민안전 설명회 준비를 참여관찰했다.
2018년 11월 26일	광화문 광장에서 라돈 방사선 시민안전 설명회를 열어 기자회견을 하고, 1일차를 참여관찰했다.
2018년 11월 27일	광화문 광장에서 라돈 방사선 시민안전 설명회를 열어 피해자 관련 기자회견을 하고, 2일차를 참여관찰했다.

본 연구는 환경보건시민센터에 대한 참여관찰을 통해 시민단체가 인민주권의 대변인으로서 어떤 과정을 통해 갈등을 사회화하고, 해결을 시도하는지 파악해 보고자 하였다. 샤츠슈나이더는 약자가 자신의 목소리를 사회에 내고, 공적인 의제로 전환하는 방법으로 '갈등의 사회화'를 제시하였다. 시민단체는 그 과정에서 인민주권을 조금 더 효율적으로 행사할 수 있는 방법을 제공한다. 물론 그들의 행동이 간단하게 설명되지는 않았다. 시민센터의 라돈 문제에 대한 접근을 관찰한 결과 그들이 수행하는 것은 단순한 사회화가 아닌 정치화의 과정이었으며, 이 과정은 기존의 사회화보다는 훨씬 적극적이고 주도적이었다. 또한 그와 같은 노력의 결과물로 형성된 특별조사위원회 역시 쉽게 설명할 수 없는 정체성을 가지고 있었다. 환경보건시민센터 사람들 다수의 참여로 만들어진 특별조사위원회는 근본적으로 시민센터를 개념적이고 수행적인 틀에서 계승하고 있었으며, 이는 약자의 편에 서 있는 사람들이 목소리를 갖는 것을 넘어서 실제적 정치주권을 갖는 것에 가까이 다가가는 것을 의미하였다. 본 연구는 그와 같은 발견에 입각하여, 인민주권의 대변인으로서 시민센터가 어떠한 위치에 놓여 있으며, 그것이 가지고 있는 한계점은 무엇인지 고찰한다.

I. 들어가며

대의제 민주주의 사회에서 인민주권이 바람직하게 실현될 수 있는 방법에 대하여, 샤츠슈나이더(Schattschneider)는 상향식 정치의제화의 모델을 제시하였다. 샤츠슈나이더는 공적 권위의 기능을 '갈등의 사회화'로 정의하고, 갈등의 사회화 발단을 약자들의 요구라고 생각하였다. 즉, 민주주의 정부의 역할인 갈등들에 대한 우선순위의 부여와 의제화 과정에서, 약자들은 자신이 가진 갈등을 사회 전반으로 확대하여 권위의 개입을 불러오고자 한다는 것이다.[1] 이렇게 사회화된 갈등에 대하여 보통시민은 경쟁하는 정치체제(특히 정당)들이 제시하는 대안 중 자신에게 매력적인 대안을 선택한다. 이것이 민주주의에서 정책이 결정되는 핵심적인 과정이다.[2]

현대에는 그와 같은 갈등의 사회화 과정에서 정당들이 행하는 역할을 정당뿐 아니라 여러 행위자들이 공동으로 수행하고 있다. 이 중에서도 시민단체, 또는 NGO라는 새로운 행위자의 등장은 현대 정치를 설명하는 패러다임을 바꿔 놓았다. 시민단체는 갈등을 사회화하고자 하는 약자들의 요구를 매우 효율적으로 수행하며, 정당으로 대표되는 정치 집단들의 의제설정과 대안제시 과정에까지 약자들의 목소리를 반영할 수 있는 새로운 정치적 힘으로 부상하고 있다. NGO에 대한 정의는 다양하지만, 본 보고서에서는 Vakil(1997)의 정의에 따라 NGO를 약자들의 삶과 질을 향상시킬 목적을 지닌 자율적, 사적, 비영리 단체로 정의한다.[3] 그 활동분야와 범위를 지정하지 않았기 때문에, 이와 같은 정의는 일반적인 통념과 같이 초국가적으로 활동하는 단체들뿐 아니라 국가의 경계 내에서 국지적 사안에 대해 활동하는 단체들 역시 NGO로 포함할 수 있다.

---

1. Schattschneider, E. E. 2008. 「절반의 인민주권」, 현재호·박수형 옮김. 후마니타스. p.89.
2. Schattschneider. 2008. p.222.
3. Vakil, Anna C. 1997. "Confronting the classification problem: Toward a taxonomy of NGOs." *World development* 25.12. p.2060.

특히 현대에 들어 환경과 건강을 위협하는 문제가 대두되면서, 그 위협에 맞서 인민주권을 보호하고자 하는 시민단체의 활동이 매우 중요해졌다. 국가적 차원에서는 모든 위험물질을 미리 확인하고 위험에 대비하는 완벽한 체계를 갖추기가 사실상 불가능하며, 현존하는 대처방안 역시 여러 현실적인 한계를 갖고 있다. 나아가 기성권력은 환경문제에 큰 관심을 기울이지 않기도 하며 때로는 행정적인 분야에서 문제를 은폐하려 한다. 생산자와 판매자 역시 도덕적이거나 법적인 책임을 최대한 회피하여, 자신들에게 부여되는 의무에서 벗어나려 한다. 이렇게 이해관계와 권력관계가 복잡하게 얽혀 있는 사회에서 개인은 소외되고, 피해 사례는 묵살되는 경우가 빈번하다. 특히 문제를 접근하려면 기본적으로 일정 수준 이상의 전문성이 요구되는 환경 문제와 같은 경우에는 다른 영역보다 시민들의 주권을 보장하기가 어려울 수 있다. 바로 이와 같은 상황에서 환경 문제를 주제로 활동하는 시민단체의 관심은 어떻게 국민들의 목소리를 모으고, 대변하여 그들의 주권을 보호할 수 있을지에 집중된다. 약자들의 목소리를 정치화함으로써 그들은 갈등의 사회화 과정에 결정적으로 개입하며, 시민들의 정치적 대변인 역할을 수행하게 된다.

문제를 정치화하고, 대변하는 시민단체의 기능을 확인하기 위해 본 연구가 참여관찰의 대상으로 선정한 단체는 환경보건시민센터였다. 처음에는 학교 근처의 I 초등학교(가명)에서 석면 철거 작업을 수행한 '학부모넷'이라는 단체에 관심을 가졌지만, 그 단체 자체가 환경보건시민센터(센터)에서 진행하고 있는 많은 프로젝트 중 하나로 만들어졌다는 것을 접한 후 관찰대상을 수정하였다. 또한, 환경단체들 중에 해당 단체처럼 그 단체명에 '시민'을 명시한 경우는 극히 드물었으며, 이것 역시 본 연구가 센터에 대해 관심을 가지게 된 이유였다. 일반적으로 환경단체들의 단체명에는 그 주제의식을 분명히 표현하기 위하여 '환경', '자연', 또는 '녹색'이 들어가곤 한다. 환경운동연합, 녹색연대, 그린피스 등이 그 대표적인 경우라고 할 수 있다. 그러나 환경보건시민센터는 '시민'에 대한 고려를 자신들의 주제의식에 포함시킴으로써 환경문제에서 피해 받고 소외된 '사람'의 목소리를 담고자 함을 밝히고 있다. 또한, '보건'을 명시함으로써 환경보건시민센터의 활동 분야는 복합적인 측면을 띤다. 그 관심은 개인안보의 분류에 의해 뚜렷이 구분되기보다는, 건강 문제와 환경 문제 사이의 접점에서 드러나는 문제에 초점이 맞춰져 있기 때문이다. 따라서 본 단체가 환경보건 문제를 해결하기 위해 투쟁하고, 그것을 성취하는 과정은 다른 환경단체에 비해 매우 특별할 것이라고 생각했다.

또한, 가습기 살균제 문제가 정치적으로 해결되는 과정에도, 다시 말해 사안의 사회화가 성공적으로 이루어진 이후에도 환경보건시민센터의 역할은 매우 중요하였다. 그 결과로 편성된 사회적참사특별조사위원회 산하 가습기살균제특별조사위원회(이하 특조위)는 연구를 시작할 당시 사회적참사특별조사위원회 부위원장 겸 가습기살균제사건 진상규명소위원회 위원장으로 환경보건시민센터 소장이었던 조유영(가명)을 선정하여 정식 출범을 준비하고 있었다. 특조위가 정부에 형식적으로나마 소속되어 있는 기관이라는 점에서, 후술하겠지만 조유영 부위원장의 참여는 특별한 상황이었다. 특조위라는 정치체제 속 시민단체의 역할과 기능에 대하여 환경보건시민센터를 참여관찰함으로써 파악할 수 있을 것이라고 생각하였다.

본 연구는 환경보건시민센터에 대한 약 3개월(2018.09.21~2018.12.23)의 참여관찰을 통해 시민단체가 인민주권의 대변인으로서 어떤 과정을 통해 갈등을 사회화하고, 해결을 시도하는지 파악해 보고자 하였다. 또한 그에 대한 연구를 통해 해당 단체가 시민사회 속에서 갖는 정체성과, 동시에 그가 갖는 한계에 대해서도 고찰해 보고자 하였다.

II. 환경보건시민센터에 대하여

환경보건시민센터와의 첫 만남은 9월 21일, 서대문역 근처 건물 4층의 센터 사무실이었다. 크지 않은 사무실에는 두 분이 계셨는데, 참여관찰을 위해 연락을 드렸던 임세종(가명) 사무국장과 장성주(가명) '선생님'이었다.[4] 비록 그 연혁이 짧지 않고 환경운동 역사에서의 공헌도 역시 후술할 것과 같이 적지 않은 편이지만, 환경보건시민센터는 기본적으로 상근근무자를 두지 않으며 반상근근무자이신 임세종 사무국장과 장성주 선생님을 중심으로 운영되고 있었다. 처음에 자원봉사와 참여관찰을 병행하겠다고 연락을 드렸을 때 흔쾌히 승낙해주셨던 이유 역시 이와 같은 항구적 인력난과 무관하지 않았다.

물론 웹사이트와 간접면담을 통해 확인한 센터의 실질적 구성은 이보다는 훨씬 자세하고 거대하다. 공동대표로 표대민(가명) 서울대학교 보건대학원 교수와, 홍지원(가명) 변호사가 있으며 그 아래에 사무국, 고문, 운영위원회가 있다. 한 달에 한 번 정도 운영위원회를 통해 20명 정도의 운영위원들이 모여 센터의 활동을 논의하고 추후의 방향을 결정한다. 그러나 운영위원회가 센터의 모든 행정에 관여하지는 않았으며, 센터의 실질적인 일정과 활동은 임세종 사무국장에 의해 결정되고 있었다. 운영위원 중에서도 센터에 빈번하게 방문하는 이들은 있었으나, 이들은 활동을 직접적으로 계획하기보다는 기획된 행사에 인력으로 투입되어 돕는 역할을 수행하고 있었다. 대표적인 인물이 피양서(가명) 원장으로, 근처에서 한의원을 운영하고 있어 점심을 먹을 때 방문하기도 하고, 라돈 관련 기자회견에도 점심시간에 잠시 짬을 내어 참여하는 모습을 보여주었다.

임세종 사무국장의 경우, 기존에는 환경보건시민센터와 간접적으로만 관련을 맺고 있었다. 반핵 포스터를 디자인해주던 디자이너였는데, 우연한 계기로 조직에 참여해 2018년 3월부터 2년의 임기인 사무국장에 취임하였다. 기자회견과 시위에 활용될 포스터와 플래카드 등의 디자인을 맡고, 주로 피해자 자료 정리, 피해 조사, 언론 인터뷰 등 기획 실무를 담당하고 있었다. 장성주 '선생님'의 경우, 센터의 일에 항상 참여하시는 모습은 보였으나 적극적인 기획과정을 담당하지는 않고 있었다.

---

4. 장성주 선생님 역시 센터 내에서 공식적인 직함이 있는데, 환경피해지원위원장이 그것이다. 그러나 '위원장님'으로 불리는 경우는 없었으며, 항상 '선생님'으로 불렸기 때문에 논문에서도 그와 같이 쓰도록 한다.

그러나 현재 환경보건시민센터의 운영진에 포함되어 있지는 않으나, 센터를 설명하기 위해 필수적으로 고려되어야 하는 인물은 바로 조유영 부위원장이다. 현재는 특조위의 부위원장으로 임명되어 2년 동안 센터를 떠나 있어야 하기 때문에 운영위원에도, 사무국에도 포함되어 있지 않지만 조유영 부위원장은 환경보건시민센터 운영의 실질적 축을 담당해왔다. 장성주 선생님의 말에 따르면 센터의 '운동가'의 축을 담당하는 것이 바로 장성주 선생님과 조유영 부위원장이었으며, 현재 임세종 사무국장의 경우는 조유영 부위원장의 현실적 공백을 메우기 위해 임명된 것이라고 한다. 또한 장성주 선생님은 진정한 운동가로 선생님 본인과 조유영 소장을 꼽는 등 환경보건시민센터의 일익을 담당하는 주체가 바로 조유영 부위원장임을 분명히 하고 있었다. 전신인 시민환경연구소(연구소)로부터 센터가 자립한 지 꽤 시간이 지났음에도 불구하고 조유영 부위원장이 여전히 '소장'으로 불리고 있는 것을 고려할 때 여전히 센터와 연구소는 동일시되고 있는 것으로 보였다. 연구소의 주축이 조유영 부위원장과 장성주 선생님이었음을 고려할 때, 센터를 이해하는 것은 연구대상에 조유영 부위원장을 포함하지 않고는 힘들어 보였다. 여러 요인으로 인해 점점 환경단체에서 일하는 것을 힘들어하는 장성주 선생님이 꿋꿋이 센터를 지키게 만드는 요인 역시 '조유영 부위원장이 돌아올 때까지 버텨야 한다'라는 생각 때문이었다. 비록 특조위에 임시로 이동하기는 했지만, 여전히 조유영 부위원장은 환경보건시민센터에서 매우 중요한 존재로 여겨지고 있었다.

또한 조유영 부위원장 역시 센터에서 진행하는 석면문제에 대한 교육에 강연자로 참여하고, 여전히 자신의 정체성을 정부보다는 센터에 더 가깝게 생각하고 있는 모습을 보이고 있었다. 특조위 회의를 여는 장소를 물어볼 때 그는 '환경보건시민센터 건물이나 특조위 건물, 어디든 상관없다'는 반응을 보였으며, 제도적 정치의 맥락에 포함되었다고 생각되었음에도 여전히 자신을 공무원과는 멀리하는 반응을 보였다. 공무원들에게 들리지 않는 자리에서 사용했던 '바보 같은 공무원들' 등의 표현이나, '저도 이제는 그런 공무원이 되어 가는 것 같아요' 등의 발언은 그가 아직 자신을 공무원이라고 생각하고 있지 않음을 의미한다. 따라서 특조위를 환경보건시민센터의 일부로서 연구대상에 포함시키는 것은 자연스러운 일이었다.

환경보건시민센터는 지금까지 많은 사회 이슈를 광범위하게 다뤄왔고, 그 주제들에는 석면, 구제역, 원전, 미세먼지, 그리고 최근에는 손선풍기 전자파까지 있었다. 이 중 참여관찰 당시 가장 활발하게 대응이 추진되고 있는 주제는 가습기 살균제와 라돈이었으며, 자연스럽게 연구의 초점 역시 그 두 주제로 두었다. 이 중 라돈 문제는 환경보건시민센터가 대응을 논의하는 주요 사회문제였으며, 가습기 살균제는 연구시점 당시 센터의 주도하에 다뤄지고 있지는 않았으나 정치화에 성공해 특조위가 구성되고, 조유영 부위원장이 부위원장으로 임명된 상황이었다. 그러나 가습기 살균제의 경우에도 특조위 구성으로 일단락되기는 하였으나 센터 차원의 대응은 계속하고 있었으며, 대표적인 사례로 12월 7일 서울지방검찰청 앞에서 살균제 판매업체 애경과 SK케미칼에 대한 법적대응을 촉구하는 1인 시위가 있었다.

III. 환경보건시민센터와 라돈

1. 환경보건시민센터 속의 시민

1) 피해자 시민과 전문가 시민

환경보건시민센터가 표방하는 표면적인 의미에서의 시민은 모든 사람을 포괄하는 의미의 시민이다. 환경보건시민센터의 영문 이름인 Asian Citizen's Center for Environmental and Health에서는 시민을 단순히 국내에 시민권을 가진 사람뿐만 아니라 아시아 내의 시민으로 정의하고 있다. 환경보건시민센터 홈페이지의 '센터가 참여하는 환경운동'이 소개된 배너 중 하나로 '아시아환경보건운동'

이 배정되어 있는 점은 시민에 대한 센터의 넓은 관점을 보여준다. 이러한 환경보건시민센터의 시민에 대한 광범위한 정의는 임세종 사무국장과의 첫 만남에서도 드러나는데, 시민단체라기에 너무 전문가들만 모인 것이 아니냐는 연구팀의 질문에 그는 "세상에 시민 아닌 사람이 어디 있어!"라고 답했다. 이러한 관찰을 통해 환경보건시민센터가 주창하는 시민의 개념이 단순히 시도나 국가와 같은 국지적인 개념이라기보다는 아시아와 나아가서 세계를 포괄하는 '사람'으로서의 시민임을 알 수 있었다. 그런데 환경보건시민센터의 시민 개념은 이렇듯 넓은 범위를 포괄하면서도 당면한 주제에 따라 축소되거나 확장되기도 한다. 라돈에 대한 회의 중 임세종 사무국장은 "시민들이 라돈에 대한 위험성을 인지하지 않아. 근데 사실 대진침대 리콜조차도 다 되지 않았어. 시민들은 다 된 줄 알아."라고 말하며, 사실상 시민을 국민과 등가로 두었다. 하지만 석면과 같이 국제적인 문제를 다룰 때 언급되는 시민은 세계 시민에 가까운 모습을 보였다.

이렇듯 시민의 범위가 다양한 것만큼 환경보건시민센터가 다루는 의제 속에서 드러나는 시민의 구성 또한 복합적인 모습을 보였다. 창립선언문에서 센터는 '전문가–운동가–피해자'로 시민을 다원적으로 구분하고 있었다. 이 다원적 구도 중 환경보건시민센터는 특히 전문가 시민으로서의 정체성을 강하게 지니고 있었다. 센터의 전문성은 센터 운영위원회에 참여하는 각 분야의 전문가 명단에서도 드러나지만, "환경보건시민센터는 다소 전문성이 있는 시민들이 자발적으로 만든 단체"라는 소개와 "우리는 일반시민단체는 아니잖아요. 특수한 단체예요. 가습기 살균제나 석면 신경 쓰는 데가 (우리 말고는) 없어요"와 같은 임세종 사무국장의 발언에서도 드러난다. 이렇게 전문성을 갖춘 센터의 구성원은 때때로 문제를 학자적인 태도로 접근하는 모습을 보이기도 한다. 실제로 임세종 사무국장은 "라돈이 왜 재밌는 일이라고 하냐면… 우리나라 국민들이 가지고 있는 소비의 특수성이 있어"라며 국내 소비자를 객관화하여 분석하는 모습을 보이기도 했다. 하지만 센터의 구성원이 항상 이렇게 연구자의 자세로 당면한 문제에 임하는 것은 아니다. 행위자들의 감정 저변에는 기본적으로 피해자에 대한 공감과 피해자가

입은 피해에 대한 분노가 깊이 자리 잡고 있다. 특히 정부와 의회와 같이 센터가 맞서 투쟁해야 할 주체로 상정하는 기존의 제도권 정치와 마주할 때에 이러한 모습이 더욱 극명히 드러났다. 10월 17일 국회 정론관에서 있었던 기자회견 대기시간에, 이정미 정의당대표가 라돈이 검출된 제품을 난에 가까이 가져가자 난이 그 제품 쪽으로 움직이는 것을 보고 "신기하네요"라고 발언한 것에 대하여 임세종 사무국장은 다른 제품을 살피다 고개를 들고 "무서운 거죠!"라고 단호히 정정했다. 오롯이 피해자의 편에서 피해자를 지원하고 피해자를 대신하여 발언하는 이러한 모습에서는 연구관찰자로서의 전문가의 모습은 찾아보기 어려웠다. 피해자들의 피해를 보듬고 공감하는 운동가의 모습만이 있었을 뿐이다.

그런데 한 가지 흥미로운 점은 처음 환경보건시민센터에서 외부활동이 많은 편이고 피해자를 지원할 일이 많다는 설명을 들은 것에 반해 20번의 활동을 하는 동안 피해자를 만난 횟수가 5번 가량 밖에 되지 않는다는 점이었다. 심지어 행사명에 피해자가 언급되는 가습기 살균제 '피해자' 추모의 숲을 조성할 때에도 피해자를 볼 수 없었다. 피해자의 친인척이나 피해 당사자 대신 오히려 판사, 검사, 경찰 고위직, 공무원 등 피해자와 직접적인 관련은 없는 사람들이 행사를 함께했다. 또한 광화문에서 3일간 진행된 라돈 방사선 시민 안전 설명회의 2일차 행사 내용인 피해자 시민과의 대면에서도 피해자 시민은 두 분 가량 밖에 만날 수 없었다.

2) 피해자 시민은 어디에?

피해자들의 규합이 쉽지 않은 상황적 요소가 센터의 환경 운동에서 피해자를 자주 찾아볼 수 없는 가장 표면적이지만 중요한 이유가 될 수 있다. 피해자의 생업과 같은 현실적인 이유나 다른 피해자에 대한 무관심과 같은 이유로 피해자는 자신의 피해 사안이 해결되고 나면 더 이상의 참여를 주저하기도 한다. 대진 침대 라돈 검사를 의뢰했던 시민에게 센터는 검사와 리콜 조치가 이루어진 후 침대를 증거물로 삼을 수 있겠냐는 요청을 했지만 이를 거절당하기도 하였다. 이와 별개로 피해자 사이의 피해 정도에 따른 집단화도 피해가 상대적으로 경미하지만 보상을 바라는 피해자의 참여를 저해하는 요소가 되기도 한다.

이러한 이유 이외에 환경보건시민센터의 목표가 언제나 완전히 피해자들이 바라는 바와 일치하지는 않는다는 점이 적은 참여에 근본적으로 영향을 준다. 피해자 시민은 자신의 피해의 빠른 해결과 보상을 바라지만 환경보건시민센터는 시민들의 의견의 단순한 합을 정부에 전달하는 것을 목표로 삼지는 않는다. 정치적인 변화를 가져오려면 피해 개개인의 특수성보다는 전체 피해자 집단 내에서 갖는 공통점을 강조해 크고 또렷한 하나의 의견을 제시함이 가장 효과적이기 때문이다. 그렇기에 시민들의 의견과 상황은 있는 그대로 규합되기보다는 환경보건시민센터의 의견과 기조 아래에서 가공되고 숙성된다. 간혹 정치적 피해자로 확언할 수 없는 시민의 경우 피해자의 신분으로 센터와 활동을 함께 하기에는 어려운 상황이 발생하기도 한다. 이 같은 일련의 상황과 직접적이고 물질적인 결과 대신 제도적이고 정치적인 변화를 지향하는 센터의 모습이 피해자들에게는 센터가 피해자들에게서 유리되는 것으로 비춰질 수도 있을 것이다. 그러나 이는 피해자를 외면하는 처사라기보다는, 그들과 미래의 피해자들까지 전부 포괄할 수 있는 근본적이고 제도적인 변화에 대한 지향으로 해석함이 적절하다.

2. 환경보건시민센터의 전략

다시 말해, 센터의 이러한 소위 '시민 없는 시민운동'을 그간의 시민사회에 대한 비판[5]처럼 마냥 부정적으로 볼 수는 없다. 환경보건시민센터는 이렇듯 시민 개개인보다는 의제의 해결과 제도 정립을 목표로 운영되면서 오히려 사안에 대해 빠르고 효율적으로 대응할 수 있게 되기 때문이다. 이러한 빠른 대응은 갈등을 정치화하는 과정에서 중요한 부분이며 대중의 공감을 얻고 정치적 변화를 이

---

5.   조효제. 2000. "참여의 예술, 변혁의 과학." 조효제 편. 『NGO의 시대』. 창작과 비평사. p.29.

룩하는데 필수적이다. 임세종 사무국장도 이러한 점을 인지하고 강조하였다.

"나는 큰 그림을 그렸는데… 어느 정도 크기를 만들어서 터트려야 시민들도 신
경을 쓰는데. 결국은 가공, 잘 숙성시켜서 [중략] 소스를 잘 가공하면 해결의 키
가 되기도 하니까."

– 임세종 사무국장

센터의 이러한 효율성을 뒷받침해주는 것으로 '정치적' 가공 이외에도 외부의
지원으로부터 자유로운 것에서 나오는 독립성이 있다. 이러한 독립성은 센터가
스스로를 다른 시민단체와 구분 짓는 중요한 특징 중 하나이며, 센터는 그렇지
못한 단체에 대해서 반감을 표하기도 한다. 센터의 사람들은 다른 환경단체 사람
들 중 정부의 관련 위원회에 위원으로 들어가 있는 사람에 대해서 문제적 사안에
대해 분명하게 입장을 정하고 밝히지 못한다며 비판하였다. 또한 여성환경연합
에서 현재 정부에서 지원을 받아 연구사업과 프로젝트를 진행 중인데, 그 때문에
식약처에 대해 '못 치고 나온다'와 같이 말하며 답답해하고 안타까워하기도 하였
다. 이는 센터가 정부와 기업으로부터의 재정적인 독립이라는 나름의 방침을 통
해 타 시민단체와는 다르게, 자립적인 기반을 바탕으로 시민들을 위한 목소리를

〈그림 1〉 국회정론관 기자회견

〈그림 2〉 광화문 기자회견

독자적으로 낼 수 있기에 가능한 비판이었다.

독립성 이외에 센터의 효율성을 뒷받침해 주는 또 다른 축은 바로 센터의 유연성이다. 센터는 계획에서 유연하다. 대표적으로 라돈 기자회견의 경우, 정치적 효과를 위해 언론과 이정미 의원실과 협의를 거치는 과정에서 다루는 사안과 날짜의 변경이 모두 있었고 결과적으로 처음에 설정했던 계획과는 매우 다른 양상으로 전개되었다. 센터는 10월 16일 라돈 생리대에 관한 JTBC 뉴스보도가 이루어진 날 밤에 다음날 국회 기자회견을 열 것을 결정하고 새벽 내내 기자회견을 준비하는 등 당면한 이슈가 전개되는 과정에 신속히 발맞춰 대응하는 모습을 보였다. 당일의 기자회견에서도 임세종 사무국장은 '나 같은 경우 일정이 매일매일 바뀐다'고 발언하며, 센터의 계획과 일정이 매우 가변적일 수 있음을 언급하였다.

센터의 구조 또한 유연하다. 예를 들어 조유영 부위원장이 학부모넷의 축이 되는 두 학부모를 비상근으로 편입시켜 본격적으로 석면 문제와 관련된 일을 맡기는 것에 대해 임세종 사무국장에게 건의하자 임세종 사무국장은 만약 임금 문제가 해결만 된다면 큰 문제가 없다고 답변했다. 또한 연구팀이 센터에 전화로 참여관찰의 허락을 물었을 때도 흔쾌히 허락해주기도 했다. 이처럼 센터는 활동가의 편입과 포섭에 제한을 거의 두지 않고, 당면한 문제에 따라 필요한 인적 자원을 자유롭게 활용한다. 운영위원회 또한 센터의 모든 일을 참여를 함께 하기보다는 각자의 관심 사안에 따라서 센터가 다루는 사안에 유연하게 참여한다. 예를 들어 센터가 다루는 제돌이(돌고래)를 바다로 돌려보내는 일이나 해양쓰레기, 해양풍력발전기와 같은 해양과 관련한 이슈는 부위원장이, 미세먼저와 라돈 문제는 임세종 사무국장이, 가습기 살균제 관련 문제는 조유영 부위원장이 관심을 가지고 탐구하고 있다.

센터가 사안을 쟁점화하기 위해 취하는 전략들은 크게 그 전략이 목표하는 대상과 지향하는 바에 따라서 분류할 수 있다. 우선 10월 17일과 11월 26~28일까지 진행되었던 기자회견은 국민을 대상으로 하는 사회화 전략의 과정이었다. 라돈에 대한 우려를 환기시키고, 공개된 장소에서 측정도구를 시연하고 그 수치를 보여주는 과정을 통해서 센터는 약자의 범위를 확대하려 시도한다. 민주주의에서 필연적으로 중시되는 것이 지지자의 수라고 한다면, 센터는 자신을 아직 피해자라고 생각하고 있지는 않은 시민들에게 잠재적 위험에 대한 인식을 심어줌으로써 그들을 지지자에 포함시키려 노력한다. 샤츠슈나이더를 다시 한 번 인용한다면, '힘의 균형이 변할 때까지 더욱 더 많은 사람들을 갈등에 끌어들이려' 하는 약자의 작업을 센터는 근본적으로 수행하고 있는 것이다.

또한 기존에 형성되어 있는 피해자 집단에 대해서도 센터는 관심을 놓지 않는다. '피해자를 찾는다'는 게시물 아래에 적혀 있는 임세종 사무국장의 번호로 자신이 갖고 있는 제품에 대한 우려와 수거요청은 끊이지 않았으며, 9월 28일 직접 가정을 찾아가 높은 라돈 수치를 검출하는 전기장판을 확인하고 수거한 것은 그 요청들에 대해 반응한 사례라고 할 수 있을 것이다. 9월에 사무국장은 총 500여 건의 사례를 모았다고 이야기하고 있었다. 또한 11월 27일, 광화문에서 진행되었던 기자회견 2일차의 내용은 피해자와 함께하는 정부규탄 기자회견으로 구성되었고, 이는 피해자들의 목소리가 갖는 정치적 힘에 대해 분명하게 인식하고 있는 결과로 보인다. 동시에 센터가 걱정하는 것은 각자 다른 피해규모와 보상정도에 따라 피해자들이 균열을 일으키고 결집하지 않는 것이었다. 수치가 낮고, 침대 사용자가 아니라는 이유로 피해자들 사이의 등급이 나눠지고, 서로 반목하는 것에 대해서 센터는 매우 경계하고, 그들 사이의 갈등을 조정하고자 하는 시도를 끊임없이 수행한다. 이는 피해자들의 목소리가 센터의 힘으로 직결되는 것과 무관하지 않다.

정부에 대해서 센터는 근본적으로 대척하는 위치에 서 있으며, 센터의 많은 시정과 수정 요구들이 향하는 대상이 정부이기도 하다. 라돈 사태의 경우, 이는 주로 원자력안전위원회(이하 원안위)와 식품의약품안전처(이하 식약처)에 대한 분노와 지속적인 지침에 대한 변화 요구로 이루어져 있다. 라돈에 대해 소비자와 시민이 갖게 되는 두려움과 걱정에 대하여, 원안위가 항구적이고 뚜렷한 대책을 마련하지 못하고 책임을 회피하고 있다는 것이 그들의 주요한 주장이었다. 이는 궁극적으로 센터를 시민의 편에 놓음과 동시에 그들의 비판이 향하는 대상인 정부를 시민과 반대되는 곳에 위치시키는 효과를 낳는다.

실제로 라돈 문제를 쟁점화 하는 과정에서 센터-정부의 구도가 형성될 때 센터는 사실상 시민의 대변자로 여겨지고 있었다. 본격적인 현장조사를 시작한 9월 28일부터 센터는 원안위의 대처가 모든 것을 포괄하지 못하며, 항상 어떤 '문제'가 존재함에 초점을 맞춰오고 있었다. 광화문 기자회견의 구호가 향한 대상 역시 원안위와 이낙연 총리, 그리고 문재인 대통령이었으며, 센터가 요구한 의심 제품 방사능 검출 결과가 나오지 않자 이는 '시민들에게 알릴 의무를 수행하지 않고, 서로 책임회피만 하는 무책임함'으로 해석되었다. 특히 방사능과 라돈 검출 제품에 대해 센터가 끊임없이 수치 측정을 원안위에 대해 의뢰하였으며, 광화문 기자회견의 마지막 역시 원안위에 제품 측정을 의뢰하는 것으로 마무리할 것이었다는 점은 특기할 만하다. 대진침대 제품에 대한 조사에서도, '원안위는 기업이 준 자료만 보고 추정한 것'이었으며, 이는 센터의 조사대상과는 달랐다. 이에 대하여 센터는 원안위를 '시민 안전을 중점으로 한 관리감독을 하지 않는다'라고 주장하는 등, 기본적으로 정부에 대한 강한 비판적인 어조를 유지하고 있었다. 특히 12월 5일, 라돈 침대 방지법이 국회과학기술정보통신위원회를 통과했다는, 센터의 관점에서는 일종의 작은 성취로 여겨질 수 있을만한 소식에 대해서도 사무국장은 역시 '후 대책에 대한 얘기일 뿐, 지금 것에 대한 조치는 없다'라고 하며 부정적인 반응을 보였다.

사안을 정치화하는 과정에서 결코 빠질 수 없는 것이 언론의 역할이다. 임세종 사무국장은 라돈 침대와 가습기 살균제 등에 대하여 언론들이 예민하고 민감한 주제들만을 취사선택하여 기사를 쓰는 것에 대해서는 강하게 비판하면서도, 라돈 문제를 대중에 제시하기 위해서 언론의 힘이 필요하다는 것은 확실하게 인식하는 이중적인 태도를 견지했다. 예를 들어 세월호 보상금 문제나 가습기 살균제 피해 보상금 문제를 편향적으로 보도하거나, 라돈에 대한 우려를 '라돈 포비아'로 매도하는 언론들의 보도에 대해서 그는 '쓰레기 같은 언론'이라는 표현을 사용하기도 하는 등 강한 태도를 보였다. 그러나 그가 빈번하게 연락을 취하는 사람들 중에는 기자들이 많았으며, '올바른 보도'를 하는 것이 가장 중요하다고 강조하는 등 자신들의 견해를 전달하고 확산하는 매체로서의 언론의 역할에는 상당히 기대하고 있는 것으로 보였다. 기자회견을 열기로 결정하고 논의할 때 역시 '기자들이 점심시간에 기자회견을 하면 싫어한다' 등의 말을 하는 등, 기자들의 호응도에 신경을 많이 쓰는 모습을 보였다. 결국 이는 언론을 '제3의 권력'이라고 표현하는 그의 평소 지론의 연장선상으로 보인다. 언론이 현대 사회에 미치는 영향력이 매우 강력하기 때문에, 어떻게 사용하느냐에 따라서 그 파급효과는 전혀 달라질 수 있다는 것을 센터는 매우 정확하게 인식하고 있다. 그렇기 때문에 사실을 그대로 전달하는 것이 아니라, 사실을 '가공'하고, '노출'시키는 것에 대해 매우 주의를 기울이고 있다.

그러나 사실 위의 모든 전략들은 하나의 목적을 달성하기 위한 것이다. 표면적으로 대중, 정부, 피해자로 나뉜 센터의 모든 전략들의 실질적인 목적이 정치권에 대한 변화를 이끌어내는 것임은 곧 드러났다. 11월 26일, 광화문 기자회견 1일차가 끝난 후 그에 대해 질문하자 임세종 사무국장은 '애초에 대중을 겨냥한 것이었다면 장소로 광화문을 선택하지 않았을 것이다'라고 답했다. 관광객의 비중이 많고, 사람들의 통행이 주로 이루어지는 장소로서 시민들의 경각심을 키우기 위한 행사의 장으로 광화문은 적절하지 않다는 것이다. 광화문을 선택했던 이유는 바로 부스가 설치된 장소에서 길을 건너면 바로 위치해 있는 KT 건물에 자리한 원안위에 대한 정치적 목소리를 내기 위함이었던 것이다. 비록 기자회견에 시민들이 제품을 가져와 측정해 볼 수 있는 장치를 마련해 놓기는 하였으나, 사무국장은 애초에 많은 시민들이 그것을 가져올 것이라는 생각은 하지 않고 있었다. 이 기자회견을 기획한 의도를 물어보자, 사무국장의 결론은 비교적 간단했다.

"지금 라돈 문제에 대해서 법으로 대책을 만들려고 하는 움직임이 있는데, 이것이 통과되지 않으면 현재 개인적으로 기업이랑 소송을 진행하고 있는 피해자들은 모두 패소해 버려. 그래서 지금 압박을 계속 주고, 광화문이라는 공간에서 시위를 함으로써 이 문제의 심각성이랑, 법제화와 판결의 과정에 영향을 주고자 하는 거지."

– 임세종 사무국장

따라서 기자회견은 언론을 통하여 대중들의 의식을 환기하기보다는, 그 실질적인 대상은 매우 분명하게 정치권으로, 그리고 목적은 정치권의 의식변화로 한정되어 있었다. 국회에서 이루어진 이정미 의원과 협력하여 추진하였던 기자회견 역시 정치적인 타협의 과정을 거쳐야 했다. 9월 28일부터 지속적인 연락은 있어왔지만, 그 일시와 장소가 구체적으로 정해지는 것은 필요성에 의하기보다는, 기자회견의 화제성과 파급효과를 고려한 것이었다. 그 직전에 있었던 JTBC의 보도를 보고, 사무국장의 말에 따르면 '얼마나 크게 터뜨리는지 확인하고', 기자회견은 결정될 수 있었다.

　동일한 맥락에서 피해자들의 목소리 모두가 센터에 전달될 수는 없었으며, 이 과정에서는 어느 정도의 취사선택이 이루어졌다. 9월 28일 방문한 가정의 경우, 이전에는 방사능을 검출한다고 알려져 있지 않았던 전기매트의 사례를 갖고 연락을 하였기에 사무국장이 관심을 갖고 방문하기로 결정하였던 것이다. 그 매트는 센터에 의해 수거되어, 11월 26일, 기자회견시 인간 모형을 담은 아크릴 박스를 만들 때 방사능 방출 제품의 사례로 포함되기도 하였다. 그러나 이와 같이 특수한 사례가 아닐 경우, 또는 방사능을 검출한 제품이 없을 경우에 연락을 한 피해자에게 사무부위원장은 '제품 없으면 안 된다'는 투의 반응을 보이기도 하였다.

　사안의 정치적인 효과를 극대화하기 위하여, 센터는 불가피하게 피해자들과는 다를 수 있는 자신들만의 지향점을 설정하고 그를 쫓아야 할 상황에 놓인다. 라돈 사태에 관련해 시민센터의 목표는 역학조사와 모니터링, 그리고 10월 당시 진행 중이었던 국정감사에 원자력안전위원회 위원장을 소환하여 질의하는 것이었으며, 때로는 이를 위하여 피해자 배려의 우선순위는 밀릴 수도 있다. 제품 리콜과 보상을 가장 바라고 있을 피해자들에 대하여, 또한 그 너머의 정치적인 목소리를 포기하는 이들에 대한 직접적인 배려는 라돈 사태에 대한 시민단체의 요구와 구호에서는 찾아볼 수 없었다.

　따라서, 환경보건시민센터가 갈등을 사회화하는 과정은 매우 정치적이며 선택적인 절차를 통해 이루어진다. 우선 약자의 목소리를 최대한 결집하고, '사회화'시키기 위하여 센터는 피해자가 아닌 시민들의 관심을 기자회견을 통해 환기시키고, 추가 피해자들을 규합하며, 정부와 대립각을 세우고 요구를 관철시키고자 한다. 이 모두는 약자에게 정치적인 힘을 부여하는 과정이자, 사안에 대한 공적인 문제해결의 담론을 형성하기 위한 시도들이다. 그러나 동시에 주목할 것은, 센터의 정체성이 단순히 약자들의 목소리의 합만으로는 규정되지 않는다는 것이며, 그 이상의 정치적인 목적을 분명히 갖고 있다는 것이다. 이는 단순히 갈등을 사회화하는 것 이상으로 센터가 갈등을 '정치화'하고자 하는 의도가 있음을 보여준다. 존재하고 있는 갈등을 공적인 영역으로 끌어올리는 것만이 아니라, 그것이 공적으로 어떻게 해석되어야 할지까지 제시하고 요구하는 것이다. 따라서 센터는 사적–공적 영역의 구분, 또한 갈등을 '공식화'하는 것 이상의 역할을 수행하고 있으며, 전통적으로는 정당에게 일임되었던 공적 영역 속 정치의 과정에도 상당한 비중으로 일조하고 있다.

Ⅳ. 특조위와 가습기 살균제

1. 특조위의 구성과 역할

1) 특조위에 속한 사람들

가습기살균제특조위는 사회적 참사의 진상규명 및 안전사회 건설 등을 위한 특별법에 따라 수립되었다. 위의 특별법과 가습기 살균제 피해구제를 위한 특별법에 따라 정부의 예산을 바탕으로 파견직과 별정직 공무원을 두고 있는 특조위는 일견 정부 기구 같은 인상을 준다.

그러나 특조위에는 환경보건시민센터의 영향이 짙게 남아있다. 현재 특조위에 직접적이거나 간접적으로 참여하고 있는 환경보건시민센터 출신 인사는 총 다섯 명이며, 이는 다른 시민단체보다 큰 비중이다. 그 이유를 조유영 부위원장은 환경보건시민센터가 가습기 살균제 문제에 대하여 매우 끈질기게 정부에 대책과 보상을 요구한 성취로 생각하고 있다. 다시 말해, 정부가 살균제 문제에 대하여 사실상 제도권 안에서는 본질적인 변화와 대응이 불가능하다고 생각하고, 그때까지 담론 형성에 매우 적극적이었던 시민단체에 주도권을 양도하였다고 해석할 수 있다. 앞서 다룬 라돈 사태에서 환경보건시민센터가 의도한 갈등의 공론화 작업이 성공적으로 이루어진 사례가 바로 가습기살균제특조위의 사례인 것이다. 이를 방증하듯 환경보건시민센터에서는 더 이상 가습기 살균제 문제를 중점적으로 다루고 있지 않다. 물론 그 주제의 중요성을 고려하지 않는 것은 아니지만, 특별법이 통과되고 특별조사위원회가 설치된 이후로 센터는 더 이상 공개적으로 그에 대해 다루지는 않고 있다. 그리고 이를 성취로 해석하는 것은 다시 한 번 센터의 지향점이 제도적 정치에 어느 방식으로든 참여하여 본질적인 변화를 이끌어내는 것임을 함의한다.

환경보건시민센터의 주요 인사뿐 아니라 환경보건시민센터를 통해 피해 구제를 받던 피해자들도 특조위 수립과 함께 피해자로 특조위에 참여한다. 10월 13일에 열린 가습기 살균제 피해자 10월 정기 워크숍에서 만난 피해자를 통해 이러한 경황을 포착할 수 있었다. 연구팀 옆에 앉아 계시던 피해자 B 씨는 회의 후 점심 시간에 연구팀에게 악수를 청했다. 환경보건시민센터에서 활동하고 있냐며 반가운 미소를 지으시며 센터를 모니터링하는 학생이라는 연구팀의 소개에 "그럼 돌아가서 오늘 워크숍에서 있었던 일을 정리해서 환경보건시민센터 홈페이지에 올리겠네요"라고 말씀하셨다. 환경보건시민센터뿐 아니라 센터에서 모니터링하는 학생들의 작업까지 알고 있을 정도로 센터와 운영에 대해 자세히 알고 있었다. 이어 "저도 예전에 환경보건시민센터를 후원했다. 거기 홈페이지 들어가서 기사도 찾아 읽고 했는데, 가습기 살균제 사건이 벌어지고 나서 센터의 도움을 받게 될 줄은 전혀 몰랐다. 이 특조위도 원래 센터에 나가다가 특조위 생기고 넘어온 것"이라고 말하였다. 몇 걸음 뒤의 의자에 앉아 있던 또 다른 피해자는 연구팀이 지나가자 연구팀에게 혹시 센터 법률 담당인 홍지원 변호사냐고 물으며, 예전에 환경보건시민센터에서 가습기 살균제 시위를 할 때 변호사를 만나 뵌 적이 있다고 말했다. 이렇게 13일에 참석한 20명이 조금 넘는 사람 중의 많은 수가 가습기 살균제 특조위 수립 전 센터를 통해 시위에 참여했거나 센터와 이미 일면식이 있었다.

2) 특조위가 하는 일

특조위는 또한 센터의 활동을 계승하기도 하였다. 대표적인 것이 피해자 추모의 숲이다. 10월 19일 특조위는 노을공원에 조성된 '가습기 살균제 피해자 추모의 숲'을 방문하여 나무심기 행사를 진행하였다. 조성의 이유를 물어보자 조유영 부위원장은 '기념과 추모의 공간을 마련하기 위하여'라고 답하였다. 추모의 장소와 대상이 매우 뚜렷한 세월호에 비하여, 가습기 살균제는 그 규모가 너무 광범위하고 일반적이라 추모할 대상을 정하지 못한다는 것이다. 그러나 이는 특조위 출범 후 조성된 것이 아니라, 이미 환경보건시민센터와 피해자들에 의해 마련이 된 공간이었다. 특조위의 활동은 숲을 새로이 조성하는 것이 아니라, 이미 조성되어 있는 숲에 나무들을 새로 심는 작업이었다. 부위원장은 피해자들을 위해 숲을 조성한 후 피해자들과 몇 번 방문했었다고 언급하였는데, 그 당시는 시민센터의 소장이었기 때문에 이는 본질적으로 시민센터의 활동이었다. 센터의 이름으로 해 오던 일과 동일한 종류의 일을 '특조위'의 이름으로 진행하는 것은 기본적으로 부위원장이 특조위를 센터의 성취뿐 아니라 일종의 계승으로 보고 있다는 것을 의미한다. 추모의 공간과 그 조성의 행위를 공유하고 계승하는 것은 일종의 정신적 계승으로 이해할 수 있을 것이다.

특조위는 센터의 활동뿐만 아니라 센터의 피해자에 대한 관념 또한 받아들이는 모습을 보인다. 대표적으로 '피해자=사용자' 개념이 그것이다. 환경보건시민센터는 이전에 가습기 살균제 사건의 광범위성을 고려하여 모든 가구에 대한 인구센서스가 필요함을 주장했다. 이를 뒷받침하는 주요한 논거가 바로 피해자의 개념에 '사용자'의 개념을 도입한 것이었다. 이는 가습기 살균제를 한 번이라도 사용했던 가구는 그에 대한 잠재적인 피해자이므로 모두가 보상을 받아야 하며, 따라서 특정 질병에 초점을 맞춘 조사보다는 살균제의 사용 여부 자체를 조사해야 한다는 내용이다. 이러한 개념이 현재 연구팀이 기획 및 진행에 주도적으로 참여하고 있는 '서울대에서 가습기 살균제 피해자 찾기 사업'에서 구체적으로 드러난다. 지역, 학교를 파일럿 장소로 선정해 해당 장소에 대한 전수조사를, 그리고 나아가 전 국민에 대한 역학조사를 지향하는 것은 센터가 요구했던 목표와 일치하는 것이다.[6]

물론 센터와 특조위의 지향점은 어느 정도의 차이가 존재한다. 우선 피해자 찾기는 전자와 후자 사이에 큰 목적의 차이가 존재한다.

"그때는 계속 그 예를 들어서 몇 명 피해자가 접수됐다 해가지고 그거를 기자회견을 하는 형태로 언론에 알리면서 다시 피해자를 찾는다 이렇게 하는 방법이 있었고요. 가습기 살균제 사건 가지고 싸우는 거 자체가 피해자를 찾는 과정이라고 또 한편으로는 이해가 되기도 했고요… 그리고 그 부인하고 뱃속에 있는 아이 죽은 그 피해자랑 부산에서 서울까지 자전거 캠페인 할 때 뒤에 붙였던 플래카드. 자전거 뒤에 플래카드… (중략) 예예. 그런 거 해가지고 거기다가 가습기 피해자를 찾습니다. 살인기업 처벌하라 이런 거 써가지고 자전거를 서울에서 부산까지 오면서 했던 거거든요. 그게 뭐 그런 식이었죠. 근데 이제 그거는 그야말로 운동이자 캠페인인 거고, 이거는 잘 디자인된 연구조사이면서 뭐 좀 거창하게 말하면 뭐 국가가 하는 일인 겁니다."

– 조유영 부위원장

부위원장의 언급에서 볼 수 있는 것과 같이, 환경보건시민센터에서의 '피해자 찾기'는 어느 정도 운동의 성격이 존재한다. 다시 말해 순수한 목적으로 피해자를 찾아 그 규모를 확정하는 연구 조사와 같은 성격보다는, 언론에 알려 사안을 쟁점화하고 그를 통해 피해자들의 신고를 추가적으로 받아내는 피드백 회로의 과정을 지향한다고 할 수 있다. 부산에서 서울까지 자전거를 타거나 플래카드를 거는 것은 엄밀하게 말하면 피해자를 찾는 것과는 직접적인 연관이 없다고 할수도 있을 것이나, 센터가 지향하는 운동의 목적을 실현하는 것에서는 두 분야가 결합하는 것이다. 그에 반해 현재 특조위가 하는 피해자 조사는 정치화에는 방점

---

6. 최예용. "'전 국민 5분의 1, 가습기 살균제 살인 대상'–[함께 사는 길] 드러나지 않은 피해자 220만 명을 찾아라." http://www.pressian.com/news/article.html?no=139317(검색일: 2018.12.17). 당시 소장의 글에서 현재 특조위가 지향하는 방향의 기원을 알 수 있다.

이 덜 찍힌, 운동보다는 연구와 조사에 더 가까운 모습을 보인다.

이렇듯 환경보건시민센터와 특조위의 활동과 관념이 반드시 일치한다고는 볼 수 없으며, 특조위에서 진행하고 있는 여러 사업들은 환경보건시민센터의 사업 들과 거시적인 맥락은 공유하고 있으나, 그 구체적인 수행은 상이하다. 정치화를 지향하고, 사회적인 목소리를 내는 것에 집중하였던 센터의 활동과는 다르게 특 조위의 활동은 구체적이고 실제적이어야 한다. '공적인 의제가 수립되어야 한다' 고 외치던 센터와는 다르게, 특조위는 '공적인 의제가 어떻게 수립되어야 할지' 자신들의 구체적인 실천을 통해 보여주어야 한다. 그렇기 때문에 정치적인 측면 은 줄어들고, 현실적인 상황에 대한 고려가 증가하는 면이 있다. 그러나 정체성 에서 볼 수 있었던 것과 같이, 특조위를 센터와 완전히 분리하여 생각할 수는 없 으며, 따라서 특조위에서도 그 정도는 다르나 센터가 갖고 있던 정체성이 희석되 어 나타나는 것을 확인할 수 있었다.

2. 특조위의 전략

이러한 특조위의 혼성적인 정체성을 통해 살펴본 특조위는 분명히 센터의 노 력을 통해 얻어낸 일종의 정치적 결과물이며, 동시에 구체적인 해결책이 산출되 어야 할 시작점이 된다. 그러나 해결책을 산출하기 위하여 특조위의 접근방식은 환경보건시민센터와 같이 완전히 자율적일 수는 없는데, 이는 형식적으로나 실 질적으로나 특조위는 정부의 공적 자원을 이용하여 문제에 접근해야 하는 한계 를 갖고 있기 때문이다. 또한, 센터가 공적인 영역으로 문제를 빚어내는 것에 집 중하고 있다면 특조위는 이미 정치화된 이후 실질적인 문제에 대한 조사와 해결 에 초점을 맞춰야 한다.

따라서 특조위가 가습기 살균제 문제를 해결하기 위해 취하는 접근들은 신중 했다. 우선 정부기관이지만 정부의 영향력에 귀속되지 않는 집단으로서, 특조위 는 2년 동안 문제의 실상을 정확히 밝히고 그에 대한 대책을 어떻게 수립할 수 있을지 고민해야 한다. 이 고민의 결과는 2년 후 특별검사 요청, 또는 법령의 개정으로 이어져 정치의 방향을 크게 바꿀 수도 있기에, 정부를 향한 특조위의 조사가 갖는 영향력은 분명 무시할 수 없는 것이다. 물론 이와 같은 특조위의 권한에 대한 한계라면, 압수수색과 추가조사에 대한 강제력이 없어 유명무실한 집단이 될 수 있다는 것이다. 조유영 부위원장 역시 이에 대해 매우 아쉬워하고는 있었지만, 그럼에도 주어진 권한을 최대한 활용하겠다는 의지는 뚜렷하였다. 현재 특조위는 간호사와, 의대생과 함께하여 법적으로 피해사례가 인정된 가습기 살균제들에 더하여 모든 가습기 살균제 종류와 관련 질환을 법적으로 인정받게 하고자 하는 연구를 진행하고 있다.

가습기 살균제 문제의 경우 대중의 관심을 지속적으로 환기시키는 것의 필요성은 특조위의 사람들도 충분히 느끼고 있었다. 특히 피해자 찾기를 위한 설문조사를 진행할 때, '이미 가습기 문제는 끝난 것이 아니냐'라든지 '왜 다시 특조위를 만들어 일을 만드느냐' 등의 반응들은 대중의 관심과 호응 자체가 가습기 살균제 문제에서 결여되어 있으며, 그것을 회복하는 것이 원만한 특조위의 운영에 필수적임을 의미하였다.

언론과의 관계를 긴밀하게 형성하는 과정을 관찰함으로써 이를 확인할 수 있었다. 10월 13일, 특조위 건물에서 진행된 피해자 워크숍에 MBC 시사 프로그램 〈스트레이트〉의 PD가 방문하여 인터뷰와 정보를 요청하였을 때 부위원장의 반응은 매우 우호적이었다.

> "언론에서 다뤄줘야 정부에서 부담스럽게 생각하기 때문에, 본인만 괜찮다면
> MBC 팀이 여쭤보면 적극적으로 인터뷰하세요. 혹시 인터뷰 따로 원하는 분이
> 있으면 이야기하세요."
> — 조유영 부위원장

해당 일자의 인터뷰와 취재 내용을 바탕으로 제작된 프로그램은 10월 28일에

〈가습기 살균제, 1300명 죽음의 비밀〉이라는 제목으로 방영되었다. 해당 프로그램에 대해서 부위원장은 10월 30일 진행된 글로벌 포럼에서 내용에 대한 리뷰 세미나를 진행하기도 하였다. 해당 PD는 다른 날 열린 글로벌 포럼에도 참가하여, 이 문제에 대하여 영화를 만들어보고 싶다고 이야기하기도 하였으며 그에 대해서도 역시 부위원장의 반응은 매우 우호적이었다. '정부를 부담스럽게' 하고, 그를 위해 언론을 이용하는 면에서 특조위와 언론의 관계는 센터와 언론의 관계와 매우 비슷하다. 이는 특조위가 사회화된 갈등의 국면 속에서 여전히 약자의 편에서 있음을 보여주는 단초이기도 하다. 그러나 대중의 관심이 전략의 성공에 필수적이었던 센터만큼은 아니기 때문에, 이는 그보다는 간접적인 형태로 나타났다. 그러므로 특조위의 접근은 기자회견을 적극적으로 활용하거나, 언론을 적극적으로 활용하는 센터의 접근과는 사뭇 달랐다. 오히려 표면적으로는 언론이 흥미롭게 여기는 주제에 대해 언론에서 먼저 특조위에 접근하는 모습을 관찰할 수 있었다. 하지만 이를 근거로 특조위와 언론 사이의 관계가 일방적이라고 결론내리는 것은 속단일 것이다. 지났다고 생각된 문제들을 다시 수면 위로 떠오르게 하는 것이 특조위가 일을 해결해 나가는 데 매우 도움이 된다는 것이 그들의 판단이었고, 그에 따라 언론은 특조위에게 우호적인 조력자로 여겨진다고 해석하는 것이 적절하다.

특조위가 숨겨진 피해자를 찾고, 피해자들의 목소리를 들으려 노력하는 것은 기본적으로는 센터의 활동과 유사한 듯 보인다. 비정기적으로 모이는 피해자 워크숍을 통해 피해자들의 이야기를 듣는 것뿐 아니라, 피해자가 영어로 자신의 생각과 상태를 표현할 수 있는 수준을 갖추게 하기 위해 전적으로 영어로 진행되는 글로벌 포럼에 피해자 대표를 참가시키기도 한다. 이와 같은 시도들을 통해 특조위는 피해자를 모으는 것뿐 아니라 그들을 교육시키고, 그들의 자립성을 키워주기 위해 노력한다고 생각할 수 있을 것이다. 또한, 아직 드러나지 않은 구체적인 피해규모를 규명하기 위해 특조위 소속 조사3과에서는 지역중심, 대학중심 피해자 조사를 수행하고 있다.

V. 나가며

 환경보건시민센터는 자신이 갖고 있는 특성이자 장점인 독립성과 유연성을 바탕으로, 빠르게 변동하는 우리나라 환경보건 문제의 중심에서 이를 매우 효율적으로 접근하여 쟁점화한다. Salomon(1987)이 제시한 NGO 실패 이론에서 제시하는 네 가지의 실패요인[7] 중, 센터는 대부분에 해당된다. 센터는 항상 재정적으로 여유롭지 못하며(박애적 불충분성), 피해자만을 우선적으로 고려하고 있고(박애적 배타성), 개인적인 관심에서 비롯된 주제들이 NGO의 전체 방향을 결정하기도 한다(박애적 온정주의). 그럼에도 불구하고 센터가 활발하게 운동을 이어나갈 수 있었던 것은 독립성과 유연성, 그리고 전문성 덕분이었다. 회사의 지원을 일절 거절하는 센터의 지침을 통해 센터는 자본으로부터 독립적으로 센터를 운영할 수 있었다. 또한 NGO가 성공하기 위해서는 정부의 지원이 필요하다는 Salomon의 주장과는 달리, 센터는 정부로부터의 독립성을 유지하였기 때문에 오히려 시민단체의 특성을 살려 사안에 효과적으로 접근할 수 있었고, 그 결과 특조위라는 소기의 성과도 거둘 수 있었다. 이에 더해 센터는 구조적이고 전략적으로 유연하게 활동함과 동시에, 전문가적 단체로서 '박애적 아마추어리즘'의 한계를 넘어 사안에 집중적으로 접근했다. 이러한 센터의 특징은 센터가 효과적이고 효율적으로 운동을 펼칠 수 있는 근거가 되었다.
 환경보건시민센터와 특조위는 간접민주주의를 택하는 현대사회에서 불가피하게 누락되는 시민들의 주권을 행사할 수 있게 해주는 행위자이자 대변인이 된다. 센터는 사회적 약자들의 목소리를 가공하고 숙성해 하나의 분명하고 무시할 수 없는 목소리로 만들며, 그 과정을 통해 갈등 자체를 정치화한다. 동시에 센터

---

7. Salomon, Lester M. 1987. "Of market failure, voluntary failure, and third-party government: Toward a theory of government-nonprofit relations in the modern welfare state." *Journal of voluntary action research* 16.1-2. pp.39-40. 또한 이근주. 2000. "NGO 실패와 정부의 지원에 관한 연구." 「한국행정학보」 34.1. pp.291-295.

의 역할은 그 이상이다. 센터는 갈등을 사회화하는 것을 넘어, 기존의 정당이 수행하던 갈등인식과 그에 따른 의제화 과정까지 일부 수행한다. 만약 정부, 또는 정당과 같은 정치집단이 그들의 요구와는 다른 방향으로 환경보건 문제에 접근한다면, 센터는 또다시 정치캠페인과 기자회견 등의 방법을 통해 시민사회의 불만족을 표명할 것이다. 따라서 환경 문제가 생겼을 때 센터는 정치-비정부 행위자로서 정치-정부 행위자들에게 의견을 개진하고 갈등의 정치화 과정에 전반적으로 개입하며 시민들의 의견을 전달한다.

한편 시민 없는 시민단체는 대변자의 역할을 수행하기도 하지만 동시에 독자적인 목적과 방향성을 갖고 행동하기도 한다. 시민들의 목소리는 일종의 선택과 편집의 절차를 거쳐 가공된다. 즉, 시민주권은 제도권 정치들에 의해서만 불완전하게 행사되는 것이 아니라 그들의 대변인에 의해서도 불완전해지는 것이다. 실제로 광화문에서 3일간 열린 라돈 방사선 시민 안전 설명회의 2일차에 열린 피해자 대회를 피해자 집단에 적극적인 홍보를 하지 않고 열기도 했으며, 제품 의뢰를 맡긴 피해자에게 안전 검사 결과를 고지하는 것을 잊기도 하였다. 이는 피해자의 규합이 어려운 환경보건 운동의 현황과 과도한 업무로 인한 결과이기도 하고, 효율성을 위한 조치이기도 하였다. 그러나 센터의 중심적인 활동이 언론을 통해 일반 국민의 의식을 고양하고 법적인 압력을 넣어 법과 행정 지침을 바꾸는 데 목적이 있음을 고려한다면, 이러한 운영은 센터가 피해자보다는 시민들의 의식 개선과 제도권 정치의 변화에 초점을 맞추고 있음을 잘 보여주는 것이다.

특조위의 존재와 역할을 생각해 볼 때, 센터가 시민들의 주권을 올바르게 반영하는 것은 더욱더 중요하다. 특조위는 시민단체와 행정부 인원의 조합으로 이루어진 복합적 정체성을 갖는다. 특조위는 기존에 센터를 구성한 핵심 인물과 함께 센터의 활동을 계승하는 한편, 정부 측의 인사들과 함께 새로운 활동을 펼치기도 하며, 동시에 정치적 문제해결과정에서는 새로운 위치를 부여받아 활동하게 된다. 특조위가 창설되었고 존재하는 이유는, 해당 문제가 제도권 정치 내부의 결정과정으로는 해결될 수 없는 문제이기 때문에—또는 제도권 정치가 그와 같이 생각하기 때문에—가능하다.

다시 말해, 특조위는 갈등의 정치적 해결의 일단락이자, 갈등의 진정한 해결의 시작이다. 형식적으로는 정부에 소속되어 있지만, 정치적인 경합의 과정에 직접적으로 참여하지는 않는다는 점에서 특조위를 비정치-정부 행위자로 볼 수 있을 것이다. 특조위가 출범 이후로 진행하는 일은 정치적 과정이라기보다는 좀 더 본질적이고 실천적인 차원의 문제들에 대한 해결책을 제시하는 것이다. 그 과정에 환경보건시민센터가 주류로 참가하고 있으며, 특히 센터가 기반을 두고 활동하였던 인식의 틀이 그대로 특조위로 계승되었다는 것은 '약자'의 또 한 번의 지위 격상을 의미한다. 특히 조유영 부위원장의 '성취'라는 인식은 사적인 영역과 공적인 영역의 경계의 붕괴의 시작, 다시 말해 인민주권이 진정하게 행사될 수 있는 변화에 대한 것이다. 특조위에게 결정과 실행을 할 수 있는 권력은 부여되지 않았지만, 제도권 정치와 피해자 시민을 잇는 중간체로의 특조위의 정체성과 활동은 대의민주주의에서 빈번히 드러나는 의제의 하향식 공표와 전달에 균열을 가져오기에는 충분하다. 이제 갈등은 위로부터가 아니라 아래로부터, 약자, 시민, 피해자, 국민으로부터도 사회화될 뿐 아니라 정치화되며, 그를 넘어 직접적인 해결까지 기대할 수 있게 되었다. 시민들은, 시민단체라는 대변인을 통해서 직접적인 공적 기관에 입성하고, 자유롭게 활동할 수 있게 되었다.

이와 같이 정치과정에서 시민단체의 역할이 커질수록, 시민단체가 시민들의 정치적 요구들을 올바르게 전달하는 기능을 수행하는 것이 중요해진다. 고정된 정치구조 내에서 주권의 불완전성을 완전히 변화시킬 수는 없지만, 시민단체의 움직임은 대의제 민주주의를 보완하여 시민주권의 직접적 행사를 가능하게 하는 주요한 요소로 작용하기 때문이다. 만약 시민단체들이 센터와 같이 피해자들과 충분히 연대하지 않거나, 추상적인 정치적 방향성을 갖고 행동하는 것에 초점을 맞춘다면 그 결과는 시민주권의 확대보다는 시민단체의 권리의 확대로 이어질 수도 있을 것이다. 시민단체에게 정치적 힘을 부여하는 원동력이 된다는 점에서 그와 같은 센터의 전략이 지양될 수는 없을 것이다. 그러나 시민주권 향상을 위해서는 또한 시민들의 목소리가 센터에 오롯이 반영되는 것이 필요하다.

센터가 시민주권의 더욱 충실한 대변인이 되기 위해서는 센터와 시민 사이의 양방향적 폐쇄성이 허물어져야 할 것으로 보인다. 센터와 제도권 정치가 소통하기 이전에, 시민들이 센터와 충분히 소통하고 의견을 공유하고 있는지에 대한 확인이 먼저 이루어져야 하는 것이다. 센터는 정치적 변화에만 초점을 맞추기보다는 피해자들의 목소리에도 충분한 관심을 두고 피해자 간의 연대가 원활하게 이루어질 수 있도록 중간자적 역할을 수행하거나, 연대를 원하거나 연대가 가능한 시민과 단체와 연대를 결성할 수 있을 것이다. 시민들 역시 활발하게 센터와 같은 시민단체들의 다양한 활동과 연대에 참가하여 그들을 주권 행사의 통로로 삼아야 한다.

따라서 중요한 것은 갈등의 정치화와 피해자들의 연대 사이에서 센터가 자리해야 할 적절한 균형점을 찾는 것이다. 두 요소 모두 바람직한 민주주의를 구현하기 위해 반드시 필요하기 때문이다. 만약 전자에 치중한다면 시민의 목소리가 정치적 과정에서 또 다시 소외될 가능성이 있고, 후자에만 초점을 맞춘다면 정치적 추진력을 충분히 얻지 못할 수 있다. 둘의 균형을 맞추는 것은 단지 센터뿐 아니라 모든 시민단체들이 그들의 방향과 정책을 정하는 데 있어 고려해야 할 사안이다.

시민단체의 존재는 대의제 민주주의가 갖는 시민주권의 누락이라는 필연적 단점을 보완하기 위해 필수적이지만, 이것이 효과적으로 이루어지기 위해서는 전제조건들이 필요하다. 시민들은 시민단체가 펼치는 갈등의 사회화 과정에 관심을 갖고 적극적으로 참여해야 하며, 시민단체는 그 과정에서 시민들의 요구가 누락되지 않도록 관심을 기울여야 한다. 시민과 시민단체가 공동으로 참여하여 형성하는 정치적 목소리의 장(場)을 구축하고 유지하는 것이 진정한 시민주권을 행사하고, 그를 통해 건강한 민주주의 환경을 만드는 길일 것이다.

참고문헌

이근주. 2000. "NGO 실패와 정부의 지원에 관한 연구."『한국행정학보』 34.1. pp.291–307.

조효제. 2000. "참여의 예술, 변혁의 과학." 조효제 편. 『NGO의 시대』. 창작과 비평사. p.29.

최예용. "'전 국민 5분의 1, 가습기 살균제 살인 대상'–[함께 사는 길] 드러나지 않은 피해자 220만 명을 찾아라." http://www.pressian.com/news/article.html?no=139317(검색일: 2018.12.17)

Mathews, Jessica T. 1997. "Power Shift." *Foreign Affairs* vol. 76, no. 1(January/February 1997). p.51.

UNDP. 1994. Human Development Report 1994. UNDP: New York, NY. p.24-25.

Vakil, Anna C. 1997. "Confronting the classification problem: Toward a taxonomy of NGOs." *World development* 25.12. p.2060.

Salamon, Lester M. 1987. "Of market failure, voluntary failure, and third-party government: Toward a theory of government-nonprofit relations in the modern welfare state." *Journal of voluntary action research* 16.1-2.pp.29-49.

Schattschneider, E. E. 『절반의 인민주권』. 현재호·박수형 옮김. 2008. 후마니타스.

제6장

'꽃피는 학교' 교육 공동체의 자치
대안 교육 공동체 속의 신뢰 요소

정치외교학부 **임향성**

인류학과 **천의성**

자유전공학부 **박태준**

〈연구활동 일지〉

날짜	활동 내용
2018년 10월 6일	'대안교육한마당' 방문. 꽃피는 학교 학부모와 대표교사 면담 및 현지조사 일정 조율
2018년 10월 9일	'꽃피는 학교 고등학사' 첫 방문. 학교 구조 및 시스템에 대한 전반적인 조사
2018년 10월 17일	'요가', '말듣' 수업 참여관찰
2018년 10월 18일	'관념의 바다에서 서핑하기' 수업 참여관찰. 1차 학생 면담 및 대표교사에 대한 심층 면담 일정 조율
2018년 10월 19일	'햇살 교과' 참여관찰 및 학숙교사·대표교사에 대한 심층면담 실시
2018년 11월 10일	꽃피는 학교 학년별 학부모 모임 및 학부모회의 참여관찰
2018년 11월 11일	꽃피는 학교 '관례식' 참여 및 현지조사
2018년 11월 15일	2차 학생 면담 실시
2018년 11월 19일	꽃피는 학교 '교사회' 및 '학생회' 참여관찰
2018년 11월 20일	2차 학숙교사 면담 실시
2018년 11월 26일	학교 저녁식사에 초대받아 참석. 학생 면담 일정 조율
2018년 11월 30일	2차 대표교사 면담 및 추가적인 교사·학생 면담
2018년 12월 3일	꽃피는 학교 학칙 조사 및 최종 학생 면담
2018년 12월 8일	꽃피는 학교 고등과정 '동지제' 방문 및 감사 인사 전달

선행 연구에서 신뢰는 자치, 특히 민주주의를 성숙시키는 데에 중요한 역할을 하는 사회적 자본의 한 요소로 간주되어 왔다. 본 연구팀은 이러한 신뢰가 실제로 자치의 거점이 되는 현장에서 어떻게 그려지는지 알아보기 위해 서울시 연희동에 위치한 '꽃피는 학교 고등과정'을 중심으로 참여관찰, 심층면담 및 문헌조사를 활용한 민족지적 연구를 수행하였다. 비인가형 대안학교로 약 16여 년 동안 유지와 확장을 거듭해 온 '꽃피는 학교' 시스템은 공동체의 문제를 구성원이 직접 해결해나간다는 점에서 교육 자치의 거점이라고 볼 수 있는데 이러한 구체적인 정치의 공간에서 나타나는 신뢰의 양상은 복잡하고 다양하게 나타났다. 단순하게 '구성원들 간에 신뢰가 강하다'고 말할 수 있는 경우도 있었으나 감정의 요소 등이 복잡하게 얽혀 다소 감정의 응어리가 생겨나면서 구성원이 신뢰를 구축하는 데에 어려움이 발생하는 경우도 있었다. 또한 신뢰의 요소가 공동체의 구체적인 삶 속에서 매개변수로 작용되는 현상도 관찰할 수 있었다. 그리고 궁극적으로 이러한 '꽃피는 학교'의 사례는 규범적인 신뢰의 중요성을 알려주는 데에 더해 민주주의의 과정에서 감정과 언어의 요소가 중요하게 작용할 수 있다는 시사점을 던져주었다. 본 글에서는 위와 같은 내용을 '행위자 주체 내부의 신뢰'와 '행위자 주체 간의 신뢰'로 나누어 제시하고 구성원들의 신뢰 양상을 관찰 시점(時點)에서 실제로 '꽃피는 학교' 공동체 내부에서 발생했던 사건들과 본 연구팀이 관찰했던 행위자 주체들의 행동을 기반으로 개략적이고 거시적인 양상을 그리며 제시한다.

I. 서론

정치학에서 신뢰의 문제는 정치문화, 특히 사회적 자본의 측면에서 중요하다. 한마디로 시민들이 자발적으로 단체에 참여하고, 타인에 대한 신뢰가 형성되면서 민주주의를 유지하고 향상시키는 데에 도움이 되는 정치문화가 함양된다고 보는 시각이다.[1] 사실 사회적 자본에 대한 논의는 Bourdieu, Coleman 등 다양하게 나타나는데 이 가운데 Putnam은 사회적 자본을 "협력적인 행동을 촉진시켜 사회의 효용성을 향상시킬 수 있는 신뢰, 규범, 그리고 네트워크 조직의 특성"을 의미하는 집합체 수준의 개념으로 정의한 바 있다.[2] 이러한 Putnam의 정의에서 신뢰는 사회적인 연결 그 자체와 구분되는 사회신뢰를 의미하며 특히 특정화된(Particularized) 신뢰나 두터운(Thick) 신뢰와는 구별되는 일반화된(Generalized) 신뢰, 얕은(Thin) 신뢰를 의미한다고 할 수 있다.

일반신뢰는 사회구성원들이 무차별적으로 동료시민들에 대해 갖는 집합적 태도로서 다른 동료시민들이 자신들의 이익을 위해 자신을 속이거나 해를 주지 않을 것이라는 신념을 포함한다.[3] 이는 사회적 행위에서 거래비용을 감소시키는 사회적 자본의 하나이며 시민사회와 민주주의 발전에 기여하고 있는 긍정적인 가치를 지닌 것으로 간주된다.[4] 특히 Fukuyama는 일반적인 사회에서의 신뢰 개념을 "어떤 공동체 내에서 그 공동체의 다른 구성원들이 보편적인 규범에 기초하여 규칙적이고 정직하며 협동적인 행동을 할 것이라는 기대"로 정의내리고 한 사회가 발전하는 근간이 된다고 평가하였으며 실제로 Inglehart는 각 국가 간 일반사

---

1. 우정무 외. 2013. "민주주의 수준에 대한 정치문화의 영향력: 정치체제, 사회자본, 인류발전 접근 분석." 「한국과 국제정치」 29(2), pp.141–142; 안승국. 2012. "아시아에 있어서 정치·사회적 신뢰와 결사체 민주주의." 「비교민주주의연구」 8(1). p.66.
2. Putnam, 2002. *Democracies in Flux: The Evolution of Social Capital in Contemporary Society.* Oxford: Oxford University Press; 우정무 외. 위의 글. pp.142–143에서 재인용.
3. 김강민. 위의 글. p.5.
4. 허석재. 2015b; Coleman. 1988; Putnam. 1993; Fukuyama. 1996; 박재영. 2016. "세대와 정치참여: 일반신뢰와 정부신뢰의 차별적 효과를 중심으로." 서울대학교 석사논문. p.2에서 재인용.

회의 신뢰수준과 민주주의와의 관계를 살펴본 결과, 일반사회의 신뢰수준이 높을수록 민주주의가 안정적으로 발전해 있음을 발견한 바 있다.[5]

종합해 보면 지금까지의 연구에서 신뢰, 특히 거시적이고 집합적인 양상으로서의 일반 신뢰는 사회적 행위에서 거래비용을 감소시키는 등 민주주의의 성숙에 순효과를 가져다주는 사회적 자본의 한 요소로 간주되어 왔다. 그렇다면 실제로 현장에서 구성원들이 공동체 생활을 영위해나가는 과정에서 신뢰는 어떠한 모습으로 나타날까? 즉, 자치, 혹은 조금 더 구체적으로 봤을 때 참여민주주의 거점이 되는 기층적인 공동체에서 신뢰의 양상은 구체적으로 어떻게 나타나며 이러한 신뢰와 공동체의 연결지점이 우리의 민주주의에 던져주는 시사점은 무엇일까?

위와 같은 문제의식을 바탕으로 본 연구팀은 서울시 연희동에 위치한 대안학교인 '꽃피는 학교 고등과정'에 대해 민족지 연구를 수행하였다. 본 연구팀은 2018년 10월 6일부터 동년 12월 7일까지 '꽃피는 학교 고등과정'의 일상(수업, 공강, 논문 쓰기[6])과 행사(대안교육 한마당, 관례제 등), 의사결정협의체(교사회의, 학부모회의, 학생자치회의 등)에 참여관찰하였으며 학생, 교사, 학부모들과 면담을 수행하였다.

지금까지 수행한 연구를 기반으로 본 글에서는 교육 자치의 거점이 되는 공동체인 '꽃피는 학교 고등과정'의 자치를 '신뢰'를 중심으로 분석한다. 물론 '신뢰'는 정량화하기 어려운 문화, 혹은 정서의 영역이다. 포괄적인 개념으로서 다양한 기준이 제시될 수 있는 신뢰를 하나의 척도 위에서 나타내는 것은 그리 타당하지 않으며 구성원들의 생각이나 행동만을 가지고 구성원들이 서로를 '신뢰하고 있

---

5.   김재신. 2011. "일반화된 타자, 정부, 시민단체에 대한 신뢰가 공공갈등 인식에 미치는 영향." 『한국심리학회지: 사회 및 성격』 25(2); 김강민. 위의 글. p.4에서 재인용.
6.   '꽃피는 학교'의 학생들은 매 학년이 끝날 때마다 스스로 주제를 정하여 논문을 작성한다. 이는 각 개인이 1년간 교육을 받으며 낸 '성과물'로서 간주되며 1년의 마지막 행사인 '동지제'('동지제'에 대해서는 이후 내용 참조)에서 자신의 논문을 포스터로 발표하는 행사를 가진다. 또한 해마다 학생들의 논문을 묶어 논문집으로 내고 이를 교육 자료로 학교 내에 보관하여 다음 학년이 이를 열람할 수 있도록 운영하고 있다.

다', 혹은 '신뢰하고 있지 않다'를 단편적으로 말한다는 것 자체도 지나치게 이분법적이다. 이에 따라 구성원들 간에 발생하는 구체적인 신뢰 양상을 명확하게 도식적으로 정리하며 그려내기에는 다소 한계가 있고 더 나아가 개별적인 사례를 실증적으로 연구하여 신뢰와 정치, 신뢰와 민주주의의 구체적인 관계를 정교하게 규명하는 데에도 궁극적으로 어려움이 따를 수밖에 없다. 따라서 이번 글에서는 '신뢰'라는 키워드를 중심으로 하여 본 연구팀의 관찰 시점(時點)에서 실제로 '꽃피는 학교 고등과정' 공동체 내부에서 발생했던 사건들과 연구를 하며 관찰했던 행위자들의 실질적인 행동들을 기반으로 개략적이고 거시적인 양상을 그려나간 뒤 그 의의를 분석한다. 특히 현장 관찰 기록으로 정리한 구성원들의 모습을 제시하고 구성원들의 말을 인용하여 본 글을 뒷받침할 예정이다.

II. 한국의 대안 교육의 현황과 교육 자치의 거점으로서의 '꽃피는 학교'

일반적으로 대안학교는 공교육의 문제점을 보완하고자 학습자 중심의 자율적인 프로그램을 운영하도록 만들어진 종래의 학교교육과는 다른 학교를 의미한다.[7] 이는 근대 사회가 제시하는 '공교육', 특히 시스템적 도구로서의 존재인 '학교'를 일방적으로 수용할 것을 거부하고 그 근본적인 문제점들에 의문을 제기하며 이를 극복하기 위해 대안적인 교육을 실천하는 장이라 할 수 있다. 그런데 한국의 경우 대안학교 운영의 역사가 그다지 길지 않은 가운데[8] 상당히 많은 학교

---

7. 한국민족문화대백과. 2010. "대안학교" http://encykorea.aks.ac.kr/Contents/SearchNavi?keyword=대안학교&ridx=0&tot=3(검색일: 2018년 11월 11일).
8. 서구의 경우 상설 대안학교 운영의 역사가 짧게는 50여 년, 길게는 100여 년인 것으로 알려져 있다. 예컨대 대안교육의 선두주자인 영국의 '서머힐'이 설립된 것이 1921년이며, 미국의 경우 대안학교의 뿌리는 1960년대 민권운동에서부터 찾아볼 수 있다. 이에 반해 한국에서 사실상의 상설 대안학교가 제대로 운영되기 시작한 것은 1997년 간디 청소년학교가 설립된 이후이다; M. Mills 외. "Alternative Education." OXFORD RESEARCH ENCYCLOPEDIAS. http://education.oxfordre.com/view/10.1093/acrefore/

가 정부의 지원을 받지 않는 비인가형 대안학교로 운영된다. 2014년 교육부가 발표한 〈2014년 미인가 대안교육시설 현황조사 결과〉에 따르면 전국적으로 인가 대안교육기관과 미인가 대안교육기관은 각각 60개, 230개로 후자가 약 4배가량 많은 것으로 나타났다.[9] 이는 짧은 역사에서 기인한 미숙한 제도적 요인과 공교육에 대한 편입을 우려하는 대안학교 참여자들의 태도가 복합적으로 작용한 것이라고 해석할 수 있다.

이러한 가운데 '꽃피는 학교'는 비인가형 대안학교로서 16여 년 동안 운영되어 온 대안교육 시스템이다. '꽃피는 학교'는 대안교육의 실현이라는 거시적이고 단일한 목적을 위하여 구성원들이 함께 생활에 참여한다는 점에서 일종의 대안교육 공동체라고도 할 수 있는데 특히 '꽃피는 학교'의 구성원인 학생, 학부모, 그리고 교사들은 대안교육을 만들기 위하여 '꽃피는 학교' 운영에 꾸준히 참여하며 이를 안정적으로 유지해왔다.

사실 '꽃피는 학교' 공동체는 여러모로 불리한 조건 속에 놓여있다. 예컨대 '꽃피는 학교'는 관과의 연결점이 적은 비인가형 대안학교임에 따라 재정적, 정책적 지원을 거의 기대할 수 없다. 또한 그 역사가 사실상 한국 대안교육의 태동기와 겹쳐져 있기 때문에 공동체 운영에 참고할 수 있는 '견본'들도 많지 않을뿐더러 매 순간의 운영이 실험적일 여지가 크다. 하지만 그럼에도 불구하고 '꽃피는 학교'는 약 16여 년 동안 교육 공동체를 운영하며 졸업생들을 배출하고 교육과정을 확장시켜왔다. 2003년 3월 하남시의 푸른 숲 학교(유치·초등 과정)가 첫 삽을 뜬 이래로 안정적으로 그 수와 규모가 확장되었고 2006년 2월에는 중등과정이, 2011년에는 고등과정이 개교하면서 유치에서 고등까지의 15년제가 완성되었다. 결과적으로 2018년 현재 '꽃피는 학교'는 하남과 대전, 부산의 유치초등과정, 옥

9780190264093.001.0001/acrefore-9780190264093-e-40(검색일: 2018년 9월 29일); 조용태 외. 2000. "우리나라 대안학교의 이념과 역사." 『교육학논총』 21(1), pp.160–166.

9. 교육부. 2014년 미인가 대안교육시설 현황조사 결과. 교육부 공식 블로그, http://if-blog.tistory.com/3874?category=404348(검색일 2018년 9월 29일); 교육부. 미인가 대안교육기관 현황(2014년 4월 기준)'. 교육부 공식 블로그, http://if-blog.tistory.com/3876?category=404348(검색일 2018. 9. 29).

천의 중등과정, 서울 연희동의 고등과정을 유기적으로 운영하며 지속적으로 졸업생을 배출하고 있다.[10]

그리고 한 발 더 나아가 본 연구와 관련하여 가장 주목해 보아야 할 지점은 (상당 부분 한국의 대안 교육 전반이 처한 상황적 한계나 제도권 교육의 대안이라는 대안 교육의 본질적 문제의식에서 기인하기는 하나) '꽃피는 학교' 교육 공동체에서 공동체 내부의 일을 구성원들이 직접 해결해나가는 '자치(自治)'가 구현되고 있다는 사실이다. 실제로 '꽃피는 학교'는 정기총회 회의, 학부모회의, 교사회, 학생자치기구 등 여러 층위의 의사결정기구를 통해 학교 운영과 관련된 사안을 결정한다. 즉, 학생들의 생활, 교육 과정, 재정의 운용 등 학교 운영에 관한 다양한 사안들은 모두 '꽃피는 학교'의 구성원들에 의해 직접 결정된다. 이러한 맥락에서 '꽃피는 학교' 시스템은 중앙·지방 정부로부터 수직적으로 이어져 내려오는 기존의 관 중심의 교육 제도 바깥에서 '우리의 교육 문제를 우리가 직접 해결'하는 자치의 구심점이 되어왔다고 할 수 있다. 다시 말해 '꽃피는 학교'는 구성원들의 실제적인 문제와 밀접하게 연결된 기층적인 공동체로서 교육 문제를 자발적으로 해결해나가는 자치의 거점이다.

III. '꽃피는 학교 고등과정' 공동체에서 나타나는 신뢰의 양상 – 주요 행위자 주체(학생, 교사, 학부모)들을 중심으로

그렇다면 교육 자치의 거점인 '꽃피는 학교'를 '신뢰'의 요소를 중심으로 바라본다면 어떠한 모습을 발견할 수 있을까? 우선 한 가지 특기할 점은 '꽃피는 학교'가 '학생–교사–학부모'라는 3축의 주요 행위자 주체들로 구성되어 있다는 것이다. 세 행위자 주체들은 교육의 틀 속에서 수행하는 역할에 따라 분류되기 때문

---

10. 꽃피는 학교, 지나온 길, http://www.peaceflower.org(검색일: 2018년 12월 9일)

에 내적으로 상당한 동질성을 지닌다. 또한 각각은 고유의 의사결정기구를 가지고 있다. 예컨대 학생들은 자율회를 통하여 생활 규칙을 정하며 교사들은 교사회를 통해 학교의 전반적인 운영과 실무에 대해 논의한다. 또한 학부모들은 학부모 회의를 거쳐 학교 운영에 대한 여러 사안들을 점검하고 의견을 개진한다. 이러한 맥락에서 분석의 단위를 '학생-교사-학부모'라는 주요한 행위자 주체들로 설정하고 행위자 주체 내부 구성원들의 신뢰 양상과 행위자 주체들 간의 신뢰 양상으로 구분하여 글을 전개하고자 한다.

1. '꽃피는 학교 고등과정'의 학생, 교사, 학부모 행위자 주체 내부의 신뢰 - 학생들 간의, 교사들 간의, 학부모들 간의 신뢰

우선 학생들 간의 신뢰는 상당히 높은데 이는 학생들이 서로를 지나칠 정도로 잘 아는 데에서 기인한다. 이들은 서로를 대략적으로 아는 것을 넘어 세부적인 사항까지 파악하고 있다. 학생들이 서로에 대한 이해가 깊다는 것이 잘 드러나는 예시가 바로 대나무 숲 시스템일 것이다. 원래 대나무 숲은 지정된 페이지에 공동체의 구성원이 익명으로 글을 올리는 시스템인데 학생들의 경우 이러한 익명성이 무색할 만큼 서로의 사고방식, 고민거리, 심지어 문제까지 잘 파악하고 있어 대나무 숲의 운영이 의미가 없어질 정도이다.

조고은(가명) 학생의 제일 큰 고민은 꽃피는 학교 고등과정 만의 대나무 숲을 만드는 것이었다. … (중략) … 그런데 고은은 친구들이 '익명이라고는 이야기하지만 사실상 우리 30명은 끼리끼리 거의 다 아는데 익명을 진정 보장할 수 있냐?'라는 의견으로 반대하는 학생이 많다고 하였다. … (중략) … (수업 시간이 끝나고 사적인 대화에서) 그리고 수업시간에 이야기했던 꽃피는 학교 대나무숲에 대한 이야기를 하였는데 박소담(가명) 학생은 익명성이 잘 보장될 수 없는 구조라 생각하는 것 같았다. 자신은 초등학교 때부터 계속 꽃피는 학교 프로그램으로 학

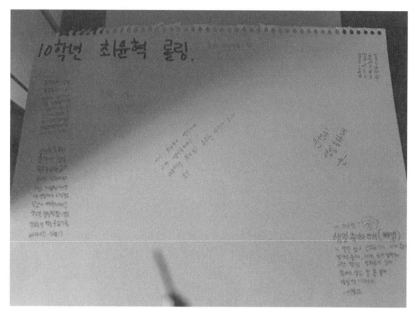

<그림 1> 10학년 학생을 위한 생일 축하 '롤링 페이퍼'

교를 다녔는데 아무래도 서로에 대해서 너무나 잘 안다고 하였다.

– 10월 18일 현장 관찰 일지

이들이 서로를 잘 알고 있다는 것은 가족과 같이 친밀하다는 것을 뜻한다. 연구자들이 학숙의 학생들과 했던 식사자리에서 서로에 대한 인상을 묻는 질문을 하였을 때 이들은 "너무나 오랫동안 봐서 가족 같다"고 대답하기도 하였다. 또한 <그림 1>처럼 롤링페이퍼에 한 사람씩 정성들여 메시지를 써주며 서로 생일을 챙겨주는 모습이 관찰되기도 하였다.

이토록 학생들이 서로를 잘 파악하고 있는 까닭은 상당히 긴 '공통의 시간' 때문이라고 할 수 있다. '꽃피는 학교'의 경우 전교생이 일반 학교의 한 학급 수준, 즉 굉장히 소규모로 유지되는 가운데 학교와 학숙(기숙사)에서 일상을 매일 같이하는 프로그램으로 운영되고 있다. 특히 학교와 학숙 건물이 그다지 크지 않은 연희동의 일반 주택 건물임에 따라 이들은 좁은 공간 속에서 제한된 구성원들과 자주 마주치며 상호작용을 할 수밖에 없다. 여기에 더해 대부분의 학생들은 초등 과정부터 함께 '꽃피는 학교'에서 다녀 사실상 인생의 대부분을 같이하였다. 따라서 학생들은 일생 동안 서로 생활양식을 공유해왔으며 상대의 성장 과정이나 변천사를 꿰고 있는 경우가 대부분이다. 여기에 더해 '꽃피는 학교'의 교과과목 또한 학생들의 '공통의 시간'을 만들어내는 데에 일조한다. 예를 들어, '꽃피는 학교'의 교과는 세 기본정신(얼, 몸, 새)에 따라 운영되는데 이 중 '새'는 '관계력'을 강조하는 정신으로서 '친구들과 지내기' 등의 교과 과목이 이에 따라 실시된다. 또한 학생들은 초등 과정부터 리코더 합주를 배우며 '동지제'[11]를 함께 준비하는 등 공동의 예술 활동에 활발히 참여한다.[12]

학생들의 '공동의 시간'은 한편으로 소위 '정이 드는 시간'이라고 할 수 있다. 조금 더 엄밀하게 말하자면 '공동의 시간'은 공동체의 구성원들이 대면적인 상호작용의 반복을 통해 상호성과 호혜성을 가지게 되는[13] 역할을 하는 시간이다. 그리고 이렇게 상호 간의 신뢰와 친밀감이 높은 가운데 학생들은 안정적인 규범 속에서 자율적으로 생활해 나간다. 예를 들어, 학생들은 〈그림 2〉와 같이 부엌일을 위해 순번제를 실시하는 등 일상생활을 유지하는 데에 필요한 일을 자체적으로 나누며 학교에서 잠시 외출해야 할 일이 생길 경우 〈그림 3〉에서처럼 '들나기표'를 작성하기도 한다.

학생들이 안정적으로 규범을 '실행'할 수 있는 것은 규범을 만들어내는 과정 또한 학생들이 자율적으로 원활하게 소통하는 데에서 시작되기 때문이다. 고등과

---

11. '동지제'는 '꽃피는 학교'의 가장 큰 행사 중 하나이다. 1년을 마치는 의미로 시행되는 '동지제' 행사는 학생들 각자가 1년간 공부했던 성과물을 발표하는 장이며 다양한 공연에 참가하여 친목을 다지는 장이다. '꽃피는 학교'의 '동지제'는 학생들과 교사들이 이구동성으로 수학능력시험에 비유할 정도로 큰 의미를 가진다.

12. Putnam은 Better Together: Restoring the American Community에서 마을 공동의 예술 활동으로 사회적 자본을 축적할 수 있었던 'The Shipyard Project'의 예시를 제시하였다. 물론 '사회적 자본(Social Capital)'의 개념과 신뢰를 단순하게 상응시킬 수는 없겠으나 '꽃피는 학교'의 학생들 사이에서도 비슷한 신뢰 형성의 메커니즘(mechanism)이 발생하지 않을까 추측해 볼 수는 있을 것이다.

13. 안승국, 위의 글, p.68.

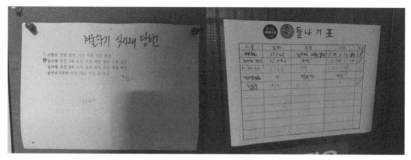

<그림 2> 식자재 당번표　　　　　　　　<그림 3> 들나기표

정 학칙은 "학칙변경은 공동체성장활동에서 재학생들의 동의하에 바꿀 수 있다. 사전에 생활부에게 문의한다"고 규정하고 있는데 이는 일반적인 학교와 달리 '꽃 피는 학교'의 학생들은 협의를 통하여 자체적으로 생활 규범을 만들고 이를 수정할 수 있음을 의미한다. 실제로 학생들은 전자기기의 남용을 방지하기 위한 목적에서 쉬는 시간, 공강, 점심시간에 남에게 영향이 가지 않을 만큼만 개인적으로 사용하되 배움의 목적 이외에 사용하는 것은 금지하는 규정을 만들었다. 이후 일부 학생들이 과도한 자유의 침해라고 반발함에 따라 이를 조금 더 유동적으로 규율할 수 있는 방안을 논의하였으며, 현재 이를 규범화시키기 위한 절차만이 남아있는 상태이다.

　규범을 만드는 과정에서 서로를 믿고 존중하는 모습은 다양하게 나타난다. 학생자치회 전체회의(모두모람), 부서 회의 등에서는 의견이 일방적으로 묵살되거나 회의가 감정적으로 번지는 경우가 드물다. 오랜 경험을 바탕으로 고학년이 대화를 이끌어가는 경우는 있지만 아래 학년의 의견을 억누르지 않는다. 또한 학생들의 상당수가 의사 결정 규칙을 체화하고 있다. 예를 들어, 전체회의(모두모람)에서는 손을 들고 발언권을 얻어 이야기해야 하는데 학생들은 실수로 상대의 말을 자르거나 손을 들지 않고 말하는 경우 즉시 멈추고 사과하거나 자신의 입을 막는 등 '자기 검열 행위'를 하는 모습이 빈번하게 나타났다.

　그렇다면 교사들 간에 나타나는 신뢰 양상은 어떨까? 우선 연구 과정에서 확인할 수 있었던 것은 대표교사에 대한 일반 교사들의 신뢰가 상당히 높다는 사실이었다. 이는 즉 교사들이 대표교사가 제시하는 '꽃피는 학교'의 방향성에 대해 상당한 신뢰를 보인다는 것을 의미한다. 이러한 모습은 학부모회의[14]에서 확연하게 나타난다. 11월 10일에 있었던 학부모회의에서 대표교사는 '꽃피는 학교'의 거시적인 방향을 재조명하고 그에 대한 고민을 학부모들도 같이할 것을 요청하였는데 이를 두고 몇몇 학부모들과 교사들이 상당히 갈등했다.

> (학교라는 게 그럼 왜 필요하냐는 반박에 대해) 방어하는 느낌이 들어 죄송한데… 대안학교끼리 모이면 학교가 필요한가라는 질문을 하게 돼요… 공통적으로 나온 이유는 서로를 살리며 스스로 서는 것이 목표라는 거예요… (중략) … 남을 해치지 않고 살아가는 것을 배운다고 생각해요… 지지고 볶기 때문에 모여 있는 것 아닌가…
>
> – 11월 10일 학부모회의에서, 교사 정인지(가명)(12학년 담임)

> (학교의 고유성을 묻는 질문에 대해) 여러분들께서 수많은 대안학교 사이에서 우리학교의 고유성을 궁금해하시는 것 같다고 생각했는데 맞나요? 저는 절기교육이라는 철학적 고유성이 그 고유성이라고 볼 수 있을 것 같아요. 얼몬새가 조화를 이루는 통전인이… 추상적인 것 같지만 실천적인 교육이 이뤄지고 있고요. 그리고 이것을 어떻게 구현해나갈 것인지가 고유성인 거 같아요.
>
> – 11월 10일 학부모회의에서, 교사 이주형(가명)(11학년 담임)

위와 같이 교사들은 대표교사가 제시한 '꽃피는 학교'의 방향성을 지지하였다. 이 과정에서 확인할 수 있었던 것은 교사들이 진심으로 대표교사가 내걸었던 미래상에 담긴 논리를 깊이 이해하고 적극적으로 지지하였다는 것이다. 실제로 대표교사의 미래상에 대해 계속해서 반박하는 학부모들에게 교사들은 구체적으로

---

14. 일반적으로 학부모들만, 혹은 학부모들과 일부 교사들만 참여하는 일선 공교육 현장의 학부모회의와는 달리 '꽃피는 학교'의 학부모회의는 학부모와 교사 전체를 아우르는 총회의 형태를 띠고 있다.

논리를 제시하며 이를 방어하였고 설득이 원활하게 이루어지지 않자 진심을 담아 격정적으로 자신의 의견을 설명하기도 하였다.

대표교사에 대한 신뢰뿐 아니라 교사들 간의 일반적인 신뢰 또한 낮지 않다. 기본적으로 교사들은 서로 꽤 친밀하다. 예를 들어 점심시간에 교사들은 교무실의 좁은 빈 공간에 탁자를 펴고 옹기종기 모여 식사를 한다. 이 자리에서는 소소한 말들이 자연스럽게 오가며 교사들은 자신이 주말에 했던 일에 대해 말하는 등 개인적이고 일상적인 이야기들을 한다. 여기에 더해 교사회에서 교사들이 나누는 대화는 교사들 사이의 친밀감과 신뢰를 보여준다. 교사회는 업무에 관한 공식적인 회의이지만 교사들은 딱딱한 어투로 사무적인 대화만을 하지는 않는다. 또한 학교에서 아이들을 가르치며 다소 당황했던 일들을 터놓고 이야기하기도 한다. 전반적으로 분위기는 화기애애하며 각자의 의견이 자유롭게 개진되며 논의가 오간다.

(학생들의 논문 편집에 대해 논의하며)

교사 이주형: R 학생… 걱정되는데… (웃으며) 걔 주말에 몸살 걸렸대…

학숙 교사 최연지: (크게 웃으며) 정인지 선생님 표정 봐.

교사 정인지: (과장된 몸짓으로) 와… 나도 몸살 걸리고 싶다!!

교사 이주형: 아니 내가 뭐, 3일 만에 너한테 쓰라고 했으면 뭐라 안하는데, 뭐 그렇게 말하니까 뭐 나보고 꼰대라는 둥…

－11월 19일 교사회 중 일부

그렇다면 교사들 사이에서 이러한 양상이 나타날 수 있는 요인은 무엇일까? 우선 교사들은 소규모로 이루어진 집단이다. 2018년 현재 '꽃피는 학교'의 교사진은 5명으로 대표교사를 포함한 학년별 교사 3인과 학숙 교사, 행정 보조 교사로 구성되어있다. 이렇게 동질적 구성원이 소규모로 모인 집단에서는 면대면 대화가 효과적으로 이루어지며 서로를 알아가기 용이하다. 특히 위에서 언급하였듯 학교 건물은 비교적 작은 일반 주택인데 그 중에서도 교무실은 방 한 칸의 좁은 공간임에 따라 교사들은 같은 인물과 자주 마주치며 대화한다. 교사들의 신뢰와 친밀감을 높일 수 있는 또 다른 요인은 아이러니하게도 교사들에게 비우호적인 상황이다. 교사들에게 비우호적인 상황으로는 1. '꽃피는 학교'의 어려운 환경 2. 교사들과 갈등을 겪는 학부모 등이 있다. 먼저 '꽃피는 학교'는 비인가형 대안학교임에 따라 종종 재정과 시설 등에서 어려움에 처한다. 예컨대 학숙은 월세 인상에 따라 곧 계약이 종료된다. 하지만 학교의 재정적 상황은 연희동 대형 주택들의 월세를 감당하기 힘들며 그마저도 학생들을 대규모로 수용하면 사고가 우려된다는 이유로 계약을 거부하는 건물주들이 상당수이다. 여기에 더해 교사들은 학부모들과 갈등을 빚기도 하는데 실제로 학부모들 중에는 학부모회의에서 교사들의 면전에 '당신들을 믿을 수 없다'고 말할 정도로 비우호적인 이들이 나타나기도 한다.

'꽃피는 학교'의 실무를 전담하는 교사들은 이러한 역경들에 정면으로 부딪힌다. 그런데 이렇게 다함께 동고동락하는 과정은 오히려 교사들이 상호 간의 신뢰를 향상시킬 수 있는 기회가 되기도 한다.[15] 예컨대 교사들이 학교의 운영과 관련하여 함께 하나의 문제를 해결해나가기 위해 협의하고 업무를 처리하는 과정에서 교사들 사이의 '공동의 시간'은 늘어난다. 또한 교사들은 비우호적인 상황들을 겪으며 느낀 어려움을 서로 공유하고 정서적으로 위로하기도 한다. 실제로 학부모회의에서 교사 정인지는 결국 마음의 상처를 입고 울먹였는데 학숙 교사 최연지가 등을 두드려주며 위로해주는 모습을 보였다. 또한 일부 학부모들과 교사들이 부딪힌 이후 11월 19일에 열린 교사회에서 교사들은 비우호적인 학부모들에 대해 다소 비꼬는 말들을 주고받으며 그 동안 학부모들에게 쌓인 불만을 공유하

---

15. 실제로 Putnam은 사회적 자본을 축적하는 과정에서 항상 외부의 적(Enemy)를 상정하고 이를 '악마화(Demonize)'하는 과정이 나타난다고 말할 수는 없으나 적의 존재가 구성원들의 사회적 자본을 형성하는 데에 상당한 도움이 된다는 것을 밝힌 바 있다. Putnam 외, 2009, *Better Together: Restoring the American Community*, New York: Simon&Schuster, p.285 참조.

기도 하였다.

　서로 상당한 수준의 신뢰를 형성하고 있는 교사들은 의사결정과정에서 자신의 의견을 터놓고 이야기할 수 있다. 교사들은 자신이 생각하는 바를 진솔하게 이야기하는데 설사 그것이 불만사항일지라도 교사회에서 자유롭게 의견을 개진한다. 교장의 역할을 하는 대표교사는 일반 교사들의 의견을 묵살하지 않으며 화기애애한 회의의 분위기가 감정적인 대립으로 번지는 일은 드물다. 예컨대 교사회에서 교사 정인지는 본 연구팀을 학교 구성원들에게 소개할 당시 서울대 출신이라는 이야기가 나왔다는 것에 대해 상당히 불만을 표했다. 학력으로 사람을 차별하지 않는 것이 대안 교육에 담겨야 할 주요한 정신 중 하나인데 서울대라는 말로 타인을 소개한다면 학력 차별의 여지가 남을 수밖에 없지 않느냐는 문제의식이었다. 대표교사를 포함한 다른 교사들은 이러한 교사 정인지의 지적을 진지하게 받아들였고 교사회가 진행되는 동안 이에 대한 논의가 이뤄졌다.

　자유로이 의견을 교환하는 과정은 구성원들의 불만을 살 수 있는 부분들을 최대한 공론화시킬 수 있다. 이는 장기적으로 볼 때 잠재적인 갈등의 비용을 다소 줄이는 효과를 가져다 줄 수 있다. 또한 구성원들의 의견을 최대한 반영하며 의사결정이 이뤄지기 때문에 최종적으로 수렴된 집합적 의견이 가지는 정당성은 증대되며 구성원들이 이에 대하여 비교적 강하게 지지할 여지가 크다. 실제로 학부모회의 등에서 교사들이 쉽게 한 목소리를 내며 의견을 개진했던 모습을 보인 것을 이러한 맥락에서 해석해 볼 수도 있다. 예컨대 학부모회의에서 대표교사가 제시했던 의견을 다함께 강력히 지지하며 방어할 수 있었던 것은 대표교사에 대한 일반 교사들의 신뢰가 존재함에 더해 자유로이 의견을 주고받으며 충분히 논의한 끝에 의견을 수렴시켰기 때문에 이를 지지할 명분이 존재했기 때문이라고도 추측해 볼 수 있다.

　마지막으로 학부모들 간의 신뢰 양상은 상당히 독특하다. 우선 일반적으로 학부모들 간의 대화나 행동은 이들이 친밀하며 일정 수준 이상 서로를 신뢰하고 있다는 것을 보여준다. 예컨대 학부모들은 모임이 끝난 후 술을 곁들어 회식자리를 가지거나 다 함께 카페에서 커피를 마시는 등 친목을 다지는 시간을 가진다. 이러한 활동은 상호 간에 인간적인 친밀도가 낮다면 가능하지 않다. 또한 학부모들은 타 학부모들이 있는 가운데 자녀가 가진 문제점이나 학교생활을 겪으며 어려워하는 지점들에 대하여 터놓고 이야기한다. 학부모회의 자리에서 학부모들은 자녀로부터 들었던 학교생활의 어려운 점에 대하여 솔직하게 털어놓으며 부모로서 자녀에 대해 가지는 걱정을 타 학부모 앞에서 거론하는 것에 그다지 거리낌이 없다.

> 학부모 2: 우리 S(자신의 딸)는 내가 볼 때 하고 싶은 것은 이래저래 많은데 (정작) 본인이 진짜 학교를 포기하더라도 하고 싶어 하는 것은 없는 것 같아.
>   … (중략) …
> 학부모 6[16]: (우리 애들이) 배운 거도 없는데 (논문을) 막 쓸라 그래, 그래놓고 논문 심사 때, 애들한테 비판 들으면, 애들이 내 생각을 이해 못한다고 속상해해요.
>
>   - 11월 10일 학부모 학년회의

그런데 의사결정의 과정에서 '꽃피는 학교'의 전반적인 운영방안이나 근본적인 철학 등이 도마에 오를 때 학부모들은 상호 간에 다소 공격적인 언사를 주고받으며 상대의 의견을 받아들이는 것에 대하여 노골적인 거부감을 드러내기도 한다.

> J부: 저 한 말씀 드려도 될까…
> B: (언성 높이며 손바닥을 앞으로 펴고 거부의 반응) 아니요 제 말 끝나고 하세요.
> J부: (아무런 말없이 입술을 깨물며 눈을 감아 화를 누그러뜨림) … (중략) …

---

16. 학부모 6은 자녀 둘을 모두 '꽃피는 학교'에 보내고 있다.

C: 참관인들도 있고 하는데 … (중략) … 그러니까 제 말은 이런 식으로 이야기하
  지 말자는 겁니다.

B: 어떻게 말하지 말란 말이에요?(언성 높이며)

C: 지금 이렇게요 … (중략) …

A: 저는 진짜 어머님(B)하고 좋은 기억도 많아요. 같이 나무를 심었던 일도 있고
  … (중략) … 그런데 저는 진짜 드리고 싶은 말씀이 항상 돌이켜 생각해 보면
  어머님(B) 말씀은 맞는 말인데도 인정하기가 싫어요.

– 11월 10일 학부모 전체회의

우선 이러한 현상이 나타나는 데에 있어 한 가지 특기할 만한 상황적 전제 조건
은 학부모들의 다양한 교육관이다. 학부모들은 대안교육을 위해 자녀를 대안학
교에 보내는 이들이 아니라 역으로 자녀를 위해 대안교육을 선택한 이들이다.

H 부: 그냥 우리는 어떻게 살 지에 대해 고민이거든요. 아이가 어떻게 살아갈지
  생각하다보니 공교육이 아닌 다른 것을 생각한 것이고 … (중략) …

J 부: 저는 그냥 우리가 뭔가 다른 게 아니라 여러 스펙트럼 사이에 존재하는…
  부분으로 생각했으면 좋겠어요. 그냥 단순히 우리 아이들 문제 … (중략) …

연구자: 그러니까… 음… 거창하게 사회 운동이다. 시민 만들기다. 대안 교육
  운동이다. 이게 아니라 그냥 우리 아이들 문제로 바라봤으면 좋겠다는 그
  런…?

H 부&J 부: 그렇죠. 그렇죠.

– 11월 10일 학부모와의 대화록 발췌

이에 따라 학부모들이 대안 교육에 대해 생각하는 방향성은 다양하게 나타나
며 '꽃피는 학교'의 근본적인 철학을 중요시하는 정도도 편차가 상당히 크다. 때
문에 학부모들 간에 '꽃피는 학교' 공동체의 문제점을 짚어내는 지점이나 이를 위

해 제시하는 대책 또한 다양하다.

　이러한 가운데 대개 학부모들의 갈등은 다소 강경한 학부모들과 온건한 학부모들의 대립으로 나타난다. 대체로 다소 강경한 학부모들은 학교의 철학과 그 온전한 실천이 모두의 적극적인 노력하에 이뤄지는 것을 상당히 중요시여기지만 온건한 학부모들은 학교의 철학에 다소 유연하게 접근한다. 또한 강경한 학부모들은 교사들을 지속적으로 견제하거나 교사들에 대한 불신을 공공연하게 표출하나 온건한 학부모들은 교사들을 최대한 옹호하려 하며 교사들이 내린 결정을 믿고 따라줄 것을 적극적으로 요청한다. 물론 학부모들끼리 공공연히 서로의 성향을 거론하는 일은 없지만 비슷한 성향의 학부모들은 실제로 의사 결정 과정에서 유사한 의견을 낸다. 특히 다소 강경한 학부모들은 전체 학부모 집단에서 다수를 차지하고 있지는 않음에도 불구하고 논의의 장에서 한 목소리로 강력하고 격렬하게 의견을 개진한다.

(학부모들에게 학교의 미래상에 대해 함께 고민하기를 당부한 대표교사의 발언
이후)

B: 저는 진짜 고민 많이 했어요. 저는 계속 고민하고 있는데 그럼 그동안 교사회
　는 뭘 고민한 거예요? 저희보고 이제 고민해 보라 하는데, 솔직히 기분 나빠
　요.(격한 반응을 보이며) … (중략) …

J 부: 지금 계속 하나하나 트집을 잡아서 이야기하고 계시는데 계속 이러시면 이
　분들(선생님들) 일 절대 못합니다. … (중략) …

(학교의 여러 현상들이 학생들의 '얼' 정신이 무너지는 징조가 아니냐는 것에 대
하여)

K 부: 그 둑 이야기 있지 않습니까? 둑이 한 번에 무너지는 게 아니라 조금씩 벌
　어지는… 그 징조를 보이다가 나중에 와르르 무너지는 겁니다. 마찬가지로
　… (중략) …

192

J부: 아니요 그게 지금… 이런 것 하나가지고 얼이 빠지네 어쩌네 할 필요가 없다는 거죠.

- 11월 10일 학부모 전체회의

위처럼 학부모들은 의사결정기구에서 첨예하게 대립한다. 여기서 주목할 사실은 이러한 갈등 과정에서 서로 간에 감정이 상하는 일이 많다는 것이다. 즉, 공격적인 말을 주고받고 노골적으로 상대의 의견을 배격하며 불신을 드러내는 동안 학부모들 사이에서는 감정의 응어리가 생겨난다. 때문에 상대방이 제시한 의견에 대해 무조건적인 거부감을 느끼는 구성원이 더더욱 생겨나며 회의 과정에서 구성원들 간에 소모적인 감정 다툼이 벌어지기도 한다.

물론 학부모들이 소위 '판을 깨버리는' 일은 드물다. 감정이 격해져도 회의가 끝나버리지는 않으며 매번 회의에 빠지지 않고 참석하여 학교일을 논의하는 학부모들도 상당히 많다. 하지만 이러한 의사결정의 지속은 여러 불가피함에서 기인한다. 예컨대 제도적으로 '꽃피는 학교'의 운영규정은 학부모들이 정기적으로 회의를 해야 한다고 명시하고 있으며 공동체 스스로 운영해나가는 '꽃피는 학교'의 특성상 주요 행위자 중 하나인 학부모들은 당장의 문제를 직접 논의하기 위해 모일 수밖에 없다. 또한 학부모들에게 교육 공동체의 일은 무엇보다 자신의 자녀와 관련된 일이기 때문에 그들은 지속적으로 의사 결정에 참여한다.

결과적으로 학부모들 간에 이러한 가치관의 대립은 오랜 기간 반복되며 모종의 감정적 응어리를 낳아왔으며 이를 명확히 해소하지 못한 부분이 분명히 존재한다. 때문에 갈등 과정에서 구성원들은 서로의 철학을 일정 부분 공유하거나 이를 수렴시키는 데에 어려움을 느낀다. 실제로 '꽃피는 학교'의 학부모들 중에서 이러한 양상을 인지하고 있는 이들도 꽤 존재한다. 그러나 반대로 오히려 계속해서 대립하는 것이 건전한 민주주의라 여기는 학부모들도 있으며 불화를 인지하더라도 이를 해결할 방법을 찾지 못하는 경우가 대부분이다. 예컨대 본 연구자들이 학부모들과의 첫 대면 자리에서 학부모 총회, 교사회의, 학생들의 회의 등을 참관한다고 하였을 때 한 학부모는 학부모회의에 오면 싸우는 모습만 보게 될 것이라고 말했는데 이를 들은 다른 학부모는 "에이, 그게 또 우리의 진수잖아"라는 말을 하였다.

여기에 더해 이러한 양상은 전체적인 '꽃피는 학교' 의사 결정 구조 속에서 학부모들의 의견 수렴에 영향을 미치기도 한다. 즉, '꽃피는 학교'의 근본적인 운영 방향에 관한 문제가 떠오를 때 격렬한 반응을 보이는 학부모들에게 교사들이 '압박감'을 느낄 수 있다는 점에서 학부모 주체가 무력하다고 말할 수는 없으나 타 행위주체들이 일정한 의견을 안정적으로 만들어나가는 와중에 학부모들은 집합적인 의견을 수렴해내는 데에 더딘 모습을 보여준다.

2. '꽃피는 학교 고등과정'의 학생, 교사, 학부모 행위자 주체 간의 신뢰 – 학생–교사, 학생–학부모, 학부모–교사의 신뢰 양상

그렇다면 행위자 주체들 간의 신뢰는 어떻게 나타날까? 먼저, 학생과 교사들은 상당히 친밀하며 서로 상당한 신뢰를 가지고 있는데 이는 다양한 사례에서 드러난다. 예를 들어 학생들은 교무실에 자유롭게 드나든다. 교사들이 교무실을 잠가놓거나 출입을 통제하는 경우는 드물며 학생들도 입에 칫솔을 물고 들어가는 등 그다지 행동에 제약을 느끼지 않는다. 또한 교무실에서 이루어지는 학생과 교사의 대화는 주제가 학교생활로 한정지어지지 않으며 학생과 교사들은 여행, 먹거리 등 여러 소소한 이야기들을 주고받는다.

학생들이 직접 학교생활을 하며 찍은 사진을 설명과 함께 기록하는 '꽃피는 학교 서울 고등학교' 웹사이트의 '도란도란 이야기' 항목도 교사들과 학생들의 친밀함을 드러내는 모습들 중 하나이다. 예를 들어, 학생들은 〈그림 4〉와 같이 교사의 일상을 자연스럽게 찍어 홈페이지에 업로드하기도 한다. 또한 〈그림 5〉와 같이 학기가 끝나고 나서 교사에 대한 감사함을 표현하기 위해 사은회를 열고 다정하게 단체 사진을 찍은 뒤 이를 기록으로 남긴다.

동물원의 원숭이가 된 듯한   샘, 많이 편안하신 것 같죠?

〈그림 4〉 학생들이 찍은 일상사진

출처: 꽃피는 학교 서울고등학교, "도란도란 이야기", http://www.peaceflower.org/(검색일: 2019년 1월 5일)

이번주는 일년동안 학생들을 위해 숙수고해주신 선생님들께 감사를 전하는 사은회주간이기도 했습니다.
각각 수업, 학년의 학생들이 준비한 선물전달과 포토타임을 가졌습니다.
위 사진은 10학년과 담임을 맡고 있는 귀여운(?) 영택쌤입니다.

〈그림 5〉 사은회 단체사진

출처: 꽃피는 학교 서울고등학교, "도란도란 이야기", http://www.peaceflower.org/(검색일: 2019년 1월 5일)

학생과 교사 사이에 상당한 신뢰와 친밀감이 존재하는 이유는 다음과 같다. 우선, 작은 학교 공간과 학숙에서 학생들과 교사는 상당히 밀착하여 생활한다. 교무실에서 문을 열면 바로 학생들이 공강 시간에 머무는 방이 보여 학생들과 대화를 나눌 수 있으며 화장실에 갈 때나 밥을 먹으러 갈 때 학생들과 교사들은 빈번하게 마주친다. 또한 사감 역할을 하는 학숙 교사는 학생들이 하교한 이후 학숙에 머무르며 아이들과 함께 생활한다. 여기에 더해 '꽃피는 학교'의 교육 프로그램상에서 교사들과 학생들이 함께 보내는 시간이 많다. 예를 들어, '꽃피는 학교 고등과정'은 근처 산에 올라 아침 조회를 하는데, 모든 교사들이 학생들과 함께 산을 오르고 내리며 이러한 가운데 교사들과 학생들은 끊임없이 소통한다. 이러한 요인들은 학생과 교사 사이에 대면적인 접촉이 일어날 수 있는 '공동의 시간'을 늘리는 효과를 가져다준다고 할 수 있다.

물론 학생과 교사가 서로 친하며 강하게 신뢰하고 있다 해서 그들 사이의 위계가 완전히 해체되는 것은 아니다. 교사들의 경우 학생들의 모든 요구조건을 조건 없이 수용하지는 않는다. 실제로 학생 회의에서 의결된 사항을 교사가 받아들이지 않거나 부가적인 의견을 제시한 뒤 돌려보내는 경우도 있다. 또한 학생들이 교사에 대해서 불만을 전혀 가지지 않는 것도 아니며 가끔은 답답함을 호소하기도 한다. 하지만 이러한 일들은 학교의 울타리 안에 있는 학생들을 교육하는 측면에서 불가피하게 벌어지는 경우가 많으며 그것이 근본적으로 주체들 간에 신뢰를 저해한다고 보기는 힘들 것이다. 예컨대, 학생들은 적어도 자신들의 의사결정 결과를 교사들에게 전달할 때 교사들이 이를 무조건적으로 배척하지 않을 것이라는 믿음을 가지고 있다. 실제로도 교사들은 면담 과정에서 자신들이 최대한 조언자 역할에 머무르려 하며 되도록이면 학생들의 자율적인 의견을 최대한 반영하려는 마음가짐을 가지고 있다고 대답하였다. 또한 학생들은 불만을 가지더라도 교사들이 인격적으로 나쁘거나 무능력해서 문제들이 발생했다고 생각하지는 않는다. 오히려 학생들은 교사들이 제시하는 근본적인 방향을 따를 의향이 크며 충분한 근거를 가지고 설득할 수 있다면 교사들이 학생들을 믿고 적극적으로 지지해줄 것이라는 기대를 한다.

이러한 신뢰의 양상 속에서 교사와 학생들의 의사결정은 관료제와 같은 수직적인 구조라기보다 마치 양원제에서 상·하원이 서로 협력하거나 견제하는 듯한 양상으로 나타난다. 교사들은 학생들을 불완전한 존재로 간주하여 마냥 자신들의 의견에 따르게 하기보다는 독자적인 교육 공동체의 주체로서 인정하고 이들의 의견을 적극적으로 듣는다. 그 과정에서 학생들 또한 교사들을 교육 공동체의 동료로 간주하며 그들을 설득하기 위해 노력하며 교사들은 교육적 측면에서 받아들일 수 없는 부분들을 거부하거나 수정할 것을 요구한다.

한편 학생과 학부모 사이의 신뢰 양상은 다음과 같다. 학생들은 교육 공동체의 구성원으로서 의사결정 과정에 참여하는 부모들에 대해 잘 알지 못하는 경우가 많다. 1년에 한 번 있는 '문화회의'를 제외하고는 학부모들과 집단 대 집단으로 의견을 교환할 기회가 적으며 학부모들이 자체적으로 어떤 의사결정 과정을 거치는지 알고 있지는 않다. 학부모들도 회의 과정에서 학생들이 의사 결정을 통해 만들어낸 집합적 의견을 크게 거론하지는 않는다.

> 우리가 지금까지 학부모들의 회의도 참관했다는 말을 했다. … (중략) … 아이들은 '우와, 궁금하다.', '거기 가면 어때요?'라고 하며 큰 관심을 보였다. 차마 11월 10일 회의에서 큰 다툼이 벌어졌다고 말하지는 못하였는데 학생들은 다툰 사실을 떠나 학부모들의 회의에서 오간 내용과 그 형식을 잘 모르는 것 같았다.
>
> – 11월 26일 학숙에서의 식사 관찰 일지

하지만 그럼에도 불구하고 학생과 학부모는 '부모'와 '자식'으로서 일정 수준 이상의 신뢰를 지니고 있다. 실제로 학생들은 여느 아이들처럼 학교에서 일어난 일들을 부모에게 말하고 불만사항이 있을 경우 전화나 e-mail로 하소연한다. 또한 학생들은 학부모들이 회의를 위해 상경할 때 함께 식사를 하거나, 학기 중 주말에 여유가 생기면 집으로 내려감으로서 면대면(직접적)으로 교류할 수 있는 기회를 가지기도 한다. 학부모들도 자녀가 학교생활을 하며 느낀 바를 전적으로 믿으며 자녀의 문제를 해결하기 위해 노력한다. 이러한 학부모들의 모습은 학부모회의에서 잘 나타나는데 예를 들어 학부모들은 자신의 의견을 개진하기 위하여 자녀들이 자신에게 들려주었던 이야기를 그대로 차용해서 이야기한다.[17]

> B: 대안학교 한마당 때 우리 애들이 어쨌냐면 '나기(일반 종례)'가 모여서 제대로 되지가 않아서 그거 기다리느라 진이 다 빠졌대요. 그때 '나기'만 제대로 했었어도 애들이 … (중략) …
>
> J부: 지금 계속 '나기' 가지고 '얼'이 빠졌다고 말하시는 것도 지금 그런데 우리 애들은 전혀 그런 게 없었거든요.
>
> – 11월 10일 학부모회의

위에서 학부모들의 의사결정에 대해 학생들이 잘 모를 때가 많다고 하였는데 실제로 학생들은 자신들이 부모에게 했던 말이 어떠한 방식으로 다른 학부모들 사이에서 공유되는지 알지 못한다. 그에 따라 때로는 같은 사건을 보더라도 학부모들과 학생들의 온도차가 나타날 때가 있다. 이러한 괴리는 학생들이 했던 말이 부모들에게 전달될 때 심리적으로 한 번의 해석을 거치고, 이것이 다시 격한 논쟁 과정에서 '강한 워딩(wording)'으로 포장되면서 나타나는 것으로 보인다. 예를 들어, 학부모들은 학부모회의에서 '대안학교 한마당'[18] 행사가 얼마나 문제가 많았는지 논의하는 데 상당한 시간을 할애하였다. 그러나 본 연구자들이 '대안학교 한마당'에 대한 인상을 학생들에게 물었을 때 "대안학교 한마당도 나름 의미

---

17. 이러한 과정에서 학생들은 피교육자로 위치지어진다. 예컨대, 학부모회의에서 학부모들이 '아이' 뒤에 붙이는 조사들은 대부분 학생들을 객체화하는 '을', '한테' 등이며 발화의 내용 또한 궁극적으로는 학생들의 교육 방향에 관한 것이다. 결국 학부모들은 어찌 되었건 자녀들을 '키워야' 하는 입장에서 교육적 측면을 생각할 수밖에 없다.
18. '대안학교 한마당'은 '꽃피는 학교'의 가을 운동회 격인 '추분제'를 대신하여 열린 행사이다. 서울시 내에서 다양한 대안학교들이 연합하여 행사를 진행하였으며 장터, 이벤트, 공연, 토론회 등이 열렸다.

가 있었지만 아무렴 다 같이 어울려 놀 수 있는 '추분제'보다는 재미가 떨어진다"는 비판 정도가 있었으나 완강히 부정적인 인상을 피력한 이들은 없었다.

이러한 학부모들과 학생들 사이의 단절을 단순히 미스커뮤니케이션 (miscommunication)이라고 해석할 수도 있다. 하지만 이러한 단절은 결국 학부모들이 진심으로 자녀들을 믿고 그들이 겪은 문제를 해결하려는 진심어린 마음에서 우러나온 '결과물'이며 그 자체가 학생들과 학부모들 사이의 불신을 표상한다고 볼 수는 없다. 또한 조금의 성급함을 무릅쓰고 고찰해 보건데 이러한 단절이 일어나는 것이 오히려 학생들의 높은 신뢰 구조를 유지하는 데 유리할 수도 있다. 왜냐하면 학부모회의에서 학부모들 사이의 논쟁이 벌어졌을 때 이를 자녀들이 알게 될 경우 그 자녀들의 관계에서도 긴장감이 흐를 여지가 다분하기 때문이다. 또한 학생들 내부에서 공유되지 않았던 의견들이 강력한 워딩(wording)으로 학부모들의 입에 오르내렸다는 것을 학생들이 알게 된다면 학생들은 당혹감을 느낄 수밖에 없을 것이다.

종합해 보면 학부모들과 학생들이 공식적인 의사결정기구를 통하여 공동체의 운영에 대해 논의하는 경우는 드물다. 하지만 이들은 부모와 자식으로서 일정 수준 이상의 친밀감과 신뢰를 가진다. 학생들은 부모와 개인적으로 대화하며 학교에서 일어난 이야기들을 말하고 애로 사항이 있을 경우 진솔하게 털어놓는다. 그리고 부모들은 자녀들이 개인적으로 털어놓은 사안들을 해결하기 위해 최선을 다하며 이를 의사결정기구에서 공론화시키기도 한다.

마지막으로 교사들과 학부모들 사이의 신뢰 양상을 살펴본다. 사실 타지의 학부모들이 미성년자인 학생들을 서울로 올려 보내 교사들에게 맡긴다는 것 자체가 학부모들이 일정 부분 교사들을 신뢰하고 있다는 증거가 될 수 있다. 또한 실제로 개별 학부모들을 놓고 볼 때 교사들에게 우호적이거나 높은 신뢰를 보이는 학부모들도 꽤 존재한다. 하지만 학부모들 간의 신뢰와 마찬가지로 교사와 일부 학부모들 사이에서도 봉합되지 않는 부분들이 발생하는데, 이러한 양상은 특히나 '꽃피는 학교'의 근본적인 운영방향을 논할 때 두드러진다.

위에서 언급한 바와 같이 다소 강경한 학부모들은 교사들에 대하여 불신을 표출하나 그렇지 않은 학부모들은 교사들에게 힘을 실어주기 위해 노력한다. 그러나 교사들을 적극적으로 옹호하는 부모들이 존재함에도 불구하고 교사들의 머릿속에는 자신들과 격렬하게 대립했던 학부모들이 크게 기억된다. 결국 교사들은 학부모들에 대한 감정적 응어리를 가지게 되며 이러한 경험이 반복되면서 교사들은 학교 운영에 대한 사안을 논의하며 학부모들이 교사들의 집합적인 의견을 반대할 것을 상당히 염려하기도 한다.

아침 걷기 장소로 이동하는 중에 여교사 분과 이야기를 나눌 수 있었는데, 학부모 총회에서 "교사를 신뢰하지 못한다"는 말을 들은 것이 상처가 되었던 모양이다. … (중략) … (교사회의 신규 교사 채용에 관한 이야기) 면접 방식에 대한 논의가 이어졌는데, 교사 정인지는 "우리는 교사들을 신뢰하지 않아요"라는 질문을 받았을 때 어떻게 답하실건가요?라는 질문을 넣어야 하는 게 아니냐면서 농담을 주고받았다. 비록 이 말은 농담이긴 했지만, 총회 때 나온 이 말에 교사회 전체가 상처를 크게 받은 것으로 보인다. 또한 학부모가 면접에 참여한다는 이야기를 듣고, 학부모가 원하는 지원자와 우리가 원하는 지원자가 다르면 어떻게 하느냐는 물음에, 대표 교사는 싸워야지, 지내는 건 우린데, 라면서 우리 학교에 필요하면서, 동시에 우리와 함께 잘 지낼 수 있는 교사를 뽑는 것이 우선이라는 입장을 고수하였다.

- 11월 19일 교사회 참여관찰 일지

학부모들과 교사들 사이에서 이러한 양상이 나타나는 가운데 강경한 학부모들의 교사들에 대한 불신도 쌓여간다. 간혹 교사들에 대한 불신이 온건한 학부모들에 대한 악감정과 함께 증폭될 경우 강경한 학부모들은 자신들의 주장이 받아들여질 여지가 없다고 생각하여 공동체를 이탈하기도 한다. 실제로 올해 중등 과정에서 강경한 학부모들의 자녀들이 상당수 학교를 그만두었다. 여기에는 대표

이사 선출 건을 둘러싸고 강경한 학부모들과 온건한 학부모들이 각각 후보를 내세운 끝에 표결로 온건한 후보가 당선된 것과 이 가운데 교사들이 온건한 후보를 지지했던 일이 배경으로 숨어있다.

물론 이러한 학부모들과 교사의 신뢰 양상이 '꽃피는 학교' 운영을 아예 불가능하게 하는 것은 아니다. 왜냐하면 위에서 언급하였듯 다수의 학부모들이 교사들을 신뢰하며 적극적으로 응원하는 데 더해 실제로 교사들이 학부모들과 대면해야 하는 자리가 그다지 많지는 않아 직접적으로 부딪히는 일이 자주 벌어지지는 않기 때문이다. 그럼에도 불구하고 교사들과 학부모들 사이에 남아있는 앙금은 무시할 수 없는 수준이다. 비록 학부모들이 명확히 의사결정을 내려 이를 밀어붙이는 양상을 보이지는 않으나 일부 학부모들의 강력한 의사표현은 마치 브레이크처럼 교사들의 학교 운영에 제동을 건다. 또한 회의마다 이어지는 반목으로 쌓인 감정적 앙금은 해소되지 않은 채 구성원들의 마음속에 머물러 있다. 교사들은 자신들의 철학에 신뢰를 보내지 못하는 학부모들에 대해 상당한 압박감을 지속적으로 느끼며 학부모들 또한 교사들에 대한 불신을 쌓아가는 경우가 발생한다.

IV. 결론 및 해석

서론에서 언급했듯 공동체의 신뢰는 공동체의 자치 양상을 결정짓는 주요한 요소들 중 하나이다. 지금까지의 연구에서 신뢰는 민주주의의 성숙에 긍정적인 효과를 가져다준다는 것으로 평가되어왔다. 한편, 이러한 이론적 논의를 떠나 실제로 자치의 거점이 되는 공동체를 면밀하게 들여다보면 단순하게 정리하기 어려울 정도로 다양하고 복잡한 모습의 신뢰 양상이 펼쳐진다는 것을 알 수 있다. '꽃피는 학교'의 경우 학생들 간의 관계나 학생들과 교사들의 관계처럼 '서로를 강하게 신뢰한다'는 일반적인 표현으로 정리할 수 있는 모습도 나타났으나 부모들 간의 관계, 교사와 학부모의 관계처럼 단순히 정리하기에 상당히 난해한 경우도 발견할 수 있었다. 여기에 더해 공동체 내부의 다양한 신뢰 양상 속에서는 이 성적인, 혹은 이론적인 접근만으로는 단순화하기 힘든 감정의 요소가 배경에 깔려있기도 한다. 예컨대 '공동의 시간'을 지내오며 정이 들어 서로를 가족과 같이 여기는 경우도 존재하지만 때로는 감정의 응어리가 계속해서 쌓여 신뢰가 계속해서 저해되기도 한다.

이와 더불어 '꽃피는 학교'의 신뢰 양상을 전반적인 공동체의 자치와 연결시켜 볼 때 발견할 수 있었던 사실은 신뢰의 양상이 비록 공동체 운영의 모든 것을 결정짓는 독립변수가 된다고 단정 지을 수는 없으나 구체적인 삶에서 일정 부분 매개변수의 역할을 하고 있다는 것이다. 이는 지금까지 사회적 자본의 한 요소로서의 신뢰에 대해 주목해 온 기존의 연구들과 상당히 부합하는 결과라고 할 수 있는데 비유하자면 구성원들 간의 신뢰 양상은 대체적으로 목적지로 가는 길 자체가 아니라 '한 걸음 더(One step further)'의 문제와 연관되어 있다.

조금 더 구체적으로 말하자면 다음과 같다. '꽃피는 학교 고등과정' 구성원들의 신뢰 양상은 '꽃피는 학교' 공동체가 운영되는 속에서 다양하게 작동된다. 이러한 가운데 '꽃피는 학교'에서 구성원들 전반의 신뢰가 높아 구성원들이 새로이 만들 수 있는 기회의 장이 열리기도 하며 봉합되지 않은 부분으로 인해 더 나아가지는 못하기도 한다. 예컨대 관습적으로, 혹은 제도적으로 굳어진 교육 공동체의 틀이 존재하는 가운데 구성원들 간의 신뢰 양상으로 인해 의사결정의 지름길이 열리거나 닫힌다. 또한 환경적 여건이 불리하게 돌아가는 상황에서도 이를 상호 간의 신뢰로 버텨내는 경우가 있다. 이에 반해 감정적 응어리로 말미암은 불신으로 인해 의사결정의 마지막 걸음을 내딛지 못하는 경우도 존재한다.

그렇다면 이러한 교육 자치의 거점인 '꽃피는 학교'의 신뢰 양상이 주는 시사점은 무엇일까? 우선 '꽃피는 학교'의 모습은 규범적 차원의 '신뢰의 중요성'을 알려준다. 특히 현재 한국의 교육 제도 속에서 '입시 제도에 대한 불신', '공교육에 대한 불신' 등 다양한 '불신 표현'들이 쏟아져 나오고 있는 가운데 이러한 신뢰의 중요성은 상당히 숙고할 만한 가치가 있다. 즉, 신뢰가 교육의 모든 문제를 해결해

줄 것이라고 말할 수는 없으나 제도권 교육에 대하여 시민들이 요구할 수 있는 최소한의 신뢰를 충족시키고 더 나아가 공교육 안팎에서 상관관계를 가지는 다양한 시민 주체들이 상호 간의 신뢰를 공고화하는 것은 매우 중요하다. 특히, 한국 사회의 압축 성장 속에서 빠르게 자라왔던 한국의 교육 제도가 '한 걸음 더' 나아갈 수 있는 데에는 결국 신뢰의 문제가 걸려있다.

한 걸음 더 나아가 신뢰와 민주주의의 관계를 바라봄에 있어 '꽃피는 학교'가 줄 수 있는 시사점은 '감정(Emotion)'과 '언어'의 역할이다. 사실 우리 사회의 민주주의가 구현되는 현장에서 '꽃피는 학교'의 학생들이나 교사들처럼 꾸준히 일상을 같이하며 친밀감과 신뢰를 쌓아가는 경우는 찾아보기 힘들다. 오히려 대부분의 경우 정치 과정에서는 '꽃피는 학교'의 학부모들과 같이 다양한 가치관을 가진 채 서로 갈등하거나 학부모들과 교사들의 경우처럼 각자의 역할이 다른 만큼 입장이 첨예하게 갈린다. 이러한 점에서 공동체 구성원 간의 일반적인 신뢰가 민주주의에서 '다다익선(多多益善)'이라고 할 때, 민주주의 성숙을 위해 다양한 구성원들을 묶고 이어낼 수 있는 신뢰를 구축해나가는 과정을 밟아나가는 것은 더욱 중요하다고 할 수 있다. 그리고 이렇게 구성원들 간의 신뢰를 구축시키기 위해서는 서로를 만나며 부대끼거나 친해지는 시간, 즉 '공동의 시간'을 많든 적든 가져야한다.

그런데 이 과정에서 '정(情)'과 같은 감정의 요소가 긍정적으로 작동할 때도 있으나 때로는 부정적인 효과를 낳는다. 인간적으로 어느 정도 친밀해지더라도 모종의 감정 응어리가 남아 상대의 의견에 대한 막연한 거부감이 나타나거나 상대를 신뢰하지 않아야 할 이유가 시민들의 마음속에서 생겨나기도 한다. 특히 이러한 인간의 감정 요소는 이성적인 판단이 아니라 감성으로 '느끼는' 영역이기에, 함께 정치 과정을 하며 주고받는 사소한 말에 따라 순식간에 증폭되거나 누그러뜨려진다. 즉, '꽃피는 학교'의 학부모회의에서 한 학부모가 "맞는 말이지만 인정하기가 싫다"는 말을 한 것처럼 이성적으로 판단하기에 옳은 시민들의 주장들이 공격적인 언어를 주고받으며 커져 간 반감 속에서 신뢰를 잃어갈 수 있다.

결국 공론장에서 주고받는 사소한 언사들, 그리고 사람들이 동료 시민들에 대해 느끼는 원초적인 감정은 민주주의를 성숙시킬 수 있는 신뢰를 형성하는 데에서 중요하게 작동한다고 할 수 있다. 때문에 그 동안 정치를 바라보는 관점에서 크게 주목을 받지는 못했던 '언어의 정치', '감성의 정치'에 대해 다시금 곱씹어봐야 할 필요가 있다. 한 걸음 더 나아가 '혐오'와 '지역감정'과 같이 부정적인 감정에 기반을 둔 공격적인 언사가 여러 공론장에서 심심치 않게 발견되는 한국 민주주의의 현주소에서 이러한 감정과 언어의 요소들은 더욱이 되돌아볼 필요가 있을 것이다.

참고문헌

교육부 공식 블로그 http://if-blog.tistory.com/

김강민. 2011. "신뢰가 갈등의 민주주의 측면에 미치는 영향: 국민의식조사를 중심으로." 『사회과학연구』 37(3).

꽃피는 학교 http://www.peaceflower.org/

박재영. 2016. "세대와 정치참여: 일반신뢰와 정부신뢰의 차별적 효과를 중심으로." 서울대학교 석사학위논문.

안승국. 2012. "아시아에 있어서 정치·사회적 신뢰와 결사체 민주주의." 『비교민주주의연구』 8(1).

우정무·이재철. 2013. "민주주의 수준에 대한 정치문화의 영향력: 정치체제, 사회자본, 인류발전 접근 분석." 『한국과 국제정치』 29(2).

조용태·이선숙. 2000. "우리나라 대안학교의 이념과 역사." 『교육학논총』 Vol.21(1).

한국민족문화대백과 http://encykorea.aks.ac.kr/

Oxford Research Encyclopedia http://oxfordre.com/

Putnam, Feldstein. 2004. *Better Together: Restoring the American Community*. Simon & Schuster, New York.

시민정치 플랫폼으로서 공간의 생산과 활용
영등포구 '카페 봄봄'을 중심으로

정치외교학부 **오민재**

정치외교학부 **고은재**

지리학과 **이상호**

시각디자인과 **김용희**

〈연구활동 일지〉

날짜	활동 내용
2018년 10월 9일	'흥사단' 〈통일꽃 교육〉 참여관찰
2018년 10월 11일	〈10월 영등포 목요밥상〉 참여관찰
2018년 10월 18일	〈유해물질로부터 마을을 구하라!〉 참여관찰
2018년 10월 27일	'영등포 서로살림 마을축제' 참가자 모임 관찰
2018년 10월 31일	최지원 '카페 봄봄' 매니저 면담
2018년 11월 3일	'안전한 예방접종을 위한 모임' 〈의사에게 듣는 안전한 예방접종〉
2018년 11월 10일	김숙희 '카페 봄봄' 매니저, 개똥이(가명) 기타 강사 면담
2018년 11월 12일	'노동인권해봄' 출정식 참여관찰
2018년 11월 13일	공군자 '카페 봄봄' 매니저 면담
2018년 11월 15일	〈11월 영등포 목요밥상〉 참여관찰
2018년 11월 20일	김봄봄(가명) '영등포 마을네트워크' 청년활동가 면담
2018년 11월 22일	청년지원센터 집단심리상담 프로그램 관찰
2018년 11월 29일	'KT 새노조' 김미영 부위원장 면담
2018년 12월 1일	철도노동자 박태만 환갑잔치 및 퇴임식 참여관찰
2018년 12월 4일	'가가호호 돌봄센터' 이복순(가명) 이사장 면담

본 연구는 영등포구의 '카페 봄봄'에서 수행한 민족지적 연구를 통해, 시민들의 정치활동의 바탕이 되는 물리적인 장소가 갖는 특성이 시민정치에 미치는 영향을 탐구한다. '카페 봄봄'은 '노동과 마을의 합체'라는 모토 아래 설립된 마을 복합문화공간으로, 세 명의 상근 매니저가 각자의 전문 분야에 맞게 활동하며 이 공간을 운영하고 있다. 참여관찰 그리고 매니저들과 이용자를 대상으로 한 면담을 통해 파악한 '카페 봄봄'의 공간적인 특성은 첫째, 노동과 마을이라는 가치에 공감하는 사람들이 주로 드나드는 '내집단적 공간'이다. 일반 카페와는 달리 분명한 가치 지향점을 가진 '카페 봄봄'은 자신의 내집단에 부합하는 시민 활동가들에게 안정적인 시민정치 플랫폼으로 기능한다. 둘째, 모두에게 열린 '공유 공간'이다. 이용자들은 물리적 공간을 나눠 쓸 뿐만 아니라 '주소를 박아둠'으로써 봄봄을 그 자체로 공유하기도 하며, 더 나아가서는 자신의 가치를 나눈다. 이를 통해 본 연구는 '카페 봄봄'이 노동과 마을이라는 키워드를 기반으로 하여 시민정치의 새로운 가능성을 제시하는 공간임을 확인하였다.

I. 연구 배경

퍼트넘은 공동체 구성원들 간 사회적 자본이 형성되기 위한 조건으로서 반복적인 접촉이 일어나는 공간을 강조한다.[1] 이 공동의 공간은 시민단체, 언론, 온라인 커뮤니티 등 다양한 형태로 구현될 수 있지만, 특히 구성원들이 실제로 만나 소통할 수 있는 물리적 공간의 경우 그 위치, 구조, 배치 등은 소통과정에 영향을 미치게 되며 그 존재 자체로서 방문자들에게 특정한 의미를 형성하게 된다. 그리고 이처럼 특정한 공간을 중심으로 시민들의 정치활동이 직접적으로 일어난 국내의 잘 알려진 사례로는 마포구의 '민중의 집'과 '성미산 마을'을 꼽을 수 있을 것이다. 민중의 집은 민중 스스로가 건설하는, 사회운동 간 소통의 확장 및 통합적 사회운동의 거점으로서 사회의 주목을 받았다.[2] 한편 성미산 마을은 성미산이라는 지역적 공간을 중심으로 이루어진 지역 결사체가 개방성과 책임성, 그리고 공공성을 드러내는 성공적인 로컬 거버넌스를 구축했다는 평가를 받고 있다.[3] 그러나 지금까지 이러한 공간을 중심으로 국내에서 이루어진 논의는 심층적인 현장연구를 기반으로 이루어지지 못했으며, 나아가 공간 자체가 갖는 의미보다는 공간에서 드러나는 활동의 특성에 초점을 맞추어 왔다고 할 수 있다.

따라서 본 연구에서는 시민들의 정치활동의 바탕이 되는 물리적인 장소의 특성과 그로 인해 시민정치에는 어떤 영향이 나타나게 되는지를 현장연구를 통해 좀 더 깊이 있게 다루고자 한다. 이를 위해 본 연구팀은 시민들의 모임공간이 되는 동시에 우리 주변의 사례인 영등포구의 마을 복합문화공간 '카페 봄봄(이하 봄봄)'을 통해, 특정 공간의 위치·구조·배치는 어떤 기능을 수행하고 그곳에서 일어나는 활동에 어떤 영향을 미치는지, 그리고 이용자에게 어떻게 활용되며 어

---

1. Robert D. Putnam·Lewis M. Feldstein·Don Cohen. 2003. *BETTER TOGETHER: Restoring the American Community*. Simon & Schuster. pp.277-279.
2. 최준영. 2007. "지역-현장을 기반으로 한 사회운동의 거점, 〈민중의 집〉." 「문화과학」 50. p.223.
3. 김의영·한주희. 2008. "결사체 민주주의의 실험." 「한국정치학회보」 42(3). pp.149-153.

제7장 시민정치 플랫폼으로서 공간의 생산과 활용   **209**

떤 의미가 있는지에 대한 민족지적 연구를 수행하였다. 이를 통해 궁극적으로는 시민정치가 이루어지기 위한 바탕인 공동의 플랫폼이 물리적으로 존재할 때 갖는 특성과 그러한 공간이 시민정치의 활성화를 촉진하는 양상 및 조건을 밝히는 것을 목표로 한다.

II. 카페 봄봄 소개

봄봄은 서울특별시 영등포구 영신로20가길6에 위치한 조그마한 카페이다. 영등포역 1번 출구에서 3분 정도 좁은 골목길 안으로 들어가면 있는 빌라의 2층에서 봄봄을 발견할 수 있다. 그날이나 그 주에 봄봄에서 진행하는 행사를 간단하게 소개한 에이보드를 찾으면 좀 더 쉽게 도달할 수 있다. 각종 지도어플에는 '복합문화공간'으로 소개되어있지만, 봄봄은 단순한 문화 카페 그 이상의 모습을 보여준다. 노동이라는 가치와 마을 공동체를 엮여주는 공간으로서 봄봄이 가지는 특성을 고찰하기에 앞서, 봄봄에 대한 전반적인 이해가 필요하다.

봄봄은 2013년 7월 10일 설립되었다. 현재 봄봄의 매니저로 활동하고 있는 김숙희, 최지원, 공군자와 2018년까지만 활동하고 지금은 상근이 아닌 김동규, 정용진 매니저 다섯 명은 과거 '서울노동광장'이라는 비영리 민간단체의 회원으로 활동하면서 연을 맺게 된 사이이다. 서울노동광장이 영등포에 노동조합 관련 업무를 보던 물리적 공간이 '카페 봄봄'으로 리모델링되었고, 그 과정에서 회원 중 일부가 봄봄의 매니저라는 직무를 맡게 된 것이다. 따라서 모단체인 서울노동광장을 바탕으로 설립 초기부터 '노동'을 하나의 가치로 지니고 있었던 봄봄은 현재까지도 노동상담이나 교육을 공간 안에서 진행하고 있다. 2016년과 2017년에는 서울시의 공동사업 지원을 받기도 하였는데 현재는 공공기관의 지원이나 상주하는 외부 단체 없이 회원들의 후원과 공간대여료, 카페의 매출 등을 통해 운영되고 있다.

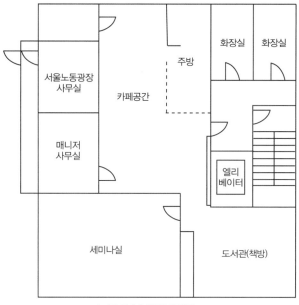

〈그림 1〉 '카페 봄봄' 평면도

봄봄은 커피를 팔기에 최적화된 공간 구조를 보여주지는 않는다. 30평 남짓한 공간에 주방과 카페공간, 사무실 2개와 도서관 (커튼으로 간이 분리된 책방), 세미나실, 그리고 창고 및 화장실 등이 존재한다. 운영시간은 평일 밤 10시까지, 토요일 9시까지인데 이마저도 유동적으로 변화한다. 즉 봄봄은 일반적인 카페와는 구조와 운영에서 모두 큰 차이가 있다고 할 수 있다. 그렇기에 운영은 주로 바로 공간대여와 회비를 통한 재정구조하에서 이루어지고 있다. 공간대여료는 시간 단위로 부과되며 카페공간, 세미나실 등 공간에 따라 다른 가격이 책정되어 있다. 회원의 경우에는 매달 1만 원이라는 금액의 회비를 자동 이체하며, 월 3잔의 커피와 공간을 사용할 때 대여료가 면제되는 혜택을 받는다.

1. 봄봄과 사람들

언급한 것처럼 현재 봄봄에서 상근하는 매니저는 김숙희, 최지원 그리고 공군자 3명이다. 김숙희 매니저는 '영등포 마을네트워크'의 대표이자 영등포 혁신교육지구의 운영위원 역할을 겸하고 있다. 마을과의 네트워킹과 마을 청소년들 지원 및 교육에 관련된 업무를 주로 하며, 'n개의 삶, n개의 학교' 프로그램의 일환으로 봄봄에서 열리는 문화강좌 관련 일을 맡고 있다. 공간 운영의 총괄을 맡은 최지원 매니저의 경우 공간대여 단체들의 예약 및 스케줄을 전체적으로 관리하며, 목요밥상이나 저녁시간 대여 회원들 식사 제공을 통해 봄봄 안에서 인간적인 네트워크 형성에 기여한다. 공군자 매니저는 노동교육이나 상담 등 봄봄에서 진행하는 워크숍이나 강좌 준비에서 중심적인 역할을 맡는다. 하지만 이러한 역할분담은 배타적인 것은 아니며 제한된 인력으로 봄봄을 운영하기 위해서 상호 협력하여 업무를 진행하는 경우가 더 많다고 한다. 매니저마다 정해진 요일에 출근하여 전반적으로 카페 공간을 지키고 관리하지만, 행사 준비나 축제 참여 등과 같은 일에서는 공동의 책임을 갖고 임한다. 또한 월요일 오전 시간은 청소시간으로 매니저뿐 아니라 이곳에서 함께 활동하는 영등포 마을네트워크의 청년활동가들도 같이 공간 관리 및 유지에 참여한다.

봄봄은 현재 200여 명의 회원을 보유 중이며, 이 중에는 단체로 가입한 이들도 있고 자주 공간을 이용하다가 자연스럽게 가입을 하게 된 개인도 있다. 회원가입 절차는 까다롭지 않고 월별 회비를 납부하는 CMS를 통해 회원이 될 수 있다. 하지만 봄봄의 모든 방문자가 회원이 되는 것은 아니다. 5년째 봄봄에서 회의를 진행 중인 'KT 새노조'의 김미영 부위원장의 경우 연구자와 면담 전까지 봄봄에 회원제라는 것이 존재하는지 몰랐다고 했을 정도로, 먼저 문의하고 가입 의사를 밝히지 않는 한, 회원 가입 권유나 강력한 요청 등은 존재하지 않는 것으로 보인다 (2018년 11월 29일, KT 새노조 김미영 부위원장 면담). 봄봄의 공간을 가장 꾸준히 대여하는 단위로는 통신소비자협동조합 '다이음', 민중당 당원, 영등포 마을네트워크의 청년활동가들, 민들레교회 목사, 정의당 영등포 위원장 등이 있다고 한다. 즉 다양한 계층과 분야의 사람들이 봄봄이라는 공간을 활용하고 있다는 것을 확인할 수 있다.

2. '세상을 바꾸는 노동과 마을의 합체'

앞서 언급하였듯이 봄봄은 매니저들이 과거 몸담고 있었던 '서울노동광장'이라는 비영리 민간단체를 전신으로 삼고 있다. 그만큼 노동이라는 가치는 봄봄에 중요한 의미를 지닌다. 봄봄 안에 존재하는 홍보게시판에는 각종 노동자 교육을 위한 팸플릿들이 있으며 청소년 노동자를 위한 인권 강의, 상담 프로그램 포스터도 발견할 수 있다. 또한 매니저 사무실과 별개로 카페공간 한쪽에 전국중소유통상인협회 사무실이 존재하고 있는 것에서도 봄봄이 추구하는 가치를 확인할 수 있다. 실제로 매니저들과의 면담이나 봄봄을 활용하는 회원, 단체들을 관찰하였을 때에도 봄봄의 출발이 노동단체에 있었다는 사실은 지속적으로 드러났다.

동시에 봄봄은 영등포 내에서 '마을'이라는 또 다른 가치를 복원하고 유지하고자 노력한다. 김숙희 매니저는 현재 지역 청소년들과 문화 강좌, 지역축제 참여, 지역 교외 봉사 유치 등 다양한 방법으로 상호작용을 하고 있다. 이 외에도 봄봄은 지역 바자회나 영등포 공원 등에서 진행되는 축제에 참여한다. 문화강좌의 경우 일반회원들뿐 아니라 지역주민들 또한 다수가 함께하고 있다. 최지원 매니저, 김동규 매니저, 김봄봄(가명) 청년활동가 등 실제로 영등포 주민인 운영진과 회원들이 많기에 마을이라는 키워드는 더욱 강조된다. 김숙희 매니저는 이러한 '가치로서의 마을'에 대해 여러 교육이 이루어지는 장으로서의 면모를 강조하며, 지역적인 기반을 강조함에 따라 봄봄을 찾는 사람들이 다양해졌다고 말했다.

> "그런데 그때는 그 지향이, 마을로라고 하는 그 지향이 어떤 형태로 나타날지, 누구를 만나게 될지 그건 사실 모른 거죠. 5년 지나고 난 다음에 보니까 되게 다양한 계층의, 우리가 생각하지 못한 청소년들도 만나게 되고. 그리고 노동에 대해서 아무 상관, 관심 없는 사람들도 오게 되고 그렇게 된 것 같아요."
>
> – 2018년 11월 10일, 김숙희 매니저 면담

〈그림 2〉 '카페 봄봄' 내부

　'노동과 마을의 합체'라는 모토를 내건 봄봄은 현재 외부 단체에서 공간을 대여해 주최하는 행사 외에도 자체적으로 기획하고 추진하는 다양한 프로그램을 진행 중에 있다. 그 중 정기적으로 운영되는 몇 가지는 대표적으로 한 달에 한 번씩 영등포지역의 다양한 단체들이 지역현황 및 각 단위 사업을 공유하는 '영등포 목요밥상', 노동투쟁 현장에서 식사로 연대하는 '봄꽃밥차', 강사들이 수업을 통해 학생들의 멘토가 되어주는 'n개의 삶, n개의 강좌', 그리고 '인권 그림책 소모임', '청소년 노동인권 교육', 기타·우쿨렐레와 요가 강좌 등이 있다. 이외에도 '가가호호 돌봄센터', '노동인권 해봄' 등 지역 협동조합들과 영등포 노동인권 사업을 진행하고 있으며, '영등포 마을 네트워크'의 활동도 봄봄에서 이루어지고 있다.

III. 내집단적 공간

　그렇다면 이러한 봄봄의 공간적 특성에는 어떠한 것이 있을까? 먼저 한 학기 동안의 연구기간 동안 수차례의 참여관찰과 면담을 진행하는 동안, 연구자들은 모두 봄봄이라는 공간에 대한 접근에는 특정한 진입장벽이 존재한다는 사실에

동의하게 되었다. 즉 봄봄을 '시민 누구에게나 열린 공간'이라고 규정할 수는 없다는 것이다. 구체적으로 말하자면 시민정치의 플랫폼으로서 봄봄이 기능하고 있는 대상은 봄봄의 매니저들 및 그 모단체인 서울노동광장이 보유하고 있는 네트워크에 한정된 것으로 보였다. 그리고 본 보고서에서는 봄봄의 이러한 특징을 '내집단적' 공간으로서의 특성이라고 명명하고자 한다.

서구 사회심리학에서는 1970년대와 1980년대를 정점으로 지금까지 사회적 상황 내 개인의 소속감과 관련하여 '우리'와 '남'에 대한 구분을 흔히 내집단과 외집단의 개념으로 연구해왔다.[4] 일반적으로 한 개인이 그 집단에 소속한다는 느낌을 가지며 구성원 간에 우리라는 공동체 의식이 강한 집단을 내집단이라고 명명할 때, 봄봄은 운영진이 카페의 모토로 내걸고 있는 '노동'과 '마을'이라는 핵심 키워드를 중심으로 한 시민단체 및 활동가들의 집단의식을 유지 및 강화하는 공간이라고 볼 수 있다. 이러한 특징은 공간이 사용되는 양상과 이용자·운영자의 구성, 그리고 이들에게 공간이 갖는 의미 등 다양한 측면에서 드러나고 있다.

1. 공간의 사용

봄봄이 그 운영자와 이용자가 소속의식을 공유하는 내집단을 유지 및 강화하는 공간으로 기능한다는 측면은 그 쓰임새에서 가장 잘 드러난다. 앞서 언급했듯 봄봄은 카페 사업보다는 주로 공간 대여 혹은 프로그램 진행을 위해 사용되고 있는데, 어떠한 경로로든 봄봄을 접하게 되는 단체와 활동은 몇 가지로 특정할 수 있을 만큼 그 범위가 한정적이라는 것을 관찰 및 면담을 통해 알 수 있었다.

먼저 봄봄을 사용하는 외부의 단체들을 살펴보자면, 봄봄은 현재 카페공간 한 켠의 사무실을 전국중소유통상인협회에 임대해주고 있으며 공식적으로 영등포 마을네트워크의 사무실로 등록되어 있기도 하다. 또 매니저들의 면담에서는

---

4. 박정열·허태균·최상진. 2001. "사회적 범주과정의 심리적 세분화: 내집단 속의 우리와 우리편." 『한국심리학회지』 21(1). p.27.

봄봄의 공간을 정기적으로 대여하는 단위로 KT 새노조, 안전한 예방접종을 위한 모임, 녹색당, 정의당 등의 단체가 반복적으로 언급되었다. 따라서 봄봄에서의 공식적인 활동 또한 대부분 봄봄 자체에서 진행하는 프로그램과 이들 단체에서 진행하는 회의 및 교육으로 이루어져 있다. 봄봄에서 정기적으로 주관하는 프로그램으로는 영등포 목요밥상, 봄꽃밥차, 노동인권교육, 취미 강좌 등이 있고, 나아가 서울노동광장의 운영회의 또한 봄봄의 공간에서 진행된다. 이와 더불어 전국중소유통상인협회의 사무와 회의, 교육활동과 영등포 마을네트워크의 회의, 그리고 그 외 정기 대여 단체들의 회의 및 세미나가 공간 사용의 주를 이룬다 (2018년 10월 31일, 최지원 매니저 면담; 2018년 11월 23일, 김동규 매니저 면담).

　나아가 봄봄을 사용하는 다양한 활동들에는 모두 봄봄의 매니저 및 회원들이 가진 인적 네트워크와 직접적 관련이 있다는 특징이 있었다. 봄봄을 가장 중점적으로 이용하는 단체인 전국중소유통상인협회의 경우 내부 직책을 맡고 있는 김동규 매니저의 연결로 사무실을 임대하게 되었고, 영등포 마을네트워크 또한 김숙희 매니저가 운영위원장을 맡고 있다. 한편 전술한 활동 외에 연구자들이 관찰할 수 있었던 봄봄에서 열리는 비정기적인 교육 및 행사로는 흥사단의 통일교육, 청년활동지원센터의 심리상담, 영등포의 여러 시민단체가 합동주최하는 서로살림 마을축제 등이 있었는데, 이처럼 일상적으로 봄봄을 이용하는 단위가 아닌 곳에서 예약을 하는 경우 또한 봄봄에서 열리는 정기적 활동에 참여하는 인원이 매개가 된 것이었다(2018년 11월 22일, 청년지원센터 집단심리상담프로그램 관찰; 2018년 11월 23일, 김동규 매니저 면담).

　뿐만 아니라 봄봄의 공간 사용에서 인적 네트워크로 연결되지 않은 외부인과의 거리감을 가장 잘 나타내 주는 특징은 바로 매니저들 및 서울노동광장의 구성원이 자유롭고 편안하게 사용한다는 점이다. 공간 운영을 총괄하고 있는 최지원 매니저와의 면담에 따르면, 봄봄에 일반적인 카페처럼 우연하게 들르는 손님은 거의 없고 대부분의 공간 대여는 예약으로 이루어진다(2018년 10월 31일, 최

〈그림 3〉 '철도노동자 박태만 환갑잔치 및 퇴임식'

지원 매니저 면담). 그렇다 보니 예약이 없는 시간대의 봄봄은 매니저들의 공식
적인 업무 공간보다는 편의에 따라 열고 닫을 수 있으며, 자유롭게 친목을 다질
수도 있는 내밀한 공간이 되는 것으로 보였다. 실제로 연구자들이 예약된 일정이
없는 시간에 봄봄을 방문한 경우, 별도의 공지 없이 문을 닫기도 했으며 아무도
없는 카페 공간에서 매니저와 전국중소유통상인협회의 상근 직원이 어울려 맥
주를 마시고 있는 모습도 볼 수 있었다(2018년 11월 22일, 관찰; 2018년 11월 23
일, 김동규 매니저 면담). 특히 이와 같은 공간의 내집단적 활용이 가장 잘 드러난
사례는 서울노동광장에 소속된 한 회원의 환갑잔치 및 퇴임식을 열었던 경우였
는데, 이 행사에서 서울노동광장은 봄봄을 해당 단체의 '연회장'이라고 지칭했으
며 약 50여 명의 서울노동광장 회원이 봄봄에서 자유롭게 술과 음식을 나누는 모
습을 볼 수 있었다(2018년 12월 1일, 철도노동자 박태만 환갑잔치 및 퇴임식).

2. 공간의 의미

봄봄이 지닌 이처럼 매니저를 비롯한 서울노동광장 회원들이 구성하는 내집단
을 유지 및 강화하는 공간으로서의 정체성은 무엇보다 그들이 봄봄에 대해 부여

하고 있는 내적 의미에 기인한 것으로 판단된다. 이러한 사실은 면담을 통해 파악할 수 있었는데, 김숙희 매니저는 봄봄에 방문하는 빈도와 봄봄이 갖는 의미는 연관이 없다는 설명을 하면서 다음과 같이 말했다.

"서울노동광장과 겹치는 회원들은 사실 1년에 몇 번이나 올 수 있을까요? 특별한 강좌가 있으면 오죠. 자기가 좋아하는 통일 강좌 한다 그러면 오고. 인권 강좌 한다고 하면 오고… 노동조합 활동하시는 분들이 계셔서 그 분들이 자주는 못 와요. 그런데 어쨌든 여기를 자기 공간이라고 생각을 하죠, 오진 않지만. 왜냐하면 지향이라고 하는 게 더 강력하게 그 사람들을 움직이게 하는 게 있거든요. 그리고 이 주민들은 되게 자주 와도 카페 봄봄이 없어지게 되면 그냥 없어지게 되는 거예요. 그런데 1년에 한두 번 오더라도 이 (서울노동광장) 회원들은 '없어지면 되겠어? 왜 없어져야 돼?'라고 하겠죠."

– 2018년 11월 10일, 김숙희 매니저 면담

요컨대 서울노동광장의 회원들은 봄봄에 자주 오지는 않더라도 해당 공간에 자신들의 지향을 반영하는 소속감을 느낀다는 것이다. 앞서 한 회원의 환갑잔치를 하면서 봄봄을 서울노동광장의 '연회장'이라고 표현한 것도 이러한 소속감의 연장선상에 있다고 볼 수 있을 것이다. 그리고 실제로 서울노동광장의 회원이 아닌, 봄봄을 단순히 활동을 위한 공간으로 활용하고 있는 이용자들의 경우 이와는 다소 다른 의미를 부여하고 있음을 확인할 수 있었다. 즉 봄봄을 자주 사용하는 단위라고 하더라도 서울노동광장에 직접적 연관이 없으면 좀 더 약한 내집단의 공간으로 인식한다는 것이다. 예를 들어 봄봄에서 청소년들에게 기타와 우쿨렐레 수업을 하고 있는 개똥이(가명) 씨는 봄봄만의 장점으로 자유롭게 다양한 용도로 쓸 수 있는 열린 공간이라는 점을 꼽았으며, 영등포 마을네트워크의 활동가 김봄봄(가명)은 봄봄을 '업무의 공간'이자 '이웃'이라고 표현하였다(2018년 11월 10일, 개똥이(가명) 씨 면담; 2018년 11월 20일 김봄봄(가명) 활동가 면담). 봄봄을 긍정적으로 인식하고 있기는 하지만, 사용상의 편의와 목적을 중점으로 그 의미를 부여하는 모습이다.

나아가 연구자들은 이처럼 공간에 부여하는 의미를 바탕으로, 운영진들이 '노동'과 '마을'로 묶인 공간의 내집단적 특성을 인지하며 어느 정도는 의도하고 있다는 사실을 파악할 수 있었다. 예를 들어 김숙희 매니저는 면담에서 과거 이용자층을 보다 확장하기 위해 봄봄의 노동운동에 대한 지향점을 전면적으로 드러내지 않으려는 노력을 한 적도 있지만, 이제는 노동조합의 돈으로 운영되는 카페라는 것을 떳떳하게 이야기하고자 한다고 밝혔다(2018년 11월 10일, 김숙희 매니저 면담). 공군자 매니저 또한 봄봄의 지향점을 묻는 질문에 지역의 노동자와 청소년 노동자가 쉽게 찾을 수 있는 공간이 되는 것을 목표로 삼는다고 답변하였다(2018년 11월 13일, 공군자 매니저 면담). 즉 봄봄의 운영진들은 그 뿌리가 노동단체인 서울노동광장이며 노동과 지역과의 결합이 카페의 설립 목적이었던 만큼, 이용자 및 활동이 크게 확장된 현재까지도 노동운동에 대한 지향을 유지하려는 노력을 하고 있다고 할 수 있다. 운영진을 비롯한 서울노동광장 회원들의 공간 활용에서 좀 더 강한 내집단적 요소가 관찰되는 것은 이러한 요인에 기인한 것으로 보인다.

또 현재 봄봄이 보유한 인적 네트워크 내에서 공간의 사용이 한정되는 것에 대해서도 운영진의 의도가 개입되었다고 판단된다. 일례로 김동규 매니저는 면담에서 재정적 문제 완화를 위해 일반 손님을 늘리는 것에 대한 고민이 있지는 않냐는 연구자의 질문에, 봄봄은 일반 카페가 아닌 커뮤니티를 지향하는 카페이기 때문에 정식가입을 통한 회원을 늘리는 것을 선호하며 회원들의 활동을 지원하기 위해서는 단순히 사람이 많은 것은 좋지 않다는 답변을 하였다(2018년 11월 23일, 김동규 매니저 면담). 공군자 매니저 또한 봄봄의 네트워크 안에서 뻗어 나가 연결되는 단체들만 해도 이미 충분히 많다고 여기고 있으며, 앞으로는 회원들 내부의 소통구조를 확립하는 것이 과제라는 의견을 밝혔다(2018년 11월 13일, 공군자 매니저 면담).

3. 지리적 특성

봄봄의 지리적 위치는 접근 가능성 측면에서 상반된 평가가 가능하다. 그리고 이러한 지리적 위치의 양면성은 기존에 연결되어 있는 단체들의 방문은 안정적으로 유지하면서 새로운 방문자의 유입은 차단하는 역할을 하고 있다. 먼저 1호선 및 기차 환승역이자 다양한 교통수단이 발달한 영등포역에서 도보로 5분 이내에 닿을 수 있는 거리에 위치해 있는 한편, 눈에 띄는 대로변이 아니라 건물 사이로 두 블록 정도 들어가야 하는 곳에 자리해 있기 때문이다. 뿐만 아니라 가장 가까운 지하철역 출구인 1·2·4번 출구는 백화점 및 각종 상점이 위치한 영등포역의 번화가와 반대 방향이다. 그리고 상가가 아니라, 주택가의 건물에 위치해 있기 때문에 우연히 지나가는 사람들의 눈에 띄기는 어렵다고 할 수 있다. 나아가 위치한 건물이 1층이 주차장인 필로티 구조이기 때문에 카페는 2층에 위치해 있고, 간판의 크기나 색상도 쉽게 알아보기 힘들다는 점에서 더욱 그렇다.

따라서 이러한 지리적 특징은 공간의 존재를 알지 못하는 손님들의 유입을 제한하는 요소가 된다. 봄봄의 존재를 미리 알고 일부러 찾아오는 것이 아니라면, 차를 마시기 위한 카페 혹은 일회성 모임의 장소로 여기고 방문하는 고객들은 거의 없는 것이다. 이에 대해 최지원 매니저는 공간을 일반 카페처럼 개방해 놓긴 하지만 모르는 사람들은 오기 어렵기 때문에, 낮 시간에는 카페가 거의 비어 있는 편이며 공간을 대여하는 경우도 이미 오랜 기간 봄봄을 이용해왔거나 아는 사람을 통해 소개를 받은 손님이 대부분이라고 밝힌 바 있다(2018년 10월 31일, 최지원 매니저 면담).

하지만 지하철역 및 기차역에 인접해 있어 외부 지역으로부터의 이동이 편리하다는 점은 곧 다양한 곳에 거주하는 사람들 간 정기적인 만남의 장소가 되기 쉽다는 것을 의미한다. 이에 대해 최지원 매니저는 같은 면담에서 다양한 단체들이 멀리서 오는 데도 용이한 위치라는 이유로 최소 1년에서 최대 5년 이상 봄봄에서 정기적인 모임을 가져오고 있다고 밝혔다. 김숙희 매니저도 영등포 주민이 아닌 KT 새노조 간부들이 주기적으로 공간을 대여하는 이유에 대해 "여기가 역 뒤편이긴 해도 어쨌거나 역이랑 바로 가깝고 특히 지방에서 올 때도 편하니까 모임 장소로 잡는 경우가 많다"고 답했다. 동남권, 서부권 등 서울의 특정 권역 단위로 활동하는 노동단체들의 경우 지리상 이점으로 '카페 봄봄'을 회의장소로 택하는 경우가 많다는 것이다(2018년 11월 10일, 김숙희 매니저 면담). 즉 지리적 특성은 봄봄이 형성한 내집단적 특성의 유지 및 강화에 기여하고 있는 하나의 요인이라고 간주할 수 있을 것이다.

IV. 공유의 공간

서론에서 소개한 것처럼 봄봄의 내부는 크게 세 부분(카페, 세미나실, 책방)으로 나뉘며, 이들을 대여해주는 것이 봄봄의 주된 수익 사업 중 하나이다. 〈그림 4〉와 같이 약 한 달간의 예약 현황을 12월 5일 시점에서 합산한 결과, 대여 선호도는 세미나실, 책방, 카페 공간 순이며 가장 선호되는 시간은 오후 7시부터 9시로 나타났다. 최지원 매니저 또한 이러한 경향을 잘 파악하고 있는데, 그는 저녁에 예약이 거의 차있는 반면 이른 낮 시간대에 가장 한산하다고 여러 차례 말한 바 있다.

이들 세부 공간은 각각의 크기와 폐쇄성이 다르다. 외부로 통하는 유리문으로 보이는 카페 공간은 가장 넓고 개방적인 반면, 두 번째로 넓은 세미나실은 문을 닫으면 내부가 전혀 보이지 않기 때문에 가장 폐쇄적이다. 내담자를 보호할 필요가 있는 상담프로그램은 항상 여기서 열리는 점을 이런 맥락에서 이해할 수 있다. 마지막으로, 가장 작은 규모인 책방은 카페 공간에서 자연스럽게 흘러 들어갈 수 있도록 만들어졌기 때문에 필요에 따라 커튼을 칠 수 있을 뿐이라서 반(半)개방적이다. 한편, 구체적으로 들여다보면 각각의 성격은 조금 더 복잡하다. 예컨대 빔프로젝터가 있고 의자가 많은 세미나실은 압축적으로 많은 사람을 들일

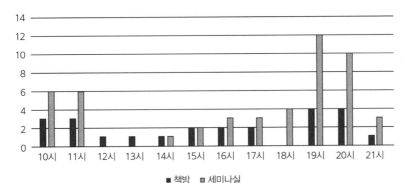

〈그림 4〉 책방·세미나실 대여 시간(2018.11.19~12.22)

수 있어 전달식 강연에 적합하다. 반대로 규모가 제일 큰 카페는 오히려 테이블 간격이 넓고 한 방향을 바라보기보다는 삼삼오오 조를 꾸려 앉게 되므로 네트워킹이 수반되는 행사에 알맞다. 책방의 경우 열 명 이하의 사람이 둘러앉은 구조이므로 기타 강습과 그림책 읽기 모임 등이 여기서 열리곤 한다. 따라서 이용자들은 모임의 규모와 성격에 따라 다른 공간을 이용하며, 카페 전체를 대여하는 행사에서는 세 공간을 유연하게 활용하게 된다.

그리고 이 같은 물리적 특성을 가진 봄봄의 공간은, 물리적 차원은 물론 가치적 차원에서도 '공유되는 공간'이라는 측면이 두드러진다.

1. 공유되는 물리적 공간

봄봄에서는 각 공간의 특성에 맞게 활동을 배치하는 것을 넘어, 이들의 용도가 즉흥적으로 변경되거나 서로 상호작용할 때가 잦다. 이를 잘 보여주는 두 사례를 소개하고자 한다.

11월 1일 오후 7시, 세미나실에서는 상담프로그램, 책방에서는 그림책 읽기 모임이 진행 중이었으므로 우쿨렐레를 연습하러 온 6명의 마을활동가는 카페 공간에 자리를 잡게 되었다. 이들은 11월 12일에 예정된 '노동인권 해봄 발족식'에 올릴 공연 준비에 열을 올리고 있었다. 연습이 한창 진행되던 7시 30분쯤, 중년 남성 두 명이 카페 밖을 서성이는 모습이 보였다. 연구자가 밖에 나가서 무슨 일이냐고 물어보니 이들은 "차 한잔하고 싶은데…"라며 카페 공간으로 들어왔다. 세미나실과 책방 그리고 카페 공간까지 모두 사용 중이었기 때문에 손님을 받기에는 무리인 것 같아 보이는 상황이었다. 마침 김숙희 매니저가 그림책 읽기 모임에 참석하려 카페에 들어오면서 "시끄러운데 괜찮으시겠어요?"라고 확인하자 두 분은 괜찮다며 커피를 주문했다. 김숙희 매니저는 주방에 가서 커피를 내리고, 우쿨렐레 연습이 계속되는 한편 커피를 마시기 위해 온 손님들은 그 옆에서 대화하는 상황이 연출되었다.

11월 3일 오후 4시, 봄봄에 적을 두고 있는 '안전한 예방접종 모임'이 봄봄 전체를 빌려 '의사에게 듣는 예방접종 이야기'를 개최했다. 본 행사가 진행되는 세미나실에서는 서른 명 가량의 성인 남녀가 의사의 강연을 듣고 있었는데, 이들은 영유아를 데려왔기 때문에 책방에 있는 돌봄 선생님들이 아이들을 돌봐주고 있었다. 행사가 끝나면 주최 측 회원들이 이른 송년회를 열 것이라서 카페 공간에는 플래카드가 붙어있고 최지원 매니저는 주방에서 요리를 하느라 바쁜 모습이었다. 행사에 참석한 부모들은 자신의 아이들을 반개방적인 책방에 맡겨두고 세미나실로 들어가 강연에 참석했으며, 사람이 드나들 때를 제외하면 세미나실의 문은 항상 닫힌 채로 유지되었다. 이따금씩 자신의 배우자와 교대하거나 아이의 안부가 궁금해 책방과 세미나실을 드나드는 경우도 있었다. 카페 공간에서 머물며 당일 행사의 진행을 담당하던 '안전한 예방접종 모임'의 한 회원은 이러한 공간 구조가 자신들에게 매우 적합하다고 말했다. 아이들을 데려오는 회원들이 대부분이므로 돌봄 서비스가 지원되어야 하고 아이들도 편하게 놀 수 있는 곳이어야 하는데, 봄봄이 이를 모두 충족한다는 것이었다.

이처럼 봄봄의 내부 공간은 하나의 단체가 단일한 용도로 사용하지 않을 때가 많다. 카페에서는 여러 활동이 동시에 진행될 수 있으며 세미나실에서는 복수의 강좌가 열릴 수도 있는 것이다. 이는 공군자 매니저가 제시한 '공간 안의 공간'이

〈그림 5〉 2018년 11월 1일 오후 7시의 풍경

라는 개념과도 맞닿아 있다. 봄봄이라는 울타리 안에는 무수히 많은 시민정치의 공간이 존재한다. 그리고 각 공간은 엄밀히 구분되지 않은 채 서로 겹치고 합쳐지고 나뉜다. 그리고 이러한 공간 활용 방식은 단순히 약속된 시간 동안 닫힌 공간에서 회의를 하는 사람들뿐만 아니라, 좀 더 활발한 상호작용을 수반하는 시민정치활동을 하고자 하는 사람들의 유입을 이끌고 있다.

또한 봄봄에서는 이처럼 단순히 물리적 공간 내 여러 가지 활동이 동시적으로 이루어짐으로써 공유되는 것을 넘어서, 봄봄이라는 하나의 좌표가 공유되기도 한다. 이는 시민단체가 봄봄에 '주소를 박아둠'으로써 이루어지는데, 주소를 박아두는 것이란 고정적으로 사무실을 이용하지는 않지만 명목상으로 고정된 사무실이 있음을 증명하기 위해 특정 장소에 주소를 등록하는 행위이다. '안전한 예방접종을 위한 모임'은 그러한 대표적인 단체라고 할 수 있다.

'안전한 예방접종을 위한 모임'의 대표 김해인(가명) 씨는 시민단체가 안정적으로 운영되기 위해서는 물리적인 공간이 필요하다고 힘줘 말했다. 첫째로는 비영리단체 등록을 하는 과정에서 실제 주소가 요구되기 때문이며, 둘째로는 물리적 공간의 존재가 사람들을 모음으로써 시민정치를 촉진하기 때문이다. 문제는 대다수의 시민단체가 지속적으로 월세를 지출할 만큼 재정이 튼튼하지 않으며, 실제 업무의 측면에서는 굳이 사무실이 필요하지 않은 경우가 많다는 점이다. 따라서 이러한 단체들은 특정 장소에 주소를 박아둠으로써 해결방안을 모색한다. 비영리단체로 등록될 수 있으므로 공신력이 확보되며, 월세를 조금만 지출하면서도 필요한 때만 공간을 이용할 수 있으므로 효율적이기도 하다. 실제로 2006년에 백신 부작용 피해자를 중심으로 결성된 '안전한 예방접종을 위한 모임'은 오랫동안 온라인을 기반으로 활동해왔으나, 봄봄에 주소를 등록하고 매주 회의를 소집한 이후로 오프라인에서의 네트워킹이 촉진되고 있다고 김해인(가명) 씨는 말하였다.

> "…만약에 이런 공동공간 같은 게 있으면 생활하기가 훨씬 편하지 않을까 하는 그 생각이 좀 들더라고요… 회의실 같이 쓰면 되는 거고. 나머지 공간 나누면 되는 거고. 그렇게 하면 참 좋을 텐데… 강의실도 있지, 뭐도 있지, 뭐도 있지. 어떤 데는 진짜 사무실이 요만해요. 요만하면 어때요. 어차피 강의실 쓰고 행사 활동 다 하는 건데. 형편에 맞게끔 자기 공간 쓰면 되는 거고. 그래서 그 생각이 좀 들더라고요. 전 사실 이게 대표가 되긴 했지만 얼마 안 됐잖아요, 그러니까 사무국장에선 제가 일을 다 했어요. 근데 대표 돼서도 달라진 건 별로 없어요. 아직까지 업무를 나누기에는 이분들이 익숙지 않으니까, 근데 또 반대로 생각해 보면은… 우리가 공간이 없기 때문에 더 안 만나는 것일 수도 있겠다는 생각을 반대로 좀 해봐요. 그래서 좀 주 1회 회의도, 얘기할 게 없어도 좀 일부러 하는 것도 있거든요. 자꾸 사람이 모여야지만… 일하는 사람이 힘이 나는 거 같아요. 또 모임은 그 에너지가 좀 있는 거 같아요. 저는 사람들 만난 거 보면 되게 신나요."
>
> - 2018년 11월 12일, 김해인(가명) 씨 면담

이에 대해 최지원 매니저는 '영등포도시농업네트워크'라는 단체도 현재 이와 같은 상태이며, 김숙희 매니저가 관여하는 '영등포마을네트워크'의 경우에는 봄봄에 주소를 등록했다가 얼마 전에 별도의 사무실을 마련했다고 말했다. '안전

한 예방접종을 위한 모임'처럼 고정되고 폐쇄된 공간이 크게 필요하지 않아서 주소를 박아두기도 하지만, 사무실을 얻고자 하는 단체 또한 그 단체가 안정적으로 자리 잡기 이전의 단계에서 봄봄을 거쳐 갈 수 있는 것이다. 이는 봄봄이 영세한 시민단체들을 위한 하나의 인큐베이터가 될 수 있음을 시사하며, 결과적으로 봄봄은 내부 공간을 유연하게 활용하고 있을 뿐만 아니라 그 자체로서 유연한 존재이기도 하다.

2. 공유되는 가치의 공간

이처럼 봄봄은 여러 개인과 단체들이 사용하는 거점 공간이다. 그런데 물리적 공간에서 이루어지는 여러 가지의 주제의 행사를 통해 관계가 형성되면서, 동시에 봄봄의 핵심 가치가 관계 안에서 함께 공유된다. 이러한 과정은 해당 주제에 대한 강연을 듣게 되는 경우에도 이루어지지만, 연구자들은 봄봄 내의 각종 계기를 통해 가치의 내면화가 발생한다는 사실을 관찰할 수 있었다. 예를 들어 '영등포 목요밥상'(이하 '목요밥상') 행사가 있던 날, 각기 다른 단체에서 봄봄을 찾아온 20명 남짓 되는 사람들은 그날 서로 처음 만났지만 함께 식사를 하고 세미나를 듣는 모습을 볼 수 있었다. 행사에서 참가자들은 서울 시민으로서 김정은 위원장의 서울 방문을 어떻게 준비해야 할지 각자 발표하는 시간을 가졌는데, 사람들은 이제까지 생각해 보지 못했던 질문을 받아 다소 당황하기도 했지만 모두 처음 접하는 주제에 유연하게 답변하고 각 답변 속에 자신이 소속된 단체나 현실적 상황을 담아내 이야기를 풀어냈다. 뒤이어 민중당 지역장이 나와서 영등포의 노점상 현황에 대한 이야기를 시작했다. 정부의 탄압, 구청에서 고용한 용역과의 갈등, 벌금, 혐오 시설로 낙인이 찍혀버린 상황에 대해서 끊임없이 이야기를 했다. 함께 이야기를 듣는 사람들 중 누구도 지역장의 이야기에 반감을 가지거나 가로막는 행위를 하지 않고 열심히 공감해 주었다. 오히려 현재 장사를 하고 있는 지역의 사진을 찍거나 구청에 함께 민원을 넣는 등 마치 자신의 문제인 양 고

민하고 있었다(2018년 10월 11일, 10월 영등포 목요밥상 관찰). 즉 이날 목요밥
상에 참석한 사람들은 표면적으로 식사를 하고, 통일을 주제로 한 강연을 들은
것뿐이지만, 강연 후 민중당 지부장의 문제에 귀 기울이고 해결 방법을 모색하는
과정을 통해 지역 사회의 문제를 지역 주민들이 스스로 해결하는 봄봄의 가치 중
하나를 실행한 것이다.

봄봄이 중요하게 생각하는 가치를 좀 더 구체적으로 지목하자면 크게 마을, 노
동, 그리고 협동이라고 할 수 있다. 이는 봄봄의 매니저들이 각기 담당하고 있는
사업 분야와도 밀접한 연관이 있으며, 봄봄을 설립하게 된 이유와 봄봄의 모단체
인 서울노동광장, 그리고 봄봄을 이용하는 사람들과도 모두 맥락을 같이하는 가
치들이다. 운영진을 비롯한 봄봄의 주된 이용자들은 봄봄의 지향점을 내면화하
고, 봄봄을 찾아오는 사람들뿐만 아니라 일반 시민들에게도 봄봄의 가치가 뻗어
나가도록 하기 위한 시도를 지속해오고 있다.

그 일례로 봄봄은 처음 영등포에 자리를 잡고 나서, 지역 주민들에게 봄봄을 알
리기 위해 지역 사회에 공헌하는 활동들을 시작했다. 봄봄 건물 주위의 어둡고
음침한 환경을 화사하게 바꾸기 위해 벽화 그리기, 게시판 만들기, 벤치 놓기 등
의 환경 미화 활동을 전개했고, '책 수레'를 끌고 다니며 평소 책을 접하기 어려운
상인들에게 무료로 책을 대여하는 사업을 시작했다. 이처럼 지역 주민들의 마음
을 열 수 있는 활동을 시작으로 봄봄은 지역 주민들을 기반으로 신뢰를 기반으로
한 네트워크를 형성해 나가고 있다. 김동규 매니저는 면담에서 점차 봄봄의 공간
을 사용하는 것뿐만 아니라 함께 텃밭을 운영하거나 일일 매니저 활동을 맡아 주
기도 하고, 나중에는 봄봄에 회원 등록을 하는 주민들도 생겨났다고 밝혔다. 더
불어 '봄봄을 운영하면서 언제 가장 보람을 느끼냐'는 질문에 다음과 같이 답하기
도 했다.

"생활적으로는 어쨌든 제가 한 달에 한 번 나눔밥상 (운영을) 하니까… 꾸준히
그래도 한 5년 가까이 꾸준히 하니까 이제 지역 주민들이 그런 교감? 이런 게 훨

씬 좋아지고. 서로 고민이나 도움이 필요할 때 서로 (돕거나) 할 수도 있고. 주변 상가들의 상인들이나 주민센터의 공무원들이나 뭐 이런 분들하고 어쨌든 그런 이야기를 나눌 수 있고, 새로운 시도를 할 수 있는 게 보람이 있는 거죠."

– 2018년 11월 23일, 김동규 카페지기 면담

한편 차츰 봄봄의 마을에 대한 관심이 늘게 되면서 영등포 마을 네트워크(이하 '마을넷')와의 연대도 이루어지고 있다. 앞서 김숙희 매니저가 운영위원장으로 겸직하고 있다고 밝힌 마을넷은 마을 공유지 활동이나 마을 공부 사업 등을 통해 지역 주민들이 자신들이 살아가는 지역에 대한 주인 의식을 가지고, 마을의 삶의 가치를 높이는 단체이다(2018년 11월 10일, 김숙희 카페지기 면담). 김숙희 매니저는 이 단체의 운영위원장이자 봄봄의 매니저로서, 봄봄을 활용해 마을이라고 표현되는 지역 사회의 힘, 자발적으로 지역의 문제를 풀어낼 수 있는 주민의 힘을 육성하고 있다. 예를 들어 '유해물질로부터 마을을 구하라!'라는 제목의 활동에서는 마을의 환경 문제에 관해 주민들이 모여서 토의하고, 어떻게 해결 방법을 찾을 수 있을지를 함께 고민하는 시간을 갖고 있다(2018년 10월 18일, '유해물질

〈그림 6〉 2018년 11월 15일 영등포목요밥상

로부터 마을을 구하라!' 관찰). 그 외에도 봄봄은 마을의 가치를 설명하는 마을 해설사, 영등포마을지원센터 등 마을과 관련된 개인 및 단체들과 꾸준히 교류하면서 마을의 의미와 중요성을 널리 알리고 있다(2018년 10월 11일, 10월 영등포 목요밥상; 2018년 11월 15일, 11월 영등포 목요밥상).

그리고 이처럼 가치의 공유를 원활하게 돕는 봄봄만의 특성으로는 '밥을 먹는 행위'로 표상되는 온정적인 분위기를 지목할 수 있다. 많은 단체와 사람들은 조금만 시간이 지나도 봄봄의 공간에서 서로 교류하면서 의견을 교환한다. 또한 이곳을 방문하는 노동자들의 대부분 또한 힘들게 일하고 퇴근한 뒤임에도, 이곳에 오는 것을 꺼려하거나 귀찮아하지 않는다. 그리고 대표적으로 목요밥상을 비롯해 봄봄 내 서로가 알고 있는 정보를 공유하면서 공감대가 형성되는 과정 속에는 많은 경우 함께하는 식사가 포함되어 있다. 프로그램 제목부터 '밥상'을 내세우고 있는 목요밥상 이외에도 저녁에 진행하는 프로그램은 대부분 행사 전에 봄봄에서 직접 만든 식사를 한 뒤 진행되거나, 그렇지 않으면 행사 뒤에 식사를 함께한다. 노동 인권 해봄 출정식 중에서도 함께 먹는 밥의 가치를 중요시하면서, 밥 준비가 어렵다면 김밥이라도 싸 와서 같이 먹자는 이야기가 오가는 모습을 볼 수 있었다(2018년 11월 12일, 노동 인권 해봄 출정식). 봄봄에서의 활동에 참여한 '가가호호 돌봄센터'의 이복순(가명) 이사장은 밥을 먹는 행위에 대한 질문에 다음과 같은 답변을 했다.

"매달 활동 중에 밥을 먹는 게 있잖아요. 밥을 먹는다는 건 어느 분의 아이디어였고 어쩌다 그렇게 되었는지 궁금해요."

－연구자

"…아마 이건 공군자 선생님이나 최지원 매니저가 엄청나게 공들이는 일이거든요. 그냥 밥 한 그릇 뚝딱 나오는 게 아니고. 그럼에도 불구하고, 우리 선생님들이 반응을 보니까 김밥이나 빵을 먹고 했을 때 보다 엄청 감사해하고 정말 교육을 엄청 철저히 많이 했구나. 우리를 대접해주는구나. 하는 걸 그 (가가호호 구성원) 분들이 아신 것 같아요. … 선생님 밥 먹으면서 같이 교육받는 건데 딱딱하지 않아요. 한 번 와서 들어보세요. 했는데, 의외로 그냥 비빔밥 줄 줄 알았는데, 너무나 따끈한 갈비탕을 주는 거예요. 그것도 그냥 사서 먹는 것도 아니고, 다 끓여서. 그랬더니 다 감동하는 거예요, 이 (가가호호 구성원) 분들이."

– 2018년 12월 4일, 사회적협동조합 '가가호호돌봄센터' 이복순(가명) 이사장 면담

함께 나누는 식사는 사람들에게 동질감을 전달해 주며, 분위기를 좀 더 부드럽게 만든다. 처음 접하는 사람과 이야기를 꺼낼 때에도, 밥이란 소재는 이야기를 떠올리기가 쉽다. 또한 정성을 다한 요리 때문에 봄봄에서의 경험을 더욱 가치 있게 느낀다. 봄봄에서의 식사는 대부분 최지원 카페지기가 준비한 것이며, 밥과 국, 반찬 몇 종류로 이루어져 있다. 봄봄의 밥은 면담내용에서 드러나는 것처럼 간단하게 많이 만들 수 있는 김밥이나 마구 뒤섞어 만들 수 있는 비빔밥 같은 종류의 밥이 아니라 정성을 들여서 만든 집밥 같은 식사이다. 때문에 사람들은 봄봄에 와서 밥을 먹는 행위 자체가 대접받는다는 느낌을 전달한다. 때문에 노동자들이 봄봄에 오는 행위를 꺼려하지 않고, 이는 봄봄에 대한 긍정적인 평가로 이어지게 된다. 함께 같은 자리에서 밥을 먹는다는 동질감과, 정성을 다해 만든 음식들이 불러일으키는 긍정적인 감정은 봄봄에서 보내는 시간들과 만나는 사람들을 긍정적이라고 평가하게 된다. 봄봄에 대한 반감이 줄어들기 때문에 봄봄이 전하고자 하는 가치는 사람들에게 긍정적으로 전달되어, 가치의 공유를 촉진하는 요소로 작용한다.

V. 결론

봄봄은 시민정치의 물리적인 장(場)으로서 두 가지 특징을 갖는다. 첫째, 노동

과 마을이라는 가치에 공감하는 사람들이 주로 드나드는 내집단적 공간이다. 서울노동광장이라는 노동단체로부터 나온 봄봄은 일반 카페와는 달리 가치중립적일 수 없으며, 이러한 가치를 지지하는 이용자들과 매니저들의 활동을 위주로 운영되고 있다. 그러나 둘째로, 이와 동시에 봄봄은 모두에게 열려 있는 공유 공간이다. 이용자들은 물리적 공간을 나눠 쓸 뿐만 아니라 '주소를 박아둠'으로써 봄봄을 그 자체로 공유하기도 하며, 더 나아가서는 사람들이 가치를 나누는 공간이된다.

이처럼 개방적임과 동시에 분명한 색채를 띠고 있는 시민정치공간은 '그들만의 리그가 아니냐'는 비판에 직면하기 쉽다. 봄봄 또한 우리 마을에 있는 카페라는 이유로 지역 주민들이 손쉽게 찾아오기보다는 시민단체들이 각종 모임 장소로서 이용하는 경우가 대부분이었다. 영등포를 기반으로 마을의 가치를 강조하며 왕성한 지역활동을 전개하는 매니저들에게는 노동 또한 포기할 수 없는 가치이며, 이는 일반 시민들에게 약간의 진입장벽이 되는 것으로 보인다. 김숙희 매니저 또한 이에 대해 "사람들의 인식을 바꿔낸다는 게 쉽지가 않아서, 그런 참여가 어떤 분들은 여기가 노동자들이 오는 곳이었어? 난 이런 데 안 가겠어, 이렇게 그런 선입견이나 고정관념이 되게 많이 작용을 하고 있는 것도 있어요"라며 어려움을 언급한 바 있다 (2018년 11월 10일, 김숙희 매니저 면담).

게다가 여기에는 현실적인 문제도 따른다. 연구팀이 면담을 진행한 네 명의 매니저들 중 최지원 매니저를 제외한 나머지 세 명은 모두 카페의 운영에서 가장 어려운 점으로 재정적 문제를 꼽았다. (카페 공간에 주로 상주하는 최지원 매니저의 경우, 본인의 업무 특성상 사람을 대하는 일이 가장 어렵다고 답했다.) 이러한 공통된 고민은 인건비와 임대료에 대한 고민이 늘 존재함을 뜻한다. 따라서 단편적인 해결방안은 공간을 고정적으로 대여하는 단체를 늘리는 것이지만, 이는 새로운 유입을 차단하므로 모두를 위한 공간이라는 취지에 어긋나는 결과를 낳는다. 봄봄이 원칙적으로 한 달 이상의 정기 예약을 받지 않는 이유도 여기에 있다. 따라서 봄봄을 얼마나 열린 상태로 둘 것인지는 매니저들의 오랜 고민이다. 이들은 공간이 노동자와 봄봄 회원들만큼이나 일반 시민에게도 열려 있어야 한다고 생각한다.

하지만 이러한 양날의 검과 같은 상황은 오히려 시민정치의 새로운 가능성을 제시한다. 외부인들에게는 이것이 사뭇 모순적으로 보일 수 있으나, 노동과 마을의 가치를 지지하는 봄봄의 구성원들에게는 외연을 확장하면서도 내집단의 문화를 더욱 풍성히 가꾸어 나가는 성공적인 과정으로 평가될 수 있기 때문이다. 실제로 봄봄은 각 매니저들이 맡은 전문분야 내에서의 활동을 충실하게 지원하고 있으며, 서울노동광장이라는 모단체가 집중했던 노동이라는 테마를 기반으로 하면서도 마을, 지역, 청소년, 먹거리, 인권 등 다양한 이슈들을 어젠다로 삼을 수 있는 공간으로 발전해 나가고 있다.

그리고 노동과 마을은 충분히 양립이 가능한 가치라는 점에서, 봄봄은 이 두 가지의 교집합으로 생겨난 내집단에 들어맞는 시민 활동가들에게 훌륭한 시민정치 플랫폼이 되고 있다. 봄봄에서 오랜 기간 정기회의를 진행하고 있는 KT 새노조의 김미영 부위원장은 봄봄을 '편안'하고 '안정감' 있는, '집 같은' 공간이라고 묘사하였다(2018년 11월 29일, KT 새노조 김미영 부위원장 면담). 이는 봄봄이 마땅한 공간이 없이 전전해야 할지도 모르는 시민단체들에게 지속 가능하고 안정적인 공간을 제공해줌으로써 이들의 활동을 촉진하고 있음을 단적으로 보여주는 표현이다. 또한 앞서 언급하였듯 봄봄은 하나의 좌표로서 공유되기도 한다. 이곳에 주소를 등록한 영세한 단체들에게 봄봄은 사람과 사람이 만날 수 있는 물리적인 거점이자 시민정치를 길러내는 요람이 된다. 그렇기에 봄봄은 친밀하고 내집단적인 시민정치의 공간으로서 훌륭한 역할을 수행하고 있다고 할 수 있다.

재정 상황 또한 과거에 비해서는 안정적인 궤도에 접어든 것으로 보인다. 최지원 매니저와 김동규 매니저는 초반에는 재정이 훨씬 열악했으나 5년 동안 봄봄의 규모가 크게 성장하면서 이제는 어느 정도 운영 유지가 가능할 정도가 되었다고 설명한 바 있다(2018년 10월 31일, 최지원 매니저 면담; 2018년 11월 23일, 김동규 매니저 면담). 그리고 봄봄의 매니저들과 '안전한 예방접종을 위한 모임'의 김해인(가명) 대표, 그리고 가가호호의 이복순(가명) 이사장이 입을 모아 말했듯이 서울의 비싼 임대료는 비영리단체들의 공통된 고민인 만큼 공간을 나눠 쓸 용의가 있는 단체들이 많은 것으로 추정된다. 봄봄 또한 낮 시간의 대부분 동안 공간 대여가 비어 있음을 고려하면 더 많은 단체를 수용할 수 있다고 판단된다. 따라서 이러한 단체들이 봄봄에 주소를 박아두고 여러 공간을 공유할 수 있다면 공간의 회전율이 높아질 뿐만 아니라 '알음알음'의 홍보 또한 확장될 것이다. 특히 앞선 〈그림 4〉에서 오후 12시부터 6시 사이에 공간 대여가 한산한 것으로 나타난 만큼, 아이들이 학교에 있을 시간에 모이기를 선호하는 '안전한 예방접종을 위한 모임'과 같이 학부모들로 구성된 단체를 적극적으로 포섭하는 것도 제안할 수 있다.

더 나아가 연구팀은 봄봄이 모두에게 열려 있는 공간임을 확인하였다. 연구팀은 2018년 12월 1일, 서울노동광장이 주최한 철도노동자 박태만 씨의 환갑잔치에 초대받았다. 김숙희 매니저는 봄봄에서 열리는 행사인 만큼 부담 없이 와서 놀다 가라고 귀띔해주었다. 노동에 대해서는 지식이 얕은 대학생이며 곧 떠나게 될 연구자의 위치였음에도 불구하고, 그곳의 참석자들은 연구팀을 어색해하거나 경계하는 기색 없이 반겨주었다. 뿐만 아니라 봄봄은 변화를 수용할 준비가 되어있다. 김동규 매니저는 앞으로의 봄봄이 "청년들에게 새로운 기회를 제공해줄 수 있고 새로운 실험을 해 볼 수 있는 공간으로 성장했으면 좋겠다"며 "실제 운영도 세대교체를 한 번 해 보고 싶다"고 말했다(2018년 11월 23일, 김동규 매니저 면담). 실제로 봄봄은 특성화고 학생들을 위한 노동 교육 그리고 중·고등학생을 위한 기타와 우쿨렐레 교실 등을 운영함으로써, 미래 세대인 학생들에게 시민의 힘을 교육하는 학교의 역할을 수행하고 있다. 따라서 봄봄은 현재의 노동과 마을의 문제와 더불어 미래를 고민하며, 시민정치의 가능성을 끊임없이 넓혀나가는 역동적인 공간이다.

참고문헌

김의영·한주희. 2008. "결사체 민주주의의 실험." 『한국정치학회보』 42(3).

박정열·허태균·최상진. 2001. "사회적 범주과정의 심리적 세분화: 내집단 속의 우리와 우리 편." 『한국심리학회지』 21(1).

최준영. 2007. "지역−현장을 기반으로 한 사회운동의 거점. 〈민중의 집〉." 『문화과학』 50.

Robert D. Putnam·Lewis M. Feldstein·Don Cohen. 2003. *BETTER TOGETHER: Restoring the American Community*. Simon & Schuster.

제8장

보노보c가 만드는 문래창작촌의 상생

정치외교학부 **이하은**

불어교육과 **정   진**

자유전공학부 **조아현**

〈연구활동 일지〉

날짜	활동 내용
2018년 10월 12일	보노보c 임채휘 이사 면담
2018년 10월 13일	문래동 〈목화마을축제〉 관찰 및 주민인터뷰
2018년 10월 15일	서울문화재단 문래예술공장 선걸 홍보담당자 면담
2018년 10월 18일	〈헬로우 문래 위크〉 中 전시회 관람
2018년 10월 19-20일	〈헬로우 문래 위크〉 中 올래문래, 문래골목장 참여관찰
2018년 10월 19일	전시회 〈숲은 살아있다〉 개회식 참여관찰
2018년 10월 24-26일	보노보c의 문래동 공공예술 보수 사업 참여관찰
2018년 10월 26일	〈문래 크래프트 워크숍〉 참여관찰
2018년 10월 26일	보노보c 이소주 대표 면담
2018년 10월 27-28일	어반아트 주최 〈2018 비아프린지: 1박2일 예술캠프〉 참여관찰
2018년 10월 28일	〈문래동 도시재생 워크숍〉 참여관찰
2018년 11월 11일	보노보c 주최 도시재생 문화로 탐구생활 中 〈영등포 도시 곳곳 슬로우 탐방〉 참여관찰
2018년 11월 20일 2018년 11월 27일 2018년 12월 4일 2018년 12월 11일	보노보c 주최 도시재생 문화로 탐구생활 中 〈문래 SNS 서포터즈 워크숍〉 참여관찰
2018년 11월 17일 2018년 11월 21일 2018년 11월 28일 2018년 12월 5일	보노보c 주최 도시재생 문화로 탐구생활 中 〈주민과 함께하는 도시재생 탐구 워크숍〉 참여관찰

이 글은 문래창작촌이 영등포구 문래동이라는 상위의 지역사회 내에서 어떻게 형성·발전해왔는가를 연구 질문으로 하여, 문래창작촌의 예술인 단체 '보노보c'를 중심으로 그들이 지역 공동체 속에서 어떤 역할을 수행하는지를 살피고 있다. 구체적으로 공동체와 연계/결속형 사회적 자본 개념에 기반을 둔 '계단모형'에 따라서 '보노보c'를 그들의 활동과 다른 행위자들과의 관계성을 통해 분석함으로써, 그들이 어떻게 상생에 기여하고 있는지에 대해 조명하고자 한다. 마지막으로 그러한 노력에도 불구하고 문래동 지역사회의 상생을 이루는 데 있어 보노보c가 직면한 어려움과 이를 해결하기 위한 협력의 가능성을 모색해 볼 것이다.

I. 서론

1. 예술과 시민정치: 문래창작촌

미국의 항구 도시 포트마우스는 상당히 긴 역사를 간직하고 있는 도시이지만, 그중 무엇보다 특이한 이력은 바로 '조선소 프로젝트(Shipyard Project)'일 것이다. 포트마우스는 해안가라는 입지를 이용하여 해군기지와 조선소가 위치, 70여 년 전만 하더라도 주민 대다수가 중공업에 종사했었다. 그러나 시간이 흐르면서 중공업은 서서히 쇠퇴하였고, 도시 한켠에 새로운 시가지를 이룬 일부 주민들은 이 '낡고 못생긴' 해군조선소를 부정적으로 바라보곤 했다. 이렇듯 갈라선 포트마우스의 시민사회를 새로이 봉합한 것이 조선소 프로젝트다. 지역의 예술단체 '뮤직 홀(Music Hall)'이 주도한 이 프로젝트는 포트마우스가 간직하고 있는 '조선소'의 역사를 춤으로 담아냈다. 이 공공예술이 더욱 특별한 점은 동작 하나하나가 조선소와 관련한 포트마우스 시민의 삶을 형상화할 뿐만 아니라, 일반 시민들이 직접 춤을 연습하여 무대를 꾸려 나간다는 데 있었다. 이렇듯 서로에게 귀를 기울이고 같이 몸을 움직이며 하나의 예술을 이뤄가는 과정 속에서, 포트마우스의 시민들은 점차 서로를 이해하고 화해할 수 있었다. 미국의 정치학자 로버트 퍼트남은 포트마우스의 조선소 프로젝트를 시민참여적인 공공예술을 통해서 지역사회의 갈등을 극복한 효과적인 사례로서 평가한 바 있다.[1]

예술이 훌륭한 사회적 자본을 이끌어낼 수 있다는 것. 이는 비단 미국의 작은 항구 도시만의 일은 아니다. 우리 주변에도, 생각보다 더 가까이에 바로 그런 사례가 존재한다. 바로 서울시 문래동에 위치한 '문래창작촌'이다. 문래창작촌은 2000년대 초부터 형성된, '철공소 장인의 에너지와 예술가의 창작 열정이 공존하는 도심 속 자생적 예술가 마을'이다. 1990년대 들어 철공 산업이 하향세로 들어

---

1. Robert D. Putnam and Lewis M. Feldstein with Don Cohen. 2003. *Better Together: Restoring the American Community*. Simon & Schuster. pp.55–74.

선 뒤 홍대와 대학로 등지에서 값싼 지대를 찾아 예술가들이 모여들었고, 비어있는 철공소 건물들이 개인의 소규모 공방과 작업실로 채워지기 시작했다. 하나둘 쌓여온 이러한 변화는 어느덧 오늘날 '문래예술공단'이라고 불리며 새로운 도시 공간을 만들었다. 자칫하면 슬럼화될 수도 있던 폐철공소지역이 역동적인 삶의 터전으로 변모한 것이다.

포트마우스의 조선소 프로젝트와 마찬가지로, 문래동에서도 또한 예술가들이 위태롭게 공존하던 지역사회 구성원을 하나로 묶어내려는 다양한 시도들을 전개해왔다. 그리고 그 핵심에는 창작촌 내부의 예술인 공동체로서, 사회적 기업 '보노보c'가 있다. 좀 더 구체적으로 이들의 활동을 살펴보면, 먼저 창작촌 내부적으로는 개인 단위로 흩어져 활동하던 예술인들을 모아 유무형의 자원을 공유하고 서로가 서로를 지원하는 네트워크를 구축했다. 뿐만 아니라 문래동 전체의 시각에서는, 지역정부의 지원을 기반으로 한 다양한 지역 축제 및 교육 사업을 통하여 지역사회와의 연계를 꾸준히 추구해왔다. 예를 들어 커뮤니티아트(공동체 예술, 공동참여 예술)라 부르는 영역에서, 청년예술가들의 자립과 소통에 기반을 둔 마을공동체 형성을 동시에 추구하는, 공동체 지향의 도시재생운동을 펼치고 있다. 이러한 활동은 해당 지역에서 살아가는 예술인의 정착과 결속을 도울 뿐만 아니라, 예술을 통해 사회적 자본을 형성하여 쇠퇴했던 지역사회를 활성화시키려는 노력의 일환이기도 하다. 이처럼 주민과 지역정부가 어우러진 공동체 속 융합과 소통은, 지역사회 속에서 꿈틀대는 시민 자치의 현장을 무엇보다도 잘 보여주고 있다.

그러나 안타깝게도 문래동의 상생을 낙관적으로 바라볼 수만은 없다. 실제로 문래동 그리고 문래창작촌을 공유하는 일부 행위자들에게 상생은 '어렵다'고 인식되고 있다. 같은 공간을 공유하고는 있지만, '뭐가 문제냐'에 대한 고민이 다르기' 때문이다. 애초에 문래창작촌이라는 대단위가 하루에 모여든 것이 아니라 한 명 한 명의 예술가가 모여 '자발적'으로 형성한 예술 공동체라는 점은, 문래동이라는 환경이 "대의를 가지고 모일 장소가 아니다. 또 그러한 환경을 얻기가 힘들다"는 점을 반증하기도 한다. 그럼에도 불구하고 문래동의 행위자들은 서로의 활동에 대해 인식하고 있고, 각자의 입장에서 상호 간에 소통·포용하기 위해 노력하고 있으며, 그 매개적 자리에 예술가 네트워크가 자리한다. 예술인들은 내부 커뮤니티를 통해 '소소한' 워크숍, 포럼, 축제를 개최, 그들의 작품을 전시·발표 및 판매하기도 하고, 문래동의 산업사적 관점을 반영한 투어를 진행하고, 소공인과의 협업으로 지역 정체성을 담은 작품을 만들어내고 있다. 또한 지역 주민을 대상으로 예술 교육 사업이나 환경 재생 사업, 자유학기제 학생을 위한 진로체험 활동 등을 통해 지역사회와 만나는 다양한 플랫폼을 마련하기도 했다.

이러한 문래창작촌의 예술인들과 그들이 형성한 자체적 커뮤니티의 다양한 활동은 시민과 지역사회와의 공생 관계를 조망할 수 있는 좋은 현장이 될 것이며, 그 과정에서 포괄할 수 없는 주체들에 대해 고민하고 '문래의 위기'를 극복하기 위해 함께 노력하는 과정에서 그려진 문래창작촌만의 상생 그림을 발견할 수 있을 것이다.

2. 연구 대상 및 방법

본 연구에서는 창작촌 공간이 영등포구 문래동이라는 상위의 지역사회 내에 소속되어 있다는 점을 고려하여 창작촌이 문래동 지역사회 속에서 어떻게 형성·발전해왔는지 살펴보며, 그 안에서 수행하는 역할을 행위자들의 관계성 중심으로 다루고자 한다. 따라서 문래창작촌의 다양한 시민 행위자들을 크게 세 가지 범주—예술인·소공인·주민—로 구분하고 창작촌의 예술인을 대표하는 단체로서 그 관계를 매개하는 보노보c를 중점적으로, 창작촌 공간의 구성원으로서 철공소 소공인, 주민 또한 살펴보겠다. 더불어 지역정부의 하위기관으로서 문래예술공장, 문래소공인특화지원센터, 영등포 도시재생지원센터를 보조적 주체로 다룰 것이다.

본 연구의 주요 행위자인 보노보c는 2009년 문래동[2]에 자리 잡은 예술인 단체이자 사회적 기업으로, 커뮤니티아트를 지향한다. 구체적으로 문래동에서 청년 예술가들의 자립을 돕고, 지역사회 주민들의 소통을 기반으로 마을 공동체 형성에 이바지하며, 공동체가 함께 참여할 수 있는 도시재생 운동에 참여한다. 주요 사업으로는 업싸이클링 예술교육(Up-cycling Art Education), 기업연계 사회공헌사업, 공공미술 사업(Public Art)이 있다.

연구는 보노보c 사무실을 비롯해 문래창작촌의 주요 문화시설들이 밀집해있는 문래동 3가를 중심으로 2018년 10월부터 12월까지, 수차례의 현장 방문을 통해 이루어졌다. 현장 연구는 크게 인터뷰와 참여관찰 방식으로 이뤄졌으며, 인터뷰는 주로 보노보c에 소속된 예술인과 보노보c가 주최하는 프로그램에 참여하는 주민들을 대상으로 진행됐다. 이외에도 문래창작촌 예술인 지원기관인 문래예술공장 담당자와 보노보c 프로그램에 참여하는 개인 예술인[3] 및 소공인들과의 인터뷰도 시행하였으며, 보노보c 프로그램에 참여하지 않는 문래동 3가 주민들의 목소리도 담고자 시도했다. 인터뷰 질문들은 '문래동 지역에 대한 생각', '다른 행위자에 대한 생각과 상호관계인식'을 묻는 방향으로 구성되었다. 참여관찰은 주로 다양한 투어, 워크숍, 포럼 등 보노보c 프로그램에 대한 직접적 참여를 통해

---

2. 본 연구가 이뤄지는 현장은 문래동 3가를 중심으로 한 문래창작촌 일대이다. 개인 예술가들이 문래동 3가뿐만 아니라 2가 등지로 확장하거나 영등포·신도림 등지로 이주하는 경향도 있어, 문래창작촌의 범위를 넓게는 영등포동까지 보는 경우도 있다. 그러나 본 연구는 문래창작촌의 주요 문화시설들이 문래동 3가를 중심으로 2가와 4가에 집중적으로 분포해있다는 점을 고려하여 문래동 3가와 2, 4가 위주로 그 범위를 한정하기로 한다.
3. 문래창작촌 일대에는 약 200여 개의 공방 및 작업실에 300~400여 명의 예술인들이 있다고 추정된다. 보노보c나 안테나 같은 예술가 네트워크 이외에도 개인 공방 단위의 예술인이나 밴드 작업실 등으로 창작촌에 자리하는 예술인 또한 존재하는 것이다. 그러나 창작촌이 '영리단길, 홍대와 달리 자기작업 위주의 폐쇄된 공간'이며, 농밀한 개인적 예술작업을 방해받고 싶지 않은 상황에서 외부인인 연구자들의 출입자체가 가능하지 않은 경우가 많다. '일일이 문을 두드릴 수도 없기에' 심지어는 문래창작촌의 지원기관인 문래예술공장에서도 창작촌 내 예술인에 대한 정확한 실태파악이 어려운 실정이었다. 따라서 본 연구가 문래창작촌의 '예술인'으로 상정하는 예술인은 대부분 보노보c라는 예술인 단체에 소속되어 그들이 주최하는 지역기반 예술 활동을 통해 볼 수 있던 이들로 한정된다. 그러므로 문래창작촌 예술인 전체를 대표한다고 보기는 어렵다. 그러나 예술인의 정체성을 유지한 채, 지역의 공공예술을 실천하고 지역현안을 해결하기 위해 다른 행위자들과 교류하는 이들을 문래창작촌의 '예술인' 집단으로 상정하는 것이 충분히 의미가 있다고 보고, 그 활동을 매개하는 플랫폼으로서 보노보c를 중심으로 예술인 집단을 살펴보고자 한다.

진행되었으며, 지역축제나 예술 전시회, 캠프 등 거주민과 비거주민을 포괄하는 다양한 상호작용 활동에도 참여하였다. 특히 보노보c의 이소주 대표가 직접 진행하는 투어를 통해 보노보c가 가진 문래동에 대한 관점 및 견해를 수집했으며, 투어에 참여하는 행위자들이 자기소개를 하고 같이 밥을 먹는 '네트워킹' 시간, 공공예술 보수사업 등을 통해 비공식적 면담을 수행하였다.

II. 문래동의 성장

1. 계단 모형

힐러리는 공동체가 ① 물리적 공간을 의미하는 지리적 영역(geographic area), ② 사회 조직을 의미하는 사회적 상호작용(social interaction), ③ 공동체의 문화적 현상을 의미하는 공동의 연대(common ties)로 구성된다고 말했다.[4] 이를 참고하여 보노보c가 여태까지 성장한 과정을 세 가지 단계로 설명하고자 한다. 구

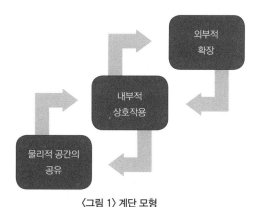

〈그림 1〉 계단 모형

---

4. Hillery, G. 1955. "Definition of community: areas of agreement." *Rural Sociology* 20. pp.111–123(강대기. 2003. "패러다임 변화와 공동체의 통합개념 구축." 「농촌사회」 13권 2호, pp.8–12에서 재인용).

체적으로, 1단계에서는 행위자들이 같은 시간적·공간적 공간을 점유한다. 2단계는 한 공간에 모인 구성원들이 공동체의 정체성을 확립하는 시기로 내부적인 상호작용을 통해 공동 연대를 펼치게 된다. 3단계는 내부적으로 결속을 다진 공동체가 다른 구성원들도 끌어 모으면서 외부적으로 확장한다.

이러한 틀을 사용하게 될 경우 공동체의 특징을 통해 어떤 단계에 도달했는지 파악할 수 있고 또 어떠한 지향점을 통해 도약이 가능한지 알 수 있게 된다. 또한 공동체가 현재 다른 구성원들과 무슨 관계를 맺고 있는지, 교류와 발전의 단계를 살펴볼 수 있을 것이다. 특히 화살표의 방향에서 알 수 있듯이, 공동체는 위로만 향하는 것이 아니라 다시 아래로 내려갈 수도 있다는 점에서 그 역동성을 잘 포착해낼 수 있을 거라 기대된다. 공동체가 한편 한 층씩 올라가는 계단식 모형의 특성상 이것이 발전론적인 지향을 의미하냐는 비판을 받을 수 있다. 하지만 이 모형은 시민정치적인 관점에서 사회 전체의 이익을 고려했을 때 더 합리적인 공동체를 위한 것임을 밝힌다. 공동체들은 필연적으로 만들어진 시간에 따라 더 단계가 앞서거나 뒤쳐질 수 있다. 하지만 이를 우열관계라기보다는 성장과정으로 이해해야 하며, 각각의 특수한 상황과 시간성을 고려해야 한다. 고로 문래동의 창작촌의 경우에도 어떤 특정한 단계에 놓였다고 해서 발전이 필요하거나 낙후됐다는 것을 의미하지 않는다. 다만, 이 공동체가 어떤 변화를 거쳤는지를 설명하고 또 다른 행위자들과의 상호작용을 통해 어떤 공동체를 이루어내는지를 표현하기 위해 사용하는 틀로서 이해하면 된다. 그리하여 이 틀을 바탕으로 문래창작촌이라는 공동체가 어떻게 생겨났고, 어떤 특징을 갖는지 설명하겠다.

2. 사례 분석: 보노보c와 문래창작촌

1) 1단계-물리적 공간의 공유
이 단계에서는 같은 공간과 시간에 구성원들이 모이는 것을 의미한다. 아직까지 이들은 공유된 감정이나 이념을 갖지 않고 있고, 서로 같은 공간에 존재하고 있다는 사실만을 인식하는 단계이다. 개별 구성원들 사이에 친밀감도 존재하지 않기에 서로 소통하지도 않고 같은 공동체에 속한다는 의식이 부족하다.

문래동이라는 공간에 철공소 소공인들과 예술가들이 어떻게 모이게 됐는지를 살펴보기 위해서는 이 지역에 산업사적 역사를 알아야 한다. 한국전쟁 이후 중공업이 발전하면서, 문래동에는 철공소들이 밀집하며 서울의 '유일한 집적지(集積地)'로서 생산부터 유통, 판매까지 이뤄지는 철 산업의 중심지로 자리 잡게 된다.[5] 하지만 철공소들의 경제적 부흥은 IMF를 기점으로 기울게 된다. 서울시는 공장들을 서울 밖으로 이주시키려는 정책을 펼쳤지만, 경기가 안 좋다 보니 이전도 하지 못한 채 부도가 나서 빈 공간들이 많이 생기게 되었다.

2000년대에 들어오면서, 이 빈 공간들에 예술인들이 들어오기 시작했다. 이들이 많은 지역 중에서 문래동에 들어오게 된 이유는 세 가지가 있다. 첫 번째는, 그들은 문래동에 오기 이전에 신촌/홍대 지역에 머무르던 집단이었는데, 이 지역 임대료가 올라가면서 다른 지역을 찾게 된 것이다. 그리하여 임대료가 저렴한 문래동의 빈 공간들에 자리 잡게 되었다. 두 번째는 접근성이다. 신촌/홍대와 같은 2호선에 위치한 문래동은 그들이 이주하기에 알맞은 위치에 있었던 것이다. 지하철과 가까운 위치에 있으면서 임대료가 저렴한 공간을 발견한 예술가들은 이지역에 머무르게 되었다. 세 번째는 자유로운 작업환경이라는 예술가들의 필요성을 충족시키는 공간이기 때문이다. 특히 나무를 자르고 음악 활동을 하는 예술가들에게는 소음에 대해서 신경 쓸 필요 없는 철공소 주민이 같이 살기 편안한 이웃으로 인식됐다.

그리하여 원래 존재했던 원주민인 철공소 소공인들과 이주민인 예술가들이 같은 공간을 공유하기 시작했다. 철공소 소공인들은 철재를 옮겨야 하기 때문에 주로 1층에 자리 잡았고, 예술인들은 임대료가 저렴한 지하와 2·3층에서 공방들을 구성하게 된다. 그렇게 낮에는 철공소에서 철을 두드리는 소리가 문래동에 울려

---

5. 보노보c의 이소주 대표, 임채휘 이사와의 면담에서. 그들은 문래동에서의 산업사적 의미를 강조하며 "100개 생산된다 치면 90개가 전국으로, 10개가 서울에서 사용"되는 식이라고 말한 바 있다.

펴지고, 밤에는 같은 건물 위층에서 예술가들이 작업하게 되었다. 같은 시공간에 공존하지만 두 집단 사이에는 개인적 수준의 친분일 뿐, 아직 집단적인 매개체는 존재하지 않았다.

2) 2단계-내부적 상호작용

두 번째 단계에서는, 철공소인들과 예술가들이라는 이질적인 집단들이 문래동이라는 같은 공간을 점유하면서 서로 소통하고 관계를 맺기 시작한다. 그러면서 문래창작촌이라는 정체성이 확립되고, 이러한 새로운 공동체의 성립을 도와주기 위해 보노보c라는 대표 단체가 만들어진다. 이는 문래창작촌이라는 공동체가 대표 단체를 필요로 할 정도로 공통된 정체성과 목적의식이 생겨났다는 점을 입증한다.

이 시기, 보노보c는 청년예술가들과 함께 문래창작촌을 중심으로 30여 개의 공공미술 작품을 제작·설치했다.[6] 그러나 이러한 공공예술작품이 때로는 오히려 내부 관계의 단절 위기를 초래하기도 했다. 문래역 7번출구에서 나와 문래창작촌 초입에 위치한 전시물 〈기린〉이라는 작품은 소공인과 예술인의 상생과 소통의 어려움을 부각한다. 〈기린〉 작품은 장르로 치면 '정크아트(junkart)[7]'로, 정크아트는 업싸이클링(upcycling)의 일환으로서 쓰레기로 만든 예술작품을 의미한다. 그러나 만들어진지 얼마 되지 않았을 때, 〈기린〉은 분노한 소공인 사장님에 의해 다리가 부러지는 사고를 당하기도 했다. 서로의 작업과 의도를 잘 알지 못했기에 벌어진 상호간 소통의 부족과 오해에서 비롯된 사건이다.

"문래동 사장님들이 자부심을 느끼게 하고 싶다는 생각에 공공미술에도 그

---

6. 현재는 "5~6년 진행하니까 거슬리는 것들 거의 보수 완료"된 상태라 "관리 안 되면 무용지물"이 되는 상황을 방지하기 위해 기존의 전시물 등을 보수하는 작업만이 이뤄지고 있다.
7. 정크아트는 '예술적이지 않고 이미 가치를 다했다고 여겨지는 쓰레기를 예술로 승화시킨 것'으로, 폐철공소 지대에서 예술 활동을 펼치는 예술가 자신의 모습에 비견될 수도 있을 것이다.

〈 그림 2〉 기린(左)과 망치의 안식(右)

걸 반영하고자 했다. 〈기린〉 작품도 그런 맥락이다. 좋아하실 줄 알았다. 그런데 〈문래숲〉 근처에 설치해놓고 얼마 안 돼 누가 훼손되었다고 알려줬다. 물어보니 근처 공장 사장님이 〈기린〉 다리를 화가 나서 부셨다고. (중략) 사장님 만나보니 화가 나셨다. "쓰레기 주워 다가 우릴 무시하냐". 작품의 부품들이 문래동에서 만들어지는 것 이 아니었다. 문래동에서는 정밀기계에 들어가는 부품들을 만든다. 그런 부품 생산하는 분들인데 본인들이 만드는 것과 전혀 다른 것, 쓰레기 가져다 놓으니 무시하는 것 아닌가 생각하신 것이다. 대외적으로 문래동 설명할 땐 효과적인 작품이지만 그러나 내부에서는 비효과적이었다. 후에 수리해서 이 자리에 있는 것이다."

– 보노보C 대표 이소주(2018.10.19)

그러나 앞선 〈기린〉의 경험을 바탕으로, 실제로 소공인들이 작품의 생산에 직접 참여한 작품이 만들어지기도 했다. 바로 이대석 작가의 〈망치의 안식〉이다. 장르로 치면 스트리트 아트(street art) 또는 스트리트 퍼니처(street furniture)인, 이 작품은 망치모양으로 만들어진 벤치로, 감상뿐 아니라 실제로 앉을 수 있다. 아이소핑크(폴리스티렌 단열재)라는 거대한 덩어리를 조각한 것으로 '예술가가 아이디어를 낸 후 목형집에 가져가 나무형태의 틀을 만들고, 조물집 가서 모래

〈그림 3〉 간판정비 사업: 실제 부품을 이용해 제작한 '한영정공사' 간판(左)
주물 작업을 흘러내리는 쇠로 표현한 '신안주물' 간판(右)

모양틀에 쇳물 부어' 만들어졌다. 작품의 생산에서 소공인과 예술가가 최초로 협
업을 시도했다는 점에서 그 가치가 매우 큰 작품이며, 예술가와 소공인의 상생의
가능성을 확인시켜준 작품이라고 볼 수 있다.

　또한 예술가와 소공인의 협업은 문래동의 다양한 간판을 통해서도 확인할 수
있다. 2015년[8]에 약 68개의 철공 간판들이 정비사업으로 다시 태어나게 된다. '예
술가가 아이디어를 내고 철공소에서 부품을 협조하는' 협업을 통해 보는 것만으
로도 그곳에서 무엇을 하는지를 쉽게 알 수 있는 간판이 만들어졌다. 한편 서로
다른 연령대와 생활방식 등 다양한 배경으로 인한 상생의 어려움을 극복하기 위
해 문래동의 작가들이 직접 소공인분들을 인터뷰한 후 그 기록을 『철부지 문래
동』이라는 이름으로 출판하는 작업이 이뤄지기도 했다.[9] 또한 예술가들의 유출
입이 빈번해지는 상황에서 문래동의 예술 공간과 문래동을 거쳐 간 작가들을 기
록한 『문래동 예술살이가 출판되기도 했다.[10] 이처럼 '창작'이라는 활동이자 정체

---

8. 전염병 메르스로 인해 사람들이 모이기 어려워 축제나 예술행사가 주 수입원인 예술가들의 생계에도 타
　격을 입었던 시기이기도 하다.
9. 이 책을 '철공소의 엔지니어분들의 이야기를 담은 책'이라 소개하는데, '엔지니어'라는 표현은 소공인이
　'사장님'이라는 표현보다 실제 더 선호하는 표현이다. 이처럼 '엔지니어'나 '문래머시닝밸리'라는, '실리콘
　밸리'를 연상시키는 명칭을 존중하고 이해하려는 모습에서 예술인과 소공인의 상생의 가능성을 엿볼 수
　있다.
10. '문래동 출신 작가'라는 지역성을 강조한 표현은 예술인들의 입을 통해 거듭 등장한다. "문래동과 관련도

성을 공유하는 소공인과 예술인들은 간판사업과 공공미술을 통해 협업의 기반을 마련하였다.

3) 3단계-외부적 확장

이 단계에서는 문래창작촌 구성원들이 다른 행위자들을 포섭하려고 시도하고, 공간적으로도 밖으로 확장해나가려고 한다. 이전 단계에서는 한정된 공간에서 공간을 구성하고 처음 만들어졌던 공동체의 규모와 공간에 만족했다면, 이 단계에서는 지역 공동체로 확장해나가려고 노력함과 동시에 다른 행위자들의 참여를 유도하여 공동체를 넓힌다.

앞서 서술한 활동들이 다른 행위자들과 지속적인 공동 행동으로까지는 이어지지 못했다. 공동의 정서를 바탕으로 공동으로 활동하는 '마을'을 만든다는 것은 단지 일회성 또는 단기적인 프로그램에 참여하는 것과는 다르다. 문래동의 다양한 행위자들은 물리적 공간을 공유하고는 있지만 세대, 생활기반, 거주조건, 이주시기 등의 다양성으로 인해 공감대를 형성하기가 어려웠다. 이 때문에 지속적인 교류로 이어지기 어려웠고 '괜히 구애받지 않으려는' 개인 예술가들과 주변 지역주민의 무관심으로 인해 보노보c라는 기존의 네트워크에 '새로운 피가 수혈되지 않는다'고 인식되었다.

'다양한 행위자들을 끌어들이는 역량이 부족하다'는 한계를 인식하고 '문래동이 살아남으려면 문래의 가치를 집약한 플랫폼이 필요하다'는 판단하에 보노보c는 2016년 문래캠퍼스를 만든다. 문래캠퍼스는 문화예술네트워크 플랫폼으로서, 현재 24개의 예술공간들이 참여하며 100여 명의 예술가들이 네트워크에 소속되어 있다. 기존에 카페공간으로 운영되던 공간을 보노보c 사무실이자 문래캠퍼스 건물로 활용하며, 공방에서 만든 제품과 회화작품을 전시 및 판매하는 아트숍이자 갤러리, 문캠예술교실[11] 등 지역 주민을 대상으로 하는 다양한 장르의 프

없는 작가'가 문래동의 가치를 담은 조형물을 설치한 것을 두고 불만을 표현하기도 했다.

11. 월요일부터 토요일까지 다양한 강좌들이 운영되며, 직접 작가의 공방에 방문하여 수업이 진행되기도 한

로그램이 진행되는 복합문화시설로 자리하고 있다.

보노보c가 가장 중점적으로 운영한 프로그램은 '투어'이다. 2012년 〈올래? 문래!〉를 시작으로 외부 관광객 및 주민들을 대상으로 한 문래창작촌을 돌아보는 것으로, 이소주 대표에 따르면 이는 크게 세 가지 단계로 구분된다. 1단계는 헬로우 문래 축제의 〈올래? 문래! 철부지鐵 地 문화투어〉, 2단계는 〈문래크래프트워크숍투어: 장인들의 공간을 기행하다〉, 3단계는 〈도시재생 문화로 탐구생활〉이다. 각 투어들은 1회에 약 1시간 반에서 3시간 정도 소요되며 대부분 보노보c의 이소주 대표가 직접 진행한다.[12] '창작촌을 포괄한 문래동이 어떻게 변화해 나가야 할까 같이 고민해 보기 위한 투어'이기 때문에 확정적 동선 없이 비교적 유동적인 코스이지만, 공통적으로 창작촌을 바라보는 이소주 대표의 관점이 담겨져 있다. 그는 투어를 통해 카페와 상업시설이 하루에 한 개씩 생길만큼, '피할 수 없는 거대한 파도' 같은 문래동의 변화가 창작촌의 지역정체성을 잃지 않는 방향으로 진행돼야 한다고 말한다. 이를 위해, 투어는 문래창작촌의 산업적 문화자산과 역사, 산업구조를 참여하는 이들에게 소개하는 성격을 띤다.

주변 지역주민을 만나려는, 그래서 새로운 확장을 꾀하는 보노보c의 노력은 주민이 창작촌 공간에 참여하는 사례를 만들기도 했다. 그들이 문래캠퍼스 등에서 제공하고 있는 전시플랫폼은 문래창작촌을 누구나 '작가가 될 수 있는 기반이 갖춰진 공간'으로 만들었다. '다른 공간이었다면 그냥 취미로 남았을 일'이지만, 창작부터 전시 및 판매까지 다양한 측면에서 '준비된' 문래창작촌은 일반 주민들에게도 예술의 진입장벽을 낮추고 창작의 즐거움을 경험할 수 있도록 했다. 이에 몇몇 주민들은 '새로운 창작의 주체'가 되기도 했다. 〈문래숲〉 공방을 운영하는 작가는 원래는 평범한 가정주부였으나, 자녀의 결혼 이후 창작촌에서 목공예를 시작했다. 그 변화에는 회비만 내면 언제든 이용할 수 있는 문래창작촌의 〈열쇠공방〉의 시스템이 예술창작의 진입장벽을 낮추는 역할을 했다. 이제 그녀는 목

다. 이 강좌에서 제작한 소품을 매달 열리는 '문래골목장'에서 판매하기도 한다.

12. 상황에 따라 다른 행사가 겹칠 경우, 문래동 가이드과정을 수료한 마을해설사가 대신 진행한다.

공예 작품을 중점적으로 공방을 운영하고 개인전을 여는 '어엿한 예술가'로 성장했다. 이외에도 가정주부가 어린이 책방을 운영하게 된 경우 등은 문래창작촌이 '문화적 공동체'로서 기능하는 모습을 잘 보여준다.

이처럼 보노보c는 다양한 투어프로그램과 주민참여적인 예술 프로그램을 통해 창작촌과 예술적 정체성을 주변에 소개하는 자기 pr활동과 함께 문래동의 산업사적 면모를 지역 주민과 외부인들에게 알리는 역할을 수행한다. 또한 예술교육 등의 플랫폼 사업은 지역 공동체 내 다른 행위자와 연결망을 강화함으로써, 보노보c는 창작촌을 포괄하는 문래동의 지역사회 내 다양한 행위자들을 매개하는 주체로서 거듭나게 된다.

III. 문래동의 오늘

1. 오늘날 화두: 도시재생

그러나 오늘날 문래창작촌은 지금까지와는 또 다른 새로운 도전에 마주하고 있다. 창작촌 공간에서 집단적인 정체성을 형성하고 주요한 행위자로 성장한 것 이상으로, 그들이 영등포구 문래동이라는 지역사회 내에 위치하기 때문이다. 이는 결국 오늘날 문래창작촌을 바라보는 데에 있어, 철공소 소공인, 주민, 지역정부 등 전체 시민사회를 포괄하는 좀 더 넓은 시각을 견지해야함을 의미한다. 정치학자 로버트 퍼트남은 사회적 자본을 두 가지 유형으로 구분, 배타적 결속형(bonding and exclusive)에서 포괄적 연계형(bridging and inclusive)으로 전환해나갈 것을 말한 바 있다.[13] 이는 소규모 집단으로 나뉘어 적대적이고 경직된 분

---

13. 퍼트남은 사회적 자본을 포괄적 연계형과 배타적 결속형으로 나눈다. 연계형 사회적 자본은 다양한 사회계층을 포괄해 보다 넓은 정체성에서의 소통을 가능케 한다. 반면 결속형 사회적 자본은 강한 정체성을 바탕으로 특정 회원에게만 혜택을 부여함으로써, 강한 내부적 동질성과 외부적 배타성을 동시에 보인다.

위기를 만들 것이 아니라, 사회 전체의 관점에서 여러 행위자들이 유연하게 소통하고 때로는 함께 모여서 행동할 수 있는 관계를 구축해야한다는 것이다. 바로 이 점에서 오늘날 지역사회의 주요한 행위자로서 자리매김한 문래창작촌이 전체 시민사회와 어떻게 어우러지고 있는지가 중요해진다.

그렇다면 오늘날 문래동 지역사회는 어떤 현안에서, 어떤 목소리들이 어우러지고 있는가? 예술인을 비롯해 철공소 소공인, 주민 그리고 관에게, 오늘날 문래동의 화두는 '도시재생'이다. 아직 일제강점기 당시의 공간구획, 1970–1980년대 공업 집적지로서의 공간 활용을 여전히 가지고 있는 문래동에 새로운 변화의 바람이 분 것이다.[14] 그러나 이는 당연하게도 공간 및 건물의 변용, 주민의 재배치, 외부자본의 유입을 가져왔고, 따라서 오늘날 문래동에는 지대상승, 젠트리피케이션, 상업시설의 유입, 지역정체성 약화 등의 문제가 발생하고 있었다.

그것이 표면으로 드러난 대표적인 사례가 바로 〈문래숲〉을 둘러싼 갈등이었다. 문래동이라는 지역에 관광객들이 많이 찾아오고 상업 시설이 들어오기 시작하면서, 문래창작촌의 한 공방, 〈문래숲〉의 건물 주인은 자리 잡고 있는 예술가를 쫓아내고 더 높은 임대료를 받기 위해 새 임대인을 들여오고 싶어 했다. 그리하여 〈문래숲〉을 운영하는 김순미 작가에게 임대 계약을 근거로 나가라고 했다. 이에 반발한 김순미 작가는 세입자로서 낡았던 건물을 수리하고 개선한 것을 보상받지 못한 부당함을 근거로 자신의 권리를 주장하였다. 하지만 주인은 이를 받아들이지 않고, 되레 억울하다면 재래식 화장실을 고친 것 등을 원상복구하라고 요구했으며, 그래도 나가지 않으니 창문 일부를 뜯으면서 갈등을 심화시키기도 했다. 그러나 현재 임대차보호법이 규정하는 기한이 만료되어 가면서, 지역정부의 개입도 어려운 상황이었다. 〈문래숲〉은 예술인과 원 건물주, 관 등이 얽혀있

자세한 것은 로버트 퍼트넘. 2009. 「나 홀로 볼링」. 페이퍼로드. pp.25-28.

14. 일제강점기 당시 문래동은 철도교통을 활용해 경성방직 등의 방직공장이 세워졌으며, 그 노동자들을 숙식시키기 위한 계획도시로 '500채 마을'이 형성되었다. 이러한 공간 구획은 아직도 남아 있으며, 일부는 1970–1980년대 이래로 철공소로 활용되어왔다.

<그림 4> 전시회 '숲은 살아있다'

는 그야말로 문래창작촌 위기의 핵심이자, 어쩌면 철공소 소공인과 지역주민들까지 포괄하는 잠재적인 갈등의 축소판이라고도 볼 수 있을 것이다.

공동체의 와해를 하루하루 피부로 체감해가는 상황에서 보노보c는 '상생'을 외쳤다. 문래동의 변화가 지금의 문래동을 만든, 그리고 그를 살아가는 시민–예술인, 철공소 소공인, 주민– 모두가 더불어서, 함께 어울려 가는 변화가 되어야한다는 것이다. 보노보c는 특히 예술인이 임대료 상승과 젠트리피케이션이라는 위기의 최전선에 위치하지만, 결국 최종적인 지역정체성 약화와 외부자본의 유입은 '문래동', 즉 우리네 모두의 문제임을 강조한다. 따라서 보노보c는 지역사회 공동의 해결책을 모색하기 위해, 그리고 그 '상생'에 공감시키기 위해, 지역사회 내 다른 행위자들과 적극적으로 소통하고자 한다.

"물이 고여 있으면 썩잖아요? 공동체도 마찬가지지. 외부 유입으로 신선함이

〈그림 5〉 이소주 대표의 공동체 모형

동그라미는 창작촌 내 예술인과 철공소 소공인을, 빗살무늬 세모는 외부적 유입, 즉 주변의 지역 주민을 의미
한다. 공동체는 기존 구성원을 통해 멤버십을, 외부 유입을 통해 신선함을 유지할 수 있다.

유지되어야 해요. (중략) '공기가 나빠요. 먼지 나요. 나갔으면 좋겠어요, 예술은
좋아요, 저건 싫어요'같이 주민 분들이 불편함을 이야기하고 개선을 해나가야 한
다고 생각해요. 관광객을 모으는 것이 아니라 문래동이 어떻다는 인식을 공유해
서, 유지되었으면 좋겠다는 의견이 모이도록. 지속가능하려면 문래동의 발전에
대한 지향점을 공유해서 '정서'로 발전하도록. 어떤 것은 정비하고 어떤 것은 유
지하자는 정서가 도시의 발전으로 이어진다고 생각해요."

– 보노보C 대표 이소주(2018.10.26)

보노보c가 그리는 도시재생의 청사진은 실제로 그들의 행동에서도 잘 드러난
다. 실제로 그들은 옆집 예술가와 철공소 소공인만의 문제가 아니라 오늘날 문래
동, '우리'가 살아가는 문제로서 다뤄지기 위해, 지역사회 내에서 도시재생과 관
련된 담론을 형성하고, 여러 행위자를 아우르는 장을 마련하고 있다. 앞선 〈문래

숲〉 사례에서, 보노보c와 창작촌의 예술가들은 고민 끝에 이를 예술로 표현해 주변에 알리는 방식으로 대응했다. 김순미 작가의 아이디어에 보노보c의 네트워크적 지원이 더해지면서 그들은 전시회 〈문래숲은 살아있다〉를 열었다. '공정한 계약을 이루는 그날까지' 계속되는 이 전시를 통해 젠트리피케이션이라는 비정한 현실의 최전선에 내몰린 예술가들의 삶을 다양한 작품을 통해서 표현해냈다.

또한 같은 견지에서 예술가와 철공소 소공인이 마주한 위기를 주민에게 전달하기 위해 〈도시재생 문화로 탐구생활−슬로우 탐방〉을 진행했다. 문래창작촌에서 경인로 일대까지 도시재생 지역을 대상으로 투어를 진행, 참여 주민에게 그 산업사적 의미와 예술적 정체성에 대해서 설명하고 궁금한 점을 풀어주는 워크숍이다. 이는 같은 공간을 공유하고 있었지만 의식하지 못했던 이웃—예술인, 철공소 소공인, 소상공인—의 삶을 들여다보고 그들에게 귀 기울이며 공동체로서의 문제의식을 제기한다. 더 나아가서 이들은 기존 주민이 대체되지 않는, 즉 모두가 더불어 살아가는 도시재생을 위해 지역사회 내에서 도시재생을 알리고 의견을 모으는 매개의 역할을 자처했다. 보노보c가 주최한 도시재생 포럼은 바로 그 일환이었다. 이 프로그램은 예술가, 주민, 관이 모여 도시재생에 관해 토론하는 형식으로, 20명 남짓의 적은 인원이지만, 처음으로 다양한 행위자들이 한데 모여 저마다의 '도시재생'을 논의했다는 점에서 의의를 갖는다.

그러나 위와 같은 보노보c의 활동이 암시하듯, 문래동의 도시재생은 이제 막 첫발을 내딛은 만큼 내부적으로 많은 입장 차이 또한 보이고 있다. 일례로 도시재생포럼을 좀 더 구체적으로 들여다보면 행위자마다 서로 다른 입장이 교차하고 있음을 알 수 있다. 먼저 예술가의 경우, 급진적 입장과 절충적 입장이 존재한다. 전자는 도시재생을 주도하는 주체가 예술가여야 한다고 주장하며, 관의 개입이나 주민들의 동의를 최소하고자 한다. 반면 절충적 주장은 주민의 의견도 들어보고, 관의 입장도 고려하여 모두가 동의할 수 있는 도시의 모습을 만들어나가기를 바란다. 주민의 경우, 예술가만큼 젠트리피케이션에 대한 압박을 받지 않는 상황이라 상대적으로 도시재생에 대해서 관망하는 입장이다. 특히 도시재생 포럼에 참여한 주민의 경우, 상대적으로 예술가들과 문래창작촌에 우호적이기에 도시재생에 대해서 반대하지는 않지만, 다소 수동적 태도를 보인다. 관의 경우, 예술가들과 대립각을 이뤘다. 문래동에서 도시 재생의 주체가 시민들이어야 한다는 것에는 동의를 했지만, 애초에 문래동이 서울 전체와 비교해 임대료가 많이 안 오른 경향을 지적하며 젠트리피케이션에 대해 다른 관점을 보였다. 이들은 생활주민의 동의를 강조하면서 상대적으로 컬쳐노믹스를 옹호하는 입장이었다.[15] 이처럼 보노보c는 공동의 문래동을 꿈꿨지만, 아직 논의의 시작 단계이기에 문래동 지역사회의 행위자들은 상당히 다른 도시재생 혹은 개발을 말하고 있었다.

살펴본 바, 오늘날 문래동의 '도시재생'이라는 화두에 대해서 창작촌의 예술가, 그들을 대표하는 보노보c는 문래동이 겪는 변화에 맞서 '우리'를 복원하기 위한 노력을 지속하고 있었다. 창작촌의 예술인들은 지역사회의 주민과, 철공소 소공인과, 지역정부와 만나고 소통하며 문래동의 하나된 정체성을 지키고자 했고, 이들을 포섭함으로써 '상생'의 목소리에 더욱 강한 울림을 만들고 있었다. 그러나 이러한 노력에도 불구하고, 문래창작촌을 둘러싼 공동체의 변화는 훨씬 빠른 속도로도 진행되었고, 그 속에서 행위자들 사이의 입장은 여전히 엇갈리던 것도 사실이었다. 공동체의 회복과 와해 사이에 보노보c의 아슬아슬한 줄타기는 이들을 어떻게 하나의 방향성으로 조화시켜낼 수 있을 것인가에 달려있을 것이다.

2. 문래동 행위자들의 불협화음

하지만 솔직히 말하자면, 아직 문래동의 '상생'까지는 너무도 먼 길이 남았다. 예를 들어, 아직도 일부 주민들은 철공소가 "더럽고 시끄럽다"며 창작촌에 대해 무관심하거나 불쾌해하곤 한다. 실제로 문래동에서 '가장 비싼' 자이아파트는 철

---

15. 컬쳐노믹스(Culturenomics)란 문화(culture)와 경제(economics)의 합성어로, 벽화·공공예술 등 예술로 인해서 외부에서 인구의 유입이 증가하여 투자 유치나 경제 활성화 등의 실리적 효과를 거두는 것이다. 대표적으로 이화 벽화마을 등이 있다.

공소 때문에 아파트 값이 오르지 않다고 주장하며, 선거 기간마다 이곳을 철거하라는 민원과 서명운동을 진행하기도 했다. 비단 주민뿐만 아니라 철공소 소공인과 창작촌 내부 예술인들까지 문래동의 변화에 대해서 서로 다른 목소리를 내며 부딪치는 실정이다. 왜 '상생'이 난파될 위기에 처해있는가, 그 이유를 구체적으로 세 측면에서 살펴보려 한다. ① 문래창작촌이 타지인에게 얼마나 개방적이어야 하는가를 두고 예술인과 철공인 간 개방의 온도차, ② 여타 지역사회 구성원들을 얼마나 그들에게 공감시키고 참여시킬 수 있을지에 대한 외부 참여성, ③ 예술인의 빠른 유출입 속에서 보노보c라는 단체가 가진 창작촌 내부 대표성 문제가 그것이다.

1) 예술인과 철공인 사이의 개방의 온도차

먼저 개방성의 정도에 대한 부분이다. '예술'이라는 소재는 어쩌면 필연적으로 그것을 바라봐 줄 관객을 요구한다. 따라서 값싼 임대료나 조소·회화·연극을 아우르는 포괄적인 예술가 네트워크가 문래창작촌의 주요 발전 요인으로 손꼽힐지라도,[16] 전시 및 협업 공간에 대한 꾸준한 확대와 지원은 문래창작촌이 예술 창작공간으로서 오늘처럼 유명해지는 데 또 다른 견인차 역할을 해왔다. 말하고 싶은 것은, 그만큼 현재 문래를 살아가고 있는 예술인에게는 그것을 보러와 줄 사람들이 여전히 필요하다는 것이다. 뿐만 아니라, 보노보c가 창작촌 내의 예술인의 삶과 관련하여 처음으로 발전시켰던 문제의식 중 하나는 '예술가에게 최소한의 생계를 보장해주는 것'이었다. 흔히들 짐작하듯, 예술가는 자신의 창작품이 '팔리는 것'이 곧 경제적 원천이기에, 수입이 정기적이고 고정적이지 않다. 따라서 저렴한 임대료를 찾아서 작업실을 옮겨온 젊은 예술인들에게 있어서 불충분한 경제적 수단은 피부로 와 닿는, 무엇보다 생활적인 측면의 문제였으며, 따라서 이를 개선하기 위한 플랫폼의 역할을 보노보c가 담당해오곤 했다. 위에서 살

---

16. 김연진. 2010. 「예술창작촌의 장소형성 연구: 서울시 영등포구 문래동 사례」. 서울대학교 환경대학원. pp.85-95.

펴보았던 지역축제 〈헬로우문래〉, 예술전시 플랫폼으로서 문래 캠퍼스 등이 모두 그러한 취지에서 이뤄진 사업의 예시이다. 따라서 문래창작촌을 살아가는 예술인들의 생계 보장의 측면에서도 그 공간으로 찾아오고, 관심을 가지고, 공방 체험활동에 참여하고 예술작품을 사가는 일정한 정도의 수요가 필요하다고 하겠다. 이러한 점을 염두에 둔다면 결국 보노보c와 여타 예술가들은 외부 인구와 자본에 전면적인 개방은 아니지만, 일정 정도의 사람들을 계속해서 창작촌 내부로 꾸준하게 불러들일 필요가 있다

그러나 같은 물리적 공간을 살아가는 철공소 소공인에게는 그렇지 않다. 예술가들과 달리 그들의 일은 많은 사람을 요구하지 않는다. 좀 더 정확하게는 꺼린다고 할 수 있겠다. 무거운 철을 자르고 가공하는 일들은 당연히 거칠고 고되며, 무엇보다 크고 강한 절삭력을 가진 기계를 운용하는 일이기에 위험하다. 따라서 철공소 소공인은 그들의 일터에 관광객이 돌아다니는 것을 불편해한다. 실제로 보노보c에서 하는 투어 프로그램[17]에 참여하면서 보였던 주변 상인들의 시선은 그리 좋지만은 않았다. 1미터가 넘는 크고 무거운 자재를 옮기거나, 불꽃이 튀는 용접이나 그라인더[18] 작업을 하는 상황에서는 관광객들이 좁은 골목을 돌아다니는 것이 신경이 쓰일 수밖에 없을 것이다. 이와 같은 이유로 보노보c는 주말에 한정하여 투어 프로그램을 진행하고 있지만, 그럼에도 불구하고 주말에도 일을 하는 곳이 있으며, 그럴 때에는 '사람 데리고 다니는 걸 안 좋아하시는' 몇몇 철공소에서 멀찍이 떨어져서 투어를 진행하기도 했다.

더 나아가서, 좀 더 직접적인 경제적 이해관계의 측면 또한 얽혀있다. 공공예술이나 다양한 예술 관련 프로그램으로 인해서 문래창작촌이 유명세를 타니, 그에 맞추어 임대료가 오른 것이다.

---

17. 보노보씨는 총 3층위에서 문래창작촌 투어 프로그램을 기획·운영한다. 1단계는 문래창작촌의 공공예술을 중심으로 돌아보는 〈올래?문래!-철부지 문화투어〉, 2단계는 산업사적 측면을 포함하여 소공인의 작업실과 문래 머시닝 밸리를 다루는 〈크래프트 워크숍 투어〉, 3단계는 도시재생과 관련해 도시재생활성화지역으로 지정된 영등포 경인로 일대를 포괄하는 〈영등포 도시 곳곳 슬로우 탐방〉이 있다.
18. 철의 표면을 갈아내는 작업으로, 광을 내거나 혹은 표면을 매끄럽게 하는 철공도구이다.

"이제 2018년에, 그 공장과 작가들이 그런 식으로 하나둘씩 짐을 싸고, 나가요. 그래서, 문래동이 아닌 신도림이나⋯ 아주 멀리가진 또 않더라고요. 근데 또 다른 지역으로 보자면 영등포동이나 다른 곳에 있는 공장지대. 그러니까 문래동 같이 이런 소공인분들이 계신 곳은, 또 문래동이 또 이제 대안의 장소였더라고요. 다른 데들은 어, 월세가 200만 원 수준으로 올라갔다면 아직 여기는 120만 원 130만 원 수준이었던 거예요. 그니까, 서울에서, 갈 데가 여기밖에 없는 거요. 그래서 일로 오게 되는 사람들이 있더라고요. 그니까 마지막이에요, 문래동이. 소공인분들이나 이런 사람들에게."

– 보노보c 이소주 대표(2018.10.28)

이처럼 철공소 소공인들에게는 사람이 많아지는 것도, 또 그로 인해서 임대료가 오르고 심하게는 젠트리피케이션으로 쫓겨날 걱정을 해야 하는 것이다. 이 상황에 대해서 일부 철공소 소공인은 "전부 예술인 때문에 일어난 일"이라고 말하며 문래동의 개방에 대해서 극히 부정적인 입장을 견지하기도 한다.

문래창작촌이라는 하나의 공간에서 살아가지만, 개방에 대해선 다른 지향을 가진 예술인과 철공인. 그들의 동상이몽은 어쩌면 지금까지 보노보c가 다소 소홀했던 부분, 혹은 노력했음에도 결국 해결하지 못한 한계일 것이다. 그러나 오늘날 도시재생을 둘러싸고 보노보c의 활동이 점차 주민 참여적이고 외부로 뻗어나가려는 경향을 가진다는 점에서, 문래창작촌을 둘러싼 개방의 온도차는 더욱 중요한 과제가 되고 있다. 따라서 과연 보노보c가 철공소 소공인과의 입장 차이를 극복하고, 개방성을 어느 수준에서 협의해내는가가 결국 지역주민을 참여시키려는 그들의 노력이 실질적인 성과로 이어지는 데 결정적인 요인이 될 것이다.

2) 여타 지역사회 구성원의 참여

보노보c가 의도했던 바, 문래창작촌이 '지역정체성을 가진 상생의 도시재생'으로 나아가기 위해서는 지역 주민들이 그에 동조하고 뜻을 모아 시민사회에서 적극적으로 표출해낼 수 있어야 한다. 이를 위하여 보노보c에서는 다양한 시민 참여적 활동을 기획·실천하고 있다. 다층적인 투어 프로그램이나 예술 전시 및 공연, 세미나 혹은 담소 형태의 소규모 모임 등이 그 예시이다. 이러한 사업들에 대해서 보노보c의 이소주 대표는 시민사회의 결절점으로 역할해내는 '보노보c의 역량 기르기'인 동시에, 더불어 살아가는 지역공동체에 참여하고 실현해낼 수 있는 '주민의 역량 기르기'라 말한 바 있다. 즉 보노보c는 도시재생과 젠트리피케이션이라는 문래동 지역사회 현안을 두고, 시민이 모이고 교류하고 소통하는 다양한 모습을 만들어내고자 주력하고 있음을 알 수 있다

그러나 실상은 다소 제한적이라고 하겠다. 그들의 의도와 달리 실제적으로 프로그램에 참여하는 창작촌 외의 문래동 주민이 그다지 다양하지 못한 것이다. 실제로 올해 하반기에 있었던 보노보c의 몇몇 프로그램은 이미 주최단체를 알고 라포가 있었던 참여자들의 비중이 상당히 높았다. 〈헬로우 문래〉 기간 中 〈올래? 문래! - 철부지 문화투어〉(2018.10.20)의 경우, 약 28%(전체 7명 중 2명), 〈비아프린지 페스티벌 - 1박2일 예술캠프〉(2018.10.27~28)는 100%(전체 8명 중 8명), 〈도시재생탐구생활 - 3.주민들과 함께하는 '도시재생' 탐구 워크숍〉 中 골목투어(2018.11.17)와 인문강의(2018.11.21)는 각각 54%(전체 11명 중 6명), 50%(전체 8명 중 4명) 수치를 보인다.[19] 지역축제 〈헬로우 문래〉는 외부적인 홍보에 초점을 맞춰서 대대적으로 진행되는 행사라는 점을 염두에 둔다면, 사실 이러한 결과는 앞서 논의한 보노보c의 노력이 무색할 정도다. 실제로 보노보c는 이와 같은 지적을 스스로 통감하고 있었다. 이소주 대표는 보다 직접적으로 "그것이 보노보c가 가장 못하는 부분"이라며 현재 단체의 역량 강화가 가장 집중적으로 이뤄져야할 부분이라고 언급했다. 하지만 홍보 마케팅 팀장의 말로는, 이는

---

19. 이 수치는, 필자가 현지 관찰한 행사에서 직접 계산한 것으로, 전체 인원은 프로그램 시작 당시의 인원을 기준으로 하며, 단체 혹은 지역과 이미 라포가 확실히 형성되었다고 할 수 있는 최소한의 인원으로 통계낸 수치임을 밝힌다. 따라서 구체적으로 따진다면 프로그램의 전·후반부 상황에 따라 전체 인원이 달라질 수 있으며, 창작촌과의 라포를 통해 참가한 인원도 오히려 늘어날 수 있을 것이다.

아직까지 많은 한계를 내포해 보인다.

> "홍보가 부진한 점은 뉴스레터 신청 같은 게 외부로 확장되지 않는다는 점이
> 제일 큰 것 같아요. 아카이빙을 공개할 수 없다는 점도 그렇고. 다들 개인 SNS는
> 하더라도… 직접적으로 문래동을 홍보하는 SNS를 하는 사람도 저뿐이라 인력부
> 족이에요."
>
> – 보노보c 팀장 유지원(2018.10.26)

정리하자면, 다양한 시도들에도 불구하고 현재 '다들 그렇게 알음알음' 오는, '입으로 하는' 홍보방식이 문래창작촌에서 주를 이루고 있다. 물론 소식지 발행, 월간지 제작, SNS를 활용한 홍보[20]가 아직 초기 단계이기는 하지만, 과연 그러한 방식이 현재 지역사회 내에서 강한 울림이 되고자 하는 보노보c가 시민의 참여·동조를 이끌어내는 데 얼마나 효과적일 것인가? 이와 같은 방식이 지속된다면 결국 그 영향력과 속도는 상당히 더딜 뿐만 아니라 참여 시민 또한 상당히 제한적일 것이다. 따라서 보노보c의 여러 행사가 지금처럼 '보던 사람만 계속 보이는' 현장을 탈피하지 못한다면, 많은 주민을 참여시킬 수도, 지역사회 속에서 공감을 얻기도 어려워질 수밖에 없다. 결국 이 한계를 타개하기 위해 좀 더 적극적인 방식으로 시민의 참여를 이끌어내는 것이 오늘날 보노보c의 관건이라고 하겠다.

3) 창작촌 내 예술인 대표성

문래창작촌의 형성 역사는 어언 약 15년을 달리고 있다. 처음에는 5명의 예술가로 시작했을지 모르지만, 그들을 시작으로 문래창작촌·문래예술공단이라는 이름하에 하나둘씩 쌓여온 많은 예술적 자원과 인프라, 창작적 지원은 오늘날에

---

20. 소공인 및 문래동 주민을 대상으로 SNS 서포터즈 워크숍(11월 20일~12월 11일)을 개최. 소공인의 작품 홍보와 이들의 시각에서 SNS상 문래동의 이미지로 개선하고자 하는 목적에서 운영되었다. 문래소공인특화지원센터의 도움으로 약 11명의 소공인이 참여하였다.

도 꾸준히 예술가들을 이 지역으로 유입시키고 있다. 주목해야할 점은 절대적인 유입량의 증가에서 더 나아가 증가 속도가 상당히 빨라졌다는 점이다. 이는 문래동이 홍대나 상수처럼 새로운 예술인의 공간으로 부상하고 각광받고 있는 현재 상황을 잘 반영한다. 이러한 방대하고 광범위한 예술가들의 유입을 문래창작촌의 새로운 예술·창작적 자원이자 가능성으로 바라볼 여지도 있겠으나, 그 전에 반대로 '유입이 불러온 유출'을 생각해 보지 않을 수 없다.

예술인들의 유입은 곧 창작촌의 명성과 순환적 관계에 있었음을 어렵지 않게 추측할 수 있다. 예술인의 유입이 문래창작촌의 인기와 명성에 기여하고, 그를 보고 다시 또 다른 예술인이 유입하는 형태로 말이다. 그러나 그 과정에서 커져만 가는 문래창작촌에 대한 세간의 주목은 예술계를 넘어서 여타 자본주의적 상업시설이나 관광객에게 또한 알려졌을 것이며, 결국 이는 지역 내 외부 자본 및 관광객의 증가, 임대료 상승, 젠트리피케이션으로 이어지는 양날의 검으로 작용할 수밖에 없다. 결국 이를 견디지 못하고 점차 외부지역으로 떠나는 예술가 또한 많아진 것이다. 새로운 유입이 부른 또 다른 유출이라 하겠다. 특히 이러한 경향은 도시재생과 관련하여 문래창작촌이 화두가 되는 오늘날 더욱 급속하게 발생한다.

창작촌 내부적으로 빠른 인구의 교체. 이러한 양상에 보노보c는 문래창장촌의 예술인 단체로서 그 대표성이 흐려지는 또 다른 어려움을 맞이했다. 기본적으로 창작촌 내부에서 활동하는 예술인이 교체될 때마다 그들은 시간과 인적자원을 투자하여 새롭게 라포를 형성하기 위해 노력해야한다. 초기에 만들어진 〈문래산악회〉나 오늘날 〈문래 밥상모임〉 등이 그러한 관계맺음을 위한 '소소한' 활동일 것이다. 그러나 예술인의 유출입 속도가 매우 빠르고, 모든 개개인이 자발적으로 참여하지 않는 이상 새로운 예술인들을 기존 네트워크 안으로 포섭하기 어렵다는 점은 여전히 분명한 한계점이 되고 있다.

"(2005년부터 오늘까지 문래창작촌의 발전사에 대해서 설명하는 발표자료 속

사진을 가리키며) 처음에 사진이랑 지금 사진이랑 차이가 좀 나죠? 처음에는 막
개인적인 사진도 많고 친밀한 것 같은데 지금은 이렇게 전시회 사진만 나오고….
지금 내부적으로 유출입이 빨라져서 저희가 MEET라고 예술인 지원하는 프로그
램 설명회 같은 데를 가면, 전에는 다 알았는데 지금은 70퍼센트 정도가 거의 모
르는 사람이에요."

– 보노보c 대표 이소주(2018.11.22)

위와 같은 발언 속에서 우리는 보노보c 역시 그 한계를 충분히 인지하고 있음
을 알 수 있다. 그러나 현재로서는 창작촌 내부 목소리를 대표하고 포괄하기 위
한 실질적인 해법을 제시하지는 못하는 모습이다. 그들이 지역사회 속에서 지역
시민을 참여시키고, 창작촌과 관련된 사업에서 지역정부와의 협업을 해나가는
데 있어서, 특히 도시재생과 관련하여 문래창작촌을 대변하고자 한다면, 대표성
의 차원은 반드시 짚고 넘어가야할 문제임에 틀림없다. 문래창작촌 내 예술인 네
트워크로서 그들의 뜻을 모으고 더 나은 소통의 매개체를 꿈꾸었던 보노보c가
가진 자기정체성, 그 존재론적 취지를 잃지 않기 위해서는 더욱 그러할 것이다.
따라서 창작촌 내부 예술인의 교체가 점점 빨라지는 상황에서 그들과 어떤 관계
를 구축해낼 것인지가 어쩌면 앞으로 보노보c가 해결해야할 가장 근본적인 고민
이자 한계일 것이다.

'개방'을 둘러싼 예술인과 철공인 사이의 온도차, 문래동 지역사회 구성원의 참
여, 창작촌 내부 대표성의 문제. 이 세 한계점은 오늘날 보노보c가 계획하는 많
은 활동과 그 의미를 위축시킨다는 점에서 그들에게 근본적인 선결과제가 되고
있다. 보노보c가 목표하는바, 도시재생 및 젠트리피케이션이라는 지역 현안에서
얼마나 적극적인 행위자로서 큰 울림을 만들어 낼 수 있을 것인지는 바로 이 한
계를 어떻게 헤쳐 나가는지에 달려있다고 하겠다.

IV. 결론

 본 연구는 문래창작촌, 그리고 그 속에서 예술가를 매개하는 단체 '보노보c'에 주목하여, 계단 모형을 통해 그 발전 역사와 오늘날 문래동 지역사회 속에서의 역할을 분석해 보았다.

 지금까지의 논의가 앞으로의 문래동의 지역사회에 주는 시사점은 무엇인가? 그래서 앞으로 지역 주민은 어떻게 문래동에서의 삶을 꾸려나갈 수 있을까? 각각의 행위자의 측면에서 몇 가지 제언을 하자면, 먼저 보노보c로 대표되는 예술 인들의 경우, 문래창작촌 내부에서 개별 예술인을 묶어내는 구체적이고 포괄적인 정비가 필요하다. 그들의 목소리가 정당성을 가지고 전달되기 위한 대표기관을 형성한다든지, 혹은 예술인들의 빈번한 유출입을 보완할 수 있는 합의된 절차적 멤버십을 가지는 것이다. 이는 내부적으로 예술인의 정체성을 유지하는데 기여하면서도 하나의 집단으로서 그네들의 목소리를 지역사회에 효과적으로 전하는 한 방편이 될 것이다. 지금까지 형성해온 네트워크와 창작촌 정체성 기반을 밑바탕으로 보노보c는 이러한 협력의 중심으로서 역할을 할 수 있을 것으로 기대된다.

 한편 지역의 거주민들과 예술인, 철공소 소상인 등 지역사회의 다양한 하위 행위자들이 무엇보다도 서로를 만나려는 노력이 필요하다. 현재 이들은 각각 나름 대로의 단체를 형성하고 있는데, 안타까운 점은 이들 사이의 네트워크가 그리 활발하고 긴밀하게 이뤄지지 않는다는 것이다. 지역 거주민의 경우 '문래 마을계획단', '목화마을사업단' 등을 조직, 〈문래목화마을축제〉〈문래북페스티벌〉을 개최하고 있는데, 그 안에 문래창작촌의 예술인이나 철공소 소공인의 참여는 저조한 수준이다. 한편 예술인 네트워크인 보노보c가 그나마 '문래소상공인특화센터'나 '문래머시닝밸리'와 같은 철공소 소공인과의 연계를 꾀하고 있지만, 지역주민과의 만남이 제한적이라는 깊은 고민 또한 가지고 있다. 이러한 상황으로 미뤄볼 때, 각각의 지역사회 행위자를 대표하는 이 집단들이 서로를 적극적으로 연계·

활용하려는 노력이 필요하다. 결국 같은 공간을 공유하고 더불어 살아가고 있다는 점에서, 거주민, 예술인, 철공소 소공인이 모여서 하나의 문래동 지역사회를 구성할 것이기 때문이다. 따라서 그 안에서 펼쳐지는 문래동의 삶 역시 그네들 모두가 한데 어우러져서 만들어 가는 것이기에, 상호간에 이해와 협력이 앞으로 문래동의 도시재생에서 가장 핵심적인 사항이 될 것이다.

　마지막으로 관은 문래창작촌, 그리고 시민사회의 숙의의 과정에서 더욱 신중한 태도를 가져야 함을 강조하고 싶다. 보노보c에서 지난 10월 27일 개최한 〈도시재생워크숍〉에서 영등포구의 '도시재생센터'는 "사람이 그런 것처럼, 도시도 노인이 되면 언젠가 죽어야 한다"라는 '도시의 안락사'를 말하며 예술인과 첨예하게 대립한 바 있다. 그러나 무엇보다 도시 재생은 지역 주민들이 숙의하고 협의하는 과정이 가장 첫 번째가 되어야 한다. 도시재생의 영향을 받는 것은 결국 그 공간에서 살아가는 사람이기 때문이다. 물론 시민 간에 충돌과 갈등이 지속된다면 또 다른 중재자로서 관의 개입 여지가 커지겠으나, 문래동은 이제 도시재생에 대한 시민사회의 담론의 펼쳐지고 있는 단계이다. 지역정부의 상명하달적인 의사표현보다는 지역 주민 사이에 건전한 토론의 장이 먼저 형성되어야 하며, 그 이후에 지역 정부는 시민들 스스로가 결정한 삶을 제도·정책을 통해 지원하는 방편으로 나아가는 것이 바람직한 시민사회의 모습일 것이다. 따라서 시민들의 충분한 숙의가 무르익을 때까지, 지역정부는 보다 신중한 태도로 지역 의제를 다뤄야하며, 오히려 소통과 교류의 장을 마련하거나 명확한 방향성을 찾는 동안 주민의 피해를 방지하는 최소한의 안전망 제공에 힘써야 한다.

　지금까지 문래동 지역사회 속에서 보노보c의 매개적 역할을 중점적으로 살펴보았으나, 중요한 것은 문래창작촌을 포괄한 문래동의 도시재생은 어느 한 주체만의 문제가 아니라는 것이다. 그들이 '모두가 배제되지 않는 도시재생'을 말했던 것처럼, 이는 분명 그 지역을 살아가며 그 속에 어우러져 삶을 꾸려내고 있는 모든 시민, 즉 문래동 공동의 문제이다. 따라서 문래창작촌과 그를 품은 문래동은 결국 예술가·철공소 소공인·지역주민이 함께 이뤄내는 공동체이며, 그렇기에 오늘날 창작촌과 지역사회의 관계, 더 나아가 앞으로의 도시재생 또한 모두가 주체로서 함께 이뤄나가야 한다. 그 과정은 결국 상호 간 이해와 소통, 교류를 필연적으로 전제하며, 따라서 파편화된 현대시민이 스스로 삶을 꾸려나가는 주체성과 연대라는 공동체적 삶의 의미를 다시금 깨우칠 수 있는 '시민정치'의 실현일 것이다.

참고문헌

강대기. 2003. "패러다임 변화와 공동체의 통합개념 구축." 『농촌사회』 13권 2호.
김연진. 2010. "예술창작촌의 장소형성 연구: 서울시 영등포구 문래동 사례." 서울대학교 환경대학원.
로버트 퍼트남. 2009. 『나 홀로 볼링』. 페이퍼로드.
한가옥. 2013. 『철부지鐵阜地 문래동』. 보노보C.

Hillery, G. 1955. "Definition of community: areas of agreement." *Rural Sociology* 20.
Robert D. Putnam and Lewis M. Feldstein with Don Cohen. 2003. *Better Together: Restoring the American Community*. Simon & Schuster.

제3부

거버넌스(민관협력)의 가능성과 한계

을지로 44길을 통해 바라본 골목협치의 한계
'새로운 골목문화 만들기 주민협의회'의 출범부터 해체에 이르기까지

간호학과 **권서아**
고고미술사학과 **김세진**
정치외교학부 **최호균**

〈연구활동 일지〉

날짜	활동 내용
2018년 9월 20일	을지로44길 관찰. 도** 노래방 사장 면담. 새로운 골목문화 만들기 협의회 회장 면담
2018년 9월 28일	중앙아시아 상인인 사**** 사장, 몽골 유** 카페 사장과 면담
2018년 10월 6일	새로운 골목문화 만들기 협의회 회장 면담
2018년 10월 19일	광희동 마을축제 참여. 대구탕집, 순대국집, 숯불갈비집 사장, 협의회 회장 면담
2018년 10월 27일	처** 치킨집 사장 면담
2018년 11월 2일	광희동 주민센터 주무관 면담. 제* 고깃집 사장, 협의회 회장 면담. 골목 함께 청소하기. 협의회 회의 참관
2018년 11월 5일	중구청 전 골목문화창조팀 팀장 전화 면담
2018년 11월 19일	도** 노래방, 크** 노래방, 대* 잡화점 사장 면담
2018년 11월 21일	협의회 회의 참관. 협의회 회장 면담
2018년 12월 3일	최** 전 중구청장 면담

서울시의 시민정치 및 민관협치의 사례로서 중구 광희동 을지로 42길과 44길 일대의 '새로운 골목문화 만들기 주민협의회'는 골목 상권 활성화와 골목 환경 자율 정비 및 미화 개선 사업에 주도적 역할을 맡았다. 협의회는 골목 상인들의 이익단체로 활약하면서 내부적으로는 구성원들 간 의견과 갈등을 조율하고 외부적으로는 중구구청과 광희동 주민센터를 상대로 상인들의 이익을 대변하고 협력적 관계를 도모하는 등, 적극적으로 집단행동을 취하기도 하였다. 이러한 긍정적 행보에도 불구하고 골목문화 주민협의회는 2018년 11월을 마지막으로 자진 해체하기로 하였다. 본 연구는 협의회의 과거 성과와 업적을 인정하면서도, 해체 과정에 더욱 초점을 맞춰 시민정치와 민관협치에 적용될 수 있을 만한 정치적 함의를 모색하고 있다. 참여관찰과 면담을 통해 골목 상권의 민관협치 과정에 참여한 다양한 참여자를 분석해 본 결과, 주민협의회의 해체는 관 내부의 문제, 관과 협의회 사이의 문제, 그리고 협의회 내부의 문제가 복합적으로 작용하여 초래하였다고 본다. 행위주체자들 간의 의견 괴리는 적절히 타개되지 못하였고, 이는 결국 협의회의 해체라는 결과로 이어졌다. 또한, 민관협치의 다양한 층위에서 행위자들 간 소통 및 교류 그리고 공통된 이해심이 부족한 점 역시 협의회의 실효성을 크게 제한하였다. 결론적으로, 본 연구는 기존의 선행연구에서 성공적인 사례를 토대로 내세운 민관협치의 보편적인 성공 요인과는 다르게, 개별 사례에서 드러난 좀 더 복합적이고 세부적인 조건들과 요인들이 개별 사례의 성공 여부에 영향을 미칠 수 있음을 보여준다.

I. 서론

　선선한 가을바람이 부는 2017년 10월의 어느 날, 광희동의 중앙아시아 거리와 몽골타운에는 축제다운 축제가 펼쳐졌다. 골목을 바라보는 하늘은 오색찬란한 만국기로 장식이 되었고, 골목 이곳저곳에는 몽골의 전통가옥인 '게르'가 세워져 있었다. 축제 마당 한가운데에는 서울서 울란바토르, 테헤란, 사마르칸트, 아스타나, 바그다드 등 주요 중앙아시아 도시들까지의 거리를 표시하는 조형물이 설치되어있는가 하면, 축제 한쪽에 위치한 무대에서는 러시아의 전통 옷을 입은 작은 무리가 흥겹게 울려 퍼지는 민속 가요에 맞춰 덩실덩실 춤을 추었다. 무대 반대쪽에 세워진 부스에서는 사람들이 모여 우즈베키스탄의 전통 음식 '논'과 양고기꼬치를 시식하고 있었고, 그 옆에는 카자흐스탄의 전통 놀이와 간식을 제공하는 부스도 설치되어있었다. 이러한 축제 풍경은 광희동 중앙아시아 거리의 다양성을 기념하고, 해당 골목의 문화적 교류와 소통의 증진을 위해 2017년 10월 20일에서 21일 사이에 개최된 '서울 실크로드 거리축제'의 모습이다.

　'서울 실크로드 거리축제'는 공식적으로 서울 중구청을 주최로 진행된 행사였지만, 그 배후에는 구청과 밀접하게 협력한 광희동 중앙아시아거리와 몽골타운의 거리 주민과 상인의 협의회인 '새로운 골목문화 만들기 주민협의회'(이하 협의회)가 있었다. 그들은 축제 개최 당일 다양한 먹을거리를 제공하며 참여하기도 했지만, 축제를 계획하는 과정에서도 장식품을 준비하고 다문화 체험 활동을 구상하는 등 실크로드거리축제를 성공적으로 개최하는 데 주요한 역할을 맡았다. 뿐만 아니라, 협의회는 중앙아시아거리와 몽골타운을 공유하는 상인들과 주민들의 모임으로서 해당 거리를 관리하고, 구성원들 간 이익을 수합, 조율, 대변하는 등 골목, 상권 관련 시민거버넌스의 일례로 활약하고 있다. 현재 협의회는 중앙아시아 거리 일대의 70여 개 상점 중 30여 상점을 공식 회원으로 보유하고 있고, 그중 실질적으로 협의회 활동에 적극적으로 참여하는 인원은 20여 명 되는 것으로 파악되고 있다.

이처럼 우리 조의 연구대상은 광희동 중앙아시아거리와 몽골타운을 대상으로 진행되고 있는 시민거버넌스 프로젝트인 '새로운 골목문화 만들기 주민협의회'이다. 앞에서 살펴본 바와 같이 협의회는 상인들을 주축으로 한 시민거버넌스의 예로 제시되어 왔지만, 사실 그 안에서 당사자들이 어떠한 관계를 맺는지, 또 이들은 협의회에 어떠한 의미를 부여하는지, 구성원들의 긴장과 갈등의 양상, 그리고 협의회 운영의 한계점은 존재하지 않는지에 대해서는 전혀 알려진 바가 없었다.

그중에서도 우리는 구성원들 간의 긴장 및 갈등, 그리고 한계점에 집중하여 연구를 진행하였다. 지난 2016년부터 운영되어 온 협의회는 올해 11월을 마지막으로 해체되었다. 그동안의 기사나 보도 자료 등을 통해 알려진 바와 달리 협의회는 여러 문제점을 안고 있었는데, 이러한 요인들이 해체의 주요한 원인으로 작동하였다. 따라서, 우리는 주요한 연구 질문을 골목문화창조 협의회의 운영과 해체를 통해서 본 협력적 거버넌스의 한계로 설정하고, 그 과정에서 상인들이 어떠한 관계를 맺고, 어떠한 역동이 나타났는지, 또 어떤 정치적인 함의를 가지는지에 대해 분석하였다.

본고의 연구는 참여관찰과 면담을 통하여 자료를 수집하고, 이를 토대로 분석을 하는 방식으로 이루어졌다. 을지로 42길 및 44길의 상인들 개개인과 최소 30분 이상의 면담을 진행하였으며, 협의회에서 진행하는 마을 축제와 회의에도 참석하였다. 또한, 실무에 참여하는 동주민센터 주무관, 중구청의 전 골목창조팀 팀장, 그리고 정책을 고안했던 전 중구청장을 만나 실제 골목협치가 어떻게 작동하는지에 대해 알아보았다.

II. 중구 광희동 일대 '새로운 골목문화 만들기 주민협의회'는 어떤 단체인가?

1. 광희동 중앙아시아 거리와 몽골타운 거리의 역사

중구의 광희동은 한국 최대 규모의 중앙아시아촌이 형성되어 있는 곳이다. 1990년 한국과 러시아 수교 후, 러시아 보따리 상인들이 유입하면서 처음으로 해당 지역에 중앙아시아계 사람들이 밀집되기 시작했다. 또, 1990년대 후반 러시아 상인들의 활동이 감소하고 그 빈자리를 몽골인들이 채우게 되면서 자연스럽게 한국에서 생활하는 데 필요한 시설과 서비스가 집결해 있는 '몽골타운'의 형성이 이루어졌다. 실제로 중앙아시아 거리와 몽골타운 거리로 지정된 을지로 42길과 을지로 44길에는 현재 150여 개소에 달하는 중앙아시아 음식점, 카페, 중앙아시아인들을 대상으로 하는 각종 상점들이 존재한다. 그러나 해당 거리에는 단순히 중앙아시아 및 몽골인 상인들이 운영하는 업소들만 즐비한 것이 아니라, 한국인 업주들이 운영하는 음식점들과, 유흥업소들도 상당수 있다.

중앙아시아 거리와 몽골타운 바로 동북 측에는 동대문디자인플라자, 두산타워, 밀리오레 등 의류 도소매점이 위치해 있으며, 또 2호선, 4호선, 5호선 환승역인 동대문역사문화공원역에 근접해 있다. 따라서 해당 지역은 주야를 불문하고 유동인구가 상당한 편이다.

이처럼, 중구 광희동 중앙아시아 거리와 몽골타운 거리는 첫째, 한국인 및 중앙아시아 출신업주들이 운영하는 상가들이 밀집된 다문화 지역, 둘째 유동인구가 상당한 관광 특화 거리라는 점에서 주목할 만한 공간이다.

2. 새로운 골목문화 창조 협의회의 출범배경

새로운 골목문화 창조협의회의 출범 배경은 두 가지 필요를 충족하기 위하여 이루어졌다고 볼 수 있다.

첫째, 침체된 도시를 회복시키고자 하는 도시 정책의 일환으로, 골목상권의 활성화를 달성하기 위한 동기가 협의회의 창출을 끌어내는 데 결정적인 유인책으로 작동하였다. 과거의 도시정책은 주로 도시 재개발과 신도시 건설에 초점이 맞춰져 있었다면, 최근에는 탈산업화 과정을 거치면서 침체된 도시를 개선하고자 하는 도시재생으로 패러다임이 전환되었다. 도시재생 정책 중 가장 효과적인 방법으로 골목상권의 활성화를 꼽을 수 있는데, 서울의 홍대, 익선동, 성수동의 사례만 보더라도 골목상권의 부흥이 침체되어 있던 지역을 얼마나 활성화할 수 있는지 알 수 있다.[1] 하지만 장기적인 경제 침체 및 대형유통기업의 골목상권 진출로 인해 골목경제는 붕괴하여 가고 있으며, 전통시장 지원에만 집중되어 있는 현 서민경제 체계상 영세 골목상인들은 사각지대에 내몰리게 되었다.[2] 이에 대해 영세 골목상인과 주민이 실질적으로 체감할 수 있는 상권을 활성화하면서, 자생적인 경제공동체 형성을 통해 도시의 지속가능한 발전을 도모할 수 있는 정책으로의 전환이 요구되었다. 이를 위해서는 주민 및 상인의 참여를 통한 협력적 거버넌스 체계를 구축해야 했으며,[3] 그 결과 결성된 것이 '골목경제 협의회'의 목표의식을 수반한 새로운 골목문화 창조협의회라고 볼 수 있다.

둘째, 위에 서술된 중앙아시아 거리와 몽골타운 거리의 특성들이 해당 지역에 갈등을 유발하는 요인으로 작동하였고, 이를 해결하기 위해 시민 거버넌스 접근법이 구상되었다. 주민들을 비롯한 여러 유흥업소와 요식업계의 자영업자들이 모여 있다는 점, 또 다양한 문화적 배경을 가진 사람들이 모여 있다는 점이 특히 상인들 간 질투심과 불신, 갈등을 조장하게 되었다.

실제로, 협의회가 세워지기 전엔, 상인들은 서로에게 사소한 이유로도 구청에 민원을 제시했었다. 특히, 풍선간판을 두고 상인들 간 마찰이 가장 심각했는데,

---

1. 모종린. 2017. 『골목길 자본론』. 서울: 다산북스. pp.10-11.
2. 온나라정책연구. 2015. 『골목경제 활성화 심층사례분석』. p.260.
3. 정철현·김종업. 2012. "도시재생을 통한 창조도시 구현 방안 연구." 『지방정부연구』 제16권 3호. p.350.

이는 노래방 및 유흥업소 상인들이 불법 옥외간판으로 간주되는 풍선간판을 설치하여 점화된 갈등이다. 유흥업소 상인들은 풍선간판의 설치가 범법행위여도, 행인들의 시선을 끄는 데 가장 효과적인 홍보물이고, 여타 경쟁 업소들이 설치하기에 어쩔 수 없다는 입장을 고수했다. 그러나 요식업계 상인들은 풍선간판으로 인하여 다 같이 공유하는 골목 공간이 줄어들고 난잡해질 뿐만 아니라, 손님들의 시야를 가려 개별 업소들이 금전적 손해를 본다고 인식하였다. 이외에도 입간판 설치, 불법주정차, 쓰레기 무단투기로 인해 거리의 미관을 해치고 보행자 안전사고 위험을 제기하면서 거리환경과 관련된 상인들의 과실과 충돌이 만연한 상황이었다.

결과적으로 상인들 간에 경박하고 사소한 갈등들이 빈번해지고, 또 그러한 갈등들을 구청이라는 중재자 및 권위자를 통해 해결하려고 하니 해당 지자체와 지역에도 꽤나 큰 골칫거리가 되었다.

이러한 상황에서 제7, 8대 중구청장으로 역임했던 전 구청장은 주민이 주도하는 골목문화의 중요성을 역설하며 주민협의회의 활동을 활성화하겠다는 강한 의지를 보였다.[4] 그 결과 중구의 15개 행정 지역에 각각 '주민주도 골목문화 만들기' 사업을 추진하며 다산동의 쓰레기 무단 투기 문제를 해결하고, 대학생 봉사단의 담장 벽화 그리기 및 전신주 불법 광고물 부착 방지판 등의 활동을 시행하였다.[5]

이러한 정책은 중구 광희동에서 주민들과 상인들의 단합과 협력을 유도하고, 또 지역적 특성상 상업지역과 주거지역이 혼재하여 발생하는 문제들을 주민과 상인이 직접 해결하는 기회를 마련하기 위해 중구 광희동 '새로운 골목문화 만들기 주민협의회'의 출범으로 이어졌다. 새로 출범한 협의회는 해당 골목을 공유하

---

4. 서울 PN, "골목마다 명소 하나 ⋯ 주인공은 주민이죠." http://go.seoul.co.kr/news/newsView.php?id=20161006016017(검색일: 2016.10.05).
5. 중구신문, "중구의 골목문화창조, 우리의 꿈이다." http://www.junggunews.com/news/articleView.html?idxno=25642(검색일: 2016.10.12).

제9장 을지로 44길을 통해 바라본 골목협치의 한계   **275**

는 상인들로 구성하되, 구청, 동 주민센터 및 관련 지자체가 행정적, 재정적 지원을 제공하여 골목 상권 관리에 있어서 민관협치의 제도적 틀을 마련해주기도 하였다. 전 중구청장은 이러한 제도적 틀과 관의 지속적인 관심이, 민 차원에서 주도적으로 본인들의 문제를 해결하는 데에 큰 도움이 될 것이라고 보았다.

여기서 주목할 만한 점은 기존에 거리의 상인들이 자체적으로 조직하여 존재했던 번영회나 상인회는 구청의 지원과 관리가 없어 상인들의 이익을 조율하고 단합을 유도하여 골목의 문제들을 해결하고 상권 활성화를 실현하는 데 그 효과와 지속성이 떨어졌다는 것이다. 특히, 재정적 투명성이 쉽게 담보되지 않아 오히려 이러한 자발적 조직 활동을 통해 상인들 간 불신과 갈등을 더 심화한 사례도 있었다. 일화로, 관 주도의 협의회가 설립되기 전, 광희동 중앙아시아 거리의 상인들은 자발적으로 번영회를 조직하여 거리 축제 행사를 개최하였으나, 당시 예산 관리와 사용이 소홀하게 이뤄져 축제 성과가 저조했던 경험이 있다. 또한, 축제 계획 과정에서 음향업체 수당 지급과 관련하여 분쟁이 생겨 법정소송 절차까지 밟아 상인들에게 협력에 대한 부정적인 인식을 각인시키기도 했다.

'새로운 골목문화 만들기 주민협의회'는 지자체와의 협력적인 관계 속에서 구청의 재정적 지원과 행정적 관리를 통해 이러한 회의와 불신을 최소화하면서 지역 주민들과 상인들의 적극적 참여를 유도하려는 시도로 해석될 수 있다. 지자체의 지원과 협력은 협의회와 협의회 활동에 정당성을 부여하여 상인들과 지역 주민들이 협력할 수 있는 최적의 환경을 조성하고 권력 남용과 재정적 부패의 위험을 감소시킬 수 있기 때문에 상인들이 자발적으로, 스스로 만든 과거 단체들보다 더욱 오래 유지되고 효과적일 것이라는 기대를 모았다.

3. 골목문화 창조협의회의 활동과 과정

결과적으로 새로운 골목문화 만들기 협의회는 이러한 기대에 어느 정도 부합하는 성과를 보여줬다고 평가할 수 있다. 가장 기초적인 차원에서 협의회는 상인들을 대변하는 이익 단체로서 활동하며, 지자체 및 외부행위자와 교류하는 데 해당 골목 상인과 주민들의 단체교섭력을 증진했다. 또한 협의회라는 협력적 단체를 통해 기존에 서먹서먹했던 지역민들 사이에 친목 관계를 형성하는 데 기여하였다.

그러나 앞서 언급했듯이, 협의회는 단순한 이익집단이나 친목회 수준에 머무는 것이 아니라 궁극적으로 해당 지역의 활성화와 공통적 문제 해결에 선두적 역할을 맡기를 도모한다는 점에서 이에 걸맞은 거시적 차원의 활동을 여럿이 진행해왔다. 아래에는 협의회 회원들과의 면담을 통해 드러난 대표적인 활동들을 나열해 보겠다.

1) 중앙아시아거리 골목 축제

협의회의 가장 야심적인 활동을 뽑으라면 당연히 근래 몇 년 동안 매해 개최된 골목 축제이다. 골목 축제는 골목 주민들과 상인들이 무엇보다 같이 골목 상권과 지역을 활성화하고 싶은 바람에 가장 자부심을 가지고 또 관심을 보이는 활동이기도 하다.

중앙아시아거리의 골목 축제는 협의회가 생긴 이후 협의회 회장이 중앙아시아 거리라는 명칭에도 불구, 해당 지역에서 실질적으로 문화 교류가 활발히 이루어지지 않는 것을 보고, 골목의 홍보 목적과 문화적 교류의 증진을 위해 작년 10월 처음으로 다문화 축제를 (서울 실크로드 거리축제) 제안하고 시, 구청과 함께 성공적으로 개최하며 시작하였다. 이후 축제를 일회성 이벤트로 바라볼 것이 아니라 골목 상권의 지속적 활성화와 해당 지역 구성원들의 교류를 위해 매해 개최할 의사를 수렴하였고, 올해 10월에는 광희동 주민의 화합과 동대문 관광특구 활성화를 위한 '광희동 마을 축제'라는 명칭으로 관련 시민단체, 동주민센터와 협력하여 개최하였다.

골목 축제는 일차적으로 상인들과 주민을 비롯한 시민단체, 지자체와의 협동을 통해 지역민의 라포 형성에 기여하고, 또 축제 당일 행인들에게 이색적 활동과 음식거리를 제공함으로써 골목 상권과 지역의 활성화에 기여하는 효과를 가지고 있다.

2) 골목 환경 자율 정비 및 미화 개선 사업

골목 환경 관리는 협의회 출범 전 중앙아시아 거리와 몽골타운 거리에서 첨예한 쟁점으로 존재했던 사안이다.

'골목'과 '거리'의 공공재적 성격 때문에 어느 한 주체가 골목 사용으로부터 얻는 편익을 일부 포기하고 그에 상응하는 비용을 지불하면서 환경 개선을 위해 주도적으로 움직이기가 힘들다. 결국 골목 환경이 방치된 상태에서 불법 광고물 설치, 쓰레기 무단투기, 불법 주정차 등이 만연한 '공유지의 비극'과 같은 상황이 되풀이되는 것이 중앙아시아 거리 일대의 실태였다. 이러한 상황이 지속되면서 지역민들의 갈등이 심화하고 해당 상권에 부정적 영향을 끼치자 협의회를 통한 집단행동의 필요성이 대두되었다.

새로운 골목문화 창조 협의회는 출범 후 다양한 환경미화 사업을 펼치면서 골목 환경 개선에 인상적인 성과를 보였다. 먼저 상인들 사이에서 가장 큰 쟁점이었던 풍선간판 불법 설치는 협의회를 통해 유흥업 상인들과 요식업 상인들의 입장을 절충하여 대다수 식당이 영업을 중단하는 밤 10시 이후 개시할 수 있도록 합의점을 찾았다. 합의에 도달하는 데 유흥업소를 운영 중인 협의회 회장의 역할이 중대했다. 협의회 회장은 "식당이 잘돼야 노래방이 잘 된다"며 두 업종의 상호 의존성을 강조하였고, 쉽게 메울 수 없을 것 같았던 두 입장의 차이를 타협할 수 있었다. 실제로 낮에 중앙아시아거리를 방문해 봤을 때 풍선간판이 보이지 않았으나, 밤 10시 이후 설치된 것을 보고 이러한 합의가 계속 준수되고 있음을 확인하였다.

쓰레기 무단 투기와 관련해선 구청의 지원을 받아 폐기물 배출 교육을 시행하였고, 또 매달 셋째 주 수요일을 골목 청소일로 지정해 골목 청소 사업을 진행하고 있다. 매달 셋째 주 수요일이 되면 오후 2시쯤 영업이 잠시 여유로운 틈을 타

골목 상인들이 모여 중앙아시아 거리와 몽골타운 거리를 우회하며 동주민센터의 지원으로 구매한 청소 장비를 들고 담배꽁초, 비닐봉지 등 거리에 버려진 쓰레기를 치우는 모습을 볼 수 있다. 청소를 마친 후 협의회 구성원들은 같이 점심을 먹으면서 협의회 모임과 다양한 골목 안건에 관한 토론을 하기도 한다. 협의회 회장은 이렇게 골목 상인들이 다 같이 모여 골목을 청소하는 것이 함께 공유하는 거리를 평상시에 깨끗이 유지해야 할 의무 의식을 심고, 상인들 간 친분을 쌓는 계기가 된다고 주장하였다. 실제로 상인들은 청소하는 와중에 서로의 안부를 묻고, 소소한 농담을 주고받으며 화기애애한 분위기 속에서 골목 청소를 진행하는 것을 관찰하였다. 이는 기존에 상인들 간 존재하였던 갈등과 불신을 해소하는 데 기여했을 것이다.

III. '새로운 골목문화 만들기 주민협의회'의 거버넌스 작동 과정은 어떻게 되는가?

Richards & Smith(2002: 72)에서는 Multi-level governance(MLG)를 "두 개 이상의 계층수준에서 작동하는 거버넌스 과정이 교섭적인 형태로 상호연결된 것"으로 규정하고 있다. 여기서 multi-level이라 함은 상위 거버넌스(macro-level governance)와 하위 거버넌스(micro-level governance)가 결합된 형태를 뜻하며, 각각은 거버넌스의 주체인 민과 관의 관계 구조에 따라 구분된다.

유재원·홍성만(2005)은 이러한 Multi-level governance(MLG) 모형을 대포천 수질개선을 둘러싼 거버넌스 사례에 적용하여 분석한 연구이다. 여기에서는 Macro-level을 환경부-김해시-수질개선대책위원회 구조로, Micro-level을 수질개선대책위원회로 설정하고, 이 두 가지 수준의 거버넌스가 교섭하는 양상을 제시하고 있다. 더 나아가, 상위 거버넌스의 성공적 운영은 하위 거버넌스에게 추진력을 제공하고, 하위 거버넌스의 효율적 운영은 상위 거버넌스의 발전에 기여하였다고 평가하면서, MLG의 긍정적인 측면을 강조하고 있다.

이러한 MLG 모형은 광희동 '새로운 골목문화 만들기 주민협의회(이하 주민협의회) 사례에도 충분히 적용할 수 있는 분석 틀이 된다. 대포천 수질개선 사례의 경우에는 중앙정부(환경부)-지방정부(김해시)-지역주민 조직(수질개선대책위원회)로 이어지는 관계 구조를 보았다면, 광희동 주민협의회 사례의 경우, 구 단위의 사업이라는 점에서 중구청-광희동 주민센터-주민협의회의 관계 구조를 설정할 수 있다. 따라서 Macro-level은 중구청-광희동 주민센터-주민협의회로, Micro-level은 주민협의회로 설정할 수 있다.

이하에서는 Macro-level과 Micro-level 차원에서 정책 행위자들이 어떤 형태로 상호작용하고 있는지에 대해 주목하여, 거버넌스의 작동과정을 분석해 보고자 한다.

1. 중구청 - 광희동 주민센터 - '새로운 골목문화 만들기 주민협의회' 간의 협력 과정

1) 중구청과 골목문화 협의회의 협력 과정

중구 광희동의 새로운 골목문화 만들기 주민협의회는 중구의 전 구청장의 '새로운 골목문화 만들기 주민협의회' 정책의 산물로 처음부터 중구청의 주도로 형성된 협의회이다. 골목문화창조 정책은 지역적 차원에서 민관협치와 시민거버넌스를 육성하기 위한 제도적 틀을 마련하여 지역민의 교류를 증진하고 지역사회 활성화 및 지역환경 개선을 위해 구상되었다. 이러한 과제들을 용이하게 하기 위해서 중구청은 골목문화창조 사업 관련 업무와 각 지역의 협의회를 감독하는 '골목문화창조팀'을 개설하였다. 골목문화창조팀은 개별 주민협의회와 구청 사이의 중재자로 활약하면서 주민협의회의 근본적인 목표와 세부적 안건을 추진하는 데 있어서 행정적 지원을 제공하였다.

골목문화창조팀은 광희동에서 공통 현안 중심으로 골목 단위 구간을 설정하고, 거주자 및 점포주, 이해관계자 등으로 구성된 골목 협의회를 설계하여 현재 우리가 알고 있는 광희동 골목문화창조 협의회의 창설과정에서 주요한 역할을 수행하였다. 이후 매월 골목협의회 간담회를 열어 골목협의회의 활성화를 위한 논의가 전개되는 포럼을 제공하였다.

이외에도 중구청은 협의회가 제안하는 골목 활성화 및 환경 개선 사업의 형평성과 실현 가능성을 평가하고, 이를 추진하는 과정에서 협의회를 행정적으로, 재정적으로 지원하였다. 예를 들어서 올해 광희동 마을 축제를 위해 중구청은 800만 원을 제공하였고, 더 큰 규모로 치러진 작년 실크로드 축제에는 1억4천만 원의 예산을 서울시청과 함께 투입하였다. 또한 중앙아시아거리와 몽골타운 거리의 경관 정비를 위하여 규격 간판과 보안등 설치를 위한 지원금을 마련해주었고, 관광 유치를 위한 벽화거리 조성도 추진하였다. 골목의 편의와 안전을 위하여 주민과 상인들의 입장을 반영한 주정차 완화구역을 지정하고 계도를 게재하였으며, 폐기물 배출교육을 시행하여 골목의 쓰레기 무단투기 문제를 해결하는 데 도움을 주기도 하였다.

이처럼 중구청은 협의회와 꾸준한 협력적 관계를 유지하며 골목 주민과 상인들의 공통된 목표 달성을 위한 조력자로 일조하였음을 알 수 있다.

2) 동 주민센터와 골목문화 협의회의 협력 과정

동 주민센터는 골목문화 협의회와 중구청 사이에서 중간 다리 역할을 하고 있다. 협의회의 건의 사항이나 요구 사항을 동 주민센터에 전달하면, 동 주민센터에서 구청의 각 담당 부서에 연락하며, 반대로 구청에서 동 주민센터로 정책이나 안내 사항이 내려오면, 협의회로 전달한다. 의사전달이 이루어지는 곳은 대부분 동 주민센터이며, 협의회 회장이 매달 셋째 주 수요일 회의 전 회의 자료와 함께 안건을 건네주면, 그 이전에 건의했던 사항에 대한 구의 답변을 전달해준다. 회장은 이를 당일 회의에 회원들에게 전달하며, 회의 안에서 이에 대해 논의가 이루어질 수 있도록 한다.

일례로, 협의회가 지속적으로 건의한 안건 중 '중앙아시안 거리 아치 건립'이 있었다. 이는 거리 초입부에 로데오 거리처럼 중앙아시안 거리라는 이름의 아치를 세워두는 것이다. 이를 통과시키기 위해 회장은 가상의 아치 이미지를 제작하였고, 또한 아치 건립의 효과를 보여주기 위해 주변에 호텔 지도를 제작하여 아치로 인해 외국인 관광객이 이 골목을 많이 올 수 있음을 주장하였다. 이에 대해 동 주민센터가 구청에 보고하였지만, 구청의 각 담당 부서인 가로환경과, 도시디자인과, 도로시설과 등에서 심의를 거친 결과 아직은 건립하기 어려울 것 같다는 결론이 내려졌다. 이 외에도 골목의 만국기 설치 관련하여 철거 및 교체를 위한 건의 사항을 전달하였고, 동 주민센터 측에서 구청에 안전 평가를 요구하여, 담당자가 광희동 44길에 만국기를 교체해도 안전하다는 평가를 내린 이후 교체하였다.

구청 차원에서 관련 정책을 시행하면 이에 대해 실질적인 도움을 제공하는 것도 동 주민센터이다. 구에서 동마다 시민들의 조직 활동을 장려하기 위하여 '주민참여지원금'이라는 이름으로 예산을 지급하였다. 동 주민센터에서 1년에 3개의 조직체를 선정하여 100만 원씩을 제공하는데, 골목문화 협의회도 골목을 청소한다는 명목으로 지원하여 선정되었다. 이로 인해, 협의회는 올해 9월 100만 원을 지원받았으며, 이 예산으로 청소물품을 구입하였다. 구에서 지급한 예산이기 때문에 활동보고를 위해 협의회는 주기적으로 청소하는 모습을 담은 사진과 영상을 동 주민센터에 제공하였으며, 이에 대해 동 주민센터는 다시 구청에 활동보고를 올린다. 구에서는 협의회의 참여를 더 독려하기 위하여 100만 원을 지급받은 3개의 조직체와 함께 '공동 네트워크'라는 것을 개최할 것을 요구하며 70만 원 예산을 추가 지급하였다. 그로 인해 올해 11월 말 광희동 주민센터에서 열린 '공동 네트워크'에 골목문화 협의회가 참여하였다.

동 주민센터는 골목문화 협의회에 대해 좋은 평가를 하고 있었으며, 도움이 된다고 인식하고 있었다.

"(도움이) 되죠. 많이 되죠. 아니었으면 마을 축제 하는 데에도 거기 아니고 다른 데를 알아봐야 하는데 광희동 관내에서는 그렇게 행사를 하고, 사람이 많이 모일만한 장소가 없어요. 저는 고맙게 생각해요."

– 권** 주무관

"그쵸. 저희가 한 분 한 분 다 찾아뵙고 말씀드리기는 에너지가 많이 소비되는데 골목 대표자 한 분에게만 말씀드리면 본인들이 회의를 하시거나 전달이 금방 공유가 되니까 (도움이 된다)."

– 권** 주무관

정리하자면, 관 차원에서는 개개인을 만나 의견을 수렴하는 것보다 조직 안에서 논의된 바를 한 명의 단체장과 의견을 교환하는 것이 보다 효율적이라고 판단하고 있었다. 또한, 동 주체로 이루어지는 마을 축제 같은 경우에도 협의회를 통해 골목이라는 장소에 보다 쉽게 다가갈 수 있었으며, 협의회 상인들이 속한 직능단체에서 상인들이 모일 수 있는 구심점 역할을 한다고 평가하였다.

2. '새로운 골목문화 만들기 주민협의회' 구성원들 간의 상호협력 과정

'새로운 골목문화 만들기 주민협의회'는 상호협력적 분위기를 형성하기 위해 내부결속을 다질 수 있는 여러 활동을 진행하고 있었다. 우선, 협의회에 활발하게 활동하는 상인들은 대체로 이곳에서 장사를 한 지 상당히 오래된 분들이었다. 면담 대상자들은 최소 10여 년 이상부터, 20년 넘게 광희동 44길에서 영업을 해왔다고 답하였다. 실제로, 면담을 진행한 상인들과 협의회 회의 때 참석한 회원들 중 영업 햇수가 10년을 넘지 않는 사람은 협의회 회장과 족발집 사장 단 두 명뿐이었다. 연령대 역시 최소 50대 이상의 회원들로 구성되어 있었다. 지난번 마을 축제 때 진행한 인터뷰에서 대구탕집의 따님은 골목 상인들끼리 굉장히 친하고, 본인도 어렸을 때부터 지속적으로 관계를 맺고 있다고 답하였다. 이처럼, 협의회의 주요 회원들은 이미 수년에 걸쳐 친목 관계를 형성해 온 상인들로 이루어져 있었으며, 이러한 관계는 회원들로 하여금 협의회에 더 열심히 활동하는 계기가 되었다.

또한, 협의회 이외에 함께 활동하는 직능단체를 중심으로 상인들끼리 친분을 쌓아가고 있었으며, 이는 협의회 내부의 친목 관계에도 영향을 미치고 있었다. 상인들은 광희동 내에 존재하는 12개의 직능단체 중 '주민자치위원회', '새마을부녀회', '자유총연맹' 등에 소속되어 있었다. 대구탕집 상인과 면담과정에서 같은 직능단체에 속한 상인들끼리 힘든 일 있으면 서로 도와주고 있다는 이야기를 들을 수 있었으며, 동 주민센터 측에서도 상인들끼리 직능단체를 중심으로 상부상조하고 있음을 언급하였다.

이러한 친밀한 관계 속에서 협의회는 자체적인 청소와 회의를 중심으로 협력적 활동을 진행하고 있었다. 매달 셋째 주 수요일 골목 청소와 함께 회의를 진행하고 있는데, 회원들은 청소하면서 서로 일상적인 대화나 농담을 나누었으며, '언니', '형님'이라고 부르는 등 서로 친한 관계에서 할 수 있는 호칭어를 사용하고 있었다. 회의 장소는 회원들이 돌아가며 각자의 가게에서 진행되었다. 회의 전 서로 근황을 묻기도 하고, 회의 내용과 관계없는 일상적인 대화를 나누기도 했다. 협의회의 회의 진행은 특별한 형식이나 절차가 없이, 점심식사를 함께하며 편안하고 자유로운 분위기 속에서 이루어졌다.

상인들은 고정된 휴식 시간이 없는 것이 특징인 장사 활동에 종사하고 있기 때문에, 여건 상 청소와 회의에 항상 참여할 수 없는 상황이었다. 이로 인해, 시간이 되는 사람들끼리 모여 청소와 회의를 진행하였으며, 청소에 나오지 못한 상인들 가게 앞까지 모두 청소하는 모습을 확인할 수 있었다. 또한, 구청에서 지급하는 예산으로는 협의회 활동을 하는 데 한계가 있었기 때문에 회원들마다 월 2만 원씩 회비를 걷으며 자체적인 예산을 마련하였고, 이는 마을 축제 때 골목에 만국기를 설치하거나 넉가래 등 부족한 청소도구를 구입하는 데 사용되었다.

협의회 구성원 간에도 내부 결속과 협력적 분위기에 대해 긍정적으로 평가하고 있었으며, 이는 뒷부분에서 다룰 협의회 해체 이후에도 다른 결사체를 만들게 하는 원동력이 되었다.

IV. '새로운 골목문화 만들기 주민협의회'가 해체된 배경과 이에 대한 함의는 무엇인가?

1. 협의회 해체 배경

주민협의회는 민관협치의 사례로서 지자체와 협력적인 관계를 유지하고 내부 결속력을 다지며 그동안 뚜렷한 성과를 보여줬음에도 2018년 11월을 마지막으로 자진 해체하기로 하였다. 11월 셋째 주 수요일 정기회의에서 회원들은 주민협의회 해체를 공식화하였고, 기존에 구청과의 협력적 관계에서 벗어나 골목 상인들끼리 자발적으로 조직된 모임을 구상하였다. 새로운 상인회는 동네 발전과 골목 상권 활성화라는 목표를 지속해서 추진하기로 하였고, 다만 상인들이 주요 구성원이 되어 보다 자율적이고 독립적인 상인주도 협의회를 모색하기로 하였다. 같은 해 9월, 구청은 골목 문화창조팀을 해체하여 주민협의회에 대한 지원을 대폭 감축하고, 상인들은 지속해서 구청의 간섭과 소극적 태도에 대해 불만을 토로했다는 점에서, 주민협의회의 해체는 골목상권 민관협치의 어느 한 당사자가 일방적으로 내린 결정이 아닌, 오랫동안 협력적 과정에서 상호 간 마찰과 갈등이 축적되어 초래된 당연한 결과라고 볼 수 있다.

2. 해체된 원인과 함의

1) 관 내부의 문제

협의회는 2018년 6월 중구청장 선거에서 현 구청장이 당선되면서 출범 이래 가장 큰 변화를 마주하게 되었다. 서양호 구청장이 관 차원에서 시행되던 협의회에 관련된 사업들을 중단시키기 시작한 것이다. 중구청에서 공표한 구정운영 4개년 계획에 따르면 현 구청장은 주민자치 강화, 도심 산업 활성화 등 전 구청장과 비슷한 핵심전략과제들을 내세우면서도 완전히 다른 접근법을 지향하고 있다는 것을 알 수 있다. 구청장은 과거 중구청이 사업성 위주의 개발과 관광객 유치를 목적으로 한 정책으로 실질적으로 중구에 거주하는 주민들은 외면당했다고 지적하면서 실주민들의 자치와 복지를 복원하기 위해 동 단위 지자체의 강화를 모색하고 있다. 또한 도시산업 활성화와 상인조직 역량 강화는 중구의 전통시장 상권과 봉제와 인쇄 산업에 초점을 맞춰 진행한다고 명시되어 있다. 이는 중구의 전 구청장이 골목단위에서 도모했던 자치 및 협치 강화, 그리고 상권 활성화 및 관광문화 조성과는 크게 대조된다. 정책적 방침의 일환으로 서양호 구청장은 구청 내의 행정조직을 개편하고 그 결과 골목문화창조 팀의 역할이 대폭 축소되었다. 골목문화 협의회 사업이 활발하게 진행되었을 때 일을 맡았던 담당자는 현재 다른 팀으로 발령받았으며, 현재의 팀장도 골목문화와 무관한 '여성가족과' 업무를 맡고 있었다. 또한 골목문화창조 협의회와 관련하여 진행되는 사업이 있는지에 대해 문의하였는데, 이에 대해서도 현재 사실상 진행 중인 사업이 없다는 답변을 들었다.

또한 골목문화창조협의회에 관련된 사업들뿐만 아니라, 전 구청장이 시행하던 사업들 중 많은 수가 중단되기도 했다. 이전 구청장 시절에 진행했던 정동야행, 실크로드 축제 등의 사업들은 사실상 폐지되었다.

"현 구청장은 철저하게 내가 하던 일을 다 중단해버리고 안 해. 제일 기가 막힌 것이 정동야행이라고 정동의 역사와 문화를 알리기 위해서 매년 30여 개 문화재, 박물관, 미술관 교회랑 같이 개최하는 축제가 있었고, 국제적으로 좋은 평가를 받았는데… 이게 구민의 참여도가 3%밖에 안 된다고 안 한 대. 우리는 구민만 보면 아무것도 하면 안 돼. 명동, 을지로, 퇴계로, 다 구민이 없어. 그럼 아무것도 하지 말아야 해. 그게 아니거든. 수도권 인구가 여기서 일을 하기에 편하게 하고. 관광객들을 편하게 하고. 중구의 국제적 위상이나 국가의 이미지. 이런 걸 해야지. 그게 대표적인 거였는데, 그거 외에도 다 안 해. 이 양반은 축제도 동 단위로 해서 다 퍼줘. 근데 어느 동은 할 소재가 없어. 기획사 불러서 음악하고 뭐하고 한데…."

– 전 구청장

이처럼, 협의회 해체의 과정에는 중구청장으로 대변되는 관의 정책 기조가 급격히 변한 것이 큰 요인으로 작용하였다. 골목상권에서의 민관협치에서 필수불가결한 행위자인 관의 역할이 급격히 축소되면서 운영 자체가 어려움을 겪게 된 것이다.

중구청의 정책적인 변화와 더불어 동주민센터의 소극적인 태도 역시 협의회의 원활한 운영에 있어 걸림돌이 된 것으로 사료된다. 동 주민센터는 협의회와 중구청과 더불어, 민관협치의 주요 행위 주체자이지만 사실상 적극적인 역할을 하고 있지는 않았다. 동 주민센터에서 협의회 일을 담당하고 있는 행정민원팀의 권○○ 주무관의 말에 의하면, 동에서 예산적인 지원, 그리고 의사를 전달해주는 중간 역할 외에는 별다른 지원을 하고 있지 않다고 언급하였다. 이러한 이유에 대하여, 협의회가 스스로 잘 유지되고 있기 때문이라고 말하는 동시에, 이 외에 맡아야 하는 업무가 많다고 언급하였다. 또한 해당 주무관은 협의회의 해체에 관련한 사실, 그리고 구청과 어떤 식으로 협업이 이루어지는지에 대해 잘 모르고 있었다. 동 주민센터는 구청과 협의회의 중간다리 역할을 수행해야 함에도 불구하고, 협의회에 관한 정책 시행에 있어 굉장히 소극적인 역할만을 담당했던 것으로 보인다. 이러한 동주민센터의 소극적인 역할 수행은 중구청, 동주민센터, 그리고 협의회로 이어지는 협치 과정에서 또 다른 문제점으로 작용했다고 볼 수 있겠다.

2) 관과 협의회 사이의 문제

한편, 협의회의 해체 과정에서는 중구청 자체의 정책 변화뿐 아니라, 중구청, 동주민센터와 협의회 구성원들 간의 갈등 양상도 관찰되었다. 중구청과 동 주민센터 측에서는 협의회와 협력적 관계를 구축하는 과정에서 생긴 문제점에 대해 따로 언급한 바는 없었다. 관에서 협의회에 대해 이야기한 것들은 주로 협의회가 자발적으로 잘 유지되고 있기 때문에 다른 추가적인 도움을 주지 않아도 되었다는 내용과 협의회가 이루어 낸 성과를 좋게 평가하는 내용이 대부분이었다.

문제는 주요 행위자들인 상인들이 협의회를 일종의 이익 단체로 활용하고자 하는 점에서 발생했다. 협의회의 구성원들은 '골목상권 활성화'라는 공적인 목표를 내세웠지만, 그것이 본인들의 적극적인 사적 이익 추구에 도움이 되지 않는다면 그것을 배제하거나, 거부하는 모습을 보였다. 같은 맥락에서 이들은 구청에서 주는 돈은 받되, 예산은 본인들이 자율적으로 사용해서 상권활성화를 이루고 싶다는 바람을 내비쳤다. 이들은 특히 구청에서 예산을 주고, 집행 내역까지 확인하는 것을 간섭이라고 인식하고 있었다. 이들은 본인들이 '자율적으로' 예산을 집행하면 더 효율적으로 일을 진행할 수 있다고 이야기했다.

> "그 얘기가 그거야. 관도 그래. 이번에도 헛돈을 많이 쓰는 거야. 기획을 나보고 100%라고 했으면 더 알뜰하게 했을 수도 있어. 예산도 아끼고 더 화려하게 하고 알차게 할 수 있었는데. 관에서 생각하는 거하고 우리가 생각하는 거하고 차이가 많이 나. 그리고 관에서 받은 돈을 쓰면 제재가 많이 들어가. 이거는 안 됩니다. 저거는 안 됩니다. 제일 쉽게 걸고 넘어가는 게 김영란 법이라고 알지? 그 법하고, 제일 내세우기 좋은 게 선거법 위반이야."
>
> – 연** 회장

"동, 구청에서 개입하는 게 맘에 안 들어. 상인들의 자율적인 의견을 못 내고, 구청에서 재정적인 지원을 받다보니까, 구청이 제시하는 방향으로 협의회를 운영해야 하는 게 자율성이 별로… 정치인들은 정치인들의 행보가 있다 보니까, 상인들이 들러리 형식으로 되는거지."

- B** 치킨집

다음으로 협의회가 제기한 문제점은 관에서 협의회에 대한 지원이 줄어들었으며, 이로 인해 사실상 협의회가 유명무실하게 되었다는 점이다. 위에서 살펴본 중구청 내부의 조직 개편은 협의회 활동에서 큰 제약으로 작동하게 된 것이다. 이로 인해 골목문화 협의회와 함께하는 사업이 없어졌고, 지원이 줄어들게 되면서 협의회 자체를 이어나가기 어려운 상황이 되었다. 이러한 상황이 나타나게 된 이유에 대해 협의회 상인들은 구청장이 바뀌었기 때문이라고 분명하게 인식하고 있다.

"지금 (골목문화협의회와 관련된 사업을) 다 중단시키고 있어. 협의회는 무시하고 가는 거야. 참 안타까운 게 전 청장이 이에 삼선 때 도전해서 된 건데 이 사람이 됐으면 나 하나만큼은 적극적으로 했을 텐데. 자기 작품이 있었으니까 했지. 같은 당이 되면 계속 끌고 가면 당의 이미지를 살리는 거니까 끌고 가는데 이번엔 완전히 바뀌다 보니까 굉장히 혼란스럽지."

- 연** 회장

이렇게 누적되어 온 불만 사항들이 곧 협의회 해체와도 밀접한 연관이 있다고 사료된다. 상인들은 구청과의 협력 과정에서의 한계를 느끼고 있었으며 좀 더 적극적으로 본인들의 요구사항을 관철시키려고 노력하고 있었다. 상인들은 협의회 존속이 어려울 것으로 보아 11월 셋째 주 수요일에 정식으로 협의회를 해체하기로 결정하였으며, 이후 '번영회'라는 이름으로 새로운 상인회를 결성하기로 하였다. 상인들은 앞으로 출범할 상인회는 완전히 관과 관련이 없는 자발적 결사체이기 때문에 좀 더 자유로울 것이라고 표현하였다. 또한 상권을 활성화하고 마을 축제를 기획하는 과정이 아예 지역 발전과 무관한 활동이 아니기 때문에, 예산 외에 교통 통제 등과 같은 도움은 관에서 받을 예정이라고 하였다.

협의회의 해체와 새로운 상인회의 발족은 민관 협치에 관한 다양한 행위자들 및 구성원들의 인식과 기대가 서로 어긋나기 때문에 발생한 것으로 분석하였다. 실제로 간섭을 많이 받는지의 사실 여부는 차치하더라도, 협의회의 구성원들인 상인들이 구청 및 동주민센터에 바라는 것과, 실제 관 차원에서 이루어지는 다양한 행정적, 재정적 지원 간에 괴리가 존재하는 것이다. 이들은 구청 및 동 주민센터가 적절한 선에서 상인들의 자체적인 활동을 보장해주는 한편, 어느 정도의 행정적 재정적 지원은 필요하다고 인식하였다. 그런데 구청장의 변화, 실제 구청 및 동사무소의 정책 집행이 본인들의 기대와 어긋나자, 더 이상의 '간섭'은 불필요하다며 새로운 상인회의 발족을 기획한 것이다.

3) 협의회 내부의 문제

협의회 내부의 결속력 문제 역시 협의회 해체의 하나의 요인으로 작동하였다. 우리는 협의회 내부의 문제를 첫째, 협의회 내부 업종 간의 갈등 양상, 둘째 신규 회원 및 기존 회원들 간의 갈등 양상, 셋째 42길 외국인 상인들을 대상으로 한 타자화의 크게 세 가지 차원에서 살펴보았다. 이러한 갈등 및 긴장의 양상은 협의회 내부의 결속력을 약화시키는 데 일조하였으며, 따라서 협의회 해체의 직간접적인 원인으로 작동한 것으로 사료된다.

(1) 업종 간의 갈등 양상

협의회 활동 초창기, 가장 두드러진 갈등은 에어라이트를 치우는 문제를 두고 벌어졌다. 또 이 문제는 협의회 발족과도 밀접한 연관성을 가진다. 원래 광희동은 에어라이트를 둘러싼 갈등과 민원이 자주 발생하는 곳이었다. 일반적인 입간판보다 훨씬 큰 에어라이트를 설치하게 되면, 옆에 있는 가게를 가리게 되고, 결국 영업과 홍보에 지장을 미칠 수도 있다는 것이 그 원인이었다. 따라서 협의회를 꾸린 후 첫 논의 안건도 다름 아닌 에어라이트 문제였는데, 이는 요식업에 종사하는 상인들과 노래방 업주들 간의 입장 차이에서 비롯된 것이었다. 결국 서로의 이해관계를 최대한 반영하는 선에서 밤 10시 이후에만 에어라이트를 다 같이 꺼내놓는 방향으로 합의가 되었다. 실제로 우리가 현장조사를 실시하는 동안, 낮 시간에 에어라이트가 나와 있는 모습은 볼 수 없었다. 이와 같은 일련의 사건들은 협의회가 공동의 목표(에어라이트 치우기)를 추구하는 과정에서 사적인 이해관계로 인해 발생하는 갈등 양상과 그 합의의 과정을 잘 보여준다.

이처럼 에어라이트와 관련된 문제는 합의를 통해 일단락된 듯하였으나, 여전히 업종 간의 긴장 관계는 계속되는 것으로 생각된다. 이는 단순히 에어라이트나 네온간판 치우기 등의 문제가 아니라 좀 더 근본적인 차원에서 발생하였다. 낮에 일하는 요식업자들의 밤에 일하는 노래방, 선술집 업주들에 대한 부정적 인식과 낙인, 그리고 이들을 배려하지 않은 협의회의 운영방식이 관찰되었다. 실제로 노래방을 운영하는 크** 노래방 사장은 다음과 같이 언급하였다.

"그게 인자(이제) 참여율이 적은 게 아니고. 낮에 일하는 사람, 밤에 일하는 사람이 틀려요. 식당들 위주로, 지금 식당들이 많잖아요, 식당들이 우선이라. 1번이고. 노래방하는 사람들, 밤에 하는 사람들이 2번이라. 식당들은 소상공인에 끼기고, 노래방하는 사람들은 소상공인에 못 끼겨요. 제외대상이야 제외대상."

– 크** 노래방 사장

연구를 진행하며 우리가 회의와 청소에 참여했을 때에도, 모든 행사는 낮 시간대에 진행되었다. 또 참여했던 구성원들 중에서도 노래방과 술집을 운영하는 사장들은 찾아보기 힘들었다. 새벽 늦게 영업을 마치고 들어가서 휴식을 취해야 하는 이들에게, 협의회 활동에 참여하는 거 자체가 어려운 환경이 조성된 것이다. 이는 골목 내에 업종별로 존재하는 권력의 불균등과 협의회의 제한적 접근성에 대한 문제로 해석될 수 있으며, 결과적으로 내부 갈등을 심화하고 골목 주민협의회의 정당성을 저해하면서 협의회 활동에 부정적 영향을 끼쳤다고 분석할 수 있다. 덧붙여, 현재의 협의회의 운영 방식은 협력의 과정에서 필수적인 대면 상호작용과 공유된 이해심과 가치 등의 조건이 마련되지 않았다는 문제점도 안고 있었다.

(2) 기존 회원과 신규 회원 간의 갈등 양상

이러한 광희동 44길 골목상권의 특성상, 기존의 상인회와 2016년에 발족한 협의회는 구성원들의 친목 네트워크가 상당히 견고히 형성되어 있다는 공통점을 가진다. 광희동의 상인들은 기존 상인회는 친밀한 사적 관계를 바탕으로 운영되었으며 또 상인회의 존재 목적 역시 뚜렷하지 않았다고 말했다. 골목 상권의 활성화보다는, 주로 오래 만난 사람들끼리 친목 도모를 목적으로 하여 '놀러다니'는 모임에 불과했다는 것이다. 반면 협의회는 공식적으로 설정된 목표가 있고, 또 운영목적을 단순 친목도모에 두고 있지 않다는 점을 처음부터 분명히 하였다. 처음 회장이 구상한 협의회 운영의 이상적 방향은 광희동 44길의 70여 명에 달하는 상인들 모두가 참여하는 것이었다. 협의회 설립 직후, 그는 손수 70여 개의 점포를 그린 지도도 만들고, 점포마다 돌아다니며 참여를 권유했다. 협의회를 처음으로 발족시킨 중구의 전 구청장 역시 보도자료를 통해 "새로운 골목문화 창조사업은 단순한 환경 정비가 아닌 살맛나는 공동체 문화를 주민 손으로 만들자는 자율형 시민운동"이라고 설명하였다. 하지만 회장에 따르면 실제로는 현재 협의회 활동에 참여하는 상인들은 20여 명 정도로, 대략 전체 상인의 3분의 1 수준에 머무르고 있다.

이 지점에서, 44길의 상인들 대부분 오랫동안 형성되어 온 친목관계를 가지고 있으며, 또 실제로 적극적으로 참여하는 상인들은 서로를 잘 알고 지내던 사이라는 점을 감안할 필요가 있다. 협의회 내에서 기존의 친목 네트워크가 유지되고 있다는 사실은 신규 상인들뿐만 아니라 원래의 네트워크에 포섭되지 않았던(혹은 배제되어온) 다른 상인들의 진입 자체를 쉽지 않게 하는 장애물로 작동하고 있었다. 특히, 회원들은 과거 상인회 내부에 있었던 갈등과 텃세가 여전히 존재한다는 점을 지적했다.

> "협의회 회장이 된 것도, 이 골목에서 오래 장사한 상인 분들이 많다 보니, 크고 작은 갈등들로 상인들 간에 안 좋은 감정이 있었어. 그니까 골목에서 장사한 지 상대적으로 오래되지 않은 나한테 회장 직책을 맡으라고 권유가 온 거지. 근데도 뒤에서 '너 한번 해봐라', '이 바닥이 어떤 바닥인데'라고 말하는 사람도 있었어."
>
> – 연**회장

협의회 회장은 본인이 회장으로 선출된 데에는 자발적인 관심도 있었지만, 무엇보다 영업을 시작한지 3년 밖에 되지 않았다는 사실이 크게 작용했다고 말했다. 다른 상인들과 견주어 보았을 때 이곳에 자리 잡은 지 얼마 되지 않아서, 원래 있었던 친목 혹은 반목 관계에 크게 얽매이지 않는 입장이었던 것이다. 이 때문에 회장은 상인들 간의 복잡한 관계에 얽매이지 않고 공평무사하게 일을 처리할 인물로 지목될 수 있었다. 정리하자면 기존에 오랫동안 형성되어 온 친목관계, 그리고 더 나아가 거기에서 발생한 사적인 갈등 등으로 인해, 협의회의 운영 양태는 공식적인 운영 목표 및 방향과는 괴리를 보이고 있었다.

협의회는 이처럼 일부 회원들의 친목적 관계에 의해 유지되고, 이러한 친목적 네트워크가 일종의 텃세로 작용하며 신규 회원들이 쉽게 협의회 활동에 참여하지 못하는 분위기를 조성하였다. 신규 회원들의 참여가 저조해지면서 협의회는 영향력, 정당성, 효과성을 잃게 되었다.

그런데, 상인들은 계속해서 참여도 저조의 원인으로 '상인들 간의 배타적인 심리'를 지목하였다. 또 배타적 심리가 기인하는 주요한 원인으로는 '업종의 유사함'을 꼽았다. 44길에 모여 있는 가게들의 업종이 대체로 고기집이라서, 사람들끼리 서로 영업 매출 등 때문에 신경전을 벌인다는 것이었다. 이때, '배타적인 심리 때문에' 협의회에 적극적으로 참여하지 않는 사람들은 '샘이 많은 장사꾼'으로 분류되었다.

> "해결책이, 이게 상인회라 하면 먹자골목 같은 데서 상인회가 분명히 존재하긴 하지만, 협조가 잘 안돼요. 왜냐하면, 동종업종이 많다보면 경쟁이잖아. 그러니까 메뉴도 다 유사하고, 그러니까 각자 입장이 다 달라, 각자 입장이 다 달라서, 참여도가 좀 낮아."
>
> – 제* 오겹살 사장

이러한 발언의 기저에는 나의 사적 이익은 추구하더라도, 같은 골목에서 장사를 하는 이상 모두가 함께 그것을 노골적으로 드러내면 안 된다는 도덕적인 불문율이 전제되어 있었다. 특히 이 도덕적인 평가는 다른 상인들(협의회에 참여하지 않는 상인들)의 참여를 권장하기 보다는, 오히려 이들을 부정적인 방향으로 낙인찍는 데 활용되고 있었다.

사적인 친목/반목 관계 이외에도, 참여도 저조의 원인으로 협의회 활동에서 뚜렷한 인센티브가 가시적으로 나타나지 않았다는 점을 꼽을 수 있다. 면담을 진행하면서, 협의회에 가입하게 된 계기를 '실크로드 축제'라고 설명한 상인들을 만나볼 수 있었는데, 정작 실크로드 축제에서 크게 이익을 본 것이 없으며, 따라서 협의회 창단 이전과 이후의 차이를 크게 체감하지 못했다고 진술했다. 그중에서도 협의회의 효용성을 느끼지 못하겠다며, 민관 협치 형태의 협의회가 아니라 골목 상인회의 필요성을 역설하기까지 했다.

이러한 점에서, 협의회는 "골목문화 개선을 통한 마을 살리기와 공동체 형성"

을 표방하는 공적인 목표를 내걸고, 모든 상인의 참여를 권장하고 있지만, 여전히 참여도의 문제를 극복하지 못하는 모습을 보였다. 기존의 상인회와 마찬가지로, 골목 상인들 간에 작동하는 친목 네트워크는 협의회라는 공동체 운영에서 이상과 현실의 괴리를 낳은 것이다. 특히, 상인들이 체감상 협의회 활동을 통해 가시적인 인센티브를 얻지 못한다는 점은 더 적극적인 참여를 이끌어내지 못하는 요인으로 작용했다고 생각된다.

(3) 42길 옆 골목과의 갈등 양상

골목협치로서의 협의회가 가지는 한계는, 협의회 구성원들과 42길 외국인 상인들 간의 긴장 및 갈등 양상에서도 나타난다. 42길은 44길 바로 뒤에 면해있는 거리로, 44길의 한국인 상인들은 중앙아시아 및 몽골 출신 상인들을 도덕적으로 평가하면서 타자화하는 모습을 보였다. 이때 중앙아시아 및 몽골 출신 상인들에게도 협의회에 참여하지 않는 한국 상인들과 마찬가지로 비슷한 도덕적 기준이 적용되었다. 그 내용은 이들의 '장사 샘'이 대단하다는 것이 주를 이루었다. 처음 면담을 진행하였을 때는 회장을 비롯하여 다른 상인들은 '문화적으로 다르다', 혹은 '언어적으로 다르다'라는 이유를 주로 내세워서 어울리기가 힘들다고 이야기하였다. 하지만 몇 차례 더 인터뷰를 진행하면서 한국인 상인들이 중앙아시아 및 몽골 출신 상인들과 행인들을 부정적인 방향으로 일반화를 하고 있다는 점을 알 수 있었다.

"첫째는 여기 회원들 말에 의하면 저 새끼들 빨리 내쫓아버려야 된다고 얘기해. (중략) 우리나라만 장사샘이 있는 게 아니라 거기도 그래. 그래서 모임도 안한 대."

– 연** 회장

"아니. 아니 우즈벡 사람들은, 내가 이런 이야기 하면 좀 그런데, 우즈베키스탄이라고 하는 것이 실크로드 마지막이거든. (중략) 그래서 사람들이, 장터 사람들이 정서가 풍부하지는 않거든. 그 사람들 그래서 상당히, 질이 좋은 사람들은 아니야."

- 제* 오겹살 사장

지난 11월 3일 골목청소 날에는 한국인 상인들이 가진 인식을 보고 느낄 수 있었다. 그날 협의회 회장은 동 주민센터에서 골목에 붙일 쓰레기 투기 경고문을 대 여섯 개 들고 나타났는데, 경고문은 모두 몽골어와 우즈벡어로만 이루어졌다. 실제 몽골인, 우즈벡 인들이 쓰레기를 마구 버리는 주범인지에 대한 사실 여부는 차치하더라도, 구청과 상인들은 이들을 '말을 해도 소용없는 몰상식한 사람들'로 인식한 것이다. 이들을 겨냥한 외국어로 된 경고문은 부정적인 인식을 구체화한 것으로 볼 수 있다. 청소하는 중에도, 상인 분들이 이들이 담배를 얼마나 피워대는지 모른다며, 벌금을 물려도 소용없다는 발언을 몇 차례 하였다. 즉, 중앙아시아 및 몽골 상인들을 단순히 문화적, 언어적으로 다른 집단을 넘어서 '한국 사회에서 함께 살아가기에는 시민의식이 부족한' 민족집단으로 낙인하고 있었다.

가장 아이러니한 지점은 이들에 대한 도덕적인 평가와 그에 수반되는 냉담한 혹은 부정적인 반응과는 대조적으로 협의회 내의 44길 상인들은 중앙아시아 거리라는 아이덴티티를 적극적으로 내세워서 상권 활성화에 힘써야 한다고 입을 모아 말했다는 것이다. 44길 상인들은 아치를 설치하여 44길을 아케이드처럼 만들어야 한다는 건의를 동 주민센터에 수차례 한 바 있다. 이 아케이드의 시안을 보면 크게 '광희 실크로드 거리'라고 써져있는 모습을 확인할 수 있었다. 중앙아시아 거리는 뒷길인 42길을 가리키는 명칭임에도 불구하고, 44길 상인들은 이것을 적극 차용하여 상권 활성화에 활용하려는 생각을 가지고 있었던 것이다. 이러한 모습은 협의회가 결국에는 한국인 상인들의 사적 이익에 도움이 되는 방향으로 운영된다는 점을 방증한다. 그 과정에서 외국인 상인들은 자의적으로 배제되지만, 그들이 가진 '중앙아시아'라는 타이틀은 적극적으로 활용되었다. 협의회가 구현하는 민관협치에서의 '민'은 단순히 한국인 상인들만을 포함하고 있었으며, '골목상권활성화'라는 목표 역시 한국인 상인들이 주를 이루는 44길에만 해당되는 이야기였다.

한국인 상인과 외국인 상인 간 갈등과 기존 회원과 신규 회원 간의 갈등은 협의회의 접근성을 제한하고 권력의 불균등을 심화하였다. 한국인 상인들이 외국인 상인들에 대해 가진 부정적 편견과 인식, 또 외국인 상인들에게 존재하는 언어적, 문화적 장벽이 방관된 상황에서 외국인 상인들은 협의회 활동에서 철저하게 배제되었다. 결론적으로, 42길 상인들과 44길 상인들 간의 갈등과 긴장관계는, 상인들이 근본적으로 상호의존적이라는 인식을 퇴색시키고 오히려 경쟁적 관계를 부각시키며 협력을 저해하는 장애물로 작용하였다.

V. 결론

지금까지 중구 광희동의 골목문화창조 협의회의 활동 과정과 내부의 역동, 그리고 그것이 해체로 이어지기까지 있었던 일련의 사건들을 인류학적 방법론을 통하여 살펴보았다. 2016년에 발족한 해당 협의회는 민관 협치의 한 예라고 볼 수 있는데, 그동안 에어라이트 없애기, 골목 경관 개선, 마을 청소 등의 활동을 펼쳐온 협의회는 올해 11월을 기점으로 해체되었다. 본 연구에서는 협의회의 해체 과정에 특히 집중하여서, 과연 그 내부에서 어떠한 일이 일어났으며, 또 관과는 어떠한 관계를 맺고 있었는지를 분석해 보고자 하였다.

협의회가 해체된 원인은 다양한 층위에서의 요인들이 결합되어 나타나고 있었는데, 크게 두 가지 차원에서 분석할 수 있다. 우선, 중구청과 광희동 주민센터로 대변되는 관 차원에서 정책적인 기조가 급변하면서 협의회 지속에 어려움을 겪었다. 또한, 관의 사업 시행에 대한 협의회 자체의 불만도 크게 작용하였다. 다음으로, 협의회 내부적 차원에서는 업종 간의 갈등과 신규회원과 기존회원 간의 텃

세 문제로 내부 갈등이 지속되었으며, 42길 외국인 상인에 대한 타자화가 지속적으로 이루어졌다. 이러한 내부 긴장 및 갈등의 역동은 협의회의 결속력을 약화시켰고, 결국 상인들은 협의회 유지의 필요성 자체에 회의감을 느끼게 되었다.

결국, 이러한 원인들은 본질적으로 이 협의회를 구성하는 행위주체자들의 의도와 기대가 어긋나는 점에서 비롯되었다고 볼 수 있다. 협의회의 대부분은 상인들로 이루어져있었는데, 이들은 골목상권 활성화라는 목표를 내건 채 협의회 활동을 하는 과정에서 철저히 본인들의 사적 이익으로 연결되는 활동만을 선택적으로 하고 있었다. 이러한 점은 '새로운 골목문화 만들기' 협의회로 하여금 때때로 협의회보다 이익집단에 더 가깝게 기능하도록 만들었다. 이로 인해, '실크로드 축제'와 같이 상인들의 사적 이익 추구와 구청의 공적 목표가 맞물리면 순탄하게 진행되었지만, 그렇지 않을 경우 협력적 거버넌스의 과정에서 어려움을 겪게 되었다. 이처럼 관에서 추구하는 공공선의 범주와 협의회가 추구하는 사적 이익의 범주가 완벽히 겹치지 않기 때문에, 본질적으로 협력적 거버넌스의 한계로 작용할 수밖에 없었다.

더 나아가, 광희동 '새로운 골목문화 협의회' 해체 배경에는 정치적인 요소까지 작동하고 있었다. 구청장이 새롭게 바뀌면서 이전 구청장의 핵심 사업들을 배제하게 되었고, 이로 인해 골목 문화 협의회가 해체되는 데 직접적으로 기여하였기 때문이다. 따라서, 공적, 사적, 그리고 정치적인 것들이 함께 얽히면서 협의회를 출범시키기도 하고, 결국 해체시키기도 한 것이다.

선행연구들은 협력적 거버넌스의 성공사례를 토대로 민관협치의 성공 요인들을 밝히는 데 주력하였다면, 본고는 인류학적 방법을 통해 골목협치의 역동을 가까이 목격하고, 특히 해체되는 과정을 생생히 관찰하면서 민관 협치의 실패 사례를 주목해 보았다. 이 과정에서 선행연구 혹은 이론적으로 밝혀진 성공 요인에서 벗어난 지점들을 확인할 수 있었으며, 더 나아가 실패한 요인을 광희동 새로운 골목문화 만들기 협의회의 특성과 연결하여 밝혀냈다는 점에서 의의가 있다.

참고문헌

모종린. 2017.『골목길 자본론』. 서울: 다산북스.

서울 PN. "골목마다 명소 하나… 주인공은 주민이죠." http://go.seoul.co.kr/news/newsView.php?id=20161006016017(검색일: 2016.10.5).

온나라정책연구. 2015.『골목경제 활성화 심층사례분석』.

유재원·홍성만. 2005. "정부의 시대에서 꽃핀 Multi-level Governance - 대포천 수질개선 사례를 중심으로."『한국정치학회보』제39권 2호.

정철현·김종업. 2012. "도시재생을 통한 창조도시 구현 방안 연구."『지방정부연구』제16권 3호.

중구신문. "중구의 골목문화창조, 우리의 꿈이다." http://www.junggunews.com/news/articleView.html?idxno=25642(검색일: 2016년 10월 12일).

Richards, D. and M. Smith. 2002. *Government and Public Policy in the United Kingdom*. New York: Oxford University Press.

제10장

'조직' 없는 '중간'
A상가 도시재생사업 중간지원조직의 위기

자유전공학부 **박은서**
언론정보학과 **송민경**
정치외교학부 **안유리**
정치외교학부 **황치우**

〈연구활동 일지〉

날짜	활동내용
2018년 9월 21일	A상가 방문, A상가 도시재생 거점공간 운영 매니저 면담
2018년 9월 22일	A상가 방문, 김경식 총상인연합회장 및 일반 상인 면담
2018년 10월 6일	A상가 행사 참여 및 부스 체험, 김현수, 박신혁 코디네이터 면담
2018년 10월 8일	A상가 도시재생 거점공간 방문, A상가 도시재생 거점공간 운영 매니저 면담
2018년 10월 15일	박신혁 코디네이터 심층면담
2018년 10월 17일	김현수 코디네이터 심층면담
2018년 10월 31일	A 어학당 참관 및 상인 면담, 이지원 주무관 심층면담
2018년 11월 22일	이지원 주무관, 정지윤 코디네이터 심층면담
2018년 11월 23일	박신혁 코디네이터 심층면담
2018년 12월 3일	김현수 코디네이터 심층면담 및 현장 코디네이터 프로필 수집

본고는 A상가 도시재생사업 중간지원조직인 현장지원센터의 성찰적 평가 과정을 통해 도시재생사업에서 중간지원조직이 현장에서 경험하는 모순과 딜레마를 탐색하려는 시도이다. 본 연구자들은 3개월간 현장지원센터와 현장 코디네이터에 대한 참여관찰과 심층면담을 진행하며 민족지를 수행했다. 이 작업은 우선적으로 이 조직이 경험하는 제도와 실제 간의 차이를 밝히고 그러한 차이가 이 조직에 어떻게 작용하고 있는지를 드러내는 과정이었다. 『도시재생법 가이드라인』에 제시된 중간지원조직의 역할은 이 조직이 현실적으로 수행하기 어려웠다. 이 조직은 '조직'으로서의 내부 네트워크를 결여하고 있었을 뿐 아니라, '중간'으로서 민관의 상충을 감당하고 조율해야 하는 딜레마도 경험하고 있었다. 따라서 이 작업은 '조직'과 '중간'이 진통을 겪는 가운데, 이 조직이 스스로의 역할로 언급한 '소통'이나 '신뢰 형성'을 어렵게 하는 현실적 거버넌스 정치 구조를 해명하는 과정이기도 했다. 본고는 A상가 도시재생 현장지원센터가 '위기'에 처해있다고 진단, 이 조직의 문제를 해결하는 것의 거버넌스적 의의와 가치를 공유하고, 그 구체적인 방법을 모색하는 것은 향후의 과제로 남겼다.

I. 연구소개

1. 연구배경 및 문제제기

최근 우리 사회에서 '중간지원조직'이라는 이름이 자주 등장하고 있다. 사회적 경제, 마을만들기, 농어촌공동체 등 주민의 참여가 요구되는 현장마다 중간지원조직이 설립되어 운영되고 있다. 중앙정부나 지방자치단체가 정책 전달을 위해 중간지원조직을 설립하기도 하며 민간의 자생적인 조직이 중간지원조직의 역할을 수행하기도 한다.[1]

2013년 「도시재생 활성화 및 지원에 관한 특별법」(이하 도시재생법)이 제정되고 이에 근거한 도시재생지원센터가 곳곳에 설립되기 시작하면서 중간지원조직의 역할은 더욱 주목받고 있다.[2] 도시재생법에 명시된 도시재생지원센터는 행정과 주민 사이를 매개하는 중간지원조직으로, 학계와 정부는 도시재생지원센터가 향후 도시재생정책에서 핵심적인 역할을 담당할 것으로 기대하고 있다. 그러나 이러한 기대와는 달리 현실에서 도시재생지원센터가 직면한 어려움은 상당하다. 이러한 도시재생지원센터의 현실적인 어려움은 A상가 도시재생사업에서도 뚜렷하게 나타난다.

1987년 개장한 A상가는 2000년대 초반까지 연매출이 10조 원에 육박할 만큼 전성기를 누렸으나, 2000년대 중반부터 빠르게 몰락하였다. 이에 서울시는 2017년 2월 A상가 일대를 도시재생 활성화지역으로 선정, 2017년 6월 도시재생 활성화계획을 수립했다. A상가 도시재생사업은 서울시, A구로 대표되는 '관'과 상인연합회, 상가연합회, 전략기관으로 대표되는 '민'의 거버넌스를 바탕으로 구상되었으며, 이러한 민-관 거버넌스를 적절히 매개하기 위해 5인의 코디네이터가 활

---

1. 박세훈. 2015. "마을만들기 중간지원조직 운영특성 연구: 정부-시민사회 관계의 관점에서." 「도시행정학보」. 제28집 제3호. p.75.
2. 박세훈. 2015. p.76.

동하는 도시재생지원센터가 설립되었다.

　본 연구는 A상가 도시재생사업의 거버넌스 현황을 분석하고 이후의 거버넌스가 어떤 방식으로 수정·운영될 것인지를 파악하고, A상가 도시재생 현장지원센터의 주어진 역할과 실제 업무를 비교하고, 그들의 인식·태도 및 행위를 탐구한 후, 이것이 현재 A상가 도시재생 전반에 어떠한 영향을 미치고 있는지 알아보고자 한다.

2. 연구대상[3]

　A상가 활성화계획은 2018년 12월까지 마중물사업으로 진행되며, 도시재생 활성화계획 및 사업화방안, 보행공간 정비 및 산업생태계 운영 전략, 거버넌스 구축 및 운영방안 마련을 목표로 사업을 진행 중에 있다. 서울시는 지역여건을 잘 알고 지역중심 업무를 지원하고 있는 A구에 위탁하여 현장활동가를 공개모집하고 도시재생 현장지원센터를 구축·운영하고 있다. 현재 도시재생 현장지원센터에는 총괄 코디네이터 1명, 전문코디네이터 2명, 현장 코디네이터 2명이 A상가 일대 상공인 및 주민참여와 특화발전을 지원하고, 주민과 행정 등 참여주체 사이의 업무를 상호 연결 및 조정하는 역할을 담당하고 있다.

　본 연구에서는 이들 중 현장 코디네이터 김현수, 박신혁을 주요 연구대상으로 삼고자 한다. 또한 현장지원센터에서 이들과 일하는 A구청 파견 근무자인 이지원 주무관(이하 이 주무관)과 정지윤 코디네이터(이하 정 코디)를 함께 연구함으로써 현장 코디네이터들의 업무와 관계를 파악하는 데 도움을 얻고자 하였다. 정 코디의 경우 2018년 11월 둘째 주부터 김현수 코디네이터의 후임 상인 현장 코디네이터로 활동 중이다.

3.　본 연구에서 인명은 연구 참여자 보호를 위해 모두 가명을 사용하였다.

1) 산업 현장 코디네이터 박신혁(이하 박 코디)

박 코디는 주로 지역 커뮤니티 거점 및 청년 교류 활동거점으로 코워킹 스페이스에 관한 연구를 진행 중에 있으며, 현재는 ○○시 도시재생 총괄 코디네이터를 비롯하여 A상가 도시재생지원센터의 산업 분야 코디네이터, △△의 부코디네이터를 역임 중에 있다.

2) 상인 현장 코디네이터 김현수(이하 김 코디)

김 코디는 주로 주민참여 업무, 지역재생활동가로서 주민공동체 형성 및 사업 진행 업무, 코디네이터로서 마을계획 및 프로그램 계획 업무를 담당하였다. 2017년 2월부터 □□에서 갈등분야 현장 코디네이터로, 2018년 1월부터는 'A상가 도시재생사업'에서 상인 담당 현장 코디네이터로 활동하고 있다.

3. 연구방법

1) 도시재생사업에서 중간지원조직, 현장지원센터의 역할과 실제에 대한 선행 연구 및 관련 문헌을 검토한다. 특히 현장지원센터 내 현장 코디네이터들의 활동 사례를 집중적으로 살펴본다.

2) A상가 도시재생사업 웹페이지와 사업개요, 사업계획서 등 민관 거버넌스 관련 문서들을 검토한다.

3) 10월 첫째 주부터 12월 첫째 주까지 A상가 도시재생사업 현장지원센터를 15회 참여관찰하며 현장지원센터의 구성과 연구대상의 행동 양상 및 그들과 관련된 다양한 활동을 살펴본다.

4) A상가 도시재생사업 현장 코디네이터의 업무를 참여관찰하며 현장지원센터와 A상가 도시재생 거점공간에서 이루어지는 다양한 회의, 강연, 행사 등이 어떻게 기획되고 운영되는지 파악한다. 더 나아가 이러한 회의, 강연, 행사에서 연구대상들의 역할을 파악한다.

① 10월 5~6일에 열리는 A상가 행사에 참여하여 연구대상을 참여관찰한다.

② 매주 정기적으로 열리는 A대학에 대한 참여관찰을 실시하고, 참여관찰 결과에서 면담 및 심층면담 내용을 추출한다.

③ A상가 도시재생사업의 현황을 실시간으로 파악할 수 있는 A상가 내 커뮤니티(네이버 밴드)에 가입하여, 관련된 내용에서 면담 및 심층면담 내용을 추출한다.

5) 현장지원센터 내 현장 코디네이터 및 주무관을 대상으로 그들의 업무, 역할, 상호 간의 관계 등에 대한 면담 및 심층면담을 수행한다.

① A구청 이지원 주무관, 현장 코디네이터를 대상으로 A상가 도시재생사업에서 중간지원조직인 현장지원센터의 목표와 업무를 정확하게 파악하기 위한 심층면담을 수행한다(1인당 2시간 정도를 목표로 하되, 현실적인 여건으로 어려운 경우 최소 20분 이상 면담을 수행한다).

② A상가 도시재생사업의 현장지원센터에 대한 총상인연합회장과 일반상인들의 인식과 태도를 알기 위해 면담을 수행한다.

6) 현장지원센터 내의 현장 코디네이터 및 주무관과의 심층면담 및 면담 내용을 통해 A상가 도시재생사업에서 중간지원조직이 당면하고 있는 어려움을 파악한다.

II. 선행연구 및 관련 문헌 검토

1. 도시재생사업에서의 중간지원조직

중간지원조직이란 일반적으로 각종 서비스의 수요와 공급의 교류를 조정하는 기관을 말한다. 이에 따르면 중간지원조직은 자신들이 도움을 주어야 할 이해관계자의 니즈를 명확히 파악해서 그들에게 필요한 인재, 자금, 정보 등을 제공해

주거나 다양한 주체 간의 제휴를 도모하는 역할을 한다.[4] 그러나 중간지원조직이 증가하고 그 역할도 커지고 있지만 그 역할과 기능, 바람직한 발전방향에 대한 논의는 체계적이지 않다. 선행연구 대부분은 기술적 분석에 머무르고 있어 중간지원조직 전반에 대한 이해를 위해서는 종합적인 연구가 필요하다. 박세훈은 마을만들기 분야 중간지원조직에 관한 연구에서, 중간지원조직의 역할과 기능, 그 발전방향에 대한 논의가 진전될 필요가 있음을 이야기하며 기술적인 운영기법보다는 오늘날 중간지원조직이 충분한 역할을 수행할 수 있는 사회적 기반을 가지고 있는지, 정부와 시민사회 사이에서 적절한 역할을 수행하고 있는지에 대한 종합적인 평가가 중요함을 역설한다.[5]

심현남·나인수·김세용은 도시재생사업에서의 중간지원조직의 역할의 모호성을 지적한다. 이들의 연구에 따르면 중간지원조직의 법적역할은 도시재생사업의 전반적인 지원에만 국한되어 있어 독자적인 사업시행이 불가능하다.[6] 박성남·서수정·임강륜은 도시재생지원기구의 세부적 기능 및 역할 설정이 미흡한 상황임을 지적하며 향후 도시재생 제도의 발전과 도시재생사업의 효율적 지원을 위해서는 도시재생지원기구의 세부적 역할 설정이 중요함을 역설한다.[7] 한편 중간지원조직 자체에 대한 미흡한 연구는 결국 도시재생사업에서의 중간지원조직에 대한 미흡한 연구로 이어진다. 심현남·나인수·김세용은 실질적으로 도시재생사업을 실행하고 민관의 중간지원역할을 담당하는 사업추진기구를 대상으로 하는 실증적인 연구는 아직 미흡한 상황임을 지적한다.[8]

---

4. 김재현·태유리·이효정·임윤정. 2013. "커뮤니티 비즈니스 활성화를 위한 중간지원조직의 역할 연구." 「한국농촌경제연구원 연구자료」. 한국농촌경제연구원. p.5.

5. 박세훈. 2015. p.76.

6. 심현남·나인수·김세용. 2015. "도시재생사업에서 사업추진기구의 단계별 특성에 관한 연구 – 창원 도시재생테스트베드 상가지구 도시재생 신탁업무센터를 중심으로." 「대한건축학회 논문집 – 계획계」. 제31권 제9호. p.111.

7. 박성남·서수정·임강륜. 2015. "도시재생지원기구의 역할 및 지원방향에 관한 연구 – 전문가 그룹별 인식 비교를 토대로." 「한국도시설계학회지」. 제16권 제4호. p.29.

8. 심현남·나인수·김세용. 2015. p.110.

2. 현장지원센터와 현장 코디네이터

현장지원센터는 도시재생지원센터의 일종으로서, 해당 도시재생활성화지역에 대한 도시재생사업을 총괄하는 '중간지원조직'이다. 현장지원센터는 주민들과의 상시소통체계를 갖추어야 하며, 근무자 및 총괄코디네이터는 지역의 주민들과 다양한 방식으로 교류하여야 한다. 현장지원센터는 지역의 다양한 공동체 및 지역단체들과의 협업을 통해 지역과의 긴밀성을 확보하여 운영하는 것을 목적으로 한다. 이때 도시재생활성화사업의 자치구청장은 활성화사업의 총괄관리와 컨설팅을 위하여 다양한 전문가를 총괄코디네이터 및 코디네이터로 활용한다. 국토교통부에 따르면, 부 코디네이터, 즉 부문별 코디네이터의 역할 및 업무는 다음과 같다. (1) 사업총괄코디네이터(현장지원센터장)와 협력하여 도시재생활성화계획 수립 지원, (2) 해당분야에 대한 특화계획 및 실행방안 마련, (3) 분야별 단위사업 시행주체 발굴, (4) 전문 분야별 아이디어 제공 및 사업관리, (5) 필요시 핵심 콘텐츠 관련 세부사업 시행 등이 그것이다. 이들은 도시재생활성화지역 특성에 따라 사업총괄코디네이터(현장지원센터장)가 선정한다.[9]

박성남·서수정·임강륜은 연구 과정에서 도시재생지원기구의 지원활동과 직접적으로 관련이 있는 관계 전문가들의 의견을 수렴하였다. 그중 선도지역 도시재생사업과 마을만들기 사업에 직접 참여하고 있는 지역 활동가 그룹은 도시재생지원기구의 기능 및 지원방향과 관련된 심층면담에서 특히 코디네이터 인력 육성이 부족하므로 도시재생에 참여하는 다양한 주체들을 육성하고 파견하는데 집중할 필요가 있음을 강조하였다. 뿐만 아니라 이들은 사업 시행을 위해 센터를 운영할 때 센터 코디네이터가 훈련된 전문가로 단기간에 자리 잡기 어려울 수 있으므로 지원기구가 최대한 체계적으로 지원해야 한다는 의견을 개진하였다. 아울러 도시재생지원기구의 정보 제공 및 네트워크 구축 지원을 강화하고 지

---

9. 국토교통부, "근린재생형 도시재생 사업시행 가이드라인(2017.4.12)."

원기구에 센터 담당자가 모두 모여 네트워크, 교육, 경험 공유 등을 하는 상호 학습의 중심 역할을 해야 한다는 의견을 개진하였다.[10]

한편 지금까지의 코디네이터 관련 연구는 도시·건축 분야에서 이미 전문가로 활동하고 있는 사람이 코디네이터로 활동할 때 어떤 일을 해야 하는가, 즉 코디네이터의 역할에 관한 연구, 그리고 코디네이터가 효율적으로 역할을 수행하기 위한 '운영방안'에 대한 연구가 주로 이루어져 왔다. 그러나 본 연구자들은 중간지원조직, 현장지원센터, 현장 코디네이터에 대한 선행연구 및 관련 문헌을 검토하는 과정에서 현장 코디네이터의 자기규정과 코디네이터를 비롯한 현장 주체들 간의 관계에 대한 학계의 관심 부족을 절실히 느꼈다.

본 연구는 A상가 현장지원센터 현장 코디네이터에 대한 심층적인 관찰을 통해 '현장'의 관점으로 도시재생사업 거버넌스를 바라보고 이를 통해 중간지원조직의 역할에 대해 고민해 본다는 점에서 선행연구와 차별성을 가진다. 본 연구의 결과가 도시재생사업에서 현장 코디네이터에 대한 관심을 높여 도시재생사업 실무의 측면에서 유의미한 함의를 제공하는 역할을 할 것으로 기대한다.

III. A상가 도시재생 현장지원센터: 현장에 들어가기에 앞서

1. 제도: 『도시재생법 가이드라인』

A상가 도시재생 현장지원센터에 들어가면 각 코디들의 업무용 책상에는 『도시재생법 가이드라인』 책이 한 권씩 꽂혀 있다. 서울시가 밝힌 현장지원센터의 역할은 다음과 같다. (1) 도시재생활성화계획 수립과정에서 주민의 의견수렴, (2) 도시재생활성화지역 내 주민 역량강화 프로그램 및 현장 전문가 육성을 위한 교

---

10. 박성남·서수정·임강륜. 2015. pp.32-37.

육 프로그램 운영, (3) 도시재생활성화지역 내 주민참여 사업 및 협업사업 발굴, 사업시행주체 발굴·육성, (4) 도시재생활성화지역 내 마을기업, 사회적 기업 등 사회적 경제조직 창업 및 운영 지원, (5) 행정 조직과 주민 등간의 협력체계 구축, (6) 사회적경제지원센터, 지역자활센터, 창업지원센터, 사회복지센터 등 지역 내 유관 기관과의 협력 및 네트워크 구축, (7) 현장에서 발생하는 문제점, 컨설팅 필요사항 등을 정리하여 지원기구에 컨설팅 요청, (8) 홍보지·소식지·간행물·시설물·녹음물·녹화물 그 밖의 홍보물의 제작·배포 및 신문·방송을 이용한 홍보, (9) 도시재생사업에 대한 자체 모니터링 및 기록화, 백서의 작성이 그것이다.

2. 실제

현장지원센터에는 총 네 사람이 근무한다: 박 코디, 김 코디, 정 코디, 이 주무관. 정 코디의 경우 2018년 말 계약이 종료되는 김 코디의 후임으로 합류한 것이기 때문에 사실상 세 사람으로 봐도 무방하다. 박 코디와 김 코디는 업무 과정에서 인력 부족을 절실하게 느끼고 서울시에 충원을 요청하였다.

코디네이터들의 채용 과정은 상당히 불명확하다. 코디 본인들도 명확히 밝히지 않는다. 박 코디의 경우 거버넌스 용역으로 A상가 도시재생사업에 참여했다가 코디네이터 업무를 권유 받아 시작하였으며, 김 코디의 경우 이전에 서울시와 함께 일했던 경력으로 '알음알음' 시작하였고, 면담 중 "A상가는 거의 추천에 의해서 된 걸로 알고 있어요. 유경험자나 자기네 알음알음으로 해서 그렇게 된 것 같은데"라고 말하였다. 정 코디는 "아르바이트 식으로 하다가, 우연히" 코디네이터로 합류하게 되었다고 한다. 이들은 1년 단위로 계약을 맺는다.

박 코디는 월, 화, 수, 김 코디는 화, 목, 금—최근 화, 목으로 변경—, 이 주무관은 화, 수, 목, 금요일에 현장지원센터로 출근한다. 현장 코디네이터 특성상 회의, 출장, 강연 등 외부 업무가 많아 결근이 잦고 출근을 하더라도 반드시 현장지원센터에 상주하는 것이 아니다. 박 코디는 월, 화, 수요일에는 현장지원센터에서 업무를 보지만, 목, 금요일에는 △△, 토, 일요일에는 ○○에서 도시재생 업무를 진행 중에 있다. △△와 ○○에서는 현장 코디네이터가 아닌 총괄 혹은 부 코디네이터로서의 업무를 맡고 있다. 그는 근무일에 다른 업무 등을 이유로 결근하고 이를 다른 날 출근하는 것으로 대체하는 경우가 많다.

3. 비교

현장지원센터가 『도시재생법 가이드라인』에 제시된 현장지원센터의 역할을 실제로 이루기에 세 명이라는 숫자, 각 주체들의 근무 형태 등이 너무 높은 벽으로 작용하고 있다. 본 연구자들이 현장지원센터를 참여관찰하며 본 그들의 업무는 셋이라는 적은 인원으로 이루어낼 수 있는 범위 및 수준이 아니었다. 또한 현장지원센터의 상황을 분석해 보면 A상가만의 특수성을 도출할 수 있는데, 주 3회 계약 외 적은 인원, 채용 과정, 코디네이터 이력 등이 모두 해당된다. 박 코디와 김 코디는 "A만 이래요(박신혁)", "A가 이상한 거라니까(김현수)" 등의 말을 통해 지속적으로 A상가만의 특수성을 강조하였다.

IV. 현장지원센터의 내부 네트워크: '조직' 없는 중간지원조직

A상가 도시재생 거버넌스에서 현장지원센터는 중간지원조직으로서 민관의 여러 주체들과 관계 맺고 있다. 그러나 본 연구자들은 거버넌스 차원의 관계 못지않게 현장지원센터 내부의 관계와 그 사이에서 일어나는 상호작용이 도시재생사업에 영향을 미치고 있음을 발견했다. 현장지원센터는 개인들이 상호 간에 네트워크를 이루며 하나의 조직을 형성하는 것이 아니라, 오히려 그러한 조직으로부터 분리됨으로써 현장에서 각기 다른 독립적인 거버넌스의 채널로서 존재한다. 현장지원센터는 '조직'이 아니라 '개인' 중심으로 작동하고 있는 것이다. 현

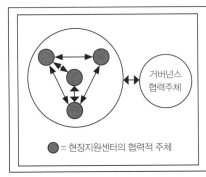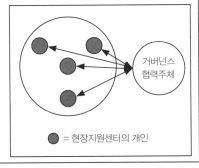

일반적인 도시재생 현장지원센터　　　　　A상가 도시재생 현장지원센터
〈그림 1〉 A상가 도시재생 현장지원센터 네트워크 도식화

장지원센터는 현장을 대표하는 것이 아니라, 오히려 현장을 대표하는 여러 개인들로 구성된 하나의 명칭 내지는 물리적 공간으로 남는다.

　현장지원센터의 내부 네트워크는 크게 '따로따로'와 '남탓하기'와 '편가르기'로 나타난다. 현장 코디네이터 사이의 상호작용은 거의 일어나지 않으며, 그 가능성마저도 제도나 인식 등의 여러 요인들로 인해 계속해서 차단된다. 한편 그들은 공통적으로 A상가 도시재생 거버넌스를 부정적으로 평가했는데, 그 원인은 '남탓'으로 돌리고 자신과 '남'을 구분하며 편을 가르는 모습을 보였다. 이 과정에서 주목할 만한 것은 대개가 이를 조직이나 제도의 문제라기보다는 개인의 문제로 지적했다는 것이다. 나아가 현장 코디네이터들과 함께 일하는 주무관이 이러한 조직의 분열이나 붕괴에 대해 관망자적 태도로 일관하고 있는 것 또한 이러한 문제를 심화시키는 요인으로 작용한다.

1. 현장 코디네이터의 제한적 상호작용: "이분들이 따로따로하는 경향이 있어요"

　두 현장 코디네이터는 2018년 1월 2일 서울시로부터 위촉되어 현재(2018년 12월)까지 약 11개월간 근무해왔다. 이들은 A상가 도시재생 거점 공간의 현장지원센터라는 같은 공간에서 함께 일한다. 그럼에도 불구하고 이들은 서로 가깝거나 친밀하지 않았다. 연구 기간 동안 두 현장 코디네이터가 함께 있는 모습은 전혀 관찰되지 않았다. 두 현장 코디네이터 모두 혼자 있거나 이 주무관과 함께 있었다. 따라서 이들이 서로 대화 등 상호작용을 하는 모습 역시 관찰되지 않았다. 본 연구자들이 관찰한 최초의 현장 코디네이터 간의 상호작용은 박 코디와 정 코디가 센터 바깥에서 대화를 나눈 것이었는데, 이때 김 코디는 센터 안에 있었다. 본 연구자들은 이러한 제한적인 상호작용이 (1) 낮은 업무연관성, (2) 상호간 무지와 무관심, (3) 협업에 대한 거부감 등의 요인들로 인해 반복되고 개선되지 않는다고 보았다.

1) 낮은 업무 연관성: '산업'과 '상인'

현장 코디네이터의 업무는 부문별로 '따로따로' 이루어지는 경우가 많다. 현장 코디네이터는 부문에 따라 산업 코디네이터와 상인 코디네이터로 나뉜다. 이에 따른 업무 분담은 대부분 상호 관련성이 적고 비교적 독립적으로 이루어진다. 박 코디가 산업 코디네이터로서 A구 상공회의소나 B기업과 회의를 거쳐 서울시와 협의해 A대학, A어학당, A나도만들기대장, A수학여행 등 상인역량강화 프로그램을 기획, 운영한다면, 김 코디는 상인 코디네이터로서 상인연합회와 화요런치토크, 월례회의 등을 진행하며 상인들의 의견을 수렴해 서울시에 전달한다. 이들이 서울시와 업무를 조율하고, 서울시에 업무 성과를 보고해야 한다는 것은 동일하지만, 그 과정에서 서로가 현장에서 주로 만나는 주체들은 상이한 것이다. 문제는 이러한 현장 코디네이터 간의 '따로따로'가 서로의 업무에 대한 존중이 아니라 서로에 대한 무지와 무관심이라는 결과를 가져왔다는 것이다.

2) 무지와 무관심

두 현장 코디네이터는 서로의 계약에 대해 잘 알지 못했다. 현장 코디네이터의 계약 기간은 1년으로 원칙적으로는 12월에 활동이 종료된다. 만약 서울시와 협의를 통해 재계약을 하면 계속해서 현장 코디네이터로 활동하게 된다. 박 코디는

"그만둘 거예요", "서울시에 그만둔다고 말해뒀어요", "12월까지만 해요"라고 하며, 자신의 계약 종료 계획을 본 연구자들에게 수차례 직접 언급했다. 그러나 정작 두 코디네이터는 서로의 계약 종료 여부를 알지 못했다. 그들은 본 연구자들과의 면담을 통해 그러한 사실을 인지한 뒤에도 서로에게 묻지 않았다.

김 코디의 계약 종료와 관련해서도 무지와 무관심은 일관되게 나타났다. 박 코디는 김 코디가 계약 종료 이전 서울시와 협의를 통해 근무 일자를 조정한 사실을 알지 못했다. 박 코디는 김 코디가 금요일에 출근하지 않은 것을 두고, 그가 자기가 이날 출근한 것을 모르고 출근하지 않고 페이를 받으려는 것일 수도 있다며 비난했다. 그러나 이때 김 코디는 이미 월, 화로 근무일자가 조정된 상태였다.

박 코디가 이 주무관에게, 심지어 본 연구자들에게도 말하는 것을 김 코디는 알지 못하고, 김 코디가 이 주무관에게 말하는 것을 박 코디는 알지 못한다. 요컨대 이들 사이에는 '계약'에 대해서 말할 만큼 개인적이고 내밀한 상호작용이 일어나지 않는다. 그리고 그러한 상호작용을 하고 싶어 하지도 않는다.

3) 협업에 대한 거부감

박 코디는 김 코디와의 업무의 '중첩'이나 '협업'이 '힘들'고 '혼자' '따로'하는 것이 편하고 좋았다고 했다. 이는 단순히 현장 코디네이터 간에 상호작용이나 협업이 일어나지 않는 것을 넘어, 그들이 상호작용에 대해 부정적인 태도를 취하고 있다는 것을 의미한다.

따라서 현장 코디네이터의 '따로따로'는 그들 간에 네트워크가 형성될 환경 자체가 부족했던 것도 이유지만, 무엇보다 중요한 것은 바로 그들 스스로가 네트워크를 형성할 의향이나 의지를 갖고 있지 않았다는 것이다. 바로 이것이 현장 코디네이터가 1년여의 시간 동안 한 공간에 있었으면서도 '따로따로'일 수밖에 없었던 핵심적인 이유다.

2. 남탓하기와 편가르기

1) 박신혁은 김현수 탓: "A는 쌍김이 다 말아먹었다"

두 현장 코디네이터의 관계는 실제로 좀 더 감정적이다. 박 코디는 김 코디에 대해 비우호적 태도를 갖고 있다. 이는 연구 초반부터 여러 단서들을 통해 추측할 수 있던 사실이지만, 김 코디의 계약 종료를 기점으로 노골적으로 표출됐다.

연구 초반 박 코디는 김 코디에 대해 언급하기를 매우 조심스러워했다. 본 연구자들이 김 코디는 어떤 사람인지에 대해 묻자 갑자기 목소리를 줄이고 누가 지나다니는지 볼 수 있도록 보다 개방적인 곳으로 자리를 옮기자고 했다. 이때 그는 김 코디에 대한 물음에 "달라요"라는 대답으로 일관했다. 현장 코디네이터는 서로 '성향'이나 '백그라운드'가 다르고, 다를 수밖에 없다는 것이었다. 게다가 나이 차이도 있다고 언급했다. 따라서, 당시는 이러한 '배경' '성향' '나이' 등의 '다름' '차이'가 그들의 불화나 갈등을 초래하는 것으로 보였다.

그러나 김 코디의 계약 종료 이후 박 코디의 태도는 완전히 바뀌었다. 그는 본 연구자들에게 "그건 안 적어도 돼요" "이것도 적지 말아요"라고 하면서도 "애써 감췄던 부분이기도 했는데, 굳이 말할까 해가지고"라며 그동안 얘기하지 않았던 김 코디에 대한 사실들과 의견들을 말해주었다. 박 코디가 처음으로 김 코디에 대한 감정을 직접 드러낸 순간이었다. 그는 '불만'이라는 단어를 통해 김 코디에 대한 비우호적인 태도를 나타냈다. 그는 김 코디의 권위적이고 위선적인 성격에 모든 사람들이 공감했으며, 그것이 김 코디가 그만두게 된 이유라고 했다. 이는 그의 말처럼 앞서와 같이 그가 김 코디와 성향이나 배경이 "안 맞는다"는 식의 개인적 차원의 불만으로만 해석될 수는 없는 것이었다.

이러한 태도는 김 코디의 상인 코디네이터로서의 역량에 대한 비판과도 연결됐다. 박 코디는 현장 코디네이터, 특히 상인 코디네이터의 역할과 기능은 '소통'이며 이러한 소통을 가로막는 것이 '오해를 불러일으키는 것'이라고 했다. 그러나 김 코디는 "계속 '오해'를 불러일으키"며 '소통'을 하지 못했다는 것이었다. 이는 김 코디가 상인 코디네이터로서 자질이 없다는 평가에 다름 아니었다. 이외에도 김 코디의 구체적인 업무 방식에 대한 비판도 이어졌다. 현장 코디네이터는 "실무진이랑 많이 접촉을 하는" 것이 더 중요한데 김 코디는 "고위직이랑 직접 말"을 해 '보고체계'를 지키지 못하고, 실무진들은 기존에 자신들이 요구한 것과 달리 고위직과의 논의에 따라 업무를 진행하는 것을 부담스러워해 업무에 차질이 생겼다고 했다.

이와 관련한 박 코디의 인식을 가장 잘 보여주는 말이 바로 "A는 쌍김이 다 말 아먹었다고들 해요"다. 그는 이를 통해 김 코디를 '쌍김'으로 범주화하여 자신을 포함한 다른 현장지원센터 주체들과 편가르기를 했고, 이는 A상가 도시재생 거버넌스의 핵심적인 문제가 다름 아닌 '쌍김'이라고만 생각하게끔 만들었다.

2) 김현수는 현성규 탓: 서울시는 '리모컨'

김 코디의 이야기는 조금 달랐다. 김 코디는 자신이 그만두는 이유에 대해 서울시 재생정책과와의 갈등을 들었다. 서울시는 현장에 시키는 것만 하라고 하고, 자신은 그처럼 현장에 권한이 없는 것이 불만이라는 것이었다. 그는 현장 코디네이터가 '손발'로서 시가 '시키는' '심부름'만 하면 '전문적 기능'을 할 수 없다고 보았다. 현장 코디네이터는 현장에서 책임과 권리를 갖는 사람이어야 하는데, 시가 그것을 통제하고 있다고 했다.

김 코디는 A상가 도시재생 거버넌스에 대해 현장 중심의 협력적 수평구조가 아닌 시 중심의 분산적 수직구조라고 설명한다. 그에 따르면 서울시라는 관이 이곳의 전체 거버넌스를 통제하고 있었다. 이 과정에서 중요한 것은 서울시가 현장지원센터, 상인연합회, 전략기관이라는 조직과 업무를 진행하는 것이 아니라 그 내부의 각 주체들과 각각 따로 업무를 진행하고, 그들 역시 그렇게 서울시를 향해서 업무를 진행한다는 것이었다.

"재생사업에서 거버넌스는 원래 수평이라고 말하는데, 수평인 거는 하나도 없

시민정치의 문화기술지

어요. 수평구조 없어요. 있을 수가 없어요. 여기는 서울시를 향해서 다 이렇게, 다 이렇게, (세게 화살표를 그으며) 이렇게 하고 있어요. 현장센터가 중심이 되는 게 아니라 시에서 이렇게 (세게 화살표를 그으며) 가고 있다니까요."

– 김현수 코디네이터(2018.12.03)

김 코디가 말한 "현장에 힘이 없다"는 것은 이러한 서울시 중심의 거버넌스 통제구조로부터 기인하는 것이었다. 그러나 이는 결과적으로 서울시 재생정책과라는 조직이나 거버넌스 시스템의 문제가 아니라 '담당자' '담당주임' '현 주임님' '현성규'라고 불리는 개인의 문제로 귀결된다는 점에서 문제적이다. 현성규는 서울시 재생정책과 재생전략팀 소속 A상가 도시재생사업 담당 주무관이다.

그는 앞서 언급한 '시'가 '시 담당주임'이라고 하며, 그를 중심으로 거버넌스가 통제되고 있다고 했다. 그는 현 주임을 '모든 걸 다 조정'하는 '리모컨'에 비유했다. 현장에 오지는 않으면서 현장을 통제한다는 의미에서였다.

나아가 김 코디는 현장지원센터에서도 그에게 충성하느냐, 그렇지 않느냐에 따라 "파가 나뉜다"고 했다. 자신, 그리고 나머지 두 명 박 코디와 이 주무관을 일컫는 것이었다. 박 코디가 김 코디를 탓하는 것에, 김 코디는 현 주임을 탓했다. 세 명뿐인 현장지원센터에서 이들은 완전히 분열되어 있다. 그리고 김 코디는 서울시라는 조직이 아닌 현 주임이라는 개인이 A상가 도시재생 거버넌스를 모두 통제하고 있고, 그것이 이 거버넌스의 핵심적인 문제라고 주장했다.

이러한 남 탓에는 개인 간의 뿌리 깊은 감정이 내재해있다. 특히 박 코디와 김 코디에게서 공통적으로 관찰되는 것은 비난의 상대가 '회장' '고위직' '윗분들'과 긴밀한 관계를 맺고 있으며 그 점에 대해 매우 불쾌해하고 부정적인 태도를 취하고 있다는 것이다. 박 코디가 김 코디—김 회장의 관계와 김 코디—서울시 고위직의 긴밀한 관계를 비난했던 것처럼, 김 코디는 현 주임이 "윗분들을 향해서 일하"는 것을 비난했다.

결과적으로 현장에서 중간지원조직으로서 민관을 연결해야 하는 현장 코디네이터는, 오히려 '남탓'을 통해 각종 문제들을 조직이나 제도의 문제가 아니라 조직 내외부 개인의 문제로 돌림으로써 문제를 근본적으로 해결될 수 없는 것으로 만들었다. 그들 사이에 만연한 개인적인 감정은 그들이 업무를 수행하는 데에서도 지대한 영향을 미쳤다. 그들은 상호간의 적대감을 통제하지 못했고, 이는 '편 가르기'를 통해 더욱 심화되는 모습을 보였다.

심지어 그들은 이렇게 그들 스스로가 해결될 수 없는 문제로 만든 문제들에 대해 모두 현장을 떠나는 것, 즉 현장 코디네이터직을 그만두는 것을 우선적인 해결책으로 고려했다. 현장 코디네이터가 오히려 조직 속의 개인을 비난하고 헐뜯고 폄하함으로써 조직을 나누고 분리시켰고, 그 결과 스스로 조직을 와해시키고 만 것이다.

3. 관망자(觀望者)로서의 주무관

현장지원센터라는 중간지원조직의 비(非)조직성은 주무관의 제한적인 역할 수행으로 인해 심화된다. 이 주무관은 현장지원센터에서 '관망자'다. 관망자의 사전적 정의는 '한발 물러나서 어떤 일이 되어 가는 형편을 바라보는 사람'을 뜻한다. 이는 문제 해결을 위한 방안을 적극적으로 모색하는 사람과 대비되어 소극적이고 수동적인 특성을 갖는다.

이 주무관은 현장지원센터 내부의 '개인 중심' 네트워크에 대해 파악하지 못하고 있거나, 혹은 파악하더라도 이를 본 연구자들에게 드러내지 않았다. 이를 가장 잘 드러내어 주는 것이 그의 '중간자'적이고 '중립'적인 태도다. 그의 발언은 본 연구자들과의 면담 내내 어느 쪽에도 치우치지 않았다. 그는 현장 코디네이터 어느 쪽에 대해서도 부정적인 평가를 내리지 않았다. 그들에게 불만이 있다고 할지라도 그것은 그들에 대한 부정적인 태도로 나타나기보다는 그들의 상황이나 여건에 대한 이해와 공감으로 나타났다. 뿐만 아니라 이 주무관은 현장지원센터 내부 네트워크에 대해 매우 긍정적으로 표현했다. 현장지원센터 내에서는 대화나 농담이 많이 오가며, 심지어 그들이 서로 친하다고 말했다. 그러나 이는 본 연구자들이 직접 관찰하고 다른 현장 코디네이터들로부터 들은 것과 전혀 다른 것이었다.

더하여 그는 자신이 현장 코디네이터들의 불만이나 고충을 들어주는 '샌드백' 역할과 이를 서울시에 전달해 해결하는 역할을 수행한다고 했지만, 정작 현장 코디네이터들에게 불만을 누구에게 말하는지 또는 어떻게 해결하는지 등의 질문을 했을 때는 이 주무관에 대한 언급이 전혀 이뤄지지 않았다. 다른 내용들에 대해서도 본 연구자들이 이 주무관을 언급하며 직접 물어보지 않으면 현장 코디네이터들이 먼저 그를 언급하는 일은 단 한 번도 없었다.

본 연구자들은 이를 그가 서울시에 의해 위촉된 현장 코디네이터들과 달리 A구라는 자치구청 소속 공무원이라는 점에서 일부 기인한다고 분석했다. 그는 공무원이기 때문에 구청의 발령에 따라 근무지가 정해지고, 언제든 다른 지역이나 부서로 배치될 수 있다. 현장 코디네이터 역시 1년 단위로 계속해서 바뀐다. 그렇기 때문에 이 주무관은 적극적으로 나서서 이들의 관계를 해결해야 할 필요성을 느끼지 못하는 것이다.

따라서 이 주무관은 현장지원센터 내의 문제들을 인식하지 못하거나, 인식하면서도 외면하거나, 또는 나머지 주체들로부터 직간접적으로 소외됨으로써 현장지원센터 내부 네트워크에 적극적인 주체가 아닌 소극적인 관망자로 남는다. 이는 중간지원조직의 비조직성을 재생산하는 요인이 된다.

이상의 현장 코디네이터들 간의 제한적 상호작용, 남 탓하기와 편 가르기, 주무관의 관망자적 태도로 말미암아 현장지원센터에서 '조직'은 사라진다. 결과적으로 현장지원센터라는 중간지원'조직'이 '조직'의 성격을 지니지 못하는 것은 그들이 '중간지원'이라는 기능을 수행하는 데 부정적인 영향을 미치게 된 것이다.

V. 현장지원센터 외부의 압박: '중간'으로서의 딜레마

본 연구자들은 앞선 장에서 중간지원조직인 현장지원센터의 내부 네트워크가 '조직'이 아닌 '개인' 중심으로 작동하여 이들이 '중간'으로서의 역할을 제대로 수행하고 있지 못하고 있음을 밝혀내었다. 이러한 내부적인 문제 외에도 본 연구자들은 현장지원센터가 현재 '외부'로부터의 압박을 겪으며 '중간'으로서의 딜레마를 경험하고 있다고 판단하였다. 현장지원센터의 상인 코디네이터는 공익에 초점을 맞추는 '시'와 사익에 초점을 맞추는 '상인'이라는 근본적으로 다른 두 행위자의 '중간'에서 '갈등을 중재'하며, '공익'에 근거한 가시적인 보고와 '사익'에 근거한 가시적인 정책을 통해 이들 모두를 만족시켜야 하는 과도한 역할을 부여받았기 때문이다. 하지만 상인과의 '신뢰 형성'을 바탕으로 이들과 '소통'하여 '의견을 수렴'하는 코디네이터의 역할은 위와 같이 가시적인 성과로 쉽게 나타나지 않기에, 이를 해결하면서 시와 상인들의 비난을 모두 감내해야 하는 상인 코디네이터는 엄청난 압박을 경험하게 된다.

뿐만 아니라, 상인 코디네이터 단 한 명이 전체 상인과 '소통'하며 이들의 '의견을 수렴'해야 한다는 사실 또한 '중간'으로서의 딜레마를 가중시킨다. 4000여 개 점포의 상인과 모두 소통하여 이들의 의견을 수렴하는 것은 물리적으로 불가능하며, 소통을 위해 선행되어야 할 '신뢰 형성'은 많은 시간을 요구해 '과도한 업무량'으로 다가오기 때문이다. 이러한 딜레마를 해결하기 위해 상인 코디네이터인 김 코디가 선택한 해결책은 상인연합회 회장인 김 회장과의 '연대'이다. 표면적으로 전체 상인을 대표하는 김 회장과 연대한다면, 대표성 있는 상인의 의견을 확보할 수 있어 위와 같은 물리적 한계를 극복할 수 있게 된다. 하지만 비민주적인 절차로 당선된 상인연합회 회장은 대표성이 결여되어 있어 회장 개인의 의견이 상인 전체의 의견인 것처럼 둔갑되는 모습이 계속해서 나타나므로, A상가 도시재생 거버넌스 전체에 악영향으로 이어지고 있다.

1. 시와 상인에 의한 압박

1) 시와 상인 사이 '갈등 중재'의 어려움

시와 상인은 성과의 수혜 집단 범위와 성과 달성에 소요되는 시간에 대해서는 견해차를 좁히지 않으며 첨예하게 대립하는 존재이다. 김 코디에 의하면 서울시는 서울시를 중심으로 통합 거버넌스를 구축하여 장기적인 관점에서 도시재생사업의 성과를 연관된 이해당사자들 전부와 함께 향유하도록 해 '공익'을 실현하고자 한다. 따라서 서울시는 상인들의 불만을 현장 코디네이터가 잘 무마해서 별다른 법적, 제도적 절차의 변경 없이 자신과 상인 사이의 관계가 원만하게 조율되기를 기대한다.

이와 달리 1년 단위 단기 계약을 통해 A상가에서 상업 활동을 지속하여 사익을 추구하는 상인들은 장기적 관점에서 공익을 추구하는 서울시와 근본적으로 다른 행위자이다. 상인 스스로도 서울시의 사업이 자신들의 사익과 차이가 있는 공익을 위한 것임을 인지하고 있기에 A상가에서 진행되는 수많은 도시재생사업과 관련 프로그램에 무관심하다. 서울시가 수혜집단으로 상정한 이해당사자에는 '상인'이 포함된다는 점에서 공익 추구가 곧 사익 추구로 연결될 수 있음에도, 상인들은 도시재생사업이 자신과 완전히 무관한 것으로 인식하여 적극적인 참여를 꺼려하는 것이다.

현재 A상가 상인들은 위와 같은 무관심에 더해, 도시재생사업이 자신들의 이익이 아닌 "건물주의 배를 불려준다"고 인식하며 적대적으로 생각하고 있다. 상인들로부터 임대료를 받는 건물주들은 도시재생사업을 통해 땅값이 오를 수 있기에 큰 관심을 지닌다. 하지만 세입자인 상인은 땅값 상승으로 인해 상가의 임대료가 올라갈 것을 우려한다. 2018년 현재는 A상가가 1990년대만큼 많은 매출을 내는 상황도 아니기에, 이는 우려를 넘어 크나큰 공포로 다가온다. 결국 상인들은 이러한 공포를 안겨주는 도시재생사업을 '남 배불려주는 사업'이라고 판단, 무관심에 더해 적대적인 태도를 보이게 되는 것이다.

장기적 관점에서 공익을 추구하는 '서울시'와 단기적으로 자신의 사익을 증진시키고자 하는 '건물주'와 '상인' 세 행위자 모두 그 자신의 이익을 위한 합리적인 선택을 한 것으로 평할 수 있다. 하지만 행위자들이 모두 합리적인 선택을 했음에도 그 총합은 필연적인 갈등으로 나타난다. 이처럼 시와 상인 사이의 불가피한 갈등을 조정할 것을 요구받는 상인 코디네이터는 크나큰 압박을 경험하게 된다.

2) 시와 상인이 원하는 '가시적인 성과'의 어려움

상인 코디네이터는 앞서 논한 '갈등 중재' 외에도, 상인들과의 '신뢰 형성'을 바탕으로 전체 상인과 '소통'해, 이들의 '의견을 수합'하는 역할을 수행해야 한다. 하지만 김 코디의 지적대로, 4,000여 개 점포 상인들의 의견을 모두 수합하는 것은 현실적으로 불가능하다. 또한, 진정한 소통을 위해서는 상인의 시선에서 이들의 입장을 이해하는 시간이 별도로 요구되기에, 이와 같은 작업은 필연적으로 장기간의 노력을 필요로 한다. 김 코디는 이러한 물리적인 한계 때문에 2018년 초 현장 코디네이터 직을 맡게 되었음에도 불구하고, 2018년 10월까지 상인들의 의견에 공감하고 갈등을 조금이나마 완화시키는 일밖에 수행하지 못했다고 밝힌다.

"아이러니한 거예요. 점포는 4,000인데. 어떻게 상인 담당을 해야 하는가. 정해놓고 몇 점포씩 다니라는 얘긴가. 그건 참 효율성도 기준도 없을 뿐더러. 그러면 무슨 얘기를 해야 하는가? 내가 그냥 가서 막 이야기하는 방문 판매는 아니잖아요."

– 김현수 코디네이터 (2018.10.17)

하지만, 김 코디가 약 10개월간 수행한 신뢰 형성과 소통은 가시적인 성과로 확인할 수 있는 성격의 업무가 아니다. 이는 도시재생사업 추진 주체로서 분기별로 가시적인 보고를 받고자 하는 서울시가 신뢰 형성에 급급해 상인들의 불만을 제대로 정리해내지 못한 상인 코디네이터를 불신하는 것으로 이어진다. 이로 인해 코디네이터는 서울시로부터 크나큰 압박을 경험하게 된다.

> "핑—퐁을 서울시는 잘 안 들어줘요. 눈에 보이는 성과가 이뤄지지 않으니까. 그렇게 되면 상인 분들은 자신들을 위한 게 구체적으로 어떤 건지를 듣고 싶어 하고. 이렇게 되면 거버넌스 주체 역할을 하는 데 어려움이 많아요."
>
> – 김현수 코디네이터(2018.10.17)

이와 같은 이유로 가시적인 보고를 받지 못한 서울시는, 당연하게도 상인들의 이익을 대변하는 제대로 된 정책을 펴내지 못하게 된다. 상인들은 신뢰형성 과정에서 자신들의 불만을 드러냈음에도 이것이 가시적인 정책으로 이어지지 않아 그 어떠한 정치적 효능감도 느끼지 못하게 되는 것이다. 이는 김 코디가 상인이 가장 싫어하는 상황으로 언급한 "듣기만 하고 말았다, 나를 무시했다"의 상황이 발생하는 것이다. 이는 자연스럽게 상인들의 불만과 소통창구인 코디네이터에 대한 불신으로 이어지게 된다. 이러한 상인의 불신은 '1년 계약'인 코디네이터가 약 '1년간' 공들여 구축한 신뢰를 완전히 무너뜨리게 되는데, 무너진 신뢰를 다시 구축해야만 하는 코디네이터는 상인들로부터 또다시 크나큰 압박을 경험하게 된다.

2. 코디네이터가 느끼는 압박 – '과도한 업무량'

앞서 논하였듯, 상인 코디네이터인 김 코디에게 주어진 역할은 A상가에 위치한 4,000여 개 점포들의 상인들과 '소통'해 이들의 '의견을 수합'하여, 이들 사이의 '갈등을 조정'하는 역할이다. 현재 상인 코디네이터는 김 코디 단 한 명이기에 신뢰 형성, 소통과 같이 장기간의 노력을 요구하는 역할을 제대로 수행하는 것은 불가능하다. 그럼에도 업무 수행을 지속해야하는 코디네이터는 불가능을 가능으로 바꾸기 위해 노력해야하기에, '과도한 업무량'이라는 압박을 경험하게 된다.

"적어도 5~6명은 있어야 하지 않을까 싶어요. 상인과 상가를 담당하는 각각 담당하는 것이 필요해 보여요. 여기는 주거지가 아니다보니 건물 상가 별로 나눌 필요가 있다고 생각해요. 이건 상인연합회 회장님도 이야기하세요. 점포가 많은 데 2~3명은 이걸 할 수가 없다는 거죠."

– 김현수 코디네이터(2018.10.17)

김현수 코디네이터는 이러한 문제를 해결하기 위해 코디네이터 숫자의 확충을 요구한다. 도시현장지원센터의 코디네이터는 모두 단기 계약직으로 주 3일만 출근하는데, 이러한 계약형태를 유지하면서 좀 더 많은 상인들과 소통하기 위해서는 더 많은 숫자의 코디네이터가 필요하다는 것이다. 김 코디는 구체적으로 코디네이터 한 명당 하나의 상가를 담당할 것을 주장하였다. 상인회 또한 코디네이터의 업무를 돕기 위해 '월급제 간사'를 별도로 채용하자고 하는 등, 이러한 문제의식은 상인과 코디네이터 모두에게 공유되고 있었다.

본 연구자들은 이러한 문제를 해결하기 위해 코디네이터 숫자 확충뿐 아니라, 1년 단위 단기 계약직인 코디네이터의 고용 형태 자체를 수정해야 한다고 판단하였다. 김 코디 스스로 인정하였듯 상인의 불만을 수용하는 진정한 소통을 진행하기 위해서는 이들 사이의 신뢰 형성이 필수적이다. 이때의 '신뢰'는 코디네이터라는 직업 자체에 대한 신뢰뿐 아니라, 코디네이터 직업을 지니고 있는 개인에 대한 신뢰이기도 하다. 상인연합회와 같은 소통 창구를 통해 '코디네이터'에게 공식적으로 불만을 전달할 수도 있지만, 일상적인 대화나 식사자리에서의 소통을 통해 '김현수'에게 비공식적으로 불만을 전달할 수 있기 때문이다. 하지만 현재의 구조에서는 상인이 1년마다 코디네이터 '개인'에 대한 신뢰를 새롭게 형성해야하는 구조이므로, 1년 동안 제대로 된 신뢰가 형성될 수 없는 악순환이 반복되는 것이다.

3. 김현수 코디네이터의 해결책: 김경식 총상인연합회 회장과의 '연대'

1) 김현수 코디네이터의 해결책 형성 과정

김 코디는 양쪽 대상 집단과 직접적으로 상호작용 하며, 그들로부터 각자 자신들이 원하는 가시적인 성과를 달성하기를 요구 받는다. 그렇지만 상이한 입장 간 갈등의 골을 좁혀 모두가 만족하는 결과를 이끌어내기는 쉽지 않다. 또한 이를 위한 적절한 권한과 자원 또한 현장 코디네이터에게 지원되지 않은 것이 현실이다. 이는 타 지역의 현장 코디네이터 직을 겸임하는 김 코디에게서 상대적인 박탈감을 초래한다. 이러한 상황에서도 앞서 이야기한 '불가능'을 가능으로 바꾸어 가시적인 성과를 내고자 하는 욕구를 지닌 김 코디는, 이를 타개할 수 있는 해결책을 탐구하게 된다.

시와 상인의 중간에서 직면한 업무 환경의 딜레마를 극복하기 위해 김 코디는 결국 김경식 회장과의 연대라는 해결책을 선택하게 된다. 이때의 '연대'는 형식적 차원에서 상인들을 대표하는 상인연합회 회장인 김 회장의 의견을 곧 전체 상인의 의견으로 해석한다는 것을 의미한다. 김 코디는 이러한 연대를 통해 상인 전체의 의견 반영이라는 외관을 갖추어 전체 상인들의 의견을 수렴할 것을 요구하는 시의 압박으로부터 벗어날 수 있다고 판단했다. 뿐 만 아니라 김 회장으로부터 상인들의 의견을 적절히 수렴해 서울시의 상인정책 형성에 영향을 미쳐 상인으로부터의 압박에서 벗어날 수 있다고 판단했다. 결국 위와 같은 이점과 함께 '4000여 개 점포 상인들과의 소통'이라는 물리적인 한계를 극복할 수 있게 해주는 김 회장과의 '연대'를 선택한 김 코디는, 자신의 업무 수행에 필요한 의견 수렴 거의 대부분을 김 회장에게 의존하게 된다.

2) 연대의 방식과 한계

(1) 연대 방식과 이에 대한 다른 연구 대상들의 반응

김 코디는 김 회장에 대한 연대는, 김 회장의 의사를 전제 상인의 의사로 둔갑해서 서울시 측에 전하고, 때때로 서울시 측에서 확정하지 않은 사안을 김 회장에게 알리는 방식으로 이루어졌다. 김 회장의 의견을 상인의 통합된 의견으로 포장해서 서울시 측에 전달하며, 이를 상인 전체와의 소통이 불가능하고 어느 경우에라도 찬반으로 대립할 수밖에 없는 상황에서는 어쩔 수 없는 일로 치부하며 김 회장과의 연대를 합리화하는 김 코디의 태도에 대해서 동료 박 코디는 "김 회장님 의견이냐 상인회 의견이냐. 김 코디한테 물어봐요. 김 회장님 의견이라고 할 때가 있고 모른다고 하면 우리는 제대로 알아 와라 하는 거예요"라고 말하며 부정적인 인식을 밝히기도 하였다.

그리고 서울시의 의견을 전달하는 과정에서 김 코디는 상인의 실질적인 참여가 확대될 필요가 있으며 이를 위해서는 정보에 대한 접근이 용이해야 한다는 이유를 제시하며 때로는 서울시에 의해 확정되지 않은 불확실한 정보까지 전달한다. 이와 같은 김 코디의 소통 매개 방식에 대해서 정 코디는 편향적인 중립자의 역할은 서울시와 상인 사이에 불필요한 오해를 유발해서 갈등을 심화하게 된다고 비판적인 견지에서 바라보았다.

> "서울시가 이런 안을 갖고 있고, 해야 할 생각이 있어요. 근데 "자, 서울시가 이런 생각이 있는데요?"라고 하면, 상인들은 그 안이 결정된 걸로 이야기가 전달되는 거예요. [중략] 서울시에서는 "누가 얘기했는데? 코디가 했잖아." 큰 문제가 되죠. 그래서 굉장히 조심성 있게 해야 돼요.
>
> – 정지윤 코디네이터

(2) "김현수 코디 아래, 김경식 회장은 이미 왕이 됐어요"

A상가 총상인연합회는 A상가의 기존 상인대표자 17인으로 구성되지만, 실질적으로는 김경식 총상인연합회장 1인의 주도하에 운영되며, 그의 의견이 총상인연합회, 더 나아가 상인들의 의사를 대표하는 것으로서 서울시에 의해 수용되어 도시재생사업에 반영된다. 이 과정에서 김 회장의 권력은 견제 받지 않으며, 김 코디와의 연대에 의해 강화되는 측면이 있다.

> "김현수 코디가 상인들 의견을 들고 왔다고 하면, 그건 상인연합회의 의견도,
> 일반 상인들의 의견도 아닌 김경식 회장님 단 한 명의 의견이었어요."
>
> – 박신혁 코디네이터

이는 도시재생사업 추진 과정에서 서울시와 상인 상호간의 소통을 저해하며, 양측의 불만을 야기할 가능성이 높다. 즉, 서울시의 입장에서는 총상인연합회에서 전달받은 상인의 의견을 수용해서 사업을 추진하면 상인들의 해당 사업에 대한 만족도를 높일 수 있다고 생각하는 반면, 상인 입장에서는 김 회장의 의사는 전체 상인, 좁게는 총상인연합회 내에서도 대표성을 갖지 않기 때문에 '상인을 위한' 사업을 추진한다는 서울시의 주장에 불만을 표출할 수밖에 없게 되는 것이다.

그리고 김 회장에 의한 상인연합회의 독재적 운영의 폐해를 더욱 견고하게 하는 것이 불투명한 회장직 선출방식이다. 총상인연합회장 선출 절차가 외부에 공개되지 않으며, 회장직이 특정 가족에 의해 세습된다는(김경식 회장은 김경태 전 연합상우회장의 동생) 점에서 일반 상인들의 의사가 상인연합회를 통해 합리적으로 수렴되고 전달될 수 없고, 회고적·전망적 투표를 통해 표출되고 반영될 수 없어 불만족스러운 상황은 지속된다는 점에서 한계를 가진다.

상인연합회장직 선출방식이 상인들의 이권에 직결되어 그들만이 공유하고 연구자와 같은 외부로 유출되어서는 안 되는 내부의 기밀사항이라고 해도, 상인연

합회와 긴밀하게 협력하여 거버넌스를 구축하고 도시재생사업을 진행해나가는 도시재생현장지원센터에 소속된 이들조차 모른다는 것은 원활한 사업 수행에 있어서 문제가 될 수 있으며, 김 회장에 의한 폐쇄적이고 독단적인 상인연합회 운영을 견제할 수 없게 된다.

김 회장 개인이 총상인연합회를, 더 나아가 A상가 상인 전체를 적합하게 대표하는 인물이었다면, 김 코디는 상인들의 의견 수렴과정에서 개별 상인들의 의사를 묻지 않고도 김 회장과의 연대로 물리적인 한계를 극복하면서 동시에 소통의 질과 효율성을 증진하는 일거양득의 효과를 볼 수 있었을 것이다. 그러나 김 회장은 불투명한 내부 과정을 통해 선출되었으며 부족한 견제 속에서 개인의 이익만을 우선시하며 전횡을 일삼는 비민주성의 온상인 인물로, 부적절한 대상과의 연대를 통한 소통 창구의 단일화라는 김 코디의 전략은 서울시와 상인 간의 소통을 저해하며 상호 불만을 증대하는 결과를 낳게 되었다.

VI. 결론

본 연구는 A상가 도시재생사업의 중간지원조직의 현장지원센터 내부, 그 중에서도 현장 코디네이터들 간의 관계에 주목하여 그들의 역할과 실제 업무, 인식 및 태도, 그리고 행위를 분석하였다. 연구 결과 현장지원센터의 현장 코디네이터들은 제도와 실제 사이의 괴리에서 기인한 위기상황을 겪고 있었다. 본 연구자들은 그들이 당면한 상황을 두 가지 측면으로 나누어 제시하였다. 첫째, 조직 네트워크 측면에서, 현장 코디네이터들 간의 제한적 상호작용, 남 탓하기와 편 가르기, 주무관의 관망자적 태도는 현장지원센터의 '조직'을 와해시킨다. 둘째, 구조적 측면에서, 시와 상인의 압박과 이에 기인한 코디네이터들의 과도한 업무량은 코디네이터들을 '중간'으로서의 딜레마 상황으로 몰아간다. 결론적으로 A상가 도시재생사업의 중간지원조직인 현장지원센터는 '조직' 없는 '중간'이 되었다.

A상가의 현장지원센터가 제대로 된 중간지원조직의 역할을 수행하기 위해서는 본 연구가 지적한 대로 조직 네트워크 측면과 구조적 측면에서의 동시 개선이 필요하다.

본 연구는 '현장'의 관점에서 중간지원조직인 현장지원센터의 상황과 개선점을 종합적으로 제시한 의의가 있다. 그럼에도 불구하고 본 연구는 몇 가지 한계를 지닌다. 본 연구에서는 현장지원센터의 각 주체에 대한 자세한 설명과 분석을 제시하고 있으나, 현장지원센터를 둘러싼 다양한 주체들, 즉 일반 상인, 상인연합회, 상가회, B기업, A구청, 서울시 등에 대한 설명과 분석은 담지 못하였다. 이에 A상가의 현장지원센터 외부의 다이나믹스를 관찰하여 함의를 이끌어내는 정도로까지 발전하지는 못한 한계가 있다. 또한 연구방법에서 A상가 도시재생사업 현장지원센터에 대해 시사점을 제공할 수 있을 정도로 경험이 풍부한 대상이 한정되어 있어 소수의 대상만을 연구하였고, 따라서 연구내용이 소수의 증언과 소수에의 관찰에 의존하고 있다는 한계점을 가진다.

A상가 도시재생사업의 경우 활성화계획조차 완전히 수립되지 않은 사업의 극초기 단계에 해당한다. 따라서 앞으로의 A상가의 거버넌스 변화 추이를 지켜보며 중간지원조직의 역할과 기능을 재구성해갈 필요가 있으며 이에 대한 민과 관의 구체적인 대응 방안 역시 요구될 것이다.

현재 도시재생사업에서 중간지원조직이 어떠한 역할을 해야 하는가에 대한 담론은 다양한 차원에서 논의되고 있다. 본 연구는 거버넌스 중간지원조직을 현장에서 면밀히 관찰하고 분석하여 A상가 도시재생사업 중간지원조직의 조직과 구조를 밝힘으로써 이러한 논의에 기여하고자 하였다. 본 연구자들은 A상가 도시재생사업의 현장지원센터에 대한 본 연구가 앞으로의 A상가의 거버넌스를 개선하고 발전해나가는 과정에 도움이 되기를 희망할 뿐 아니라, 도시재생사업의 다양한 중간지원조직 전반의 개선과 발전에도 기여하기를 희망한다.

참고문헌

국토교통부. 2017.04.12. "근린재생형 도시재생 사업시행 가이드라인."

김재현·태유리·이효정·임윤정. 2013. "커뮤니티 비즈니스 활성화를 위한 중간지원조직의
    역할 연구." 『한국농촌경제연구원 연구자료』. 한국농촌경제연구원.

박성남·서수정·임강륜. 2015. "도시재생지원기구의 역할 및 지원방향에 관한 연구 - 전문가
    그룹별 인식 비교를 토대로." 『한국도시설계학회지』 제16권 제4호.

박세훈. 2015. "마을만들기 중간지원조직 운영특성 연구: 정부−시민사회 관계의 관점에서."
    『도시행정학보』 제28집 제3호.

심현남·나인수·김세용. 2015. "도시재생사업에서 사업추진기구의 단계별 특성에 관한 연구
    − 창원 도시재생테스트베드 상가지구 도시재생 신탁업무센터를 중심으로." 『대한건축
    학회 논문집 − 계획계』 제31권 제9호.

한국형 마더센터를 향하여
행복마을마더센터

인류학과 **송지은**
인류학과 **김민규**
정치외교학부 **송지수**
서강대학교 정치외교학과 **조동휘**

〈연구활동 일지〉

날짜	활동 내용
2018년 09월 28일	센터 사전답사 및 품앗이 육아 현장 관찰
2018년 09월 28일	김한영 센터장 대상 1차 심층면담
2018년 10월 05일	특별한 활동이 없을 때의 마더센터 모습 관찰
2018년 10월 05일	행복마을마더센터 카페지기대상 심층면담
2018년 10월 13일	'키즈 공예' 프로그램 참여관찰
2018년 10월 18일	미성중학교 '진로교육' 현장 관찰(공간대여사업)
2018년 10월 19일	'또바기'활동 참여관찰
2018년 10월 24일	'요리교실' 참여관찰
2018년 10월 31일	'행복마을 생활지원문화센터'개소실 참여관찰
2018년 11월 07일	운영위원회의 참여관찰
2018년 11월 14일	운영위원회의 참여관찰
2018년 11월 28일	운영위원회의 참여관찰
2018년 12월 03일	김한영 센터장 대상 2차 심층면담

1980년대에 독일에서는 '일, 가정 양립의 어려움으로 인한 여성의 경력단절', '보육시설'과 이로 인한 '저출산' 및 '엄마들의 사회적 고립'이라는 사회적 문제를 안고 있었다. 이러한 환경 속에서 독일의 여러 여성단체들은 풀뿌리 지역운동의 형태로 '마더센터'라는 민간 주도의 모델을 구축하는 것에 성공했다. 난곡동 '행복마을마더센터'는 이와 같은 독일형 마더센터의 사례를 모델로 삼아 '엄마들의 공간'을 만들고자 하는 시민사회의 노력을 보여준다. '행복마을마더센터'의 경우, 특히 다른 관이나 시민단체의 조직적인 동원을 통해 만들어진 것이 아니라 '일반 엄마들'에 의해 그 설립이 추진되었다는 점, 그리고 그렇기에 아래로부터의 필요가 오롯이 반영되었다는 점이 특기할만하다. 하지만 '행복마을마더센터'가 이와 같은 설립 당시의 시민사회적 특성을 현재까지도 계속해서 유지하고 있을까? 본 연구는 이와 같은 질문에서 시작되었고, 이에 대해 대답해가는 과정이다. 연구 결과, 재정적 자립도를 확립하지 못한 '행복마을마더센터'의 입장에서는 그 지속을 위해 외부의 재정적 지원에 의존을 할 수밖에 없다는 것을 확인할 수 있었다. 그리고 이 재정적 의존성이 '행복마을마더센터'의 운영방식과 나아가서는 정체성에까지 영향을 미칠 수 있다는 점을 민족지적 방법론을 통해 확인했다는 점에 의의가 있다고 할 것이다.

I. 들어가며

1980년대 초반 독일은 '일·가정 양립의 어려움으로 인한 여성의 경력단절', '보육시설 부족'과 이로 인한 '저출산과 고령화'라는 사회적 문제를 안고 있었다. 이러한 환경 속에서 당시 여러 여성단체가 주관하던 부모교육 도중 마더센터에 대한 아이디어가 나왔고, 이는 풀뿌리 지역운동을 펼치는 이들을 중심으로 현실화되었다. 이처럼 이례적으로 '민간 주도의 모델'을 구축한 독일의 마더센터는 현재 400여 개까지 그 수를 늘렸고, 독일의 행정기관에서도 이를 본받아 500여 개의 비슷한 센터를 운영하고 있다.

독일의 마더센터 모델은 1995년 베이징 세계 여성대회를 기점으로 세계적으로 확산되기 시작했다. 독일 마더센터의 대표 20명이 마더센터를 알리기 위해 벼룩시장을 열거나 자비를 털어 그 돈으로 마더센터를 알리는 조각보를 만들어 여성대회에 참가한 것이다. 이후 독일 마더센터 모델은 세계적 네트워크 구축활동으로 이어졌고, 현재 'Mother Centers International Network for Empowerment'라는 이름의 네트워크하에 22개국 1000여 개의 마더센터들이 운영되고 있다.

그렇다면 과연 독일 마더센터 모델의 어떤 점이 세계적으로 확산될 정도로 특별할까? 그 특별함은 독일 마더센터가 공공기관이 아닌 민간의 주도로 설립되고 운영되고 있다는 점과, '자조(self-help)'와 '역량강화(empowerment)'를 핵심 운영철학으로 한다는 점에서 드러난다. 독일 마더센터는 지역사람들의 필요에 맞춰 지역사람들이 능동적으로 조직화하는 풀뿌리 공간이자 동시에, 단순히 '공동육아'를 위한 공간을 넘어서 육아주체가 사회적 관계에서 고립되지 않도록 서로 돕는 시민공간인 것이다.

한편, 우리나라는 2016년 기준 합계출산율 1.172명으로 OECD 회원국중 최하위를 기록할 정도로 초저출산 사회에 접어들면서, 이로부터 파생되는 1980년대 독일이 겪었던 것과 유사한 사회적 문제들은 물론, '노키즈존', '맘충' 등의 표현이 등장할 정도로 육아주체에 대한 혐오가 수면위로 드러나고 있는 상황에 직면해 있다. 이와 같은 사회적 문제에 대한 인식하에 본 연구의 관찰 대상인 '행복마을 마더센터' 또한 위와 같은 독일의 마더센터 모델을 참고로 하여 설립되었다.

1. 선행연구 검토

선행연구 검토를 하며 알게 된 바에 의하면, 마더센터에 대한 연구는 매우 적은 편이다. 다만 그 중에서도 주목할 만한 선행연구로 이선미의 '춘천여성조합 마더센터'에 관한 사례 연구[1]를 들 수 있다. '시민운동'을 통해 해당 운동의 '주체'들이 어떤 식으로 변화를 경험했는지를 '낯섦'과 '받아들임'이라는 용어로 정리하고 있다. 이는 연구대상이 되는 단체의 활동과 그 운영방식, 여성시민운동에서 해당 단체가 갖는 의의만을 설명하는 것에 그치지 않고 주체들의 변화 경험까지 서술했다는 점에서 주목할 만하다.

한편, 국내의 마더센터에 대한 연구가 아닌 원형이 되는 독일 마더센터에 대한 기록은 박신연숙의 독일 마더센터 탐방 기록이 있다. 박신연숙의 독일 마더센터 탐방 기록[2]에는 이에 대한 유용한 정보들이 서술되어 있다. 독일의 마더센터는 풀뿌리 운동의 일환으로 1980년대에 처음 시작되었다. 지역 여성들이 자발적인 참여로 세워졌고, 지역 사회 내의 가족 공동체를 단단하게 만드는 역할을 했다는 점에서 의의를 지닌다. 또한, 새로운 주민 조직 모델로서 '육아'의 범주뿐만 아니라 다양한 사회 관계망[3]을 형성할 수 있도록 돕는 공간의 역할까지 수행했다는 점에서 마더센터가 단순히 '여성'에만 국한되는 단체가 아님을 알 수 있다. 독일 마더센터의 설립 취지는 '엄마들의 능력을 지역 사회에 기여하는 것'이다. 즉,

---

1. 이선미. 2017. "춘천여성협동조합 마더센터 조직화 사례 연구." 성공회대학교 NGO대학원.
2. 박신연숙. 2007.11.07. "유럽의 '돌봄과 교육' 주민조직현장을 찾아서 – 독일의 마더센터를 중심으로." 《지역의 호혜망과 살림운동 공부모임》 참고자료. 모심과살림연구소.
3. 단순히 엄마들 사이에서만 형성되는 관계가 아니라 가족 단위로 이루어지는 사회 관계망을 의미한다.

설립 당시에는 마더센터를 이용하고 운영하는 육아 주체들이 지역 사회와 활발히 소통하고 영향을 끼치는 것에 큰 의미를 두었다. 또한, 독일 마더센터의 활동 내용에 저소득가구 돕기, 직업훈련, 보건서비스 등이 포함되어 있는 것을 미루어 보아 해당 마더센터가 지역 사회의 다양한 분야에 '참여'하는 시민 정치적인 모습을 지니고 있다는 것을 알 수 있다.

연구 대상이 마더센터는 아니지만 본 연구계획의 방향과 유사한 지점이 있는 연구로서 장수정의 '과천지역 공동체에 관한 연구'[4]를 들 수 있다. 이는 인터뷰와 참여관찰을 통해 과천시 내 무지개 교육 마을과 과천 품앗이 간의 호혜적 관계의 형성 과정 및 그 지속성을 해석한 연구이다. 연구 대상 및 방법론적 지향의 측면에서 본 연구가 계획하고 있는 바와 무척 유사하다고 말할 수 있다.

장수정의 연구는 결과를 설명할 때 '마실 문화'와 '공동체 내 돌봄의 변화 양상'을 해당 공동체(마을과 품앗이)의 확대과정을 중심으로 상세히 그려내고 있다. 민족지적 방법론을 통해 마더센터의 취지와 그 뜻을 같이하는 품앗이 육아의 현장을 그려냈다는 점, 그리고 그 안에서 여성주의 맥락의 의의를 찾고자 한다는 점이 본 연구계획과 그 흐름을 같이한다고 볼 수 있다. 다만, 저자 스스로가 인정했듯 공동체와 돌봄의 관계에 집중한 나머지 여성들의 실제적인 경험을 충분히 서술하지 못했다는 점이 아쉬웠다.

2. 행복마을마더센터를 연구하는 이유-문제제기 및 연구 의의

행복마을마더센터는 공공기관이 아닌 민간의 주도로 설립된 장소답게 초기 설립단계부터 지금까지 맘카페 자체 수익, 공간 대여 사업을 통한 수익, 그리고 일부 시민단체에 대한 활동 지원금 등을 주요 재정원으로 하여 운영되어 왔다. 그러나 김한영 센터장에 따르면 운영기간이 길어지고 수요자가 늘어나며 자체적

---

4. 장수정. 2012. "과천지역 공동체에 관한 연구: 돌봄 공동체 가능성과 여성주의적 함의를 중심으로." 「페미니즘 연구」.

재정충당에 어려움을 겪고 있다고 한다. 이러한 문제를 해결하기 위해 행정기관이 실시하는 민간단체에 대한 다양한 지원사업에 지원하고 있는데, 지원 요건을 충족하기 위해 활동 내용 및 센터 구조에 변화를 주고 있다. '행복마을마더센터'가 서울문화재단의 지원금을 얻기 위해 '행복마을생활문화지원센터'라는 이름하에 지역 주민들을 대상으로 한 다양한 문화체험활동을 추가하고 있다는 점이 이에 대한 하나의 사례이다. 또한, 본 연구를 위해 운영위원회를 대상으로 실시한 참여관찰을 통해서도 이러한 모습을 발견할 수 있었는데, 운영위원회는 서울시의 지원을 받기위해 '비영리 민간단체 등록'을 준비하고 있었고, '회원 수 100명 이상'이라는 요건을 충족하기 위해 '마더센터이용자의 회원화'에 대한 논의를 진행 중이었다.

이처럼 운영주체들이 여러 실정에 맞춰 내부 구조 및 활동 내용을 자유롭게 변경할 수 있다는 점은 관(官)이 아닌 민(民)이 아래로부터 주도하여 설립되고 운영한다는 독일식 마더센터 모델만의 특징이자 장점이기도 하다. 그러나 행복마을마더센터의 경우처럼 '관의 지원을 받기 위한 내부변화'가 지속되는 것은 '시민이 중심이 되어 만들어 나가는 공간'이라는 설립 취지의 유지에 대한 의문을 낳는다. 즉, 행복마을마더센터가 재정적 독립성을 확보하지 못해 '관의 지원을 받기 위한 내부변화'를 반복한다면 이 과정 속에서 관에 종속되어 설립 취지와 본연의 정체성을 잃는 것은 아닐지, 아니면 이와 같은 우려와는 달리 그 안에서 독자성을 유지하는 새로운 양상을 보여주게 될지에 대한 물음으로 이어지는 것이다. 이는 곧 본 연구의 핵심 질문이기도 하다.

행복마을마더센터의 운영위원들은 마더센터가 다른 지역으로도 확산되어 '유모차를 타고 편히 접근할 수 있는 공간'이 늘어날 수 있도록, 지난 2017년 한 해 동안 '마더센터 설립 조례안 추진 위원회'를 조직해 서명 운동을 진행했다. 비록 목표 서명 수에 도달하지 못해 조례제정은 무산되었지만, 이 과정에서 마더센터에 대한 관심을 재고하는 데 성공하여, 기존에 공동육아에 관심을 가지고 있었던 사람들은 물론 대구, 대전 등 각 지역의 기초단체 관계자들 또한 답사차 행복마을마더센터를 방문하는 경우가 부쩍 늘어났다. 이러한 시기에 행복마을마더센터에 대한 연구를 진행한다는 것은, 그 자체로 우리사회가 안고 있는 여러 육아문제 해결을 위한 하나의 가능성에 대한 참여관찰 사례연구로서 유의미한 결과물을 도출할 수 있을 것으로 기대했다.

더 나아가 행복마을마더센터는 육아공간이기 이전에 지역문제를 해결하기 위해 지역 시민들이 주도하여 설립한 시민정치의 공간이다. 시민단체들이 재정적 독립성을 확보 못한 채 관의 지원을 받는 과정에서 관에 종속되어 그 설립취지가 퇴색된 사례들이 존재함을 고려할 때, 관의 지원금을 중심으로 운영되는 행복마을마더센터에 대한 본 연구는 우리나라 시민정치 영역의 '관과 민의 관계'에서 야기되는 문제점을 파악하거나 혹은 기존의 문제를 극복할 수 있는 새로운 가능성을 모색하는 데 도움이 될 수 있는 결과물을 도출할 수 있을 것으로 기대했다.

II. 행복마을마더센터의 어제와 오늘

행복마을마더센터는 2017년, 김한영 씨와 몇몇 엄마들이 관이나 다른 민간 자본의 힘을 빌리지 않고 자신들의 힘만으로 일구어낸 '엄마들의 성지'이다. 이 절에서는 참여관찰을 통해 알게 된 사실을 바탕으로 행복마을마더센터가 걸어온 길을 주요 시기별로 나누어 소개하고, 이어서 현재 행복마을마더센터는 어떤 모습을 하고 있는지에 대해 '공간', '사람', '활동'의 측면에서 각각 설명하고자 한다.

1. 행복마을마더센터가 걸어온 길

행복마을마더센터의 센터장인 김한영은 한국식 마더센터의 설립을 부채질한 것은 '아이를 데리고 엄마가 부담 없이 갈 수 있는 쉼터'가 될 만한 장소의 부재였다고 밝힌다.[5] 비록 '문화센터'나 '키즈카페' 등의 시설이 있긴 하지만 금전적으로 부담이 될 수 있어 그 실질적, 보편적 접근성이 떨어진다는 것이다. 또한 김한영에 따르면 '맘충'이나 '노키즈존'과 같은 혐오 표현을 통해 그 이면에 드러나는 '사회에서 바라는 모범적인 엄마상'이 양육을 담당하는 여성들에게 부담을 주어, 이들이 '마음 편히' 갈만한 공간이 없다는 현실이 주변 엄마들에게 큰 공감을 얻었다는 점 역시 마더센터의 설립을 부추겼다고 한다.

1) 설립 초기의 행복마을마더센터

여성단체에서 10년 정도 일한 경험을 가진 김한영 센터장은 새로 이사 온 동네에 '엄마들이 아이를 데리고 마음 편히 갈 수 있는 공간'이 부재함을 인지하고 마음 맞는 주변의 몇몇 엄마들과 함께 이러한 공간의 설립을 직접 기획한다. 그렇다면 설립 당시 김한영 센터장이 그린 마더센터의 공간상은 어땠을까?

이처럼 설립당시 행복마을마더센터는 '엄마들을 위한 공간', '아이들을 위한 공간', 그리고 '경력단절 여성들을 위한 공간'을 지향했다. 물론 어느 정도의 육아를 마친 후 사회재진입을 바랄만한 나이대의 엄마들이 마더센터를 많이 찾을 것이라는 센터장의 예상과는 달리, 육아 때문에 사회재진입을 생각할 겨를이 없는 영유아 엄마들이 마더센터를 더 많이 찾으면서 현재는 '경력단절 여성들을 위한 공간'을 전면화하진 않고 있다.

한편, 특정한 공간상을 그리고 기획한다고 해서 아무런 재정운용 계획 없이 그것을 바로 실행에 옮길 수 있는 것은 아니다. 어떠한 공간을 설립하고 운영하는 데엔 인건비, 공간 운영비, 활동비 등 다양한 분야에서 재원을 요하기 때문이다. 그렇다면 행복마을마더센터는 설립 당시 이에 대해 어떠한 계획을 가지고 있었을까?

"그냥 사고를 친 거죠. 근데 여튼 되게 오랫동안 시민단체, 비영리 단체를 하

---

5. "풀뿌리 공동육아 어때요-관악구 행복마을 마더센터." 「서울마을이야기」 vol 62. 2018.02.28.

면서 필요가 있으면 어떻게든 운영은 된다고 생각했어요. 어떤 방식으로든. 예를 들면 그 전에 구로여성회 시절에도 구로 지역에 저소득 아이들이 되게 많아서 그들을 지원해야겠다는 생각을 했어요. 그래서 일단 지원활동을 하다보니까 삼성 무슨 재단에서 2억씩 프로젝트를… 그런 것도 지원받고 하다보니까 '이게 사람들이 필요로 하면 운영이 될 수 있고 필요 없다고 하면 자연스럽게 도태될 것이다'하는 생각을 하게 된 거예요. 이 산이 아니면 다른 산으로 가면 되지 이런 생각. 무모했던 생각. (다시 마더센터로 돌아오자면) 이런 공간에 대한 필요성은 엄마들도 공감을 하고 있을 것이고 그러면 후원 회원을 모아서라도 어떻게든 유지할 수 있지 않을까 생각했습니다."

— 김한영 센터장

이처럼 행복마을마더센터는 '필요가 있으면 유지될 것이다'라는 믿음하에 '일단' 설립되었다. 한편, 설립 2주년이 다 되어가는 현재, 행복마을마더센터는 여러 재단 등으로부터 활동비를 지원받아 센터 자체적으로 진행되는 여러 활동들을 진행하는 데엔 무리 없지만, 공간 운영의 측면에서는 매달 적자를 겪는 등 재정적 어려움을 겪고 있다고 한다. 이에 대한 자세한 얘기는 본 연구의 뒷부분에서 조금 더 상세히 다루고자 한다.

2) '한국형 마더센터'의 확산을 위하여—조례제정서명운동

본 연구를 위해 처음 행복마을마더센터에 대해 관심을 갖게 된 것도 '조례제정서명운동'에 대한 기사를 통해서였다. 행복마을마더센터에 대한 참여관찰을 본격적으로 시작한 후에도 운영위원 등 다양한 주체들로부터 "작년에 정말 힘들었지…", "조례 제정운동도 해봤는데 뭔들 못해~" 등 '조례제정서명운동'에 대한 말을 많이 들었다. '조례제정서명운동'은 분명 행복마을마더센터의 어제와 오늘 사이를 잇는 매듭이었다. 그렇다면 2017년 겨울, 행복마을마더센터엔 어떤 일이 있었던 것일까?

2017년 여름 즈음부터 행복마을마더센터는 지역 엄마들로부터 '엄마들의 성
지', '핫플레이스' 등으로 불리기 시작한다. 그리고 9, 10월이 되니 2호점, 3호점에
대한 문의는 물론 "나도 이런 거 해 보고 싶다", "유모차 끌고 갈 수 있는 거리에
이런 장소가 더 있었으면 좋겠다"와 같은 말들이 센터장의 귀에 들어오기 시작
했다고 한다. 그러나 당시 김한영 센터장은 새로운 공간을 추가로 운영할 여력이
없는 상황이었다. 엄마들 몇이서 공간을 기획하고 설립하고 운영하기엔 행복마
을마더센터 한 곳만으로도 벅찼기 때문이다. 그래서 센터장과 운영위원들이 떠
올린 것이 구차원에서의 '조례제정'이다. 행복마을마더센터는 공간에 대한 아이
디어만 제공하고, 이러한 공간의 '확산'이라는 측면에서는 관으로부터 공간적, 예
산적 지원을 받고자 한 것이다.

이러한 아이디어는 센터장의 표현을 빌리자면 주변 사람들로부터 '나름 폭발
적인' 호응을 이끌어냈고, 지역의 인터넷 맘카페, 품앗이 육아모임, 관악여성회
의 지원사격과 함께 조례제정추진본부의 설립으로 이어졌다. 그러나 40명이 채
되지 않는 엄마들이 약 만 명에 달하는 지역주민들의 서명을 받기란 쉽지 않았
고, 결국 200명의 서명이 부족하여 조례제정은 무산되었다.

3) 조례제정서명운동의 실패-그 이후 남은 것들

조례제정서명운동이 실패했다고 모든 것이 원점으로 돌아간 것은 아니었다.
관찰 결과 행복마을마더센터가 자체적으로 평하는 조례제정서명운동의 성과는
크게 외부적 성과와 내부적 성과로 나눌 수 있었다.

먼저 센터장 및 운영위원들은 행복마을마더센터가 비슷한 공간 및 이를 위한
정책에 대해 고민 하는 사람들에게 하나의 '대표 모델'로 여겨지기 시작했다는 점
을 조례제정서명운동 과정의 외부적 성과로 여기는 것 같았다. 다음은 이와 관련
한 대화 내용의 일부이다.

센터장: 지난 지방선거 때 보니까 대구, 대전 전국의 여러 곳에서 공약으로 마더

센터를 내걸었더라고요. 제가 봤을 때는 여기 마더센터를 모델로…

연구자: 센터장님께 사전에 연락을 취하셨던 건가요?

센터장: 그때는 안 왔었는데 조례 제정하면서 대구, 대전 이런 데서 연락이 왔어요. 선거 나가고 이런 거를 통해 공약화가 되었다는 게 외부적 성과가 아닌가…

또한 이번 지방선거에서 새로 당선된 관악구청장에 의해 결국 조례제정이 될 것이라고 기대하고 있다고 한다.

연구자: 다시 하실 생각은?

센터장: 다시 어떻게 해요. 그래서 지방선거에 나갔었는데, 신임구청장님이랑 간 담회하면서 그분이 공약으로 걸게 됐어요. 신임구청장님이 조례제정 추진하겠다고… 그래서 조례는 언젠간 제정되지 않을까 싶어요. 어느 시점일지는 모르겠는데, 관악의 규정의제 중 하나이기도 하고, 복지정책 중 하나기도 하고. 이를 추진하려면 결국 조례가 되어야하기 때문에…

그렇다면 내부적 성과는 무엇일까? 내부적 성과는 바로 엄마들 사이의 끈끈함, 마더센터에 대한 주인의식 함양, 자신감 고취 등 '행복마을마더센터를 이끌어가는 주체들의 성장'이다.

일례로, 이번 연구를 위해 연구자들이 행복마을마더센터 운영위원회의에 직접 참여한 적이 있었다. 당시 안건 중 '비영리단체 등록을 위한 일정 수 이상의 정규회원모집'이 있었는데, '저 정도의 회원 수를 어떻게 모으시려나'하는 연구자의 우려와 달리 운영위원들은 "10000명 서명도 받았는데, 저 정도 회원등록이야 그냥 받지"하며 자신감 넘치는 모습을 보였다.

"제가 봤을 때는 조례제정서명운동을 통해 마더센터 내부에서의 끈끈함, 자부심이 생긴 것 같아요. 그리고 설립을 주도했던 소수의 엄마들이 아니라 이곳에서 함께하는 다른 많은 엄마들 사이에 주인의식 같은 게 생긴 것 같아요. 얼마 전에 도 오랜만에 본 어머님이 계셨는데, 육아 공간 설립과 관련한 구청의 계획을 어디서 접하고 오셔서는 제게 '구청장님이 이거 하시면 우리 줘야하는 거 아니에요?'라고 하시더라고요. 그런 류의 말을 보면서 제가 느끼는 바는 '참 귀한 사람을 얻었다…'하는 것. 다음으론 '만 명의 서명을 받기 위해 함께 했던 엄마들에게 마더센터가 내 것처럼 소중한 것으로, 그 경험이 자부심으로 남는구나 하는 생각'이 들었던 게 자체의 성과가 아닌가…."

– 김한영

2. 행복마을마더센터의 오늘

2017년 2월, 마더센터가 처음 운영을 시작한 지도 벌써 2년여의 시간이 지났다. 그 첫 출발과 조례제정서명운동, 그리고 다양한 프로그램들의 활성화를 거치며 많은 일들을 겪었던 마더센터의 현재의 모습은 어떨지, 그 현황을 '공간'과 '구체적 활동'의 측면에서 조사해 보았다.

1) 행복마을마더센터의 공간

센터 내부에 들어가면, 가장 먼저 높이가 낮은 테이블과 의자들, 그리고 트램펄린이 눈에 띈다. 테이블과 의자들은 성인이 이용하기에는 조금 작은 크기로, 초등학교 저학년까지의 아이들을 위한 프로그램(육아 품앗이 등)을 진행하거나 아이들과 엄마가 함께 어울려 놀 수 있는 공간으로 조성되어 있다. 테이블 주위로 아이들이 갖고 놀 수 있는 장난감과 동화책들이 진열되어 있어서, 아이들은 이를 자유롭게 이용할 수 있다. 그리고 테이블 뒤편에는 작은 소파와 함께 트램펄린이 설치되어 있다. 센터장은 트램펄린은 설립 초기부터 엄마들의 많은 동의를 얻으며 꼭 필요한 것이라고 하였다. 실제로 엄마와 함께 마더센터를 방문하는 아이들

〈그림 1〉 마더센터 내부 모습　　　　〈그림 2〉 마더센터 입구

은 남녀노소 할 것 없이 트램펄린에서 신나게 노는 모습을 보여준다. 이러한 모습들은 마더센터가 '육아 공간'으로서 활용되고 있음을 보여준다.

아이들의 체격에 맞는 테이블 맞은편에는, 성인들이 이용하기 편한 크기의 테이블과 의자들이 놓여 있다. 해당 공간은 문 몰딩(연구자들이 처음 방문하기 바로 전날에 설치했다고 한다)이 설치되어 따로 구별되는 공간으로, 이곳은 주로 센터장의 작업 공간이자 엄마들이 모여서 커피를 마시는 공간, 그리고 상기했던 영유아용 테이블에 자리가 부족할 때 아이와 엄마가 함께 프로그램 활동을 하는 공간으로 활용되고 있다. 즉 마더센터 내에는 엄마들만을 위한 공간이 존재하긴 하지만, 이를 엄격히 구분하기보다는 전반적인 공간의 구조가 다양한 품앗이 모임 및 자조적인 동아리 활동들을 진행할 수 있게끔 형성되어 있다.

마지막으로, 행복마을마더센터의 가장 안쪽에는 작은 카페 공간이 꾸려져 있다. 이곳에서는 센터장과 함께 '카페지기'라고 불리는 직원이 상주하고 있으며, 엄마들이 음료와 함께 사발면, 주먹밥 등 간단한 음식을 주문할 수 있는 곳이다. 가격은 일반 카페들에 비하면 저렴한 편이고, 크진 않지만 카페의 수익금은 마더센터의 재정에 보탬이 된다고 한다. 카페 공간은 마더센터의 정식 명칭이 '행복마을 마더센터 맘카페'인 것과 관련이 있다. 연구 초기에는 카페와 관련된 아무런 표지가 없었으나, 센터장이 '1인1차' 표지를 붙일지 고민하는 모습을 볼 수 있었으며, 이후 가장 마지막 방문 시에는 마더센터 앞에 '1인1차' 표지가 붙은 것을 확인할 수 있었다.

한편 행복마을마더센터에는 센터장과 운영위원회와 같은 '운영주체'가 따로 존재한다. 마더센터의 총책임자라고 할 수 있는 김한영 센터장과 함께 마더센터의 설립과 초기 운영에 큰 관심을 가지고 참여했던 사람들이 '1기 운영위원회'로 활동을 했었으며, 올해 하반기부터는 '2기 운영위원회'가 구성되어 주기적인 회의를 통해 마더센터의 전반적인 프로그램을 기획하고 있다. 특히 마더센터의 전반적인 부분과 서류 업무 등을 담당하며 센터의 구체적인 활동들에는 깊이 관여하지 않는 센터장의 모습과는 조금 달리, 운영위원회의 경우 공식적인 틀을 가지고 마더센터의 구체적인 활동들을 기획·결정하는 주체로 활동하고 있었다.

이는 센터를 단지 '방문'하는 이용자와 운영주체 사이의 경계가 구분되어 있다는 것을 보여준다. 매주 정기적인 회의를 가지는 운영위원회가 따로 존재하고, 그 회의가 나름 마더센터의 운영에 유의미한 영향을 끼치는 한편 앞으로 나아갈 방향을 제시하는 안건들을 다루고 있기 때문이다.

연구자: 운영진, 참여자분들의 경계가 있나요?

센터장: 운영위원회가 처음에 1기가 작년에 있었고, 처음에 시작할 때, 1기 운영위원들은 저와 같은 또래의 40대의, 초등학생이나 중학생 엄마들. 1기가 자원봉사하면서 고생도 많이 하시고. 본업이 따로 직장이 있는 건 아니었고, 아이 키우면서 이런 취지에 공감하시면서 시작했는데 고생 많이 하셨죠. 근데 시간이 지나니 또래보다는 영유아 엄마 분들이 오게 됐던 거고, 2기는 조례 추진 하고나서 2기는 영유아 엄마들로 변화돼서 지금 운영을 하고 있어요.

한편, 행복마을마더센터의 운영진 측에 포함된다고 할 수 있는 '카페지기'는,

일부 카페 형태로 운영되고 있는 마더센터의 카페직원을 가리킨다. 이들은 센터장과 운영위원도 아니며, 그렇다고 일반 이용자도 아니라는 점에서 그 사이의 접점에 위치한다. 이들의 배경은 구청에서 진행되는 재활프로그램의 대상자이다. 해당 프로그램은 기초수급자들이 다시 사회에서 직업 활동을 할 수 있도록 교육을 한 뒤, 바로 취업을 할 수 있도록 도와주는 것이고, 이들의 급여는 마더센터가 아닌 관악구에서 부담하고 있다.

즉 이들은 마더센터와 공유하는 부분이 크지 않으며, 마더센터의 이해관계와 가장 거리가 먼 사람들이라고 할 수 있겠다. 하지만 카페 직원이라는 특성상 센터의 오픈 시간부터 마감시간까지 계속 센터에 상주하고 있다는 점에서 중요한 역할을 하고 있으며, 그 과정에서 센터장, 운영위원뿐만 아니라, 센터에 찾아오는 이용자들과도 많은 소통을 나누고 있다는 점에서 흥미로운 지위를 가지고 있는 주체라 할 수 있겠다.

5달 동안 행복마을마더센터에서 일을 하다가 지금은 일을 그만두게 된 직원과도 면담을 할 수 있었다. 그는 면담 중 계속해서 자신이 이곳의 이용자들과 얼마나 활발히 소통을 하는지, 사이가 얼마나 좋았는지를 강조했고, 어린이들에게 '할머니'라고 불리는 등 좋은 기억을 갖고 떠날 수 있게 됐다고 했다.

연구자: 아 그럼 가실 때도 많이들 아쉬워하시겠어요.

카페지기 A: 아니 뭐 그런 건 아니고, 나는 저기들하고 다 친하게 지냈으니까. 고저, 서로 이렇게 인사해고. 저번에 또 이렇게 음식도 좀 노나먹고. 그리고 끝나는 거지.

연구자: 특히 기억에 남는 엄마나, 아이라든가?

카페지기 A: 뭐 나는 다 이뻐하니까. 애들을. 특히 친한 걸 떠나서. 그래서 오늘도 이거. 아쉽다고 이렇게 썼어요. 선물 받고. 차 선물 받고.

연구자: 그래도 사이가 좋으시고 잘하시고 하시니까 이렇게 선물도 받으시고 한 거 아니에요?

카페지기 A: 즐겁게 하긴 했어. 즐거웠지. 애들도 많이 따르고. 애들이 (트램펄린에서) 뛰다가 막 옆에 쳐다보면서 "할머니~"이러면서, 뛰다가 내가 여기서 커피 따르면 뭐라는 지 알아 애들이? "우리가 보니까 더 잘하겠지?" 이러면서 (웃음) 애들이 귀여워 참.

하지만 한편으로는 '요즘 엄마'란 표현과 함께 방문자 일반에 대한 좋지 않은 인식을 드러내기도 했으며, 뒤에서 상술할 센터장의 소극적인 자세를 지적하는 모습을 보여준다. 이렇게 카페 직원은 글의 구성상 운영 주체에 속해있기는 하나, 그 이해관계가 마더센터와는 직접적으로는 얽혀있지 않다는 점, 이용자들과 활발한 소통을 하고 있으면서 센터장이나 운영위원 사이의 사정을 잘 아는 점을 고려했을 때 운영 주체와 이용자 사이에 끼어있는 지위를 가지고 있다고 할 수 있겠다.

카페지기 A: 아니, 그런 거 없어. 나 거짓말 안 해. 자기 엄마 친구 보고 이래. "어머나 우리 아들 봐~ 진열을 얼마나 잘 해놨어." 나 그거 보고 막 소름 돋더라고. 어떻게 그렇게 교육을 시키지? 이거 파는 건데, 이러면 안 되죠, 해도 "제가 갈 때 다 할라 그랬는데. 놔두세요." 또 얼마나 이상한 일이 있었는 줄 알아? 6시에 다 갔어. 우리는 제대로 봉급 받는 사람들이 아니잖아, 솔직히. 요만큼 받고 일하는 사람들인데, 우리는 다 가면 청소하고 가. 더 (손님이) 안 오니까. 6시 돼서 엄마도 애들도 다 갔어. 근데 몰랐어, 나는. 다 갔는데 여자애 6살하고 3살짜리가 딱 여기(트램펄린)에 남아서 안 가는 거야.

－카페지기의 '요즘 엄마'에 대한 인식

2) 행복마을마더센터의 구체적 활동

현재 마더센터에는 아이들과 엄마들이 함께 참여할 수 있는 다양한 활동들이 정기·비정기적으로 진행되고 있다. 대부분의 프로그램들은 문화재단에서 지원받는 보조금으로 운영하고 있으며, 참여자들에게는 소정의 재료비나 음료값 등만 받고 활동을 진행하고 있었다. '통통체조', '키즈공예', '요리교실', '영화상영회' 등의 프로그램들은 주로 평일 늦은 오후와 토요일 오전에 진행되며, 아이들이 주로 참여하고 엄마들은 곁에서 도와주는 방식으로 이루어지고 있다. 대부분의 프로그램은 엄마들이 자율적으로 기획하고 참여자를 모집하여 운영되고 있다. 주로 온라인 및 SNS(네이버 밴드, 온라인 맘카페) 등에 공지를 띄워 참여자들을 받고 있었다.

흥미로운 점은, 연구자가 대화를 요청했던 한 요리교실 강사의 이야기였다. 자신도 해당 프로그램에 참여한 한 아이의 엄마라고 소개한 강사는, 자신은 원래 마더센터 프로그램의 참여자로 시작했으나 관심을 가지고 관련 분야를 공부하여 요리교실을 열게 되었다고 했다. 센터의 장점을 잘 활용하여 적극적으로 프로그램을 기획하고 엄마들을 모으는 발전적인 모습을 확인할 수 있었다.

한편 엄마들을 위한 자조 공간인 마더센터에서는, 아이들을 위한 품앗이 육아 프로그램 뿐 아니라 엄마들이 중심이 되는 프로그램들이 정기적으로 진행되고 있다. 주로 유치원생 자녀들을 등원시킨 후인 평일 오전에 진행되는 프로그램들은, 소량의 재료비만 받고 강사님의 지도하에 5-6분의 엄마들이 참여하는 방식으로 이뤄진다. '어쩌다엄마', '맘편히영어', '또바기' 등의 독특한 이름의 프로그램들부터, 보드게임 관련 자격증 취득, 도예 수업, 캘리그라피 수업 등 다양한 프로그램들이 진행되고 있다. 그 분야 역시 육아로 인한 경력단절에 대비하는 취지로 이루어지는 경우에서부터 순수하게 취미로서만 이루어지는 경우까지 다양하다. 이처럼 주요 참여자가 아이들이 아니라, 엄마들인 프로그램들이 일부 이뤄지고 있다는 점에서 엄마들을 위한 공간으로서 마더센터의 의의에 주목할 수 있다.

이밖에도 마더센터는, 최근 '청년공예' 프로그램 등 엄마와 아이가 아닌 다양한 주체들이 마더센터를 알고 여러 대상을 참여시킬 수 있는 활동들을 기획·실천하고 있다. 이는 단지 마더센터가 엄마들을 위한 공간일 뿐 아니라, 지역 주민들에게 알려지고 다양한 연령대의 주체들이 참여할 수 있게끔 하는 새로운 시도로 나아가고 있는 모습을 보여준다.

III. 행복마을마더센터의 변화

앞서 II절에서는 마더센터의 어제와 오늘을 다뤘다. 이 절에서는 마더센터가 어제에서 오늘로 오면서 어떤 점들이 달라졌는지에 초점을 맞추고자 한다. III절 1.에서는 마더센터를 함께 설립하고 조례제정 서명운동 등 어려운 과업을 함께 해낸 엄마들이 이젠 '동반자'가 아닌 '고객'이 되어버린 모습을, III절 2.에서는 '아래로부터의 필요'에 의해 설립되어 '독립성'을 추구하던 마더센터였지만 점차 '위로부터의 논리'에 '종속되는' 상황으로부터 교차압력을 받고 있는 현재의 모습에 대해 논할 것이다.

1. 마더센터와 엄마들 – 동반자에서 고객으로

이하에서는 마더센터를 방문하는 엄마들이 '동반자'에서 '고객'으로 변해가는 모습을 그리고자 한다. 그리고 이러한 변화는 센터장의 마더센터 운영방식과 밀접하게 관련이 있다. 따라서 우선적으로 센터장의 마더센터 운영방식 및 마더센터와 관련한 행동양식을 분석하고자 한다. 센터장 김한영 씨는 마더센터의 운영에서 내부에서는 소극적인 모습을, 외부에서는 적극적인 모습을 보여주었다.

'내부에서 소극적'이라 함은 마더센터의 설립 목적 및 취지와 마더센터가 지녀야할 철학, 더 간단하게는 마더센터를 이용할 때 이용자들이 지켜주어야 하는 것들을 센터의 엄마들에게 거의 말하지 않는 모습이나, 센터에서 진행되고 있는 프로그램의 이름 내지 프로그램을 정확히 알지 못하는 모습을 의미한다. 뿐만 아니라 센터장은 센터 내에서 이뤄지는 수많은 품앗이 육아나 동아리 중 어떤 것에서도 따로 참여하고 있지 않다.

연구자: 또바기는 무슨 뜻인가요? (칠판에 적힌 품앗이 모임 이름)

센터장: 관악 혁신 지도 학부모 모임에서 서류를 내서 예산을 지원받아서 마더센터 공간을 쓰고 있는 엄마들의 모임인데, 무슨 뜻인지는 잘 모르겠어요(웃음).

이런 모습을 보고 판단하건대, 과거 센터장에게 '엄마들'은 같이 시민운동을 하던 주체로서 조례서명운동도 하고 마더센터의 설립을 함께 기획하고 실현했던 '동반자'였지만, 이제는 모셔야하는 '고객'이 되어버린 느낌이다. 여기서 고객이라 함은 지속적인 관리를 통해 계속해서 이 마더센터를 방문하도록 해야 하는 대상을 의미한다. 때문에 센터장은 표면적으로는 '고객'들의 행동에 크게 관심을 갖지 않는 모습을 보여 방문한 고객들이 자신들의 용무를 보는 것에 방해가 되지 않도록 조심하는 것이다. 어떤 식으로 마더센터를 이용하는지에 대해서 '의도적으로' 관심을 갖지 않으려는 모습을 보여준다.

다른 한편으로 센터장의 이러한 내부에서의 소극적인 모습은 마더센터를 운영하는 그녀의 철학과도 관련이 있다. 앞서 말했듯 센터장은 마더센터가 '엄마들을 위한 공간'이 되길 바라지만, 그런 공간이 만들어지는 과정 자체가 자조(自助)적으로 이루어져야 한다고 생각한다. "문화센터는 지양을 하니까, 엄마들이 스스로 기획하는 동아리 활동이나 품앗이 모임을 지향하는 편"이라는 센터장의 말에서도 알 수 있듯이 센터 운영에 깔려있는 전반적인 철학은 바로 자조이다. 마더센터를 찾아온 엄마들에게 따로 자신의 철학이나 생각을 전달하려는 모습은 거의 찾아볼 수 없었던 것은 '고객'에게 부담을 주지 않기 위함도 있지만, 다른 한편으로는 마더센터를 방문한 엄마들 하나하나에게 여성문제에 대한 관점이나 철학을 강요하는 모습이 되는 것을 경계했기 때문이라 분석된다.

반면에, 센터장의 '외부' 활동에 대해서는 매우 '적극적'이다. 가령, 전국 곳곳에서 마더센터를 벤치마킹하기 위해 찾아오는 경우 그들을 응대해주는 것에 그치지 않고 조례 제정에 관한 전문적인 조언을 해주면서 지속적으로 연락을 이어나가는 모습이라든가, 연구자나 언론인의 인터뷰 요청에 항상 흔쾌히 응해주는 모습이라든가, 외부단체나 엄마가 아닌 다른 주체들을 마더센터 안으로 끌어들이려는 모습들은 연구자로 하여금 센터장 김한영 씨가 센터와 관련된 외부 활동에는 매우 적극적이라는 인상을 갖게 했다.

"내가 유치하는 거 하나는 기가 막히지."

– 센터장

이러한 센터장의 행동양상—내부에 소극적, 외부에 적극적인 모습—은 마더센터가 예산을 확보하는 방식과 관련이 있다. 마더센터는 크게 두 가지 방법으로 그 운영에 필요한 예산을 충당하는데, 하나는 카페 운영으로 발생하는 수익금이고 다른 하나는 외부의 법인 및 사단/재단의 프로젝트성 사업에 참여하여 '사업비'나 '후원금'의 형태로 지원받는 예산이다. 그렇다면 내부에는 소극적이고 외부에는 적극적인 센터장의 위와 같은 행동양식은 결국에는 더 많은 사람을 끌어들임으로서 카페운영을 통한 수익금을 극대화시키기 위한 전략인 것일까? 하지만 센터에서의 관찰이나 센터장 및 카페지기와의 비공식 면담을 고려한 결과, 카페 수익금은 센터의 재정에 실질적인 도움이 되지 않는다고 판단했다. 즉, 사람이 더 많이 오길 바라는 것이 '커피를 더 많이 팔아서 마더센터의 재정적인 어려움을 해결하기 위한 것'은 아니라는 것이다.

연구자: '비영리 여성단체'에 의한 운영된다고 들었는데 순전히 시민들의 힘으로만 운영되는 건가요?

센터장: 예. 백 프로 자체 운영되고 있고, 다만 프로젝트 같은 것들은 proposal해서 프로그램비를 다소 지원받는 것을 제외하면… 서울시도 있고, 서울문화재단에서 예산을 올해는 받았어요. 서울시에서는 여성안심행복마을 사업을 하고 있고, 서울문화재단으로부터는 여기가 생활문화지원센터로 조성돼서,

다양한 프로그램이나 인테리어 비용 등을 지원받게 돼요.

하지만 조금 다른 방식으로 더 많은 사람이 방문이 마더센터의 재정에 도움이
될 수는 있다. 현재 마더센터의 재정 대부분은 외부의 공기업, 공공단체, 각종 재
단 등의 지원에 기대고 있다. 그리고 이러한 지원들은 행복마을 마더센터가 얼마
나 '가시적인 성과'를 보여주느냐에 따라 그 여부나 액수가 결정된다. 즉, 마더센
터의 활동 및 성과가 잠재적 후원자들의 취향에 얼마나 잘 맞느냐에 따라 마더센
터가 프로젝트성 사업에 참여해서 예산을 '따올 수' 있을지, 그렇지 못해서 재정
적으로 허덕일지가 결정된다는 것이다. 이러한 잠재적 후원자들이 모범적이라
평가하는 모습의 필요조건은 '많은 방문자들'(혹은 최소한의 인원)이다. 품앗이
육아나 동아리활동을 여러 번 참여관찰한 결과 센터장 및 운영위원이 '사진'을 요
구하는 모습을 종종 볼 수 있었는데, 이는 해당 활동에 몇 명이상의 사람이 참여
했는지가 재정적 지원 대상이 되는지를 판단하는 기준이 되기 때문이다. 사진은
그 최소인원이 참여했음을 '인증'하기 위한 것이다. 때문에 센터장은 '고객'들을
'관리'하는 것이다.

2. 마더센터와 시민정치−독립성과 종속성 사이의 교차압력

다음 대화는 처음 운영위원회의에 참석했을 때 나눈 대화의 일부이다.

연구자: 관에 의해 마더센터와 같은 공간들이 운영되는 과정에서 공약화되고 카
　　　페처럼 되고 한다는 게 어떤 의미죠?
운영위원 1: 여기 자체의 독립성이 떨어진다는 거죠. 저희 원래 취지가 무산될 가
　　　능성이 높고.
운영위원 2: 구에 소속이 되면 우리가 개인적으로 그렸던 취지하고 안 맞을 수도
　　　있는 거죠.

센터장: 민에 비해 관은 제한성이 되게 많잖아요. 엄마들이 요구를 민은 그때그때 반영할 수 있는데, 관은…

운영위원 1: 이것도 안돼요. 저것도 안돼요.

센터장: 그런 게 진짜 많아요. 그래서 마더센터는 엄마들이 주체가 되어야 하지 않을까 생각해요. 관은 주체가 아니라 엄마들을 지원하고 지지해주는 역할만 하는 거죠.

운영위원 2: 관에서 운영하는 마더센터 같은 공간들이 있어요. 육아 나눔터라던가 그런 공간들이 있긴 한데, 막상 가보면 눈치를 되게 많이 줘요. "먹을 것도 먹지 말라", 뭐 "몇 시에 무슨 프로그램 예약되어 있으니 나가라", 뭐 "오늘은 안 된다" 등등 공무원들이 와서 잔소리를 그렇게 해요. "어머니 여기서 과자 먹이시면 어떻게 해요"…

운영위원 1: 청소하면 되는데!

운영위원 3: 아이랑 같이 가는데 아이한테 과자를 먹이지 말고, 뭘 먹지 못하게 하니까 엄마들이 못 가는 거예요.

연구자: 그러면 행복마을마더센터의 모델이 확산되기를 바라시는 거죠? 그냥 마더센터 자체의 확산이 아닌 '시민이 주도한다.'는 취지랑 내용까지 다 같이 말이죠?

일동: 네네.

이처럼 행복마을마더센터는 아래로부터의 필요에 의해 설립되었고 엄마들의 자발적 참여로 운영되고 있으며, 센터장과 운영위원들은 설립 초기부터 쭉 이와 같은 '아래로부터의 속성'을 '한국식 마더센터'의 핵심으로 여겨왔다. 그러나 한 달 후 진행한 센터장과의 면담 도중 이러한 인식에 대한 변화 조짐을 감지했다.

(마더센터의 재정계획에 관한 대화 중)
연구자: 재정자립도 측면에 대한 질문인데요, 계속해서 여러 지원을 받으면서도

한편으론 구에 위탁되는 건 원치 않는다고 하셨잖아요.

센터장: 아니, 원해요

연구자: 아니 구청에 종속되는 게…

센터장: 엄마들이랑 얘기해 볼 생각이에요. 구에선 어떻게 생각할진 모르겠지만, 만약에 구에서도 이러한 공간 운영에 관심을 갖고 있다고 한다면 그 공간상에 대해서 얘기를 할 때가 되지 않았나 싶어요. 물론 여기(행복마을마더센터)는 여기대로 초기에 이곳을 만들었던 엄마들의 자조 정신이 침해받지 않도록 독립적으로 유지되는 게 맞지 않을까 하는 의견도 들었어요. 저는 엄마들이 그렇게 생각해줘서 되게 감동스럽죠. 그러나 그러려면 여기도 이제 후원회원을… 만약 '엄마들이 자율적으로 운영하는 마더센터'에 대한 실험을 이어간다는 측면에서 이 공간을 유지하더라도 재정적 부분에 대해 조금 더 논의와 상의를 해 볼 생각이에요. … 자체로 엄마들과 논의 후 진행한 후원회원 모집에서 후원회원들이 있을 때 엄마들도 계속 함께하자고 하지 않을까 그렇게 생각하고 있어요.

이러한 변화가 의미하는 것은 무엇일까? 본 연구는 이를 두고 행복마을마더센터가 '독립성'과 '종속성'에 대한 내부적 요구부터 교차압력을 받고 있음으로 해석하고자 한다. 시민들의 필요에 의해 설립되고 운영되어온 '독립적 공간'인 마더센터가 지난 2년 동안 재정적 자립도를 충분히 갖추지 못한 나머지 활동내용과 운영방식에 있어서 '관'이나 '관 산하 재단 및 사단' 등에 종속되는 것에 대한 압력을 동시에 받고 있는 것이다. 특히 이와 같은 종속됨에 대한 압력은 마더센터 밖의 사람들이 아닌 마더센터 안의 사람들에 의해 은연 중 형성된 공기라는 점 또한 마더센터가 겪고 있는 변화의 중요한 특징이다.

'아래로부터의 필요에 의해 시민들이 자발적으로 설립한 공간'이라는 점은 다른 외부의 논리, 가령 정치논리나 자본의 논리, 혹은 관의 논리로부터 마더센터가 자유로움을 뜻한다. 즉 마더센터가 오로지 아래로부터의 필요(이 경우에는 일

반 엄마들의 일상적 필요)에 의해 운영될 수 있다는 것이다. 하지만 이러한 마더
센터도 재정적 자립성을 확보하지 못하고 위로부터의 논리들에 영향을 지속적
으로 받게 될 경우 '시민들이 설립한 공간'이라는 의미가 퇴색되지 않을까 하는
우려를 낳는다. 이는 결국 시민정치의 장이 활성화되어 아래로부터의 활동이 더
많아지고 마더센터와 같은 모범 사례들이 등장한다 해도 이들이 재정적 자립성
을 확보하지 못할 경우 처음부터 관에서 만들어낸 다른 유사기관과 크게 다를 바
없어지게 되는 건 아닌가하는 우려로 확장된다.

IV. 나가며

상기한 마더센터의 변화는 사실 오래전부터 지적되어 오던 시민단체의 한계이
다. 이 연구를 통해 이론적으로 지적되어 오던 논의들이 실제 시민사회의 현장에
서는 어떤 식으로 벌어지고 있었는지를 확인했다는 것에 의의가 있다고 할 것이

〈그림 3〉 마더센터 입구에 붙어있는 명패(?)들이다.
현재 마더센터의 여러 가지 정체성을 한눈에 보여준다.

다. 행복마을마더센터는 일반 엄마들의 힘만으로 지어진 '엄마들의 성지'이다. 위에서는 그와 같은 속성이 예산 및 재정독립성과 관련하여 위기를 맞고 있다고 분석했지만, 이는 사실 운영주체의 행동양상 및 운영방식의 관점에서 바라본 분석이고, 마더센터를 이용하는 엄마들이나 마더센터의 소문을 듣고 찾아온 언론인, 정치인, 학자들에게 이곳은 아직까지 명백히 시민사회의 일부로서 비춰지고 있고, 실제로 그러하다. 하지만 이와 같은 외부의 기대를 충족시키기 위한 운영주체 측의 행동양상이 도리어 마더센터를 본래의 취지와 멀어지게 한다는 딜레마가 있다. 더 많은 방문자와 더 많은 프로젝트성 사업, 더 많은 타이틀을 얻기 위한 마더센터 운영주체 측의 노력은 '외부에는 적극적, 내부에는 소극적'인 센터장의 모습이나 '종속성'이라는 부작용을 발생시키게 되는 것이다. 본 연구의 주된 분석은 이와 같은 딜레마가 존재한다는 것을 밝히고 민족지적 방법론을 통해 실제 현장에서 어떤 식으로 이런 딜레마가 생겨나고 지속되는지를 확인했다는 것이다. 아쉬운 점은 연구 기간의 제약으로 인해 여기서 한 발 더 나아가지 못했다는 점이다. 연구자는 아래로부터의 필요(이 경우엔 엄마들의 필요)에 의해 아래로부터의 힘(엄마들의 힘)으로 설립되었지만, 그 안정적 지속을 위해서는 위로부터의 논리(이 경우 마더센터를 재정적으로 지원하는 외부 기관들의 논리)를 따를 수밖에 없다는 딜레마가 지속될 경우, 마더센터가 그 독립성을 계속 유지할 수 있을지에 대한 의문을 가져왔다. 연구기간동안 운영위원으로서 참여관찰을 하며 더 많은 프로젝트성 사업을 위해 '공신력'을 얻고자 '비영리 민간단체'로서의 지위를 얻기 위해 100명 이상의 서명을 모으려 한다거나, '생활문화지원센터'로서의 개소식을 따로 여는 등의 모습을 볼 수 있었고, 이에 대해 연구자들은 '마더센터가 계속 마더센터로서 유지될 수 있을까?'하는 의문을 가질 수밖에 없었다. 현재로선 정말로 마더센터가 그 정체성을 잃어버릴지, 아니면 그런 걱정은 기우에 불과하고 계속해서 새로운 활동을 하면서도 스스로의 정체성을 유지해나가는 새로운 운영모델이 될지는 판단하기가 어려울 것이다.

한편, 현재 20대 국회에선 김종훈 의원이 대표발의하고 심상정, 홍의표, 노웅래, 김종대, 윤소하, 이정미, 추혜선, 우원식, 이용호 의원이 발의에 함께 참여한 「영유아보육법 일부 개정법률안」[6]이 상임위원회의 심사를 받고 있다. 입안된 법률안에 따르면 이번 발의는 "독일형 마더센터의 역할을 할 수 있는 '보호자지원센터'의 설치 및 운영을 현행법에 규정하여 영유아 보호자의 보육활동을 지원하고 건강한 양육환경을 제공"하기 위함이라고 하며, 현재 우리나라에서 자생적으로 운용되고 있는 독일형 마더센터의 사례로서 '행복마을마더센터'를 명시하고 있다. 그 구체적 내용은 〈그림 4〉와 같다.

'제9조의 3(보호자지원센터 설치·운영)' 중 ③과 ④는 본 연구가 문제제기하는 지점, 즉 '아래로부터의 필요에 의해 설립된 마더센터가 재정자립도를 확보하지 못해 정체성의 변화를 겪는 일'에 대한 여러 대안들의 근거가 될 수 있다. 마더센터가 본래의 취지를 잃지 않도록 재정적 부담을 관이 대신 지는 게 제도적으로 가능해지기 때문이다. 그러나 이는 관이 센터의 운영을 민간에 위탁한 채 재정적으로만 지원할 뿐 운영엔 관여하지 않는 다는 점이 전제가 되어야만 성립하는 하나의 가능성이다. 관에서 민간에 위탁하지 않으려 하거나, 위탁하더라도 세부시행령을 통해 관이 센터의 운영에 개입할 수 있는 여지가 확보될 경우 마더센터 본래의 설립취지와는 다른 양상으로 공간이 변해갈 수도 있기 때문이다.

어찌되었든 이번에 발의된 법률안은 분명 행복마을마더센터가 재정자립도를 확보할 수 있는 하나의 가능성을 제시했다. 이를 통해 아래로부터의 필요에 의해 설립된 행복마을마더센터가 본연의 취지를 유지할 수 있게 됨으로써 사회에 긍정적 결과를 가져오게 된다면, 이는 단순히 육아 문제가 아닌 다양한 사회적 문제들에 대한 아래로부터의 해결과 위로부터의 지원이 맞물리는 형태, 즉 '시민정치적 해결과 관의 지원'에서 성공적 모델로 평가받을 수 있을 것이다. 이 법률안이 국회에서 통과될지, 통과된다면 행복마을마더센터는 운영에서의 자율성을 확보할 수 있을지, 행복마을마더센터가 이를 통해 그 설립취지대로 공간을 운영

---

6. 「영유아보육법 일부 개정법률안」. 김종훈 민중당 의원 대표발의. 의안번호 17064. 발의연원일 2018.12.5. 출처: 국회의안정보시스템.

```
법률 제      호

              영유아보육법 일부개정법률안


영유아보육법 일부를 다음과 같이 개정한다.

제1장에 제9조의3을 다음과 같이 신설한다.

제9조의3(보호자지원센터 설치·운영) ① 시·도지사 및 시장·군수·구청
  장은 영유아 보호자의 보육활동과 자기개발 등을 지원하기 위하여
  보호자지원센터를 설치·운영할 수 있다.

  ② 제1항에 따른 보호자지원센터(이하 "보호자지원센터"라 한다)는
  다음 각 호의 사업을 수행한다.

  1. 보호자와 영유아를 위한 휴식·보육 공간 제공

  2. 보호자의 정서적 안정과 자기개발을 지원하는 사업

  3. 보호자 간 활발한 교류와 소통을 지원하는 사업

  4. 지역사회 내 다양한 육아공동체의 형성 및 운영을 지원하는 사업

  5. 그 밖에 보호자 보육활동 지원을 위하여 필요한 사업

  ③ 시·도지사 및 시장·군수·구청장은 보호자지원센터의 설치·운영을
  대통령령으로 정하는 바에 따라 법인 또는 단체에 위탁할 수 있다.

  ④ 국가와 지방자치단체는 보호자지원센터의 설치·운영에 필요한 경
  비의 전부 또는 일부를 지원할 수 있다.

  ⑤ 보호자지원센터의 설치·운영 및 위탁 등에 필요한 세부사항은 보
  건복지부령으로 정한다.


                        - 3 -
```

〈그림 4〉 영유아보육법 일부 개정법률안

해 나갈 수 있게 된다면 '시민정치 사례'라는 측면에서 유의미한 성과를 낼 수 있을지 앞으로의 귀추가 주목된다.

참고문헌

권민정. 2018.02.28. "풀뿌리 공동육아 어때요-관악구 행복마을 마더센터." 『서울마을이야기』 vol 62호, http://www.seoulmaeul.org/programs/user/board/webzin/webzin_read.asp?index_pageno=&idx=935&cover_idx=&searchVal=&pageno=1&category=.

김영선. 2013. "마을 인문학과 여성주의." 『사회와 철학』.

박신연숙. 2007. "유럽의 '돌봄과 교육' 주민조직현장을 찾아서 - 독일의 마더센터를 중심으로." 《지역의 호혜망과 살림운동 공부모임》 참고자료. 모심과살림연구소.

양선아. 2017.08.25. "엄마들의 '비빌 언덕' 공동체 육아·취미·소통 맞춤형으로." 『한겨레신문』, http://www.hani.co.kr/arti/society/society_general/808279.html.

이선미. 2017. "춘천여성협동조합 마더센터 조직화 사례 연구." 성공회대학교 NGO대학원.

장수정. 2012. "과천지역 공동체에 관한 연구: 돌봄 공동체 가능성과 여성주의적 함의를 중심으로." 『페미니즘 연구』.

제12장

주거지의 관광지화로 인한 갈등 양상
북촌 한옥마을의 주민정치를 중심으로

인류학과 선창희

정치외교학부 오원탁

〈연구활동 일지〉

날짜	활동 내용
2018년 9월 23일	① 한옥마을 첫 답사 ② 북촌 플래카드 확인
2018년 10월 2일	① 오민경 씨 면담 ② 북촌 문화센터 방문
2018년 10월 14일	① 오민경 씨 심층면담 ② 박윤지 씨 심층면담
2018년 10월 15일	① 북촌지킴이 3인 면담 및 참여관찰 ② 금정헌 방문 및 참여관찰
2018년 10월 27일	① 금정헌 주영진 씨 심층면담 ② 공공한옥 프로그램 중 '북촌 공정여행' 참여관찰
2018년 11월 6일	① 종로구 의회 윤종복 의원 심층면담
2018년 11월 13일	① 지구단위계획 재정비 1구역 주민대표 박지석 씨 심층면담
2018년 11월 19일	① 서울시립대학교 신인호 교수님 면담
2018년 11월 29일	① 오민경 씨 추가면담 ② 금정헌 오명찬 씨 면담
2018년 11월 30일	① 서울시 의회 남재경 전 의원 전화면담
2018년 12월 14일	① 지구단위계획 재정비 1구역 주민대표 김혜영 씨 전화면담

본고는 북촌 한옥마을의 정체성을 중심으로 주민 정치와 그 갈등 양상을 살펴봤다. 전통주거지역으로서 '양반 마을'의 문화를 지켜 온 북촌 한옥마을이 걷잡을 수 없이 관광지화되면서 주거 환경과 마을의 성격이 근본적으로 변화했다. 북촌 중에서도 관광객의 피해가 극심한 북촌로 11길 일대는 주거지의 기능을 많이 상실했고 결과적으로 남아있는 한옥 거주 주민들이 적다. 그럼에도 불구하고 북촌 지구단위계획의 수정을 통해 오버투어리즘의 피해에 대한 보상 및 재산권 보장을 요구하는 자발적인 주민 정치의 움직임이 꾸준히 존재했다. 이런 움직임의 일환으로서 2018년 최초로 비영리법인 '북촌한옥마을운영위원회'가 창설되지만, 마을 내부의 다층적이고 정치적인 갈등에 의해 공식적인 활동이 중단됐다. 관광 문제보다 건축물 용도와 규격을 규제하는 지구단위계획 재정비 사업을 우선시 하는 민관협의체 참가자들과의 대립, 주택을 소유하고 있지 않은 세입자와의 어긋남 등 불편한 관계가 혼재한다. 또한 행정 당국의 일방적인 소통 방식과 거주민들의 요구에 대한 수동적인 태도는 주민들에게 의도된 무관심으로 여겨지며 또 다른 갈등을 낳았다.

I. 서론

1. 연구 배경 및 목적

"서울시는 주인, 북촌 주민은 노예"

2018년 4월을 기점으로 북촌에 여러 플래카드들이 붙었다. 전통을 지키며 행복한 삶을 추구해오던 서울시 종로구 가회동 북촌 한옥마을 사람들이 비영리법인 '북촌한옥마을운영위원회'를 결성하고 거리에 나서기 시작한 것이다. 예로부터 경복궁과 창덕궁, 종묘사이에 위치하고 풍수 지리적으로 좋은 환경을 갖추고 있다고 평가받아 권문세가들의 주거지로 널리 알려져 있는 북촌인데, 왜 주민들은 스스로를 노예로 지칭한 것일까.

북촌은 행정적으로 가회동과 삼청동, 그리고 재동, 안국동, 계동 등 11개의 법정동을 포괄하는 지역이다. 일반인들이 주거하지 않던 북촌 일대가 집단 거주 지역으로 변한 것은 1930년대였다. 일제강점기의 시기에 인구의 밀집으로 인한 주택난을 해결하기 위해 집단 주거 단지 개발이 시행됐고 중소규모의 한옥 집단 지구가 일반인들에게 분양되면서 현재 한옥들이 밀집돼있는 가회동 11번지와 31번지, 삼청동 35번지, 계동 135번지의 한옥주거지들이 형성되었다. 그러던 도중 1960년대를 지나 1990년대에는 다세대가구 주택이 급속도로 들어서면서 다수의 한옥이 사라지는 시기를 겪었지만, 2002년 북촌 가꾸기 사업으로 가회동 일대 노후된 한옥들이 본격적으로 정비되고 관리되며 오늘날의 면모를 갖추게 됐다.

그런데 문제는 북촌 한옥마을은 전통주거지역이라는 법적 지위를 가지고 있음에도 불구하고, 한 달에 30만 명이 넘는 관광객들을 수용하고 있다는 사실이다. 2008년 '북촌8경'이라는 포토 스팟이 조성되고 같은 해에 북촌문화센터가 개관하였다. 게다가 이런 사실이 2012년 2월 KBS의 인기 프로그램 〈1박2일〉을 통해 널리 알려지는 등 북촌은 큰 관심을 받았다. 서울시 또한 2018년 2000만 외래 관광객 서울 유치를 목표로 북촌로11길을 지나는 북촌 한옥마을코스를 서울

도보해설관광코스로 운영하는 등 북촌의 관광지화를 긍정적으로 평가하고 있다. 이러한 정책으로 인해 2010년대 북촌의 관광지화는 본격화되었으며, 방한 외래 관광객의 북촌 한옥마을 방문율은 2012년 9.1%에서 꾸준히 증가하여 2015년 13.6%의 방문율을 보이고 있다.[1]

북촌 주민들이 집회를 시작하게 된 것 또한 이 때문이다. "주거지인 북촌11길 주민의 사생활을 보호하라", "새벽부터 오는 관광객 주민은 쉬고 싶다", "우리 집은 관광객의 쓰레기통이 아니다" 등 플래카드 문구에서 볼 수 있듯이, 북촌 한옥마을에서 보이는 뚜렷한 갈등 양상은 다양한 관광객들과 이들로 인해 삶의 질이 낮아진 주거민들 사이에서 나타나고 있다. 구체적으로 관광객들에 의한 소음, 흡연, 주거지 무단촬영, 폐기물 투기, 노상방뇨, 관광버스 매연 등의 피해가 한옥마을 주민의 사생활과 정주권, 그리고 행복추구권을 심대하게 침해하고 있다는 것이 북촌한옥마을운영위원회의 설명이다.

이는 최근 관광산업의 활성화에 따라 나타나는 오버투어리즘(overtourism), 혹은 투어리스티피케이션(touristification) 현상의 실제 사례라 할 수 있다. 관광개발과 관광산업 활성화는 외부 관광객들이 활발히 유입되어 지역 경제의 활성화 및 일자리 창출, 지역의 편의시설 확보와 같은 긍정적 효과를 창출하지만, 관광산업의 지속적 발전과정에서 관광객 문화(tourist culture)가 거주민 문화(host culture)를 침범하면서 거주민들이 지역 경제 및 생활환경의 불편함 때문에 밖으로 내몰리는 양상을 투어리스티피케이션이라 지칭한다.[2] 관광지가 수용할 수 있는 수준을 넘은 지나치게 많은 관광객의 유입으로 발생하는 다양한 부작용을 지칭하는 개념이다.

하지만 아직까지 한국 학계의 학문적 관심은 크게 부족한 실정이다. 현존하는 연구들을 살펴보면, 대부분 투어리스티피케이션의 어원인 젠트리피케이션(gentrification) 현상에 주목하여 지역학이나 도시계획, 그리고 사회학 측면에서

---

1. 종로구. 2017. "주거지역관광명소 주민피해 실태조사." p.13.
2. *Ibid*. p.32.

의 주거 혹은 상업 젠트리피케이션 현상을 다루고 있다.[3] 관광학의 경우 젠트리피케이션 현상이 도시 관광 현상에 미치는 영향을 관광객의 입장에서 살펴보고 있다.[4]

한편 투어리스티피케이션을 사례에 적용하여 살펴본 논문들 역시 일정한 한계를 보였다. 우은주·김영국·남장현은 이화동 벽화마을과 북촌 한옥마을에 거주민을 대상으로 정형화된 심층 인터뷰를 통해 투어리스티피케이션 현상이 지역주민의 삶에 어떤 영향을 미치는지,[5] 이영아·박지원은 대구 수성못 일대에서 투어리스티피케이션에 대비하는 정책이 어떻게 추진되었는지를 연구하였다.[6] 그러나 두 연구 역시 일정한 틀을 만들어 갈등 양상을 정형화하고자 하였다. 그러다보니 투어리스티피케이션 현상을 지역주민 입장에서 온전히 담아내지 못하였던 것으로 판단된다.

이에 본고는 국내외 학계가 오버투어리즘 현상을 어떻게 규정하고 있는지 파악하고, 이를 근거로 종로구 북촌 한옥마을의 실태를 진단해 보고자 한다. 구체적으로 민족지적 연구방법을 통해 투어리스티피케이션과 거주민들의 삶의 관계가 어떠한지, 기존에 실행 중인 제도적인 장치는 무엇이며 이것이 효과적으로 작동하는지 검토한 후, 시민 정치의 차원에서 여기에 대응하는 북촌 주민들의 활동에서 그들의 정체성과 목소리를 포착해내고자 한다. 이를 효과적으로 드러내고자 2절에서 북촌의 갈등 양상을 포착하고, 3절에서는 분석을 진행할 것이다.

---

3.   김걸. 2007. "서울시 젠트리피케이션의 발생원인과 설명요인." 「한국도시지리학회지」 10(1). pp.37~49; 김봉원·권니아·길지혜. 2010. "삼청동길의 젠트리피케이션 현상에 대한 상업화 특성 분석." 「한국지역경제연구」 15. pp.83~102.
4.   박시원. 2015. "도시관광요소의 중요도-만족도 분석(IPA): 이태원-경리단길을 중심으로." 「국제지역연구」 19(4). pp.287~305; 박시원. 2016. "문화주도적 젠트리피케이션 지역의 도시관광자원과 만족도, 재방문의도, 추천의도 간 인과관계에 관한 연구, 관광동기의 정도에 따른 차이 고찰." 「관광경영연구」 20(2). pp.135~157.
5.   우은주·김영국·남장현. 2017. "투어리스트피케이션 현상이 지역주민의 삶에 미치는 영향에 대한 정성적 연구." 「관광레저연구」 29(11). pp.417~436.
6.   이영아·박치완. 2017. "투어리스티피케이션의 성공적 대처를 통한 도시 활성화 연구: 대구 수성못 일대의 관광지 사업화를 중심으로." 글로벌문화콘텐츠학회 학술대회. pp.155~158.

2. 연구 대상

북촌 한옥마을에는 확고한 지역 정체성을 공유하고 있는 주민들의 모임인 북촌한옥마을운영위원회가 존재하고 민관 사이의 소통 창구인 민관협의체가 운영 중에 있으므로, 북촌은 연구 주제를 탐구하기에 적합한 현장이다. 오랫동안 유지된 마을의 장소적 정체성이 투어리스티피케이션에 의해 어떻게 위협받고 있는지 시민들의 차원에서 살펴보는 데 의의가 있다.

이에 본 연구자들은 연구를 시작하기 전 ① 북촌 한옥마을 주민, ② 종로구나 서울시 행정기관, ③ 관광객으로 주 연구 대상을 포괄적으로 선정하였다. 이는 연구를 유연하게 진행하기 위함이었는데, 연구를 진행하며 ① 북촌에 오래 거주한 주민, ② 북촌에 짧게 거주한 주민, ③ 북촌한옥마을운영위원회 회원, ④ 북촌 지킴이 활동가, ⑤ 종로구와 서울시 소속 공무원, ⑥ 북촌 지구단위계획 민관협의체 참여 주민 대표 등 다양한 사람들로 연구 대상을 구체화하였다. 따라서 본고에 등장하는 인명은 실제 인물들을 지칭하나, 참여자 보호를 위해 공인(公人)을 제외하고는 모두 가명을 사용했다.

다만 논의의 명확성을 위해 '북촌 한옥마을 주민'을 상기한 법정동에 거주하는 사람들로 포괄하지 않고, 2010년에 발표된 지구단위계획상 북촌 1, 2구역에 거주하는 주민들이라 정의한다. 이는 지구단위계획상 북촌 1, 2구역이 다른 지역에 비해 한옥이 잘 보존되어 있어 관광객들이 가장 많이 찾는 동시에 행정당국으로부터 많은 규제를 받고 있는 곳이기 때문이다. 실제로 북촌한옥마을운영위원회를 통해 목소리를 내고 있는 대다수의 회원들 또한 북촌 1, 2구역에 거주하고 있었다.

3. 연구 질문 및 방법

본고는 북촌 한옥마을을 연구함에 있어 다음 두 개의 커다란 질문을 던진다.

① "북촌 주민들에게 북촌 지역은 어떠한 의미를 부여하는 공간인가?"
② "상이한 갈등 유발 요인이 무엇이며, 관(官)은 효과적으로 대응하였는가?"

본고는 첫째 질문을 통해 북촌 주민들이 지역에 어떤 의미를 부여하고 있는지, 의미 형성에 영향을 미치는 요인이 무엇이며, 해당 요인이 투어리스티피케이션으로 인해 파괴되지 않았는지 살핀다. 좀 더 구체적으로는 관광객들의 방문이 북촌에 어떤 영향을 미치고 있다고 생각하는지, 그리고 이것이 북촌의 정체성을 해친다면 어떤 측면에서 그러한지 확인하고자 하였다. 이를 위해 심층면담을 진행하기 전, 북촌지킴이 활동에 대한 참여관찰에 충분한 시간을 들여 지킴이들과 라포를 형성하였다. 또한 몇몇 관광객들과의 대화 및 상호작용을 통해 본 문제에 대한 통찰력을 우선적으로 얻고자 하였다. 이후 북촌에 거주하는 주민들이나 북촌 관련 사업을 오랜 기간 진행해 오신 관계자분들과 심층 면담을 진행하였다.

둘째 질문은 투어리스티피케이션이 단순히 관광객과 거주민 사이의 표면적인 갈등만 유발하기보다 민(民)과 관(官), 거주민과 관광객, 그리고 거주민과 거주민 사이에 복합적인 갈등을 내재하고 있는 잠재태가 아닐까 하는 의문에서 설정되었다. 특히 올해 초 북촌한옥마을운영위원회를 중심으로 직접 민주주의적인 움직임이 촉발되었다는 것을 상기해 보면, 어떤 요인이 2018년에 들어 시민 정치에 대한 요구와 행동을 증폭시켰는지 궁금해진다. 이런 이유로 본고는 서울시와 종로구가 진행 중인 '북촌지킴이' 활동이나 '서울시 8개 관광개선안 토론회' 등 민관(民官) 합작 활동을 중심으로 살피며, 이들 간의 소통이 효과적으로 이루어졌는지, 의견 차이는 어떻게 조율되고 있는지 등에 대해 연구하였다. 구체적으로 북촌한옥마을운영위원회 회원들과도 심층 면담을 진행하거나 이들의 활동에 직접 참여하면서 행정기관에 대한 민(民)의 견해를 살폈고, 반대로 종로구·서울시 의회 의원 등 행정기관 공무원과의 심층 면담을 진행하거나 여러 공문서들을 들여다봄으로써 북촌 한옥마을에 대한 관(官)의 인식을 엿보았다.

종합해 보면 본고는 참여관찰법, 면담법, 그리고 문헌연구법의 방법으로 앞서 언급한 두 개의 대질문에 대한 답을 구하고자 하였다. 자세한 연구 일정과 방법은 첫 장의 〈연구 활동일지〉와 같다.

II. 북촌 한옥마을의 갈등 양상

북촌 내에서도 잘 보존된 한옥이 가장 밀집해 있는 북촌로 11길 일대는 골목을 가운데 두고 양쪽으로 처마가 처마를 맞대고 기와지붕이 즐비한 절경을 볼 수 있는 국내 유일한 장소다. 북촌 4, 5, 6, 7경을 보유하고 있는 곳으로서 북촌 지구단위계획에서도 한옥이 가장 밀집한 북촌1구역에 해당한다.

그래서 관광객이 넘쳐난다. 하루 평균 유입 관광객 수가 8천 명에 이르지만 이들의 공통된 주목적은 사진 촬영이다. 북촌로 11길 일대는 기본적으로 정주지이기 때문에 음식점이 있는 것도 아니고 카페와 게스트하우스도 아주 드물게 있다. 이곳을 방문하는 관광객은 거의 대부분 삼청동에서 돈미약국으로 혹은 돈미약국에서 삼청동으로 북촌 11길 일대를 통과해 지나가는 유동 인구이다. 이곳을 걸어 통과하며 한옥이 즐비한 골목과 한옥 앞에서 본인의 모습을 사진으로 남기는 것이다.

사진을 찍다보면 욕심이 생기기 마련이다. 마을에서도 높은 곳으로 올라가다 보면 기와지붕들 사이로 서울 시내가 한눈에 보인다. 더 높이 카메라를 들기 위해 잠시 남의 집 대문 앞 계단 위로 올라서다가 발을 잘못 헛디뎌 화분을 깨고 만다. 너무나 쉽게 상상이 되지 않는가? 사진을 찍기 위해 담을 기웃대는 관광객들, 친구들과 가족과 깔깔대며 재밌는 포즈를 취하는 관광객들이 하루에 약 8천 명이다. 멀리서 보는 북촌 한옥마을은 고즈넉한 양반의 마을에 관광객의 대량 유입으로 인해 무질서가 유발되고 있는 모습이다.

1. 북촌을 지키지 못하는 북촌지킴이

오버투어리즘은 북촌 한옥마을에 다양한 방식으로 악영향을 미치고 있다. 우선 관광객에 의한 직접적인 주거 환경 악화의 측면이 있다. 관광객으로 인한 소음, 매연, 쓰레기가 문제의 핵심이다.

북촌 5경으로 올라가기 직전에 위치한 집에 거주하고 있는 오민경 씨는 관광객이 만드는 소음에 대해 "중학교 쉬는 시간 복도에서 나는 소리"와 맞먹는다며 생활 공해의 심각성을 지적했다. 북촌 5경과 6경 사이 골목의 집에 거주하고 있는 주민 박윤지 씨는 아침이면 관광객들의 소음을 알림 삼아 기상을 한다고 했다. 삶의 질이 저하하자 그는 대문 앞에 '조용히 해 달라'는 문구의 표지를 게시했지만 지나가는 누군가가 "It's your problem"이라는 낙서로 대꾸했다. 한옥마을은 걷는 것 밖에 달리할 수 있는 것이 없으니 관광객들은 길을 걷다 지치면 누군가의 대문 앞 계단에 걸터앉아 휴식을 취하고, 휴지통이 보이지 않아 좁은 골목에 쓰레기를 투기하며, 화장실을 찾을 수 없을 때에는 열려 있는 어느 집 대문 안쪽에 대변을 보기도 한다. 북촌 5경 밑에서 금정헌 카페를 운영하는 주영진 씨는 거주지 내부에 관광객이 대변을 놓고 가는 사례를 두 번이나 경험했다.

매연도 심각한 문제다. 돈미약국 정류장은 마을버스 정류장인데 그곳에 주차

〈그림 1〉 수도계량기 속 쓰레기　　〈그림 2〉 좁은 골목을 막고 있는 관광객　　〈그림 3〉 관광버스로 인해 도로 가운데에 선 마을버스

를 하는 대형 관광버스 때문에 주민들은 교통 생활의 불편함과 더불어 매연의 피해까지 보고 있다. 또한 관광객은 많고 마을 내부 도로는 좁기 때문에 주민들의 차량이 이동하기가 불편하고 주차 문제는 끊이지 않는다. 오민경 씨는 자기 집 앞에 주차했음에도 불구하고 통행을 막았다는 이유로 관광객이 신고하여 행정 딱지를 받은 바 있다. 이런 연유에서인지 그녀의 남편은 월 19만 원의 이용료를 내고 안국역 부근 현대 가옥 주차장을 이용하고 있다.

> "(자동차) 하나는 차고에 세우고, 우리 남편은 안국역 쪽에다 세워. 안국역까지 갈래면 차말고 지하철 타는 게 어떻겠냐고 이야기하지. 여튼 그런데 그것도 한 달 이용료가 19만 원이야. 거주자 우선이 안 되니까. 거주자 우선도 모자란다네."
>
> – 오민경 씨(10월 14일 16시)

게다가 오버투어리즘은 투어리스티피케이션의 문제로 확장돼 마을을 근본적으로 변화시켰다. 관광 산업에 의한 젠트리피케이션의 결과로 집값이나 임대료가 상승하며 세탁소나 목욕탕, 미용실 등 주민들이 필요한 편의시설은 사라졌다. 좋은 주거 환경을 만드는 편의시설은 사라지고 그 자리에 관광객들을 대상으로 하는 카페와 한복 대여소, 잡다한 점포들이 들어섰다. 주민들은 편의시설을 잃어버린 것이 불편하지만 북촌 한옥마을의 성격을 변화시키는 관광 산업의 침투에 대한 불만과 염려도 크다.

2010년을 기점으로 오버투어리즘에 의한 주민 피해가 극심해졌다. '더 이상 사람이 살 수가 없는 동네'가 된 것이다. 북촌 5경과 6경이 이어지는 골목은 하나 둘 빈집이 되어 간다. 재동 초등학교의 학급 수는 나날이 줄어들어 폐교 논의가 진행되고 있으며, 남아 있는 사람들은 대부분 아주 오래 전부터 이곳에서 살아 온 장년층과 노인들뿐이라 마을이 활력을 잃어가고 있다.[7] 그런데 바로 이들이 지

---

7. 김일규. 2011.2.6. "국내 1호 초등학교 교동초 폐교 위기." 『한경속보』. http://news.hankyung.com/article/201102060810i?nv=o 참고(2019년 1월 3일 접속).

난 4월부터 주민 집회를 시작했다. "주거지인 북촌 11길 주민의 사생활을 보호하라", "우리 집은 관광객의 쓰레기통이 아니다" 등의 문구를 인쇄한 플래카드를 마을 곳곳에 게시했고 매주 토요일이면 돈미약국 앞에서 집회를 했다. 주최는 북촌 1구역과 2구역의 주민들로 구성된 북촌한옥마을운영위원회 마을 협의체이다.

그렇게 집회가 약 5개월 정도 지속된 결과, 지난 9월 종로구는 대응책으로 '북촌지킴이'를 소개했다. 노란색 모자와 조끼를 입고 '쉿! 조용히 해주세요'가 적힌 팻말을 든 종로구 주민들로서 이들은 관광객 계도를 목적으로 고용되었고, 관광객들은 북촌지킴이들과 그들의 팻말을 의식해 목소리 크기를 조금 낮추는 눈치이다. 하지만 정작 북촌 1구역 주민들의 반응은 탐탁지 않다. 오민경 씨에 의하면, 그 전에 있던 빨간 옷의 관광 안내원과 "옷 색깔만 다르지 똑같다"는 것이다. 실제로 종로구에 뒤이어 서울시가 고용한 '북촌지킴이'는 같은 노란색 유니폼을 입고 같은 팻말을 들고 있지만 사실 이들은 관광객 계도에 더해 관광객 안내의 목적으로 교육된 후 파견됐다. 북촌 1구역 주민들이 북촌지킴이들로 인해 소음이 줄었다는 것을 부정하는 것은 아니다. 다만 관광객 소음 해결이 오버투어리즘의 근본적인 해결책이 아닌 것이다.

북촌지킴이는 왜 북촌을 지키지 못하는 것일까? 북촌지킴이는 주민들은 뒷전으로 관광객 유치를 우선시하는 한편, 주민들을 어르고 달래는 정부의 태도를 잘 보여주는 가시적 상징에 불과하다. 이는 아주 효과적이어서 외부인에게는 북촌 한옥마을에서 주민과 관광객이 대치하는 상황에 정부가 적절하게 개입해 제 몫을 하고 있다는 인상을 주지만 주민들을 비롯해 그 내막을 아는 이들에게는 오히려 화를 돋우고, 혹은 한숨을 쉬게 만들 뿐이다. 한옥마을 주민들의 분노 기저에는 관광객들에 의한 피해 보다 더 복잡한 층위의 원인이 자리하고 있다. 북촌지킴이들의 '쉿! 조용히 해주세요'라는 팻말은 관광객을 향하고 있지만 언뜻 '할 말 많은' 주민들을 잠시 잠재우려는 정부의 손짓 같다.

2. 지구단위계획 재정비 사업

언론은 미디어를 통해 평면적인 프레임으로 북촌 한옥마을의 집회와 오버투어리즘 문제를 보도했다. 북촌을 방문하는 몇몇 관광객들이 몰상식한 사람들로 그려졌고, 주민들은 단순히 관광객들의 진입에 전면 반대하는 이기적인 사람들로 비춰졌다. 이러한 이분법적 프레임은 나아가 행정기관으로 하여금 주민들을 위한 편의 시설 부족, 젠트리피케이션, 북촌의 상업화 등 주민들이 불편을 느끼는 여러 문제들은 배제한 채 단순히 관광객으로 인한 소음 차단의 문제에만 집중하게 만들었다. 하지만 문제의 핵심엔 북촌 지구단위계획이 있다.

북촌 지구단위계획이란 북촌 일대를 부지 용도와 건물 높이 계획에 따라 지구로 구획을 나눠 놓은 것을 말한다. 이는 2010년에 결정된 이후부터 법적 효력이 발생했다. 한옥마을에서 가장 많은 관광객들이 사진을 찍고 지나치며 주민들에게 피해를 주는 구역은 북촌1구역이다. 이곳은 2구역이나 3구역, 여타 구역과 다르게 온전히 주거지역으로서 어떠한 영리 목적의 상업이 불가하다.

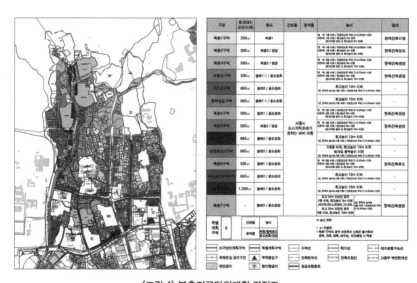

〈그림 4〉 북촌지구단위계획 결정도

출처: 서울시. 2010. "북촌 제1종지구단위계획." p.2.

구체적으로 건축법상 단독주택과 제1종 근린생활시설, 다시 말해 공공도서관과 지역자치센터 마을회관, 지역아동센터구역으로 용도가 분류되는 건물만 허가된다. 이때 단독주택에 대해서 전통공방, 한옥전통체험시설 등 공익 목적의 용도는 추가적으로 허용하고 있으나 기본적으로 거주의 목적 외에 다른 용도로 사용하지 않아야 한다고 명시하고 있다. 또한 높이 계획에 따르면 북촌1구역에서 비한옥의 신축은 일절 금지돼있으며 한옥의 경우 1층 이하로 높이를 제한해 2층 증축을 금하고 있다. 북촌2구역도 한옥의 경우 2층 증축이 금지돼 있지만 비한옥의 신축은 허용되며, 북촌3구역 한옥은 높이 제한이 2층으로 명시돼 있다. 이런 식으로 한옥 밀집도가 낮은 구역일수록 높이 계획이 엄격하지 않으며 건축물 허용 용도가 다양하다. 2구역, 3구역, 5구역의 경우 특징적으로 300m² 미만의 휴게 음식점 운영을 허용하고 있다. 단, 전시장과 함께 설치하는 경우에만 운영이 가능하며 전시장 연면적의 20% 이하여야 하고 바닥면적 합계는 100m² 이하여야 함을 명시하고 있다. 사소한 것으로 보이지만 이는 상업 활동을 허가하는 것으로써 북촌 1구역과 그에 인접한 2구역을 구분하는 중요한 지점이다.[8]

　　2015년에 가회동 사무소 앞에 글이 하나 게시됐다. 서울시 의회 남재경 전 의원의 인터넷 블로그에서 이를 사진 자료로 확인할 수 있다. '북촌을 살려주세요'라는 제목의 글이었는데 북촌지구단위계획재정비 비상대책위원회(이하 비대위)가 게시했다. 글에서 비대위는 "서울시는 북촌을 주거전용지역으로 묶는 지구단위계획을 시행하여 북촌 주민들이 몰려드는 관광객을 상대로 무언가를 할 기회마저도 박탈하고 있습니다"라며 다섯 가지 핵심 사항을 요구하고 있다. 첫째, 주민들의 의견을 적극 반영한 지구단위계획 해제 추진, 둘째, 북촌 정주권 회복 종합정책 수립, 셋째, 한옥 인센티브 강화, 넷째, 북촌 정체성을 살린 교육 특구 운영, 다섯째, 공공한옥의 투명한 고시 공고 및 운영이다. 당시 비대위는 가회동 31번지 일대, 다시 말해 북촌로 11길 일대의 1구역과 2구역의 144가구로 구성된 주

8.　서울시. 2010. "지구단위계획 시행지침." 『북촌 제1종지구단위계획 결정』. pp.84-101.

민 모임이었다. 이때 주민들이 주장한 것과 현재 주민들이 주장하는 것이 크게 다르지 않다.

이 지구단위계획이 2010년 발표 및 실행되기 전 대부분의 주민들은 그 수립 과정에 대해 몰랐다. 서울시는 지구단위계획 수립단계에서 도시설계 관련 전문가 집단에게 자문을 구하고 민간업체에게 용역을 맡기는 한편, 북촌의 주민들 몇 명을 주민협의체로 꾸려 그들을 주민 대표로 여기고 그들과 복수의 회의를 했다. 서울시 의회 남재경 전 의원은 당시 상황에 대해 다음과 같이 설명했다. "2010년 서울시에서 시민단체하고 주민 이렇게 몇 분, 해서 일방적으로 구성했죠. … 서울시의 정책을 이끌어가기 위한 단체를 만든 거예요. 주민들이 그걸 인정 안 하고 서울시하고 협의를 하고 있는 것이죠." 일정 기간이 지나면 지구단위계획은 재정비를 해야 하기 때문에 현재 2010년 북촌 지구단위계획에 대한 재정비 사업이 진행 중이다. 그가 말한 '협의'는 바로 지구단위계획 재정비 사업을 지칭한다.

북촌 지구단위계획 재정비 사업은 약 1년의 사전 준비 기간 이후 2017년 2월 본격적으로 시작됐다. 서울시는 참여하는 주민협의체 구성원들에게 배포한 '북촌 지구단위계획 재정비 수립용역 [제4차 민관협의체]' 보고서에서 사업 추진 경위가 "적극적인 주민참여를 통해 주민자치 역량 강화와 지속적인 의사소통의 장 마련"임을 밝히고 있다.[9] 사전 준비 기간에 행정 기관과 우편 발송을 통해 주민들에게 사업을 홍보했다. 현재 주민협의체에서 북촌 1구역 주민 대표로 활동하고 있는 박지석 씨는 지구단위계획 재정비 사업에 대한 공지 및 주민협의체와의 회의를 공지하는 등기 우편을 받고 지구단위계획에 대해 알게 됐다. 그는 2010 북촌 지구단위 계획 수립 상황을 '엔테베 기습 작전'에 비유했다. 당시 몇 명의 주민 대표들 이외에 이에 대해 알고 있는 주민들이 거의 없었기 때문에 "아무것도 모르고 있다 당한 것"이라는 이유에서다. 하지만 현재 재정비 사업 진행에서 서울시가 주민협의체를 구성한 방식에 대해서는 "과정에 상당히 신경을 썼다"며 주

---

9.   서울시. 2018.6.29. "북촌 지구단위계획 재정비 수립용역[제4차 민관협의체]." p.3.

시민정치의 문화기술지

민 대표의 대표성이 잘 보장된다고 평가했다.

재정비 사업 진행 전 사전 회의가 다섯 번 있었는데 세 번 이상을 참가한 주민들은 주민협의체 대표가 될 수 있는 자격을 부여 받았다. 자격이 있는 주민들을 대상으로 각 구역에서는 저마다의 방법으로 대표를 선출했다. 이때 북촌 1구역과 2구역, 6구역 외 다른 구역들은 참여하는 주민들의 수가 많지 않기 때문에 통폐합해 총 다섯 개의 구역으로 협의체를 구성하고 있다.[10] 그런데 북촌 1구역의 주민 대표 3명이 모두 계동 1구역의 주민들이라는 점은 의미심장하다. 투어리즘의 피해가 가장 심한 북촌로 11길 일대의 1구역 주민은 누구도 대표로 활동하고 있지 않다. 오직 한 사람, 김혜영 씨가 민관협의체에서 '간사'로 활동하고 있다. 행정적인 직책이 주민 대표가 아니라 간사인 이유를 물으니 그는 주민 대표로 활동하기에는 충분한 여유가 나지 않았으나 민관협의체 참가 주민의 균형 있는 거주지 분포를 위해 행정당국과 타협했다고 설명했다.

> "지역의 시 의회와 구 의회가 주관해서 주민 대표, 민관협의체한테 모이라고
> 한 거예요. 결국 주민들끼리 또 회의를 하는 거예요. 이미 답은 나와 있는데. 6회
> 차인가 했거든요? 그냥 1회성이죠. 서울시가 답은 안 주고 주민들을 답답하고 시
> 의회 구의회에서는 어떻게든 또 다른 의견을 전달하기 위한 회의가 아닌가 그렇
> 게 생각하고 있어요."
>
> – 서울시 의회 남재경 전 의원(11월 30일 14시)

북촌 지구단위계획 재정비 사업은 2017년부터 민관협의체를 진행해왔으나 지난여름 공식적인 행정당국과의 회의를 마지막으로 진행이 더뎠다. 물론 그동안

---

10. 북촌 4구역과 5구역은 삼청동길 1, 2구역, 북촌길 및 진입가로 구역이 통합 삼청동으로서 하나의 협의체이고 북촌 3구역과 가회로, 계동길, 창덕궁길 구역이 통합 가회동으로서 하나의 협의체이다. 구역 별로 각기 다른 수의 대표들을 선출했다. 북촌 1구역은 3명의 주민 대표를 가지고 있고 그 중 한 명이 박지석 씨이다. 이렇게 구성된 민관협의체에서 각 구역마다 주장과 요구 사안을 발표하고 주체들 간 의견이 오고갔다.

주민들 사이에서의 회의는 꾸준히 있어왔다. 하지만 이에 대해 서울시 의회 남재경 전 의원은 회의적이었다. 가장 최근 서울시와 공식적인 모임이 있었던 것은 12월 13일 오후였다. 김혜영 씨는 "3-4개월 만에 모임을 했고, 곧 다시 모이자고 얘기가 오긴 오네요. 올해부터 내년 초에는 정리를 하지 않을까 싶어요"라며 재정비 사업을 전망했다.

<표 1> 지구단위계획 추진 경위

일시	주민 소통
2015년 12월 11일	주민 설명회(2회)
12월 16일	주민 간담회
2016년 4월 1일	주민 간담회(가회동)
5월 9일	설문조사(1차)
6월 30일	설문조사(2차)
2017년 1월 24일	착수보고 및 주민 설명회
2월 21일 ~ 3월 2일	주민협의체 관련 주민 설명회(3회)
6월 12일 ~ 6월 23일	사전협의체 구성
6월 24일 ~ 7월 22일	주민(사전) 워크숍(전체구역, 5회)
8월 2일 ~ 11월 10일	구역별 주민협의체(5개 구역, 44회)

출처: 서울시. op.cit. p.1.

III. 갈등 분석 및 평가

1. '양반 동네' 북촌과 '싸구려' 관광 산업

북촌 한옥마을의 오버투어리즘 문제는 주민들의 정체성 구성 방식의 측면에서 주목할 만하다. 주민들이 관광객과 정부에 의해서 정체성을 위협 받고 있거나 인정받지 못하기 때문에 분노가 증폭됐기 때문이다. 일차적으로 북촌의 주민들은 지역의 특수성에 기반을 두어 정체성을 형성하고 있는데, 그 특수성이란 바로 문

시민정치의 문화기술지

화 자본이다. 좀 더 엄밀하게 얘기하면, 과거 북촌이 가졌으나 상실한 문화 자본이다. 북촌에 오래 거주한 주민들이 이구동성으로 설명하는 북촌은 '고즈넉하고 품격 있는 양반 동네'이다. 주영진 씨는 "여기는 옛날에 양반들 살던 곳이었어요. 거기에 맞게 대우해 줘야 되지 않아요? 나는 그렇게 생각해요. 거기에 맞는 문화를 형성시켜야지"라며 북촌을 설명하기도 했다. 그리고 양반의 지위는 사라진 지 오래지만 양반과 같이 양질의 교육을 받고 높은 경제적 혹은 사회적 지위를 지닌 이들이 꽤나 많이 사는 동네라는 것이다. 명문 고등학교로 여겨지던 휘문고등학교, 경기고등학교, 경기여자고등학교, 숙명여자고등학교, 서울고등학교가 북촌에 위치했었기 때문에 분명 좋은 학군의, 살기 좋은 동네였다. 하지만 학교들이 모두 자리를 옮기고 아이들과 학부모들도 이사를 갔다. 한옥마을도 그렇게 사람이 사는 집이 줄어 조용한 동네가 됐고 남은 것은 '어느 집 누가 어디에 살았었다'는 말뿐이다.

　이차적으로 북촌 한옥마을의 주민들은 관광객들을 타자화하며 그들 자신의 정체성을 구성하고 있다. 주민들이 북촌과 오버투어리즘에 대한 이야기를 하며 공통적으로 자주 사용한 단어가 있는데, 바로 '싸구려'이다. 이는 관광객뿐만이 아니라 관광객을 대상으로 하는 잡다한 상업 활동을 싸잡아 일컫는 말로 사용되곤 했다. 예를 들어, 정부가 운영하는 공공한옥 프로그램 중 공정여행 가이드로 일하고 있는 신소희 씨는 북촌에 거주한지 18년차이다. 그는 투어 중 북촌문화센터 옆에 위치한, 1960년경 세워진 '최소아과' 병원의 건물을 가리키며 말했다. "이렇게 정감 있고 예쁜 건물에 원래 독특한 흰색 간판이 있었는데, 문을 닫은 후에는 이렇게 싸구려 옷집이 들어섰어요. 너무 안타깝지 않습니까?" 건물은 오래된 2층 붉은 벽돌 건물로 세월의 흔적이 느껴졌다. 그러나 과거에 있었다고 하는 흰색 간판은 보이지 않고 1층에는 홍대나 이대, 혹은 가로수길에서 흔히 볼 수 있는 의류 매장이 자리 잡고 있었다. 더군다나 이런 매장들이 주민들의 편의시설보다는 관광객 위주의 시설로 변한다는 것이 더 큰 문제이기도 하다. 지역 주민들을 위한 세탁소나 목욕탕이 사라지고 젠틀몬스터나 스타벅스와 같은 상업 매장이 자리를 대신하였다. 곧 임대료가 상승하고 마을의 변화는 더욱 급격해진다.

'싸구려'는 저질의 무언가를 지칭하는 말로서 비교가 전제된다. 북촌 한옥마을의 주민들은 '품격 있는' 동네에 어울리지 않는 관광 산업의 침투가 못마땅하지만 모든 관광객들에게 불만이 있는 것은 아니다. 관광객들 중에서도 중국인들과 인도네시아인들을 비롯한 동남아시아인들은 북촌 주민들에게 시민 의식이 부족한 관광객들로 비춰지고 있었다. 북촌지킴이의 전언에 따르면, 이들 중 대다수가 관광 도중에 큰 소리로 떠들거나 쓰레기를 버리는 등 성숙하지 않은 모습을 보였기 때문이다. 주민들은 이들과 싸구려 관광 산업이 북촌의 지역 정체성을 침해하고 주민들의 정체성을 위협한다고 여긴다. 그들의 입장에서는 이렇게 여기는 것이 자연스럽다. 주영진 씨는 "여기(북촌) 가치를 얼마나 잘 지킬 수 있는가 이게 가장 큰 문제이고, 우리나라 사람들도 여기를 잘 지킬 수 있게끔, 이렇게 싸구려 관광객을 집어넣지 않게끔 나름대로 조치를 해주는 게 좋은 게 아닌가 생각을 해요."라며 행정당국의 바람직한 태도에 대해 설명한다. 하지만 정부는 북촌 한옥마을을 관광지화 된 여느 정주지와 다름없이 치부하며 주민들의 지역 기반 정체성을 존중하지 않는 태도로 일관한다. 이는 민(民)과 관(官) 사이 갈등의 골이 깊은 이유 중 하나이다.

2. 처마를 맞대고 얽힌 불편한 이해관계

작은 한옥들이 처마에 처마를 맞대고 복작복작 모인 동네이지만 북촌로11길 일대는 관광객을 제외하면 비교적 조용한 동네이다. 특히 젊은 세대의 거주민들이 이사를 나가고 남아 있는 주민들은 노인들 또는 중장년층이기 때문이다. 김혜영 씨가 북촌 지구단위계획 재정비 사업에서 주민 대표가 아니라 간사로 활동하는 이유도 이 때문이다.

"아줌마가 살림하고 이러는데 이런 거 쫓아다니는 게 쉬운 일이 아니에요. 우리나라 사람들이 주민이 참여하고 하는 거 잘 안하잖아요? 워낙 어려움이 생기고 하니까 한 번 두 번 참여하다보니. 근데 대표로 나서기에는 시간이나 상황 제약이 있고, 나 몰라라 손을 떼기는 어렵고 하니까 책임이 좀 덜한, 내 생각에."

- 김혜영 씨(12월 14일 15시)

이처럼 시민 정치 참여율이 낮을 수밖에 없는 인구 특성을 지닌 북촌이지만 그럼에도 집회나 데모가 꾸준히 있어왔다. 2015년 비대위의 활동이 일례다. 북촌한옥마을운영위원회 회장 주영진 씨는 주민들의 자발적인 시위 및 집회가 여럿 있었다고 말한다. "이전에도 그 전전 해인가도 했었고. 맨 첫 회에는 내가 참여는 하지 않았지만 두 번째하고 세 번째 정도. 두 번째는 내가 그냥 참여하는 정도. 세 번째는 내가 주도하는 거였어요"라며 회상했다.

성격이 상이한 두 주민 단체, 재정비사업의 민관협의체 북촌 1구역 주민대표들과 한옥마을운영위원회는 필연적으로 대립한다. 오민경 씨는 이 대립이 북촌 일대 주민들 사이에 혼재해 북촌의 문제에 복합성을 더한다고 설명한다.

"금정헌에 계신 분들(한옥마을운영위원회 구성원들)이 민관협의체와 연관시키는 것을 굉장히 싫어했었어. 시위하고 그럴 때, 민관협의체하고는 별개로 진행하자고 했는데, 한 마을에서 또 그렇게만 되지는 않잖아. 우리 동네가 아무것도 못하고 있는 게, 말하자면 북촌 운영위원회와 민관협의체의 목적이 전혀 다르기 때문에 … 거의 혼동이 되어 있어. 관광객 얘기를 할 때는 관광객 때문에 불편하고, 용도변경 얘기를 할 때는 용도변경도 필요하다는 거고. 금정헌과 민관협의체는 양쪽 방향이라고 할 수 있어. 내가 중간에서 왔다 갔다 하다가 힘들어서 이제 안 해. 양 집단이 다른 것은 어디에다가 초점을 맞추냐, 라고 생각할 수 있지. … 이 사람(주영진 씨)은 김혜영 씨랑 직접 얘기를 안 하려고 그래. 자꾸 나한테만 와. 그래서 내가 양쪽에 말을 전하다가 어느 날 같이 모여서 얘기했는데, 한분이 왜 그런 자리를 마련했냐고 그러더라고. 그래서 한번 이야기를 해야 하는 관계지, 서로 안하면 안 되는 거 아니냐고 그랬지. 싸우는 건 아닌데 불편할 수밖에 없는 관계인거야."

– 오민경 씨(11월 29일 11시)

계동 1구역 주민 대표 박지석 씨는 한옥마을운영위원회가 북촌의 문제를 관광객과의 문제로 오도했다고 비판한다. 사실 그 핵심은 북촌 지구단위계획과 그에 따른 과도규제라는 것이 그의 주장이다. 큰 길 가의 건물들 임대료가 오르는 등 젠트리피케이션으로 보이는 현상들의 가장 큰 원인이 지구단위계획이고 부수적인 원인이 투어리즘이라는 그의 이야기는 설득력이 있다. 하지만 북촌로 11길 일대의 주민들은 북촌을 이야기할 때 관광 산업과 그 영향을 빼놓고 이야기할 수가 없는 것이다. 그렇다보니 관광과 지구단위계획의 문제가 뒤엉켜있고 북촌에는 "불편할 수밖에 없는 관계"가 만연하게 됐다.

한편, 북촌로11길 일대의 1구역에 세입자로 거주하고 있는 박윤지 씨는 또 다른 입장에서 북촌을 바라보고 있다.

"저는 정말 너무 못 살겠! 진짜 살 수가 없는 거예요. 그래서 정말 이걸(북촌한옥마을운영위원회) 같이 시작하게 된 건데, 지금 와서 느낀 거는 처음에 나와 함께, '관광객 때문에 못 살겠다'라고 외치신 분들 중에는 나와 같은 목적으로 이거를 외치는 거는 아니구나를 나중에 느껴서 빠졌거든요. 왜냐면 저는 이 집을 소유한 사람이 아니고 임대를 해서 들어왔기 때문에 … 정말 저는 그런 권리가 있는 것 같지는 않아요. 왜냐면 저는 언제든 떠날 수 있는 사람이기 때문에, 그래서 저는 이 마을을 오랫동안 지켜온, 집 소유하고 계신 집 주인 분들이 내세우는 의견에 내가 나의 이런 의견을 보태는 것도 아닌 것 같고, 그래서 저는 그냥 안 하거든요? 그래서 그거랑 저는 이제 연관은 없고."

– 박윤지 씨(10월 14일 16시)

그는 세입자로서 주택소유자인 다른 위원회 회원들과 동일한 발언권을 가지고 있지 못하다고 여겼으며, 결정적으로 그들과 위원회 참여 목적이 다르다는 점에서 위원회 활동을 그만뒀다. 박윤지 씨 본인은 오로지 거주의 목적으로 북촌에 살고 있지만 주택 소유자 주민들 중 일부는 관광객을 대상으로 한 상업 활동의 가능성을 염두에 두고 있기 때문에 위원회 내부의 균열이 발생했다.

또한 주민들 중 언론의 프레임으로 상처를 받은 사람도 있을 것이며 상업 활동에 대한 특정 주민의 의지가 왜곡되고 와전됐을 가능성도 있다. 어떤 이유에서건 균열은 확장됐고 왕래가 없던 이웃 간에 만들어졌던 주민 모임이 반년이 되지 않아 유명무실하게 되어버렸다. 북촌한옥마을운영위원회 회장인 주영진 씨는 다음과 같이 회상한다. "나는 항상 정의의 편이 이기는 건 줄 알았어요. 그런데 정의의 편이 이기는 게 아니더라고요. 힘 센 자가 거기에 끼면은 힘 센 자가 이기고 또 거기에는 우리의 눈과 귀를 흐리는 사람도 나타나게 되고. 여러 가지로 그러더라고요. 너무너무 지쳐서 좀 쉬자고 했어요." 하지만 주민들의 불만과 고통은 그대로 남아있다.

3. 행정당국의 의도된 무관심

지난 6월 22일, 서울시가 북촌마을 주민피해 최소화를 위한 대책들을 논의하겠다며 "주민이 행복한 종로관광 생각 나누기"라는 이름으로 자리를 마련하였다. 토론회 이전에 서울시는 '(1) 마을방문시간 제한, (2) 단체관광객 대상 가이드 동행·안내시스템 도입, (3) 관광버스 불법주정차 특별 단속, (4) 집중단속구역 지정, (5) 개방화장실 확대, (6) 관광객 금지행위 예방, (7) 관광가이드 사전교육 실시, (8) 주민으로 구성된 관리인력 양성'을 내용으로 하는 8개 대책을 언론을 통해 미리 보도한 바 있다.

그러나 주민들은 이를 언론 플레이라고 비판한다. 북촌한옥마을운영위원회를 중심으로 한 주민들은 '주민이 행복한 종로관광 생각 나누기 8개 안'이 실은 종로구가 이전에 자신들에게 제시한 것들이나, 근본적인 대책이 되지 않는다며 종로구에 반대의 뜻을 전한 바 있다고 말한다. 그런데 이를 다시 서울시가 가져가 언론에 선제적으로 발표한 것이다. 주민들은 이에 공분했고, 6월 22일 토론회는 서울시의 행정정책에 반대하는 주민들의 성토장으로 변모했다. 윤종복 의원은 서울시의 불합리한 태도에 대해 다음과 같이 설명한다.

> "서울시는 심중으로 자기들의 가이드라인을 딱 쳐놔요. 쳐놓고 우리 얘기를 듣는 거야. 내가 잘 알지. 그걸 싸워서 이겨 넘어가야 하니까 그렇게 될 수밖에 없는 거죠 주민들도. 이해하시겠어요? … 서울시에 해당 부서에 전문가가 없어요. 한옥 관련해서. 전부 행정 관료들이야. 그리고 공무원의 특성이 있잖아요, 겁이 나는 거야 책임질까봐. 언론에서 떠들고 책임지라 하는 게 겁이 나는 거지. 그래서 먼저 해놓은 거 그냥 붙들고 정권 바뀔 때까지 기다리는 거야."
>
> – 종로구 의회 윤종복 의원(11월 6일 14시)

이런 경직된 의사소통은 현재 시행 중인 '북촌지킴이' 활동에서도 여실히 드러난다. 종로구는 본래 북촌지킴이가 관광객에게 이른 아침과 늦은 저녁의 방문을 자제해 줄 것을 권고하고, 소음·쓰레기 투척·사생활 침해와 같은 금지 행동을 계도하는 역할을 담당할 것이라 밝혔다.[11] 그리고 서울시 또한 '북촌 현장안내사'를 파견하고 있었다. 그러나 북촌지킴이들이 관광객으로부터 가장 많이 받는 질문이 찻집이 어디에 있냐는 물음일 정도로, 이들은 주거민들에게 노란색 유니폼을 입은 '관광 안내원' 이상의 의미를 갖지 못하고 있었다. 또한 서울시와 종로구는 북촌지킴이를 주민들로 구성하겠다며 주민들의 참여 및 자치를 독려하였지만, 모집할 당시 외국어 구사자를 우대하겠다는 것이 이들의 참여를 실질적으로 막는 요인으로 작용했고, 결과적으로 북촌지킴이들 중 북촌 한옥마을에 거주

---

11. 배정환. 2018.08.29. "'북촌지킴이' 기간제근로자 모집." 「경상일보」. http://www.ksilbo.co.kr/news/articleView.html?idxno=656342#08gK 참고(2018년 11월 11일 접속).

중인 사람은 단 하나에 불과하게 되었다. 북촌지킴이 제도의 목적이 정당한가 여부를 차치하더라도, 주민들의 눈을 가리기 위한 하나의 단기 방편에 지나지 않는 모습이다.

그렇다면 주민들이 요구하는 근본적인 대책은 무엇일까? 주민들의 목소리는 "북촌이 관광지냐 주거지냐"는 물음으로 점철된다. 그리고 2010년 초 서울시에 의해 일방적으로 발표된 '지구단위계획'은 그 중심에 있다. 이는 앞선 오세훈 시장이 한옥 보존을 위해 사대문 안에 있는 한옥들에 3700억 원대의 지원을 약속하는 대신 일정한 규제를 하겠다며 수립한 것이나, 2011년 박원순 시장이 들어서면서 지원 약속은 백지화되었고 남은 것은 지구단위계획 상 규제들뿐이었다.[12] 이는 곧 북촌 한옥마을 주민들의 분노를 야기했다. 관광객 문제도 심각해 고통을 받고 있는데, 주민들을 위한 행정은 전혀 이루어지지 않고 있다는 느낌을 주기 충분했다. 이들은 지구단위계획 상 '건축물의 형태 및 외관에 관한 사항'에 의해 자신들의 주택 건축에 대한 기준을 일방적으로 부여받게 되었다. 그리고 곧 오래된 한옥에 없는 보일러실이나 창고를 증축하거나 망가진 지붕을 수리할 때에도 규제에 어긋나면 벌금을 내게 됐다.

따라서 지구단위계획 재정비에 대한 요구는 삶의 질 저하에 대항해 주민들이 내놓은 가장 근본적인 요구사항이라 할 수 있다. 구체적으로 재산권을 침해하는 용도제한·규제제한을 현실에 맞게 조정할 것, 현실을 고려한 한옥 유지보수 지원 방안을 시행할 것, 북촌 한옥마을 문제 해결을 위한 전담팀을 만들어 재정비를 추진할 것 등을 내용으로 한다.

"주민들이 지금은 그러니까 민관 협의회라고 그러거든요. 그 사람들을 어떻게 뽑았냐면요 … 5번 중에서 3번 이상 참여한 사람은 동네 열정을 가지고 관심이 많은 사람이니까 자격을 지들 맘대로 주어줬어요. … 그들은 대표가 아니다. 우

---

12. 김효은. 2011.5.25. "오세훈 '한옥선언' 3년째…쥐꼬리 예산 '빛 좋은 개살구'." 『노컷뉴스』. http://www. nocutnews.co.kr/news/4200871 참고(2018년 12월 15일 접속).

리 주민들이 모여서 뽑아야 대표지, 저들이 뭐 대표냐. 안 맞죠?"

– 종로구 의회 윤종복 의원(11월 6일 14시)

이런 요구에 의해 현재 진행 중인 '지구단위계획 재정비 사업' 역시 효과적으로 진행되는지 의문이다. 서울시의 일방통행식 의사소통은 여전하기 때문이다. 재정비 회의에 주민들이 참여할 수 있는 길이 열려있으나, 서울시는 5번 중 3번 이상 회의에 참석한 자에게만 '주민 대표' 자격을 부여하였다. 물론 '주민 대표'로 선정된 주민들 역시 민관협의체에서 논의를 잘할 수 있지만, 이러한 참여 제한은 민주적 혁신의 이상과는 맞지 않다. 서울시의 기준이 다양한 의견들을 가지고 있는 이들의 발언 기회를 원천적으로 차단하게 되는 결과를 낳게 되며, 나아가 이 기준이 서울시 일방에 의해 임의적으로 형성되었기 때문이다. 참여민주주의 학자 Young은 상당한 수준의 정치적 평등이 이루어져 있다고 여겨지는 현대사회에서도 여전히 특정 구성원을 숙의의 과정에서 배제하고 차별하는 문제가 빈번하게 발생한다고 지적하는데, 북촌한옥마을운영위원회 회장인 주영진 씨가 민관 협의회에 3번 이상 참여하지 못했다는 이유로 민관협의체에 목소리를 전혀 낼 수 없게 된 사실은 이를 뒷받침한다.[13]

그렇다면 앞으로 민관협의체를 통한 민관의 협력 전망은 어떠할까? 우선 서울시와 관련된 관(官)은 크게 지방자치단체로서의 서울시와 의회로서의 서울시로 나뉜다고 할 수 있다. 그리고 앞서 언급했듯이 서울시 지방자치단체는 주민들과의 소통에 있어서 수동적인 모습을 보였는데, 서울시 의회와의 소통도 그러한 것으로 엿보인다. 남재경 전 의원은 2016년 「한옥 등 건축자산의 진흥에 관한 법률」과 시행령에 의거하여 국토교통부에 256억 원에 해당하는 국고보조금을 신청하였다. 그런데 이 법안이 2015년 6월 4일 시행되다보니 국토교통부가 해당 내용을 잘 모르고 있었고 대응이 늦어져 요청을 거듭했다고 말한다. 결과적으로

---

13. Young, Iris Marion. 2001. "Activist Challenges to Deliberative Democracy." *Political Theory* 29(5), pp.670–690.

　　　　　　　　　　　　　시민정치의 문화기술지

이에 따라 건축과 관련한 주민들에 대한 지원은 늘어났으나, 시행 과정에 상당한 어려움이 있었다는 사실은 북촌 민관협의에 대한 향후 전망 역시 어둡게 한다.

"시의회에서 의결을 하더라도 집행 기관인 서울시가 움직이지 않으면 아무 소용이 없어요. 할 수 있는 방법은 강제로 예산을 잡아서 넘겨주는 방법. 일반 회계에서 2백억을 잡아서 서울시로 잡아버리면 되는 거죠. 근데 그거에 대해서는 다른 의원들이 동의를 안 하죠. 왜 종로구의 한옥마을에 대해서만 불합리하게 나가느냐? 그래서 저는 북촌의 문제는 (제 지역구만의 문제로 남는 것이 아니라) 서울시의 문제이자 대한민국의 문제라고 접근을 하는 거죠."

– 서울시 의회 남재경 전 의원(11월 30일 14시)

한편 남재경 전 의원이 소속되었던 서울시 의회에서의 논의 역시 순탄치 않았던 것으로 판단된다. 남재경 전 의원은 제7대·제8대·제9대 전반기 서울시의회 의원 중 조례 대표(1인)발의 1위를 기록할 정도로 활발한 입법 활동을 벌이고, 지난해 '2017 지방의원 매니페스토 약속대상' 공약이행 분야에서 최우수상을 수상한 '일하는 지방의원'이다.[14] 그런데 그의 이러한 입지에도 불구하고 서울시 의회 내에서조차 북촌한옥마을 주민들의 요구는 남재경 의원의 지역구[15]에 국한된 사안이라는 이유로 배제된 바 있다. 그는 북촌뿐만 아니라 사대문 내에 한옥들이 다양하게 분포하고 있기 때문에 이것이 단순히 자신의 지역구 문제에 국한되지 않는다며 동료 의원들을 설득하고자 하였으나, 뜻대로 이루어지지 않았다.

---

14. 김정훈. 2018.1.25. "서울시의회 남재경 의원, 매니페스토 약속대상 9년 연속 수상." 「폴리뉴스」. http://www.polinews.co.kr/news/article.html?no=344890 참고(2018년 12월 15일 접속).

15. 제7~9대 서울시의회 의원이었던 남재경 전 의원의 지역구는 종로구 제1선거구(청운효자동, 사직동, 삼청동, 부암동, 평창동, 무악동, 교남동, 가회동)였다.

IV. 결론

2018년은 북촌 주민들에게 의미가 깊은 해이다. 관광객으로 인한 피해로 인해 북촌한옥마을운영위원회를 꾸린 북촌11길 주민들은 삶의 질 확보, 지구단위계획 재정비 등을 외치며 거리로 나섰고, 2017년 초 이래 본격적으로 추진되었던 지구단위계획 재정비를 위한 민관협의체 운영은 막바지에 도달했다. 사실 여기까지 오는 데에 주민들의 역할은 상당한 비중을 차지했다. 이들은 '양반 동네' 북촌이라는 정체성을 지키기 위해 자발적으로 모임을 구성하거나 서울시의 요청에 응답했던 것이기 때문이다. 이른바 '민주적 혁신(democratic innovation)' 주창자들이 제기하고 있는 투표율 및 정당가입률의 하락, 정치적 무관심의 증대 등의 통계들은 북촌 지역 주민들의 활동에서만큼은 예외를 보였다.[16]

그러나 주민들의 정치 참여와 협의 역시 다양한 이해관계 속에서 필연적으로 발생하는 갈등만큼은 막을 수 없었다. 관광객과 주거민들 사이의 갈등은 '오버투어리즘'이라는 이름 아래 날로 발전되어 갔으며, 재동초등학교에 관한 폐교 논의가 나올 정도로 주거문화의 파괴가 자행되었다. 그리고 미디어가 이러한 평면적인 갈등 상황에 주목해 본 문제가 관광객 대 주거민의 문제로 이슈화되자, 행정 당국은 대응으로 북촌지킴이 활동을 마련했다. 한편, 지구단위계획과 관련한 북촌 주민들의 항의 집회 및 민원이 계속되자 2015년 지구단위계획 재정비 사업이 추진되었다. 이후 마련된 주민협의체에서는 44회 이상 활발한 논의가 진행 중에 있으나, 이 역시 실질적인 정책 결정 과정과는 단절된 채 운영되고 있었다.

본고는 앞선 북촌의 갈등 양상을 크게 세 가지로 분류하고 이에 대한 평가를 내렸다. 첫째, '양반 동네'로서의 북촌은 '싸구려' 관광 산업과 마찰을 빚고 있었다. 북촌의 주민들은 북촌의 핵심적인 정체성을 고즈넉하고 품격 있는 양반 동네로 여기고 있었다. 그런데 시민 의식이 부족한 모습을 보이는 대규모 관광객들이 몰

---

16. Smith, Graham, 2009. *Democratic Innovations: Designing Institutions for Citizen Participation*. Cambridge: Cambridge University Press.

리기 시작하였고, 이들을 겨냥한 점포들까지 들어서기 시작하였다. 그럼에도 불구하고 행정당국은 북촌 한옥마을의 관광지화를 내심 반갑게 여기고 있는 상황이라 민관의 갈등은 깊어지고 있었다. 둘째, 북촌 한옥마을 주민들 간에 의견 차이가 존재했다. 관광객 방문이 문제가 되느냐 여부를 두고 북촌한옥마을운영위원회와 민관협의체의 시각은 상반되었다. 특히 민관협의체가 서울시와의 소통창구로서 기능하고 있는데, 이들과 다른 의견을 지니고 있는 주민들이 상당부분 존재한다는 사실은 대표성에 대한 지적과 관련하여 문제로 작용할 개연성이 크다. 셋째, 행정당국의 일방통행식 소통이 있었다. 각종 토론회나 공청회, 그리고 북촌지킴이 활동은 효과적인 소통을 이끌지 못하였던 것으로 판단된다. 나아가 지구단위계획 재정비를 위해 마련된 민관협의체에서조차 주민협의체 속 논의만 활발할 뿐, 정작 서울시의 답변은 차일피일 미뤄지고 있다.

'효율성 중심의 행정과 이익집단 정치'[17]라는 대의민주주의의 한계에 맞서 참여민주주의(participatory democracy)로 일컬어지는 활동가들은 실천적 이론을 제시한다. 대표적으로 Pateman은 개인의 미시적인 일상생활에 주목해 일터나 기업에서 사용자와 노동자들이 한데 모여 의사결정과정에 적극적으로 참여하는 '일터민주주의(workplace democracy)'를 주장했다.[18] 또한 Barber는 권위구조가 있는 곳에는 참여 역시 마땅히 있어야 함을 강조하며 '강한 민주주의(strong democracy)'가 형성될 필요성을 제시했다.[19] 북촌의 주민 정치는 이들이 제시하는 비전에 가까웠다.

그러나 상기한 갈등 요인으로 인해 참여의 동력을 점차 잃어가고 있다는 면에서 아쉬움이 남는다. 특히 행정당국의 조치 및 소통은 상당히 미흡한 것으로 보

---

17. 유홍림. "지속가능한 민주주의의 조건: '토의정치'의 제도화." 조흥식·유홍림·이지순·송호근·김명언. 2014. 『한국의 지속가능한 발전전략과 정책 대안』. 서울대학교출판문화원. p.2.
18. Pateman, Carole. 1976. *Participation and Democratic Theory*. Cambridge: Cambridge University Press.
19. Barber, Benjamin. 1984. *Strong Democracy: Participatory Politics for a New Age*. Berkeley: University of California Press.

인다. 지금까지는 주민들의 자발적인 참여가 원동력을 제공했지만, 이에 대한 효능감이 점차 떨어지고 있기에 현재까지의 노력이 흔들릴 위험이 있다. 참여민주주의자들 역시 오늘날 시민들이 이렇게 정치에 무관심한 것으로 그들의 공적·정치적 역량이 천성적으로 부족하기 때문이 아니라 그러한 역량을 함양할 수 있는 충분한 참여의 기회가 마련되지 않았기 때문이라고 설명한다. 따라서 지속적인 참여와 그를 통해 실질적인 의사결정이 이루어지는 경험이 충분히 주어진다면 이 과정에서 시민들은 주체성을 기르는 한편 공적인 시민으로서의 자질과 덕목 또한 함양할 수 있게 될 것이다. 앞으로 종로구 북촌 한옥마을 주민들에 대한 행정당국의 실질적인 노력과 관심이 절실해 보인다.

참고문헌

김 걸. 2007. "서울시 젠트리피케이션의 발생원인과 설명요인." 『한국도시지리학회지』 10(1). pp.37-49.

김봉원·권니아·길지혜. 2010. "삼청동길의 젠트리피케이션 현상에 대한 상업화 특성 분석." 『한국지역경제연구』 15. pp.83-102.

김일규. 2011.2.6. "국내 1호 초등학교 교동초 폐교 위기." 『한경속보』. http://news. hankyung.com/article/201102060810i?nv=o 참고(2019년 1월 3일 접속).

김정훈. 2018.1.25. "서울시의회 남재경 의원, 매니페스토 약속대상 9년 연속 수상." 『폴리뉴스』. http://www.polinews.co.kr/news/article.html?no=344890 참고(2018년 12월 15일 접속).

김효은. 2011.5.25. "오세훈 '한옥선언' 3년째…쥐꼬리 예산 '빛 좋은 개살구'." 『노컷뉴스』. http://www.nocutnews.co.kr/news/4200871 참고(2018년 12월 15일 접속).

대한 정성적 연구." 『관광레저연구』 29(11). pp.417-436.

박시원. 2015. "도시관광요소의 중요도-만족도 분석(IPA): 이태원-경리단길을 중심으로." 『국제지역연구』 19(4). pp.287-305.

_____. 2016. "문화주도적 젠트리피케이션 지역의 도시관광자원과 만족도, 재방문의도, 추천의도 간 인과관계에 관한 연구, 관광동기의 정도에 따른 차이 고찰." 『관광경영연구』 20(2).

배정환. 2018.08.29. "'북촌지킴이' 기간제근로자 모집." 『경상일보』. http://www.ksilbo. co.kr/news/articleView.html?idxno=656342#08gK 참고(2018년 11월 11일 접속).

서울시. 2010. "북촌 제1종지구단위계획."

_____. 2010. "지구단위계획 시행지침". 『북촌 제1종지구단위계획 결정』. pp.84-139.

서울시. 2018.6.29. "북촌 지구단위계획 재정비 수립용역[제4차 민관협의체]."

우은주·김영국·남장현. 2017. "투어리스트피케이션 현상이 지역주민의 삶에 미치는 영향에 대한 정성적 연구." 『관광레저연구』 29(11). pp.417-436.

유홍림. 2014. "지속가능한 민주주의의 조건: '토의정치'의 제도화." 조홍식·유홍림·이지순·송호근·김명언. 『한국의 지속가능한 발전전략과 정책 대안』. 서울대학교출판문화원.

이영아·박치완. 2017. "투어리스티피케이션의 성공적 대처를 통한 도시 활성화 연구: 대구

수성못 일대의 관광지 사업화를 중심으로." 글로벌문화콘텐츠학회 학술대회.

종로구. 2017. "주거지역관광명소 주민피해 실태조사."

Barber, Benjamin. 1984. Strong Democracy: Participatory Politics for a New Age. Berkeley: University of California Press.

Pateman, Carole. 1976. Participation and Democratic Theory. Cambridge: Cambridge University Press.

Smith, Graham. 2009. Democratic Innovations: Designing Institutions for Citizen Participation. Cambridge: Cambridge University Press.

Young, Iris Marion. 2001. "Activist Challenges to Deliberative Democracy." Political Theory 29(5). pp.670-690.

제4부

시민정치 지평의 확대

제13장

'진짜' 푸드트럭을 찾아서
푸드트럭 생태계 내 갈등 양상의 시민정치적 함의

98

8

人

인류학과 **김민성**
인류학과 **윤영근**
정치외교학부 **이태경**
윤리교육과 **이푸름**

〈연구활동 일지〉

날짜	활동 내용
2018년 9월 29일	여의도 밤도깨비 야시장 답방 및 관찰
2018년 10월 7일	청계천 밤도깨비 야시장 관찰 및 주요 연구참여자 인터뷰
2018년 10월 7일	종로 3가 포장마차 거리 포장마차 사업자 면담 및 관찰
2018년 10월 12일	동대문 디자인 플라자 밤도깨비야시장 관찰 및 사업자/소비자 면담
2018년 10월 13일	관악구 대학동 녹두거리 스낵카(만두) 판매 보조 참여관찰 및 면담
2018년 10월 14일	청계천 방문 및 타코야끼, 새우튀김 푸드트럭 사업자 심층 면담
2018년 10월 20일	청계천 밤도깨비 야시장 3차 방문 및 사업자/소비자 면담과 관찰
2018년 10월 27일	관악구 대학동 녹두거리 스낵카(만두) 2차 방문 및 면담
2018년 10월 29일	서울시청 소상공인 지원센터 푸드트럭활성화팀 방문 및 심층 면담
2018년 11월 8일	푸드트럭 활성화팀 푸드트럭 ZONE 확장 담장자 인터뷰
2018년 11월 15일	밤도깨비 야시장 운영기획사 '오니트' 본사 방문 및 직원 면담
2018년 11월 24일	동대문 DDP 부근 노점상 및 상권 조사 후 노점상/시민 면담

본고는 현재 한국 사회에서 벌어지고 있는 푸드트럭 관련 갈등상황에 주목하여 그 핵심을 파악하고, 그로부터 복잡하게 얽혀있는 갈등상황을 분석하였다. 도시 '공식성'과 '비공식성'이라는 개념에 입각해 볼 때 푸드트럭이 가지는 '중간자적 위치'가 현 갈등상황의 근본 원인이라는 가설로 시작한 본 연구는 서울 밤도깨비 야시장 내 푸드트럭 사업자와 서울시 소상공인지원과, 각종 대행사 그리고 기존 노점상 등 갈등관계를 구성하는 주체들에 대한 광범위한 현지조사를 실시함으로써 그 가설의 타당성을 검증하였다. 구체적 갈등은 푸드트럭 사업 내부에서의 갈등과 외부와의 갈등으로 나뉘어서 확인되었다.

　한편 관과 푸드트럭 사업자들은 세부적인 갈등을 해결하는 방식으로 국가의 방식도, 시장의 방식도 아닌 '자치의 방식'을 구현하고 있다. 각 야시장에서 대표를 선발하고 정기적인 공청회와 중간매개자로서의 대행사 등이 소통을 돕는 양상은 시민자치를 통해 사회적 갈등을 해결하는 모델이었다. 물론 푸드트럭의 중간자적 위치는 이 자치의 구현의 한계를 보였으나 푸드트럭 협동조합과 협의회의 출범에서 나타나는 연대와 결사의 가능성, 야시장의 운영방식 변화에서 엿볼 수 있는 지역축제의 가능성 등 희망적인 요소도 병존하고 있었다. 향후 푸드트럭의 중간자적 위치로 인한 갈등과 자치의 제약을 극복하고 지역의 진정한 구성원으로 거듭나도록 하기 위해서는 관련 주체들이 부단한 노력이 필요할 것이다.

I. 들어가며

현 한국 사회에서 푸드트럭이라는 사업은 다각도의 논쟁을 불러일으키고 있다. 본래 미국에서 시작된 푸드트럭은 최근 몇 년 새 한국에서도 출현하기 시작하였으며 2015년 박근혜 정부시기에 이르러 새로운 경제활동 기회를 창출한다는 명분으로 부분적으로나마 합법화되기에 이르렀다. 비록 허가된 지역에서, 허가된 기간 동안, 허가된 메뉴만을 판매할 수 있도록 제한한 '부분적 합법화'였음에도 반향은 상당했다. 푸드트럭 자체에 대한 생소함과 여러 논쟁거리로 인해 불법의 영역에만 머물던 푸드트럭은 이때부터 법의 테두리 안에 들어오기 시작했던 것이다.

푸드트럭에 대한 합법화가 논쟁의 해소를 의미한 것은 아니었다. 오히려 푸드트럭에 대한 정부의 입장변화는 그때까지 불완전하게만 논의되던 사항들을 공론장으로 끌어올리는 계기가 되었다. 가장 큰 논란이 되었던 것은 기존 상권과의 갈등이다. 푸드트럭으로 인해 수요를 빼앗긴다고 판단한 기존 상권은 상인연합회, 노점상연합회 등의 조직을 통해 집단적으로 반발하였다. 한편 기존에 차량에서 물건을 판매해오던 소위 '스낵카' 사업자들과의 형평성 문제도 불이 붙었다. 차량을 이용하여 이동하며 판매한다는 점에서는 본질적으로 같은 두 주체를 법적으로 차별하는 것이 타당한가라는 비판은 푸드트럭의 본질에 대한 논의를 촉발시켰다. 이외에도 푸드트럭과 관련된 여러 조직들을 어떻게 볼 것인가, '관(官)'은 푸드트럭 관련 갈등을 어떻게 조정해 나가야 하는가 등의 논의들이 봇물처럼 쏟아져 나왔다.

이렇게 혼란스러운 문제제기 속에서 푸드트럭을 둘러싼 논쟁을 본질적으로 파악하는 길은 무엇인가? 그것이 본 연구가 도달하고자 하는 지점이다. 현재 푸드트럭과 관련된 논쟁은 매우 광범위하며 그 하나하나를 개별적으로 분석하다 보면 오히려 사안의 핵심을 놓치기 쉽다. 그렇기에 그 논쟁들을 추동하고 있는 핵심쟁점을 파악하는 것이 중요했다.

본 연구는 공식성과 비공식성의 영역의 사이에서의 푸드트럭 사업의 위치를 분석해봄으로써 푸드트럭 사업만이 가지는 특수성에 대해 고찰해 보고, 그러한 특수성이 어떻게 구체적인 갈등의 원인으로 작용하게 되었는지 살펴보고자 한다. 도시 공식성과 비공식성의 영역에 대한 연구로는 대표적으로 황진태 외 2인의 연구와 진예린의 연구가 있다. 우선 황진태 외 2인은 노점상이라는 소재를 통해 도시에는 공식영역과 비공식영역에 대한 구별이 만연하다는 점을 지적하고 있다. 노점상은 공식 점포와 달리 거리를 불법으로 점유하고 세금도 납부하지 않는다는 식의 인식이 도시에서의 공식영역과 비공식영역을 구별하고 재생산한다는 것이다.[1] 한편 서울 밤도깨비야시장을 공식성과 비공식성의 틀로 분석한 진예린의 연구는 푸드트럭이 도시의 비공식성으로 간주되면서도 '밤도깨비야시장'이라는 제도권력의 행사를 통해 공식성의 영역으로 포함되고 있는 상황을 다루고 있다. 본래 비공식성의 영역에 있던 푸드트럭이 서울시의 정책으로 인해 공식성의 지위를 제한적으로 부여받고 있다는 것이다.[2] 본고는 진예린의 논의를 확장시켜 갈등의 원인을 분석하는 데 의의를 두는데, 이때 공식성과 비공식성의 영역이 중요한 이유는 이 두 영역이 기존에 형성된 이해관계의 구조를 담지하고 있기 때문이다. 따라서 업계생태계에 갑작스레 등장한 외래종인 푸드트럭은 공식·비공식의 경계를 넘나들며 기존의 이해관계 구조의 문법을 뒤흔들고 충돌을 야기할 것으로 추론해 볼 수 있었다.

이렇듯 본 연구는 푸드트럭을 둘러싼 현재의 논쟁이 근본적으로 공식·비공식의 이분적 도식 하의 푸드트럭의 위치성에 기인한다는 인식하에 진행되었다. 이 과정을 규명하기 위해 우선 푸드트럭 시장이라는 하나의 생태계에 참여하고 있

---

1. 황진태·권규상·조영지. 2015. "노점상 연구에서 비공식성 개념의 이론적 실천적 함의." 「공간과 사회」 제25권 3호.
2. 진예린. 2016. "서울 밤도깨비야시장의 계획, 정책결정 과정으로 살펴본 도시 비공식성과 공식적 거버넌스 메커니즘의 상호작용." 「지리학논총」 62호.

는 주체들이 각기 푸드트럭을 무엇이라고 생각하는가? 라는 질문을 던지는 것이 그 첫걸음이다. 푸드트럭의 위치성이 갈등의 근본 원인으로 추정되는 상황에서 푸드트럭에 대한 다양한 인식들은 갈등상황에서 각자가 처한 입장을 직, 간접적으로 반영한다고 본 것이다. 이후, 그 푸드트럭의 위치성에서 비롯된 구체적 갈등 양상을 파악해 보고자 한다. 마지막으로는 그 갈등 상황과 해결 방식이 지니는 시민정치적 함의를 탐색하고 향후 바람직한 발전 방향을 제시해 본다. 푸드트럭 사업자들과 '관'이 갈등상황을 조정해나가는 방식은 시민정치의 맥락에서 바라볼 때 '자치적 해결'에 가까웠다. 국가의 일방적인 결정도, 시장에 모든 것을 방임하는 결정도 아닌 다른 방식을 구현하고 있었던 것이다. 이러한 시민 정치적 함의를 밝히고 나서, 푸드트럭 사업만이 가지는 자생적 한계와 그 한계를 극복하기 위한 추가적 노력까지 서술하는 것을 본 연구의 최종 목적으로 한다.

주된 연구 방법으로는 밤도깨비야시장을 비롯한 각종 현지에서의 참여관찰 및 면담을 활용하였다. 청계천 밤도깨비야시장을 중심으로 여의도, DDP 등 여러 야시장을 참여관찰하였고, 해당 지역의 기존상인들과 서울시 소상공인지원과, 대행사 등을 폭넓게 면담하였다.

II. 본론

1. 푸드트럭이란 무엇인가: 공식성과 비공식성 영역의 개념을 중심으로

"푸드트럭이란 무엇인가?"라는 질문은 푸드트럭을 둘러싼 갈등 상황을 이해하는 과정의 입구라고 할 수 있다. 푸드트럭 개념 규정이 중요한 이유는, '푸드트럭'으로 규정되는 것이 정책과 관련되어 영업 공간과 시간의 확보 혹은 합법적이고 공적인 영역으로의 편입 등과 같이 이해관계와 직접적으로 연결되어 있기 때문이다. 하지만 국내에 푸드트럭이 도입된 기간 자체가 굉장히 짧기 때문에, 아직까지 푸드트럭에 대한 사회적인 규정이 내려지지 않은 상태이다. 타자와의 차이를 통해 자신을 규정하고 이를 통해 배타적인 권리를 확보하는 것이 이익 추구의 속성이라고 할 때, 우리는 기존의 트럭 장사와 차별되는 푸드트럭이 무엇인가를 먼저 규정할 필요가 있다. 이와 관련하여 푸드트럭 개념 규정과정에 얽힌 주체들(관청과 푸드트럭 사업자)의 인식 규명을 통해 '푸드트럭'이 국내에서 어떤 의미를 띠는지 분석하고자 한다. 이때 도시 공식성과 비공식성의 차원에서 푸드트럭의 위치를 분석해 본다.

1) 관(官)의 입장

정부와 시청, 지자체를 비롯하여 푸드트럭과 연관된 정부 기관들은 푸드트럭을 공식적인 영역에 속한 것으로 인식하는 동시에 공식과 비공식, 합법과 불법을 판단하는 주체이다. 푸드트럭이라는 개념을 제도권으로 들여오면서 관(官)은 푸드트럭에 대한 공적인 이미지를 생산해내며, 공식성의 영역으로 푸드트럭을 이해하는 주체들 중에서도 핵심적인 위치를 점한다.

관(官)이 푸드트럭의 공적인 이미지를 생산하는 방식은 크게 세 가지로 정리해 볼 수 있다. 우선 푸드트럭에 대한 각종 규제와 정책들이 작동하는 방식이다. 관(官)의 규제와 정책은 푸드트럭의 개념에 대한 기준을 조작적으로 세우고, 이분법적으로 '이건 푸드트럭이고, 이건 아니다'라고 구분할 수 있는 논리를 형성하며 하나로 통일된 공적 이미지로 푸드트럭을 상상할 수 있는 기준을 제공한다.

한편 푸드트럭 영업이 가능한 장소를 제한하는 규제는 푸드트럭을 공적이고 화려한 축제의 이미지와 연결 지어 상상하게 하는 데 일조한다. 국내에서 푸드트럭 영업이 허가되는 장소는 도로변이나 골목길과 같은 비공식성의 영역이 아니라, 공공기관에서 인정한 행사와, 밤도깨비야시장과 같은 축제공간으로 한정되기에, 이는 기존의 도시 공식성과 연결되며, 축제–푸드트럭–공식성은 강한 연결고리를 만들어낸다.

마지막으로 관(官)은 지속적으로 푸드트럭 단속과 시찰을 행하면서 공적인 테두리 안에 푸드트럭을 잡아둔다. 시청관계자들은 푸드트럭 운영이 위생적으로 되고 있는지, 카드 결제 규정은 지켜지고 있는지, 선정된 메뉴와는 다른 메뉴를 몰래 판매하고 있지는 않은지 등을 감시한다. 한편 서울 시청 푸드트럭 활성화팀 공무원에 의하면 행사에서 생겨나는 쓰레기에 대한 비판적인 여론이 늘어나고, 민원들이 제기되자 청계천 밤도깨비야시장에 쓰레기통에서 분리수거를 안내하는 인원을 추가하는 방식으로 운영을 변경하였다고 한다. 이처럼 관(官)은 푸드트럭과 관련한 공식적인 소통을 담당하는 동시에 지속적인 운영 조언과 관리 감독을 통해서 푸드트럭을 법적, 공적 테두리 안에서 바라볼 수 있도록 유도한다.

2) 푸드트럭 사업자의 입장

푸드트럭 사업자들이 푸드트럭이 무엇인지를 인식하는 방식은 다소 모호하다. 그들의 인식과 실제 행동은 공식성과 비공식성을 넘나들며 둘 사이의 경계를 희미하게 하는 방식으로 작동한다. 따라서 푸드트럭 사업자들의 푸드트럭에 대한 인식은 공식성과 비공식성의 두 영역으로 나눠 분석해 보고 무엇이 둘 사이의 경계를 흐리는지에 대해 살펴볼 필요가 있다.

(1) 공식성의 영역으로 인식되는 푸드트럭

푸드트럭 사업자도 푸드트럭을 공식성의 영역에서 파악하고 있다. 푸드트럭의 공식성 영역에서의 특징은 지정 장소에서의 영업과 지불수단 등이 있다. 첫째로, 국내 푸드트럭은 정해진 장소에서만 영업을 할 수 있다는 점이 지적된다. 앞서 관의 입장 부분에서 언급하였듯이, 국내에서 푸드트럭을 할 수 있는 공간은 밤도깨비야시장과 같은 축제 공간이나 지자체 혹은 시청에서 허가한 공간에 국한된다. 즉 이 허가된 공간에서 운영되는 영업만이 합법으로 인정받으며 그 외의 장소에서의 영업은 모두 불법으로 규정된다. 허나 관의 입장과는 달리, 이러한 영업장소의 제한은 국내에서의 푸드트럭의 성격 자체를 모호하게 만들었다는 평가도 존재한다. 다코야키 푸드트럭 사업자(A)는 미국에서의 푸드트럭은 본래 어

〈그림 1〉 '카드 결제 환영'이라는 문구가 적힌 푸드트럭

디든지 자유롭게 이동하면서 장사할 수 있는 것이었는데, 국내에 도입되면서 주변 상권과 부딪히게 되니까 특정 장소에 정착하게 되고 사실상 트럭의 의미(이동성)는 거의 퇴색되었다고 평가하였다. 푸드트럭은 영업허가가 차량 자체에 나는 것이 아니라 특정 장소에서의 영업 허가를 여러 개 중복해서 낼 수 있는 구조이기 때문에 제한된 이동만이 허용되는 것이다.[3]

두 번째 특징으로 그들이 꼽는 것은 카드 결제 방식이다. 밤도깨비야시장에서의 영업은 공식적으로 카드로만 결제할 수 있다. 현금을 사용할 경우, 운영사 부스에 가서 쿠폰 형태의 식권을 결제해서 다시 음식을 사야 한다. 시청에서 밤도깨비야시장 사업을 기획할 때 시장의 운영 상황이나, 트럭별 매출 상황 등에 대해 정확히 분석하고 보고하려는 취지에서 이와 같은 카드 결제 시스템이 강요되

---

3. 「서울특별시 음식판매자동차 영업장소 지정 및 관리 등에 관한 조례」 제2조 1항에서는 음식판매자동차를 이용하여 휴게음식점영업 또는 제과점영업을 할 수 있는 영업장소의 유형을 지정하여 해당 영업지를 기준으로 사업자와 기간을 정해 시설사용계약을 하도록 되어있다. 또한 해당조례 제4조 1항에서는 특정 시설·장소를 음식판매자동차 영업장소로 지정하여 줄 것을 신청할 수 있는 권리를 음식판매자동차 영업을 하려는 자에게도 부여하고 있다.

었다고 한다. 이러한 결제 시스템이 시장에 정착하여, 푸드트럭 사업자들은 하나같이 밤도깨비야시장에서 푸드트럭은 카드만 받아야 하며, 길거리 장사처럼 현금을 받을 수 없는 것이 특징이라고 하는 것이다.

실제로 푸드트럭 사업자들은 밤도깨비야시장이라는 공식성의 영역으로 들어오게 되면서 본인을 평가하는 사회적인 시선이 달라짐을 느꼈다고 한다. 다코야키 푸드트럭 사업자(A)는 푸드트럭 규제 개혁이 생기기 이전부터 스낵카를 통해서 장사를 해왔다. 규제 개혁 이후 푸드트럭 심사를 거쳐 허가를 받고 나서 밤도깨비야시장에 진출한 케이스이다.

> "오! 바뀌었죠. 차장사에 대한 인식이 원래는 안 좋아요. 별로 안 좋게 보는데, 백종원 나오고 푸드트럭 나오고 하면서 차장사에 대한 인식이 많이 바뀌긴 했어요. … (중략) … (손님들이) 좀 친근하게 다가오긴 하죠. 예전에는 아저씨 이런 거 왜 해요? 같은 질문들도 했는데, 이제는 그런 게 좀 없어졌죠."
>
> – 다코야키 푸드트럭 사업자(A)

이처럼 푸드트럭과 연관된 공식성의 영역의 특징들 외에도 푸드트럭 사업자들은 사회적인 시선의 변화를 직접적으로 체감하면서 푸드트럭 사업이 공식성의 영역에 들어오게 되었다는 것을 재확인받기도 한다.

종합해 보면 노점과는 달리 푸드트럭은 '공식적인 영역에서 트럭을 통해 음식을 파는 사업체'라는 인식으로 수렴되는 양상을 볼 수 있다. '관'뿐만 아니라 실제 사업자들도 푸드트럭과 스낵카를 구분하고 있었는데, 현장 조사에서 드러난 주체들의 인식 속에서 푸드트럭과 스낵카를 변별하는 특징들을 정리해 보면 〈표 1〉과 같다.

(2) 비공식적 영역으로 인식되는 푸드트럭

특이한 점은 푸드트럭 사업자들도 불법적인 영업을 동시에 하면서 비공식성의

<표 1> 각 주체들의 인식에서 드러난 푸드트럭과 스낵카 특징 비교

분류	푸드트럭	스낵카
적법성	합법	불법
공식성	공식성	비공식성
장소	축제의 공간	주차가 가능한 모든 장소
이동성	○	○
메뉴	특별한 메뉴	전통적인 길거리 음식
외관	화려함, 정체성 드러냄	크게 드러내지 않음
결제 방식	카드 결제 위주	현금 결제 위주
분위기	축제의 분위기	뒷골목의 분위기
나이(경향성)	젊음	많음

영역에 발을 담그고 있다. 면담 과정의 모든 푸드트럭 사업자들은 스스로 본인들이 밤도깨비야시장을 비롯한 공식적인 축제 행사에서만 장사를 하는 것이 아니라 허가되지 않는 장소에 불법적으로 장사를 하고 있다고 증언한다.

"(불법 장사) 하죠. 사실 이거 하기 전에 스낵카로 시작했거든요. 인허가 전에. 지금도 금토일(밤도깨비야시장 운영기간) 아니면 평일에는 불법으로 장사하죠."
– 다코야키 푸드트럭 사업자(A)

푸드트럭이 합법적으로 영업을 할 수 있는 공간뿐만이 아니라, 축제가 매번 열리는 것은 아니기에 시간까지 제한되어 있다. 따라서 푸드트럭 사업자들은 생계를 위해 축제가 열리지 않거나 밤도깨비야시장이 운영하지 않는 평일이면 불법적인 영업을 한다. 주로 불법 영업이 행해지는 곳은 동네 야시장이나 아파트 알뜰장과 같은 곳이다. 행사이긴 하지만 시청이나 지자체에서 영업허가를 내린 공간이 아니기 때문에 이곳에서 장사를 하는 푸드트럭은 불법으로 분류된다. 당연히 장소도 동네 야시장이나 알뜰장을 포함하여 주차가 가능한 모든 장소를 활용하고, 정식으로 사업자 등록을 한 것이 아니기 때문에 카드가 아닌 현금 결제를 위주로 영업을 하게 된다. 실제로 밤도깨비야시장에서 영업을 하는 푸드트럭에서도 불법 장사의 흔적으로 "현금 결제 ONLY"라는 문구가 트럭에 새겨져 있는 것도 확인할 수도 있었다.

이는 실제 행동 양상 속에서 푸드트럭마저도 비공식적인 영역을 점할 수 있음을 보여주며, 단순히 푸드트럭에 이분법적으로 공식과 비공식의 도식을 그대로 적용할 수 없다는 점을 드러낸다. 특히 푸드트럭이 불법 영업을 하는 양상도 있지만 기존의 스낵카가 푸드트럭 영업에 진출하는 경우도 있는 점을 보면 실제 현실의 양상은 이분법적인 것보다 훨씬 복잡하다.

3) 중간자적 위치에 놓인 푸드트럭과 '진짜' 푸드트럭

푸드트럭 개념에 대한 인식을 종합해 보면 푸드트럭은 공식성과 비공식성의 경계에 걸친 중간자적 위치에 놓여있음을 확인할 수 있다. 관의 경우에는 푸드트럭을 공식성의 영역에 포함된 것으로 인식하고 있으며 합법적이고, 축제의 분위기가 흐르고, 특별한 메뉴를 파는 트럭이라는 개념으로 규정함으로써 노점상과 같은 도시 비공식성과의 차별성을 강조한다.

반면 푸드트럭 사업자 내부에서는 푸드트럭을 공식성과 비공식성의 영역에 모두 걸쳐져 있는 것으로 파악되는 경향을 확인할 수 있었다. 밤도깨비야시장과 같은 축제 공간에서 합법적으로 운영될 때의 푸드트럭은 공식성을 띠지만, 그들은 평일이 되면 '먹고살기 위해' 스낵카와 같은 불법영업을 하며 비공식성의 영역으로 들어가게 된다.

푸드트럭 사업자들은 푸드트럭 개념에 공식성과 비공식성이라는 이분법적인 잣대를 들이대지 않는다. 오히려 그들의 인식은 푸드트럭이라는 개별 사업체가 어디에 속하냐에 주목한다기보다는 상황에 따라 맥락에 따라 비공식과 공식의 사이를 넘나들 수 있는 '경계파괴자'적인 속성에 주목한다고 할 수 있다.

따라서 푸드트럭의 개념은 비공식성과 공식성 사이 어딘가에 애매한 위치를 점하고 있는 '중간자'적인 것에 가깝다고 할 수 있다. 사실 푸드트럭 사업자들에게 푸드트럭 개념이 점한 중간자적 위치는 크게 중요하지 않다. 그들이 직면하고 있는 문제는 규범적인 것이라기보다는 생계와 직결되는 문제이기 때문이다. 오히려 그들은 이러한 중간자적 위치를 전략적으로 활용하여 수입을 극대화하려는 시도를 하고 있다. 하지만 문제가 되는 것은 그들의 중간자적 위치가 외부와의 갈등을 야기하는 동시에 공식성의 영역 내에서의 경쟁과 갈등을 가시화하고 있다는 점이다.

밤도깨비야시장의 시민들과 사업자의 인식 속에서 '진짜' 푸드트럭의 이념형이 만들어지고 있으며, 중간자적인 푸드트럭들을 다시금 배제하는 양상이 전개된다는 것을 확인할 수 있었다. 그들의 인식 속 '진짜' 푸드트럭은 외관, 메뉴, 나이의 측면에서 다른 트럭과는 구별되는 포인트들을 가지고 있다. 우선 외관적으로 '진짜' 푸드트럭의 이미지는 화물칸의 옆면이 열려 천장의 역할을 할 수 있는 1톤 트럭으로 대표된다. 디자인과 개성을 뽐내기 좋으며 위용을 드러내어 소비를 창출해내는 효과는 1톤 트럭의 경우가 가장 크다고 한다. 푸드트럭 사업자들은 1톤 트럭이 시장에서 소위 가장 '잘 나간다'고 말하는데, 여의도와 같이 규모가 크고 장사가 잘되는 곳에 입점하려면 1톤 트럭이 아니면 안 된다고 생각하고 있을 정도로 1톤 트럭을 치켜세우고 있다.

한편 푸드트럭의 이상적인 메뉴는 스테이크로 여겨진다. 어느 밤도깨비야시장을 가든 스테이크는 고정적인 메뉴이며 가장 매출이 높아, 시장에 따라서는 한 시장에 네다섯 트럭이 동시에 영업을 하는 경우도 있다고 한다. 이처럼 스테이크는 푸드트럭을 대표하는 메뉴로 인식되는데 심지어 사업자들은 좋은 자리를 얻기 위해서는 스테이크를 파는 것이 유리하며, 더 큰 목소리를 낼 수도 있다고 말할 정도로 스테이크 메뉴에 대한 부러움을 표출한다.

마지막으로 푸드트럭은 젊음과 연결된다. 정책적으로도 청년층을 위주로 지원이 이뤄지기도 하지만 실제로 푸드트럭을 젊은 층의 전유물로 생각하는 모습도 관찰할 수 있었다. 실제 관찰에서 비청년 사업자의 비중은 극히 적었고, 스낵카 사업자들은 푸드트럭을 젊은이들이 혈기에 가득 차서 하는 것으로 바라보았으며, 일반 시민들도 젊은 사람들이 젊은 분위기에서 하는 것으로 바라보았다. 이처럼 푸드트럭은 이상적으로 청춘의 전유물인 것처럼 이미지화되고 있었다.

즉 푸드트럭 내에서도 '진짜' 푸드트럭은 화려하고 웅장한 1톤 트럭, 스테이크, 청춘과 연결되어 하나의 이상적인 이미지로 그려진다. 문제는 이러한 이상적 푸드트럭이 실제로 더 많은 영업 이익을 누리게 되면서(혹은 그렇다고 여겨지면서), 경쟁을 가시화하고 시장 내에서의 잠재적인 갈등의 씨앗을 키우고 있다는 것이다.

2. 푸드트럭 생태계

푸드트럭과 관련된 구체적 갈등 양상을 살펴보기 위해서는 서울시에서의 푸드트럭 운영의 전체적인 지형을 살펴보는 것이 필요하다. 이를 통해서 갈등 과정에 어떠한 구체적 주체들이 관여하고 있고, 어떠한 역할을 하고 있는지를 이해함으로써 갈등 상황에 대해서 좀 더 풍부한 이해가 가능해지기 때문이다.

〈그림 2〉에서도 나타나듯이 실제 푸드트럭업계의 생태계(좀 더 구체적으로는 서울시 밤도깨비야시장의 생태계)는 매우 복잡한 구조를 형성하고 있다. 서울의 여느 밤도깨비야시장을 처음 방문해 본 사람이라면 서울시와 개별 푸드트럭 사

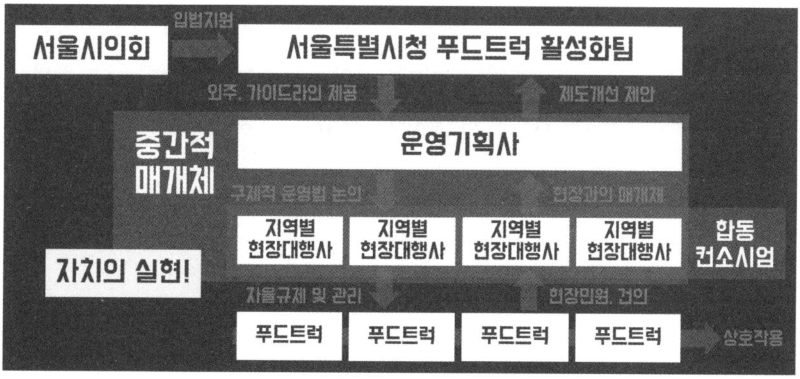

〈그림 2〉 서울시 밤도깨비야시장의 생태계 지형도

업자들의 이층 구조를 연상하기 쉽다. 모든 홍보와 운영지침이 서울특별시 이름으로 배포되며 실제 시민들이 마주하게 되는 것은 푸드트럭 사업자들이기 때문에 서울시와 개별 사업자들 사이에 존재하는 수많은 대행사들을 간과하기 쉬운 것이다.

하지만 실제 야시장의 운영에서 실무적으로 가장 중요한 기능을 맡고 있는 것은 또 다른 이층 구조를 이루고 있는 운영 기획사와 대행사들이다. 운영기획사의 경우 시청 사업인 밤도깨비야시장의 운영권을 위탁받아 실질적인 기획과 홍보, 총괄적인 운영을 담당하는 민간업체이고, 현장 대행사들 또한 전부 시청과 운영기획사로부터 일정 권한을 위임받은 민간업체들이다. 그들은 서울시와 개별 푸드트럭 사업자들 사이에서 야시장의 콘셉트와 일정관리, 실제 홍보물 제작, 현장 질서유지와 같은 중요한 업무를 수행하고 있다. 좀 더 구체적으로 살펴보면 서울시의 여러 밤도깨비야시장들을 총괄하는 운영기획사가 있고 그 하위기관으로 각 야시장의 현장대행사들이 있다. 운영기획사는 하나이되, 현장대행사는 야시장의 개수만큼 존재하는 것이다.

결국, 대행사들의 존재까지 포함해 그려본 전체 생태계의 모습은 다음과 같다. 서울시는 생태계의 꼭대기에 위치하며 푸드트럭 관련 정책과 야시장 운영 가이드라인을 배포한다. 운영기획사는 이렇게 배포된 지침들을 준수하며 구체적인 야시장 운영방안과 홍보물을 제작한다. 이 과정에서 서울시와 운영기획사 사이의 지속적인 교류가 발생하며 서울시는 기획사를 관리감독하되 직접적인 콘텐츠 제작에도 개입한다. 서울시와 운영기획사의 협업으로 전반적인 계획이 완성되면 여러 개의 현장대행사들은 그 계획을 참고하며 각 야시장을 관리한다. 그들은 현장에서의 질서유지를 담당하며 각 야시장의 특색을 살리기 위한 각종 행사를 주최한다. 실제 야시장을 방문했을 때 경험하게 되는 축제와 공연은 현장대행사의 손을 거쳐 일반시민들에게 선보여지는 것이다.

그렇다면 생태계의 끝에 위치한 다수의 푸드트럭 사업자들은 상기 주체들과 어떤 관계를 유지하고 있을까? 개별 푸드트럭사업자들은 도식상에서 수동적인 존재로 오인될 수도 있다. 푸드트럭 정책과 야시장 운영지침의 의사결정구조에서 가장 적은 결정권을 가지기 때문이다. 그럼에도 이들 개별 사업자들을 수동적인 존재로만 볼 수는 없다. 개별 사업자들은 서울시가 주최하는 정기적 공청회에 참여해 의견을 개진할 수 있으며 서울시와 대행사들에 대해 여러 채널로 민원을 제기할 수 있기 때문이다. 그런 뒤에도 의사결정의 결과가 자신에게 불리하다고 판단할 경우 각 사업자들은 다른 지역으로 이동해 푸드트럭 사업을 계속하거나 감시의 눈을 피해 불법적인 경제활동을 감행할 수도 있다. 이들에게는 상황에 따라 여러 선택지가 존재하는 것이다. 푸드트럭 사업을 담당하는 서울시 소상공인 지원팀 역시 푸드트럭 사업을 소상공인의 경제적 어려움과 청년구직난의 대안으로 육성하고 있기 때문에 각 사업자들의 어려움을 해결하는데 방점을 찍고 있다. 기본적으로 푸드트럭 사업은 서울시에게 사회경제적 약자를 돕기 위한 사업인 상황이다.

3. 구체적 갈등 양상

앞서 밝혔듯이 푸드트럭은 공식성과 비공식성 사이의 중간자적 위치를 점하고 있기에, 기존에 형성되어있던 여러 주체 간 이해관계의 구도에 변화를 요구하며 갈등을 초래할 것으로 예상해 볼 수 있다. 본고는 크게 푸드트럭과 외부와의 갈등, 푸드트럭 내부에서의 갈등으로 나누어 구체적 갈등 양상과 그 원인에 대해 분석해 본다.

1) 푸드트럭과 외부와의 갈등

푸드트럭의 외부라 함은 노점상과 스낵카뿐만 아니라, 주변 상권과 같이 푸드트럭 사업과 이해가 충돌할 수 있는 관계에 놓인 주체들을 말한다. 앞선 논의에서 살펴봤듯이 푸드트럭과 각종 도시 비공식성, 즉 노점상 및 스낵카는 모두 비공식성의 영역에 걸쳐있다. 하지만 두 주체가 비슷한 속성을 공유하고 있음에도 불구하고 합법적 영역인 푸드트럭과 불법적 영역인 노점상 등에 대한 정책 규정으로 인해 푸드트럭만이 공식적으로 인정되고, 노점상과 스낵카는 여전히 불법으로 판단되는 것에 대해 노점상 측의 불만이 있을 것으로 예상되었다. 실제로 서울시청 푸드트럭 관련 부서의 공무원과 밤도깨비야시장 대행사 직원에게서 전해들은 바로는. DDP 밤도깨비야시장 초기 도입 과정에서 주변 노점상인들의 반발이 커, 실제 시위로까지 번질 정도의 갈등이 있었다는 것을 확인할 수도 있었다.

그러나 실제 현장에서 노점상 및 스낵카 사업자들의 불만은 거의 확인되지 않았다. 우선 스낵카 사업자의 경우, 푸드트럭 허가를 받아내는 데 소요되는 비용이 어마어마함을 지적하면서 불법적인 영역에 남아있는 것에 대해 크게 개의치 않는 모습을 보였다.

"푸드트럭이랑 우리랑 다른 건 다른 거지. 그쪽은 일단 허가를 받았고 이런저런 서류도 다 냈고, 뭐 장사하는 거나 트럭 같은 거나 다 다르잖아? 딱 봤을 때 다르니까."

– 녹두거리 스낵카 사업자

스낵카 사업자들은 오히려 금전적인 면에서 스낵카로 남아있는 것이 푸드트럭 허가를 받아서 야시장에서 영업을 하는 것보다 이득임을 강조하였고, 본인들과 푸드트럭은 확실히 다른 것임을 계속해서 강조하고 있었다. 한편 푸드트럭으로 허가를 받으려면 관공서에 제출해야 하는 문서가 굉장히 많다는 점을 비롯한 각종 이유를 들면서, 푸드트럭에 대해서 경쟁의식을 느끼거나 불만의 목소리를 늘어놓기보다는 되레 연민을 보이거나 본인들의 음식에 자부심을 내비치며 푸드트럭에 비해 우월함을 강조하기도 하였다.

한편 푸드트럭 활성화팀 공무원과 운영기획사 직원이 증언하였던 DDP 노점상인들과 푸드트럭 사업자 간의 갈등도 현재는 확인되지 않았다. DDP의 노점

시민정치의 문화기술지

상인들의 말에 따르면 오히려 푸드트럭과 굳이 갈등을 벌일 이유가 없다고 한다. 노점상과 푸드트럭은 애초에 주요 소비 타깃이 다르며, 음식의 가격이나 이미지 등이 다르기 때문에 문제 삼을 이유가 없다고 답하였다. 게다가 청계천 밤도깨비 야시장 주변 상인들의 경우, 오히려 그 공간을 공유함으로써 해당 공간의 유동인구가 늘어나게 되고 이를 활용하여 자신들의 이해를 증진시킬 기회로 삼고 있었다. 이처럼 푸드트럭과 노점 및 스낵카를 비롯한 푸드트럭 외부와의 갈등은 두드러지게 나타나지 않고 있었다. 서울시청 푸드트럭 관련 부서 공무원으로부터 확인할 수 있었듯이 DDP 밤도깨비야시장 도입 과정에 DDP주변 상권과의 마찰은 있었으나 이는 추후의 적극적 해결 노력을 거쳐 현재는 큰 갈등을 남기지 않고 있었다.

2) 푸드트럭 내부의 갈등

푸드트럭 집단 내부에서의 갈등은 협동조합과 협회를 둘러싸고 일어날 것으로 예상되었다. 푸드트럭 산업에도 각종 협동조합과 협회가 설립되었는데, 푸드트럭 사업자들은 협동조합에 속하거나 속하지 않고 개별 활동을 하는 경우로 나눠진다. 이때 협동조합은 영업할 수 있는 각종 행사 정보를 제공하며 실제로 집단적으로 장소 배분 경쟁에 참여하기도 한다. 따라서 협동조합에 속한 사업자들과 개인사업자들 간에 영업장소 배분을 둘러싼 모종의 갈등이 있을 것으로 예상할 수 있었다.

하지만 실제 조사 결과, 협동조합의 역할은 큰 비중을 차지하지 못했다. 우선 푸드트럭 협동조합에 소속된 사업자들조차 협동조합의 업무에 대해서 잘 알지도 못할 뿐더러 그들이 야시장에서 권력을 가진 주력 집단으로 발전하는 경우도 확인할 수 없었다. 시청 공무원과 대행사 직원과의 면담과정에서도 밤도깨비야시장에서 푸드트럭 사업자들이 집단적으로 움직이거나, 협동조합의 이름으로 이권을 행사하려는 경우는 없었고 외려 대부분의 불만사항은 개인적인 민원을 통해 들어온다는 점이 밝혀졌다. 더불어 한 푸드트럭 사업자가 여러 협동조합 및 단체에 들어갈 수 있다는 점을 고려하면 아직 협동조합과 협회가 배타적인 이익집단의 형태로 성장하지는 않았음을 추론할 수 있다.

하지만 앞으로 갈등이 번질 가능성을 확인할 수 있었다. 푸드트럭 사업자들은 몇몇 큰 행사의 경우 협동조합 차원에서 결탁해 행사를 진행하는 경우가 있다고 의심하며 불만을 표출하였다. 협동조합이나 대행사 측에서도 이에 대한 정확한 해명이 없었기 때문에 그들 다수는 밤도깨비야시장의 정책이 변하거나, 큰 행사에 자리가 없어서 본인들의 이익이 줄어드는 것이 협동조합의 힘에서 비롯된 것이라고 의심하고 있었다. 이와 같은 의심과 불만이 가중되는 상황에서 사업자 간의 소통할 기회가 주어지지 않는다면 또 다른 갈등으로 점화될 것이라 예상해 볼 수 있었다.

특히 푸드트럭 내에서는 메뉴 간의 갈등이 확인되었다. 한 사업자에 의하면, 공청회나 교육기간 등에서 스테이크를 판매하는 푸드트럭의 사업자가 발언이나 결정에 대하여 권력을 가지고 있다. 앞에서도 살펴봤듯이 스테이크라는 메뉴는 야시장 내에 가장 다수가 입점해 있는 동시에 일종의 푸드트럭의 이념형으로 여겨지며, 아울러 매출액에서도 야시장 내부에서 가장 높다. 따라서 시장 전반에 대한 목소리를 듣는 자리에서 스테이크 메뉴 사업자가 발언권을 얻게 되는 것이다. 한편 사업자들은 밤도깨비야시장의 운영이 순환제에서 고정제로 바뀐 이유에 스테이크 사업자의 힘이 개입되었을 것이라며 불만을 표출하였다. 특히 여의도와 같이 높은 매출액을 자랑하는 지역은 좋은 트럭을 사용하거나, 눈요깃거리 있고 '좋은' 메뉴를 파는 트럭 위주로 배정이 되었다고 의심하고 있었다. 즉 앞선 푸드트럭 개념 규정 과정에서 드러난 푸드트럭의 이념형으로 여겨지는 푸드트럭 사업자들이 우선시 되고, 나머지는 밀려나는 분화가 발생하고 있는 것이다. 이러한 차이는 곧 힘의 격차로 나타나고 소위 적은 매출에 일상적 메뉴를 판매하는 푸드트럭 사이에서 불만이 쌓여갔다. 대행사는 각종 창구를 통해 불만을 해결하기 위해 노력하고 있다고 하였으나, 여전히 '일확천금을 노리고 들어온' 푸드트럭 사업자들이 불만을 끊임없이 제기하고 있다고 진술하였다. 따라서 협동조합과 같은 푸드트럭 집단들과 비소속 개인들 간의, 아울러 푸드트럭 내부에서 메뉴, 지역, 등의 차이로 인한 물리적이나, 표면적으로 드러난 갈등은 없었지만, 내부적으로 미래에 갈등으로 이어질 수 있는 의심과 기대에 기반을 둔 잠재적 불만은 지속적으로 쌓이고 있음을 정리할 수 있다.

3) 갈등 원인 분석

이상에서 살펴본 바와 같이 푸드트럭이라는 새로운 주체의 등장에 기인한 여러 갈등 양상이 발견되었다. 각종 갈등의 원인들을 정리하면 다음과 같다. 우선 푸드트럭 정책으로부터 야기되는 한정된 공간의 문제가 있다. 푸드트럭의 영업 자체는 정책적으로 축제와 같은 한정된 공간에 제한되어있고, 유동인구로부터 나올 수 있는 이익 또한 그 공간의 참여자들이 나누는 구조이다. 따라서 이 공간과 이익을 둘러싼 참여자들 간의 갈등이 발생할 수밖에 없다. 여의도나 반포한강공원과 같이 매출액이 높은 장소와 그렇지 않은 장소에 배정되는 것을 두고 모종의 긴장 상태가 발견되고 있다는 점이 이를 지지한다.

한편 앞서 살펴본 푸드트럭의 중간자적 위치 특성이 갈등의 주요 원인이다. 푸드트럭은 공식성의 영역에 속하는 동시에 비공식성의 영역 또한 접하고 있기 때문에 외부적으로도 그리고 내부적으로도 배재될 가능성을 내포하고 있다. 우선 외부적으로 DDP노점 상인들과 지자체 및 대행사에 대한 불만 제기가 대표적인 예라고 할 수 있다. 한편 내부적으로는 '진짜' 푸드트럭으로 여겨지는 푸드트럭의 이념형과 대비되어 야시장 내에서도 트럭 간의 차이와 배제가 불가피하게 발생하게 된다. 메뉴, 나이, 매출액, 트럭의 개조방식과 같이 푸드트럭의 이념형에 비슷한 모습을 가지는 것은 일종의 상징투쟁이라고 할 수 있으며, 이러한 상징 권력을 확보한 사업자들이 공청회와 같은 공적인 자리에서 권력을 가지고 더 큰 목소리를 낼 수 있다는 것이 원인이 되었다. 담당 공무원은 선정 과정에서 메뉴나 트럭의 외관과 같은 요소의 평가의 비중을 줄임으로써 트럭 간의 차별을 최대한 줄이려고 한다고 말하였지만, 실제로 시장 내에서 이러한 차별과 배제에 대한 의

심과 불만이 쏟아져 나오고 있었다.

지자체와 대행사는 이러한 푸드트럭 종사자들의 불만사항을 수렴하고 의견을 반영하여 더 나은 지역축제로 밤도깨비야시장을 기획하기 위해 노력하고 있다고 하였다. 여전히 소통 창구에 대한 불만은 존재하지만, 달마다 진행되는 공청회와 멤버십 트레이닝, 분기별 교육 등을 통해서 밤도깨비야시장에 참여하는 사업자들과 관청, 대행사가 나서 민관협의체를 만들고 운영 정책 결정에 반영하려는 노력을 하고 있다. 즉 푸드트럭과 관련하여 나타나는 각종 갈등을 해결하는 방식은 관청 및 운영기획사에서 '탑–다운' 방식으로 정책을 일방적으로 하달하는 것도 아니고, 전적으로 모든 것을 시장 논리에 맡기는 것이 아니라, 사업자들과 관청, 대행사와 같은 각종 주체들이 모여 협의의 방식으로 해결책을 모색하는 시민정치적인 방식을 택하고 있었다. 이러한 해결방식과 관련된 구체적 정치적 함의에 대한 논의는 다음 절을 빌려 서술하고자 한다.

4. 푸드트럭 사례의 시민정치적 함의

푸드트럭을 둘러싼 다양한 갈등 양상에 대한 구조적 분석을 통해 다음과 같은 시민정치적 맥락과의 접점을 세 가지로 도출해낼 수 있었다.

1) 국가와 시장의 방식의 한계를 보완하는 '자치의 방식' 도입

규제 중심의 국가의 방식과 자유경쟁 시장의 방식 간 긴장감 속에서 장기화 전략을 모색해야했던 서울시의 푸드트럭 생태계는 몇 년간의 시행착오를 겪으며 활발한 단계적 소통체계와 자율적인 규약을 갖추어 자치 영역에서의 가능성을 보였다. 푸드트럭 산업이 처음 촉발되고 나서 지자체 등의 적극적인 현지조사 등으로 영업지를 꾸준히 확장해왔지만 그 과정에서 기존 상권의 강한 반발과 갈등, 야시장과 같은 새 공간에서의 푸드트럭 사업자 간의 권력관계 및 갈등과 같은 시장의 방식에서의 문제들이 발생하며 이를 체계적으로 관리할 필요성이 대두되었다. 이러한 필요성 속에서 구성원 간 자율적 규제와 관리로 생태계를 유지하는 자치의 방식이 떠오르게 되었다.

자치 방식의 구체적인 가능성으로는 크게 두 가지 양상이 관찰되었는데, 구성원 간의 소통과 합의를 통한 자율적 규제모델과 지속적 협의구조 구축을 통한 자율적 갈등관리모델이다. 밤도깨비야시장 사업의 경우 생태계를 이루는 서울시청 푸드트럭 활성화팀, 운영기획사, 현장대행사, 개별 푸드트럭 사업자들 간의 원활한 소통을 위한 각종 기구나 프로그램들을 갖추어가고 있었다. 주기적으로 시민들의 의견을 듣는 공청회를 개최하거나, 각 주체들이 함께하는 간담회를 월례화하는 등 소통을 강화하고 좀더 즉각적으로 피드백이 오갈 수 있도록 하는 다양한 창구들을 갖추고자 하는 노력하였다. 특히 함께 MT도 가면서 구성원 간의 실질적인 친목도모와 유대 형성에도 신경을 쓰고 있다는 것을 확인할 수 있었다. 실제로 야시장 내의 여러 논란을 이러한 창구를 거쳐 탄생한 자율적 규약으로 해소했던 사례들도 있었다. 야시장 내 사업자들 간의 위치를 정하는 방법과 같은 지점에서부터 출발하여 쓰레기 등 야시장 내 환경정화 및 책임의 문제와 같이 공동 노력이 꼭 필요한 부분들에서 구성원들은 참여적으로 자율적 규제를 실시하고 있었다. 특히 당일 매출실적이 좋았던 사업자들은 늦게까지 남은 장사에 몰두하기보다 자발적으로 영업을 일찍 마무리하고 주변의 환경을 솔선수범하여 정리한다거나 현장대행사 직원들의 저녁을 챙기는 등 규정하지 않은 영역에서의 암묵적인 배려와 동행의 문화도 자리잡아가고 있다는 점도 확인되었다. 실제 야시장 운영 초기에 비해 현재 야시장 내에서의 표면적 갈등양상들도 현저히 줄어들었다는 운영사 측의 증언도 있었다.

또한 기존 상권 및 잠재적 갈등 주체들과도 지속적인 협의구조를 구축하여 자율적으로 갈등을 관리하고자 하는 측면 또한 눈에 띈다. DDP와 청계천의 경우 영업 초기에는 동대문시장을 중심으로 형성된 노점상의 영향력이 워낙 강해 야시장이 개장될 때마다 시위를 벌이고, 공개적인 항의를 하는 등 불편한 기색을 적극적으로 내비쳐왔었다. 특히 이들은 노점상이라는 불법적 영역에서 출발하였지만 지자체로부터 정식 사업체로 인정을 받게 되었을 정도로 나름의 지역적 기반과 역사를 갖춘 사람들이었기에 그 텃세가 유독 상당했다고 운영기획사에서 회고했다. 이에 야시장 운영 주체들은 맞서거나 법적 분쟁으로 이를 이끌고 가기보다 소통을 통한 자율적 해결로 이의 절충점을 찾고자 했다. 동대문의 경우 노점연합의 이름으로 운영할 수 있는 푸드트럭 한 칸을 서울시의 명의로 내어 주면서 야시장의 영업에 함께 참여할 수 있도록 하였고, 청계천의 경우 야시장의 공간을 기존 상권과 일정수준으로 공유하기로 하면서 기존 상권의 야시장 진출을 암묵적으로 허가해주었다. 비록 여전히 잠재적인 갈등의 요소들은 내재되어 있지만, 최소한 유효했던 외부인들과의 갈등에서 자율적인 해결을 추구하고, 그 본질이었던 기존 상권과 야시장 간 경계 지우기의 작업에 초점을 맞추어 이를 성공적으로 이끌었다는 점은 분명 긍정적으로 평가할 요소들이다.

이렇듯 자치 방식으로의 운영이 가능했던 이유로는 밤도깨비야시장 운영의 구조적 특수성을 들을 수 있겠다. 기존 민관협력사업의 경우 민과 관의 이원적 구조가 대부분이며, 서로 간 관점의 차이와 이해관계의 괴리가 커 양측의 동행이 상대적으로 어려웠다. 특히 철저하게 사익의 극대화만을 추구하는 개별 사업자들과 공익적 차원에서의 고려가 필요한 시청 등 국가기관의 직계 소통에는 상당한 의견차가 발생할 수밖에 없었고, 이는 때로는 또 다른 갈등의 원천이 되기도 했다. 하지만 밤도깨비야시장의 경우 그 두 주체 사이에 있던 운영기획사와 지역별 현장대행사의 존재가 중간 매개로 작용하며 상호 간의 소통을 촉진시킴으로써 자율적인 문화구축에 상당한 기여를 했음을 발견할 수 있었다. 구조적으로 볼 때, 민간업체들로부터의 공익적 산출물이 도출되는 과정에 대한 의심도 충분히 합리적이다. 그러나 몇 가지 특수성을 통해 그 지점들에 대한 부연도 가능하다. 먼저 시청과 민간업체들 간의 계약 형태의 변화를 보면, 시청에서는 지난해까지 운영사와의 계약을 용역기획의 형태로 운영해오다가 올해부터 민간위탁 형태로 변경하여 이를 실시했다. 법적 용어로서의 용역과 위탁의 가장 큰 차이는 해당 계약을 통해 권한을 위임받은 주체의 자율성과 책임소재의 문제에서 발생하는

데, 올해부터 실시하게 된 민간위탁의 형태는 상대적으로 민간업체의 자율성을 보장해주면서도 그로 인한 책임은 철저히 업체가 스스로 지도록 하는 좀 더 자율적인 형태로 이루어졌음을 알 수 있었다. 이는 기본적으로 다년간 계약을 지속해왔던 업체와의 계약이었다는 점에서 시청과 운영사들 간의 신뢰구축이 어느 정도 이루어졌다는 방증이며, 또한 그만큼 주어지게 된 책임성이 민간업체로 하여금 노골적으로 사익의 극대화만을 추구하기에 어려운 조건을 형성하는 효과를 냈기에 자체적인 견제의 기능을 할 수 있었다고도 평가할 수 있겠다. 또한 현장 대행사들의 경우 지역별 업체들이 합동 컨소시엄의 형태를 이루어 업무에 참여했다는 점에서 또한 소통 강화를 위한 장치들을 갖추고자 했음을 보일 수 있다. 이런 중간 매개들의 존재가 상이한 관점을 가지고 있는 실질적 사업자와 관과의 소통의 연결고리가 되어주었다는 점에서 자치의 방식이 활성화될 수 있었던 환경적 요인이 설명 가능하다.

2) 푸드트럭 산업의 특수성과 이의 시민정치적 한계

앞서 푸드트럭에 대해 공식성과 비공식성의 중간자적 상황에 위치해 있는, 규범의 차원과 생계의 차원에서의 정의에 상당한 괴리가 있는 산업이라 정의 내렸던 바 있다. 기본적으로 공식성과 비공식성의 중간자적 위치에 서있게 된 것에는 푸드트럭 사업이 이동성이 있는 '트럭'을 기반으로 하는 사업이었기 때문이라는 점을 들 수 있을 것이다. 기존 상권으로부터 철저히 외부자로 취급되어 견제를 받으며 공식적으로는 계약된 기간에 지정된 영업지에서만 영업을 해야 하는 푸드트럭들은 결국 매출을 위해 영업지 바깥으로 이동해갈 수밖에 없었고, 이때 공식성과 비공식성 사이에서 줄타기를 하는 푸드트럭의 상황들은 오히려 개별 사업자들을 위축시키고 철저히 개인화되도록 했다. 집단화하여 적극적으로 요구하거나 대응하기보다 실제 매출 문제에 집중하여 영업지를 옮겨 다니고 개별 영업에 임하던 모습들이 대부분의 푸드트럭들의 모습이었다. 실제 여러 푸드트럭 사업자들과의 면담 과정에서도 결사의 필요성을 느끼는 사람들은 상당히 적었다. 이러한 특성들이 그동안 푸드트럭 산업의 결사와 시민정치적 가능성에서 분명한 한계로 작용해왔었다.

그러나 푸드트럭 산업이 처음 공식성의 영역에 들어선지 5년째가 되어가며 안정기에 접어들고 나름 체계를 갖추면서 그 가능성 또한 엿볼 수 있었다. 한국푸드트럭협회, 한국푸드트럭협동조합 등 푸드트럭 사업자들의 주도로 각종 단체들이 형성되기 시작했고, 지역별 영업지들을 중심으로 지역별 협의회도 등장하기 시작했다. 이들은 각종 행사와의 계약을 주선하고, 영업지와 관련 정보들을 단체 회원들과 공유하는 등 그동안 각 사업자들이 개별적으로 행해오던 작업들에 주도적으로 나서주기 시작했다. 나아가 푸드트럭에 대한 규제의 완화, 야시장과 같은 각종 지자체 사업들에 대한 운영 제안 등 여러 대정부 요구들도 더욱 적극적인 목소리를 내기 시작했다. 지난 2016년 서울시에서 개최했던 '푸드트럭 활성화 공개 규제법정'에서 푸드트럭 사업자 대표 측으로 한국 푸드트럭 협회 회장이 나와 발언하고 관련한 활동을 지속해나가고 있는 것들을 통해 더 이상 푸드트럭 사업자들의 결사체가 무형의 것이 아님을 보여주기도 하였다.[4] 이러한 양상들은 푸드트럭 산업의 특수성을 도리어 활용하여 새로운 형태의 결사와 연대의 가능성을 보여주었다는 점에서 긍정적으로 평가할 수 있었다.

3) '밤 도깨비 야시장'의 입점업체 선정 방식 변경에 따른 지역축제로의 가능성

특히 서울시 밤도깨비야시장의 사례에서 지역축제로의 가능성과 이로 인한 지역주민 간의 자발적 연대와 사회적 자본의 형성을 기대해 볼 수 있었다. 2015년 처음으로 사업을 시작한 서울시의 밤도깨비야시장은 지난 3년간의 운영 경험을 기반으로 올해 처음으로 푸드트럭 사업자의 선정방식을 순환제에서 지역연고제로 바꾸었다.

---

4. 임재희, "푸드트럭 "차량이동 가능해야 vs 유사업종 피해"... 서울시 '규제개혁 공청회'" http://www.newsis.com/ar_detail/view.html/?ar_id=NISX20160223_0013915039&cID=10801&pID=10800 (검색일: 2018.12.16).

<표 2> 푸드트럭 사업자 선정 방식

	순환제	지역연고제
개요	푸드트럭 업체를 전체 차원에서 일괄적으로 선정하여 일정 시기별로 지역을 순환함.	푸드트럭 업체를 지역별로 선정하여 일정 기간 내에 특정 연고지역에 머무름.
적용시기	2015~2017	2018~
장점	▷ 사업자 중심의 접근: 사업자 간 매출액의 수준을 평준화. ▷ 음식의 질: 각 지역의 음식의 질이 비교적 일정함. 메뉴와 질이 평준화.	▷ 지역 중심의 접근: 지역성을 살려 각 지역별 색채를 구축하는 작업이 수월해짐. ▷ 사업자의 적극적 참여 가능성: 사업자 간 연대 구축 가능. 전체적인 지역의 발전이 본인의 매출에도 영향을 미칠 수 있기에 좀 더 거시적인 야시장 운영에 참여.
단점	▷ 지역별 격차가 커짐: 매출이 저조한 지역의 자발적 성장이 어려움. ▷ 연대의 어려움: 사업자들 간 연대 구축의 기회가 적음. 개별적 매출 극대화에 집중.	▷ 사업자별 매출의 격차가 커짐: 여의도나 반포지구 등 기존의 매출실적이 좋았던 지역으로의 선호가 집중.

그동안에는 사업자들 간 매출실적의 격차를 줄이고, 특히 모든 사업자들이 공통적으로 원했던 인기 영업지(여의도, 반포한강공원)에서의 영업에 공평한 기회를 부여하기 위해, 시에서 야시장의 사업자들을 일괄적으로 선정하여 일정 기간을 설정하여 영업지를 순환하는 방법을 채택해왔었다. 그러나 이러한 방식이 지역 간의 매출 및 영업실적의 격차를 좀 더 키우는 결과와 함께 특정 지역에 대한 고의적 기피 문제가 나타났기에 순환이 아닌 지역의 연고를 기반으로 하는 선정 방식의 도입에 이르게 되었다.

제도 도입을 주도했던 운영사 측에 의하면 도입 초기에는 사업자들로부터 꽤 많은 항의와 불만이 제보되었다고 한다. 그러나 1년간의 제도 도입 후 각 주체들 간의 평가는 생각보다 희망적이었다. 무엇보다 고무적으로 평가되었던 점은 지역 간의 매출 격차를 줄이기 위한 각 지역 별의 '특색 있는 성장'이 시도 되었다는 점과, 그 운영과정에서 사업자들이 더욱 적극적인 참여자로 등장하게 되었다는 점이었다. 사업자들 또한 지역에의 소속감과 구성원들과의 연대감이 형성되면서 지역의 발전을 위해 함께 의견을 내고 시도하는 적극적 주체로 변모했으며,

〈그림 3〉 지역 축제로 자리매김하고 있는 밤도깨비야시장

이는 실제 다양한 야시장 부대프로그램들의 제안과 섭외 등의 형태로 이어지기도 했다.

이러한 변화양상은 밤 도깨비 야시장이 진정한 지역축제로 거듭날 수 있을 가능성을 보여주었다. 퍼트남은 Portsmouth의 The Shipyard Project의 사례를 통해 춤과 지역축제를 매개로 한 면대면의 만남이 시민들 간의 사회적 유대를 강화하고 실제 거버넌스의 형성에서 긍정적인 효과를 가져 왔음을 확인한 바 있다.[5] 이처럼 시행착오의 과정들이 있겠지만 무엇보다 밤도깨비야시장의 지역연고제 전환을 통해 야시장의 운영주체들이 지역에 더욱 애착을 가지고 열정을 쏟을 환경적 조건들이 갖추어졌고, 지역별 고유의 색채를 살리는 전략에 관을 포함한 모든 운영주체들이 공감하고 함께 가고 있는 만큼, 나아가 지역주민들과도 함께하는 진정한 소통의 장이 될 수 있음에 기대를 가져볼 수 있게 했다.

---

5. Putnam Robert D. 2004. *Better Together: Restoring the American Community*. Simon&Schuster.

III. 결론

푸드트럭을 둘러싸고 벌어지는 논쟁의 중심에 푸드트럭의 위치성이 자리하고 있다는 가설에서 출발한 본 연구는 도시 공식성과 비공식성 개념을 통해 그 갈등 상황과 관련한 각 주체의 푸드트럭 인식을 살펴보고, 구체적인 갈등양상을 분석하였다. 푸드트럭 사업과 연관된 각 주체들의 인식 속에서 푸드트럭은 공식성과 비공식성을 넘나드는 중간자적인 위치를 가지고 있음을 확인할 수 있었다. 이 중간자적 위치는 기존에 이분적인 영역에서 자리 잡고 있던 경제생태계의 문법을 흔들어 놓았고, 이로 인해 갈등의 불씨가 생겨난 것으로 파악되었다. 한편 푸드트럭 사업 내부에서도 스스로 푸드트럭의 이념형을 만들어내는 작업이 진행되면서 또 다른 차별과 배제가 만들어지고, 내부적 갈등의 원인이 되었다.

실제 갈등 양상에서 푸드트럭 사업자 내부의 갈등과 푸드트럭 사업자–'관' 사이의 갈등 그리고 푸드트럭 사업자와 기존 상권 사이의 갈등이 가설과는 다른 점이 있다는 사실을 발견할 수 있었다. 실제 현지조사를 통해 가장 첨예한 것으로 예상되었던 기존 상권과의 갈등은 비교적 잘 관리되고 있는 상태라는 점을 파악하였다. 한편 푸드트럭 사업자 사이의 갈등이 잠재적인 불만이 계속 축적되고 있어 표면화될 가능성을 내포하고 있다는 사실 또한 관찰할 수 있었다. 푸드트럭에 대한 부분적 합법화 조치가 시행된 지 3년여가 지나며 초기의 혼란이 상당 부분 정리된 데다 푸드트럭으로 인한 사회적 갈등을 최소화하려는 '관'의 노력이 더해지면서 자칫 증폭될 수도 있었던 갈등의 소지가 봉합 상태에 머물러 있는 것이다. 향후 이어질 푸드트럭 상시 영업지의 확대와 푸드트럭 허가제도의 변화에서 야기될 수 있는 사회적 갈등을 최소화하는 것이 중요한 상황이라고 볼 수 있다. 반면 푸드트럭으로 인해 발생할 수 있는 사회적 갈등을 안정적으로 관리하려는 '관'과 푸드트럭 사업영역의 확대를 갈망하는 개별 사업자들 사이에는 잘 드러나지 않는 긴장관계가 엿보이기도 하였다. 푸드트럭 내외부의 갈등이 비교적 잘 관리되고 있어, '관'의 관리는 신중하게 속도를 조절하고 있는 반면, 개별 사업자들은 현재 허가의 적용 범위가 너무 좁다고 느끼기 때문이다.

이러한 갈등의 해결 과정에서 우리는 시민정치적 맥락에서 주목할 만한 현상을 발견하였다. 갈등을 조정하기 위한 '관'과 푸드트럭 사업자들의 움직임은 일종의 '자치의 방식'이라고 칭할 수 있는 성격의 것임을 확인하였다. 밤도깨비야시장의 사례에서 볼 수 있듯이 중층적인 구조 속에서 야시장은 푸드트럭 사업자들의 대표가 선출되어 대행사와 서울시에 사업자들의 의견을 전달하는 시스템을 구축되어 사업자들을 스스로 목소리를 낼 수 있는 통로가 확보되었다. 그 외에도 정기적인 공청회와 중간매개자로서의 대행사의 의견 조율 등 자치적 요소를 다수 찾아볼 수 있었다.

그럼에도 그 한계는 분명히 존재했다. 공식성과 비공식성 사이의 중간자적 위치와 이동하며 경제적 이윤을 추구한다는 특수성은 푸드트럭으로 하여금 일반적인 주민이 주체가 되는 시민자치의 당사자가 되는 것을 어렵게 하였다. 미약하게나마 형성되고 있는 푸드트럭협동조합, 협의회 등의 단체들과 사업자들 간의 유대감, 지역에의 소속감을 고취시키기 위한 야시장 운영방식의 변경 등이 그 한계를 극복할 수 있는 가능성을 내비치고 있다. 이러한 시도들이 성공하여 향후 푸드트럭 사업자 사이의 결사와 연대를 증대시키고 지역과의 유대가 강화된다면 푸드트럭이 진정한 지역사회의 구성원이자 시민정치적 주체가 될 수도 있을 것이라는 희망적 전망을 내비쳐본다.

참고문헌

김용겸. 2014. "푸드트럭 운영에 대한 탐색적 연구." 경기대학교 외식조리관리학대학원.

김찬우·정인영. 2018. "Q방법론을 활용한 푸드 트럭 이용고객의 주관적 인식 연구." 한국콘텐츠학회. 『한국콘텐츠학회논문지』 18(8).

박두희. 2015. "푸드트럭 정책의 효율적 시행을 위한 연구." 고려대학교 정책대학원 석사학위논문.

박인권·이선영. 2012. "서울의 저항과 대안의 공간 및 운동 변화 분석." 『공간과 사회』 제22권 4호.

박천오. 2013. "이익집단의 이익표출, 서울행정학회." 『한국 사회와 행정연구』 24(3).

진예린. 2016. "서울 밤도깨비야시장의 계획·정책결정 과정으로 살펴본 도시 비공식성과 공식적 거버넌스 메커니즘의 상호작용." 『지리학논집』 제61호, 62호 합본호.

최재송. 2007. "지방자치단체의 노점상 문제 해결방안." 『한국지방자치연구』 제9권 2호. pp.57-76.

편집부. 2018. "서울시 동작구 – 행복한 변화로 사람 사는 도시, 동작." 『월간 공공정책』 147. pp.47-52.

황진태·권규상·조영지. 2015. "노점상 연구에서 도시 비공식성 개념의 이론적·실천적 함의." 『공간과 사회』 제25권 3호.

Robert D, Putnam. 2004. *Better Together: Restoring the American Community*. New York: Simon&Schuster.

제14장

구의원과 함께하는 시민정치
낙성대동 지역주택조합 반대위원회를 중심으로

인류학과 **김정현**
인류학과 **박재현**
정치외교학부 **오승준**
정치외교학부 **선보미**

〈연구활동 일지〉

날짜	활동 내용
2018년 10월 12일	4차 정기회의 참석, 주무열 의원 인터뷰
2018년 10월 22일	예비공청회 참석 및 진행 보조
2018년 10월 26일	5차 정기회의 참석, 사무국장 인터뷰
2018년 10월 29일	공청회 참석 및 진행 보조
2018년 10월 31일	관악구청 앞 집회 보조
2018년 11월 5일	긴급회의 참석 및 반대위원회 홍보 자료 배포 보조
2018년 11월 19일	반대위원회 운영위원 인터뷰
2018년 11월 22일	반대위원회 주최 주민 간담회 보조

　　최근 풀뿌리 민주주의의 실현 방안으로 지방자치가 새롭게 떠오르며 시민들이 정치에 참여할 수 있는 창구인 시민결사체의 수 또한 급격히 증가하고 있다. 본 연구는 이러한 흐름 속에서 편백숲 주택조합이라는 지역 문제를 해결하기 위해 주무열 구의원과 시민들이 같이 설립한 시민결사체인 '낙성대동 지역주택조합 반대위원회'를 다루고자 한다. 해당 단체는 구의원의 주도 하에서 설립되었음에도 불구하고 시민과 구의원이 동등한 위치에서 문제 해결을 위해 다양한 움직임을 보이고 있다는 점에서 주목할 만하다. 또한 이들은 행정기관과의 협력(거버넌스)을 통해 자신들의 궁극적인 목표인 주택조합 퇴출을 모색하고 있었으며, 그 과정에 시민들이 참여할 수 있도록 유도하고 있다는 점에서 모범적인 시민정치 사례라고 할 수 있다. 물론 주민과의 의견차이, 고질적인 행정 불신 등은 반대위원회의 명백한 한계라고 할 수 있을 것이다. 하지만 이처럼 반대위원회의 성과와 한계에 대한 민족지적 연구는 향후 시민정치의 실현이나 연구에 큰 도움이 될 것이다.

Ⅰ. 들어가며

대개 선거에서는 거물급 정치인의 당선 여부가 이목을 끌기 마련이다. 하지만 2018년 6월에 치러진 지방선거에서는 정치 새내기들이 큰 돌풍을 일으켰다. 용인시에서는 표창원 국회의원을 보좌하던 26세 청년이 시의원에 당선되기도 하였고, 많은 서울대 동문들이 정치에 첫발을 내딛기도 하였다. 그중에는 얼마 전 총학생회장을 지내서 연구자들에게 익숙한 주무열 관악구 구의원도 있었다. 하지만 그가 많은 주목을 받은 이유는, 다른 구의원들보다 더 많은 표를 받아 관악 지역에서 1위로 당당히 관악구의회에 입성했다는 점에 있다. 다른 구의원들과 달리 어떠한 정치적 기반을 가지고 있지 않았던 그는 총학생회장 시절 인연을 맺은 배달노동자, 지역상권의 사람들을 권리당원으로 입당시키며 자력으로 당선되었다고 한다.

이처럼 지방선거에 대한 여운이 채 가시지도 않았던 어느 날, 연구자들은 서울대입구역 근처에서 '편백숲 지역주택조합'에 대한 플래카드를 보게 되었다. 우리

〈그림 1〉 관심을 가지게 된 단서

의 이목을 끈 것은 바로 플래카드에 주무열 의원 본인의 휴대전화 번호가 기재되어 있었다는 사실이었다. 유동인구가 많은 곳에 자신의 개인정보를 당당히 노출시켰다는 점이 다소 충격적이었지만, 한편으로는 그처럼 지역주민들과 소통하고자 하는 의지를 보여주는 것은 젊은 정치 신인만이 가능한 선택이 아니었나 싶기도 했다.

이에 주무열 의원과 그가 후보 시절부터 강력히 주장한 청년정치가 무엇인지 연구하기로 하였다. 처음 우리의 목표는 청년 유권자들의 표심을 겨냥해서 등장한 청년 정치 담론이 시민들과 가장 근접한 단계인 기초자치단체 단위에서 어떤 식으로 구상되며 실현되는지에 대해 알아보는 것이었으며 때마침 관악구 청년 예술인들과 함께 진행되는 '청년문화회의'가 주무열 의원의 주도하에 진행되고 있었다. 그러나 이는 이미 조례 제정 단계에 들어갔기 때문에 해당 회의를 통해 민관 사이의 의견 조율 및 합의 프로세스를 살펴보기는 힘들었다. 따라서 연구자들은 청년정치에서 눈을 돌려, '편백숲 주택조합(주택조합)' 문제 해결을 위해 이제 막 의견 수렴 단계에서부터 활동이 전개되고 있었던 '낙성대동 지역주택조합 반대위원회(반대위원회)'에 집중하여 연구를 진행하기로 하였다. 이에 정치인이 시민정치가 꾸려지고 이뤄지는 과정에서 어떤 역할을 하는지, 그리고 여러 시민들 간의 합의 프로세스에서 제도권 정치의 역할에 대해 알아보고자 했다.

주택조합은 오래 전부터 낙성대동에서 많은 문제를 야기하였지만 이제까지 그다지 조명을 받지 못한 사안이었다. 해당 단체가 일으킨 문제로는 구체적으로 건물주들의 건물 시공 방해, 도로 점거 등을 들 수 있으며, 이러한 주택조합의 행동은 지속적으로 주민들의 반발을 샀으며 건물주들과 주민들의 산발적인 민원으로 이어지기도 하였다. 그러나 이러한 시도들이 소극적인 대응이었다면, 주무열 의원이 취임하면서 결성된 반대위원회는 지역주택 문제에 대응하기 위한 적극적인 움직임으로 시작되었다고 할 수 있다. 본격적으로 반대위원회에 대한 연구가 진행되면서 연구자들은 반대위원회의 결성, 활동, 구조 등을 구체적으로 살필 수 있었으며, 그 속에서 많은 시민정치적 성과와 한계를 확인할 수 있었다.

II. 주무열 의원과 낙성대동 지역주택조합 반대위원회

반대위원회가 주택조합의 퇴출을 목표로 하는 이유는 해당 주택조합이 낙성대동 일대, 흔히 '샤로수길'이라 불리는 지역의 건물들을 허물고 아파트 짓는 것을 골자로 하는 사업을 추진하고 있기 때문이다. 그러나 반대위원회 측의 진술에 따르면 이는 정확한 기안도 없을뿐더러 주민의 동의도 충분히 구하지 못해 실현 가능성이 매우 저조한 사업이다. 그럼에도 불구하고 주택조합 측에서는 허위과장 광고를 통해 조합원을 모집하여 관공비를 남용하고 있으며, 조합원들의 불만을 잠재우기 위해 인력을 동원하여 주민들을 협박하는 등 많은 문제를 일으키고 있다. 이는 주무열 의원이 당선되기 훨씬 이전부터 문제가 되어 왔으며, 2017년 초 일부 주민들과 부동산 중개업자들이 문제 해결을 위해 움직이기 시작할 즈음 주무열 의원이 합류하며 반대위원회가 설립되기에 이르렀다. 즉 반대위원회는 크게 주무열 의원, 그리고 주민들과 부동산 중개업자들로 구성된 운영위원들로 구성되어 있다. 본 연구 또한 구의원과 주민들로 구성된 반대위원회의 특성에 초점을 맞추어 진행되었는데, 아래에서는 독자들의 이해를 돕기 위해 연구자들이 본 주무열 의원과 반대위원회에 대해 기술한다.

1. 주무열 의원

주무열 의원은 2015년 서울대학교 총학생회장을 역임하고, 대학 이후에도 더불어 민주당 지역위원회, 서울특별시 자문관 등 다양한 정치 활동을 이어나가다 올해 지방 선거를 통해 관악구 구의원이 되었다. 정당의 인재 육성 기능이 매우 미약한 한국에서 기성세대의 무대라 할 수 있는 정치, 그중에서도 지역 정치에 젊은 세대가 등장한 것은 이례적인 일이었다. 주 의원은 서울대 총학생회장 재임 시절 인연을 쌓아온 서울대 노동자, 주변 상인, 배달 노동자 등과 꾸준히 관계를 맺고 그들을 민주당 권리당원으로 조직했다. 그 결과 입당 1년 만에 당내 경선에서 현역 구의원을 제치고 승리할 수 있었다.[1] 젊음과 전략을 무기로 하여 견고한 한국 지역 정치의 벽을 무너뜨린 것이다.

이러한 전략을 통해 당선된 그는 청년의 문제를 대변하는 것에서 시작해, 청년이 지역에서 여러 사업들에 도전하고 주민들과 더욱 접촉하여 기존의 무력한 지역 정치를 극복해야 한다는 점을 역설하는 등 청년정치의 필요성을 강조한다.[2] 주 의원은 이러한 자신의 생각을 보여주듯, 당선 이후 격주로 관악구 청년 문화예술인들과 식사를 하며 관악구의 예술 정책에 대해 토론하는 '청문회(청년문화회의)'를 진행해 온 바 있다. 또한, 한국 사회에서 청년 세대와 밀접하게 연결되어 있는 최저임금과 소상공인 문제에도 많은 관심을 가지고 이를 주제로 한 연구와 세미나를 적극적으로 진행하고 있다. 청년의 역할 중에서도 주 의원은 특히 기존 지역 정치에서 존재하지만 집약되지 않는 시민의 목소리를 모으고 그것이 제도로 나아갈 수 있도록 돕는 자로서 기초의원과 청년의 연관성을 강조한다. 그는 자신이 비례대표나 국회의원이 아닌 기초의원이 되기로 결심한 것도 바로 이 때문이라고 밝히고 있다.

이렇게 당선된 주 의원은 올해 여름 선거를 진행하며 앞서 소개되었던 주택조합 문제의 심각성을 처음 접하게 되었으며, 당선 이후 본격적으로 주민, 부동산 중개업자들과 함께 반대위원회를 꾸리게 되었다. 현재 주 의원이 지금 가장 집중하고 있는 지역현안은 바로 이 주택조합 문제라고 할 수 있으며, 그는 반대위원회 정기회의를 통해 운영위원들의 의견을 수렴한 후 반대위원회를 대표해서 관악구의회, 관악구청, 경찰서 등 행정기관 차원에서의 대응에 앞장서고 있다. 또한, 관악구의회에서의 발의나 공청회 개최 등의 노력을 통해 문제의 심각성과 대응 필요성을 알리고자 한다. 그는 실제로 최근 10월 관악구의회 임시회에서 5분

---

1. 엄지원. "유세차도 없이 '뚜벅이' 선거 … '바늘구멍' 뚫은 청년정치." http://www.hani.co.kr/arti/politics/assembly/850460.html(검색일: 2018.11.10).

2. 주무열. "더 많은 청년 정치인의 등장을 고대하는 이유." http://www.ziksir.com/ziksir/view/6708(검색일: 2018.11.08).

자유발언을 통해 불법 홍보를 통한 조합원 모집은 물론, 불공정한 계약 등으로 투자자 피해를 유발하고 있는 주택조합 문제에 대한 대책 마련이 시급하다고 강력하게 주장한 바 있다.[3]

추가적으로 주무열 의원과 관련된 인물로는 사무국장이 있다. 사무국장은 과거 주무열 의원의 선거운동을 도우며 개인적인 친분을 쌓았으며, 그 인연을 계기로 주무열 의원과 운영위원들의 활동을 보조하고 있다. 사무국장은 보조관을 둘 수 없는 기초의원의 특성상 운영위원들과 주무열 의원에게 사적으로 고용된 형태로 일을 하고 있으며, 반대위원회 온라인 카페 운영, 대외 홍보, 서류 제작 등 다양한 실무들을 담당하고 있다.

2. 낙성대동 지역주택조합 반대위원회

앞서 간단히 설명한 것처럼, 주택조합은 낙성대동 일대(흔히 말하는 '샤로수길'을 포함한 지역)에 현재 존재하는 건물을 철거하고 아파트 단지를 조성하겠다는 사업을 추진하고 있다. 반대위원회 측의 설명에 따르면 해당 지역 주민의 동의가 부족하고 정확한 사업 계획 또한 전무(全無)하지만 조합 측은 계속해서 각종 미디어를 이용한 허위과장광고를 통해 조합원을 모집하고 있고 이에 속아 많은 피해자들이 발생하고 있다. 이런 상황 속에서, 반대위원회는 이러한 더 이상의 피해가 일어나는 것을 방지하고, 궁극적으로는 지역주택을 해당 지역에서 퇴출하는 것을 목표로 결성된 위원회이다. 아래서부터는 반대위원회를 그 ㉠ 구성과 ㉡ 운영, ㉢ 활동 측면으로 나누어 설명하고자 한다.

첫 번째로 반대위원회는 주무열 의원과 지역 주민, 부동산 중개업자 등 대부분이 장년층으로 구성되어 있다. 부동산 중개업자가 위원회 내 다수를 차지하고 있으며, 그들 중 상당수는 관악구에서 거주하고 있지는 않지만 관악구에서 오랫동

---

3.   현대HCN 관악방송. "주무열 구의원, '지역주택조합' 피해 대책 강조." https://tv.naver.com/v/4292160(검색일 2018.11.10).

안 사업을 해왔다고 한다. 즉, 이들은 해당 지역에 거주하는 주민이 아님에도 불구하고 반대위원회 활동에 뛰어들었다는 것이다.

둘째로 반대위원회는 철저히 비영리 단체의 원칙에 따라 운영되고 있다. 많은 비영리 단체들이 거의 그러하듯, 반대위원회 역시 운영위원들의 자발적 기부금(1인당 30만 원 상당)으로 운영되고 있으며 그마저도 모금이 쉽지 않아, 위원회 및 회의에 참석하는 몇몇 주요 운영위원들이 개인적 차원에서 더 많은 자금 운용을 위해 노력하고 있는 중이다. 반대위원회에서 적극적으로 활동하는 몇몇 운영위원들은 앞으로 갈등 상황이 지속될수록 더 많은 자금이 필요할 것이라고 말하며 현재의 자금 운용 현황을 걱정하고 있다.

세 번째로 반대위원회의 활동에 대해 이야기하자면, 이들은 주무열 의원의 사무실에서 주택조합 사업 대응 방안에 대해 논의하는 정기회의를 격주로 진행하고 있다. 회의는 주로 지난 회의에서 논의되었던 사안에 대한 업무 경과보고와 대응 전략 논의 순으로 이루어지는데, 전자는 대부분 구청장이나 구청 공무원 등 공공 부문에 대해 주무열 의원이 진행한 업무를 보고하고 운영위원들이 이에 대해 피드백(Feed-back)하는 방식으로 이루어지며 후자는 앞으로의 대응 전략에 대해 자유로이 토의하는 방식으로 진행된다. 정기회의 외에도 반대위원회는 대다수가 부동산 중개업자로 구성된 운영위원들의 특성을 이용하여 지역 주민에게 주택조합 사업의 문제를 알리거나, 다음 카페와 카카오톡 메신저를 이용한 온라인 홍보, 현수막과 공청회를 통한 오프라인 홍보 등을 병행하고 있다.

그중 다음 카페는 '힐링스테이트 1, 2차 반대위원회'라는 이름을 가지고 있으며 낙성대동 지역주택조합의 문제점, 언론 보도 내용, 주택조합의 만행, 반대 위원회 활동 등의 내용을 담고 있다.[4] 조금 더 구체적으로 살펴보자면, 지역주택조합의 문제점을 다루는 게시판에서는 주무열 의원이 대표로 이 사업의 불법성에 대하여 국토교통부에 질의한 내용, 관악구청에 보낸 공문 및 반대위원회 회원이 직

---

4. 힐링스테이트 1, 2차 반대위원회 다음 카페. http://cafe.daum.net/nakjiban/keBa.

접 작성한 1, 2차 분양가 분석 자료 등이 게시되어 있다. '주택조합의 만행' 게시판의 경우, 판매 계획이 없는 건물에 대해 주택조합이 공사를 방해하기 위해 의도적으로 외제차를 주차해놓는 등의 행동을 하는 것이 동영상 형태로 게시되어 있다. 더불어 '반대위원회 활동' 게시판에는 반대위원회 측에서 주택조합 사업 문제의 심각성을 알리고자 게시한 현수막 사진과 공청회 현장 사진 등이 게시되고 있다. 이러한 게시물들의 경우 조합 측의 분란을 막기 위해 댓글 작성이 금지되어 있는 상태이다.

다음 카페가 주택조합 사업의 문제점 지적과 반대위원회의 존재, 활동을 외부에 홍보하는 것에 중점을 두고 있다면 반대위원회 내부 소통은 주로 카카오톡 메신저를 통해 이루어지고 있다. 이들은 메신저를 통해 실시간으로 의견을 주고받으며 향후 대응 전략에 대해 논의한다. 또한, 공청회나 구청장과의 면담 같은 중요한 일정을 알려 지역 주민의 참여율을 높이고 주택조합 측의 불법 행위를 제보하는 등 진행 상황을 공유하기도 한다.

III. 주무열 의원과 반대위원회의 활동

반대위원회 활동에 대한 좀 더 깊은 이해를 위해 연구자들은 반대위원회 활동에 지속적으로 참여하며 현장연구를 진행하였다. 그 과정에서 연구자들이 중점적으로 살펴본 반대위원회 활동은 크게 두 가지인데, 그중 하나가 바로 격주 금요일마다 개최되는 '반대위원회 정기회의'이다. 관악구의회 의원 연구실에서 진행되는 정기회의는 반대위원회가 설립된 이래로 정기적으로 개최되었다는 점, 회기마다 위원장인 주무열 의원과 사무국장을 포함하여 10명 전후의 사람들이 꾸준히 참여한다는 점 등을 고려했을 때 반대위원회의 활동, 목적 등을 이해하기에 좋은 현장이라고 할 수 있다. 우리 연구자들은 10월 12일 개최된 4차 회의를 시작으로 정기회의에 꾸준히 참석하였으며, 구성원들이 자신들의 활동을 점검

하고 목표를 설립하고 수정하는 모습, 주택조합과 피해자에 대한 정보를 공유하는 모습 등을 관찰할 수 있었다. 뿐만 아니라 꾸준히 정기회의에 참석함으로써, 연구자들은 반대위원회 구성원들과 라포를 형성할 수 있었다.

　연구자들이 주목한 또 다른 유형의 활동은 바로 '공청회 활동'이다. 이때까지의 현장연구 기간 동안 반대위원회는 두 차례의 공청회를 기획하고 개최하였다. 첫 번째 공청회는 10월 22일 열린 예비공청회로, 29일 열린 공청회에 대비하여 주민과 피해자들의 의견을 듣고 반대위원회의 활동을 설명하는 자리였다. 두 번째 공청회는 10월 29일에 개최되었으며, 60여 명이 참석했던 예비공청회와는 달리 180여 명의 사람들이 참여하여 대규모로 진행되었다. 그러나 두 공청회는 그 규모와는 상관없이 기존의 반대위원회 구성원들뿐만 아니라 반대위원회 활동을 지지하는 정치인들이 참여하였다는 점과 주무열 의원을 포함한 정치인들이 피해자의 목소리를 직접 듣고 답하는 소통의 자리였다는 점에서 공통점을 가진다고 할 수 있다. 연구자들은 공청회 준비를 돕고 공청회에 직접 참여함으로써 반대위원회의 시민정치적 함의와 한계를 관찰할 수 있었다.

　정기회의나 공청회처럼 공식적인 활동 외에도 연구자들은 반대위원회가 개설한 인터넷 카페와 단체 채팅방이라는 비공식적인 장을 통해 반대위원회를 연구하였다. 먼저 인터넷 카페는 이미 카페 등을 통해 활동하고 있던 주택조합에 대항하기 위해 설립되었으며, 반대위원회 활동과 주택조합 문제를 알려 피해자들의 목소리를 모으고 잠정적인 피해자를 방지하는 공간으로 활용되고 있었다. 그러나 인터넷 카페는 피해자들의 공청회 참석을 유도하는 등의 효과를 보이긴 하였지만 사무국장을 제외한 구성원들의 활동은 미미하였기 때문에 연구 과정에서 많은 도움이 되지는 못하였다. 반면에 단체 채팅방은 반대위원회 구성원들이 모두 참여하고 있을 뿐만 아니라 주택조합 문제에 관심을 가지고 있는 다른 구의원도 참석하고 있다는 점에서 유의미한 관찰 지점이라고 할 수 있었다. 특히 채팅방은 2주에 한 번 개최되는 정기회의와는 달리 구성원들이 상시 의견을 공유하는 공간이라는 점에서 연구자들이 반대위원회의 성질을 이해하고 반대위원회

편백숲 지역주택조합 대응 방안 공청회
2018년 10월 29일(월) 17시 관악구민회관

🏠 개요
편백숲 지역주택조합으로 인한 피해자들의 생생한 증언을 듣고 고발 조치 이후의 대응을 관악구청장, 주민, 피해자가 함께 모색하기 위한 공청회입니다.

🏠 편백숲 지역주택조합의 법규 위반 내용
1. 조합원 모집(변경)신고 없이 현재까지 지역주택 조합원 모집
2. 확정되지 않은 사업계획을 가지고 아파트 '분양' 및 '평당 1,400만원대' 문구를 사용하고 동·호수를 지정하는 등 마치 사업이 확정되어 일반분양하는 것처럼 홍보해 왔음.

🏠 주관

구의원 주무열
낙성대동/인현동/남현동

🏠 초청

관악구청장 박준희

🏠 장소 : 관악구민회관

🏠 일시 : 10월 29일 (월) 17시

관악구 주민, 피해자분들의 많은 참석 부탁드립니다.

홍보물의 법적보호를 위해 불가피하게 의정보고의 형태로 제작되었습니다.
문의 : 010-8622-9191/02-879-7538(구의원 주무열)

〈그림 2〉 공청회 홍보 자료

의 비정기적인 활동에 대한 정보를 얻는 데 큰 도움이 되었다. 특히 10월 29일 개최된 공청회 이후 반대위원회의 구체적인 활동 방향이 정해지면서 단체 채팅방이 활발해질 뿐만 아니라 그 안에서 제시된 의견들이 실질적인 움직임으로 이어지는 모습을 확인할 수 있었다.

마지막으로 연구자들은 연구대상과 더욱 밀착된 민족지적 연구를 진행하기 위해서 반대위원회 구성원들과 몇 차례의 심층면담을 진행하였다. 하지만 연구기간 내에 모든 구성원들을 인터뷰할 수 없다는 점을 감안하여 주무열 의원을 비롯하여 반대위원회에 지속적이고 열정적으로 참여하는 몇몇 구성원들을 대상으로 면담을 요청하였다. 그 결과 일부 면담대상자들은 시간상의 한계나 개인적인 부담감에서 면담을 거절하여 면담을 진행할 수 없었지만, 주무열 의원을 비롯하여 반대위원회에서 핵심적인 역할을 하고 있는 구성원들과 면담을 할 수 있었다. 연구자들은 이러한 면담을 통해 반대위원회와 주택조합 간의 갈등 양상을 더욱 잘 이해할 수 있었을 뿐만 아니라, 반대위원회 구성원 개개인이 어떠한 동기에서 반대위원회에 참여하였고 자신들의 활동에 대해 어떠한 생각을 가지고 있었는지, 그리고 해당 지역의 주민들이 주택조합과 반대위원회의 활동에 어떻게 반응하고 있는지 등을 알아볼 수 있었다.

IV. 주무열 의원과 반대위원회의 시민정치

1. 주무열 의원과 반대위원회의 시민정치적 활동의 성과

현장연구를 통해 본 반대위원회는 후술할 여러 한계에도 불구하고 시민정치 조직으로서의 역할을 충실히 해내고 있었다. 반대위원회의 가장 큰 성과 중 하나는 사람들을 집결시키고 주택조합 문제를 수면 위로 부상시켰다는 것이다. 주민들과 반대위원회 운영위원들의 진술에 의하면 주택조합은 반대위원회 결성 이

전부터 꾸준히 문제가 되어왔다. 그러나 해당 문제에 대한 관심 부재, 문제를 해결하기 위한 조직 부재 등의 이유로 인해 주민들은 침묵해왔고, 결과적으로 오늘날 주택조합은 주민들의 삶을 위협하는 실질적인 문제로 발전하게 되었다. 이러한 상황 속에서 설립된 반대위원회는 주민들과 피해자가 목소리를 낼 수 있는 장을 마련해주었으며, 반대위원회 이전에 주택조합에 대응하고자 했던 여러 세력을 하나로 통합하는 역할을 해주었다. 이렇게 많은 사람의 목소리와 힘이 집결했기에 주택조합 문제가 반대위원회나 피해자들뿐만 아니라 주민, 관악구청, 서울시, 언론 등이 관심을 가지는 사안이 될 수 있었던 것이다.

이러한 성과를 달성할 수 있었던 이유는 반대위원회의 구성과 성격에서 찾아볼 수 있다. 몇 번의 정기회의에서 볼 수 있었듯이 반대위원회 운영위원들은 주무열 의원의 의견과 결정을 존중하고 따르고 있다. 그러나 주무열 의원이 위원회의 방향을 일방적으로 결정하는 것은 아니다. 의원과 시민이라는 권력의 차이를 넘어서 운영위원들과 주무열 의원은 서로 의견을 주고받으며 자신들의 활동을 평가하고 다음 목표를 설정한다. 여기에는 운영위원들이 서로를 어느 정도 알고 있다는 점, 회의가 딱딱하고 공식적인 자리가 아니라 부드러운 분위기에서 진행된다는 점이 크게 작용한다. 회의뿐만 아니라 운영위원들은 단체 채팅방을 통해서 언제나 주무열 의원에게 의견을 전달하며, 주무열 의원은 운영위원들에게 일의 진행 상황을 보고하고 차후 행동방침을 밝힌다. 즉 구의원과 시민들이 만나는 공식적인 조직임에도 불구하고 서로 간의 신뢰가 형성되어 있고 이를 바탕으로 자유롭게 의견을 교환할 수 있다는 점이 반대위원회의 핵심이라고 할 수 있다.

뿐만 아니라 반대위원회 운영위원들이 각자의 자리에서 가능한 일을 하고 있다는 점도 반대위원회가 지속될 수 있는 원동력이라고 할 수 있다. 먼저 일반 구성원들은 주무열 의원의 활동이나 공청회 등의 공식적인 활동을 보조할 뿐만 아니라 개인적인 차원에서 홍보, 정보 수집 등의 활동을 하고 있었다. 한 가지 눈여겨봐야 할 점은 운영위원들이 그러한 역할을 수행하는 과정에서 낙성대동에서의 오랜 생활로 형성된 네트워크를 적극적으로 활용하고 있다는 것이다.

"(편백숲) 홍보관 사람들이 와가지고, 막 뭐 선물 돌리고 하면서 손님 한 명 보내주면 두당 200씩 주겠다고 했어요. 근데 그때는 여기 부동산들이 200이 아니고 2000을 줘도 안 갔어요. 왜냐면 도덕적인 문제도 있고, 이쪽 저희 같은 부동산들도 마찬가지이지만, 여기는 떳다방이 없어요, 부동산이. 그러니까 휙 팔고난 다음에 도망, 날아가 버리는 부동산들 있죠. 그런 데가 없고, 여기는 대부분이 10년에서 15년 이상 터 잡고 사는 부동산이기 때문에 실제로 주민화되어 있다고 보시면 돼요. 저희가 여기 원룸 주인이고 주택 주인이고 다 알아요. 길가다 보면 다 인사를 할 정도로 친하니까. 그런 분들한테, 돈 200 받고 나쁜 짓들은 못하죠."

– 반대위원회 운영위원, 11월 29일 심층면담

11월 29일 진행된 운영위원과의 인터뷰는 반대위원회 운영위원 대부분이 낙성대동에서 부동산 중개업을 오랫동안 해왔으며 지역주민들과 깊은 관계를 맺고 있음을 잘 보여준다. 이들은 이러한 관계의 네트워크를 통해 지역주민들과 낙성대동 주민자치위원회 등의 지역조직들에게 반대위원회의 존재와 활동을 홍보하는 한편, 추가적인 피해자가 발생하지 않기 위해 집을 구하거나 조합에 가입하기 위해 온 사람들에게 편백숲 주택조합의 실체를 설명하고 있었다. 또한 이들은 주민들과의 개인적인 관계를 활용하여 주민들의 피해사례를 수집하고 주택조합의 동향을 살피는 동시에, 자신들이 얻은 정보를 해박한 부동산 관련 지식과 함께 주무열 의원에게 전달하는 역할도 맡고 있었다. 이처럼 이들은 오랜 생활에서 형성된 네트워크를 통해 지역사회와 반대위원회를 연결하는 역할을 하고 있었다.

한편 지역구의원으로서 지역주택이라는 사회적 문제에 대항하기 위한 최전선에 서 있는 주무열 의원은 자신을 '방패막이'라고 표현한다. 이는 단순히 반대위원회와 주민들을 대표한다는 의미뿐만 아니라 주무열 의원 스스로가 주택조합과의 전쟁에서 최전선에 서 있음을 자각하고 있다는 것을 의미한다. 그 과정에서 주무열 의원이 관악구의회 본회의에서 편백숲 주택조합 문제에 대해 발언을 하거나, 공청회에 구청장 방문을 요청하는 등의 모습을 통해 정치적 자원을 적극적으로 활용하고 있다는 것을 알 수 있었는데, 이는 주무열 의원과의 면담에서도 매우 잘 드러나고 있다.

> "어떻게 보면 약간 본질적인, 인간의 본질적인 내용이긴 한데 권위의 문제가 있어요. 일을 할 때 있어서. 그러니까 나라는 사람은 똑같은 주무열인데, 그냥 일반 학생일 때의 주무열하고 총학생회장이 되었을 때의 주무열하고, 또 이제 구의원인 주무열이 되었을 때에 그게 달라요. 되게 다르고, 어, 정치인들이 자기에게 주어진 권위와 권한, 파워를 십분 활용하지 않는다면 방기하고 있는거 같아요. 할 수 있는 일이 굉장히 많은데. 제가 그냥 주민이었을 때는 지금 이런 일을 절대로 끌어갈 수 없어요."
>
> – 주무열 의원, 10월 26일 5차 회의 후 인터뷰

그뿐만 아니라 구의원이라는 직책이 함의하고 있는 권위와 권력은 운영위원들이 피해자들을 설득시키고 사람들의 목소리를 모으는 데에도 활용되기도 한다. 이것은 반대위원회 구성원들이 구의원이라는 직책의 권력을 의식적으로 활용한다는 것을 보여줄 뿐만 아니라 반대위원회 활동이 성과를 거둘 수 있었던 데에는 구의원의 정치적 권위와 권력이 매우 중요한 역할을 하고 있다는 것을 의미한다.

이처럼 반대위원회는 구의원과 시민들의 조합이라는 조직의 독특한 특성을 바탕으로 다양한 방법을 활용하여 주택조합 문제를 해결하기 위해 노력하고 있다. 그러나 연구자들이 반대위원회의 활동을 긍정적으로 평가하는 결정적인 이유는 그 다양한 방법 때문이 아니라 그들의 활동이 서울시, 국회, 국토부 등의 상위 거버넌스와 연결되고 있기 때문이다. 반대위원회 정기회의에서는 예산 사용, 플래카드 부착, 카페 운영 등의 실질적인 문제들도 논의되고 있지만, 그보다 많은 시간이 구청 및 시청과의 협조와 법 개정 등을 논의하는 데에 활용되고 있었다. 뿐만 아니라 반대위원회 구성원들은 공청회가 단순히 사람들의 이목을 끄는 것을

넘어 공청회에 참석한 다양한 정치인들이 해당 문제의 심각성을 인식하고 법 개정을 위한 움직임으로 연결되기를 기대하고 있다. 즉, 반대위원회의 활동은 하위 거버넌스가 상위 거버넌스와 연결되는 모습을 보여준다고 할 수 있다.

특히 이러한 과정에서 주무열 의원의 활동이 눈에 띄는데, 주의원은 앞서 이야기했듯이 관악구의회에서 자유 발언을 통해 주택조합 문제를 관악구 의원들에게 알릴뿐만 아니라 구청의 핵심인 관악구청장이 해당 문제에 적극적으로 나서게 만들기 위해 관악구 의회 내의 여론을 형성하는 등의 여러 노력을 기울이고 있었다. 또한 지역 정치인들을 넘어 서울시의원이나 국회의원을 비롯한 고위 공직자들과의 협력을 모색하고 있었는데, 공청회에 구 의원들뿐만 아니라 서울시 의원과 전직 국회의원이 참여했다는 사실은 이러한 그의 노력이 어느 정도 성과를 내고 있음을 보여준다. 물론 반대위원회와 상위 거버넌스와의 연결이 아직 법 개정으로는 이어지지 않았지만, 서울시 질의나 국토교통부 국정감사에서 주택조합 문제가 논의될 수 있도록 만들었다는 점에서 앞으로 더욱 뚜렷한 결실을 맺을 것이라고 기대할 수 있을 것이다.

반대위원회의 또 다른 존재의의는 바로 주민들과 구청 사이를 조율하고 주택조합 타도라는 공동의 목표를 제시한다는 점이다. 한 예시로 예비공청회에서 발생한 주민들과 반대위원회의 시점 차이를 들 수 있다. 10월 22일 개최된 예비공청회에 참석한 사람 대다수는 편백숲 주택조합이 자신들의 건물을 불법 건물로 무차별 민원 신고하면서 시간적, 물질적 피해를 본 사람들이었다. 따라서 주무열 의원의 반대위원회 활동 보고가 끝나고 주민 발언 차례가 오자 많은 사람이 해당 문제를 언급하며 구청의 미흡한 대응을 지적하기 시작하였다. 그러자 한 반대위원회 운영위원은 다음과 같이 발언하였다.

"그러니까 결론은 이 지역주택조합이 자기네들이 사업을 정상적인 방법으로 하면 우리도 지역주택조합을 반대할 이유가 없어요. 그런데 주민들을 이렇게 괴롭혀가지고 싸게 헐값에 어, 자기들이 사서 하겠다고 공공연하게 지금 그렇게 지금 홍보관에서 홍보를 하고 있단 말이에요. 그러면 우리가 지금 법을 바꿔 달라 뭣을 해 달라 아무리 어떤 방법을 동원해서라도 이 지역주택조합이 문 닫고 가게 끔 만드는 일에 이렇게 해야 여러분들이, 솔직히 불법이 없는 건축물들이 어디 있습니까? 그리고 그렇게 해가지고는 수익성도 나오지 않잖아요. 그래서 이렇 게 하면 뭐해요, 또 지역주택조합에서 또 신고를 하는데. 그러니까 지역주택조합 이 없어지지 않고서는 우리가 이렇게 원상복구 한다고요. 물론 원상복구 해갔고 할 수 있는 주택들도 몇 개는 있을지 모르지만 근본적인 문제는 해결이 안돼요. 그리고 그러다보니 어, 저희가 우선은 이 지역주택조합을 어떻게든 뿌리 뽑는 일 에, 물론 한분 한분이 모두 발등에 불이 떨어져서 힘들어서 그거 어떻게 빨리 해 결해주시라고 다 이렇게 지금 오셨겠지만, 그것보다 더 큰 거는 그런 내 집을 지 역주택조합 이외에는 사줄 사람이 없다면 어떻게 되겠어요, 도대체."

- 반대위원회 운영위원, 10월 22일 예비공청회

해당 운영위원의 발언은 예비공청회의 논점이 주택조합 타도라는 공공의 목적 에서 이탈하는 것을 막아주었을 뿐만 아니라 자칫 구청의 늦은 대응을 질책하는 청문회 자리로 변질되는 것을 막아주었다. 26일 정기회의에서 해당 운영위원은 자신의 발언이 의도적이었다는 사실을 반대위원회 구성원들에게 말했는데, 이 는 반대위원회의 뚜렷한 목표가 주민들과 구청 사이를 중재하는 기준으로 작용 하고 있다는 것을 보여준다.

그러나 이것은 반대위원회가 주민들의 의견을 일방적으로 묵살한다는 것을 의 미하지는 않는다. 반대위원회 구성원들은 편백숲 주택조합을 타도하기 위한 활 동에 주력함과 동시에 시민들의 실질적인 고충을 덜어주기 위한 노력도 하고 있 다. 한 예시로 예비공청회가 개최되고 4일 후 열린 정기회의에서는 예비공청회 때 나왔던 주민들의 고충을 해결할 필요가 있다는 주장이 제기되었다. 토론 끝에 한 주민이 제안했던 해결방안이 많은 도움이 될 것이라는 결론이 내려졌으며, 주 무열 의원은 구청 담당 부서와의 대화를 통해 해당 방법의 실현을 알아보기로 하였다. 이러한 모습은 반대위원회가 구성원 외 주민들의 의견을 어느 정도 받아들이고 있으며, 주민들이 제기한 문제를 반대위원회 활동뿐만 아니라 상위 정치조직과의 협력을 통해 해결하고자 한다는 것을 보여준다.

뿐만 아니라 반대위원회 운영위원들은 주택조합 타도라는 궁극적인 목표가 자신들의 활동만으로는 이루어질 수 없으며, 지역 주민들의 참여가 무엇보다 절실하다는 점을 인식하고 있었는데, 다음 면담 내용은 그러한 생각을 가지고 있는 한 구성원의 모습을 보여주고 있다.

"그전에 여기가 약할 때에는 개별적으로밖에 못 움직일 때에는 제가 아는 모든 것을 다했어요. 저래도 되네, 싶을 정도로 하는 모든 것들. 국가도로를 막아놓고 자기네가 점유할 정도로 하고 싶은 것을 다 했어요. 굉장히 고맙죠. 근데, 주의원님 역할은 사실 여기까지예요. 이제부터 싸우는 거는 주의원이 앞장서기 힘든 이유가, 정치인이잖아요. 그러니까 정치인이 어디 편을 선다는 것은 위험하기도 하고 공격당하기 쉽죠. 저희도 그 이상 요구하는 것은 염치가 없는 얘기고, 저희가 실제로 내일 모래 모이는 가장 큰 이유가 그거에요. 그 얘기를 하려고. 더 이상 기대지 말라고, 주민들한테. 내꺼 지키려면 내가 나와라, 라는 이야기를 하는 거예요. 주무열 의원이나 저희는 그 뒤에 필요한 절차들을 서포트해 주는 역할로 들어가려고 하는 거죠. 일이 너무 커졌어요, 지금."

– 반대위원회 운영위원, 11월 29일 심층면담

한 가지 주목할 사실은, 해당 운영위원이 주택조합 문제를 해결하기 위해서는 주무열 의원과 반대위원회에 의존하는 주민들의 태도가 바뀌어야 한다고 생각하고 있다는 점이다. 이처럼 주민 주도적인 활동을 중시하는 의견은 반대위원회 정기회의에서 계속적으로 표출되었고 많은 지지를 얻었는데, 이는 해당 운영위원뿐만 아니라 대부분의 반대위원회 구성원들이 같은 믿음을 공유하고 있음을 보여준다고 할 수 있다. 이러한 관점에서 봤을 때 두 차례의 공청회 또한 구청이나 기성정치권의 관심을 모을 뿐만 아니라 주민들이 사태의 심각성을 인지하고 문제 해결에 적극적으로 나서게 만들기 위한 장치였다고 할 수 있다.

연구 말미에 연구자들은 이러한 반대위원회의 의도가 실제 사람들의 의식의 변화로 이어지는 모습을 확인할 수 있었다. 먼저 반대위원회는 주택조합이 활동할 수 있는 핵심적인 근거인 토지사용승낙서가 무효라는 것을 증명하기 위해 '토지사용승낙 철회서'를 접수받고 있었는데, 꾸준한 홍보와 공청회를 통해 이전보다 많은 철회서를 받을 수 있었다고 한다. 또한 많은 주민들이 주택조합을 상대로 법적인 조치를 취하기 시작했을 뿐만 아니라, 11월 27일에는 각 동의 대표들이 모여 구청장에게 해당 문제의 조속한 해결을 원한다는 강력한 의지를 전달하기도 하였다. 비록 이런 움직임의 뒤에 주무열 의원과 반대위원회 운영위원들의 도움이 있었던 것은 사실이지만, 많은 주민들이 자발적으로 해당 문제를 해결하기 위해 움직이기 시작했다는 점은 분명히 고무적이다. 특히 반대위원회라는 조직을 매개로 주택조합 문제를 해결하기 위해 주민들이 네트워크를 형성하고 실질적인 움직임이 나서는 모습은 퍼트남의 연구에서 다루어진 Valley Interfaith[5] 등의 시민정치 사례와 유사하다고 할 수 있는데, 이는 일부 주민들과 한 명의 의원만으로 구성되었던 반대위원회라는 조직이 더욱 넓은 조직으로 나아가게 될 것임을 시사한다.

이제까지의 논의를 종합하자면 반대위원회는 구청이라는 기존 정부 조직이 이루어낼 수 없는 성과를 내고 있다고 볼 수 있다. 그 증거로 200여 명의 시민들이 모이며 성황리에 진행된 29일 공청회는 반대위원회의 노력이 많은 시민의 관심과 지지를 받고 있음을 보여준다. 대부분이 시민정치에 참여해 본 적도 없는 사람들로 구성된 반대위원회가 이러한 성공을 거둘 수 있었던 이유로는 다양한 주체들로 구성된 반대위원회의 유연한 조직 특성, 네트워크의 활용, 주민 위주의 활동 등을 들 수 있을 것이다. 특히 공청회에 참석하기로 예정되어 있었던 구청

---

5.   Robert Putnam, 2003, *Better Together: Restoring the American Community*, Simon and Schuster, pp.11-33.

장이 자리에 참석하지 못했다는 사실은 기존 정치조직의 한계와 대비되는 반대위원회의 성과를 잘 보여준다. 반대위원회가 지속적인 활동을 통해 지역 주민 내의 여론을 조성하고 있음에도 불구하고 구청장을 포함한 기성 정치인들은 정치적 이해관계로 인해 적극적으로 나서지 못하고 있는데, 이는 이들이 법과 정치적 이해관계에 묶여있다는 사실을 적나라하게 보여준다. 만일 반대위원회의 활동이 없었더라면 구청장과 기성 정치인들이 공청회에 참여하거나 해당 문제에 대한 조속한 해결을 약속했을지는 의문이다.

또한, 본 연구자들은 이 사안의 장기적 전망을 긍정적으로 바라보고 있다. 아직까지 본격적인 모습을 보이진 않았지만 반대위원회 구성원에 따르면, 반대위원회는 주택조합 활동을 저지하기 위해 향후 거리 시위 계획도 가지고 있다고 한다. 이에 따라 연구자들은 본 연구에서 발견한 반대위원회의 유연한 조직 및 네트워크 특성과 이러한 행동력이 결합된다면, 시민이 적극적 주체가 되어 정치적 목표를 달성하는 것이 가능하다고 본다. 더하여 반대위원회가 자신의 목표 달성을 위해 국토부를 비롯한 정부 기관에 지속적으로 연락을 취하고 있는 바, 입법과 같은 제도권 정치 내 성과 달성도 가능할 것으로 보인다.

2. 주무열 의원과 반대위원회의 시민정치적 활동의 한계

이처럼 반대위원회의 활동은 여러 성과를 보이고 있다. 특히 활동이 진행될수록 홍보 책자의 내용과 표현, 행사에서 발언 조절, 변호사 선임 등의 여러 모습에서 공식화되며 정치적 의사를 분명히 하고 있다. 그러나 반대위원회도 항상 원활하게 작동되지 않는다. 특히 많은 사람들로 구성된 시민정치적 결사체이며, 동시에 문제 해결을 위해 시민이나 서울시·관악구청 등 행정기관과의 협력을 하는 과정에서 잡음이 나타나곤 한다. 크게 세 가지 한계가 관찰되는데 첫째는 위원회 내부 구성원들 간의 동기와 참여의 비균일성이다. 우선 '낙성대동 지역주택조합 반대위원회'의 경우 비영리단체로 되어있어 이 활동이 직접적으로 운영위원들에게 수익을 주지 않는다. 따라서 위원 활동은 생업을 일정부분 포기하는 것을 전제로 하고 있으며, 대부분의 위원은 낙성대동에서 공인중개사 일과 병행하고 있다. 즉, 참여에 있어 영세한 공인중개사의 경우 자리를 쉽게 비우기 어려운 문제에 직면하곤 한다. 실제 필자들이 인터뷰한 경우도 대형 공인중개사이기 때문에 자신이 위원회 활동을 하는 게 생업에 지장이 가지 않기 때문에 가능하다고 밝힌 바 있다. 더 나아가 주민의 경우에도 생업을 포기하기 어려운 경우가 많아 참여에 부담스러워하는 경우나 공청회를 듣다가 떠나야하는 경우도 많다.

또한 반대위원회 운영위원들의 동기가 경제적인 것과 떼기 어렵다는 점도 들수 있다. 물론 반대위원회 운영위원들은 대부분 지역주민과 지역사회를 위해 이런 비영리적인 활동을 한다고 말하며, 자신들과 주변은 조합원으로 가입해 돈을 잃는 등의 직접적 이해관계는 없다고 밝힌다. 그러나 과연 이런 순수한 공익적 동기로만 참여하는지는 생각해 볼 필요가 있다.

"저는 샤로수길 중간정도에서 부동산을 하고 있는 ○○○입니다. 저희 부동산에 많은 분들이 오셔서 상담하시는데 그것보다도 그 조합원에 가입하시고 오시는 분들이 계시고, 가입을 하고 싶어서 오시는 분들도 많이 문의를 하세요. … (중략) … 본인의 돈을 투자하면서 정말 그런 정보가 없을까 하고 생각을 해요. … (중략) … 어떻게 브리핑 하냐면 불법 건축물로 다 신고해서 헐값에 사겠다고 설명해요. 그런데 지금은 헐값에 사진 않아요. 저희가 그 주변에서 매매되는 가격을 보면 시세보다 좀 더 좋게 거래를 해요, 현재는. 그리고 잔금도 치러요. 그래서 지금은 조합원으로 가입한 사람들 돈으로 매수를 하고 있어요. 그래서 팔고 싶은 분들은 얼마나 좋은 기회에요. 제 가격을 주니까. 그리고 일반 거래가 아니기 때문에 편하게 거래할 수 있어요. 우리 집 금이 가고 이런 거 하나 없이 거래를 하기 때문에 그 사람들한테 파는 걸 너무너무 좋아하시는 분들도 있어요. 사실은 이게 문제라고 생각해요 저는. 그들은 팔고 나면 괜찮아요. 그분들은 이 동네를 떠나시는 분들이에요, 그분들 입장에서는 정상적인 거래고 제값을 주니까 상관은 없지만 남아있는 동네 분들이 문제인 거예요. 철거라고 빨간 글씨 쓰는데 동네가 흉흉하잖아요. 그리고 또 철거라고 쓰여 있는데 이 동네 이사와도 되냐고 물어봐요, 이 동네 와서 장사를 해도 되냐고 물어봐요. 지금 물론 이 사람들이 악의적으로 민원을 많이 넣은 건 사실이에요. 본인들이 그렇게 말을 해요, 자기네들이 민원을 넣었다고 해요. 당사자 아닌 사람들한테는요. 그런 문제점들이 있고, (중략) 저희한테도 공격을 많이 해요. 그래서 저희 입장에서도 공개적으로 할 수가 없어요. (울먹이며) 그래서 그분들이 아파트를 짓는다고 하지 않는 이상 그분들이 빨리 손들고 나갈 수 있도록 힘을 합쳐줘야 된다고 생각해요."

– 반대위원회 운영위원, 10월 22일 예비공청회

위의 예비공청회 때 발언에서 보듯 "동네가 흉흉해지잖아요", "남는 동네 분들을 위해"처럼 지역사회를 위한 활동이라고 밝힌다. 즉, 지역발전과 같은 공익을 위한 활동으로 표방하고 조합에 대한 적대의식을 사례를 들어 설명한다. 주무열 의원 역시 이런 문제점들을 선거 기간 동안 알게 되어 그 이전부터 활동하시던 분들을 모았다고 설명한다. 그러나 실제로 반대위원회 위원들의 활동이 자신의 이해관계와 상관없는지에 대해 다시 생각해 볼 필요가 있다. 많은 발언에서 반대위원회 운영위원들은 반대위원회가 비영리단체라는 점을 강조하며 자신들이 분양 소개시 건당 얼마를 수수료로 받지만 그런 소개는 하지 않는다고 강하게 어필한다. 그러나 동시에 샤로수길에서 부동산을 하기 위해서는 해결해야 하는 문제라며, 거래 원활화를 위해 조합이라는 문제를 해결해야 한다는 것을 암시하곤 한다. 또 주민이 참여하는 공식적인 발언에서는 위의 공익적 측면을 강조하지만 실제 개인적인 인터뷰에서는 거래 원활화나 집값문제를 직접적으로 언급하곤 한다.

그러나 이들이 경제적인 동기를 드러내게 된다면, 현재보다 활동에서 많은 제약이 생기기 때문에 드러내지 않는 것으로 보인다. 온갖 불법적인 행위를 일삼으며 자신들의 주머니를 채우려하는 주택조합과 정의를 지키려는 반대위원회 간에 형성된 현재의 전선에서는 반대위원회가 더 높은 도덕적 우위와 정당성을 가

442

진 것처럼 보인다. 하지만 반대위원회도 궁극적으로는 본인들의 이익을 추구하는 목적이 있다는 것이 드러나면 반대위원회가 가진 도덕적 우위는 사라지고, 주민들의 참여를 이끌어내는 것도 훨씬 힘들어질 것이 분명하다.

이처럼 운영위원들의 숨은 활동 동기로는 경제적 이유가 있으며, 이 가운데 주무열 의원 역시 자신의 정치적 이익(지지층 확보 및 재선 가능성 증가)을 위해 움직인다고 볼 수도 있을 것이다. 특히 재개발 조합 가입자의 경우 전국적으로 퍼져있지만, 반대위원회 운영위원들과 '남는 동네 주민들'은 다음 선거에도 표로 연결되기 때문에 이들의 권익을 대변하는 것일 수 있다. 이러한 동기는 직접적으로 드러내지 않으며 '숨은 동기'로만 작동하고 있다. 즉, 하나의 시민정치체로서 반대위원회에는 여러 가지 동기가 공존하는 모습이 엿보인다.

둘째는 주민과 반대위원회의 인식·관점의 차이이다. 현재 사안이 되는 재개발 문제는 결국 주민의 권리(재산권 등)와 밀접하게 연관되어 있으며 반대위원회들 역시 앞서 언급하였듯이 주민의 참여가 문제 해결에서 매우 중요하다고 여러 상황에서 언급하고 있다. 그러나 주민들의 경우 반대위원회와 다른 관점에서 문제를 접근하곤 한다.

"저는 지금 16-XX번지에 살고 있는데요. 집을 지은 지 5년 정도 됐어요. 그때 당시에 집을 지으려고 허가를 받을 때도 똑같은 이런 비슷한 문제가 있었거든요. 그래서 구청장님 모시고 간담회를 했었는데, 그때는 그 주택단지 자체가 너무 오래됐기 때문에, 또 집주인 되시는 분들이 너무 연세가 많으셨어요. 그래서 집을 지으려고 할 때 주택조합에서 굉장히 많이 반대를 했어요. 그래서 그걸 저희가 철회할려고 띠다가 구청장님한테 결의를 하니까 구청장님이 해결해주셔서 집들을 지으신 거거든요. 그리고 지금 소유자 되신 분들이 연세가 많으신데, 노후에 그거 보고 사시는데 계속 고지서 날라 오고 하다보니까 어른들이 해결할 수 있는 방안이 없잖아요. 지금 계속 날라 오고 있는데 아까 어머님도 하신 말씀이 그런 거 같아요. 이걸 어떻게 해결해 줄 것이냐, 그거를 무마시켜 줄 거냐 아니면 어떻게 해야 되냐 그런 방안이 필요한 거 같아요. 그런 거에 대해 걱정들이 되게 많으신 거 같아요. 근데 그거에 대한 얘기는 전혀 없으시고, 물론 그게 그렇게 해결되면 어떻게 되는 건지 그걸 들어보고 싶으신 거 같아요. 저희는 그때 그게 끝난 줄 알았거든요. 근데 5년 후에 또 붉어진 거예요. 그럼 이게 계속 이렇게 되는 건지 아니면 어떻게 되는 건지 그 부분에 대해 자세히 해주셨으면 좋겠습니다."

– 50대 여성(주민), 10월 22일 예비공청회

성과 부분에서 앞서 언급하였듯이 예비공청회에서 반대위원회 운영위원들이 말하기 전까지 주민들의 발언에서 주된 관심사는 낙성대동의 민원 문제 해결이었다. 이들에게 조합원의 조합비 횡령이나 철거 문제는 크게 관심이 없는 사안이었다. 반면 반대위원회 운영위원들의 경우 결국 재개발 조합의 활동 자체를 정지시키고 해체하는 것이 목표로 삼고 있었다. 또한 운영위원들 간 주민에 대해 서로 다른 인식을 보이고 있다. 한 쪽에서는 주민의 참여를 독려하고 함께 나아가야한다고 하지만, 다른 한편 주민들은 자신들의 진행하는 소송 등 법적 투쟁보다는 반대위원회에 대해 의원·구청장에 대한 '줄과 빽'에 의한 해결을 기대한다며 못마땅해하는 모습을 보이기도 한다. 물론 예비공청회나 주민 간담회와 같이 계속 서로 간의 입장 차이를 줄이기 위한 노력을 하고 있으나 현재는 그 성과가 뚜렷하게 나타나고 있다고 보기 힘들다. 이러한 시각의 차이는 향후 문제 해결에서 의견 충돌이나 방법상 마찰을 유발할 수도 있다고 본다.

셋째로 현재 많은 활동이 행정기관과의 협업을 전제로 진행되는 '거버넌스(governance)'적 해결을 모색하지만 반대위원회의 행정기관에 대한 불신은 여전히 남아있어 진정한 협업으로 나아갈 수 있는지 의문이 든다. 로즈(Rhods)에 의하면 거버넌스란 "통치의 새로운 과정, 질서화된 규칙의 새로운 조건, 사회통치의 새로운 방법"으로 정의되는데,[6] 이는 결국 사회문제 해결 방식의 변화를 의미

---

6. 유재원·홍성만. 2005. "정부의 시대에서 꽃핀 Multi-level Governance." 「한국정치학회보」 제39권 2호. p.173.

한다. 이러한 거버넌스는 기존 정부의 계층제(관료제)에 입각한 일방적이고 독점적인 사회문제 해결이 아닌, 민간과 함께 결정하며 신뢰와 상호주의의 네트워크를 통해 문제를 해결하는 것을 포함하는 넓은 개념이다. 사안의 재개발 문제 역시 단순히 조합 반대위원회만의 노력으로 해결하는 것은 미시적이며 한정적일 것이기 때문에, 결국 반대위원회는 행정기관(관악구청 등)의 도움을 얻고자 한다. 예를 들어 현수막을 통한 사실 적시("이 지역은 현재 개발허가 지역이 아니다" 등)라든지 조례 개정 등을 요구하고 있고, 나아가 12월에 구청장과의 주민 간담회도 진행하였다. 또한 더 상위 거버넌스인 서울시와 국토부와도 협력을 해 법 개정을 목표로 하고 있다. 이렇듯 행정기관과의 협력을 모색하고 있지만 상호 신뢰에 기반을 둔 협력이 이루어지고 있는 것은 아니다.

> "저도 국토부 직원하고 통화하고 미칠 뻔했어요. 그러니까 국토부 의견은 한 마디로 이거에요. 없는 것들, 한마디로 요약하면 없는 것들 돈 좀 모아서 아파트 좀 하겠다는데 그걸 어떻게 없애냐. (연구자: 그게 원래 취지인가요?) 네 근데 그게 법 취지인데, 법 취지를 실현시키려면 맞는 절차를 만들어 줘야 되는데 절차가 현재 없는 거죠. 그니까 짜증나죠. 공무원들을 만나보면, 국토부분들을 만나본 분들이 계시는데, 저희 쪽 설계하시는 분들이 딱 까놓고 그렇게 얘기한대요. 좃도 없는 것들이 집 한 채 지어보겠다고 하는데 그걸 어떻게 막냐 그런 식으로. 그니까 위에서, 그쪽에서 보면 하찮은 시장이거든요. 대기업이 걸린 것도 아니고 하니까, 뭐."
>
> – 반대위원회 운영위원, 11월 29일 심층면담

위의 인터뷰에서 볼 수 있듯이 반대위원회 운영위원들의 행정에 대한 신뢰는 낮은 편이다. 즉, 행정기관의 협조가 필요하다는 것은 인지하지만, 동시에 이들에 대한 신뢰를 키우는 등 미래적 관계까지는 기대하고 있지 않다. 행정기관 역시 미온적인 태도를 보이는데, 상기의 공청회의 경우 사전 계획에는 박준희 관악구청장이 오기로 되어있었지만(〈그림 2〉 참조), 당일에 가서야 오지 않는 것으로 바뀌었다. 이에 대해 조합 측에서는 구청장이 오히려 반대위원회를 부담스러워 한다고 이야기를 하기도 하였다. 또한 12월 관악구청장과의 주민 간담회 역시 기존 공청회와 다르게 소수의 선별된 주민만 참여했으며 행정기관(구청장)과의 만남 역시 공식적으로 홍보되기보다는 공청회를 통해 받은 연락처의 문자로만 전달되었다. 다른 개방적이고 힘을 끌어 모으던 활동들과 달리, 행정기관과의 간담회는 알려지지 않고 내부적으로만 요구 사항을 전달하는 식의 폐쇄적 모습을 띠었다. 이는 주민들에 대한 행정기관의 신뢰 회복을 위한 자리라고 볼 수 있는 간담회 역시 제한적으로 나타남을 보여준다. 정리하자면 거버넌스적 문제 해결을 위한 행정기관과 반대위원회, 그리고 주민 간 상호 신뢰가 공고하게 형성되었다고 보기 어렵다.

V. 나가며 - 정리와 한계

여러 시민정치적 결사체가 있지만 연구자들이 조사한 낙성대동 지역주택조합 반대위원회의 경우 정치인이라고 볼 수 있는 주무열 의원이 중심이 되는 독특한 모습을 보이고 있다. 그런데 반대위원회 운영위원들이 비록 주무열 의원의 의견을 존중하지만, 주무열 의원이 반대위원회의 모든 결정권을 가지고 있는 것이 아니다. 이들은 각기 자신의 역할을 충실히 하는데 운영위원의 경우 기존 주민과의 네트워크를 통해 주민(지역사회)의 참여를 독려하며, 주무열 의원은 구의원이라는 직책을 살려 이런 여러 목소리를 모으는 구심점이 되었다. 특히 하나의 목표로 주민의 목소리를 모으며 동시에 주민들의 목소리를 상위 거버넌스에 전달하는 역할도 함께하고 있다. 뿐만 아니라 반대위원회는 해당 문제와 관련된 주민들의 의식 변화와 적극적인 참여까지 유도하고 있다.

하지만 반대위원회는 몇몇 한계도 가지고 있다. 동기측면에서 단순히 공익만을 목적으로 하기보다는 경제적인 동기 역시 크며 이것이 참여 양상에 직접적으로 영향을 준다. 또한 주민의 참여가 늘어나며 소통 역시 늘어나지만 관점의 차이 역시 존재한다. 마지막으로 사안 해결을 위해 거버넌스적 협조를 지향하고 있지만 행정에 대한 신뢰는 미약하다.

다만 현재 이 사안에 대한 연구는 매우 초기 단계로, 현재 반대위원회의 활동은 사안의 심각성을 드러내며(이슈화) 주민들의 참여를 독려하는 상태이다. 즉, 본격적인 갈등과 문제 해결은 아직 나타나지 않았으며 시간이 지나며 상황이 달라질 수 있다. 예를 들어 계속 활동을 진행하면서 행정기관과 협조 경험이 신뢰를 쌓아 언급한 행정기관에 대한 불신이 줄어들 수 있다. 반면 주민 참여 이후 결정 권한의 분산이 오히려 행동력의 약화를 가져와 난국을 만들 수 있다. 이 연구의 또 다른 한계로는 낙성대동 재개발 문제에 대해 주민이나 반대위원회의 의견은 들었으나 조합 쪽의 이야기는 현실적인 이유로 듣지 못했다는 점을 들 수 있다. 우선 반대위원회를 연구한 연구자들이 조합 측의 용역 사무실에서 참여관찰과 면담을 진행하는 것은 불가능에 가까웠다. 또한 조합 측에도 같은 연구를 진행하는 사실이 반대위원회 측에 알려진다면 그동안 반대위원회에서 쌓아온 신뢰가 깨질 수도 있다는 점도 무척 고려해야만 했다. 즉, 조합 측에서 보면 편향적인 연구라고 할 수 있을 것이다.

그럼에도 불구하고 본 연구는 정치인이 포함된 시민결사체가 시민 정치에서 어떻게 문제를 해결하고 있는지, 그 과정에서 시민들과 어떤 상호작용을 하고 있는 지에 대해 알아본다는 점에서 의의가 있다고 생각한다. 시민정치가 활발해지면서 점차 시민결사체의 형태가 다양해지며 관련된 사안 또한 다양해질 것이다. 이 연구는 이런 다양한 시민결사체의 한 형태에 대한 다른 연구의 초석이 될 수 있을 것이라 생각한다.

참고문헌

엄지원. "유세차도 없이 '뚜벅이' 선거… '바늘구멍' 뚫은 청년정치." http://www.hani.co.kr/
　　arti/politics/assembly/850460.html (검색일: 2018.11.10).
유재원·홍성만. 2005. "정부의 시대에서 꽃핀 Multi-level Governance." 『한국정치학회보』
　　제39권 2호.
주무열. "더 많은 청년 정치인의 등장을 고대하는 이유." http://www.ziksir.com/ziksir/
현대HCN 관악방송. "주무열 구의원, '지역주택조합' 피해 대책 강조." https://tv.naver.com/
　　v/4292160 (검색일: 2018.11.10.).

Robert Putnam. 2003. Better Together: Restoring the American Community. Simon and
　　Schuster.view/6708 (검색일: 2018.11.08).

제15장

똑똑, 국회 문을 여는 국회톡톡

자유전공학부 윤주리

인류학과 **권은송**

정치외교학부 **이소현**

정치외교학부 **황재원**

〈연구활동 일지〉

날짜	활동 내용
2018년 9월 28일	국회톡톡 매니저 황수현님 면담: 국회톡톡을 운영 방식에 대한 전반적인 설명, 운영진으로서 생각하는 국회톡톡의 한계점 등 질문, 앞으로 우리 조가 어떤 프로젝트를 맡을지 역할 분담
2018년 10월 1일	국회톡톡 온라인 플랫폼 분석: 댓글들의 진행 방향, 발의까지 성공한 법안/1000명의 동의를 얻은 법안 등 각각의 특징 파악. 공통점이나 차이점 도출함.
2018년 10월 9일	황수현 님 2차 면담: 「간호사처우개선법」 진행에 대한 심도 있는 논의, 국회톡톡뿐만 아니라 와글에 대한 황수현님의 생각
2018년 10월 16일	와글 살롱 참석– 와글에서 자체 진행하는 정치세미나 참석. 와글 구성원의 정치에 대한 인식, 이들 사이의 관계 파악
2018년 10월 18일	「간호사처우개선법」 발의자인 이○○님 면담: 국회톡톡에 법안을 제안하게 된 계기, 간호사들의 현실에 대한 진짜 이야기, 법안 발의 진행 방향성에 대한 논의
2018년 10월 26–29일	국회톡톡 황수현 님과 온라인 회의 진행: 「간호사처우개선법」 관련 자료 공유, 진행 방향 논의, 간담회 일정 조율
2018년 11월 13일	「간호사처우개선법」 관련 미니 간담회: 발의자인 이○○과 대학 동기 2명, 황수현 님과 함께 '시민과의 간담회' 진행 방향에 대한 논의, 그 과정에서 시민들의 정치 참여에 대한 인식 파악
2018년 11월 23일	국회의원에게 공문 발송: 국회톡톡에 이전에 제안되었던 법안을 이끌어갔던 국회의원들에게 연락함. 이메일과 전화 이용, 무응답에 대한 황수현 님과의 대책 회의 진행
2018년 12월 13일	「간호사처우개선법」 이○○님과 면담: 국회톡톡 발의로부터 지금까지의 과정에서 시민정치에 대한 인식 변화, 국회톡톡에 대한 생각 변화 등 전반적인 의견 파악
2018년 12월 14일	와글 대표 이진순님과 면담: 시민정치에 대한 생각, 와글이 진행하는 프로젝트, 국회톡톡의 의의와 한계, 초기 목적 달성 정도, 운영 주체로서의 개인적인 견해 질문
2018년 12월 18–24일	1월에 예정된 「간호사처우개선법」 관련 국회의원과 시민과의 간담회를 위한 홍보 자료 제작 및 간호사단체/커뮤니티 컨택

대의제 민주주의가 손을 뻗지 못하는 부분을 보완하기 위한 새로운 혹은 고전적인 민주주의에 대한 열망이 세계 곳곳에서 불타오르고 있다. 우리나라에서도 촛불시위, 해시태그 운동, 미투운동 등을 보면 국민들은 계속해서 정치적 견해를 표출하고 운동을 만들어내고 있으며 이 과정에서 새로운 미디어와 소셜 네트워크는 새로운 시민의 정치 참여의 수단으로 활용되고 있다. 본 보고서는 그 중 하나인 국회의원과 시민을 직접적으로 매개하는 우리나라의 유일한 온라인 플랫폼 국회톡톡이 대의제 민주주의의 한계를 보완하기 위해 등장한 '입법 시민정치' 매개체로써 어떤 기능을 수행하는지에 대해서 알아보는 것을 목표로 하였다. 이 과정에서 국회톡톡 온라인 플랫폼을 분석하고, 수번각 측과 심층면담을 진행했으며, 실제로 2018년 7월에 시민 발의자가 국회톡톡에 올린 「간호사처우개선법」을 발의하는 것을 목표로 국회톡톡이 일을 진행하는 과정을 참여관찰, 심층면담 및 액션 리서치의 방법으로 탐구하였다. 결과적으로 아직까지 시민과 국회의원 모두에게서 인지도가 낮다는 한계가 있지만 제도권 정치를 보완하고 시민의 정치적 역량을 강화하는 기능을 해내는 작지 않은 성취를 이루고 있다고 보았다.

I. 들어가며

1. 연구 주제 선정 배경

역사적으로 직접 '쟁취'해 낸 대의제 민주주의가 시민의 대표라는 이상을 제대로 실현하지 못하는 것이 점차 경험적으로 증명되면서, 새로운 혹은 고전적인 참여 민주주의에 대한 열망이 세계 곳곳에서 불타오르고 있다.[1] 사회의 구성원들을 대표해야하는 국회이지만, 대한민국 국회의원 중 청년은 1%도 되지 않으며,[2] 여성 국회의원 또한 17% 정도에 머무르고 있다.[3] 사회를 구성하는 핵심적인 구성 세력에 대한 대표가 제대로 진행되지 않고 있으며 이에 따라 국회가 진정으로 시민들을 대표하고 있는가에 대해 의문이 제기되고 있다. 반복해서 폭로되고 있는 노동자, 여성 관련 법안들의 발의가 매우 힘들고, 힘겹게 발의되더라도 실질적인 법안이 제정되지 않고 국회에서 법안이 계류되고 있는 상황에서도 국회 대표성의 문제가 드러난다. 이에 따라 대다수의 시민들이 자신들의 입장이 법안에 반영되지 않는다는 불신을 지니고 있으며 이것은 점차 강화되고 있는 상황이다. 이에 따라 '투표'에 시민들이 점차 소홀해지는 현상이 나타나는 등 대의제 민주주의에 위기가 발생하고 있다.

그런데 한편, 최근의 시민들을 어떠한 정치적 의견도 갖지 않는 소위 '계몽되지 않은' 존재로 보는 것은 오류다. 최근 한국의 국민들은 커다란 국가의 정치적 위협에 맞서 직접 '촛불'을 들고 광화문에 모여 시위를 진행했다. 대통령을 탄핵으로 이끌었으며 성공적으로 집권 세력을 변화시켰다. 또 '해시태그' 운동은 시민들이 성공적으로 정치 사회 운동을 진행하고 있다는 지표이다. 최근 진행된 '미

---

1. 이진순. 2016. 「듣도 보도 못한 정치」. 문학동네. pp.15–21.
2. 박경훈. "[청년정치가 없다] 국회선 고작 의원 3명이 1500만 명 대변." http://www.edaily.co.kr/news/read?newsId=01236566619378168&mediaCodeNo=257&OutLnkChk=Y(검색일자: 2018.12.17).
3. 김민순·최형창. "남녀 의원 비율 83% 대 17%… 여전히 두꺼운 '국회 유리천장' [뉴스 인사이드]." http://www.segye.com/newsView/20180914003933(검색일자: 2018.12.17).

투’ 운동도 사회 전반을 뒤흔든 정치적 운동이라고 볼 수 있다. 이처럼 국민들은 계속해서 정치적 견해를 표출하고 운동을 만들어내고 있으며 이 과정에서 새로운 미디어와 네트워크는 새로운 정치 참여의 수단으로 활용되고 있다. 즉 기존의 대의제 민주주의를 넘어서는 새로운 시민정치의 양상이 SNS와 미디어, 네트워크를 통해서 떠오르고 있음을 알 수 있다. 선거라는 기존의 대의제 정치에는 참여하는 수가 줄지만 직접적인 시위에는 더 많은 인원이 참여하고, 국민적 청원이 뜨겁게 불타고 있는 모순적인 상황이 발생하고 있는 것이다. 즉 시민들은 점차 ‘대리’하기보다는 직접 결과를 얻어내는 정치를 소망하고 있다.

이런 세계적 시민정치운동 열풍 속에 대한민국에서도 시민들이 직접 행동하고, 직접 결과를 얻고자 하는 열망을 실현하고자 하는 움직임이 나타나고 있다. 특히 그중에서도 민주주의의 꽃이라고 할 수 있는 입법에 직접 시민들의 목소리를 반영해, 시민들이 정말 자신의 사정을 담아내고 필요한 법을 만들어내게끔 하려는 움직임이 바로 ‘국회톡톡’이라고 볼 수 있다.

국회톡톡은 시민들이 직접 입법안을 제안하고 그 입법안에 대해 동의하는 인구 1천 명을 모으면 실제 국회의원들에게 연결되어 함께 입법을 진행할 의원을 모색하고, 이후 시민과 국회의원을 연결해 입법 과정을 진행하도록 돕는 ‘온라인 플랫폼’이라고 할 수 있다. SNS의 특성을 이용해 시민이 직접 자신의 생각에 동의하는 시민을 모으고, 다른 동료들을 설득하는 과정을 통해 입법 과정이 진행된다. 국회톡톡은 온라인에서 시민정치를 전개하고 그것을 추후 오프라인의 운동으로 연결시킨다는 점에서 온라인-오프라인을 매개하는 플랫폼이다. 또한 이를 통해 기존의 시민정치가 하지 못했던 전국적인 의제 설정을 가능하게 하는 특징을 지닌 플랫폼이라고 할 수 있다.

본 연구에서는, 이처럼 한계가 드러나고 있는 대의제 민주주의의 한계를 보완하는, 혹은 대의제 민주주의에 대한 압박을 행사하는 시민정치의 한 양상으로서 시민 입법의 사례를 들여다보고자 하였다. 특히 제도권으로 아직 정착되지는 않았지만 시민 입법의 대안적 기능을 수행하고 있는 국회톡톡의 정치적 기능과 그를 둘러싼 인식을 참여관찰을 통해서 분석하였다.

2. 연구 질문

국회톡톡에는 다양한 주체들이 각자의 목적과 가치관을 갖고 참여하고 있으며, 이에 따라 각자가 생각하는 국회톡톡의 정치적 기능은 다를 수 있다. 우리는 국회톡톡을 명확히 이해하기 위해서는 단순히 국회톡톡의 운영진이 생각하고 설계한 목적의식, 기능을 넘어 각 주체, 그리고 현실의 여건이 복합적으로 엮여 만들어낸 국회톡톡을 향한 인식과 기능을 연구해야 한다고 생각하였다. 이에 따라, 두 가지 연구 질문을 도출하였다.

1) 국회톡톡을 둘러싼 각 집단의 인식은 어떻게 구성되고 있는가?

국회톡톡에는 국회의원, 국민, 국회톡톡 운영진 등의 다양한 주체들이 참여하고 있다. 이들은 각각 어떻게 국회톡톡을 인식하고 자신의 역할을 어떻게 구성할 것인지 탐구하고자 하였다. 국회톡톡의 발의 과정이 진행될 때 시민 측, 국회톡톡 측은 과연 어떻게 국회톡톡을 인식하고 있을까? 또한 이 과정에서 자신의 역할을 규정하고 있는가에 대해서 알아보고자 하였다.

2) 국회톡톡은 어떤 정치적 기능을 실행하고 있는가?

민주주의의 꽃이라고 할 수 있는 입법을 실행하는 과정에서 시민정치, 시민 참여를 실현하겠다는 이상을 지닌 국회톡톡이 실제적으로 실현하고 있는 정치적 기능은 어떤 것인가? 그것의 한계와 의의는 어떤 것인지 분석하였다.

이상 위의 두 가지 대질문과 세부 질문을 통해서 시민정치라는 맥락 속에서 국회톡톡이 어떻게 인식되고 있는지, 또 어떠한 기능을 하고 있는지 분석하였다.

II. 온라인 시민정치에 관한 선행연구

국회톡톡의 민주적 효과를 발휘하는지를 검증하기 위해서 본 연구에서 중점을 둔 부분은 크게 세 가지로 설명된다. 첫 번째는 온라인 플랫폼이라는 특성이 민주적 효과를 발휘하는 과정에서의 역할에 대한 것이었다. 두 번째는 국회톡톡이라는 플랫폼이 시민들의 민주적 역량을 강화시키고 민주주의 사회화를 돕는지 확인하는 것이었다. 마지막은 국회톡톡이 정치적 효능감을 강화시켜준다면 이를 통해서 사회적 자본이 형성되는지에 관한 것이었다. 여기에서의 사회적 자본은 일반적 상호호혜의 규범적 의미보다는 정치에 대한 신뢰를 의미한다. 위 요소들을 검증하기 위해 다음과 같은 선행연구를 활용하였다.

먼저, 국회톡톡은 시민과 국회의원을 매개해주는 온라인 플랫폼이라는 점에서 지금까지의 시도와는 차별화된다. 따라서 온라인 플랫폼과 정치 참여의 관계에 대한 선행연구를 살펴보았다. 조화순의「온라인 세대의 인터넷 네트워크와 정치 참여」는 온라인 세대의 지배적인 커뮤니케이션의 매체 블로그(blog)와 이를 통한 네트워킹의 특징을 통해서 온라인 세대의 인터넷 네트워크와 정치참여의 가능성과 그 한계를 분석했다. 온라인 세대는 이전에 비해 정치 정보에 노출될 가능성이 높으며, 자유롭게 같은 관심사를 가지고 있는 개인들을 연결하는 단일 이슈 네트워크를 구성하는 것에서도 훨씬 용이하다.[4] 이 연구에서 말하듯이 인터넷은 그 자체로 시민들의 정치 참여를 보장하지는 않는다. 온라인 세대의 네트워킹 능력/블로그 등의 매체는 '가능성'을 제공해줄 뿐이다. 온라인 세대가 정치적으로 무관심하다면 그 플랫폼도 적극 활용할 수 없다는 것이다. 국회톡톡이 단지 '플랫폼'으로써 중간자적 역할만 할 가능성이 있음을 이 선행연구를 통해서 인지할 수 있었다.

이에 따라 국회톡톡의 온라인 플랫폼이라는 특성 외에 사회적 자본 형성에 앞

---

4. 조화순. 2008. "온라인 세대의 인터넷 네트워크와 정치참여." 『21세기정치학회보』 18(3). pp.85-102.

서 시민 개개인의 민주적 역량을 강화해주는 특성이 있는지 확인할 필요성을 발견했다. 유재원의 「사회자본과 자발적 결사체」는 사회적 자본 생성에 있어 결사체의 중요성은 이미 다양한 논의를 통해서 고찰되었다고 말한다. 알렉시스 드 토크빌은 "결사체는 협조의 습관, 단결심과 공적 정신을 구성원들의 마음에 고취시킨다"고 주장한 바 있으며 아몬드와 버바의 '시민문화론'에 따르면 결사체의 회원들은 참여하지 않은 사람들에 비해 자신을 보다 능력 있는 시민으로 규정한다.[5] 더불어 정치에 좀 더 적극적으로 참여하며 정치에 대한 관심이 높다. 그렇기에 정치에 대해 더 많이 알고 있고 민주적 규범을 더 지지한다. 즉, 이 두 학자에 따르면 개인의 민주적 역량 강화를 통한 민주주의는 결사체의 수와 결사체의 활동의 적극성에 비례하게 발전한다. 이에 따라 우리는 국회톡톡이 법안 발의 플랫폼으로써의 역할을 넘어서 비슷한 생각을 가진 사람들이 서로의 문제의식을 공유하고 공감하는 온라인, 오프라인 결사체를 생성하는 역할을 하는지 확인하고자 하였다. 그렇게 된다면 토크빌, 아몬드와 버바가 말하였듯이 참여자들의 민주적 역량을 강화시킬 것이라고 본 것이다.

연구자는 국회톡톡이 공론장으로서 사회적 자본을 형성하고 있다고 보았다. Abers에 따르면 사회적 자본이란 시민들 사이의 공유된 신뢰, 네트워크 같은 사회적 자산을 말하며, 사회적 자본의 생성은 정치 참여자들의 정치 효능감을 바탕으로 한다.[6] 사회적 자본 형성을 위해서는 기존 정치 세력 쪽이 새로운 정치 참여자들의 참여를 반기는 분위기가 형성되고, 참여자들의 요구에 즉각적으로 반응해야 한다. 또한 참여자 역시 그들의 삶에 적지 않은 영향을 끼치는 정책에 대한 피드백 과정에 참여해야 하고, 이러한 상호작용 속에서 사회적 자본이 형성된다. 이 과정에서 가장 중요한 것은 참여자들이 정책결정과정에 참여함으로써 그들에게 이익이 돌아온다는 점을 인지하도록 돕는 것이다. 즉, 시민들에게 정치 참

---

5. 유재원. 2000. "사회자본과 자발적 결사체." 「한국행정학회 학술발표논문집」. pp.243-259.
6. Abers, Rebecca. 1998. "Clientalism to cooperation: local government, participatory policy and civic organizing in Porto Alegre, Brazil." *Politics & Society* 26(4). pp.524-534.

여를 통한 이익을 어필할 수 있어야 한다. 시민들이 직접 자신들이 투자한 노력에 따라 사회가 변화하는 것을 느껴야 한다는 것이다.

시민들은 국회톡톡에 스스로의 경험을 통해서 꼭 필요하다는 생각이 든 법안들을 제안한다. 현재의 대의민주주의에서는 시민들의 의견이 정치에 직접적으로 반영된다는 느낌을 받기는 어렵다. 하지만 국회톡톡을 통해 자신이 제안한 의견이 국회의원들의 응답을 받고, 이들을 통해서 국회에서의 발의로 이어지는 과정을 보면서 시민들은 정치 효능감을 느낀다. 이러한 일련의 과정이 정치에 대한 신뢰와 사회적 자본의 형성으로 이어진다고 할 수 있을 것이다.

III. 국회톡톡에 대한 참여관찰의 목적과 방법

이번 연구를 통해 관찰하고자 한 것은 '국회톡톡의 정치적 기능'과 '입법 시민정치'였다. 연구는 크게 세 가지 방향으로 진행하였다. 첫 번째로, 국회톡톡이 온라인 플랫폼이라는 점에서 '온라인 공론장'으로써의 특징을 분석했다. 어떤 법안 제안이 올라오는지, 각각의 제안에 대한 댓글은 어떤지 등의 분석을 진행했다. 두 번째로 국회톡톡 운영진과의 면담을 진행하였다. 국회톡톡을 운영하는 주체는 와글이다. 와글은 정치 스타트업의 형태로 시작하였고, 현재는 국회 산하 조직으로 편입되어있다. 와글의 설립자는 이진순 씨고, 와글 내에서 실질적으로 국회톡톡을 맡아 운영하고 있는 사람은 황수현 씨였다. 따라서 황수현 씨와 국회톡톡의 전반적인 운영방식, 그리고 운영진의 입장에서 생각하는 국회톡톡에 대한 질문을 담아 두 번의 면담을 진행하였다. 황수현 씨는 이후 「간호사처우개선법」

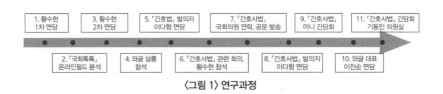

〈그림 1〉 연구과정

을 진행하면서, 면담이외에 간담회 기획에도 관여하였다. 또한 와글 대표인 이진순 씨와의 면담 역시 진행하였다. 대표로서 생각하는 국회톡톡의 설립 목적과 현재 진행 방향을 면담에서 다루었다.

마지막으로 「간호사처우개선법」 입법 과정에 적극적으로 개입하는 액션리서치를 진행했다. 「간호사처우개선법」은 2018년 7월에 국회톡톡 내 필명 '간지런'(본명 이○○)이 제안한 법안으로, 한 달 동안 1075명의 지지를 받았고 김광수, 기동민, 오제세 세 의원의 응답을 받았다. 연구자는 「간호사처우개선법」의 국회톡톡 내 제안을 실제로 법안 발의로 이끌어가는 과정인 의원 연락, 간담회 개최, 홍보자료 제작 등을 직접 담당하였다. 「간호사처우개선법」과 관련해, 간호업에 종사하는 시민들, 그리고 의원들이 간담회 준비 전, 처음 법안을 제안한 발의자인 이○○과 면담을 2회 진행했다. 첫 번째 면담은 국회톡톡에 대한 인식, 발의 계기, 실제 간호사들의 처우 이야기 등을 다루었다. 두 번째로는 간담회를 이끌어가는 큰 주체로써, 혹은 시민으로서 국회톡톡을 통한 발의과정에 대해 어떻게 생각하는지에 대한 내용을 다루었다. 그리고 그 사이에 간담회 진행 방향을 결정하는 '미니 간담회'를 했다. 미니간담회에는 이○○과, 간호대학 동기 두 명, 연구자 그리고 황수현 씨가 참석하였고 아이디어 회의를 하였다.

「간호사처우개선법」 관련 시민과 의원의 간담회는 12월 28일로 잡혀있었으나 1월로 연기되었고, 본 연구팀은 연구가 종료된 이후에도 간담회 개최와 입법 과정을 장려할 수 있는 후속 조치에도 참여할 예정이다.

IV. 국회톡톡 관련 주체들에 대한 참여관찰 결과

1. 국회톡톡 플랫폼

국회톡톡은 기본적으로 온라인 정치참여 플랫폼이다. 연구자는 먼저 국회톡톡

〈그림 2〉 국회톡톡 홈페이지

출처: 국회톡톡 사이트

의 활성화 정도, 댓글 방향, 참여자들의 특징 등을 파악해 보고자 하였다. 국회톡톡에는 현재 약 500여 개의 법안 제안들이 있다. 연구팀은 국회톡톡의 특징을 총세 가지로 분석했다.

1) 댓글

각 제안에 대해 회원가입을 한 사람들은 별명으로 댓글을 달 수 있다. 거의 모든 댓글들은 해당 법안에 동의하는 의견이었다. 여기에 대한 이유는 국회톡톡에서 발의자나 제3자가 자신이 원하는 법안을 통과시키기 위해서 시민들을 동원해낼 때 SNS를 통해 홍보를 진행하기 때문에, 자신과 비슷한 의견과 가치관을 가진 사람들에게 위주로 사안이 노출되기 때문이라고 분석된다. 웹 2.0 시대의 인터넷의 네트워크 구조는 모든 노드(각 개인들)가 연결된 방식으로 엮여있는 것이 아니라, 각각 중심 허브를 지니고 점조직 형태로서 구성되기 때문에 개인들은 자신과 비슷한 정치적 견해, 입장을 지닌 사람들과 주로 감정적 교류와 정보 교환

458

시민정치의 문화기술지

을 진행하게 된다.[7] 이에 따라 법안이 피력하는 의견에 반대하는 사람이 국회톡톡 법안 페이지에 접속하게 될 확률은 낮아 보인다. 애초에 법안에 대해 동의를 얻고자 SNS를 통해 동원 전략을 구하는 사람들 주변에는, 그 의견에 동조할 만한 사람들이 대체로 존재하기 때문일 것이다.

한편 이것은 소셜 네트워크 기업들의 전략과도 연관되어 있는 문제이다. 소셜 네트워크 플랫폼을 운영하는 기업들은 자신들의 수익을 창출해내기 위해 사람들을 더욱 오래 플랫폼에 머무르게 할 동인을 지닌다. 이를 위해서 소셜 네트워크 플랫폼에서 각 개인들이 접하게 될 정보는 사실과 균형이라는 원리보다는 '그 개인이 좋아할 것 같은 것'에 맞춰져 있다. 이러한 문제는 '가짜 뉴스' 사건에도 작용하여 정치적 의견을 극단화 한다는 비판을 받는 문제이기도 하다.[8]

또한, 사실상 국회톡톡의 플랫폼의 구조가 반대 댓글을 달만한 동인을 제공하지 않는다. 법안에 대해 발의자 외의 시민들이 실질적으로 자신의 의견을 반영할 수 있는 것은 법안에 동의하는 '참여하기' 버튼을 누르는 것 외에는 존재하지 않는다. 즉 만약 법안에 대해 반대하는 사람이라도, 해당 법안의 페이지 내에서는 법안을 막기 위해 행동할 수 있는 것이 없다. 따라서 굳이 반대하는 댓글을 달 노력을 감수할 동인은 국회톡톡 페이지에서 제공되지 않는다. 이러한 원인들로 인해 법안 페이지에는 이를 찬성하는 댓글들만 존재하는 것으로 보인다.

흥미로운 지점은, 기존의 국회톡톡 이용자들과는 다른 성향을 보이는 〈국가 안보 위한 4대 법안 폐지〉 발의 페이지에서도 이러한 경향이 그대로 유지되었다는 점이다. 기존의 국회톡톡에 발의되는 법안의 성격은 '진보'적인 성향을 지닌 것들로서, 여성주의 이슈를 다루거나 동물권 문제, 노동법과 복지 관련 법안들이 대다수였다. 그런데 〈국가 안보 위한 4대 법안 폐지〉 발의 법안들의 내용은, 난민을 추방하고 난민에 대한 차별 금지법을 철폐하라는 등의 극우적이고 순혈주의, 민족주의적인 내용들이다. 그런데 여기에 달린 댓글 759개중 2개(관련 없는 내용

---

7. 김상배. 2014. "정보혁명과 세계정치 변환론." 『아라크네의 국제정치학』. 한울. pp.213–216.
8. 김병수. 2017. "'가짜 뉴스'에 속고 싶은 사람들". 『인물과 사상』. 228. pp.172–179.

을 게시한 댓글 하나와 '?'라는 성의 없는 댓글 하나)를 제외하고는 모두 난민 추방법 따위에 적극 동의하는 댓글들이었다. 댓글의 내용도 '대한민국 국민이 우선'이라는 내용과 '외국인이 나라를 망친다.'등의 극우적인 내용이었다. 이는 「간호사처우개선법」에서 인권 의식과 복지 문제 등 서구식 '인권' 가치를 적극적으로 내세우던 댓글의 내용들과 반대되는 지점이라고 분석할 수 있다. 이를 통해서, 국회톡톡의 이용자들은 홈페이지 자체를 머무르며 계속적으로 게시되는 모든 사안에 관심을 갖기보다는, 각각의 사안에 대한 관심을 통해서 일시적으로 홈페이지에 동원된 경우가 많으며 이에 따라 각 사안별로 다른 정치적 견해와 의견을 피력하는 것으로 분석된다. 국회톡톡이라는 홈페이지는 다양한 정치적 견해를 가진 개인들이 이용하는 공간으로 분석된다. 그러나 이들 사이에 접점과 분쟁이 존재하지 않는 다는 점이 국회톡톡 페이지의 하나의 특징이라고 볼 수 있겠다. 국회톡톡 페이지에서는 댓글을 단 네티즌들이 서로 이야기를 나눌 수 없게 만들어져 있다. 자신이 동조하는 의견에 '좋아요'만을 누를 수 있게 되어있다. 이에 따라 국회톡톡 홈페이지에서는 네티즌들은 의견을 소통하고 토론하기보다는 자신이 하고 싶었던 말이나 의견을 일방적으로 게시하는 형식으로 되어있다. 이러한 구조는 다른 정치적 견해를 가진 개인들의 접촉에 의해 발생하는 분쟁과 갈등을 줄인 원인 중 하나라고 분석된다. 이러한 구조적인 한계점은 '빠띠'라는 토론 페이지를 통해서 극복하려 한 것으로 분석된다.

그러나 인터넷이라는 공간의 특성상 법안의 내용과는 관련이 없거나 무성의한 댓글이 발견되기도 하였다. 예를 들어, 〈공약율 이행 70% 이하 처벌법 시행〉에 대한 댓글에서는 맥락 없이 현 정부를 원색적으로 비난하고 정부 부처에 대한 폐지를 요구하는 댓글이 달리기도 하였다. 또한 "?" 따위의 무성의한 댓글도 발견된다.

2) 의원 응답 장려

시민의 제안이 이루어지고, 1000명의 동의를 얻으면 해당 법안과 관련된 상임위원회 의원들에게 연락이 간다. 만약에 그 연락에 의원이 응답하지 않는다면,

460

국회의원의 사진 옆에 '무응답'이 뜬다. 사진과 함께 의원 자신들의 '무관심'을 시민에게 알리는 국회톡톡의 시스템은 지금까지 없었던 국회의원들의 시민 부름에 대한 응답을 미약하게나마 강제하는 역할을 수행한다.

3) 새로운 정치 공론장 형성

국회톡톡 참여자들은 플랫폼 내에서 댓글로 대화하는 것 이외에 페이스북 그룹이나 빠띠에서 관련 사안에 대해 논의한다. 가장 대표적으로 〈신입사원 연차 보장〉 법안의 경우, 발의에 적극적으로 나섰던 한정애 의원이 '빠띠'에 법안 발의와 상임위원회 통과 등 이어지는 입법과정을 계속 업로드하였다. '빠띠'의 구조는 다음과 같다.

먼저 빠띠에서는 다양한 이슈와 사안에 대한 그룹이 존재한다. 예를 들어, 〈활동가는 수줍음이 많다〉라는 빠띠 그룹의 경우 내향적이고 소극적인 활동가들의 친목 모임이라는 관심사로 구성된 그룹이다. 빠띠의 글들은 크게 토론, 자료, 위키 등으로 구성되어 있다. 토론의 경우 위의 사진에서 보이는 바와 같이, 게시자의 의견에 대해 찬성, 중립, 반대에 대한 의견을 투표로 피력할 수 있고 댓글을 통해 세부적 사항에 대해 토론을 진행할 수 있다. 자료와 위키는 관련 사안에 대한 정보를 공유하는 장으로, 위키의 경우는 공동 집필이 가능하다는 점이 특징이다. '빠띠'의 경우 와글이 직접 운영하는 것은 아니지만 와글과의 연계를 통해 국회톡톡의 부족한 지점을 어느 정도 보완하는 모습을 보인다. 상호간의 의견 교류를 가능하게 만들고, 만남 등의 주최를 가능하게 함으로써 온라인과 오프라인 사회운동 연결에 핵심이라고 지적되는 '공유된 정체성'의 형성을 어느 정도 실현시키려 한 것으로 보인다.[9] 이는 와글이 페이스북 그룹을 통해서 실현하려고 했던 것과 유사한데, 와글은 국회톡톡의 사안의 현실 운동과 오프라인으로의 연계를 위해 다양한 방안을 동원하고 있는 것으로 분석된다.

---

9.   최재훈. 2015. "온라인을 매개로 한 사회운동의 가능성과 한계." 「사회연구」, pp.85-103.

2. 국회톡톡 운영진

1) 국회톡톡의 문제의식

국회톡톡의 문제의식은 현재 대한민국의 정치가 일부 국민들의 의사만을 대표하고 있는 현실, 특히 청년들의 의사가 반영되지 못하는 현실에 기반을 두고 있었다. 국회톡톡의 운영진이 지적하는 2030 세대의 '정치혐오' 세태의 직접적인 원인은 정치의 중요성에 대한 무감각이 아니라, 정치효능감의 하락이었다. 전문가 집단이 아무리 정치의 중요성을 강조하더라도 시민들의 정치의사가 현실에 반영되지 않는다면 시민들의 정치효능감은 떨어지게 되고, 결국 정치혐오로 이어지게 된다는 것이다. 그리고 현재 대한민국에는 시민들의 정치의사를 반영할 수 있는 플랫폼이 부족하다는 것 또한 국회톡톡 운영진의 문제의식이었다. 국회톡톡의 운영진들은 현재 유일하게 기능하고 있는 온라인 시민참여 플랫폼으로 시민들이 '청와대 청원'에만 의존하고 있는 것이 현실이며, 그 전에는 사실상 실효성이 없는 온라인 서명운동이 주로 이루어졌다는 사실을 언급했다. 다음 면담 내용을 통해 이를 확인할 수 있었다.

"정체성 정치와 관련해서도 2030이 한국에서 30%라면 그것을 대변해줄 수 있는 사람이 거의 없었잖아요. 시민참여 플랫폼을 만들어서 문제가 있을 때 국가에 이런 게 문제다! 하고 말할 때 생각나는 게 청와대 청원밖에 없지 않나요?"

– 황수현 씨(2018.9.28)

요약하자면, 국회톡톡의 문제의식은 다음과 같다. 첫 번째로, 2030 청년세대들의 정치의사가 현실에 반영되지 못하고 있고, 그들을 대변해 줄 사람이 없다. 두 번째는 마땅한 시민참여 플랫폼이 없다는 것이다. 현재 가장 대중적인 시민참여 플랫폼으로 알려진 것이 청와대 청원인데, 청와대 국민청원의 한계를 보완하는 차원에서 만들어진 것이 국회톡톡이라는 것이다.

2) 국회톡톡의 목적

국회톡톡은 의원실과 시민들을 매개하는 중간자 역할을 자처했다. 즉, 특정한 가치판단을 배제하며, '좋은 입법을 하는 것'보다 '시민들의 역량을 강화하는 것'을 우선순위로 설정하는 것이다. 이러한 국회톡톡의 목적의식은 시민들이 입법 과정에서 주변화되는 것을 방지하고 시민의 정치역량을 강화하는 데 초점을 맞추기 위함이라고 면담대상자들은 입을 모아 이야기했다. 면담 과정에서 내릴 수 있었던 결론은 국회톡톡의 표면적 목적과 이면적 목적이 일치하지 않는다는 사실이었다. 국회톡톡은 분명 "국회톡톡은 시민의 제안을 법으로 만듭니다. 지금 참여해서 시민의 제안을 국회로 연결해주세요!"라는 문구를 내걸고 좋은 입법을 표방하고 있는 온라인 입법 플랫폼이다. 하지만 운영진과의 면담에서 알아낸 이면적 목적은 "좋은 입법보다 시민의 역량 강화가 더 중요하다"는 것이었다. 이러한 운영진의 목적의식은 아래의 면담 내용에서 확인할 수 있었다.

> "절대로 일방적으로 끌고 나가서는 안 됩니다. 시민의 자발성에 의해서 해내야 해요. 결과가 욕심만큼 되지 않더라도 일방적으로 끌고 나가지 말자고 이걸 하는 것인데, 없는 시민 자발성을 우리가 이끌어낼 수는 없는 거죠 … (중략) 그런데도 하게 하는 것은 그게 경험이기 때문에. 작은 꿈틀거림 하나라도 해 보는 것과 아닌 경우는 다르기 때문이죠."
>
> – 이진순 씨(2018.12.14)

> "제가 생각하는 것은 설사 입법이 안 된다고 해도, 매칭이 안 된다고 하더라도, 그렇다고 해서 거기 모인 사람들의 효능감이 제로냐? 그건 아니게 만들어야겠다고 생각해서 그 사람들의 별도의 토론방을 만들도록 권유한다든가, 입법은 안 되어도 그 주제에 대한 캠페인의 주체로서 커뮤니티 활동을 하도록 한다든가…"
>
> – 이진순 씨(2018.12.14)

〈그림 3〉 국회톡톡 운영진 면담

국회톡톡은 표면적으로는 온라인 입법 플랫폼을 표방하고 있지만, 운영진과의 면담을 통해 그 내부적 목적은 입법 활동보다 시민들의 정치 참여에 좀 더 초점이 맞춰져 있음을 확인할 수 있었다. 국회톡톡 운영진들은 스스로를 '기계적 operator'라고 규정하고 또 면담 과정에서 스스로를 그렇게 명명하기도 했다. 여기서 기계적 operator란, 국회톡톡이라는 플랫폼 자체의 정치적 입장을 배제하고 단순한 시민과 의원실을 매개하는 수단으로서 기능하겠다는 국회톡톡 측의 목적의식을 잘 드러내는 표현이라고 사료된다.

"난민을 쫓아내는 법을 만들자고 태극기 이미지를 걸고 1000명을 넘었어요. 그런 것을 우리는 의원실과 매칭하기 위해서 전화를 돌리고 '이런 법안이 올라왔는데 참여하시겠습니까'를 진행해야 해요. 그걸 해야 할까 말아야 할까 고민하다 내린 결론은 해야 한다는 거였어요. 좋은 법을 만드는 것이 1차적 목표는 아니죠. 시민들 지지가 1000명이 넘는다고 해서 좋은 법이라는 보장은 없어요. (중략) 말 그대로 국회톡톡은 플랫폼이지 이를 검열, 삭제 하지 않아요. 완벽하게 명예훼

손, 범죄적인 것이 아닌 이상 우리는 거기에 대해서 기계적 operator 역할을 해야
지 우리의 가치판단을 넣어서는 안 된다고 생각했죠."

- 이진순 씨(2018.12.14)

의원실과 시민을 매개하는 기계적 수단에서 더 나아가 어떠한 기능이 추가된
다면 국회톡톡이 더 활성화될 수는 있겠지만 그렇게 되면 국회톡톡의 본래 목적
을 상실하게 된다는 것이다.

3. 「간호사처우개선법」 입법과정 액션 리서치[10]

1) 발의자 측

(1) 발의 과정

2018년 7월 16일에 국회톡톡 웹페이지에 〈대한민국 간호사들의 처우 개선을
촉구합니다〉라는 제목으로 법 제안이 올라왔다. 해당 법안은 한 달간 총 1076명
의 시민의 참여가 있었다. 국회톡톡은 플랫폼 내 참여자가 1000명 이상이 되면
의원과의 매칭이 시작되기 때문에, 2018년 8월, 국회톡톡을 운영하는 와글 쪽에
서 국회 보건복지위원회 국회의원들에게 초대 메일을 보냈다. 민주평화당의 김
광수, 더불어민주당의 기동민, 오제세 의원이 참여의사를 밝혔다.

(2) 발의 내용

처음 제안된 내용은 다음과 같다. 총 여섯 가지로 이루어져 있으며, 그 핵심 내
용을 요약해 정리하자면 뒤의 〈표 1〉과 같다.

---

10. 액션 리서치란 연구자가 직접 현장에서 활동을 하면서 연구의 '대상'이 되는 내부인(insider)이자 연구자
인 외부인(outsider)의 역할을 동시에 수행하는 연구이다(Tomal, 2003). 이 연구의 경우 연구자 측은 국
회톡톡과 함께 간호사 처우 개선법의 입법 과정을 진행하면서 내부인이자 외부인으로 활동하였다.

<표 1> 초기 발의안

ㄱ. 간호사 1명당 담당 환자 최대 6명 수준으로 법제화
ㄴ. 환자의 민원, 성희롱, 성추행, 협박, 폭행 등으로부터 간호사를 보호할 수 있는 제도 확보
ㄷ. 현 병원 인증제도 개정
ㄹ. 불법 추가 시간 근무, 추가 근무수당 미지급, 나오데(나이트오프데이) 처벌 강화 및 엄중한 감독을 법제화
ㅁ. 미디어 내 왜곡된 간호사 이미지 관리 감독 및 처벌
ㅂ. 신원 보호가 보증되어 사법 기관과 바로 연계되는 간호사 고발 체계 확보

출처: 국회톡톡 사이트

위와 같은 내용들로 구성되어 있었으며, 발의 전문의 일부를 인용하자면 다음과 같다.

"간호의 질 및 간호사 처우 열악은 국민보건체계에 직접적인 영향을 줄 수밖에 없는 사안이며 동시에 노동자인 간호사들의 처우개선 또한 필수적인 사안이라고 생각하여 입법 제안을 촉구하는 바입니다."

이와 같이, 간호사 처우 개선이 간호사 개인의 일이 아니라, 모든 사람들과 관련된 사안임을 강조하고 있다.

2) 법안 구체화 과정

참여관찰 과정의 일환으로, 제안된 법안을 직접 국회에 발의하는 과정에 참여하기로 하였다. 기존 와글이 국회톡톡에 제안된 법안을 국회에 발의했던 입법 과정을 참고하였다. 먼저 발의자인 이○○과의 면담, 그리고 발의자와 동종 업계 종사자분들과 소규모 간담회를 통해 시민과의 간담회 진행 방향을 결정하였다. 이를 바탕으로 시민과의 간담회에 초청할 단체와 의원실에 보낼 계획안을 작성하였다. 이후 시민단체 및 페이스북 그룹과 의원실에 자료와 공문을 보내 간담회 개최 사실을 알리고 참석을 요청하였다.

(1) 발의자와의 면담

처음 국회톡톡에 글을 올린 이○○과의 면담을 통해 법안 제안 목적을 파악하고, 국회톡톡 참여자의 성격을 파악할 수 있다고 생각되어 면담을 진행했다. 연구자 중 3명이 참석하였고, 2018년 10월 18일 서울의 한 카페에서 약 1시간 반 동안 진행하였다. 면담 내용은 두 가지 방향으로 진행되었는데, 법안의 발의 과정, 국회톡톡에 참여하게 된 계기 등 국회톡톡 플랫폼 자체에 대한 내용과, 발의자의 개인적인, 혹은 간호사라는 직업의 현재 처우가 어떤지에 대해 경험을 들어보는 내용이었다. 이를 이○○과의 면담을 전사한 내용을 일부분 직접 인용하여 전개하고자 한다.

이○○은 현재 간호대 학생으로, 병원 발령 대기 중이다. 간호대 학생은 1000시간의 병원 실습을 이수해야만 간호 자격증을 받을 수 있기 때문에 병원에서 일한 경험이 있다. 국회톡톡을 처음 알게 된 건, '몰카방지법' 입법 국회톡톡 참여 독려 글을 통해서였다. 글을 올리게 된 계기에 대해선 다음과 같이 답변하였다.

> "아마 제가 아니더라도 누군가가 때가 되면 올릴 만한 글이었을 거예요. 플랫폼을 알게 돼서 올리게 되었습니다."
>
> – 이○○씨(2018.10.18)

병원에서 일했던 경험과 간호대 동기 학생들에게 일어났던 일들을 바탕으로 서술하였다고 하였다. 글을 올린 뒤, 다른 커뮤니티에 참여 독려글을 올렸다.

면담 결과 발의자인 이○○이 가장 중점적으로 생각하는 부분은 '간호사를 보호할 수 있는 제도 확보'임을 확인하였다. '보호'라는 단어를 많이 사용하였고, 금전적으로 더 나은 보상을 원하는 것이 아니라, 인간적인 대우를 중점적으로 생각하고 있었다.

(2) 「간호사 처우 개선법」 발의자 및 동종직업 종사자들과의 소규모 간담회

2018년 11월 13일 서울의 한 스터디카페에서 이○○의 간호대학 동기인 박○
○, 신○○총 3명과 시민과의 간담회 개최를 위한 회의를 진행하였다. 중점적으
로 다룬 사안은, 처음에 발의자가 제시한 여섯 가지의 법안 제안 중에서 가장 중
요하고 급하다고 생각하는 부분을 선택하였고, 이를 구체화하는 작업이었다. 그
리고 홍보와 간담회 개최 과정에 대한 자문을 받았다. 연구자들은 간호사들의 문
제를 뉴스와 같은 언론매체를 통해서만 주로 접해왔기 때문에 실제로 간호사들
에 비해선 이해도가 떨어지기 때문에 조심해야 하는 말이나 행동에 대한 주의사
항을 들었다.

소규모 간담회에서는 간담회 진행방식에 대한 논의도 진행되었는데, 언론매
체의 이목을 집중시키기 위한 신선한 진행방식을 생각해 보는 것이 좋다는 와글
운영진 측 황수현의 의견도 있었다. 사실상 간담회의 역할은 입법에 대한 압력을
행사하는 것이고, 그에 대해 가장 유효한 방법은 언론매체에 의한 노출이었다.

3) 연구자의 개입

연구자 측은 액션리서치를 수행하며 시민 측과 운영진 측의 중간에서 연구를
수행하였다. 이진순 씨는 인터뷰에서 연구자 측은 시민 측에 포함된다고 강조하
였지만 한편으로는 연구자 측이 너무 무리하게 연구를 위해 간담회 진행을 주도
하는 것을 경계하였다. 또한 계속해서 홍보물 제작과 홍보, 기획, 국회의원 연락
등 운영진 측의 실무를 일부 담당했던 점에서도 적극적 시민의 정체성은 넘어선
것으로 보인다. 그러나 연구자가 계속해서 운영진에게 사안에 대해서 허가를 받
아야 했던 점과 각종 운영진 회의에 참석하지는 못한 점에서 연구자가 완전히 운
영진으로서 활동하지는 못했던 것으로 보인다. 즉 연구자는 운영진과 시민 사이
의 스펙트럼에서 상황에 따라 오가며 연구를 진행해야 했다. 이 점은 연구에 어
려운 점으로 작용했는데, 어느 집단에서도 내 집단처럼 여겨지기보다는 타자로
여겨지고 시민 측은 연구자 측을 보다 운영진에 가깝게 바라봐서 자신이 주도적

으로 일을 진행하기보다는 연구자 측이 요청하는 것을 하는 형태의 활동을 했다. 따라서 참여관찰에서 시민 측의 적극성을 끌어내기 어려웠다. 운영진의 활동에도 완전히 참여관찰하기에도 어려움을 겪었다. 그럼에도 연구진 측은 국회톡톡의 정체성을 분석하고 시민 참여를 활성화시키기 위해 노력하였다.

연구자 측이 법안을 구체화할 때 시민 측과 제안자의 참여를 반드시 포함시키려고 노력한 이유는 국회톡톡 측이 시민의 참여를 강조하였기 때문이다. 이를 통해 연구자 측은 시민과 토론을 통해 가장 중요한 법안 내용이 간호사 수에 따른 환자 인원 수 지정임을 결정하였고, 이에 따라 향후 입법 과정을 추진하기로 결정하였다. 그러나 간호사 처우 개선법 간담회 진행에서는 시민의 열의가 각 과정을 구체적으로 이끌 만큼 충분하지는 않았다. 이에 따라 주로 연구자 측이 주도적으로 간담회를 기획하고 홍보하였으며 시민 측은 결정 사항에 대해 피드백을 주거나 인터넷 커뮤니티에 부탁한 내용의 홍보를 수행하였다. 한편 국회톡톡 운영진 측에서도 간담회 기획 및 홍보에서 주도적인 역할을 진행하지 않았다. 여기에는 시민 정치로서 최대한 주도성을 시민에게 넘기려는 운영진의 의도도 있지만, 당시 운영진이 다양한 프로젝트를 함께 진행하며 실질적 능력에 한계가 있던 점이 주요한 원인으로 파악된다. 이에 따라 법안 관련 자료 수집 및 간담회 기획, 홍보에는 연구자 측이 중점적으로 참여하였다.

연구자 측은 토론을 통해 간담회에 필요한 자료를 모아 홍보자료와 간담회 자료를 기획하였다. 간담회의 기획에서는 간담회를 1부, 2부로 분리하고 1부에서 먼저 간호사의 고충이 담긴 다큐멘터리인 SBS의 〈간호사의 고백〉을 시청하는 것으로 계획하였다. 또 이어서 서로의 정서를 나눠 공감대를 형성할 수 있는 '신문고' 프로그램을 기획하였다. 이는, 과거 간담회에서 감정의 공유를 통해서 공감대를 확산하고 활발한 정치 참여를 유도하였다는 국회톡톡 운영진의 충고에 따라 기획한 내용이다. 1부에서 먼저 '공감'을 실현해 유대감을 공유함으로써 2부에서 법안 구체화 과정과 그 이후 입법 과정에서 더욱 적극적으로 시민이 참여하게끔 유도하기 위해서이다. 2부에서는 사전에 신청을 받아 진행할 법안에 대한 공식 발언과 그 이후의 자율 토론을 통해서 토론의 방향을 대략적으로 제시함으로써 기존의 정치 경험이 없던 시민에게 좀 더 편하게 이야기할 기회를 제공하고자 노력하였다. 이후 기획된 간담회 내용을 바탕으로 홍보를 진행하였다.

홍보는 관련 단체에 접촉해 간담회 정보를 알리고, SNS 페이지들의 경우 제작한 카드뉴스와 포스터를 공유해 줄 것을 부탁하는 방향으로 진행되었다. 연락한 홈페이지의 경우 '간호사 연대', '간호사이다', '故 박선욱 간호사 사망사건 진상규명과 산재 인정 및 재발 방지를 위한 공동위', 간호사 대학 연합 등이었다. 이런 단체들은 접촉 과정에서 반응이 느렸으나 긍정적인 반응을 주었다. 이에 따라 인스타그램, 페이스북과 같은 단체 홈페이지에 카드 뉴스와 포스터가 게시되었다.

그러나 이후 국회톡톡 운영진 측과의 논의를 통해서 간담회를 이후로 미루고 간담회 운영과 기획을 국회톡톡이 담당하게 되었다. 여기에는 두 가지 이유가 존재했는데, 먼저 간담회 홍보 기간이 충분치 않았던 점과 간담회 예정 시간이 지나치게 오전 시간대였던 점 때문에 시민들이 많이 못 올 것이라는 예상 때문이다. 당시 간담회 3일전 오기로 한 시민의 수는 총 다섯 분이었는데 간담회를 운영하기 위해서는 시민이 30명 이상은 참여해야 한다는 국회톡톡 운영진과 연구자 측의 기존 합의에 훨씬 못 미치는 숫자였다. 또 당시의 시민입법과 국회톡톡의 매개라는 간담회의 중요 목적에 영향을 미치는 국회톡톡의 운영진과 법안 발의자가 참석하지 못했다는 점도 영향을 미쳤다. 연구진은 국회톡톡의 운영 측이나 시민 발의자 모두 참석하지 못한 간담회는 그 중요한 목적 달성에 어려움이 있을 것이라고 보았고, 추후 간담회를 통해 모든 주요 인물들이 참여할 수 있는 기회를 만드는 게 맞다고 판단하였다.

4) 국회톡톡

간호사 처우 개선법을 진행하는 과정에서 국회톡톡 측은 앞서 언급한 바와 같이 자신을 '중간자' 역할로 설정할 것을 강조하였다. 그런데 연구에서 살펴본 바에 의하면, 국회톡톡은 단순히 시민과 국회를 연결하는 매개자 이상의 역할을 하

470   시민정치의 문화기술지

는 것으로 보인다. 즉 국회톡톡이 자처하는 역할은 단순히 물질적 전달자의 역할을 넘어서 시민과의 동반자 역할을 상정해내고 있음을 알 수 있었다. 그리고 이러한 과정에는 국회톡톡과 운영진 자체의 '영향력'이 작용한다고 말할 수 있다.

간호사 처우 개선법을 실행하는 과정에서 국회톡톡 측이 맡는 역할은 크게 두 가지로 나눠볼 수 있다. 1천 명의 시민 동원 이후 해당 담당 부처의 의원들에게 간호사 처우 개선법의 입법 과정을 함께 진행할 것인지 물어 매칭 의원을 성사시키는 과정이 존재하고 추후 발의자의 성의와 진행 의지에 따라서 실제로 입법 활동을 진행하는 과정이 존재한다. 이 과정에서는 간담회 및 국민 여론 활성화 등의 오프라인 운동을 진행하는데 여기에서 국회톡톡 운영진의 활동이 좀 더 부각된다. 먼저 간호사 처우 개선법 입법 활동 진행 과정에서 와글 측과 보건 복지 사법 위원회 소속 의원과의 전화, 메일 접촉을 통해 입법 활동에 함께하겠다고 김광수, 기동민, 오제세 의원이 응답하였다. 이후 다시 연락을 진행했을 때 간호사 처우 개선법 입법 활동을 함께하기로 한 의원은 기동민 의원이다. 이 과정에서는 연구진도 함께 현장 연구원으로서 다른 국회의원들에게 직접 제작한 간담회 계획 문서와 참여 요청 메일을 보내고 의원 보좌관과의 통화를 통해서 간담회 참여를 촉구하였다. 그 결과 12월 28일 오전 8시부터 기동민 의원과 함께 간담회를 진행할 계획이었으나, 당시 국회톡톡 측과 발의자 측이 당시의 상황적 여건으로 인해서 간담회에 참여하는 것이 어려웠고, 간담회 기획을 함께 진행하는 것에도 난항을 겪었다. 간담회 예정 시간이 시민 동원에서 한계로 작용하는 상황이었기에 간담회를 미루는 것으로 결정하였다. 이에 간담회는 추후 국회톡톡 측과 발의자가 진행하는 것으로 결론 내렸다.

이번 간호사 처우 개선법의 경우 특수하게 연구진이 액션 리서치 차원에서 직접 연락과 간담회 자료물 제작 역할에 참여했지만, 보통 간담회의 계획에 함께 참여하고, 간담회 관련 자료물을 만들며 연락의 진행을 담당하며 홍보를 주로 맡아 진행한다는 황수현 씨의 말에 근거할 때, 이들은 입법이 진행되는 과정에서 매우 주요한 행위자로 기능한다는 것을 분석할 수 있었다. 특히 간담회 실행과

〈그림 4〉 국회톡톡 관계자 인터뷰

국민 여론 환기 과정에서 국회톡톡 측의 경험적 숙련도는 입법 과정의 진행에서 매우 핵심으로 작동했다. 의원에게 간담회 제안을 실행하거나 언론과의 접촉 방안 모색, 간담회 계획 등에서 국회톡톡 측에 많은 자문을 구해서 일이 진행되었다. 간호사 처우 개선법 발의 진행 과정에서는 입법 경험과 정치적 활동의 경험이 부족한 시민과 연구자 측의 특성 때문에 운영진 측이 전체적인 할 일을 제시하고 그것을 시행, 구체화하는 방식으로 일이 진행되었다. 그러나 이러한 과정에서도 계속해서 간담회의 자율성을 강조하며 이전의 선례를 최대한 제공하지 않는 방식을 통해서 참여자 측의 자율성과 참여도를 증대시키려고 계속해서 노력하는 모습도 분석된다. 실제로 간담회의 주된 제안은 참여자 측에 최대한 맡겨놓았으며 이에 대한 기한을 제시해 압박하거나 주된 방향을 제시하지 않는 모습을 보였다. 이는 '촉진하되 이끌지 않는다'는 국회톡톡의 시민정치와 관련한 규칙에 부합하는 것으로 보인다.

두 번째로 '국회톡톡 측의 위치'도 입법 과정의 진행에서 중요하게 작동하였다. 이진순 씨는 인터뷰에서 개정되기 이전의 국회법에서는 국회 청원에서 반드시 의원이 지정되어야 했었고, 복잡한 절차를 지니고 있었기에 시민과 국회가 가장 가까이 다가갈 수 있던 수단은 온라인 청원에 불과했음을 설명하였다. "상임위 회의에 한 줄이나 적히면 그만"이라는 표현을 통해서 국회의원이 시민들의 직접적인 목소리에 대해서 받는 정치적 압박은 미미하였고, '민원' 정도로 치부된다는 상황을 강조하였다. 이후 국회톡톡의 권위 자체에 대해서는 부정적인 입장을 보이는 경우도 있었으나 다른 한편으로는 국회의원이 국회톡톡을 통한 입법 과정에 대해서 좀 더 긍정적인 입장을 보일 수 있음을 수용하였다. 이처럼 국회톡톡이 이전에 입법을 성공시키고 언론에 관심을 끌었던 사례, 또 국회에 소속된 비영리 재단이라는 점을 통해서 국회톡톡이 일반 시민보다는 정치적 영향력을 가지고 있음을 확인할 수 있었다. 이는 연구자 측과 국회톡톡 운영진 측과의 비교에서도 드러났다. 연구자 측은 국회톡톡 운영진과 동일하게 연락을 진행하고 더 나아가 팩스를 발송하여 국회의원에게 간담회 참여 촉구와 인터뷰 요청을 진행하였다. 연구자 측은 긍정적인 반응을 얻는 데 실패한 반면 국회톡톡 측은 기동민 의원과의 간담회 진행에서 긍정적인 반응을 얻어내고 이를 성사시켰다는 점에서, 와글 측은 국회 내 소속된 단체로서 일반 개인보다 큰 영향력을 가지고 있다고 분석하였다.

V. 시민이 바라본 국회톡톡, 국회톡톡이 바라보는 시민정치

1. 국회톡톡의 현실적 한계점

1) 국회톡톡 플랫폼

국회톡톡은 현재 발의된 법안의 개수는 500개가 넘어가지만, 입법에 성공한 법안은 한정애, 이정미 의원이 참여한 "신입사원과 복직자에게도 휴가를 주세요" 밖에 없으며, 의원과의 매칭에 성공한 법안도 9개에 불과하다. 이는 유사한 형식의 온라인 국민청원 플랫폼 "청와대 국민청원"과 비교되는 수치이다. 청와대 국민청원 홈페이지에 게시된 청원글의 수는 36만여 개에 달하며, 20만 명의 서명을 받아 청와대에서 답변 받은 청원의 수만 70여 개에 달한다. 이는 온라인 플랫폼으로서 국회톡톡과 상당히 비교되는 수치이다.

수치적으로 비교해 보았을 때, 국회톡톡은 아직 대중적인 인지도 측면에서 시민들의 정치의사를 반영할 수 있는 온라인 입법 플랫폼으로서 활성화되고 있다고 보기는 어려운 것 같다. 하지만 국회톡톡 운영진과의 면담에 따르면, 국회톡톡의 실질적 목적은 '좋은 법안의 통과' 보다 '시민의 정치적 역량 강화'에 있다고 했다. 그렇기 때문에 국회톡톡 측은 입법에 성공하지 못한 법안들에 대해서도 어떠한 방식으로든 시민들이 법안이나 스스로의 정치 참여에 대한 효능감을 느끼게끔 하기 위해서 개별적인 조치를 취하고 있다고 볼 수 있다.

2) 시민/발의자

발의자는 활동가나 시민단체의 일원이 아니라 일반 시민이다. 따라서 정치에 대한 관심의 정도 또한 발의자에 따라 제각각이다. 기존에 개별적 정치 사안에 관심을 갖고 시민 단체 활동을 진행한 시민들의 경우 평범한 개인보다 훨씬 더 높은 정치적 관심을 갖고 있다고 분석할 수 있다. 이와 같이 발의자의 정치적 관심의 차이와 상황적 여건의 차이는 국회톡톡에서 입법 활동이 진행할 때, 발의자별로 다른 참여도와 기여도를 낳게 만든다.

예를 들어서, 국회톡톡에서 입법 활동을 진행했던 「몰카방지법」의 경우와 같이 발의자가 기존에 정치적인 활동을 해왔던 경우에는 입법 과정에서도 적극적인 태도를 보였다. 이뿐만 아니라 국회톡톡의 입법 성공 사례인 〈신입사원과 복직사원에게도 연차를 주세요〉의 경우에도 법안의 필요성을 강하게 느낀 시민들이 모였기 때문에 입법 과정에서 상당한 적극성을 보였다. 본 연구에서 액션 리서치를 진행한 「간호사처우개선법」의 경우, 「몰카방지법」의 경우와 같은 시민 측의 적극적 태도는 보이지 않았다. 여기에는 두 가지 원인이 있었던 것으로 분석된다. 먼저 국회톡톡 측과 발의자 사이에 발의자도, 국회톡톡 측도 아닌 중간적 정체성을 갖는 연구자가 개입했다는 점이 있다. 이에 따라 발의자 측이 적극적으로 주도했어야 하는 일을 연구자가 일부 대신 진행하였기에, 발의자가 주도적으로 일의 부담을 맡고 책임감을 가질 동인이 부족했던 것으로 분석된다. 한편, 발의자 자체의 기본적인 정치적 관심도 부족했던 것으로 분석된다. 발의자는 과거 시민 단체에 참여하던 사람이거나 노조 활동을 진행하지도 않았고, 인터뷰와 면담 중간 중간 계속해서 '큰 기대를 하지 않고' 국회톡톡에 「간호사처우개선법」을 발의했음을 강조하였다. 실제로 입법 과정이 진행될 것이라는 기대를 갖기보다는 '호소'하는 마음에서 글을 작성했음을 강조하기도 하였다. 따라서 앞의 두 사례와 달리 적극적인 태도를 확인할 수 없었다. 이와 같이, 시민/발의자의 태도와 적극성은 개별 사안과 맥락에 따라서 다르게 나타난다는 특성을 지닌다고 분석하였다.

3) 제도권 정치

국회톡톡에서의 입법 활동이 좌절되는 가장 큰 문턱은 바로 '제도권 정치'의 문턱이다. 국회톡톡의 법안 개수와 의원과의 매칭에 성공한 법안 개수를 비교해 봤을 때 이를 가장 명확하게 확인해 볼 수 있다. 물론, '매칭 성공' 또한 법안에 대한 의원의 실질적인 지원을 의미하는 것은 아니다. 「간호사처우개선법」이라는 법안은 김광수, 기동민, 오제세의 응답을 받아 국회톡톡 내에서 '매칭 성공'을 한 법안에 해당하지만 실제로 간담회 참석과 같은 실질적인 지원 요청에 대해서는 기동민 의원을 제외하고 긍정적인 대답을 얻을 수 없었다. 국회톡톡은 법제화되지 않은 시민 발의 기제이기 때문에 국회의원에 대한 정치적 압박을 진행하는 데는 한계를 가지고 있다. 또한 매칭에 응답한 국회의원의 경우, 아직은 거의 진보 측의 정당 의원에 한정되어 있다는 한계를 지닌다는 점을 분석할 수 있었다. 그러나 국회톡톡은 의원들이 시민들의 정치적 요구를 가장 가까이에서 접할 수 있게 만든다는 의의를 지닌다. 또한 의원들이 자신을 어필하는 '수단'으로서 국회톡톡을 활용하게끔 하는 유인을 국회톡톡이 국회의원의 사진을 함께 게시하는 전략적 방법 등을 통해서 만들어내고 있음을 분석할 수 있었다.

2. 국회톡톡이 바라보는 시민정치의 가능성과 기여

본 연구자는 이번 연구에서 국회톡톡이 생각하는 시민정치를 국회톡톡 운영진과의 면담과 액션 리서치를 통해 파악하였다. 현재 한국은 제도권 정치에 완벽한 압박을 미치기 어려운 법제적 상황을 지니고 있다. 시민 참여와 관련한 제도화가 이루어지지 않은 실정이며 국회의 경우 아직도 매우 폐쇄적이다. 즉 국회와 관련해서, 시민의 압력 행사나 국회에 의한 제도권 정치의 대체로서 시민정치를 정의한다면 아직 아쉬움이 많이 남는 단계에 머무르고 있다. 그러나 국회톡톡 측은 시민정치에 대해서 다른 정의를 내리고 있는 것으로 분석된다. 국회톡톡의 운영진은 결과 중심으로 정치를 파악하고 시민정치가 입법과 같은 전국적 범위에서 괄목할만한 성과를 지니는 것을 이상적으로 여기기보다는 입법 과정에서 시민들의 정치 문화 형성을 위해 노력하고 있었다.

먼저 국회톡톡의 운영진은 시민정치의 영역 중 정치 문화 형성에 좀 더 중심을 두고 있었다. 국회톡톡 운영진이 '과정에서의 의미'를 강조하는 것에서 드러난다. 실제로 진순 씨는 '실패하더라도 피드백을 얻어 보는 과정을 진행하는 것이 중요함'을 강조하였다.

"실제로 와글 측에서 진행하는 청소년 정치 프로그램에서 청소년에게 국회톡톡에 작은 프로젝트를 실행하게 해봐요. 그 결과는 대부분 다 안 좋죠. 한 몇 명만 참여하고 말아요. 그러나 그렇다고 의미가 없나요? 그렇지 않아요. 그 과정에서 경험하고 정치에 참여해 보는 게 중요한 거죠."

– 이진순 씨(2018.12.14)

이와 같은 인터뷰를 통해서 국회톡톡이 강조하는 시민정치의 양상은 실제로 눈에 보이는 결과를 내는 것 이상으로 정치 사회, 문화를 양성하는 것에도 존재함을 알 수 있었다. 조금씩 정치 참여를 실행해서 경험을 해 보고 피드백을 얻는 것을 통해서 국민들에게 존재하는 정치 혐오를 조금씩 제거하고, 더 많은 국민들이 정치에 더더욱 참여하게 하는 '토양'을 만드는 것 또한 국회톡톡이 바라보는 시민정치의 모습이라고 볼 수 있다. 이러한 시각에서는 시민정치라는 것이 제도권을 대리하거나 대신하는 비교적 짧고 단순한 작동만을 하는 것이 아니라 아주 오래, 긴 기간을 통해 작용하고 변화하는 것이라고 볼 수 있다. 즉, '해 보는 것' 자체가 중요하다는 것이다.

간호사 처우 개선법의 경우 발의자가 적극성을 띄거나 기존의 정치적 활동에 참여해 본 경험을 가지고 있지 않았기에 생각보다 진행이 느려지거나 연구자 측의 진행에 의존하는 경향을 보이기도 하였다. 이에 대해 '너무 조급해 하거나 반드시 무언가 해내야 한다는 투쟁으로 생각하지 말라'는 충고를 내린 이진순 씨의 말에서도 결과에 집착하기보다는 과정을 중시하는 모습이 드러난다.

두 번째로, 국회톡톡 측이 제시하는 또 다른 시민정치의 양상은 생활 밀착형 정치의 실현이다. 진순 씨가 예로 든 것은 「신입 사원 연차 보장법」이다. 신입 사원, 복직자 연차 보장법은 복직한 워킹 맘과 같은 사회적 약자들이 연차를 사용하지 못해 겪게 되는 고충을 나누며 이슈화되고 입법에 성공한 사례이다. 진순 씨는 국회의원은 물론이고 노동조합과 같은 경우도 이러한 신입사원과 복직한 워킹 맘의 고충을 포착하지 못했다고 설명한다.

"노동조합과 같은 경우도 정규직 위주고 오래 근무하신 분들 위주니까… 이런 사람들이 말할 환경이 못 되는 거예요."

– 이진순 씨(2018.12.14)

이진순 씨는 그 결과 삶에는 지대한 영향을 끼치는 사안이지만 법안화될 가능성은 존재하지 않았던 것이 바로 신입사원이나 복직자 휴가 보장법이었음을 설명한다. 위치와 입장의 차이에 따라서 무시하기보다는 알아차리지 못했던 꼭 필요했던 법안을 이끌어낼 수 있는 방안이 시민의 직접 입법인 것이다.

마지막으로 국회톡톡 측은 자신들의 한계를 명확하게 인지하고 있다. 특히 국회톡톡 측이 기존의 제도권 정치와 시민정치의 보완적 기능을 대립적으로 바라보기보다는, 시민정치가 제도화되어 기존의 제도권 정치와 융합되어야 한다는 사고를 가지고 있다. 이진순 씨와 황수현 씨는 인터뷰에서 모두 기존 제도권 정치의 권위 내세움에 대해서는 부정적인 반응을 보였지만 국회톡톡의 시스템이 국회 내 제도화되는 것이 가장 이상적이라고 지적한 지점에서 이것이 드러난다. 수현 씨의 인터뷰와 평소의 태도를 통해서 기존의 국회톡톡의 방안에 대한 한계 인식이 명확하게 존재하고 이것이 해결되기 위해서는 또 다른 제도가 필요함을 언급하고 있다. "결국 강제하는 수단이 없기 때문에…"라는 반복되는 언급과 이진순 씨의 "제도권 정치인들이 원한다면 국회톡톡을 그대로 가져다 쓰라고도…"라고 언급하는 부분에서 이점이 드러난다. 이러한 한계는, 현재 임신중절권과 같이 1만 명이 넘게 동의한 뜨거운 이슈가 되는 법안에 대해서도 의원들에게 불이익이 될 것 같다는 이유로 매칭이 실패한 경우를 통해서 분명하게 드러난다. 제도화되지 않은 시민 입법은 국회의원의 이익이라는 가치에 의해 재단될 수밖에 없는 것이다.

3. 국회톡톡의 역할 및 의의

국회톡톡을 운영하는 사람들과 이 플랫폼을 실제로 이용하는 시민들의 모습을 가까이서 살피고 이들의 생각을 들으면서 우리는 현시대에서 국회톡톡의 역할을 분석해낼 수 있었다. 크게 두 가지로 나뉘는데, 한 가지는 시민 역량을 강화하는데 도움을 준다는 점, 또 한 가지는 국회톡톡이 제도적 정치권과 시민들 사이의 보완적 기능을 실천한다는 것이었다. 각각에 대해서 더 자세히 설명해 보겠다.

1) 시민의 정치적 역량 강화

우리는 「간호사처우개선법」을 의원과 매칭시키고 발의하는 것을 목표로 두고 발의자측과의 오프라인 간담회도 몇 번 열고 온라인으로도 의견을 주고받았으며 국회의원과의 간담회 기획을 도왔다. 우리는 단지 시민과 국회톡톡이 법안을 발의하기까지의 과정을 가까이서 지켜보고 적당히 필요한 실무, 행정적 도움만 주고자 하였으나 온라인에서 1000명 이상의 공감을 받은 발의안이라고 하더라도 오프라인에서 이 사람들을 한 곳에 모으고 의견을 합치기는 어렵다는 생각을 했다. 발의자 또한 본인이 발의한 법안이 1000명 이상의 지지를 얻었다고 해서 이 법을 통과시키는 것을 일상보다 우선순위로 두거나 적극적으로 여러 단체들한테 연락하고 지지를 늘려나가고자 하는 편은 아니었다. 따라서 점진적으로 일은 진행되어 나갔지만 확실히 법안에 따라, 발의자가 누군지에 따라 시민들이 국회톡톡을 활용하는 정도가 다를 것이라는 생각을 했다. 뿐만 아니라 법안이 본회의까지 통과되는 확률이 낮은 것을 볼 때, 시민들이 국회톡톡에 참여한다고 해서 본인이 발의하거나 지지한 법안이 통과되는 것을 지켜봄으로써 얻는 효능감은 한정될 것이라는 생각이 들었다.

하지만, 발의자가 발의한 이후로 모든 과정을 이끌 정도의 적극성이 없다고 해서, 한 법의 발의자나 지지자 들이 그들의 발의안이 본회의에서 통과되는 것을 보지 못한다고 해서 국회톡톡은 의미가 없는 것일까? 우리가 내린 결론은 그렇지 않다는 것이었다. 국회톡톡이라는 플랫폼을 활용해서 작은 움직임을 만들고 짧은 시간 동안 발의하거나, 지지하거나, 비슷한 의견을 가진 사람들에 공감하거나, 본인의 생각에 공감해주는 사람들을 보는 등의 체험만으로도 충분히 이들이 정치를 바라보는 시선에 있어서 변화를 주는 경험이 될 것이라는 생각이 들었다. 더불어 국회톡톡이 속한 '와글'이라는 단체의 대표님과 이야기를 해 본 것을 바탕으로 느낀 것은 국회톡톡은 시민을 교육하거나 정치 교육을 하는 기관이 될 필요도, 될 생각도 없다는 것이었다. 시민들을 계몽시키는 역할을 하는 것이 국회톡톡일 필요가 없다는 뜻이다. 정치 역량을 강화하도록 도울 수는 있지만 이들을 주도하여 특정 결과를 내도록 길을 닦을 필요가 없다는 의미로 받아들이면 되겠다.

시민들은 자신이 전문성을 띠는 분야에서, 혹은 전문성을 띠지 않더라도 불편을 느낀 부분에 대해서 발의를 자유롭게 할 수 있다. 그리고 그 발의안에 공감하거나 지지해주는 시민들을 보면서 본인만 그 문제를 겪는 것이 아니었다는 확신과 안도감을 얻을 수도 있으며 그 법을 발의하기 전 비슷한 법안이 발의된 경우가 없는지 찾아보고 그 구체적 내용까지 알아보면서 법안들이 돕고자 했던 주체의 핵심적인 문제점을 해결해주는지 등을 생각해 볼 수 있다. 그 과정에서 발의자측은 자신이 발의한 법에 대한 시민들의 인식을 알게 될 수 있다. 우리가 「간호사처우개선법」에 참여한 발의자나 그 주변인을 도우며 느낀 것 또한 많다. 우리가 간호사라는 직업군에 속한 사람들이 처한 상황이나 문제에 대해서 얼마나 모르고 있었는지도 느낄 수 있었으며 역으로 발의자분들도 그런 우리의 모습을 볼수 있었을 것이다. 국회톡톡이라는 플랫폼에서 1000명 이상의 지지를 받지 못해서 의원과 매칭되는 단계까지 나아가지 못하더라도 지지한 사람들끼리 페이스북 그룹이나 인터넷 커뮤니티상의 토론방이라도 만들어 의견을 공유하고 강화시켜 그 범위를 넓혀나갈 수 있는 것이다.

우리는 이렇게 시민의 인식을 조금씩 변화시켜나가는 플랫폼으로써의 국회톡톡의 역할을 도출해낼 수 있었다. 정치에 대한 인식이 긍정적으로, 혹은 부정적으로도 변화할 수 있지만 그것이 어느 방향으로 변화했는지보다도 변화한 지점의 유무가 중요하다는 생각이 들었다. 본인과는 동떨어져 있는 제도적 정치권에 조금이라도 가까워졌다는 생각이 들든, 본인의 생각과 비슷한 사람들과 모여서 작은 규모의 자발적 결사체를 형성하든 참여를 통해서 얻어가는 것이 있다는 점이 의미가 있다고 생각했다. 그 자체로 국회톡톡은 시민의 정치적 체험의 장을 제공하고 역량을 강화시켜주는 역할을 하고 있는 것이 아닐까. 우리가 「간호사처우개선법」의 활동을 도우면서 만났던 발의자는 다음과 같이 말하였다.

"시민들은 문제를 느끼고 분노와 슬픔이 있더라도 제도적 과정을 잘 모르기도 하고 일상이 있기 때문에 체제를 바꾸기 위해 무언가를 한다는 것 자체가 정말 어려운데 학부에서 전문적인 교육과 지식을 받고 그걸 바탕으로 정말 많은 도움이 되고 주체적으로 이끌어 가시는 걸 보면서 '이런 분들로 인해 이 사회가 변화할 수 있겠구나'라는 희망을 갖게 됐어요…."

– 이○○ 씨(2018.12.13)

하지만 발의자분이 처음에 발의안을 썼고 관련된 현장의 많은 얘기를 해주었기 때문에 이 모든 기회가 생긴 것으로 볼 때, 사회가 변할 수 있을 것이라는 희망을 갖게 됨과 동시의 자신의 목소리를 낼 수 있는 루트가 충분히 있음도 인지하였을 것이다.

2) 국회톡톡의 보완적 기능

두 번째로 국회톡톡의 보완적 기능 또한 살펴볼 수 있었다. 국회톡톡이라는 하나의 온라인 플랫폼을 통해서 시민들의 의견이 모두 직접적으로 국회에 전달되는 것을 바랄 수는 없을 것이다. 그럼에도 제도권 정치가 손을 뻗지 못하는 부분에서 일을 하고 일상을 살아가는 시민들이 그 부분에 대한 권리 보호가 되지 않는 측면을 보강하기 위해서 이 플랫폼은 존재한다고 보았다. 물론 「간호사처우개선법」의 발의자분도 말하고 우리가 느끼기에도 이 플랫폼은 시민과 의원 양측에서 아직까지 인지도가 그렇게까지 높지 않고 그렇기 때문에 참여하는 시민들의 수도 제한되고 의원들과 매칭되는 법안의 수도 제한되었다. 그럼에도 불구하고 현존하는 제도권 정치와 시민을 연결하는 많지 않은 플랫폼 중 하나로써 대의민주주의를 보완하는 기능을 한다는 것이다.

자신이 속한 직업군에 대해서 제일 잘 아는 사람들은 그 직업을 가진 사람들이다. 그리고 한 분야에 대한 전문가는 실제로 그 분야에서 다양한 활동을 하는 사람이라고 볼 수 있다. 한 단체가 대표하는 범위가 넓어지게 되면 묻히는 목소리가 당연히 나타나게 된다. 좋은 목적을 위해 만들어진 단체도 그 규모가 커지면 그 안에서 상대적 소수자도 자연스럽게 생성된다. 하지만 이들의 관점에서만 상대적 소수자인 것이지, 이들의 권리로 따지거나 절대적 수로 따졌을 때 이들은 소수가 아니다. 간호사의 경우도 그 숫자가 적은 것이 아니고 이들의 권리가 의사들보다 덜한 것이 아닌데 직접적인 경험들을 들어보면 병원에서도, 의료협회에서도 가장 약자이기 때문에 목소리가 묻힌다. 그렇기에 국회의원들의 관심 밖에 있는 것은 너무나도 당연해 보인다. 하지만 국회의원이, 시민들이, 정부가 포착하지 않았다고 해서 이들이 존재하지 않는 것은 아니다. 그 분야에서 활동을 해 온 시민들이 그 분야에 대해 가장 많이 알기 때문에 실질적으로 변화를 만들어낼 수 있는 것이다.

「간호사처우개선법」에 관심이 있다고 표시해놓은 국회의원만 3명이었다. 하지만 간담회를 요청하기 위해서 연락을 해봐도 무응답으로 일관하고 그나마 시간을 낼 수 있다고 이야기를 한 것은 국회의원 1명이었다. 이미 본회의에 올라간 법안들의 사례들을 살펴봐도 여러 국회의원들이 관심 있다고 했어도 결국 한두 명의 국회의원만이 적극적으로 발의 활동에 참여해주었다. 제도권에 있는 국회의원들이 시민들의 일상에 관심이 없다는 결론에 급하기 도달하기보다는 행정업무나 예산 통과, 국정 감사, 각종 행사 참여 등의 업무가 너무 많은 것은 아닐까 하는 생각이 들었다. 하지만 제도권 정치가 포착하지 못하는 부분이 있다고 해서 이들을 비판하고 정치적 무관심이나 정치혐오로 이어질 필요는 없다. 포착해야 하는 부분에 대한 현황이나 자료를 모아, 시민들의 목소리를 모아서 직접 전달한다면 이러한 현실을 보완할 수 있지 않을까? 의원들이 알아서 시민들의 모든 문제점을 파악해내고 관련 법안을 만들어준다면 더할 나위 없이 좋겠지만 현실적으로 그러지 못하는 상황에서는 말 그래도 시민정치가 그 능력을 발휘해야 할 때가 아닌가 한다.

그리고 시민정치의 장을 제공해주고 이들이 참여할 수 있도록, 경험을 늘릴 수 있도록, 경험이 실질적 변화를 이끌어낼 수 있도록 돕는 플랫폼으로써 국회톡톡은 존재한다. 유일한 플랫폼일 필요는 없다. 하지만 인지도가 조금씩 더 오르고 통과되는 법안 사례가 점차 많아지면서 제도권 정치의 한계를 보완해주고 시민들의 인식도 점진적으로 변화시켜 나가는 플랫폼으로써 확고히 자리 잡기를 기대하는 바이다.

VI. 연구를 마치며

이상으로 온라인 플랫폼인 '국회톡톡'이 구현하고자 하는 시민정치에 대해서 분석해 보았다. 대의제 민주주의의 한계를 극복하는 시민 직접 발의 플랫폼에 대해 시민 측과 국회톡톡 측의 인식을 분석하였다. 그 결과 시민 측의 경우 국회톡톡을 통해서 자신이 처한 어려운 상황을 타개하고자 하는 인식이 강한 것을 알 수 있었다. 주체적인 정치의식이나 시민정치의 필요성이라는 이상적이고 이론적인 사고는 간호사 처우 개선법의 입법 진행 과정에서는 드러나지 않았다. 계속해서 국회톡톡 운영진 측의 경우 국회톡톡이 철저하게 중립적인 시민과 국회의원 사이의 매개체로서 기능하는 플랫폼으로 바라보고 있었다. 또한 이 과정에서 국회톡톡의 운영진은 자신을 '기계적', '중립적'이라는 표현으로 묘사하였다. 이는 면담 과정에서 「난민 추방법」조차도 입법 활동을 진행하려 했다는 점을 강조한 것에서 드러난다. 그러나 실제 입법의 진행에서는 국회톡톡의 운영진 측이 중요한 행위자로 부상하며 그들의 정치적 경험과 위상은 입법의 각 요소에 영향을 미치고 있었다. 실제로 국회의원과의 접촉에서부터 언론에의 환기까지 모든 경우 국회톡톡의 영향이 미치고 있었다. 따라서 이들이 언급하는 '기계적' 행위자라는 것은 정치적인 판단이 개입되지 않는다는 것이지 입법 과정에 어떠한 영향도 미친다고 해석해서는 안 될 것이다.

국회톡톡의 정치적 기능에 대해서는, 기존의 제도권 정치를 견제하거나 대체하는 차원에서는 한계가 드러났다. 국회톡톡 자체가 낮은 인지도를 가진 한계와 더불어 국민 입법이 아직 제도화되지 않았기 때문에 국회의원을 강제할 수단이 없다는 점에서도 '입법'의 차원에서는 한계가 드러났다. 그러나 입법, 제도화를 뛰어넘어서 정치 문화의 형성과 정치 혐오의 극복이라는 측면에서는 국회톡톡의 장기적인 의의가 드러난다. 또 한편, 시민에게 가장 필요한 법을 시민이 입법한다는 시민정치의 가장 근본적인 의의 또한 국회톡톡에서 나타난다. 이런 점에서 국회톡톡은 국내 유일의 온라인 시민 입법 플랫폼으로서 정치적 의의를 지닌다고 분석할 수 있겠다.

이번 연구에서는 온라인에서의 플랫폼의 모습과 오프라인에서 실제 「간호사 처우개선법」 입법 과정의 분석을 통해서 국회톡톡을 둘러싼 인식과 그 기능을 분석하였다. 그러나 연구가 하나의 프로젝트만을 조사했다는 점에서 한계가 드러난다. 특히 국회톡톡의 특성상 시민 발의자의 성격이 일정하지 않고, 발의자의 성격에 따라 프로젝트 진행의 양상이 급변한다는 점에서 더욱 아쉬움이 남는다. 또한, 국회톡톡 플랫폼의 조사에서도 부족한 자료와 인터넷의 익명성을 통해서 주체들의 성격을 분석하지 못한 점이 연구의 한계라고 할 수 있겠다. 국회의원 측의 국회톡톡에 대한 인식과 기능 분석은 연구자의 지위의 한계와 시간의 한계로 인해서 와글 측의 인터뷰로만 간접적으로 진행한 점 또한 아쉬움으로 남는다.

그러나 국내 유일의 입법 시민정치 플랫폼인 국회톡톡을 둘러싼 정치적 주체들의 인식과 국회톡톡의 실제적 기능에 대해서 인류학적, 정치학적 연구 방법을 통해서 최초로 연구했다는 점에서 이 연구의 의의가 존재한다. 특히 한국에서 지역을 넘어선 의제를 설정하고 정치적 안건으로 결성된 시민들의 참여를 분석했다는 차원에서 의미를 지닌다고 할 수 있겠다.

부록

〈간담회 제안서〉

〈간담회 홍보자료- 카드뉴스〉

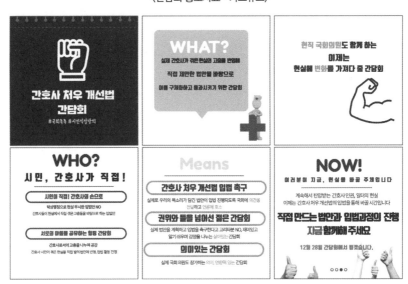

간호사 처우 개선법 간담회
여의도 국회의원 회관 | 2018. 12. 28. 오전 9시~12시

계속해서 반복되는 열악한 간호 인권에 대한 지적, 그러나 변하지 않는 현실
변화를 만들기 위해 현직 간호사들이 직접 구상하는 법안
국회 의원도 직접 참여하는 진짜 변화를 가져다줄 간담회

진행과정	내용	세부 사항
1부	오프닝	SBS '간호사의 고백' 클립 시청
	간호사 신문고	간호사들의 경험을 공유하는 장
2부	발의 내용 토의	법안 우선순위 및 강조할 내용 선별/ 세부 사항(인원 수 등) 합의
	국회 의원과 시민과의 대화	질의응답 및 요구사항 전달

현직 국회의원 기동민 의원실과 진행합니다. 상기 진행 사항은 변화할 수 있습니다

참고문헌

김병수. 2017. "'가짜 뉴스'에 속고 싶은 사람들." 『인물과 사상』 228. pp.172−179.

김상배. 2014. "정보혁명과 세계정치 변환론." 『아라크네의 국제정치학』. 한울. pp.213−216.

유재원. 2000. "사회자본과 자발적 결사체." 『한국행정학회 학술발표논문집』. pp.243−259.

이진순. 2016. 『듣도 보도 못한 정치』. 문학 동네. pp.15−21.

조화순. 2008. "온라인 세대의 인터넷 네트워크와 정치참여." 『21세기정치학회보』 18(3). pp. 85−102.

최재훈. 2015. "온라인을 매개로 한 사회운동의 가능성과 한계." 『사회연구』. pp.85−103.

Rebecca Aberes, 1998. "From Clientism to Cooperation: Local Government, Participatory Policy, and Civic Organizing in Porto Alegre, Brazil." *Politics & Society* 26(4). pp.524-534.

Tomal, D. R. 2003. *Action Research for Educators*. Lanham, MD: Roman & Littlefield Education.

경의선공유지와 시민정치

인류학과 **국명표**

정치외교학부 **김주효**

정치외교학부 **남혜인**

아시아언어문명학부 **이원영**

〈연구활동 일지〉

날짜	활동 내용
2018년 9월 29일	경의선공유지 방문, 연구 소개 및 허락, 활동가 미어캣 면담
2018년 10월 2일	경의선 도시공유 포럼 스핀오프 – 미셸 보웬스 초청 토론회 참여
2018년 10월 5일	경의선공유지시민행동 운영회의 참관(이후 매주 참여)
2018년 10월 6일	경의선공유지 셀러 설명회 참관
2018년 10월 12일	경의선공유지시민행동 사무국장 면담, 한국 사회포럼 참관
2018년 10월 19일	경의선공유지 반상회 참관
2018년 10월 20일	경의선공유지 추진위 회의 참관
2018년 10월 25~27일	초보마켓 참여관찰
2018년 10월 31일	경의선공유지 시민행동 활동가 면담
2018년 11월 7일	경의선공유지 추진위 위원 면담
2018년 11월 9일	공간지기 면담
2018년 11월 23일	마포 로컬리스트 컨퍼런스 경의선공유지시민행동 세션 참관
2018년 11월 24일	경의선공유지 시민행동 활동가 비공식적 면담
2018년 11월 30일	공간지기 면담, 공유지에서 겨울나기 워크숍 참관
2018년 12월 1일	경의선공유지시민행동 정책팀장 면담

본 연구는 서울시 마포구 공덕동에 위치한 경의선공유지 사례를 통하여 "공적 가치는 어떻게 입증되는가?"라는 물음에 답하고자 한다. 경의선공유지 사례의 경우 불법 점유를 통해 정치적 행위가 이루어지고 있지만 이들은 '공공적 가치의 회복'을 표방하고 있다. 불법 행위라는 법적 규정에 맞서 자신들 활동의 공적 가치를 주장하고 있는 경의선공유지 사례에서 본 연구가 궁극적으로 대답하고자 하는 점은 경의선공유지에서 활동하고 있는 사람들이 어떻게 자기 활동의 공적 가치를 믿을 수 있는가에 관한 점이다. 이 물음에 대한 답을 통해 본 연구가 기여하고자 하는 바는 공적 가치에 대한 이해를 넘어서서 대표민주주의, 시민정치에 접근하는 새로운 방식을 제시하는 것이다.

연구자들은 경의선공유지 사례를 대표민주주의 이론과 시민정치의 관점에서 독해하여 다음과 같은 결론에 도달하였다. 즉, 기존의 시민정치 이론에서 시민들의 정치적 행위를 통해 대표되는 피대표자가 현존하고, 이 행위가 공적 가치를 '실현'하는 것으로 전제되었던 것에 반해, 경의선공유지의 경우 자신들이 아직 부재하는 피대표자를 대표하고 있다고 믿으면서, 피대표자를 발견할 수 있는 조건들을 산출함으로써 피대표자를 발견하는 데 이르고 결과적으로 자신의 공적 가치를 입증한다. 믿음과 조건의 산출을 통하여 경의선공유지는 불법행위라는 외부의 규정에도 불구하고 자신들의 공적 가치를 입증할 수 있었던 것이다. 이는 경의선공유지의 시민정치가 대표자를 구성하는 정치가 아니라 반대로 피대표자를 구성하는 정치라는 점을 보여준다.

I. 서론

1. 문제제기

서울시 마포구 공덕역 인근에, 대기업의 로고가 적힌 높은 빌딩들과 고층아파트 사이, 컨테이너 박스와 천막 등으로 둘러싸인 개성 넘치는 공간이 존재한다. 이른바 '경의선공유지'인데, 원래 이 땅은 경의선의 폐선부지로 2013년부터 사회적기업 활동가들이 모여 '늘장'이라는 이름의 장터를 열었던 공간이다. 그런데 2년 후 철도시설공단과 마포구청이 역세권 개발을 근거로 늘장 활동을 중단시키고 퇴거요청을 내리는데, 이에 저항하여 불법점거를 통해 이 공간을 지키려는 사람들이 모여들었다. 이들은 스스로를 '경의선공유지시민행동'이라 이름 붙이고, 이 공간에 '경의선공유지'라는 이름을 붙였다.

〈그림 1〉 경의선공유지 입구 전경

경의선공유지는 기본적으로 불법점거에 의해 존속하고 있는 공간이다. 이 공간에서 이루어지고 있는 현상을 연구하겠노라고 방문한 우리가, 외부자의 입장에서 가장 먼저 던지게 된 질문은 "왜?"이다. 즉, 이들은 왜 불법점거까지 감행해가며 도심 한복판에서 '공유지'라는 걸 만들고자 하는 것인가. 경의선공유지시민행동이 스스로에 대해 설명하는 것에 따르면 이들은 "시민들이 아닌 소수 자본가들과 행정 관료에 의해서만 결정"되는 도시공간의 개발방식에 문제를 제기하며 "공공적 가치를 회복하고 또 실험하며 공유지에 대한 실천적 대안"을 모색하고, 궁극적으로는 "시민들이 자유롭게 사용할 수 있는 공간"으로서 공유지를 만드는 것을 목적으로 삼고 있다. 이들은 "협력, 공유, 연대의 가치에 동의하는 시민 누구나" 경의선공유지를 사용할 수 있다고 홍보하고 있으며, 실제로 시민행동의 활동가들은 그런 공간을 만들고자 하는 시도들을 보이고 있다.

주목해야 할 것은 이들이 국가, 행정, 제도 등으로 일컬어지는 것들과 대립하면서 시민들을 위한 공간을 만들어내고자 한다는 점이다. 그리고 이러한 자신들의 행위를 "공공적 가치를 회복"하는 것으로 이해하고 있다. 이들은 어떻게 국가나 행정, 제도가 아니라 자신들이 공공적 가치를 회복하는 행위를 하고 있다고 이해할 수 있는 것일까? 공공적 가치는 국가와 제도에 의해서 이미 대표되고 있는 것이 아니었던가? 그러나 이들의 관점에서는 그렇지 않다. 이들이 생각하는 공공적 가치는 국가에 의해서 제대로 대표되고 있지 않으며, 시민들에게는 이를 대표할 무언가가 필요하다. 그래서 이들은 '어떤 공공적 가치'를 대표하기 위하여 공유지를 구성해내고자 하는 것이다. 이러한 관점에서 경의선공유지를 이해하는 실마리는 대표와 시민정치의 개념에 있다고 할 수 있다.

2. 이론적 배경

1) 대표민주주의(representative democracy)와 대표(representation)

본 연구에서는 현대 민주주의를 '대표민주주의(representative democracy)'의 관점에서 이해한다. 이러한 관점에 따르면 대표민주주의는 직접민주주의의 차선책이나 보완물이 아니라 민주 정치의 최선책이며, 시민정치 역시 대표민주주의라는 이론적 틀 속에서 이해되었을 때보다 풍부하게 논의할 수 있다.[1] '대의제의 위기'라는 표현이 활발하게 사용되며 이를 위한 해결책으로 직접민주주의가 민주 정치의 이상으로 소환되고 있는 상황에, 현대 민주주의를 직접민주주의가 아니라 대표민주주의로 이해한다는 것은 무엇을 의미하는가? 첫째, 대표민주주의 이론은 역사적으로 대표민주주의가 직접민주주의의 차선책이나 보완물이 아니라 더 나은 제도로 여겨지며 발전되어 왔다는 점에 주목한다. 근대 민주주의를 설계한 사람들은 고대 그리스 아테네에서 기원하는 민주주의를 중세적 전통의 대표제와 결합시킴으로써 보다 높은 수준의 민주주의를 다룰 수 있다고 생각했다. 즉, 근대 민주주의는 근대 국가의 영토 수준에서 직접민주주의를 실현할 수 없기 때문에 대표민주주의를 채택한 게 아니라 대표민주주의가 더욱 발전한 제도라고 생각했기 때문에 이를 채택한 것이다.

둘째, 대표민주주의 이론에서는 민주주의의 이상적 모델에 현실적으로 수반되는 간극에 주목한다. 민주주의의 이상은 통치자와 피치자의 일치라고 할 수 있다. 그런데 피치자는 그 자체로(in itself, 즉자적으로) 존재하는 반면에 통치자는 피치자에 대하여(for itself, 대자적으로) 존재하는데, 여기서 논의되는 즉자-대자 일치는 철학적으로 말해서 존재와 사유의 동일성이 전제되지 않는 이상 이루어질 수 없을 뿐만 아니라 아리스토텔레스부터 루소에 이르기까지 정치철학적으로 해결하기 어려운 난제였다. 즉, 결정을 내리는 통치자와 결정에 따르는 피치자 사이의 좁힐 수 없는 거리를 어떻게 해소할 것인가가 고대로부터 현대에 이르기까지 제기되어 온 정치철학적 문제이다.[2]

---

1. 홍철기. 2018. "대표민주주의의 역사와 이론." 『시민과 세계』 제32집. pp.31-66.
2. 이것이 철학적인 의미에서 즉자-대자의 관계와 일치하는 까닭은, 통치자와 피치자가 한 명의 개인에서 일치하고 있는 경우에도 자기 자신에 대한 결정을 내리는 부분과 그 결정을 따르는 부분으로서의 자기는 분리되기 때문이다. 이는 반성하는 의식의 경우와 마찬가지로 메타 인지를 수반한다.

대표민주주의 이론에서는 통치자와 피치자 사이의 간극을 완벽히 메울 수 있
는 완벽한 수단은 없다고 본다. 대신 대표를 통하여 통치자와 피치자를 매개할
수 있다고 보는데, 이때 대표(representation)는 재현 또는 재현전화를 의미하는
것으로서 이미 존재하고 있는 대상을 재현이 이루어지는 상황에 다시 '재'현한다
는 의미를 지니면서 동시에 재현이 이루어지는 상황에 존재하지 않는 대상을 재
'현'한다는 의미를 지닌다. 즉, 대표에는 대상과 대표행위와의 일치와 함께 비일
치가 동시에 들어 있는 것이다. 따라서 대표 개념은 통치자와 피치자의 일치를
지향하면서 양자의 구분을 보존하는, 그래서 언제나 매개하면서 간극을 발생시
키는 역할을 담당할 수 있다. 이를 정치에 적용했을 때, 피치자의 존재는 통치가
이루어지는 시공간에 소환되는데, 이 소환은 현전하는 피치자를 통치자가 재현
전화하면서 동시에 완벽한 재현전화가 이루어지지는 않는다는 것을 의미한다.
특히 민주주의와 대표 개념과 어울리는 까닭은, 통치자와 피치자가 동등하게 다
뤄지기 때문이다. 대표 행위는 통치자로 하여금 피치자에 대한 일치를 무한히 시
도하게끔 강제한다.

이러한 접근의 귀결은 두 가지인데, 각각 민주주의가 대표 행위를 통하여 통치
자와 피치자의 일치를 추구하지만, 완벽한 일치란 불가능하다는 것으로부터 도
출된다. 첫째, 대표 행위가 없으면 통치자와 피치자의 일치가 불가능하다. 따라
서, 대표가 민주주의를 구성한다. 둘째, 그러나 완벽한 일치는 불가능하다. 이러
한 불가능성은 결코 할 수 없는 일을 시도한다는 허무주의적인 결론보다는 오히
려 반드시 해야 하는 일을 여러 가지 다양한 방식으로 시도해 볼 수 있다는 가능
성의 확장으로 귀결된다. 특히 기존의 대표 행위에 대한 비판적 접근을 완전히
허용한다. 정해진 답이 없으므로 각각의 상황에 따라 다양한 방식의 대표행위가
가능하며, 또 피치자들로 하여금 현재의 대표행위가 우리를 적절히 대표하고 있
는가라는 물음을 가능하게 한다. 이는 선거를 통해 대표되지 못하는 집단에 대
한 문제가 제기되며 오늘날 지역이나 국경을 넘어 다양하게 등장하는 시민 대표
(citizen representatives)[3] 등에 대해서도 이해할 여지를 마련한다.

요약하자면 첫째, 민주주의의 이상은 통치자와 피치자의 일치이다. 그러나 대표민주주의 이론에 따르면 양자의 간극은 완전히 해소될 수 없다. 둘째, 대표민주주의 이론에 따르면 이러한 이상을 추구하게 하면서도 동시에 간극을 보존하게 하는 수단이 대표다. 대표 행위를 통해 통치자는 피치자를 '재'현하지만, 이는 어디까지나 재'현'일 수밖에 없다. 셋째, 결론적으로 대표 개념을 통해서 접근했을 때 대표가 민주주의를 구성하지만 그 구성 방식은 정해진 답 없이 다양할 수 있으며, 그렇기 때문에 피치자가 통치자를 감시하는 것이 이론적으로 완전히 정당화된다.

2) 시민정치

김의영에 따르면, 시민정치는 "시민이 주체가 되어 다양한 참여와 협치 방식을 통하여 문제를 해결함으로써 좀 더 나은 지역사회를 구축해 나가는 광범위한 정치적 행위와 과정"[4]을 의미한다. 김의영은 이를 '대의민주주의', 그러니까 선거로 선출된 대표에 대한 사람들의 실망과, 지구화·민주화·복잡화 시대에 국가 중심의 통치 모델의 근본적인 한계라는 배경 상황에서 교육 수준과 식견이 있는 시민들의 등장으로 촉발된 것으로 본다. 그런데 이러한 시민정치 개념에 대하여 김주형은 시민정치에서 의미하는 참여는 어떤 행위를 의미하며, 또 이것은 무엇에 대한 참여인지에 대한 날카로운 문제의식이 필요하다고 비판한다. 김주형이 보기에 이러한 문제의식이 없을 때 시민정치는 기존 제도권 정치의 '그림자'에 불과할 뿐 독자적이고 또 제도보다 외연이 더 넓은 정치 영역을 구성하지 못할 수 있기 때문이다. 대신 김주형은 시민정치의 가능성이 "시민들을 고립되고 소극적인 정치 소비자에서 적극적이고 구성적인 주체이자 참여자로 바꾸어 낸다는 점"에 있다는 점을 강조하면서, 구성적인 주체인 시민들에 의하여 민주 정치의 외연과 질

---

3. Urbinati, Nadia, and Mark E. Warren. 2008. "The Concept of Representation in Contemporary Democratic Theory." Annu. Rev. Polit. Sci 11. pp.387-412.
4. 김의영. 2015. 「동네 안의 시민정치」. 푸른길. p.40.

이 실제로 향상될 수 있게끔 해야 한다고 주장한다.[5]

　이러한 관점을 취했을 때 김의영의 정의보다 더욱 확장된 의미에서 시민정치 개념을 사용하는 것이 가능해지는데, 시민들의 구성적 행위에 의해서 작동하는 민주 정치의 양상을 시민정치라고 할 수 있겠다. 이렇게 정의하면 시민들이 무엇을 위해 정치적 행위를 하는지를 규정하지 않음으로써 시민정치를 "보다 나은 지역사회를 구축"하려는 문제의식에서만 조명하는 게 아니라 좀 더 넓은 범위에서 조명하는 것이 가능하다. 그러나 김주형의 글에서는 시민들이 무엇을 구성하는지, 그리고 그게 왜 민주 정치와 관련이 있는지 논의되지 않는다. 우리가 보기에 이 문제는 대표민주주의 이론의 관점에서 대답할 수 있다. 대표민주주의 이론의 관점에서 우리는 시민정치를 시민들에 의한 대표 구성의 정치로 정의할 수 있다고 생각한다. 이러한 관점에서 시민정치의 부상을 다음과 같이 설명할 수 있다.

　민주주의의 핵심은 대표의 구성에 있으며, 민주주의는 이를 통해 통치자에 의하여 피치자의 이익을 실현하고자 한다. 그런데 상술하였듯이, 대표 구성 방식은 하나의 방식에 국한될 수 없으며 현실적으로도 선거, 의회, 정당제도가 포괄하지 못하는 영역에 존재함이 드러나고 있다. 이러한 상황에서 국가가 아닌 시민사회의 영역에서 대표를 구성하려는 다양한 양상들이 나타나고 있으며, 이것은 그 자체로 민주주의가 작동하는 방식이다. 따라서 국가가 대표하지 못하는 영역에 대한 시민사회의 문제의식이 존재하고, 이로 인해 개별 시민들이 정치 행위에 참여하는 시민정치가 나타나고 있다.

　이러한 관점을 통해 궁극적으로 우리는 시민정치를 국가나 정부 제도 바깥에서 시민들에 의하여 이루어지는 대표 구성의 정치로 정의한다. 시민정치를 이와 같은 방식으로 이해했을 때, 시민정치에 대한 세 가지 물음을 통하여 현상에 접근해 볼 수 있다. 즉, 그 시민들은 무엇을 대표하고, 왜 대표하고, 어떻게 대표하는가? 이러한 접근을 통해 시민정치의 다양한 양상을 다뤄볼 수 있는데, 김의영

5.　김주형. 2016."시민정치와 민주주의." 「한국정치학회보」, 50집 5호.

의 정의대로 "거대 담론보다 자기 지역의 이슈, 생활에 밀접한 문제에 관심을 갖는"[6] 시민정치부터 김주형이 지적하듯이 "보다 강한 의미에서 사회의 권위구조의 문제에 대한 민주적 결정권이라는 측면을 포함"[7]하는 시민정치까지 다루어볼 수 있다.

3. 문제설정 및 연구 질문

이러한 이론적 배경을 토대로 우리는 경의선공유지를 시민정치의 한 사례로서 국가나 제도 바깥에서 이루어지는 대표 구성의 정치로 간주하고, 이들이 무엇을 대표하고, 왜 대표하고 어떻게 대표하는지 파악해 보려고 한다. 특히 이 중에서도 본 연구가 주목하고자 하는 부분은 어떻게 대표하냐는 것이다. 경의선공유지가 기존의 제도권 내에서 외면 받아 왔던 "공공적 가치를 회복하고 또 실험"하는 시도를 추구하고 있으며, 또 이러한 시도를 필요로 하는 사람들에게 기회를 제공하려고 한다는 점이 우리 연구가 출발하는 실마리로 활용될 수 있었다. 특히 경의선공유지는 '26번째 자치구'라는 이명(異名)을 지니고 있는데, 본론에서 설명하겠지만 이는 기존의 서울의 25개 자치구가 도시공간에서 쫓겨난 사람들을 외면하고 문제를 해결해 주지 못한다는 문제의식하에서 경의선공유지를 이러한 사람들이 살아갈 수 있는 공간으로 만들기로 선언하면서 부가된 것이다. 이는 국가 및 제도권 밖의 영역에서 이루어지는 시민들의 행동이라는 측면에 의미를 더한다.

이러한 문제설정을 바탕으로 우리가 경의선공유지를 연구하며 답을 구하고자 했던 구체적인 내용들은 다음과 같다. 첫째, 경의선공유지의 역사라는 측면에서, 공유지는 어떠한 과정을 통해서 출현하게 되었는가? 그리고 공유지에 참여한 사람들은 누구이며, 이들은 어떤 목적으로 참여하게 되었는가? 둘째, 경의선공유

---

6. 김의영. op.cit. p.40.
7. 김주형. op.cit. p.42.

지가 표방하는 '공공적 가치'란 무엇이고, 이들은 어떻게 이를 입증해내는가? 이 두 가지 핵심 연구 질문을 통해서 우리는 경의선공유지가 무엇을 대표하고, 왜 대표하며, 어떻게 대표하고 있는지 대답해 보고자 한다.

4. 연구 방법 및 본문의 구성

본 연구는 인류학적 연구 방법을 활용하였으며, 인류학적 연구 방법의 핵심은 연구 대상에 대한 공식 문헌의 재현, 혹은 연구 대상 자신의 자기-재현 이면에서 이루어지고 있는 일상적인 실천에 초점을 맞추는 것이다. 이러한 초점 설정의 전제는, 연구 대상의 실체를 구성하는 것이 사실상 연구 대상을 둘러싸고 일어나는 모든 것이며, 그중에서도 재현 속에서 드러나지 않는 세세한 일상의 결들을 이해하는 것이 중요하다는 것이다. 특히 말리노프스키 이래 인류학계 내부에서 정립된 참여관찰 혹은 현장연구라는 방법론은, 연구 대상들과 장기간 함께 지내면서 이들을 관찰하고, 연구 대상이 수행하고 있는 사회적 행위에 똑같이 참여해봄으로써, 이들이 실제로 어떻게 살아가고 있는가에 대답할 수 있다고 믿는다. 즉, 인류학적 연구 방법은 밀착하여 관찰함으로써 멀리서는 보이지 않는 것들이 드러나게 하고, 똑같이 참여해봄으로써 연구 대상의 행위의 내적 동기를 추체험하는 것이다. 이에 더해 심층 면담이 많이 활용되는데, 이를 통해 인류학자는 연구 대상에게 직접 행위에 대한 설명을 들음으로써, 왜 그렇게 행위하고 또 어떻게 행위하는지 좀 더 명료하게 파악하는 한편, 연구 대상 스스로가 자신의 행위에 부여하는 의미에 대해 파악한다. 우리는 2018년도 9월 말부터 12월 중순까지 경의선공유지를 방문하여 인류학적 연구 방법을 활용하였으며, 관찰, 참여, 면담은 구체적으로 다음과 같이 이루어졌다.

먼저 우리는 경의선공유지에서 이루어지는 각종 회의를 참석하며 이들이 진행하는 논의를 관찰하였다. 경의선공유지에서는 회의를 통해 공유지에서 발생하는 문제들을 해결한다. 경의선공유지에는 세 가지 회의가 존재하는데, 이는 각각 매주 금요일마다 경의선공유지 시민행동 주최로 진행되는 운영회의, 한 달에 한 번 공간지기 주최로 진행되는 반상회, 그리고 2~3주에 한 번씩 경의선공유지추진위원회 주최로 진행되는 추진위 회의이다. 간략히 이야기하자면 반상회에선 공간 운영의 당사자들이 느끼는 문제점들에 대한 조율이 이루어지고, 운영회의에서는 공간 운영 및 관리의 실질적인 사안에 대한 판단들이 이루어지고, 추진위에서는 공유지의 거시적이고 장기적인 차원의 계획에 대해서 구상해 보는 일들이 이루어진다. 우리는 9월 말부터 12월 초까지 8번의 운영회의, 1번의 반상회, 3번의 추진위 회의에 참석하며 이들이 경의선공유지를 사용하며 발생하는 각종 문제들을 해결하는 과정에서 주고받는 논의들을 관찰하였다. 이를 통해 경의선공유지에서 공유되고 있는 암묵적인 운영 원리에 대해서 파악할 수 있었다. 또한 경의선공유지 주관으로 진행된 각종 행사, 즉 '셀러 설명회', '도시사회포럼', '초보마켓' 등에 참석하여 이들이 대외적으로 자신들의 존재를 설명하는 방식을 관찰하였다.

　그런데 우리가 이러한 회의에 참석하는 동안, 그리고 회의가 끝나고 함께 밥을 먹거나 하는 동안 경의선공유지 사람들은 그날그날의 사안에 대해서 해결책을 함께 고민해달라며 우리에게 의견 제시를 요청하는 경우가 많았는데, 이를 통해 우리는 경의선공유지 운영에 실제로 참여해 볼 수 있었다. 우리는 경의선공유지 사람들로부터 경의선공유지에는 '명시되어 있지는 않지만 구성원들 사이에 공유되는 암묵적인 룰'이 있다는 이야기를 많이 전해 들었는데, 회의에서 실제로 발언을 하기 전까지는 그러한 룰의 존재를 믿기 어려웠다. 그러나 회의를 단순히 관찰하는 것을 넘어서서 직접 논의에 참여하며 발언을 해 보고, 또 이에 대해 반박을 당해 보는 경험을 통해서 본문에서 밝힐 경의선공유지의 운영 원리가 존재한다는 것을 믿을 수 있었고 또 그 내용을 구체화할 수 있었다.

　마지막으로 활동가 6명 전원, 공간지기 6명, 추진위 2명과 심층면담을 진행해 봄으로써 이들이 경의선공유지 운영에 대해서 중요하게 생각하는 원리를 직접 확인해 볼 수 있었다. 면담은 경의선공유지에 어떻게 참여하게 되었는지, 경의선공유지에서 무엇을 하고 있는지, 그리고 경의선공유지는 무엇이며 또 무엇이 되어야 한다고 생각하는지를 중심으로 반–구조적 형식으로 짧게는 30분에서 길게는 3시간 동안 자유로운 분위기에서 진행되었다. 면담을 통해 얻게 된 자료는 필요한 경우 익명 처리를 하여 본문에 실었다.

본문의 구성은 다음과 같다. 우선 서론에서는 연구 대상을 따로 다루지 않고, 1절에서 간접적으로 다룰 것이다. 1절에서는 경의선공유지가 늘장, 마포구청의 퇴거요청, 경의선공유지 선언이라는 세 계기를 통해 출현하게 되었음을 밝힌다. 세 가지 계기를 거치며 경의선공유지는 사용할 수 있지만 비어 있는 공간이 되었고, 선언 이후 공유지를 지속하기 위해서 공간을 사용할 사람들을 받아들이게 되었다. 그런데 공간의 지속은 사용뿐만 아니라 운영의 측면을 포괄하고 있으며, 이는 공유지 선언을 기준으로 사무국 중심의 운영 기능이 재편되면서 형성되었다. 2절에서는 사무국을 중심으로 이루어지는 일상적인 운영 원리가 무엇이고, 이것이 목표로 하는 바는 무엇인지 다룬다. 3절에서는 이 운영 원리가 공적 가치의 입증과 관련하여 어떤 내적인 원리를 지니고 있는지 밝히고, 더 나아가 대표민주주의와 시민정치의 관점에서 어떤 모델을 제시하는지 다룬다. 결론에서는 지금까지 서술한 내용을 토대로 기존의 시민정치 이론에서 시민들의 정치적 행위를 통해 대표되는 피대표자가 현존하고, 이 행위가 공적 가치를 '실현'하는 것으로 전제되었던 것에 반해, 경의선공유지의 경우 자신들이 아직 부재하는 피대표자를 대표하고 있다고 믿으면서 참여자의 확보라는 작동을 통하여 피대표자를 구성하고 공적 가치를 생산해 낸다는 점을 밝히며 글을 마무리한다.

II. 경의선공유지의 출현

이 절에서는 경의선공유지가 어떤 계기를 거치며 출현하게 되었는지 밝힌다. 후술할 경의선공유지 출현의 역사는 이후 경의선공유지에서 전개된 실천의 성격을 이해하는 데 두 가지 지표를 제공한다. 첫째로, 경의선공유지는 사용할 수 있지만 비어 있는 땅으로 시작하였다. 이후의 활동은 이 최초의 상황을 반복적으로 재산출하려는 시도로 이해해도 좋다. 둘째, 경의선공유지의 출현과 함께, 공간의 운영이라는 기능이 별도로 분리되어 '경의선공유지시민행동', 좀 더 구체적으로는 '시민행동 사무국 활동가'들에게 상당 부분 전가되었다. 앞서 말한 바와 같이, 운영은 사용할 수 있지만 비어 있는 땅으로 공유지를 유지하고 지속시키는 것이다. 때문에 우리는 공유지 운동을 운영의 측면에 초점을 맞추어 분석하였으며, 이에 대해서는 3절과 4절에서 구체적으로 밝힐 예정이다. 또한 같은 이유로 우리의 분석은 운영의 중심적 주체로서 사무국 활동가들의 언어와 행동을 분석하는 데 초점이 맞춰졌다.

1. 비어 있으나 사용할 수 있는 공간

경의선공유지는 2018년 12월 기준 서울시 마포구 공덕더샵아파트 건너편에 있는 3000평 남짓한 공터를 지칭한다. 행정에 의하여 공식적으로 부여된 주소는 없으며, 이곳을 아는 사람들에 의해 경의선공유지라고 불리고 있을 따름이다. 그렇다면 이 공간을 최초로 경의선공유지라고 부른 사람들은 누구이고, 어쩌다 이러한 명명에 이르게 된 것일까?

아직 경의선공유지로 명명되기 이전에 이곳은 경의선 폐선부지였다. 2000년대 초중반 경의선 일부 구간의 철로가 지하화됨에 따라 철도의 상부구간은 유휴 폐선부지로 남게 되었고, 이 폐선부지를 어떻게 활용할 것인가에 대한 문제가 발생했었는데, 그러한 폐선부지 중 하나였던 것이다. 경의선 폐선부지의 소유권은 한국철도시설공단에 있으며, 따라서 법적으로 국·공유지로 규정된다. 철도공단은 서울시와 역세권 개발에 대한 협약을 체결하고 2011년 민간기업 '이랜드'와 30년간 임대계약을 맺음으로써 이 공간을 활용하고자 했다.[8] 이 계약으로 인해 공간에 대한 소유권은 철도공단에, 개발권은 이랜드에 나누어지게 되었다. 그런

〈그림 2〉 경의선공유지 안내 지도

데 이랜드는 2016년도까지 개발을 진행하지 않았으며, 2011년도부터 이곳은 인적이 끊겨 스산한 공터로 남아 있었다. 그러던 중 활동공간을 필요로 하던 사회적 기업 활동가들이 이 공간에서 시민시장을 개최할 수 있겠냐며 서울시에 제안했고, 서울시가 이를 받아들여 마포구청을 시민시장의 관리 주체로 지정하게 되었다. 골칫거리가 된 공터에 활력을 불어넣을 수 있을 것이라는 전망 때문이었다. 마포구청은 이들에게 2013년도부터 임시허가를 내주었고, 사회적 기업 활동가들은 '늘장협동조합'이라는 법인을 꾸려 2013년도부터 '늘장'이라고 이름 붙인 시민시장을 개최하기 시작하였다. 늘장은 '언제나 장이 서기를 바란다'는 의미였다. 이곳에서는 사회적 기업들과 여러 단체의 활동가들, 그리고 시민들에 의해 벼룩시장, 시민강좌, 포럼, 토론회, 워크숍, 주민모임 등을 여는 공간으로 사용되었다.

---

8. 전체 경의선 폐선부지는 대체로 경의선 숲길 조성에 활용할 계획이었고, 경의선공유지 부지를 포함한 홍대입구역, 대흥역, 공덕역 일대는 역세권 개발 사업으로 활용될 계획이었다.

하지만 2016년 이랜드가 공간 개발을 시작하겠노라고 마포구청에 알리게 되면서, 마포구청은 늘장 측에 임시허가를 종료하는 한편 공간을 비워주기를 요청하게 되었고, 공간을 비워줄 것을 요구하는 자본－이랜드, 행정－마포구청 측과 공간을 계속해서 사용하려고 하는 늘장 사이에 갈등이 발생하였다. 마포구청의 퇴거 요청에 대하여 늘장 측은, 철도시설공단의 소유로 국·공유지라고 불리는 땅의 사용이 "시민들이 아닌 소수 자본가들과 행정 관료에 의해서 계획되고 운영되고 결정"되는 방식, 자본의 논리에 의해 시민들이 함께 잘 사용하던 공간을 잃어야 하는 상황에 문제를 제기하였고, 이 공간을 떠날 수 없다는 입장을 밝혔다. 늘장 사람들과 이들의 문제 제기에 동의하며 연대하기 위해 모여든 시민단체들은 2016년 3월 '경의선공유지시민행동'이라는 단체를 결성하고 이 공간에 '경의선공유지'라는 이름을 붙이기에 이른다. 이들은 "시민들이 자유롭게 사용할 공간을 확보하기 위해" 자본과 행정의 일방적인 국·공유지 사용으로부터 경의선공유지를 지켜나가겠다는 결의를 하게 된다.

　그러나 이 결의 이후에 전개된 상황은 예기치 못한 것이었다. 마포구청의 퇴거 요청을 거부하면서 경의선공유지가 불법점유 상태가 되어버리자 행정으로부터 지원을 받고 있던 기존 사회적기업 활동가로서는 경의선공유지에서 활동을 이어나가기가 부담스러워진 것이다. 그래서 기존의 사회적기업 활동가들은 경의선공유지 선언 이후에 대부분 떠나버리고 공유지 '운동'을 위해 모여든 시민행동만이 공유지에 남게 되었다. 실제로 경의선공유지 내에서 공간을 사용하고 있던 사람들이 이들이었는데 말이다. 하지만 사회적기업 활동가들은 시민행동 측과의 연대를 지속하기 위해서 자신들이 사용하던 건물과 물품들, 그러니까 자신의 재산을 경의선공유지에 무상으로 증여하고 떠나게 되었다. 결과적으로 경의선공유지를 사용하는 사람들이 사라지면서 땅이 텅 비게 되는 한편, 건물과 물품들이 남아 있게 되면서 이 공간을 사용하는 것은 가능하게 되었다. 비어 있으나 사용할 수 있는 공간이 된 것이다. 하지만 이 공간을 계속 비어 있도록 내버려둘 수는 없었다. 애당초 행정과의 대립을 선언하면서 경의선공유지가 내세운 논리는,

이 공간을 원래 시민들이 잘 사용하고 있었고, 앞으로도 잘 사용할 수 있을 것이라는 것이었다. 이러한 논리에 따르면 공간의 지속은 시민들의 사용에 의하여 이루어진다. 때문에 남아 있는 시민행동 측에서는 이 공간을 사용할 사람들을 이곳저곳에서 끌어 모을 필요가 있었다. 그래서 조금은 우발적으로, 일관된 의도를 가지지 않은 각양각색의 사람들이 모여들게 되었다. 플리마켓, 카페, 보드게임방, 텃밭, 공방 등 하고 싶은 것을 하려는 사람들이 모여들게 된 것이다.

2. 사용자와 운영자

그 결과 모여들게 된 경의선공유지의 구성원들을 다음과 같은 범주로 구분해 볼 수 있다. 첫째, 앞에서 등장한 경의선공유지시민행동이다. 이들은 앞서 다룬 경의선공유지의 선언의 주체로서 경의선공유지를 '공유지'로 만드는 운동에 관심이 있다. 기본적으로 최초 늘장 측의 연대 요청에 따라 모여든 마포구 일대 사회단체의 활동가들로 구성되어 있으며, 2016년도부터 3년간의 기간 동안 '공간지기'로 들어왔다가 공유지 운동에 매력을 느껴 시민행동에 참가하게 된 경우도 있다. 시민행동의 역할은 두 가지다. 하나, 경의선공유지 외부에서 공유지를 일반 시민들에 홍보하는 한편, 불법점유 상태에 있는 공유지를 합법화하고 제도화하는 것. 둘, 경의선공유지 내부에서 공유지가 자유롭게 공간을 사용할 수 있는 사람들을 수용할 수 있게 하면서 동시에 내부에서 발생하는 일상적 문제들—쓰레기 처리, 전기세, 수도세 등—과 내부 구성원들 사이의 갈등을 조정하는 것. 전자의 경우 시민행동 내부에서 경의선공유지 사무국장, 정책팀장 등을 지정하여 합법화 문제를 다루게 하는 것이나 2018년도 초에 공유지에 관심이 있는 시민 활동가, 전문가, 대학 연구자들을 모아서 '경의선공유지 합법화 추진위원회'를 설치하여 전보다 적극적으로 공유지를 합법화시키려고 시도한 것으로 나타나고, 후자의 경우 경의선공유지 사무국을 설치하여 상근/반상근 활동가를 지정하여 공간 운영에 신경 쓰도록 하는 한편 매주 금요일 운영회의를 하며 상술한 내부 운영 문제를 처리하는 것으로 나타난다.

두 번째로 공유지를 사용하고 있는 공간지기다. 물론 공유지를 사용하고 있다고 해서 모두 공간지기인 것은 아니지만, 기본적으로 공유지를 사용하고 있는 사람이 공간지기로 간주된다. 공간지기들은 각자의 욕망이나 필요를 실현하기 위해서 공유지에 들어오게 되었다. 이들은 각자의 목적에 따라 공간을 사용하고 있는 한편, 한 달에 한 번씩 반상회를 개최하여 공유지를 사용하는 당사자들 간의 공동의 문제를 논의하고 조율한다. 공간지기는 다시 두 범주로 나눌 수 있는데, 자신의 욕망을 실현하고자 공유지를 사용하는 범주와 잠시 삶을 의탁하기 위해 공유지에 들어오게 된 '도시 난민[9]'이라는 범주로 구분해 볼 수 있다. 전자의 경우 공방, 카페, 인형극, 달리기동호회 정거장, 장애인단체 홍보관, 셀러, 텃밭 운영 등이 있고 후자의 경우 재개발 등으로 쫓겨난 아현포차, 가든파이브 상인 및 철거세입자, 그리고 '도깨비아저씨'라고 불리는 정체불명의 노숙인 등이 있다. 이들이 두 범주로 구분될 뿐만 아니라 각자 공간을 사용하는 양상은 판이하지만, 모두 공유지라는 공간을 사용한다는 주체라는 점에서는 이들 모두가 공간지기로 불린다.

세 번째로 경의선공유지 추진위원들이 있다. 이들은 시민행동과 함께 공유지를 합법화하기 위해서 연대한 외부의 활동가·전문가·연구자로, 2018년도 초에 경의선공유지에 참여하게 되었다. 시민행동과 추진위원들을 중심으로 2019년도까지 공유지를 합법화시키겠다는 '경의선공유지 대안계획'이 연초에 만들어졌으나, 2018년도 9월, 경의선공유지 합법화가 철도공단, 서울시, 마포구청 및 이랜드의 관심사를 고려했을 때 요원하다는 전문가 의견을 수용하게 되면서 현재 추

---

9. 경의선공유지 김상철 정책팀장에 따르면 도시 난민이라는 용어는 "그간 난민이 국제관계에서 파생된 비자발적 이주의 뜻[으로 사용된 것]을 국내의 비자발적 이주 상태를 뜻하는 것으로 전용한 것이며 특히 현재 서울이라는 도시에 '정착 자체가 거부된' 이들의 특수한 상황을 뜻하는 것"이다. 아현포차, 철거세입자, 가든파이브 상인 모두 서울시 내에서 강제철거를 당해서 살아갈 공간을 잃어버리게 된 사람들인데, 2016년도 8월에 경의선공유지에서 아현포차 상인들에게 한시적인 생계 공간을 제공해주면서 도시 난민 개념을 만들어내는 한편, 이후 유사한 사례에 있는 사람들을 받아주게 되었다. 서론에서 등장한 바 있는 '26번째 자치구'라는 경의선공유지의 이명은 이러한 과정 속에서 명명된 것이다.

진위원의 역할은 애매해져 버렸다. 그런데 추진위원들 역시 공유지 운동을 통해서 자신들의 욕망을 실현할 수 있을 것이라는 기대로 연대하게 된 사람들이며 합법화를 시도한 것도 이러한 관심의 연장선상에서 이루어진 것이다. 때문에 추진위원들은 합법화라는 역할은 포기하는 한편, 반대로 자신들의 욕망을 어떻게 공유지에서 실현할 수 있을지를 두고 다양한 실험들을 구상해 보고 있다.

그런데 공유지의 행위자들을 시민행동, 공간지기, 추진위라는 범주로 구분함으로써 드러나는 것은, 공간의 지속이 시민들의 사용으로 이루어진다고 가정되었던 것에 반하여 운영 역시 공유지에서 중요한 부분으로 나타나고 있다는 것이다. 특히 시민행동 활동가들로 이루어지는 사무국과 운영회의의 경우 경의선공유지가 선언되고 나서 별도로 등장한 것으로, 늘장 시기에는 이러한 별도의 운영기능이 존재하지 않았었다. 그렇다면 운영은 구체적으로 무엇을 수행하는 것이며, 또 이러한 운영 작용이 필요한 까닭은 무엇일까?

III. 경의선공유지의 일상적 운영 원리

1. 다수성과 다양성의 확보

경의선공유지 운영에서 핵심적으로 고려되는 것은 두 가지이다. 첫째, 공간을 비워둘 수 있는가? 둘째 공간 사용의 실험성을 보장할 수 있는가? 첫 번째 목표를 달성하기 위한 방법으로 공유지에서는 사용 시간의 일시성을 확보하고자 한다. 여기서 일시성은 각각의 공간을 공유하기 위해서 오랜 기간의 독점을 지양하는 것을 의미한다. 한편 일시성은 공유지라는 공간 자체의 속성을 의미하기도 하는데, 이는 경의선공유지가 불법 점유로 출현하게 된 만큼 공간의 존속기간을 안정적으로 보장할 수 없음을 의미한다. 불법 점유로 인해 발생한 일시성이 간접적으로 소유나 점유의 방식이 아닌 다른 방식의 공간사용을 촉발하는 역할을 하여

　　　　　　　　　　　　시민정치의 문화기술지

공간 사용에서의 일시성이 나타났다고 할 수 있다. 이미 누군가가 영속적으로 점유할 수 없는 공간이라는 점은, 반대로 한정된 시간 내에서 더 많은 사람들이 공간을 사용할 수 있도록 시간을 쪼개게 만들었다는 것이다.

한정된 시간을 쪼갬으로써, 사용 시간의 일시성을 확보하고자 하는 시도는 10월 6일 진행된 마포희망시장상인 대상 설명회에서 잘 드러난다. 이는 마포희망시장 앞에서 활동하던 노점상들이 단체로 공유지에 들어오기를 요청하자 공간 사용을 서로 협의할 필요가 있어 진행한 행사다. 여기서 경의선공유지 사무국이 공유지에 들어오기를 바라는 '외부인'에게 공유지를 설명하는 방식과 공간 사용 규칙을 제시하는 방식은 공유지 운영의 원리로서 사용 시간의 일시성을 확보하고자 하는 시도를 잘 보여준다.

> "기본적으로는 저희가 이 공간을 비워두는 데 많이 초점을 맞추고 있어요. 공간을 채우는, 그러니까 누군가가 이 공간을 오랫동안 점유하고 독점하는 것을 사실은 지양하는, 그러니까 반대하는 입장이에요. 그러다 보니까 저희가 중요하게 생각하는 공간이 여기 이 광장이라는 공간이거든요. […] 이 공간은 그때그때 좋은 다른 기획이 있다든지 그때마다 여러 사람들이 함께 쓸 수 있도록 비워두는 공간으로, 이렇게 되어 있고요."
>
> — 시민행동 정책팀장 A(10월 6일 경의선공유지 셀러 설명회)

> "가장 첫 번째 기준은요, 여기는 공간 사용에 있어서 기한의 제한이 있습니다. 3개월이라고 하는 기한을 정하고 그리고 그 3개월이 될 때쯤에 계속 사용할지 말지에 대해서 다시 협의해서 그걸 연장하고 혹은 위치를 바꾸고 하는 부분이 있습니다."
>
> — 시민행동 정책팀장 A(10월 6일 경의선공유지 셀러 설명회)

첫 번째 인용문에서 공유지는 '공간을 비워두는' 것을 중시한다는 점과 그로 인해 광장이 중요한 공간이라고 설명하는 점이 드러나는데, 여기서 비워둔다는 것은 여러 사람들이 필요할 때마다 사용할 수 있도록 하기 위함이다. 즉 아무도 사용할 수 없도록 비워두는 게 아니라, 계속해서 빈 공간을 만들어둠으로써 누군가 계속해서 공간을 쓸 수 있도록 한다는 것을 의미한다. 동시에 공간을 비워둔다는 것은 장기적인 사용 및 점유, 독점을 지양한다는 것을 의미하는데 이 방식에서는 새로운 사람이 사용할 빈 공간이 생겨나기보다 기존에 공간을 사용하는 사람에 의해 공간이 영속적으로 채워져 있게 된다. 한 사람이 대가를 지불하고 그 공간을 독점하여 수익을 내도록 하는 것이 아니라, 좀 더 많은 사람들이 필요에 따라 공간을 사용할 수 있도록 하는 광장의 사용 방식은 공유지의 근본적 운영 원리에 대해서 잘 설명해주고 있다. 공유지의 대원칙이 이러하기 때문에 마포희망시장 상인들과 공간 사용을 위한 구체적인 규칙들을 논의할 때도, 두 번째 인용문에서 드러나듯, 공간을 사용할 수 있는 기한을 제한해 두고 있다. 여러 사람들이 필요할 때 공간을 사용할 수 있도록 그 공간을 비워야 한다는 것이고, 이는 공유지에서의 모든 공간 사용을 일시적 사용으로 만든다. 이는 사용자의 다수성을 확보하도록 만든다.

두 번째 목표, 즉 공간 사용의 실험성을 보장하기 위해서 공유지에서는 '네거티브 셀렉션(negative selection)'이라고 할 수 있는 방법이 사용된다. 이는 선택이, 선택할 대상을 규정하는 방식으로 이루어지는 게 아니라 선택하지 않을 대상을 부정하는 방식으로 이루어지는 것을 의미하는데, 이와 마찬가지로 경의선공유지에서는 "공간이 비어 있으니 X만 아니면 다 받아주겠다"의 방식으로 공간 사용의 주체를 정한다. 여태껏 이 X에 해당했던 대상은 누군가를 배제하고 혐오하는 사람들이나 공유지의 정신에 공감하지 못하는 사람들에 해당한다. 즉, '그래도 법은 지켜야 하지 않는가', '당신들의 주장이 맞다고 하더라도 지역주민들이나 관련 기관과의 협의를 통해서 문제를 해결해야 하는 것 아니냐', '거기가 얼마짜리 땅인데, 이렇게 무용하게 차지하고 있는가?'라고 말하는 사람들이다. 이를 통해 공유지는 공유지를 사용할 수 있는 사람들의 외연을 확장시킬 뿐만 아니라, 더 나아가 공유지를 사용하는 방식에도 다양한 가능성을 허용하게 된다. 즉, 당신이 x에 해당하는 사람이 아니라면, 공간을 어떻게 사용하든 상관이 없다는 것이다.

또한, 네거티브 셀렉션을 하기 위해서 이들은 공유지에 성문화된 규칙을 만들지 않는다. 만약 기존의 다른 공간들처럼 성문화된 규칙이 있다면 그 조항에 해당하는 사람들만 공유지의 주체가 될 수 있기 때문이다. 만약 공유지의 성문화된 규칙을 만든 사람들이 떠났다면 나중에 합류한 사람들은 맥락을 알지 못하기 때문에 규정의 해석을 두고 어려움을 겪을 것이다. 대신 공유지는 공간지기나 활동가 같은 새로운 주체가 합류하게 되었을 때 공유지의 원리와 권리에 대해 끊임없이 질문하고 시도해 보도록 장려한다. 새로운 과제가 생기면, 기존의 공유지의 사람들과 상의하고 새로운 결정이 생기기도 한다. 시민행동 활동가 B는 인터뷰에서 "공유지니까 이렇게 해야 한다"는 당위적인 말보다는 "활동하는 것도 좋고, 실속을 차리는 것도 좋다. 그렇지만 이곳은 공유지이다"라고 말한다고 하였다. 모두가 공유지운동을 최우선의 목적으로 모인 것이 아닌 상황에서 공유지가 활동가들이 이상적으로 생각하는 방식으로 바로 운영된다는 것은 환상에 가깝다. 때문에 이들은 공유지가 바람직한 방향으로 나아가는 것에 단계가 있다고 생각하고 조금씩이지만 차근차근 공간지기들도 공유와 자신의 욕망을 함께 추구할 수 있도록 계속해서 일깨워주는 것이다.

위의 예시들에서 드러나는 것처럼, 네거티브 셀렉션이라는 방식의 장점은 공간을 더 많은 사람들이 사용할 수 있게 할 뿐만 아니라 공유지를 사용하는 주체들의 '실험성'을 보장한다. 김상철의 인터뷰 내용처럼 "공유지에 대한 각자의 이해는 울퉁불퉁"하고, 이런 다양한 사람들이 모여 생겨나는 기존의 질서나 관행의 제약이 없는 자유로운 대안적 실험의 기회를 공유지가 제공한다. 아직 정식 요가강사 자격증이 없는 사람이 무료 요가교실을 시도해 보고, 다락방이라는 오롯이 즐거움을 추구하는 공간을 운영하거나, 경의선공유지시민행동이 무단점유하고 있는 공유지에 공유지의 한 공간을 무단점유한 노숙인을 수용하기도 한다. 다른 실험의 사례로는 2016년 11월 27일의 '26번째 자치구'라는 선언이 있다. 서울시 내의 젠트리피케이션으로 인해 발생한 도시난민들을 공유지에 받아들이면서 공유지가 도시난민들이 문제해결을 통해 기존에 있던 곳으로 돌아가기 전까지 지낼 수 있는 일종의 캠프로서 기능하게 되었다. 또한 25개의 기존 자치구에서 내몰린 이들이 자율적으로 구성한 자치적인 행정구역이라는 의미에서 이 선언 자체가 실험이라고도 볼 수 있다. 25개의 자치구와 적대적 관계를 형성한다는 의미의 이 선언은 공유지에서 에너지 자립을 위한 '겨울나기' 프로젝트라는 또 다른 실험을 야기하기도 한다. 경의선 도시공유포럼, 경의선공유지시민행동, 서울시NPO지원센터에서 함께 진행한 11월 30일의 "공유지에서 겨울나기: 도시에서의 자립을 위한 생존기술 워크숍"에서는 태양광 같은 방법을 활용한 전기에너지 생산, 재밌는 곳으로 만들어서 에너지 문제 고민 해결을 위한 참여자들 끌어모으기, 사람들을 생산자로 만들기 등의 고민이 이루어졌다. 이처럼 네거티브 셀렉션을 통하여 공간 사용의 다양성이 확보된다.

2. '따로 또 같이'라는 관계

경의선공유지의 장기비전을 논의하기 위한 10월 20일 추진위 회의에서 추진위원 연구자 C는 경의선공유지의 운동 원리가 '따로 또 같이'에 있다고 하였다.

"서로 다른 사람들끼리 모여 하나의 독자적 조직을 만드는 것보다는, 각각의 운동을 하며 모이자는 거죠. 그리고 제도 밖의 영역에서 어떻게 운동할 것인지에 관하여 랩이라고 이야기한 거예요. 분명한 목적이 있는 것이 아니므로, '실험'을 한다고 말하고 그래서 '랩'이라고 말한 거죠."

– 추진위원 연구자 C(10월 20일 추진위 회의)

공간 사용의 일시성과 실험성의 추구는 다수성과 다양성을 확보함으로써 공간을 사용하러 더 많은 사람들이 들어올 수 있는 조건을 형성한다. 그런데 사람들이 공유지에 들어와 공간을 사용하는 동안에도 다수성과 다양성은 보존되어야 한다. 추진위원 연구자 C가 이야기한 '따로 또 같이'라는 원리는 경의선공유지를 사용하는 사람들끼리 하나의 공간을 사용한다는 생각을 갖되, 서로가 다른 방식으로 공간을 사용하는 것이 지켜져야 한다는 것을 의미한다.

이 원리의 핵심은 서로가 서로를 간섭하는 일이 발생하지 않게 하는 것이다. 이를 실현하기 위한 방법은 두 가지인데, 하나는 모두가 하나의 공간을 사용한다는 생각을 갖게 하는 것이고, 다른 하나는 하나의 운동에서 하나의 목표를 추구하는 것과 다르게 경의선공유지에서는 각자가 다른 목표를 갖는 게 맞다고 생각하게 하는 것이다. 하나의 공간을 사용한다는 생각을 하는 것은 공유지에서 발생하는 공동의 문제를 특정한 사용자가 주로 해결하게 됨으로써 다른 사용자들이 그에게 의존하는 일을 없애도록 하기 위함이다.

'따로 또 같이'라는 원리는 10월 19일 진행된 반상회에서 잘 드러난다. 이전에 시민행동 활동가 D가 반상회에 참여하는 사람들에게 "경의선공유지 공간지기 자가진단"이라는 질문지를 작성해오도록 숙제를 주었는데, 이날의 반상회에서 공유지 사람들은 돌아가며 자기가 풀어온 숙제를 발표하는 시간을 가졌다. 활동가들은 오랜 기간 공간지기들의 수동성, 의존에 관해 고민을 해왔고 이날의 '숙제'는 공간지기들이 공유지 전체를 생각해 보게 만드는 장치로서 고안된 것이라고 할 수 있다. 9월 말부터 마포구청의 퇴거요청과 명도소송 등 외부적 압력이 가해짐에 따라 그리고 반상회 참여율을 높이고자 한 활동가들의 노력에 따라 이때의 반상회에는 이전보다 많은 공간지기들이 참여했다는 점을 눈여겨볼 필요가 있다.

바로 이전의 반상회에서는 마포구청에서 날아온, 공유지 내 건물들에 대해 소유주가 누구이고 어떻게 사용하고 있는지를 물어보는 공문에 대하여 논의하였다. 이때 공간지기들은 이 공문의 내용과 자신들에게 미칠 효력이 무엇인지, 과거에도 이러한 공문이 온 적이 있었는지부터 시작해서 이에 대해 사무국은 어떻게 대응할 계획인지까지 모든 내용을 사무국 활동가들에게 계속해서 물어댔다.

활동가들은 질문에 대답해주고, 공문의 예상 효력에 대해 설명해주고, 공문에 적을 내용을 수합해서 정리하고, 공간지기들을 어르고 달랬다. 공간지기들은 마포구청의 공문, 주민의 민원, 공과금 등 스스로 해결하지 못하는 일들을 활동가들이 처리해주길 바라고 있었다. 마치 임대인과 임차인의 관계인 듯 행동한 것이다. 이처럼 공유지 전체의 구성원으로서 행동하지 않고 자신이 쓰는 공간의 쓰레기만 치우는 등의 공간지기들의 모습이 활동가들이 고민 끝에 '숙제'를 고안하는 계기가 되었다.

숙제인 질문지의 문항 구성은 다음과 같다.

---

[1] 나는 지난 한 달 동안 경의선 공유지에 있으면서 이곳을 지나는 시민들에게 경의선 공유지에 대한 소개를 한 적이 있다. (○ / ×)

    [1-1] (있다의 경우) 그 인원은 대략 (   ) 명이었다.

    [1-2] 그들에게 나는 이 공간을 _____라고 설명했다.

    [1-3] 그 설명을 들은 사람들의 반응은 _____했다.

[2] 나는 지난 한 달 동안 경의선 공유지에 있으면서 _____에 대해 고민을 했다.

    [2-1] _____에 대해 고민한 이유는 _____ 때문이다.

    [2-2] 이 고민을 풀어내기 위해서는 _____ 이 필요하다고 생각한다.

[3] 나는 한 달 후에 이 공간(① 경의선 공유지 ② 내가 쓰는 공간)이 _____한 모습으로 거듭나면 좋겠다.

    [3-1] 그것을 위해 나는 _____, _____, _____ 을 할 수 있을 것이다.

[스스로 평가해 보기] 경의선공유지에 대한 나의 만족도는 (   ) %이다.

경의선공유지에 대한 나의 기여도는 (   ) %이다.

이 문항 구성에서 활동가들이 공유지에서 어떤 내적 갈등을 겪었고 어떤 생각을 해 왔고 무엇을 지향하고 있는지가 이 문항의 구성에서 드러난다. 1번 질문은

512

각자가 공유지에 대해 얼마나 알고 있는지, 그리고 얼마나 애정을 가지고 있는지를 알려주는 질문이다. 2번 질문은 서로 다른 목적과 이해관계를 갖고 있는 사람들이 경의선공유지를 구성하고 있음을 방증한다. 만약, 모두가 같은 가치와 지향점을 공유하고 있다면, 각자가 고민하고 있는 생각을 굳이 이러한 숙제를 통해 알아보지 않아도 될 것이기 때문이다. 3번 질문은 좀 더 직접적으로 상덕의 문제의식을 드러낸다. "당신은 공유지를 위해서 무엇을 할 것이냐"를 스스로 생각해서 써 보고 모두가 모인 공간에서 발표하라고 함으로써 공간지기들이 좀 더 주인의식을 가지고 공유지의 자치에 자발적으로 참여하도록 유도하려 하고 있으며, 실제로 이 유도는 상당히 성공적이었다. 마지막 문항인 '스스로 평가해 보기'는 더욱 노골적이다. 경의선공유지에 대한 나의 기여도를 수치화해서 스스로 평가해 보라는 질문지를 마주하며, 공간지기들은 대부분 당당해하지 못하는 모습을 보였다.

이날 반상회에서 각자 숙제를 발표하는 시간을 가지며 공간지기들은 이러한 경험을 통해 공유지라는 생활공간에 대해 다시 한 번 생각해 보는 기회를 가졌다고 말했다. 결과적으로 이 숙제풀이라는 사건을 통해 공유지에 참여하고 있는 사람들의 주체성, 그리고 그들끼리의 관계가 조정되는 걸 확인할 수 있었다. 첫째, '공유'라는 개념에 대해 생각해 볼 계기를 강제하고 나는 무엇을 공유할 수 있을지 생각해 보도록 만듦으로써 공유지와 결부된 사람이 되도록 교육했다. 여기서 자기-평가는 부끄러움이란 감정을 동반하면서 이들에게 주체성을 만들어내는 테크놀로지로 활용되었다. 그리고 이는 둘째로 숙제를 발표함으로써 모두가 방식은 다르지만 공유지라는 하나의 관심을 공유하고 있다는 사실을 확인하게 만들었다.

하지만 이 과정은 모두 '나의 생각', '나의 고민'을 이야기하는 방식으로 진행되었다는 점을 고려해야 한다. 이는 "우리는 공유지를 어떻게 사용/관리할 것이냐"와 같은 질문을 두고 토론하는 형식이 아니라 스스로 자기가 공유를 잘 실천하고 있는지 물어보게끔 하는 숙제의 형식으로 내부 관리 장치가 마련되었다는 점에 보다 의미를 부여할 수 있다. 토론에서는 의견의 교환을 통해 하나의 결론에 동시에 귀결하게 된다. 반대로 이날 반상회에서 각자 숙제에 대해서 의견 교환이 있었지만, 이는 하나의 결론이 마련되는 과정은 아니었다. 각자의 의견은 각자의 의견으로 남아 있는 채로 다른 사람의 의견을 들어보는 과정이었다. 따라서 셋째로, 숙제를 통하여 자신의 고민이 중요하다는 생각이 작동하게 되었다. 그런데 왜 이 행사의 방향은 '숙제풀이'라는 방식으로 나타나게 된 것일까?

이에 대해선 활동가들과의 인터뷰를 통해서 알아볼 수 있었다. 활동가들은 공유지 내부에서 공간지기들이 점점 더 자신들에게 의존적이게 되는 상황에 대해서 불만을 느끼고 있었다. 공간지기들은 자기 공간을 운영하면서 문제가 발생할 때마다 활동가들에게 찾아오고, 또 다른 한편으로는 자기 공간만 운영할 뿐 전체 공유지에는 크게 관심을 두지 않는 것에 대하여 문제의식을 느껴왔다. 구체적으로 말해서 이들은 마포구청의 공문, 주민의 민원, 공과금 등 스스로 해결하지 못하는 일들을 활동가들이 처리해주길 바라고 있었다. 마치 임대인과 임차인 같은 관계로 행동한 것이다. 때문에 활동가들은 공간지기들과 자신들의 관계에 선을 긋고자 했다. 이는 이날 반상회 때 한 공간지기가 "사실 공유지에서 가족 같은 분위기를 기대했다"고 했더니 반상회 끝나고 나서 한 활동가가 "여기는 가족 같은 곳은 절대 될 수 없다"고 단정한 바에서 드러난다. 공유지 내부에 있는 사람들은 서로에게 의존하면 안 된다. 각자는 각자 하고 싶은 것을 하면서, 단지 전체에 참여하고 있다는 생각을 하는 게 공유지에서 추구되는 관계라는 점을 확인할 수 있었다. 이는 숙제라는 전략에서도 드러난다. 앞서 말했듯 숙제는 교육도 아니고 토론도 아니다. 즉 일방향적인 의사전달로서 교육이나, 하나의 결론으로 수렴하는 토론과는 숙제는 다르다. 숙제는 그저 각자가 각자에 대해서 더 돌아보게 하는 한편, 다른 사람들이 자기와 다르지만 같은 고민을 하도록 하고 있다는 것을 확인시켜줬다.

IV. 운영 원리의 의미

1. 조건의 재생산

공유지에서는 시민들이 누구나 자유롭게 사용할 수 있는 공간이 필요하다고 한다. 그리고 이를 위해 공유지가 꼭 있어야 한다고 주장한다. 바로 이로부터 공유지의 공적 가치가 발생한다고 생각하는 것이다. 그런데 공유지를 사용하는 시민이 얼마나 될 수 있을지, 그리고 그 사람들이 원하는 방식대로 공유지가 자유롭게 사용될 수 있을지는 사전에 알 수 없다. 오히려 공유지에서는 공유지를 그러한 공간으로 만들 수 있다는 믿음을 갖고 있으며, 공유지의 공적 가치는 이 믿음으로부터 유래한다고 할 수 있다. 그래서 일단 최대한 많은 사람들이 사용할 수 있게 할 뿐만 아니라 최대한 다양한 방식으로 사용될 수 있게 하려고 한다. 이를 통해서 공유지의 공적 가치가 현실적으로 입증될 수 있기 때문이다.

그러나 많은 시민들의 다양한 사용에 의해 공유지의 공적 가치가 입증될 수 있다고 했을 때 그 시민들이 누가 될 수 있고 얼마나 될지, 그리고 어떤 양상일지는 일단 공유지가 사용되고 난 뒤에야 알 수 있는 것이다. 그래서 공유지는 다수성과 다양성의 측면에서 공간 사용의 가능성을 최대한 열어두고 있지만, 정말 공유지가 그러한 공간일 수 있는지에 대해서는 사후적으로 발견할 따름이다. 그런데 공유지의 가치는 이러한 사후적 발견으로부터 이루어진다. 그리고 이 사후적 발견을 가능하게 하는 것은, 공유지의 가능성을 믿으면서, 그 가능성을 최대한 열어두는 것이다. 결국, 공유지는 공유지를 사용할 수 있는 새로운 가능성을 발견할 수 있도록 조건을 반복적으로 재산출함으로써, 자신의 공적 가치가 입증되도록 준비한다고 할 수 있다.

2. 경의선공유지의 시민정치

경의선공유지는 공간을 자유롭게 사용할 수 있는 시민들이 부재함에도 불구하고 이들을 현존시키기 위해, 공유지의 가능성을 믿으면서, 그 가능성을 최대한 열어두는 행위를 지속하고 있다. 이는 공유지를 사용할 시민을 현존하게 하는 작용, 즉 대표(representation)행위라고 할 수 있다. 그렇다면 공유지의 대표행위는 어떻게 이루어지고 있는가? 이것은 현존하는 피대표자를 '재'현하는 게 아니라 부재하는 피대표자를 대표행위를 통하여 재'현'함으로써 이루어진다. 이는 대표행위가 단순히 현존하는 피대표자의 이해를 대변하는 게 아니라, 부재하는 피대표자를 구성하는 방식으로 이루어질 수 있다는 것을 보여준다. 이 대표행위가 국가나 정부제도 바깥의 시민사회에서 이루어진다고 할 수 있다고 했을 때, 경의선공유지 역시 시민정치로 이해할 수 있는 게 아닐까? 우리는 서론에서 시민정치를 국가나 정부제도 바깥에서 시민들에 의하여 이루어지는 대표 구성의 정치로 정의한 바 있다. 그런데 경의선공유지의 대표 구성 방식은 독특하다. 경의선공유지의 핵심은 시민들이 참여하여 대표를 구성하는 게 아니라, 시민들이 아직 존재하지 않는 것을 대표함으로써 대표되는 대상을 만들어내는 식으로 일어난다. 자신들로 인해 대표될 시민들의 도래를 믿으면서, 그 조건을 반복적으로 재산출하는 것이다.

피대표자의 구성이라는 목적을 통해서 경의선공유지의 시민정치를 이해했을 때, 이는 이해당사자로서 지역주민을 강조하고, 관과의 협치를 강조하고, 문제해결을 강조하는 시민정치와는 다른 방식의 시민정치라는 점을 알 수 있다.

V. 결론

우리는 서울시 마포구 공덕동에 위치한 경의선공유지 사례를 통하여 "공적 가치는 어떻게 입증되는가?"라는 물음에 답하고자 하였다. 경의선공유지 사례의 경우 불법 점유를 통해 정치적 행위가 이루어지고 있지만 이들은 "공공적 가치의 회복"을 표방하고 있다. 불법 행위라는 법적 규정에 맞서 자신들 활동의 공적 가치를 주장하고 있는 경의선공유지 사례에서 우리가 궁극적으로 대답하고자 하는 점은 경의선공유지에서 활동하고 있는 사람들이 어떻게 자기 활동의 공적 가치를 믿을 수 있는가에 관한 점이다. 이 물음에 대한 답을 통해 우리는 공적 가치에 대한 이해를 넘어서서 대표민주주의, 시민정치에 접근하는 새로운 방식을 제시하고자 하였다.

연구 대상인 경의선공유지는 철도시설관리공단이 소유하고 있는 '공유지'를 2016년도 경의선공유지시민행동이 불법으로 점유하면서 출현하였다. 경의선공유지시민행동은 '공유지'가 도시 공간에 대한 개발주의 논리에 따라 자본과 행정에 의해 전유되는 상황에 반대하면서 '공유지'가 시민들이 누구나 사용할 수 있는 자유로운 공간이 되어야 한다고 주장한다. 반복적인 퇴거 요청에도 불구하고 2018년도 12월 현재까지 불법 점유는 지속되고 있으며 경의선공유지는 누구나 공유지를 사용할 수 있어야 한다는 공유의 원칙을 실천해나가는 정치적 행위를 이어가고 있다. 이러한 배경에서 우리는 2018년도 9월부터 4개월간의 현장 조사를 통하여 경의선공유지가 불법으로 규정되고 있음에도 불구하고 어떻게 스스로의 정당성을 믿으며 정치적 행위를 이어갈 수 있는지 탐구하고자 했다. 현장 조사를 통하여 우리는 일상적 운영 원리가 경의선공유지로 하여금 스스로 행위의 정당성을 확보하게 한다는 것을 확인하였다.

현장 조사를 통하여 밝혀낸 바에 따르면, 경의선공유지는 세 가지 방식으로 운영되는데 첫째, 사용 시간의 일시성을 생산함으로써 반복적으로 빈 시간을 만들어내고 이로써 공유지 사용의 다수성을 확보한다. 둘째, 공간 사용 방법에 배제의 배제라는 방법을 적용함으로써 공유지 사용의 다양성을 확보한다. 마지막으로 공유지를 사용하고 있는 사람들이 공유지에 있다는 점에서는 '같이' 있지만, 각자 사용하는 방식은 다르다는 점에서 '따로' 있다는 것을 강조하며 이상적 관계로 '따로 또 같이'를 추구함으로써 다수성과 다양성을 보존한다. 경의선공유지에서 나타나는 이러한 일상적 운영 원리는 '시민들이 누구나 자유롭게 사용할 수 있는 공간'을 만들어내기 위하여 필요한 것으로 이해된다. 이러한 공간을 만들어내는 것이 경의선공유지가 생각하는 '공공적 가치를 회복'하는 행위이다.

그런데 경의선공유지는 공유지를 사용하는 시민이 얼마나 될 수 있을지, 그리고 그 사람들이 원하는 방식대로 공유지가 자유롭게 사용될 수 있을지는 사전에 알지 못한다. 오히려 공유지에서는 공유지를 그러한 공간으로 만들 수 있다는 믿음을 갖고 있으며, 공유지의 공적 가치는 이 믿음으로부터 유래한다고 할 수 있다. 그래서 일단 최대한 많은 사람들이 사용할 수 있게 할 뿐만 아니라 최대한 다양한 방식으로 사용될 수 있게 하려고 한다. 이를 통해서 공유지의 공적 가치가 현실적으로 입증될 수 있기 때문이다. 즉, 경의선공유지의 공적 가치는 이를 입증할 시민들을 발견함으로써 이루어지는 것이며, 이러한 관점에서 경의선공유지의 일상적 운영 원리는 이러한 시민들을 발견할 수 있게 하는 조건들을 반복적으로 산출해내는 작동이라고 할 수 있다.

우리는 이를 대표민주주의 이론과 시민정치의 관점에서 독해하여 다음과 같은 결론에 도달하였다. 즉, 기존의 시민정치 이론에서 시민들의 정치적 행위를 통해 대표되는 피대표자가 현존하고 이 행위가 공적 가치를 '실현'하는 것으로 전제하고 했다면, 이에 반해 경의선공유지의 경우에는 자신들이 아직 부재하는 피대표자를 대표하고 있다고 믿으면서, 피대표자를 발견할 수 있는 조건들을 산출함으로써 피대표자를 발견하는 데 이르고 결과적으로 자신의 공적 가치를 입증하게 된다. 믿음과 조건의 산출을 통하여 경의선공유지는 불법행위라는 외부의 규정에도 불구하고 자신들의 공적 가치를 입증하고자 하면서 시민정치를 실천하고 있는 것이다.

참고문헌

김의영. 2015. 『동네 안의 시민정치』. 푸른길.
김주형. 2016. "시민정치와 민주주의." 『한국정치학회보』 50집 5호.
홍철기. 2018. "대표민주주의의 역사와 이론." 『시민과 세계』 제32집.

Urbinati, Nadia, and Mark E. Warren. 2008. "The Concept of Representation in Contemporary Democratic Theory." Annu. Rev. Polit. Sci 11.